Zhongguo Susong Fazhi Fazhan Baogao

中国诉讼法治发展报告
（2018）

顾　　问　陈光中

主　　编　卞建林

执行编辑　高伟佳　罗海敏

编　　辑　罗海敏　张　璐　王贞会

撰　稿　人　（以姓氏拼音为序）

　　　　　　卞建林　高家伟　顾永忠　何　锋

　　　　　　胡思博　李本森　栗　峥　刘静坤

　　　　　　罗海敏　倪　润　施鹏鹏　谭秋桂

　　　　　　王万华　王贞会　汪诸豪　吴宏耀

　　　　　　肖建华　张　璐

中国政法大学出版社

2019·北京

图书在版编目（ＣＩＰ）数据

中国诉讼法治发展报告.2018/卞建林主编.—北京：中国政法大学出版社，2019.9
ISBN 978-7-5620-9212-4

Ⅰ.①中… Ⅱ.①卞… Ⅲ.①诉讼法-研究报告-中国-2018 Ⅳ.①D925.04

中国版本图书馆CIP数据核字(2019)第197928号

出 版 者	中国政法大学出版社
地　　址	北京市海淀区西土城路 25 号
邮　　箱	fadapress@163.com
网　　址	http://www.cuplpress.com（网络实名：中国政法大学出版社）
电　　话	010-58908435(第一编辑部) 58908334(邮购部)
承　　印	北京朝阳印刷厂有限责任公司
开　　本	720mm×960mm 1/16
印　　张	26.75
字　　数	514千字
版　　次	2019 年 9 月第 1 版
印　　次	2019 年 9 月第 1 次印刷
印　　数	1～1500 册
定　　价	68.00 元

编写
说明

　　诉讼法是以宪法为核心的中国特色社会主义法律体系的重要组成部分，在我国法律体系里居于基本法律之列，由刑事诉讼法、民事诉讼法和行政诉讼法三大支柱组成。诉讼法是实现宪法规范实定化与具体化的桥梁，上通宪法，是宪法的权威注脚；下贯司法解释，是司法解释的标准尺度。诉讼法是沟通国家与公民、权力与权利的纽带，在规范国家权力行使、保障公民合法权益、维护社会公平正义、实现社会和谐稳定等方面起着决定性作用，具有不可替代的社会价值。诉讼法治、程序法治是深化司法体制改革、建设中国特色社会主义法治体系不可缺少的重要内容，是建设社会主义法治国家的司法根基和程序保障。

　　2018 年是改革开放四十周年。在这一年，我国社会主义法治建设取得重要进步。《中华人民共和国宪法》的第五次修改，为更好地发挥宪法在新时代坚持和发展中国特色社会主义中的重大作用提供有力的保障。《中华人民共和国监察法》的制定和实施，将党和国家反腐败工作取得的相关经验和制度成果上升到法律层面，对于构建中国特色国家监察体系，实现国家治理体系和治理能力现代化具有重要意义。《中华人民共和国刑事诉讼法》的第三次修改，将认罪认罚从宽和速裁程序等试点经验写入立法，推进中国特色社会主义刑事诉讼程序日趋健全；完善刑事诉讼法与监察法的衔接机制，保障国家监察体制改革顺利进行；建立缺席审判制度，加强国家反腐和境外追逃追赃工作法治化。深化司法体制综合配套改革，全面落实司法责任制，持续推进司法体制改革向纵深发展，有助于完善中国特色社会主义司法制度体系，提升司法权威和司法公信力，确保"公平正义之光普照每一个人"。

为了客观全面地记录和描述 2018 年我国诉讼法治发展的整体状况，跟进立法脚步，追踪司法轨迹，展现研究成果，根据国家"2011 计划"司法文明协同创新中心的总体要求和教育部人文社会科学重点研究基地中国政法大学诉讼法学研究院的发展规划，中国政法大学诉讼法学研究院继续汇聚全院科研之力，在有关院校诉讼法学科的大力支持下，精心编制《中国诉讼法治发展报告（2018）》，旨在为全国的法学研究者、司法实务工作者以及广大读者概要介绍 2018 年我国诉讼法治发展的基本状况和诉讼法学理论研究的主要成果，并为诉讼法学的教学科研人员和广大学生学习研究提供必要的参考资料。

本书是对 2018 年我国诉讼法治发展状况的概要与综述。首先对 2018 年司法体制改革的重要举措及其内容作了梳理和盘点，然后分章节阐述了 2018 年刑事诉讼法、民事诉讼法和行政诉讼法的立法发展、实践状况、研究状况和国际发展。此外，为了更好地使读者了解国外诉讼法领域的最新发展动态，本书邀请有相关国家法律研习背景、长期关注有关国家诉讼法发展动态的学者或者学生，介绍了美国、英国、德国、法国、意大利和日本等国家诉讼法治的发展动向和最新研究状况，以期开拓视野。最后，以"附录"形式列举国内诉讼法学领域 2018 年的重要学术论文、著作、科研项目、相关高校博士学位论文等数据，供读者参考。

不忘初心，牢记使命。希望《中国诉讼法治发展报告（2018）》在保证体系连贯性、内容完整性与资料权威性的同时，将 2018 年诉讼法治发展的精华予以汇总、整理、归纳、提炼，清晰地呈现给广大读者，为法律研习者、应用者省却查找之苦、检索之累、摘录之耗。

本书出版得到中国政法大学出版社的大力支持，在此感谢。对于本书编撰中的不足和疏漏之处，敬请批评指正。

中国政法大学诉讼法学研究院

2019 年 6 月

目录

第一章

纵深推进的司法体制改革[*]

　　2018 年是贯彻党的十九大精神的开局之年，也是改革开放 40 周年。司法体制改革呈现全面发力、多点突破、纵深推进的态势，在更高起点上谋划推进政法领域全面深化改革，深入推进司法体制综合配套改革，切实解决司法责任制落实中的瓶颈问题，加快构建权责一致的司法权运行新机制。伴随政法领域改革深化，当前时期的司法体制改革从法院检察院的集中改革向政法系统全方位改革发展，推动完善公正高效权威的中国特色社会主义司法制度，努力让人民群众在每一个司法案件中感受到公平正义。

第一节　司法体制改革概览

一、中央有关司法体制改革的总体部署

　　2018 年 1 月 23 日，中央全面深化改革领导小组召开第二次会议，审议通过了《中央有关部门贯彻实施党的十九大〈报告〉重要改革举措分工方案》和《中央全面深化改革领导小组 2018 年工作要点》。会议强调，2018 年是站在新的历史起点上接力探索、接续奋进的关键之年，要全面贯彻党的十九大精神，以习近平新时代中国特色社会主义思想为指导，统筹推进党的十八大以来部署的改革举措和党的十九大部署的改革任务，更加注重改革的系统性、整体性、协同性，着力补齐重大制度短板，着力抓好改革任务落实，着力巩固拓展改革成果，着力提升人民群众获得感，

---

　　*　本部分执笔人：卞建林，中国政法大学诉讼法学研究院院长、教授；刘静坤，中国政法大学诉讼法学研究院教授。

不断将改革推深做实，推进基础性关键领域改革取得实质性成果。

司法体制改革是全面深化改革的关键领域，在全面依法治国战略中具有重要地位。根据中央全面深化改革的总体要求，司法体制改革要突出重点，攻克难点，在破除各方面体制机制弊端、调整深层次利益格局上再拿下一些硬任务，重点推进关键领域改革；要提高政治站位，勇于推进改革，敢于自我革命；要结合实际，实事求是，多从基层和群众关心的问题上找突破口，多推有地方特点的改革；要鼓励基层创新，继续发扬敢闯敢试、敢为人先的精神，推动形成更加浓厚、更有活力的改革创新氛围。

基于开年之初确定的全面深化改革总体部署，中央全面深化改革委员会多次强调改革的方法论和具体要求。概括起来，主要包括以下方面：

1. 加强和改善党对全面深化改革的统筹领导，紧密结合深化机构改革推动改革工作。在改革的领导和决策层面，要完善科学领导和决策、有效管理和执行的体制机制，加强战略研究、统筹规划、综合协调、整体推进，加强对地方和部门工作的指导。各级党委要加强对改革工作的领导，强化组织协调能力，确保党中央改革决策部署落到实处。在机构改革与相关领域改革的关系层面，要统筹安排深化党和国家机构改革和各领域改革，既要通过机构改革推进各领域改革，又要在深化各领域改革中优化机构职责配置。深化党和国家机构改革涉及一批改革任务和分工的调整，要把同机构改革相关联的改革事项理清楚，确保各项改革任务责任明确、协同推进。

2. 周密组织地方机构改革，使中央和地方机构改革在工作部署、组织实施上有机衔接、有序推进。地方机构改革要抓紧启动、压茬推进。全面准确贯彻落实党中央关于机构改革的部署要求，坚决维护党中央权威和集中统一领导，确保上下贯通、执行有力；赋予省级及以下机构更多自主权，允许地方因地制宜设置机构和配置职能；严格各级党政机构限额管理，强化编制管理刚性约束；着眼于服务方便人民群众、符合基层事务特点，构建简约高效的基层管理体制；深化综合行政执法改革，完善市场监管和执法体制。省（区、市）党委职能部门和政府组成部门总体上要同中央和国家机关机构对应，在此基础上，各地可以根据本地经济社会特点和工作需要因地制宜设置相关机构。

3. 全面深化改革，更加注重抓落实、见成效。继续推进改革，要把更多精力聚焦到重点难点问题上来，集中力量打攻坚战，激发制度活力，激活基层经验，激励干部作为，扎扎实实把全面深化改革推向深入。每项工作都要定责追责到人。要激发制度活力，敢于突破，主动作为，在优化资源配置上下功夫，用制度来盘活资源、提高效能。要激活基层经验，对率先突破、取得经验的，及时拿到面上来研究论证，条件成熟的要及时推广。不管在哪个层面总结推广改革经验，要按照客观规律办事，根据实际作差别化处理。

4. 强化改革的领导责任，把改革重点放到解决实际问题上来。各地区各部门特别是一把手要拿出敢于担当的勇气和决心来，越是难度大的改革，越要动真碰硬，一抓到底。对群众反映强烈的突出问题，必须坚决改、马上改。对事关战略全局、事关长远发展、事关人民福祉的紧要问题，要科学统筹、优先解决。要结合实际，既抓全局的重点，也抓局部的重点，做到大局小局一盘棋。要把有利于增强人民群众获得感的改革放到更加突出位置来抓，对收入分配、教育、就业、社会保障、医疗、住房、环境治理、养老、食品药品安全等问题，要结合群众的现实需求，有针对性地推出一批改革举措。各地区各部门要把贯彻落实党中央改革决策部署作为政治任务，以严明的纪律确保改革扎实推进。

5. 科学总结全面深化改革的成功经验，坚定全社会改革信心。各地区各部门要扎实做好庆祝改革开放 40 周年工作，把回顾总结 40 年改革开放同新时代推动全面深化改革结合起来，把吸取改革开放历史经验同解决现实矛盾问题结合起来，把充分展示改革开放伟大成就同提升人民群众获得感结合起来，把深化改革开放同推动实现"两个一百年"奋斗目标、实现中华民族伟大复兴的中国梦结合起来，以更大决心、更大勇气、更大力度把改革开放推向深入。要注意从历史、全局、战略的高度总结 40 年改革开放成就和经验，突出时代性、思想性、实践性。要坚持问题导向，对一些带有共性、规律性的问题，要注意总结和反思，以利于更好前进。

2018 年 12 月 18 日，习近平总书记在《在庆祝改革开放 40 周年大会上的讲话》中强调指出，40 年来，我们始终坚持中国特色社会主义政治发展道路，不断深化政治体制改革，发展社会主义民主政治，党和国家领导体制日益完善，全面依法治国深入推进，中国特色社会主义法律体系日益健全，人民当家作主的制度保障和法治保障更加有力，人权事业全面发展。改革开放 40 年积累的宝贵经验是党和人民弥足珍贵的精神财富，对新时代坚持和发展中国特色社会主义有着极为重要的指导意义。具体到司法体制改革领域，要加强社会治理制度建设，不断促进社会公平正义，保持社会安定有序。要坚决破除一切妨碍发展的体制机制障碍和利益固化藩篱，加快形成系统完备、科学规范、运行有效的制度体系，推动中国特色社会主义制度更加成熟更加定型。同时，要增强战略思维、辩证思维、创新思维、法治思维、底线思维，加强宏观思考和顶层设计，坚持问题导向，聚焦我国发展面临的突出矛盾和问题，深入调查研究，鼓励基层大胆探索，坚持改革决策和立法决策相衔接，不断提高改革决策的科学性。

二、中央深改委有关司法体制改革的具体部署

2018 年 1 月 23 日，中央全面深化改革领导小组召开年初第二次会议。3 月 28 日，作为健全党对重大工作领导体制机制的一项重要举措，中央全面深化改革领导小组改为委员会。2018 年度，中央全面深化改革委员会共召开 5 次会议。习近平总书记主持各次会议并作重要讲话，对司法体制改革作出了一系列重要部署，对全面深化司法体制改革具有重要指导意义。

1 月 23 日，中央全面深化改革领导小组召开第二次会议，审议通过了《中央有关部门贯彻实施党的十九大〈报告〉重要改革举措分工方案》《中央全面深化改革领导小组 2018 年工作要点》和《关于建立"一带一路"争端解决机制和机构的意见》等文件。会议强调，建立"一带一路"争端解决机制和机构，要坚持共商共建共享原则，依托我国现有司法、仲裁和调解机构，吸收、整合国内外法律服务资源，建立诉讼、调解、仲裁有效衔接的多元化纠纷解决机制，依法妥善化解"一带一路"商贸和投资争端，平等保护中外当事人合法权益，营造稳定、公平、透明的法治化营商环境。

3 月 28 日，中央全面深化改革委员会召开第一次会议，审议通过了《中央全面深化改革委员会工作规则》《关于深化纪检监察体制改革和中央纪委国家监委机构改革情况的报告》《关于设立上海金融法院的方案》《公安机关执法勤务警员职务序列改革方案（试行）》《公安机关警务技术职务序列改革方案（试行）》《关于加强人民调解员队伍建设的意见》等文件。会议强调，设立上海金融法院，目的是完善金融审判体系，营造良好金融法治环境。要围绕金融工作服务实体经济、防控金融风险、深化金融改革的任务，发挥人民法院的职能作用，对金融案件实行集中管辖，推进金融审判体制机制改革，提高金融审判专业化水平，建立公正、高效、权威的金融审判体系。会议强调，在试点基础上全面推开公安机关执法勤务警员和警务技术职务序列改革，要根据公安机关性质任务和人民警察职业特点，尊重警务技术人才成长发展规律，完善公安机关执法勤务警员职务序列，建立警务技术职务序列，拓展民警职业发展空间。会议强调，加强人民调解员队伍建设，要坚持党的领导、依法推动、择优选聘、专兼结合，优化队伍结构，着力提高素质，完善管理制度，强化工作保障，努力建设一支政治合格、熟悉业务、热心公益、公道正派、秉持中立的人民调解员队伍，为平安中国、法治中国建设作出积极贡献。

5 月 11 日，中央全面深化改革委员会召开第二次会议，审议通过了《关于地方机构改革有关问题的指导意见》《关于党的十八大以来有关改革任务分工调整的请示》《党的十九大报告重要改革举措实施规划（2018—2022 年）》等文件。会议指出，全面准确贯彻落实党中央关于机构改革的部署要求，坚决维护党中央权威和集中统一领导，确保上下贯通、执行有力；赋予省级及以下机构更多自主权，允许地方因地制宜设置机构和配置职能；严格各级党政机构限额管理，强化编制管理刚性约束；着眼于服务方便人民群众、符合基层事务特点，构建简约高效的基层管理体制；深化综合行政执法改革，完善市场监管和执法体制。

7月6日，中央全面深化改革委员会召开第三次会议，审议通过了《关于增设北京互联网法院、广州互联网法院的方案》《关于设立最高人民检察院公益诉讼检察厅的方案》等文件。会议指出，在北京、广州增设互联网法院，是司法主动适应互联网发展大趋势的一项重要举措。要在总结推广杭州互联网法院试点经验基础上，回应社会司法需求，科学确定管辖范围，健全完善诉讼规则，构建统一诉讼平台，推动网络空间治理法治化。会议强调，设立最高人民检察院公益诉讼检察厅，要以强化法律监督、提高办案效果、推进专业化建设为导向，构建配置科学、运行高效的公益诉讼检察机构，为更好履行检察公益诉讼职责提供组织保障。

9月20日，中央全面深化改革委员会召开第四次会议，审议通过了《关于完善系统重要性金融机构监管的指导意见》等文件。会议强调，完善系统重要性金融机构监管，对于弥补金融监管短板，引导大型金融机构稳健经营，防范系统性金融风险具有重要意义。要明确政策导向，对系统重要性金融机构的识别、监管、处置作出制度性安排，加强金融监管的集中统一、协调配合，形成监管合力，有效维护金融体系稳健运行。

11月14日，中央全面深化改革委员会召开第五次会议，审议通过了《关于全面推行行政执法公示制度执法全过程记录制度重大执法决定法制审核制度的指导意见》等文件。会议强调，要着力推进行政执法透明、规范、合法、公正，不断健全执法制度、规范执法程序、创新执法方式、加强执法监督，全面提高执法效能，推动形成权责统一、权威高效的行政执法体系，切实维护人民群众合法权益。

三、司法体制改革具体推进情况

2018年，政法领域改革从法院、检察院拓展到党委政法委、公安机关、国家安全机关、司法行政机关；从破解影响司法公正、制约司法效能的体制机制问题，到构建中国特色社会主义司法制度体系；从主要由各单位分别部署推进，向更加注重统筹部署、一体推进转变。[1] 司法体制改革诸领域均有不同程度的进展，也有一些值得关注的创新改革举措。

---

〔1〕　新华社："让公平正义更加可触可感——回望我国政法领域改革一年间"，新华网2019年1月14日报道，http://www.xinhuanet.com/2019-01/14/c_1123988236.htm。

（一）中央政法委改革部署

1. 推进政法机构改革。2018 年 7 月 18 日，中央政法委机关召开下半年工作推进会，督促中央政法单位抓紧落实新的"三定"（"定职责、定机构、定编制"）方案，有序搞好机构改革。[1] 一是抓好中央政法委自身机构改革，及时实施新"三定"方案，创新机关运行机制，构建系统完备、科学规范、运行高效的机构职能体系，提高机关工作质量、效率和水平。二是抓好政法口机构改革工作，督促中央政法单位抓紧落实新的"三定"方案，有序搞好机构改革；加强跨军地改革协调落实，推动公安警卫部队改制和边防部队转隶以及武警森林、黄金、水电部队转隶移交工作。三是抓好司法体制综合配套改革，统筹推进司法责任制改革和综合配套改革，着力解决员额制改革不够到位、内设机构改革推进难、向法官检察官放权后监督难、司法职业保障政策落实难等问题。四是抓好政法各单位改革统筹协调工作，统筹助推公安机关、国家安全机关、司法行政机关、法学会等政法各单位改革，及时协调解决改革中遇到的新情况新问题。

2. 推进扫黑除恶专项斗争督导工作。2018 年 7 月 5 日，按照《中共中央、国务院关于开展扫黑除恶专项斗争的通知》部署，中共中央办公厅、国务院办公厅印发《全国扫黑除恶专项斗争督导工作方案》。[2] 《全国扫黑除恶专项斗争督导工作方案》明确，由中央政法委牵头，会同全国扫黑除恶专项斗争领导小组成员单位，组成扫黑除恶专项斗争中央督导组开展督导工作。督导工作从 2018 年上半年开始，到 2019 年年底，基本实现督导工作全覆盖。在督导基础上，适时开展"回头看"，督导各地区整改落实和建立健全长效机制情况，确保扫黑除恶专项斗争取得压倒性胜利。督导工作主要针对各省（自治区、直辖市）党委和政府及其有关部门，并下沉至部分市地级党委和政府及其有关部门。对涉及的重点案件，直接到县乡村进行督导，对存在突出问题的地方等进行重点督导。具体到司法领域，督导工作主要围绕依法严惩，重点督导扫黑、除恶、治乱的成效，特别是发动群众情况，严守法律政策界限，严格依法办案，确保涉黑涉恶问题得到根本遏制情况。

3. 推进全面深化司法体制改革。2018 年 7 月 24 日，全面深化司法体制改革推进会在深圳召开。会议提出，司法改革要破解责任不实、合力不强、监督不力等"五

---

[1] 李军："陈一新在中央政法委机关下半年工作推进会上强调聚焦政法工作'十大抓手'，促进社会政治大局稳定"，《人民公安报》2018 年 7 月 20 日报道，http://www.mps.gov.cn/n2253534/n22535 35/c6178246/content.html。

[2] 新华社："中共中央办公厅、国务院办公厅印发全国扫黑除恶专项斗争督导工作方案"，新华网 2018 年 7 月 5 日报道，http://baijiahao.baidu.com/s? id=16051499628550620 52&wfr=spider&for=pc。

大难题"。[1]

第一，为着力破解责任不实难题，让院庭长回归审判一线成为常态，要加快健全领导干部办案制度，坚持领导干部入额必办案，完善重大、疑难、复杂案件由院庭长直接审理机制。设定院庭长办案的数量底线和质量要求，建立绩效考核、督察通报、公示监督等机制，将办案绩效作为院庭长考核的重要内容，切实防止办案走形式、走过场以及委托办案、挂名办案等现象。

第二，为着力解决合力不强难题，要加快组建新型办案团队，建立司法辅助人员正常增补机制，严格落实未入额人员转为助理的规定，完善聘用制司法助理、书记员招录管理机制，解决司法辅助人员不足问题。

第三，为着力破解监督不力难题，要加快构建新型监管机制，完善院庭长审判监督管理机制，规范审委会、检委会把关职能，探索完善法官检察官自律机制，强化办案团队、合议庭管理职责，完善专业法官检察官联席会议制度。此外，要坚持问责和免责相结合，构建科学合理的司法责任追究制度，研究出台错案责任追究具体办法，完善法官检察官惩戒机制，防止制度空转。

第四，为破解尺度不一难题，要加快推进司法规范化建设，完善类案参考、裁判指引、指导性案例机制，推行类案及关联案件强制检索制度，研发完善智能辅助办案系统，规范自由裁量权。

第五，为着力破解激励不足难题，要加快完善绩效考核制度，坚持以办案数量为主，结合案件难易程度、办案质量效果，科学设定绩效考核指标体系，引导司法人员多办案、快办案、办好案。

4. 推进全国司法规范化大检查。2018 年 1 月 22 日到 23 日，中央政法工作会议在北京召开。会议提出，开展全国执法司法规范化大检查，着力解决执法司法不严格、不规范、不公正、不文明问题，防止公权力损害人民群众获得感、幸福感、安全感。以陕西为例，全省政法系统执法司法规范化大检查采取党委政法委牵头抓总、检察机关负责实施的形式，分为调查摸底、自查自纠、督导检查、建章立制、总结通报 5 个阶段，涉及刑事诉讼、民事诉讼、行政诉讼以及刑罚执行和监管活动中的 15 个重点问题。[2] 为确保大检查效果，陕西省委政法委还成立了工作专班，持续督促各地各部门大检查工作深入开展。对大检查中发现的执法司法问题突出、涉法涉

---

[1] 陈叶军："全面深化司法体制改革推进会在深圳召开，郭声琨谈破解司法改革'五大难题'"，《南方都市报》2018 年 7 月 25 日报道，http://www.oeeee.com/mp/a/BAAFRD00002018072592467.html.

[2] 倪建军："陕西启动执法司法规范化大检查"，《检察日报》2018 年 8 月 10 日报道，http://www.spp.gov.cn/spp/zdgz/201808/t20180810_387860.shtml.

诉信访持续上升、整改落实不力的单位，省委政法委将研究取消其当年评先资格，并向当地考核部门进行通报。

（二）人民法院司法改革举措

2018 年，人民法院积极推进司法体制综合配套改革，全面落实"四五改革纲要"确定的改革任务，细化落实司法责任制的相关举措，推进司法改革工作在新起点取得新进展。[1]

1. 深化司法公开。最高人民法院制定发布《关于进一步深化司法公开的意见》和《关于人民法院通过互联网公开审判流程信息的规定》，进一步扩大司法公开范围，规范司法公开平台和程序，上线运行全国法院统一的案件信息查询系统，为各类案件当事人和诉讼代理人提供更加便捷有效的审判流程、庭审活动、裁判文书、执行信息查询服务。截至 2018 年 12 月 31 日，全国法院公布裁判文书近 6000 万篇，访问量超过 210 亿人次；公布失信被执行人 1288 万例；限制购买飞机票 1746 万人次；限制购买高铁动车票 547 万人次；地方法院在线直播庭审 230 万余件，在线观看总人数超 139 亿人次，受到社会公众的广泛好评。

2. 推进专门法院建设：①金融法院建设。2018 年 8 月 7 日，最高人民法院印发《关于上海金融法院案件管辖的规定》；8 月 20 日，全国首家金融法院——上海金融法院正式挂牌成立，截至 12 月 31 日，上海金融法院共收案 1897 件，标的总额达 252 亿元。这是完善审判体系的一项重大改革举措，有助于建立完善中国特色社会主义金融审判体制机制。②互联网法院建设。经报中央全面深化改革委员会审议通过，最高人民法院印发《关于在北京、广州增设互联网法院的方案》，配套制定《关于互联网法院审理案件若干问题的规定》。2018 年 9 月 9 日、18 日，北京互联网法院、广州互联网法院相继成立，对互联网法院的管辖范围、诉讼规则、上诉机制和平台建设等作出规范。截至 2018 年年底，北京互联网法院立案 3040 件，结案 2540 件；广州互联网法院立案 1833 件，结案 927 件；两家法院的在线立案率、开庭率、裁判文书电子送达率均在 90% 以上。③知识产权法庭建设。2018 年 2 月，经中央全面深化改革领导小组审议通过，中共中央办公厅、国务院办公厅印发了《关于加强知识产权审判领域改革创新若干问题的意见》。2018 年 10 月，中央正式批准《最高人民法院关于设立知识产权法庭的试点方案》，第十三届人大常委会第六次会议审议通过《关于专利等知识产权案件诉讼程序若干问题的决定》。2019 年 1 月 1 日，最高人民法院知识产权法庭正式办公，这是严格保护知识产权、服务创新驱动发展战略、营造国际一流营商环境的重大制度创新。④国际商事法庭建设。2018 年 6 月，经中央

---

[1]　胡仕浩、何帆："司改 2018：逐梦前行续新篇"，载《人民法院报》2019 年 1 月 17 日，第 2 版。

全面深化改革委员会审议通过，中共中央办公厅、国务院办公厅印发《关于建立"一带一路"国际商事争端解决机制和机构的意见》。2018 年 6 月 29 日，最高人民法院第一国际商事法庭、第二国际商事法庭分别在广东省深圳市、陕西省西安市最高人民法院第一巡回法庭和第六巡回法庭揭牌办公。最高人民法院印发《关于成立国际商事专家委员会的决定》《国际商事法庭程序规则（试行）》《国际商事专家委员会工作规则（试行）》，努力构建诉讼与调解、仲裁有机衔接的国际商事纠纷解决平台，推动形成便利、快捷、低成本的"一站式"国际商事纠纷多元化解决机制。

3. 全面推进基层法院内设机构改革。最高人民法院与中央编办联合印发《关于积极推进省以下人民法院内设机构改革工作的通知》，就内设机构数量、审判业务机构设置、专业化审判组织建设、内设机构规范设置等问题，提出具体意见。先后在天津、成都、武汉召开 3 次内设机构改革座谈会，推进全国法院内设机构改革稳步深入。截至 2018 年 12 月底，天津完成中、基层法院内设机构改革任务，上海完成基层法院内设机构改革任务，北京等 20 个省（区、市）法院以及兵团基层法院制定下发内设机构改革方案，预计 2019 年 3 月底前全国所有基层法院基本完成内设机构改革任务。

4. 全面落实司法责任制。2018 年 12 月 5 日，最高人民法院印发《关于进一步全面落实司法责任制的实施意见》，强调完善新型监督管理机制和惩戒制度，尤其是加强对院长、庭长办案的网上公示和考核监督，担任领导职务的法官无正当理由不办案或者办案达不到要求的，应当退出员额。就发现机制、启动程序、监管方式等方面对"四类案件"作出了更为细化明确的规定，给权力干预画上不可触碰的高压线，确保人民法院依法独立公正行使审判权。配套出台《关于健全完善人民法院主审法官会议工作机制的指导意见（试行）》，强化主审法官会议咨询参考功能、统一法律适用功能。为促进司法规范化建设，对全国 26 个省（区、市）77 家法院开展司法规范化大检查，编制涵盖刑事、民事、行政、国家赔偿专业领域主要审判程序的审判流程标准，推动将从立案到结案归档各个节点的工作要点、时限要求、流程标准、岗位指引和文书样式嵌入信息化办案平台。

5. 推进多元化纠纷解决机制建设。截至 2018 年 12 月 31 日，全国有 1258 个法院接入统一在线调解平台，平台入驻特邀调解组织 2472 个、特邀调解员 18 229 名，全年在线化解纠纷 53 345 件。其中，北京法院通过"多元调解+速裁"共导出一审民事案件 404 071 件，多元调解成功和速裁结案 254 274 件，占同期一审民事结案量的47%。最高人民法院会同中国证监会印发《关于全面推进证券期货纠纷多元化解机制建设的意见》，会同中国侨联印发《关于在部分地区开展涉侨纠纷多元化解试点工作的意见》，推动多元化纠纷解决机制在各行业、各领域落地生根。

6. 创新司法为民途径。为传承创新新时代"枫桥经验"，全国55%以上法院实现网上立案，51%以上法院实现电子送达，1300多家法院提供跨域立案服务，真正实现"让数据多跑路，让群众少跑腿"，开放、动态、透明、便民的阳光司法机制更加成熟定型。

7. 基本解决执行难。2018年是"基本解决执行难"的决战之年，经过三年努力，全国31个省（区、市）党委、政府、政法委全部出台支持人民法院解决执行难、加强失信被执行人信用惩戒的文件，党委领导、政法委协调、人大监督、政府支持、法院主办、部门配合、社会参与的综合治理执行难工作格局已初步形成，并不断完善。最高人民法院持续加强执行制度建设，密集出台涉及执行和解、执行担保、先予仲裁、仲裁裁决和公证债权文书执行等重要司法解释和规范性文件，有效约束和规范执行权。2018年6月以来，组织开展"基本解决执行难"专项巡查工作，对全国法院进行三轮巡查，并委托中国社科院牵头的第三方评估机构通过数据采集、案卷评查开展评估。最高人民法院建立的"总对总"网络查控系统与公安部、民政部等16家单位和3900多家银行业金融机构联网，可以查询被执行人全国范围内的不动产、存款等16类25项信息，基本实现对被执行人主要财产形式和相关信息的有效覆盖。在全国法院全面推行网络司法拍卖，并完善相关配套制度，全面实行网拍的法院达到3260个，法院覆盖率为92.5%，网络拍卖数量占整个司法拍卖的80%以上。针对司法救助金额不足的情况，最高人民法院在批准宁波法院积极试点的基础上，探索在全国范围内引入保险机制，拓展资金来源，2018年发放司法救助金6.5亿元。执行工作发生的深刻变化，得到了社会各界和广大人民群众的充分肯定。

8. 加强最高人民法院巡回法庭建设。六个巡回法庭审结案件1.7万件，妥善处理一批历史形成的跨行政区域重大行政和民商事案件，实现了审判工作重心下移、就地解决纠纷等改革目标。

9. 开展司法体制综合配套改革试点。上海市高级人民法院研究制定《关于贯彻落实〈关于上海市开展司法体制综合配套改革试点的框架意见〉的实施方案》，将改革任务细化分解为8大类72条136项，重点从规范审判权力运行、优化司法职权配置、推进以审判为中心的诉讼制度改革、深化繁简分流、提升诉讼服务水平、完善人员分类管理、坚持科技强院、优化司法环境等8个方面推进司法体制综合配套改革。截至目前，方案确定的136项任务已基本完成。

10. 加强司法改革督查。最高人民法院印发《人民法院司法改革督察工作办法》，建立健全改革落实长效机制，由5位院领导带队，分赴部分省、区、市45个法院就司法责任制、以审判为中心的刑事诉讼制度改革等重点改革项目开展督察，做到"现场有反馈，事后发通报，及时抓整改"，通报点名批评 20 多家法院，要求年底务必整改到位，并适时开展"回头看"工作。为最大程度激发改革内生动力，最高人民法院严格践行主体责任，积极协调中央相关部门，明确了员额法官岗位交流、退休年龄、医疗待遇、差旅待遇、公务交通补贴等政策，以通知形式印发实施，并督促各级法院推动落实。

（三）人民检察院司法改革举措

2018 年，人民检察院积极适应反贪转隶、检察职能调整，坚持讲政治、顾大局、谋发展、重自强，采取一系列主动跟进的思路举措，使转隶成为法律监督全面协调充分发展的转机。[1] 立足最高人民检察院 2018 年年初印发的《关于贯彻落实党的十九大精神深入推进检察改革的工作意见》，各级检察机关在"精装修"和落实上下功夫，检察改革取得突破性进展。[2]

1. 积极配合国家监察体制改革。最高人民检察院会同国家监察委员会制定办理职务犯罪案件工作衔接、证据收集审查等规范。受理各级监委移送职务犯罪 16 092 人，已起诉 9802 人，不起诉 250 人，退回补充调查 1869 人次，不起诉率、退查率同比分别下降 9.5 和 37 个百分点。依法对孙政才、王三运等 32 名原省部级以上人员提起公诉。参与许超凡、蒋雷等"百名红通人员"追逃，会同有关部门发布公告，敦促外逃人员投案自首。指导地方检察机关对 17 件职务犯罪嫌疑人逃匿、死亡案件启动违法所得没收程序。

2. 推进内设机构系统性、重构性改革。2018 年，最高人民检察院向中央提出内设机构改革的建议方案。12 月 4 日，中央印发《最高人民检察院职能配置、内设机构和人员编制规定》。2018 年 12 月 17 日，最高人民检察院机关召开内设机构改革动员部署会；12 月 23 日，最高人民检察院机关内设机构调整组建和办公用房搬迁工作全部完成；12 月 24 日，最高人民检察院第一至第十检察厅按照新的职能和办案机制正式运行。同时，最高人民检察院印发《关于推进省以下人民检察院内设机构改革工作的通知》，要求省级院在 2019 年 1 月前形成内设机构改革方案，市级院、基层院要在 2019 年 2 月前形成内设机构改革方案，2019 年 3 月底前基本完成内设机构改革任务。

---

〔1〕　2019 年 3 月 12 日《最高人民检察院工作报告》，载最高人民检察院网站：http://www.spp.gov.cn/spp/tt/201803/t20180309_369886.shtml。

〔2〕　郑赫："'党的十九大以来政法工作亮点'系列报道之四：司法改革蹄疾步稳取得突破性进展"，《检察日报》2019 年 1 月 14 日报道，http://www.spp.gov.cn/spp/zdgz/201901/t20190114_405227.shtml。

3. 推动捕诉一体改革。2018 年 2 月底，全国四级检察机关反贪、反渎和预防部门职能、机构及 44 151 名检察干警全部按时完成转隶。以转隶为转机，最高人民检察院将推动"捕诉一体"作为新一轮司法改革的突破口。2018 年 7 月，全国人大监察和司法委员会、最高人民检察院联合邀请 8 名法学专家，前往江苏省无锡市和苏州市检察机关实地调研。苏州工业园区检察院实行"捕诉一体"的实践表明，该院审前羁押率从 2013 年的 50.5% 降至 2017 年的 27.3%；逮捕率从 2004 年的 95.9% 降低至 2017 年的 60.5%。2018 年 8 月，全国人大监察和司法委员会、最高人民检察院再次联合邀请 7 名法学专家，前往吉林检察机关开展实地调研。调研组了解到，吉林省检察机关实行"捕诉一体"三年来，审前羁押率连续三年下降；每起案件瑕疵问题从平均 6.39 个下降到 2.77 个；批捕、起诉办案时间平均分别缩短 12.3% 和 12.4%。备受关注的长生疫苗案，长春市高新区检察院组成"捕诉一体"办案团队，从公安机关立案侦查至审查起诉，仅用了 17 天。根据最高人民检察院"捕诉一体"的改革要求，针对批捕、起诉职能关联性强，分别行使影响办案质量和效率，改为捕诉一体，同一案件批捕、起诉由同一办案组织、同一检察官负责到底。

4. 积极推进司法体制综合配套改革。检察人员分类管理、检察官办案责任制不断完善，检察官单独职务序列及工资制度逐步健全，检察人员职业保障政策基本落实。深化跨行政区划检察改革，将一起涉及苏豫皖三省水域污染案指定相关检察院异地办理。支持上海牵头探索长三角环境保护一体化检察协作机制。制定 2018—2022 年检察改革工作规划，提出 46 项重要改革举措。

5. 开展监狱巡回检察试点。2018 年 6 月至 2019 年 5 月，山西、辽宁、上海、山东、湖北、海南、四川、宁夏等地检察机关开展对监狱巡回检察试点工作。与监狱派驻检察不同，监狱巡回检察试点主要通过机动式巡回检察，灵活确定监督重点，及时进行整改纠正，确保检察监督的针对性、实效性。根据最高人民检察院试点方案，检察机关可以适时安排不同的检察官办案组对同一监狱进行巡回检察，及时发现和解决上次巡回中存在的问题和不足。

6. 完善公益诉讼检察制度。全年共立案办理民事公益诉讼 4393 件、行政公益诉讼 108 767 件。其中，涉及生态环境和资源保护 59 312 件、食品药品安全 41 118 件、国有财产保护 10 025 件、国有土地使用权出让 2648 件、英烈权益保护 57 件。针对公益诉讼案件确定管辖难、调查取证难、司法鉴定难等问题，会同最高人民法院出台司法解释，与生态环境部等 9 部委会签协作意见，全国县级检察院办理公益诉讼案件已做到全覆盖。把诉前实现维护公益目的作为最佳状态，共办理诉前程序案件 102 975 件，更多问题在诉前得以解决。共提起公益诉讼 3228 件，法院已判决 1526

件，支持起诉意见 1525 件。

7. 创新推进业务建设。分级分类开展大规模正规化教育培训，最高人民检察院直接培训 1.7 万人次，同比上升 7.9%。要求领导干部带头办理重大疑难复杂案件，在规范办案上作表率。最高人民检察院带头落实检察长列席审判委员会会议制度，各级检察长、副检察长列席审委会 8713 人次，省级检察院检察长首次全部列席。建设基层检察院直通最高人民检察院的专业平台"检答网"，解答各类问题 1.1 万个。重视"智慧借助"，最高人民检察院聘请 103 名专家学者、法律界代表委员、律师等，组建办案咨询委员会；与生态环境、市场监管、金融监管等部门协作，互派干部挂职交流，扎实提升办案专业水平。

8. 加强检察服务工作。2018 年 6 月 28 日，最高人民检察院正式启用 12309 检察服务中心实体大厅，统一受理群众控告、申诉和举报，受理和审核案件等事项。一个窗口对外、"一站式"服务，在 12309 检察服务中心，老百姓"只进一个门"就能办成事。

(四) 公安机关司法改革举措

2018 年，公安改革以问题为导向，向全方位、深层次迈进，在新时代司法体制改革中扮演着重要角色。[1] 2018 年 1 月 24 日，全国公安厅局长会议在北京召开。会议指出，在继续抓好中央关于全面深化公安改革"1+3"意见方案（中办、国办《关于全面深化改革若干重要问题的框架意见》及相关改革方案）推进落实的基础上，推进以提升效能为核心、以服务基层为重点的警务体制变革，重塑警务组织形态、警务流程形态、警力配置形态，推动重心下移、警力下沉、保障下倾，努力建设符合新时代要求、适应国家治理体系和治理能力现代化的现代警务管理体制。[2]

1. 推进执法公开建设。2018 年 8 月 23 日，公安部印发《公安机关执法公开规定》，进一步规范公安机关执法公开工作，促进严格规范公正文明执法，保障公民、法人和其他组织依法获取执法信息和方便办事。公安机关应当采取措施使社会广为知晓执法公开的范围、期限和途径，方便公民、法人和其他组织依法获取执法信息。对涉及公共利益、公众普遍关注、需要社会知晓的执法信息，应当主动向社会公开；对不宜向社会公开，但涉及特定对象权利义务、需要特定对象知悉的执法信息，应当主动向特定对象告知或者提供查询服务。

---

〔1〕　叶泉："公安改革是司法体制改革新亮点"，载《法制日报》2018 年 7 月 26 日，第 7 版。
〔2〕　"赵克志在全国公安厅局长会议上强调：高举习近平新时代中国特色社会主义伟大旗帜，坚持改革引领创新驱动奋力开创新时代公安工作新局面"，公安部网站 2018 年 1 月 25 日报道，http://www.mps.gov.cn/n2253534/n2253539/c5989601/content.html。

2. 推进职务序列改革。2018 年 3 月 28 日，中央全面深化改革委员会第一次会议通过《公安机关警务技术职务序列改革方案（试行）》，在试点基础上全面推开公安机关执法勤务警员和警务技术职务序列改革，根据公安机关性质任务和人民警察职业特点，完善公安机关执法勤务警员职务序列，建立警务技术职务序列，进一步深化招录培养机制、职业保障制度和警务辅助人员管理制度改革。

3. 推进执法规范化改革。探索建立主办侦查员制度，推动应用刑事案件智能辅助办案系统，完善执法标准、执法细则和实战指引。加强执法办案场所精细化、集成化、智能化建设，探索跨部门涉案财物管理平台和场所建设。在办案流程方面，明确"犯罪嫌疑人被带至公安机关后，一律直接带入办案区，一律先进行人身检查和信息采集，一律有人负责看管，一律有视频监控并记录"的"四个一律"的硬性要求。在硬件设施方面，在将办案区、接待区、办公区和生活区进行物理隔离的基础上，不断推动执法办案场所规范化改造向精细化、集约化、智能化方向发展。全面推行"执法信息网上录入、执法流程网上管理、执法活动网上监督、执法质量网上考核"的执法办案和监督管理新模式，普遍建立运行统一的执法办案和监督信息系统，实现了对执法办案的网上管理。全面推动运行涉案财物智能化管理，依托二维码技术让涉案财物有了"身份证"，实现了对涉案财物的信息化管理，全国共建成涉案财物管理场所 15 926 个。

4. 推进科技兴警建设。2018 年全国公安厅局长会议指出，大数据是公安工作创新发展的大引擎、培育战斗力生成的新增长点。要把握时代发展大势，大力实施公安大数据战略，着力打造数据警务、建设智慧公安，全面推动公安工作质量变革、效率变革、动力变革，努力实现公安机关战斗力的跨越式发展。要坚持实战引领，充分运用大数据等新技术手段，积极构建以大数据智能应用为核心的智慧警务新模式，着力提高预测预警能力、精确打击能力和动态管理能力，不断提升公安工作智能化水平。要把实施公安大数据战略作为一项"龙头工程"来抓，加强组织领导，坚持统筹推进。要坚持大数据建设应用与安全防护同步规划实施，加快构建大数据安全保障体系。

5. 推进执法权威建设。2018 年 12 月 7 日，公安部制定《公安机关维护民警执法权威工作规定》，[1] 保障公安民警依法履行职责、行使职权，维护国家法律尊严和民警执法权威。据统计，2017 年，各级警务督察部门就受理核查侵害民警执法权益案（事）件 1.3 万起，处理侵害行为人 1.8 万名，为 1.6 万名民警提供救济、恢复名

---

〔1〕 刘子阳："依法履职造成损害民警个人不承担责任：公安部出台规定维护民警执法权威"，载《法制日报》2018 年 12 月 30 日，第 2 版。

誉、挽回损失。规定明确，公安民警依法履行职责、行使职权受法律保护，不受妨害、阻碍，民警及其近亲属的人身财产安全不因民警依法履行职责、行使职权行为受到威胁、侵犯，民警及其近亲属的人格尊严不因民警依法履行职责、行使职权行为受到侮辱、贬损。民警依法履职对公民、法人或者其他组织合法权益造成损害的，民警个人不承担法律责任，由其所属公安机关按照国家有关规定对造成的损害给予补偿。公安机关应当严格依法依规开展执法过错责任追究工作，非因法定事由、非经法定程序，不得对民警采取停止执行职务、禁闭等措施，不得作出处分或者免职、降职、辞退等处理。

（五）司法行政机关司法改革举措

2018 年 3 月 17 日，十三届全国人大一次会议举行第五次全体会议，决定将司法部和国务院法制办公室的职责整合，并将中央全面依法治国委员会办公室设在司法部，对司法部进行重新组建。新组建的司法部积极推进司法改革，立足 2018 年年初发布的《关于加快推进司法行政改革的意见》，研究探索优化司法行政职权配置五个方面共 85 项改革举措。[1]

1. 完善法律援助制度。2018 年 4 月 25 日，刑事法律援助工作联席会议第一次会议在司法部召开，最高人民法院、最高人民检察院、公安部、司法部、国家安全部、民政部、财政部等 7 个联席会议成员单位相关负责同志参加会议，正式建立刑事法律援助工作联席会议机制。

2. 推进司法行政戒毒工作模式改革。2018 年 5 月 29 日，司法部印发《关于建立全国统一的司法行政戒毒工作基本模式的意见》。该意见明确提出，建立以分期分区为基础、以专业中心为支撑、以科学戒治为核心、以衔接帮扶为延伸的全国统一的司法行政戒毒工作基本模式。这是司法行政戒毒工作从转型到定型的重要标志，有助于解决目前工作中存在的不平衡不充分、不科学不规范问题。

3. 推进法律服务机制改革。2018 年 5 月 20 日，中国法律服务网正式上线。公众可以随时咨询法律问题，包括人工留言咨询、智能法律咨询和知识问答咨询三个方式；可以通过网上办事指引服务，在线预约、在线申请、在线办理司法行政各类法律服务事项；还可以进行信息查询，精准选择自己满意的服务机构或人员。

4. 推进法律职业资格考试改革。2018 年，是首次组织实施国家统一法律职业资格考试的开局之年。全年考试报名人数为 60.4 万余人，全国 31 个省（区、市）、新疆生产建设兵团及香港特别行政区、澳门特别行政区共设置 303 个考区，916 个考

---

[1]　"改革举措花满枝！2018 年司法部大事记"，法制网 2019 年 1 月 2 日报道，https：//baijiahao. baidu. com/s？ id=1621522387834522385&wfr=spider&for=pc。

点，10 748 个考场。

第二节 政法领导工作体制改革

一、政法领导工作体制改革的基本情况

党的十九大报告指出："增强依法执政本领，加快形成覆盖党的领导和党的建设各方面的党内法规制度体系，加强和改善对国家政权机关的领导。"政法工作是党和国家工作的重要组成部分，是党领导政法单位依法履行职能的重要方式和途径。伴随司法体制改革深入推进，在深化党和国家机构改革背景下，政法工作也需要进一步加强和优化党的领导体制机制，形成各政法单位职责明确、行动高效、紧密配合、互相制约，在各级党委领导下协调行动的工作局面。[1]

2018 年 2 月，《中央党内法规制定工作第二个五年规划（2018—2022 年）》将制定《中国共产党政法工作条例》作为贯彻落实党的十九大精神、加强和改善党对政法机关领导的重要举措。随后，《2018 年中央文件和党内法规制定计划》将《中国共产党政法工作条例》列为 2018 年完成的重点项目，明确由中央政法委牵头起草，中央政法单位参加。

2018 年 12 月 27 日，中共中央政治局召开会议，审议《中国共产党政法工作条例》。会议指出，各级党委要加强对本地区政法工作的领导，研究解决好政法工作中的重大问题。党委政法委要发挥好牵头抓总、统筹协调、督办落实等作用。政法机关党组（党委）要加强对本单位政法工作的领导，履行好职责。会议强调，保证司法机关依法独立公正行使职权，是党的明确主张。各级党组织和领导干部要支持司法机关依法独立公正行使职权，支持政法各单位依照宪法法律独立负责、协调一致开展工作。

二、《中国共产党政法工作条例》的主要内容

《中国共产党政法工作条例》明确了党领导政法工作系列重大问题，主要包括：一是明确了制定该条例的目的是坚持和加强党对政法工作的绝对领导、做好新时代党的政法工作，依据是党章、宪法和有关法律，阐明了政法工作的性质、指导思想、主要任务和原则等重大问题。二是明确了政法工作的领导主体及职责，规定了党中央对政法工作实施绝对领导等重大职权，以及地方党委、党委政法委员会、政法单位党组（党委）的主体责任等。三是明确了党领导政法工作的运行机制，规定了政

---

[1] "政法工作为何强调党的领导？怎样加强领导？"，法制网 2019 年 1 月 30 日报道，http：//www. chinapeace. gov. cn/2019-01/30/content_ 11504887. htm。

法工作重大事项请示报告、决策和执行、监督和责任等制度。该条例以党内基本法规的形式，对党领导新时代政法工作进行全面制度擘画，为党领导政法工作提供基本遵循，具有重大而深远的意义。[1]

《中国共产党政法工作条例》共九章、三十九条，具体内容如下：

第一章　总则

第一条　为了坚持和加强党对政法工作的绝对领导，做好新时代党的政法工作，根据《中国共产党章程》、《中华人民共和国宪法》和有关法律，制定本条例。

第二条　本条例适用于中央和县级以上地方党委、党委政法委员会、政法单位党组（党委）领导和组织开展政法工作。

第三条　政法工作是党和国家工作的重要组成部分，是党领导政法单位依法履行专政职能、管理职能、服务职能的重要方式和途径。

党委政法委员会是党委领导和管理政法工作的职能部门，是实现党对政法工作领导的重要组织形式。

政法单位是党领导下从事政法工作的专门力量，主要包括审判机关、检察机关、公安机关、国家安全机关、司法行政机关等单位。

第四条　政法工作必须坚持以马克思列宁主义、毛泽东思想、邓小平理论、"三个代表"重要思想、科学发展观、习近平新时代中国特色社会主义思想为指导，牢固树立政治意识、大局意识、核心意识、看齐意识，坚定中国特色社会主义道路自信、理论自信、制度自信、文化自信，坚决维护习近平总书记党中央的核心、全党的核心地位，坚决维护党中央权威和集中统一领导，围绕统筹推进"五位一体"总体布局和协调推进"四个全面"战略布局，坚持党的领导、人民当家作主、依法治国有机统一，坚决捍卫党的领导和中国特色社会主义制度，维护宪法法律权威，支持政法单位依法履行职责，保证司法机关依法独立公正行使职权，确保政法队伍全面正确履行中国特色社会主义事业建设者、捍卫者的使命。

第五条　政法工作的主要任务是：在以习近平同志为核心的党中央坚强领导下开展工作，推进平安中国、法治中国建设，推动政法领域全面深化改革，加强过硬队伍建设，深化智能化建设，严格执法、公正司法，履行维护国家政治安全、确保社会大局稳定、促进社会公平正义、保障人民安居乐业的主要职责，创造安全的政治环境、稳定的社会环境、公正的法治环境、优质的服务环境，增强人民群众获得感、幸福感、安全感。

---

[1]　新华社："中央政法委负责人就《中国共产党政法工作条例》答记者问"，人民网 2019 年 1 月 19 日报道。

第六条 政法工作应当遵循以下原则：

（一）坚持党的绝对领导，把党的领导贯彻到政法工作各方面和全过程；

（二）坚持以人民为中心，专门工作和群众路线相结合，维护人民群众合法权益；

（三）坚定不移走中国特色社会主义法治道路，建设社会主义法治国家；

（四）坚持服务和保障大局，为推动经济持续健康发展和保持社会长期稳定提供法治保障；

（五）坚持总体国家安全观，维护国家主权、安全、发展利益；

（六）严格区分和正确处理敌我矛盾和人民内部矛盾这两类不同性质的矛盾，准确行使人民民主专政职能；

（七）坚持走中国特色社会主义社会治理之路，推动形成共建共治共享的社会治理格局；

（八）坚持改革创新，建设和完善中国特色社会主义司法制度和政法工作运行体制机制；

（九）政法单位依法分工负责、互相配合、互相制约，确保正确履行职责、依法行使权力；

（十）坚持政治过硬、业务过硬、责任过硬、纪律过硬、作风过硬的要求，建设信念坚定、执法为民、敢于担当、清正廉洁的新时代政法队伍。

第二章　党中央对政法工作的绝对领导

第七条 党中央对政法工作实施绝对领导，决定政法工作大政方针，决策部署事关政法工作全局和长远发展的重大举措，管理政法工作中央事权和由中央负责的重大事项。

第八条 党中央加强对政法工作的全面领导：

（一）坚持以习近平新时代中国特色社会主义思想为指导，为政法工作坚持正确方向提供根本遵循；

（二）确立政法工作的政治立场、政治方向、政治原则、政治道路，严明政治纪律和政治规矩，为政法工作科学发展提供政治保证；

（三）研究部署政法工作中事关国家政治安全、社会大局稳定、社会公平正义和人民安居乐业的重大方针政策、改革措施、专项行动等重大举措；

（四）加强政法系统组织建设和党风廉政建设，领导和推动建设忠诚干净担当的高素质专业化政法队伍，为政法工作提供组织保证。

第三章 地方党委对政法工作的领导

第九条 县级以上地方党委领导本地区政法工作，贯彻落实党中央关于政法工作大政方针，执行党中央以及上级党组织关于政法工作的决定、决策部署、指示等事项。

第十条 县级以上地方党委应当以贯彻党中央精神为前提，对本地区政法工作中的以下事项，落实领导责任：

（一）统筹政法工作中事关维护国家安全特别是以政权安全、制度安全为核心的政治安全重要事项；

（二）统筹维护社会稳定工作，及时妥善处理影响社会稳定的重要事项和突发事件；

（三）统筹规划平安建设、法治建设与经济社会发展，做到同部署、同推进、同督促、同考核、同奖惩；

（四）推动政法单位依法维护社会主义市场经济秩序，为经济高质量发展提供法治保障；

（五）组织实施党中央关于政法改革方案，推动完善社会主义司法制度和政法工作运行体制机制；

（六）完善党委领导、政府负责、社会协同、公众参与、法治保障的社会治理体制，提高社会治理社会化、法治化、智能化、专业化水平；

（七）完善党委、纪检监察机关、党委政法委员会对政法单位的监督机制，保证党的路线方针政策和党中央重大决策部署贯彻落实，保证宪法法律正确统一实施；

（八）加强党对政法队伍建设的领导，完善党委统一领导、政法单位主抓、有关部门各司其职的政法队伍建设工作格局；

（九）改善执法司法条件，满足政法工作形势和任务的需要；

（十）推动完善和落实保障政法干警依法履职、开展工作的制度和政策；

（十一）本地区政法工作中的其他重要事项。

第四章 党委政法委员会的领导

第十一条 中央和县级以上地方党委设置政法委员会。中央政法委员会职能配置、内设机构和人员编制方案由党中央审批确定。地方党委政法委员会职能配置、内设机构和人员编制规定，由同级党委按照党中央精神以及上一级党委要求，结合本地区实际审批确定。

乡镇（街道）党组织配备政法委员，在乡镇（街道）党组织领导和县级党委政法委员会指导下开展工作。

省、市、县、乡镇（街道）社会治安综合治理中心是整合社会治理资源、创新社会治理方式的重要工作平台，由同级党委政法委员会和乡镇（街道）政法委员负责工作统筹、政策指导。

第十二条 党委政法委员会在党委领导下履行职责、开展工作，应当把握政治方向、协调各方职能、统筹政法工作、建设政法队伍、督促依法履职、创造公正司法环境，带头依法依规办事，保证党的路线方针政策和党中央重大决策部署贯彻落实，保证宪法法律正确统一实施。主要职责任务是：

（一）贯彻习近平新时代中国特色社会主义思想，坚持党对政法工作的绝对领导，坚决执行党的路线方针政策和党中央重大决策部署，推动完善和落实政治轮训和政治督察制度。

（二）贯彻党中央以及上级党组织决定，研究协调政法单位之间、政法单位和有关部门、地方之间有关重大事项，统一政法单位思想和行动。

（三）加强对政法领域重大实践和理论问题调查研究，提出重大决策部署和改革措施的意见和建议，协助党委决策和统筹推进政法改革等各项工作。

（四）了解掌握和分析研判社会稳定形势、政法工作情况动态，创新完善多部门参与的平安建设工作协调机制，协调推动预防、化解影响稳定的社会矛盾和风险，协调应对和妥善处置重大突发事件，协调指导政法单位和相关部门做好反邪教、反暴恐工作。

（五）加强对政法工作的督查，统筹协调社会治安综合治理、维护社会稳定、反邪教、反暴恐等有关国家法律法规和政策的实施工作。

（六）支持和监督政法单位依法行使职权，检查政法单位执行党的路线方针政策、党中央重大决策部署和国家法律法规的情况，指导和协调政法单位密切配合，完善与纪检监察机关工作衔接和协作配合机制，推进严格执法、公正司法。

（七）指导和推动政法单位党的建设和政法队伍建设，协助党委及其组织部门加强政法单位领导班子和干部队伍建设，协助党委和纪检监察机关做好监督检查、审查调查工作，派员列席同级政法单位党组（党委）民主生活会。

（八）落实中央和地方各级国家安全领导机构、全面依法治国领导机构的决策部署，支持配合其办事机构工作；指导政法单位加强国家政治安全战略研究、法治中国建设重大问题研究，提出建议和工作意见，指导和协调政法单位维护政治安全工作和执法司法相关工作。

（九）掌握分析政法舆情动态，指导和协调政法单位和有关部门做好依法办理、宣传报道和舆论引导等相关工作。

（十）完成党委和上级党委政法委员会交办的其他任务。

第十三条　中央和地方各级党委政法委员会指导、支持、督促政法单位在宪法法律规定的职责范围内开展工作。

中央政法委员会指导地方各级党委政法委员会工作，上级党委政法委员会指导下级党委政法委员会工作。

第五章　政法单位党组（党委）的领导

第十四条　政法单位党组（党委）领导本单位或者本系统政法工作，贯彻党中央关于政法工作大政方针，执行党中央以及上级党组织关于政法工作的决定、决策部署、指示等事项。

第十五条　政法单位党组（党委）在领导和组织开展政法工作中，应当把方向、管大局、保落实，发挥好领导作用。主要职责任务是：

（一）贯彻习近平新时代中国特色社会主义思想，执行党的路线方针政策和党中央重大决策部署，维护党对政法工作的绝对领导；

（二）遵守和实施宪法法律，带头依法履职，推进严格执法、公正司法，维护国家法制的统一、尊严和权威；

（三）研究影响国家政治安全和社会稳定的重大事项或者重大案件，制定依法处理的原则、政策和措施；

（四）研究推动本单位或者本系统全面深化改革，研究制定本单位或者本系统执法司法政策，提高执法司法质量、效率和公信力；

（五）履行全面从严治党主体责任，加强本单位或者本系统党的建设和政法队伍建设；

（六）完成上级党组（党委）和党委政法委员会交办的其他任务。

第十六条　政法单位党组（党委）应当建立健全在执法办案中发挥领导作用制度、党组（党委）成员依照工作程序参与重要业务和重要决策制度，增强党组（党委）及其成员政治领导和依法履职本领，确保党的路线方针政策和宪法法律正确统一实施。

第六章　请示报告

第十七条　中央政法委员会、中央政法单位党组（党委）在党中央领导下履行职责、开展工作，对党中央负责，受党中央监督，向党中央和总书记请示报告工作。

中央政法委员会、中央政法单位党组（党委）和县级以上地方党委、党委政法委员会、政法单位党组（党委）按照党中央关于重大事项请示报告的有关规定，严格执行请示报告制度。

政法单位党组（党委）向同级党委请示报告重大事项和汇报重要工作，一般应当同时抄报同级党委政法委员会。

第十八条　中央政法委员会、中央政法单位党组（党委）应当及时向党中央请示以下事项：

（一）政法工作重大方针政策、关系政法工作全局和长远发展的重大事项；

（二）维护国家安全特别是以政权安全、制度安全为核心的政治安全重大事项；

（三）维护社会稳定工作中的重大问题；

（四）政法工作重大体制改革方案、重大立法建议；

（五）拟制定的政法队伍建设重大政策措施；

（六）政法工作中的其他重大事项。

第十九条　中央政法委员会、中央政法单位党组（党委）应当及时向党中央报告以下事项：

（一）党中央决定、决策部署、指示等重大事项贯彻落实重要进展和结果情况；

（二）对影响党的路线方针政策和宪法法律正确统一实施重大问题的调查研究报告；

（三）具有全国性影响的重大突发案（事）件重要进展和结果情况；

（四）加强政法队伍建设的重大举措；

（五）半年和年度工作情况；

（六）党中央要求报告的其他事项。

政法工作总体情况、中央政法委员会牵头办理或者统筹协调的重大事项情况，由中央政法委员会统一报告党中央，中央政法单位协助做好相关工作。

最高人民法院党组、最高人民检察院党组按照有关规定，严格执行向党中央报告工作制度。

各省（自治区、直辖市）党委按照有关规定，向党中央请示报告政法工作重大事项。

第二十条　中央政法单位党组（党委）和省（自治区、直辖市）党委政法委员会应当向中央政法委员会请示以下事项：

（一）涉及政法工作全局、需要提请中央政法委员会研究决定的重大事项；

（二）有关地区、部门之间存在分歧，经反复协商仍不能达成一致，需要中央政法委员会协调的重大事项；

（三）重大政法改革方案和措施；

（四）出台重要执法司法政策性文件、司法解释，提出涉及重大体制和重大政策调整的立法建议；

（五）党中央交办的重大事项和需要中央政法委员会统筹研究把握原则、政策的重大事项；

（六）政法工作中涉及国家安全特别是政治安全等重大事项的相关政策措施问题；

（七）拟以中央政法委员会名义召开会议或者印发文件；

（八）应当向中央政法委员会请示的其他重大事项。

第二十一条 中央政法单位党组（党委）和省（自治区、直辖市）党委政法委员会应当向中央政法委员会报告以下事项：

（一）全面贯彻党的基本理论、基本路线、基本方略，贯彻落实党中央决策部署情况；

（二）贯彻落实党中央关于政法工作的重要指示精神情况；

（三）贯彻落实中央政法委员会工作部署、指示和决定情况；

（四）重大工作部署以及推进情况，年度工作情况；

（五）重大政法改革部署以及推进情况；

（六）政法工作中涉及国家安全特别是政治安全的重大事项处理情况；

（七）履行全面从严治党主体责任情况，落实党建工作责任制、党风廉政建设责任制、政法领域意识形态工作责任制等情况；

（八）领导干部干预司法活动、插手具体案件处理情况；

（九）应当向中央政法委员会报告的其他事项。

第二十二条 县级以上地方党委政法委员会、政法单位党组（党委）每年应当向同级党委报告全面工作情况，遇有重要情况及时请示报告。

地方党委政法委员会参照上一级党委政法委员会有关规定，确定同级政法单位党组（党委）、下级党委政法委员会请示报告重大事项范围、内容和程序等。

第七章 决策和执行

第二十三条 党委、党委政法委员会、政法单位党组（党委）应当按照集体领导、民主集中、个别酝酿、会议决定的原则，在各自职责权限范围内，及时对以下事项研究作出决定、决策部署或者指示：

（一）涉及贯彻落实党中央以及上级党组织、党委政法委员会关于政法工作的决定、决策部署和指示的重要事项；

（二）下级党委、党委政法委员会、政法单位党组（党委）请示报告的重要事项；

（三）本单位在履行职责中需要决策的事项。

决策时，应当先行调查研究，提出适当方案，充分听取各方面意见，进行风险评估和合法合规性审查，按照规定提请相关会议讨论和决定。

第二十四条 对于党中央以及上级党组织决定、决策部署、指示等，各有关地方党委、党委政法委员会、政法单位党组（党委）必须坚决贯彻执行。

提出请示报告的党委、党委政法委员会、政法单位党组（党委）在贯彻执行党中央以及上级党组织决定、决策部署、指示等过程中，认为原请示报告事宜需要作出调整的，必须按照谁决策、谁审批的原则，报原决策单位审批，但在批准前应当坚决执行。

第二十五条 地方党委应当建立健全委员会全体会议或者常委会会议研究部署政法工作的制度，将政法工作纳入重要议事日程，及时研究解决政法工作和队伍建设的重大问题。

第二十六条 地方党委应当在本地区带头执行党中央以及上级党组织决定、决策部署、指示等事项，并指导、督促党委政法委员会和政法单位党组（党委）做好贯彻执行相关工作。

地方党委成员对党委集体决策应当坚决执行；如有不同意见，可以保留或者向上级党组织反映，但在决策改变前应当坚决执行。

第二十七条 党委政法委员会实行全体会议制度，讨论和决定职责范围内的政法工作重大事项。

第二十八条 党委政法委员会应当贯彻执行党中央以及同级地方党委、上级党委政法委员会决定、决策部署、指示等事项，并发挥统筹协调职能作用，协助党委指导、督促有关政法单位党组（党委）、下级党委政法委员会坚决执行党中央以及上级党组织决定、决策部署、指示等事项，推动工作落实。

第二十九条 政法单位党组（党委）应当按照有关规定召开党组（党委）会议，讨论和决定本单位或者本系统政法工作和队伍建设重大事项。

第三十条 政法单位党组（党委）应当坚决贯彻执行党中央以及上级党组织决定、决策部署、指示等事项，确保工作落实。

政法单位党组（党委）成员对党组（党委）集体决策应当坚决执行；如有不同意见，可以保留或者向上级党组织反映，但在决策改变前应当坚决执行。

第八章 监督和责任

第三十一条 各级党委应当将领导和组织开展政法工作情况纳入党内监督体系，实行党内监督和外部监督相结合，增强监督合力。

党委政法委员会应当指导、推动政法单位建立健全与执法司法权运行机制相适应的监督制约体系，构建权责清晰的执法司法责任体系，完善程序化、平台化、公开化管理监督方式。

政法单位党组（党委）应当依法依规将政法工作情况纳入党务政务公开范围，依法有序推进审判执行公开、检务公开、警务公开、司法行政公开、狱（所）务公开，完善政法单位之间监督制约机制，确保政法工作在依法有效监督和约束环境下推进。

第三十二条　加强对政法工作全面情况和重大决策部署执行情况的督促检查：

（一）党委应当加强对党委政法委员会、政法单位党组（党委）和下一级党委领导和组织开展政法工作情况，特别是贯彻落实党中央以及上级党组织决定、决策部署、指示等情况督促检查，必要时开展巡视巡察，并在一定范围内进行通报；

（二）党委政法委员会应当推动完善和落实政治督察、执法监督、纪律作风督查巡查等工作制度机制，全面推进政法工作特别是党中央以及上级党组织决定、决策部署、指示等贯彻落实；

（三）政法单位党组（党委）应当建立健全向批准其设立的党委全面述职制度和重大决策执行情况的督查反馈机制，确保党中央以及上级党组织决定、决策部署、指示等在本单位或者本系统得到贯彻落实。

第三十三条　党委应当加强对党委政法委员会、政法单位党组（党委）和下一级党委常委会履职情况的考评考核，其结果作为对有关领导班子、领导干部综合考核评价的重要内容和依据：

（一）结合领导班子年度考核、民主生活会等，定期检查和考评考核党委政法委员会履职情况；

（二）建立健全听取政法单位党组（党委）主要负责人述职制度，加强对政法单位党组（党委）及其成员履职情况考评考核；

（三）在考核下一级党委常委会领导开展工作情况时，注重了解领导开展政法工作情况。

党委政法委员会应当建立健全委员述职制度，全面了解、掌握委员履职情况，及时提出指导意见。

第三十四条　党委政法委员会在统筹推动政法单位开展常态执法司法规范化检查中，对发现的政法单位党组（党委）及其成员不履行或者不正确履行职责，或者政法干警执法司法中的突出问题，应当督促加大整改力度，加强执法司法制度建设，保证全面正确履行职责。

第三十五条 有关地方和部门领导干部在领导和组织开展政法工作中，违反本条例和有关党内法规制度规定职责的，视情节轻重，由党委政法委员会进行约谈、通报、挂牌督办等；或者由纪检监察机关、组织人事部门按照管理权限，办理引咎辞职、责令辞职、免职等。因违纪违法应当承担责任的，给予党纪政务处分；涉嫌犯罪的，依法追究刑事责任。

第九章　附则

第三十六条 中央政法委员会，中央政法单位党组（党委），各省（自治区、直辖市）党委可以根据本条例，结合各自实际，制定配套规定。

第三十七条 中央军事委员会依照本条例的基本精神，制定军队政法工作党内法规。

第三十八条 本条例由中央政法委员会负责解释。

第三十九条 本条例自 2019 年 1 月 13 日起施行。此前发布的党内有关政法工作的规定，凡与本条例不一致的，按照本条例执行。

第三节　推进以审判为中心的刑事诉讼制度改革

一、以审判为中心的刑事诉讼制度改革推进情况

2018 年 1 月 22 日至 23 日，党的十九大后首次召开的中央政法工作会议提出，深入推进诉讼制度改革，在更高层次上实现公正和效率相统一。推进以审判为中心的刑事诉讼制度改革，是全面深化司法制改革的重要内容。在最高人民法院出台庭审实质化"三项规程"基础上，各地法院结合审判实际，积极推进以审判为中心的刑事诉讼制度改革落地落实。

自从 2015 年以来，四川省成都市中级人民法院构建起以繁简分流、轻案快办为前提，以庭前准备为基础，以证据"排非"、人证出庭、综合认证为重点，以专业化审判、静默化管控、信息化支撑为特色的庭审操作模式和工作推进体系。同时，四川省成都市中级人民法院制定《刑事诉讼庭前会议操作规范（试行）》《刑事案件繁简分流实施办法（试行）》等 12 个重要规则，覆盖了审判阶段的整个诉讼流程。此外，市人民检察院、市公安局、市司法局等部门分别制定了 29 份规范性文件，基本实现了从案内案件办理到案外沟通协调都有章可依，为庭审实质化改革提供了有力支撑。2017 年以来，四川省成都市中级人民法院推动庭审实质化改革"扩面""增量""提质""升效""促学""精研"，实现对疑难复杂案件全覆盖，加快完善

系列操作规则，全面提升刑事庭审实质化、规范化和精密化水平。[1]

2016 年以来，上海市高级人民法院确定上海市第一中级人民法院、第二中级人民法院、浦东新区人民法院、闵行区人民法院、长宁区人民法院、虹口区人民法院、普陀区人民法院、杨浦区人民法院 8 家法院为先行试点单位，以审判为中心的诉讼制度改革试点工作正式在上海推开。2017 年 4 月 28 日，上海高院召开全面推进以审判为中心的诉讼制度改革动员大会，印发《上海市高级人民法院关于全面推进以审判为中心的诉讼制度改革的实施意见》（以下简称《实施意见》）及《庭前会议规则（试行）》等 6 个配套文件。[2]

吉林省高级人民法院将松原两级法院确定为改革试点法院，在案件繁简分流、庭前会议、证人鉴定人出庭等方面探索尝试，并在总结试点工作经验基础上，牵头制定《关于推进以审判为中心的刑事诉讼制度改革的具体实施办法（试行）》，提交省深改组讨论通过，成为全省推进此项改革的基本制度规范。[3]

湖北省高级人民法院以最高人民法院"三项规程"为依据，总结前期试点经验，于 2018 年先后单独或联合省直有关部门出台《刑事案件庭前会议操作规程（试行）》《刑事一审普通程序法庭调查规程（试行）》《刑事一审程序法庭辩论规程（试行）》《刑事一审判决宣告程序操作规程（试行）》《刑事庭审法庭纪律守则》《关于在刑事审判中推进案件繁简分流优化司法资源配置的实施意见》《刑事案件第一审普通程序证人、鉴定人出庭实施办法》《刑事案件第一审普通程序侦查人员出庭实施办法》《轻微刑事案件快速办理实施办法》《组织、领导、参加黑社会性质组织犯罪、恶势力犯罪案件证据收集指引（试行）》等十个规范性文件，为改革工作及当前的扫黑除恶专项斗争提供系统的规范指引。[4]

二、研发推进以审判为中心的刑事诉讼制度改革软件

2017 年 2 月 6 日，根据中央政法委的部署，上海高院研究开发"推进以审判为中心的诉讼制度改革软件"。通过大数据深度应用和人工智能分析，制定操作性强、可数据化的统一证据标准，研发公检法三机关统一适用、简便易行的证据标准软件，有助于从根本上解决诉讼过程中证据标准适用不统一、办案程序不规范等问题，减

〔1〕 "以审判为中心刑事庭审实质化改革经验在全国推广"，成都法院网 2018 年 2 月 25 日报道，http：//cdfy. chinacourt. org/article/detail/2018/03/id/3220410. shtml。

〔2〕 "上海法院全面推进以审判为中心诉讼制度改革，强化无罪推定"，澎湃新闻 2017 年 4 月 28 日报道，https：//www. thepaper. cn/newsDetail_ forward_ 1673477。

〔3〕 "吉林省高级人民法院工作报告解读"，吉林法院网 2018 年 1 月 30 日报道，http：//jlfy. chinacourt. org/article/detail/2017/01/id/2516368. shtml。

〔4〕 "促进以审判为中心的刑事诉讼制度改革落地生根"，湖北省高级人民法院网站 2018 年 8 月 10 日报道，https：//www. chinacourt. org/article/detail/2018/08/id/3443386. shtml。

少司法任意性，规范司法裁量权，确保侦查、审查起诉的案件事实证据经得起法律的检验，有效防范冤假错案发生，切实维护司法公正。[1]

根据改革要求，上海高院集中了包括法检公业务骨干、科大讯飞技术人员等在内的700余人，对推进以审判为中心的刑事诉讼制度改革软件的研发进行了集中攻关。2年以来，工作人员先后攻克了5大类难关，突破了4类技术瓶颈问题，解决了800多个具体问题，取得了6项知识产权，赢得了社会的普遍赞誉和高度评价。顺应司法改革的潮流，"上海刑事案件智能辅助办案系统"（代号"206系统"）应运而生。[2]

目前，上海高院研发的"206系统"设计有26项功能，88项子功能。该系统不仅能够通过制定统一适用的证据标准指引、证据规则指引，嵌入公检法司机关刑事办案系统中，为办案人员收集固定证据提供指引，还能够对证据进行校验、把关、提示、监督。例如，在法庭调查阶段，若证据不充分，系统将提出证据瑕疵，并自动提示合议庭重点关注，对情况进行核实查明，以此减少"事实不清、证据不充分"等导致冤假错案的因素。此外，系统还具有法律文书自动生成、电子卷宗移送、类案推送、量刑参考等多项功能，通过这些功能的综合应用，极大地提高了办案质量和效率，成为办案人员的智能助手。

自2017年7月1.0版本上线试运行，到2018年底3.0版本在全市全面推广应用，"206系统"的功能不断完善提升，深受一线办案人员的欢迎，取得了阶段性成果。截至2018年12月底，上海市已实现了"三个100%"的工作目标：证据标准指引覆盖常涉罪名达到100%、本市常涉罪名案件录入系统达到100%、一线办案干警运用系统办案达到100%。上海常涉罪名的刑事案件办理已实现从立案、侦查、报捕、起诉、审判均在"206系统"内运行。

"206系统"的研发及应用是人工智能在司法领域深度应用0到1的突破，该系统现已成为法官、检察官、侦查人员的智能助手，对推进以审判为中心的刑事诉讼制度改革发挥了重要作用。据统计，公安机关累计录入案件24 873件；检察院批准逮捕8811件；检察院审查起诉7442件；法院收案4812件；法院审结3438件。累计录入证据材料1 149 993页；提供证据指引299 137次（依系统点击量统计）；提供知识索引6485次。

---

〔1〕 "抓紧抓好统一证据标准这项核心任务，加快推进以审判为中心的刑事诉讼制度改革"，中国法院网2017年6月27日报道，http://sxfxfy.chinacourt.org/public/detail.php?id=1360。

〔2〕 "全国首次！上海法院运用'206系统'辅助庭审防范冤假错案"，搜狐网2019年1月26日报道，http://www.chinapeace.gov.cn/zixun/2019-01/26/content_11504609.htm。

根据中央政法委的统一部署，积极稳妥地推进"上海刑事案件智能辅助办案系统"在全国的推广应用，4月9日，上海市高级人民法院举办"206系统"证据标准指引制定培训班，内蒙古自治区、辽宁省、山东省、广东省、广西壮族自治区、重庆市、四川省、贵州省、云南省、陕西省、新疆维吾尔自治区等11个省、自治区、直辖市高院分管刑事工作的副院长、刑庭负责同志、业务和技术骨干共43人参加。2018年5月起，"206系统"已经在安徽合肥、芜湖，山西太原、云南昆明以及新疆生产建设兵团开展试点应用工作。

三、推进以审判为中心的刑事诉讼制度改革配套举措

推进以审判为中心的刑事诉讼制度改革，涉及刑事诉讼各个环节、各项职能，是一项牵一发而动全身的系统工程。除人民法院推进庭审实质化改革外，检察机关、公安机关、司法行政机关也积极探索提出配套的改革举措。

（一）重大案件侦查终结前对讯问合法性进行核查制度

近期，最高人民检察院制定《2018—2022年检察改革工作规划》，其中提到，健全完善检察机关法律监督体系，建立重大案件侦查终结前对讯问合法性进行核查制度。[1] 重大案件侦查终结前对讯问合法性进行核查制度，是中央推进以审判为中心的刑事诉讼制度改革文件明确提出的改革要求，对严格实行非法证据排除规则、切实防范冤假错案具有积极作用。

一些地方检察机关已经探索推进重大案件侦查终结前讯问合法性核查制度。例如，德阳市人民检察院制定了《关于重大案件侦查终结前讯问合法性核查的实施办法（试行）》。[2]

（二）公安机关执法全流程记录机制

为推进以审判为中心的刑事诉讼制度改革，进一步规范公安机关执法活动，提升执法质量和执法公信力，2018年，公安部印发《公安部关于建立健全公安机关执法全流程记录机制的意见》。该机制着力打造全面覆盖、有机衔接、闭环管理的执法记录链条，实现执法活动全过程留痕、可回溯管理，有效规范执法活动、提升办案效率、保障民警依法履职。

执法全流程记录机制坚持全面客观、规范统一和简便高效原则。依照法律和有关规定要求，对从接处警到案件办结的执法办案各领域、各环节进行全程、客观记

---

〔1〕"最高检：重大案件侦查终结前核查讯问合法性"，北青网2019年2月13日报道，http：//news.sina.com.cn/sf/news/fzrd/2019-02-13/doc-ihqfskcp4746752.shtml。

〔2〕"四川省德阳市人民检察院关于重大案件侦查终结前讯问合法性核查的实施办法（试行）"，德阳市人民检察院网站2017年10月25日报道，https：//www.dysjcy.gov.cn/news/show-589.html。

录，固定案件证据，为证明执法活动合法性提供依据。规范记录、统一管理、有效整合各类执法记录信息，打破警种界限和系统壁垒，提升执法记录质量和信息采集管理效能。树立大数据理念，运用新兴科技手段，提升执法记录工作的科技化、智能化、系统化水平，做到使用简便、快捷高效、服务实战。

根据执法全流程记录机制的要求，公安机关应当树立执法必录意识，通过文字、图片、视音频记录和信息系统记载等方式，对执法活动的各个环节进行全面记录。特别是对于办案过程中收集、提取、固定证据活动，要严格依法开具相关法律文书，规范制作勘验、检查、搜查、扣押等各类笔录和视音频资料，确保证据的真实性、合法性。同时，通过对执法记录信息的关联整合，实现深度应用。

1. 健全完善接报案登记。根据《公安部关于改革完善受案立案制度的意见》（公通字〔2015〕32号）有关工作要求，依托警务信息综合应用平台建立完善全省（自治区、直辖市）统一的接报案、受立案信息系统或者功能模块，严格落实接报案网上登记制度和群众上门报案"三个当场"要求，实现接报案、受案立案工作信息全要素网上记载、全流程网上运转，并与接处警、办案、结案等上下游流程的执法信息整合贯通。加强对接报案信息的检查监督，防止案件流失、不破不立、网外循环。

2. 全面开展现场执法视音频记录。按照一线执法单位全覆盖原则，充分配备、全面使用执法记录仪等设备，并加强管理和维护，切实保障现场执法工作需要。严格落实《公安机关现场执法视音频记录工作规定》（公通字〔2016〕14号）关于现场执法记录范围和内容的要求，特别是接处警、当场处罚、现场勘查、搜查扣押、辨认指认、交通执法、治安检查等现场执法活动，必须进行视音频记录。配备信息自动采集设备，完善记录资料管理模块，实现充电、上传、存储一体化、自动化，为办理案件、执法监督管理、处理投诉举报、维护民警权益、舆情引导管控等提供有效证据材料。

3. 健全完善办案区使用管理记录。落实《公安机关执法办案场所办案区使用管理规定》（公法〔2013〕1102号）和"四个一律"工作要求，切实做到办案区视频监控全覆盖、执法活动全记录，特别是对办案区人员出入和违法犯罪嫌疑人安全检查、信息采集、随身物品、涉案财物、活动轨迹等进行准确记录。研发运行办案区智能化管理系统，实现办案民警违规操作自动预警、嫌疑人活动轨迹自动跟踪、执法视音频资料自动归集，在对办案区执法活动进行全程、动态监督管控的同时，方便民警办案。

4. 全面落实讯问录音录像要求。依照《公安机关讯问犯罪嫌疑人录音录像工作规定》（公通字〔2014〕33号）要求，对刑事案件讯问犯罪嫌疑人过程进行全程同步录音录像，并推动对重大案件询问被害人、证人过程进行同步录音录像。加强对讯问录音录像工作的监督检查，确保录制内容完整、时间准确、图像清晰、话音清楚，摄录内容与讯问笔录保持一致，坚决杜绝对讯问场次、讯问过程进行选择性录制等违规情形。

5. 严格涉案财物管理信息记录。落实《公安机关涉案财物管理若干规定》（公通字〔2015〕21号）要求，健全完善涉案财物集中管理信息系统或功能模块，详细记录涉案财物基本情况、案由、来源、保管状态、保管场所及移交、调用、发还、处置等信息，并与案件信息关联。研发使用公检法跨部门涉案财物管理信息平台，建立"换押式"移交管理机制，实现涉案财物管理信息跨部门流转。

6. 全面深化网上办案。落实《公安机关执法办案信息系统使用管理规定》（公法〔2014〕1493号），进一步完善优化执法办案信息系统功能，加强系统使用管理，合理设置网上执法办案和监督流程，全面实现案件信息和主要证据信息网上记载，案件审核审批网上进行，案件卷宗和执法档案网上生成，案件质量网上考核，执法问题网上预警，执法情况网上统计。除案件性质和事实涉及国家秘密的以外，案件办理一律通过执法办案信息系统在网上进行。

（三）刑事案件律师辩护全覆盖

为适应以审判为中心的刑事诉讼制度改革，发挥律师在多元化纠纷解决机制中的作用，2017年11月，按照《最高人民法院 司法部关于开展刑事案件律师辩护全覆盖试点工作的办法》，北京、上海、浙江、安徽、河南、广东、四川和陕西8个省（直辖市）积极探索开展刑事案件律师辩护全覆盖试点工作。通过刑事辩护全覆盖试点，大幅提高了律师辩护率，广东适用普通程序审理的案件律师辩护率达92.8%，北京一审案件律师辩护率达95%。截至2018年9月底，8个试点省份扩大通知辩护的案件8万多件，对加强司法人权保障、维护司法公正发挥了重要作用。

2018年11月29日，最高人民法院和司法部在安徽合肥召开刑事案件律师辩护全覆盖和律师调解两项试点工作推进会，部署在全国扩大两项试点工作。[1] 会议要求，到2019年底，刑辩全覆盖要在第一批试点的8个省市和天津、江苏、福建、山东等发达省市基本实现，其他省份要在省会城市和一半以上的县市区基本实现全覆盖。律师调解工作要在所有地市进行试点，力争到明年底时每个县市区都有律师调解工作室。

---

〔1〕 "最高人民法院 司法部关于扩大刑事案件律师辩护全覆盖试点范围的通知"，司法部网站2019年1月21日报道。

1. 前期试点单位的改革要求。第一批试点的 8 个省（直辖市）要增强工作的积极性和主动性，在总结前期试点经验基础上，结合本地实际情况，将试点范围扩大到整个辖区。要探索建设跨部门大数据办案平台，实现公检法机关和法律援助机构、律师管理部门之间信息系统对接，利用信息化手段加快法律文书流转、及时传递工作信息，努力提高工作效率。要坚持高标准、严要求，努力探索提高刑事案件律师辩护全覆盖工作的有效途径，确保试出经验，试出效果，在全国起到典型示范作用。

2. 新增试点单位的改革要求。其他 23 个省（自治区、直辖市）和新疆生产建设兵团要加快各项准备工作，于 2019 年 1 月正式启动试点工作。要认真贯彻执行《最高人民法院 司法部关于开展刑事案件律师辩护全覆盖试点工作的办法》。要借鉴前期试点省（直辖市）的有益做法，研究制定本地试点工作方案。要根据实际情况确定试点范围，可以先在律师资源充足、经费保障到位的地方进行试点，以点带面、分步实施，逐步扩大试点范围，到 2019 年底，天津、江苏、福建、山东等省（直辖市）基本实现整个辖区全覆盖，其他省（自治区、直辖市）在省会城市和一半以上的县级行政区域基本实现全覆盖。要在现行法律制度框架内积极探索，大胆实践，边试点、边总结、边推广。要建立健全领导机构和工作机制，加强人民法院与人民检察院、公安机关、司法行政机关、法律援助机构等相互之间的协调配合，及时有效解决试点工作中出现的新情况、新问题。

3. 试点单位的工作要求。各地在试点过程中，要进一步落实办案机关告知义务，办案机关应当告知犯罪嫌疑人、被告人有权委托辩护人，对没有委托辩护人的被告人，要告知其享有免费法律援助和法律帮助的权利；有条件的可以使用专门告知单，口头告知的要在笔录里记录并让犯罪嫌疑人、被告人签字；应当告知而没有履行告知义务的，要加强监督，严肃追责，真正把告知义务落到实处。要注重衔接配合，人民法院要注意了解被告人及其家属是否委托辩护人以及是否同意指派律师的情况，及时决定是否通知法律援助机构指派律师；法律援助机构接到通知后应在 3 个工作日内指派律师，被告人明确拒绝的要书面记录；人民法院发现被告人及其家属已经另行委托辩护人的，应即时把有关情况反馈给法律援助机构，避免浪费资源。

第二章
中国诉讼法的立法发展

第一节　刑事诉讼法的立法发展*

一、《中华人民共和国宪法修正案》

2018 年 3 月 11 日，第十三届全国人民代表大会第一次会议表决通过了《中华人民共和国宪法修正案》。宪法修正案共 21 条，涉及内容广泛，其中与刑事诉讼法相关的修改主要是：中华人民共和国设立国家监察委员会和地方各级监察委员会。国家监察委员会领导地方各级监察委员会的工作，上级监察委员会领导下级监察委员会的工作。监察机关办理职务违法和职务犯罪案件，应当与审判机关、检察机关、执法部门互相配合，互相制约。

二、《中华人民共和国监察法》

2018 年 3 月 20 日第十三届全国人民代表大会第一次会议通过了《中华人民共和国监察法》（以下简称《监察法》）并于 2018 年 3 月 20 日公布之日起施行。根据《监察法》的规定，各级监察委员会是行使国家监察职能的专责机关，依照《监察法》对所有行使公权力的公职人员进行监察，调查职务违法和职务犯罪，开展廉政建设和反腐败工作，维护宪法和法律的尊严。监察机关办理职务违法和职务犯罪案件，应当与审判机关、检察机关、执法部门互相配合，互相制约。监察机关对于职务违法及职务犯罪有权进行调查，对涉嫌贪污贿赂、失职渎职等职务犯罪的被调查人可以进行讯问；在法定情形下，可以对其留置；还可以根据调查需要，查询、冻

---

* 本部分执笔人：顾永忠，中国政法大学诉讼法学研究院教授。

结涉案单位和个人的存款、汇款、债券、股票、基金份额等财产；可以调取、查封、扣押用以证明被调查人涉嫌违法犯罪的财物、文件和电子数据等信息；可以对涉嫌职务犯罪的被调查人以及可能隐藏被调查人或者犯罪证据的人的身体、物品、住所和其他有关地方进行搜查；可以直接或者指派、聘请具有专门知识、资格的人员在调查人员主持下进行勘验检查；对于案件中的专门性问题，可以指派、聘请有专门知识的人进行鉴定；等等。监察机关依照《监察法》规定收集的物证、书证、证人证言、被调查人供述和辩解、视听资料、电子数据等证据材料，在刑事诉讼中可以作为证据使用。但是，监察机关在收集、固定、审查、运用证据时，其应当与刑事审判关于证据的要求和标准相一致。以非法方法收集的证据应当依法予以排除，不得作为案件认定的依据。

《监察法》的通过和施行，标志着我国对公职人员职务犯罪追诉程序发生了重大变革，意味着检察机关对于职务犯罪原有的并且具有垄断性的侦查权将发生重大变化，其是否将被监察机关对职务犯罪的调查权所取代，成为社会广泛关注的热点，并期待《中华人民共和国刑事诉讼法》（以下简称《刑事诉讼法》）的修改能够对此作出回答。

三、《全国人民代表大会常务委员会关于修改〈中华人民共和国刑事诉讼法〉的决定》

2018 年 10 月 26 日第十三届全国人民代表大会常务委员第六次会议通过《全国人民代表大会常务委员会关于修改〈中华人民共和国刑事诉讼法〉的决定》，并于当日公布起施行。这是自 1979 年 7 月《刑事诉讼法》通过以来，立法机关对它所作的第三次修改。

此次《刑事诉讼法》修改共 24 条，包括以下主要内容：

（一）完善与监察法的衔接机制，调整人民检察院的侦查职权

1. 删去人民检察院对贪污贿赂等职务犯罪案件进行侦查的规定，保留人民检察院对在诉讼活动法律监督中发现的司法工作人员利用职权实施的非法拘禁、刑讯逼供、非法搜查等侵犯公民权利、损害司法公正的犯罪的侦查权。

2. 与上述修改相适应，删去《刑事诉讼法》原有的关于侦查期间辩护律师会见犯罪嫌疑人需经许可，以及在指定监视居住、采取技术侦查的措施中有关贪污贿赂犯罪的内容。

3. 对人民检察院审查起诉监察机关移送的案件、留置措施与刑事强制措施之间的衔接机制作出规定。明确人民检察院对于监察机关移送起诉的案件，依照《刑事诉讼法》和《监察法》的有关规定进行审查；认为需要补充核实的，应当退回监察

机关补充调查，必要时可以自行补充侦查；对于监察机关采取留置措施的案件，人民检察院应当对犯罪嫌疑人先行拘留，留置措施自动解除，人民检察院应当在 10 日以内作出是否逮捕、取保候审或者监视居住的决定。在特殊情况下，决定的时间可以延长 1 日至 4 日。

（二）建立刑事缺席审判制度

为了加强反腐败和国际追逃追赃工作及相关法律制度建设，并根据刑事司法实践的需求，在《刑事诉讼法》第五编"特别程序"中增设了"缺席审判程序"一章，主要内容是：

1. 建立对犯罪嫌疑人、被告人潜逃境外的缺席审判程序，规定对于贪污贿赂等犯罪案件，犯罪嫌疑人、被告人潜逃境外，监察机关移送起诉，人民检察院认为犯罪事实已经查清，证据确实、充分，依法应当追究刑事责任的，可以向人民法院提起公诉。

2. 规定对犯罪嫌疑人、被告人潜逃境外的缺席审判的具体程序。一是明确由犯罪地或者被告人居住地的中级人民法院组成合议庭进行审理，但必要时仍可以依照刑事诉讼法的规定进行指定管辖。二是规定人民法院通过司法协助方式或者受送达人所在地法律允许的其他方式，将传票和起诉书副本送达被告人。三是规定被告人未按要求归案的，人民法院应当开庭审理，依法作出判决，并对违法所得及其他涉案财产作出处理。

3. 充分保障被告人的诉讼权利。一是对委托辩护和提供法律援助作出规定；二是赋予被告人的近亲属以上诉权；三是规定人民法院应当告知罪犯有权对判决、裁定提出异议。罪犯提出异议的，人民法院应当重新审理。这些规定不违反刑事诉讼的公正审判原则和程序参与原则，也符合国际通行的司法准则的要求。

4. 根据司法实践情况和需求，增加对被告人患有严重疾病可以中止审理和被告人死亡案件可以缺席审判的规定。

（三）完善刑事案件认罪认罚从宽制度和增加速裁程序

总结自 2014 年 6 月（尤其是 2016 年 9 月）以来，在立法机关授权下，最高人民法院和最高人民检察院在部分地区先后开展的刑事速裁程序和刑事案件认罪认罚从宽制度试点工作中行之有效的做法，对《刑事诉讼法》作出以下修改补充：

1. 在《刑事诉讼法》第一编第一章中明确刑事案件认罪认罚可以依法从宽处理的原则。

2. 完善刑事案件认罪认罚从宽的程序规定。包括侦查机关告知诉讼权利和将认罪情况记录在案；人民检察院在审查起诉阶段就案件处理听取意见，犯罪嫌疑人认罪认罚的，签署认罪认罚具结书；人民检察院提出量刑建议和人民法院如何采纳量刑建议；人民法院审查认罪认罚的自愿性和具结书的真实性、合法性等。并增加规定，犯罪嫌疑人认罪认罚，有重大立功或者案件涉及国家重大利益的，经最高人民检察院核准，可以不起诉或者撤销案件。

3. 增加速裁程序。适用于基层人民法院管辖的，可能判处 3 年有期徒刑以下刑罚，被告人认罪认罚，民事赔偿问题已经解决的案件。规定速裁程序不受刑事诉讼法规定的送达期限的限制，不进行法庭调查、法庭辩论，但应当听取被告人的最后陈述意见；应当当庭宣判。同时，对办案期限和不宜适用速裁的程序转化作出规定。

4. 加强对当事人的权利保障。对诉讼权利告知、建立值班律师制度、明确将认罪认罚作为采取强制措施时判断社会危险性的考虑因素等内容作出规定。

（四）适应有关法律的修改变化，对与刑事诉讼法有关的内容作出相应调整

鉴于全国人大常委会已经通过的《中华人民共和国刑法修正案（九）》对有关刑罚制度和刑罚执行程序作了修改；根据建立终身禁止从事法律职业制度的要求，对《中华人民共和国律师法》《中华人民共和国公证法》等法律作了修改；《中华人民共和国人民陪审员法》已经通过，为与这些法律相衔接，对《刑事诉讼法》中关于死缓执行、罚金执行、不得担任辩护人的情形、人民陪审员参加审判的有关规定作出相应修改。

第二节　民事诉讼的立法发展[1]

一、民事诉讼立法发展概况

2018 年 10 月 26 日，第十三届全国人民代表大会常务委员会第六次会议通过《全国人民代表大会常务委员会关于专利等知识产权案件诉讼程序若干问题的决定》，对我国知识产权案件诉讼程序作出重大修改。为了满足司法实践的需要，2018 年，最高人民法院公布并实施了 9 项有关民事诉讼、5 项有关民事执行程序的司法解释，公布并实施了 1 项具有司法解释效力的有关民事执行程序的批复；最高人民检察院公布并实施了 1 项与民事诉讼有关的司法解释。

二、《全国人民代表大会常务委员会关于专利等知识产权案件诉讼程序若干问题的决定》的主要内容

为了统一知识产权案件裁判标准，进一步加强知识产权司法保护，优化科技创

---

〔1〕　本部分执笔人：谭秋桂，中国政法大学诉讼法学研究院教授。

新法治环境，加快实施创新驱动发展战略，2018 年 10 月 26 日，第十三届全国人民代表大会常务委员会第六次会议通过《全国人民代表大会常务委员会关于专利等知识产权案件诉讼程序若干问题的决定》（以下本部分简称《决定》），对专利等知识产权案件诉讼程序作出重大修改，建立国家层面的知识产权案件上诉审理机制。《决定》自 2019 年 1 月 1 日起实施。

《决定》共 5 条，分别规定了最高人民法院受理第二审知识产权案件的范围、实施时间等问题。根据《决定》的规定，下列案件由最高人民法院审理：①当事人对发明专利、实用新型专利、植物新品种、集成电路布图设计、技术秘密、计算机软件、垄断等专业技术性较强的知识产权民事案件第一审判决、裁定不服，提起上诉的案件；②当事人对专利、植物新品种、集成电路布图设计、技术秘密、计算机软件、垄断等专业技术性较强的知识产权行政案件第一审判决、裁定不服，提起上诉的案件；③对已经发生法律效力的上述案件第一审判决、裁定、调解书，依法申请再审、抗诉等，适用审判监督程序的案件。对于第③类案件，最高人民法院也可以依法指令下级人民法院再审。

《决定》第 4 条规定："本决定施行满 3 年，最高人民法院应当向全国人民代表大会常务委员会报告本决定的实施情况。"《决定》第 5 条规定："本决定自 2019 年 1 月 1 日起施行。"

由最高人民法院统一审理专利等专业技术性较强的民事、行政上诉案件，有利于促进有关知识产权案件审理专门化、管辖集中化、程序集约化和人员专业化，统一和规范裁判尺度，提高知识产权审判质量效率，加大知识产权司法保护力度，切实提升司法公信力。

三、最高人民法院制定的有关民事诉讼和执行的司法解释

（一）《最高人民法院关于审理涉及夫妻债务纠纷案件适用法律有关问题的解释》（法释〔2018〕2 号）

2018 年 1 月 8 日，最高人民法院审判委员会第 1731 次会议通过《最高人民法院关于审理涉及夫妻债务纠纷案件适用法律有关问题的解释》（以下本部分简称《解释》）。2018 年 1 月 16 日，最高人民法院以法释〔2018〕2 号公布该《解释》，规定自 2018 年 1 月 18 日起施行。

《解释》共 4 条，分别规定了夫妻共同债务的认定标准、举证证明责任的分配、生效时间等问题。根据《解释》第 1 条和第 2 条的规定，认定夫妻共同债务的标准分为两类：一是有共同意思表示所负的债务，包括共同签字的债务，或者夫妻一方事后追认的债务；二是为家庭日常生活所需要所负的债务。《解释》第 3 条规定，夫妻一方在婚姻关系存续期间以个人名义超出家庭日常生活需要所负的债务，债权人以属于夫妻共同债务为由主张权利的，人民法院不予支持，但债权人能够证明该债务用于夫妻共同生活、共同生产经营或者基于夫妻双方共同意思表示的除外。《解释》规定，该解释施行后，最高人民法院此前作出的相关司法解释与该解释相抵触的，以该解释为准。

《解释》的颁行，进一步细化和完善了夫妻共同债务的认定标准，通过合理分配举证证明责任避免了夫妻一方在不知情、未受益的情况下"被负债"的风险，有利于引导民事商事主体规范交易行为，加强事前风险防范，指导各级人民法院准确认定夫妻共同债务，平衡保护各方当事人的合法权益。

（二）《最高人民法院、最高人民检察院关于检察公益诉讼案件适用法律若干问题的解释》（法释〔2018〕6号）

2018年2月11日最高人民检察院第十二届检察委员会第73次会议、2018年2月23日最高人民法院审判委员会第1734次会议通过《最高人民法院、最高人民检察院关于检察公益诉讼案件适用法律若干问题的解释》（以下本部分简称《解释》）。2018年3月1日，最高人民法院、最高人民检察院以法释〔2018〕6号公布该《解释》，规定自2018年3月2日起施行。

《解释》共27条，分为"一般规定""民事公益诉讼""行政公益诉讼""附则"四部分。

"一般规定"明确了《解释》的依据、检察公益诉讼的主要任务和基本原则、人民检察院在检察公益诉讼中地权利和义务、检察公益诉讼案件的管辖、检察人员出庭的程序与职责、检察公益诉讼的审级制度以及检察公益诉讼判决的执行程序等内容。

《解释》第2条规定："人民法院、人民检察院办理公益诉讼案件主要任务是充分发挥司法审判、法律监督职能作用，维护宪法法律权威，维护社会公平正义，维护国家利益和社会公共利益，督促适格主体依法行使公益诉权，促进依法行政、严格执法。"第5条第1款规定："市（分、州）人民检察院提起的第一审民事公益诉讼案件，由侵权行为地或者被告住所地中级人民法院管辖。"第6条规定："人民检察院办理公益诉讼案件，可以向有关行政机关以及其他组织、公民调查收集证据材料；有关行政机关以及其他组织、公民应当配合；需要采取证据保全措施的，依照民事诉讼法、行政诉讼法相关规定办理。"第9条规定："出庭检察人员履行以下职责：①宣读公益诉讼起诉书；②对人民检察院调查收集的证据予以出示和说明，对相关证据进行质证；③参加法庭调查，进行辩论并发表意见；④依法从事其他诉讼活动。"

根据《解释》第 10 条至第 12 条的规定，人民检察院不服人民法院第一审检察民事公益诉讼判决、裁定的，可以向上一级人民法院提起上诉；人民法院审理第二审检察民事公益诉讼案件，由提起公益诉讼的人民检察院派员出庭，上一级人民检察院也可以派员参加；人民检察院提起公益诉讼案件判决、裁定发生法律效力，被告不履行的，人民法院应当移送执行。

"民事公益诉讼"部分明确了检察民事公益诉讼的起诉条件、立案程序、诉讼请求的变更或者增加、撤诉、刑事附带民事检察公益诉讼的审理程序等内容。

关于检察民事公益诉讼的起诉条件，《解释》第 13 条规定，人民检察院在履行职责中发现破坏生态环境和资源保护、食品药品安全领域侵害众多消费者合法权益等损害社会公共利益的行为，拟提起公益诉讼的，应当依法公告，公告期间为 30 日。公告期满，法律规定的机关和有关组织不提起诉讼的，人民检察院可以向人民法院提起诉讼。《解释》第 14 条规定，人民检察院提起民事公益诉讼应当提交下列材料：①民事公益诉讼起诉书，并按照被告人数提出副本；②被告的行为已经损害社会公共利益的初步证明材料；③检察机关已经履行公告程序的证明材料。《解释》第 15 条规定，人民检察院依据《民事诉讼法》第 55 条第 2 款的规定提起民事公益诉讼，符合《民事诉讼法》第 119 条第 2 项、第 3 项、第 4 项及《解释》规定的起诉条件的，人民法院应当登记立案。《解释》第 17 条规定，人民法院受理人民检察院提起的民事公益诉讼案件后，应当在立案之日起 5 日内将起诉书副本送达被告。人民检察院已履行诉前公告程序的，人民法院立案后不再进行公告。

根据《解释》第 16 条的规定，人民检察院提起的民事公益诉讼案件中，被告以反诉方式提出诉讼请求的，人民法院不予受理。

根据《解释》第 18 条和第 19 条的规定，人民法院认为人民检察院提出的诉讼请求不足以保护社会公共利益的，可以向其释明变更或者增加停止侵害、恢复原状等诉讼请求。民事公益诉讼案件审理过程中，人民检察院诉讼请求全部实现而撤回起诉的，人民法院应予准许。

根据《解释》第 20 条的规定，人民检察院对破坏生态环境和资源保护、食品药品安全领域侵害众多消费者合法权益等损害社会公共利益的犯罪行为提起刑事公诉时，可以向人民法院一并提起附带民事公益诉讼，由人民法院同一审判组织审理。人民检察院提起的刑事附带民事公益诉讼案件由审理刑事案件的人民法院管辖。

两高共同出台有关检察公益诉讼的规范性文件，统一了检法两家在检察公益诉讼方面的认识，满足了检察公益诉讼的实践需要，有利于提高检察公益诉讼的质量和效率。

（三）《最高人民法院关于人民法院通过互联网公开审判流程信息的规定》（法释〔2018〕7号）

2018年2月12日，最高人民法院审判委员会第1733次会议通过《最高人民法院关于人民法院通过互联网公开审判流程信息的规定》（以下本部分简称《规定》）。2018年3月4日，最高人民法院以法释〔2018〕7号公布该《规定》，规定自2018年9月1日起施行。

《规定》共17条，规定了通过互联网公开审判流程信息的对象、范围、原则、方式、内容、程序、审判流程信息公开的指导监督管理等内容。

根据《规定》，人民法院应当通过互联网公开的审判流程信息包括：

1. 程序性信息。包括：①收案、立案信息，结案信息；②检察机关、刑罚执行机关信息，当事人信息；③审判组织信息；④审判程序、审理期限、送达、上诉、抗诉、移送等信息；⑤庭审、质证、证据交换、庭前会议、询问、宣判等诉讼活动的时间和地点；⑥裁判文书在中国裁判文书网的公布情况；⑦法律、司法解释规定应当公开，或者人民法院认为可以公开的其他程序性信息。

2. 回避、管辖争议、保全、先予执行、评估、鉴定等流程信息。其中，公开保全、先予执行等流程信息可能影响事项处理的，可以在事项处理完毕后公开。

3. 诉讼文书。包括：①起诉状、上诉状、再审申请书、申诉书、国家赔偿申请书、答辩状等诉讼文书；②受理案件通知书、应诉通知书、参加诉讼通知书、出庭通知书、合议庭组成人员通知书、传票等诉讼文书；③判决书、裁定书、决定书、调解书，以及其他有中止、终结诉讼程序作用，或者对当事人实体权利有影响、对当事人程序权利有重大影响的裁判文书；④法律、司法解释规定应当公开，或者人民法院认为可以公开的其他诉讼文书。

4. 庭审、质证、证据交换、庭前会议、调查取证、勘验、询问、宣判等诉讼活动的笔录。

5. 庭审录音录像、电子卷宗。

审判流程信息公开的对象包括当事人及其法定代表人、诉讼代理人、辩护人。当事人、法定代理人、诉讼代理人、辩护人的身份证件号码、律师执业证号、组织机构代码、统一社会信用代码，是其获取审判流程信息的身份验证依据。当事人及其法定代理人、诉讼代理人、辩护人应当配合受理案件的人民法院采集、核对身份信息，并预留有效的手机号码。人民法院通知当事人应诉、参加诉讼，准许当事人参加诉讼，或者采用公告方式送达当事人的，自完成其身份信息采集、核对后，依照规定公开审判流程信息。当事人中途退出诉讼的，经人民法院依法确认后，不再向该当事人及其法定代理人、诉讼代理人、辩护人公开审判流程信息。

根据《规定》,中国审判流程信息公开网是人民法院公开审判流程信息的统一平台。各级人民法院在本院门户网站以及司法公开平台设置中国审判流程信息公开网的链接。有条件的人民法院可以通过手机、诉讼服务平台、电话语音系统、电子邮箱等辅助媒介,向当事人及其法定代理人、诉讼代理人、辩护人主动推送案件的审判流程信息,或者提供查询服务。人民法院应当在受理案件通知书、应诉通知书、参加诉讼通知书、出庭通知书中,告知当事人及其法定代理人、诉讼代理人、辩护人通过互联网获取审判流程信息的方法和注意事项。最高人民法院监督指导全国法院审判流程信息公开工作。高级、中级人民法院监督指导辖区法院审判流程信息公开工作。各级人民法院审判管理办公室或者承担审判管理职能的其他机构负责本院审判流程信息公开工作,履行以下职责:①组织、监督审判流程信息公开工作;②处理当事人及其法定代理人、诉讼代理人、辩护人对审判流程信息公开工作的投诉和意见建议;③指导技术部门做好技术支持和服务保障;④其他管理工作。

审判流程信息公开是司法公开的重要内容。《规定》的颁行,完善了我国司法公开的内容,对于规范人民法院审判流程信息公开工作具有十分重要的意义。

(四)《最高人民法院关于严格规范民商事案件延长审限和延期开庭问题的规定》(法释〔2018〕9号)

2018年4月23日,最高人民法院审判委员会第1737次会议通过《最高人民法院关于严格规范民商事案件延长审限和延期开庭问题的规定》(以下本部分简称《规定》)。2018年4月25日,最高人民法院以法释〔2018〕9号公布该《规定》,规定自2018年4月26日起施行。

《规定》共6条,规定了延长审限的报批程序、人民法院决定再次开庭的告知程序及其间隔规定、延期开庭的报批程序、审限信息公开范围与方式、违反规定拖延办案的后果等内容。

《规定》第1条第2款和第3款规定,法律规定有特殊情况需要延长审限的,独任审判员或合议庭应当在期限届满15日前向本院院长提出申请,并说明详细情况和理由,院长应当在期限届满5日前作出决定。经本院院长批准延长审限后尚不能结案,需要再次延长的,应当在期限届满15日前报请上级人民法院批准,上级人民法院应当在审限届满5日前作出决定。

《规定》第2条规定,人民法院开庭审理民商事案件后,认为需要再次开庭的,应当依法告知当事人下次开庭的时间。两次开庭间隔时间不得超过1个月,但因不可抗力或当事人同意的除外。

《规定》第 3 条规定，独任审判员或者合议庭适用《民事诉讼法》第 146 条第 4 项规定决定延期开庭的，应当报本院院长批准。

《规定》第 4 条规定，人民法院应当将案件的立案时间、审理期限，扣除、延长、重新计算审限，延期开庭审理的情况及事由，按照《最高人民法院关于人民法院通过互联网公开审判流程信息的规定》及时向当事人及其法定代理人、诉讼代理人公开。当事人及其法定代理人、诉讼代理人有异议的，可以依法向受理案件的法院申请监督。

《规定》第 5 条规定，故意违反法律、审判纪律、审判管理规定拖延办案，或者因过失延误办案，造成严重后果的，依照《人民法院工作人员处分条例》第 47 条的规定予以处分。

《规定》对于规范人民法院延长审限、决定再次开庭和延期开庭等审判行为、提高诉讼效率、防止故意拖延办案和过失延误办案的情形，具有积极作用。

（五）《最高人民法院关于设立国际商事法庭若干问题的规定》（法释〔2018〕11 号）

2018 年 6 月 25 日，最高人民法院审判委员会第 1743 次会议通过《最高人民法院关于设立国际商事法庭若干问题的规定》（以下本部分简称《规定》）。2018 年 6 月 27 日，最高人民法院以法释〔2018〕11 号公布该《规定》，规定自 2018 年 7 月 1 日起施行。

《规定》共 19 条，规定了国际商事法庭的地位、受案范围、法官选任资格与程序、审判制度、域外法律的查明程序、诉讼证据的特殊规定、国际商事纠纷案件"一站式"处理机制、国际商事裁判和调解书的执行等内容。

《规定》第 1 条规定："最高人民法院设立国际商事法庭。国际商事法庭是最高人民法院的常设审判机构。"从而确立了国际商事法庭在最高人民法院的地位。

《规定》第 2 条和第 3 条规定了国际商事法庭的受案范围。其中，第 2 条规定："国际商事法庭受理下列案件：①当事人依照民事诉讼法第 34 条的规定协议选择最高人民法院管辖且标的额为人民币 3 亿元以上的第一审国际商事案件；②高级人民法院对其所管辖的第一审国际商事案件，认为需要由最高人民法院审理并获准许的；③在全国有重大影响的第一审国际商事案件；④依照本规定第 14 条申请仲裁保全、申请撤销或者执行国际商事仲裁裁决的；⑤最高人民法院认为应当由国际商事法庭审理的其他国际商事案件。"第 3 条规定："具有下列情形之一的商事案件，可以认定为本规定所称的国际商事案件：①当事人一方或者双方是外国人、无国籍人、外国企业或者组织的；②当事人一方或者双方的经常居所地在中华人民共和国领域外的；

③标的物在中华人民共和国领域外的；④产生、变更或者消灭商事关系的法律事实发生在中华人民共和国领域外的。"

《规定》第4条明确了国际商事法庭法官的选任条件和程序。根据该条规定，国际商事法庭法官由最高人民法院在资深法官中选任。担任国际商事法庭法官的条件包括：具有丰富审判工作经验；熟悉国际条约、国际惯例以及国际贸易投资实务；能够同时熟练运用中文和英文作为工作语言。

根据《规定》第5条和第15条的规定，国际商事法庭审理国际商事案件实行合议制和一审终审制。合议庭由3名或者3名以上法官组成，合议庭评议案件，实行少数服从多数的原则，少数意见可以在裁判文书中载明。国际商事法庭作出的判决、裁定，是发生法律效力的判决、裁定；国际商事法庭作出的调解书，经双方当事人签收后，即具有与判决同等的法律效力。《规定》第16条规定，当事人对国际商事法庭作出的已经发生法律效力的判决、裁定和调解书，可以依照《民事诉讼法》的规定向最高人民法院本部申请再审。最高人民法院本部受理上述规定的申请再审案件以及再审案件，均应当另行组成合议庭。

《规定》第7条和第8条规定了国际商事法庭审理案件时适用法律的规范。其中，第7条规定国际商事法庭在审理案件时适用实体法的基本依据是《中华人民共和国涉外民事关系法律适用法》，当事人依照法律规定选择适用法律的，应当适用当事人选择的法律。第8条规定了域外法律的查明规则："国际商事法庭审理案件应当适用域外法律时，可以通过下列途径查明：①由当事人提供；②由中外法律专家提供；③由法律查明服务机构提供；④由国际商事专家委员提供；⑤由与我国订立司法协助协定的缔约对方的中央机关提供；⑥由我国驻该国使领馆提供；⑦由该国驻我国使馆提供；⑧其他合理途径。通过上述途径提供的域外法律资料以及专家意见，应当依照法律规定在法庭上出示，并充分听取各方当事人的意见。"

关于国际商事纠纷案件的证据，《规定》第9条规定："当事人向国际商事法庭提交的证据材料系在中华人民共和国领域外形成的，不论是否已办理公证、认证或者其他证明手续，均应当在法庭上质证。当事人提交的证据材料系英文且经对方当事人同意的，可以不提交中文翻译件。"第10条规定："国际商事法庭调查收集证据以及组织质证，可以采用视听传输技术及其他信息网络方式。"

《规定》第11条至第14条规定了国际商事纠纷案件调解、仲裁、诉讼的"一站式"解决机制：最高人民法院组建国际商事专家委员会，并选定符合条件的国际商事调解机构、国际商事仲裁机构与国际商事法庭共同构建调解、仲裁、诉讼有机衔接的纠纷解决平台，形成"一站式"国际商事纠纷解决机制。国际商事法庭在受理案件后 7 日内，经当事人同意，可以委托国际商事专家委员会成员或者国际商事调解机构调解。经国际商事专家委员会成员或者国际商事调解机构主持调解，当事人达成调解协议的，国际商事法庭可以依照法律规定制发调解书；当事人要求发给判决书的，可以依协议的内容制作判决书送达当事人；当事人协议选择国际商事法庭选定的国际商事仲裁机构仲裁的，可以在申请仲裁前或者仲裁程序开始后，向国际商事法庭申请证据、财产或者行为保全。当事人向国际商事法庭申请撤销或者执行国际商事法庭选定的国际商事仲裁机构作出的仲裁裁决的，国际商事法庭依照《民事诉讼法》等相关法律规定进行审查。

根据《规定》，国际商事法庭作出的保全裁定，可以指定下级人民法院执行；国际商事法庭作出的发生法律效力的判决、裁定和调解书，当事人可以向国际商事法庭申请执行。

《规定》是国际商事法庭的基本操作规程，对于完善我国国际商事审判制度也具有重要作用。

（六）《最高人民法院关于上海金融法院案件管辖的规定》（法释〔2018〕14 号）

2018 年 7 月 31 日，最高人民法院审判委员会第 1746 次会议通过《最高人民法院关于上海金融法院案件管辖的规定》（以下本部分简称《规定》）。2018 年 8 月 7 日，最高人民法院以法释〔2018〕14 号公布该《规定》，规定自 2018 年 8 月 10 日起施行。

为了推进国家金融战略实施，健全完善金融审判体系，营造良好金融法治环境，促进经济和金融健康发展，2018 年 4 月 27 日，第十三届全国人民代表大会常务委员会第二次会议通过《关于设立上海金融法院的决定》。为了落实《关于设立上海金融法院的决定》，最高人民法院制定了该《规定》。

《规定》共 7 条，第 1 条规定了上海金融法院管辖第一审民商事案件的范围：其一，上海市辖区内应由中级人民法院受理的下列第一审金融民商事案件：①证券、期货交易、信托、保险、票据、信用证、金融借款合同、银行卡、融资租赁合同、委托理财合同、典当等纠纷；②独立保函、保理、私募基金、非银行支付机构网络支付、网络借贷、互联网股权众筹等新型金融民商事纠纷；③以金融机构为债务人的破产纠纷；④金融民商事纠纷的仲裁司法审查案件；⑤申请承认和执行外国法院金融民商事纠纷的判决、裁定案件。其二，以住所地在上海市的金融市场基础设施为被告或者第三人与其履行职责相关的第一审金融民商事案件。

《规定》第 2 条和第 3 条规定了上海金融法院管辖第一审行政案件的范围：①上海市辖区内应由中级人民法院受理的以金融监管机构为被告的第一审涉金融行政案

件；②以住所地在上海市的金融市场基础设施为被告或者第三人与其履行职责相关的第一审涉金融行政案件。

《规定》第 4 条规定了上海金融法院管辖第二审案件的范围，即当事人对上海市基层人民法院作出的第一审金融民商事案件和涉金融行政案件判决、裁定提起的上诉案件，由上海金融法院审理。

《规定》第 5 条规定，当事人对上海金融法院作出的第一审判决、裁定提起的上诉案件，由上海市高级人民法院审理。

《规定》第 6 条规定，上海市各中级人民法院在上海金融法院成立前已经受理但尚未审结的金融民商事案件和涉金融行政案件，由该中级人民法院继续审理。

《规定》明确了上海金融法院的管辖范围，为上海金融法院的实际运作提供了制度保障。

（七）《最高人民法院关于互联网法院审理案件若干问题的规定》（法释〔2018〕16 号）

2018 年 9 月 3 日，最高人民法院审判委员会第 1747 次会议通过《最高人民法院关于互联网法院审理案件若干问题的规定》（以下本部分简称《规定》）。2018 年 9 月 6 日，最高人民法院以法释〔2018〕16 号公布该《规定》，规定自 2018 年 9 月 7 日起施行。

《规定》共 23 条，主要规定了互联网法院审理案件的方式、管辖、互联网诉讼平台的建设与使用规则、立案程序、证据交换的程序与方式、证据提交和质证规则、开庭的方式与庭审程序、诉讼文书送达程序与要求、笔录和电子卷宗管理、不服互联网法院裁判的第二审法院的审理方式等内容。

关于互联网法院审理案件的基本方式，《规定》第 1 条规定，互联网法院采取在线方式审理案件，案件的受理、送达、调解、证据交换、庭前准备、庭审、宣判等诉讼环节一般应当在线上完成。根据当事人申请或者案件审理需要，互联网法院可以决定在线下完成部分诉讼环节。

关于互联网法院管辖的第一审案件，《规定》第 2 条规定，北京、广州、杭州互联网法院集中管辖所在市的辖区内应当由基层人民法院受理的下列第一审案件包括：①通过电子商务平台签订或者履行网络购物合同而产生的纠纷；②签订、履行行为均在互联网上完成的网络服务合同纠纷；③签订、履行行为均在互联网上完成的金融借款合同纠纷、小额借款合同纠纷；④在互联网上首次发表作品的著作权或者邻接权权属纠纷；⑤在互联网上侵害在线发表或者传播作品的著作权或邻接权而产生的纠纷；⑥互联网域名权属、侵权及合同纠纷；⑦在互联网上侵害他人人身权、财产权等民事权益而产生的纠纷；⑧通过电子商务平台购买的产品，因存在产品缺陷，侵害他人人身、财产权益而产生的产品责任纠纷；⑨检察机关提起的互联网公益诉讼案件；⑩因行政机关作出互联网信息服务管理、互联网商品交易及有关服务管理等行政行为而产生的行政纠纷；⑪上级人民法院指定管辖的其他互联网民事、行政案件。《规定》第3条还规定，当事人可以在上述第2条确定的合同及其他财产权益纠纷范围内，依法协议约定与争议有实际联系地点的互联网法院管辖。电子商务经营者、网络服务提供商等采取格式条款形式与用户订立管辖协议的，应当符合法律及司法解释关于格式条款的规定。

关于不服互联网法院裁判的上诉案件的管辖，《规定》第4条规定，当事人对北京互联网法院作出的判决、裁定提起上诉的案件，由北京市第四中级人民法院审理，但互联网著作权权属纠纷和侵权纠纷、互联网域名纠纷的上诉案件，由北京知识产权法院审理；当事人对广州互联网法院作出的判决、裁定提起上诉的案件，由广州市中级人民法院审理，但互联网著作权权属纠纷和侵权纠纷、互联网域名纠纷的上诉案件，由广州知识产权法院审理；当事人对杭州互联网法院作出的判决、裁定提起上诉的案件，由杭州市中级人民法院审理。

《规定》第5条和第6条规定了互联网诉讼平台的建设和使用规范。根据规定，互联网法院应当建设互联网诉讼平台（以下简称诉讼平台），作为法院办理案件和当事人及其他诉讼参与人实施诉讼行为的专用平台。通过诉讼平台作出的诉讼行为，具有法律效力。互联网法院审理案件所需涉案数据，电子商务平台经营者、网络服务提供商、相关国家机关应当提供，并有序接入诉讼平台，由互联网法院在线核实、实时固定、安全管理。诉讼平台对涉案数据的存储和使用，应当符合《中华人民共和国网络安全法》等法律法规的规定。当事人及其他诉讼参与人使用诉讼平台实施诉讼行为的，应当通过证件证照比对、生物特征识别或者国家统一身份认证平台认证等在线方式完成身份认证，并取得登录诉讼平台的专用账号。使用专用账号登录诉讼平台所作出的行为，视为被认证人本人行为，但因诉讼平台技术原因导致系统错误，或者被认证人能够证明诉讼平台账号被盗用的除外。

关于互联网法院管辖案件的立案程序，《规定》第7条规定，互联网法院在线接收原告提交的起诉材料，并于收到材料后7日内，在线作出以下处理：①符合起诉条件的，登记立案并送达案件受理通知书、诉讼费交纳通知书、举证通知书等诉讼文书。②提交材料不符合要求的，及时发出补正通知，并于收到补正材料后次日重新起算受理时间；原告未在指定期限内按要求补正的，起诉材料作退回处理。③不符合起诉条件的，经释明后，原告无异议的，起诉材料作退回处理；原告坚持继续起诉的，依法作出不予受理裁定。第8条规定，互联网法院受理案件后，可以通过原告提供的手机号码、传真、电子邮箱、即时通讯账号等，通知被告、第三人通过诉讼平台进行案件关联和身份验证。被告、第三人应当通过诉讼平台了解案件信息，接收和提交诉讼材料，实施诉讼行为。

关于互联网法院审理案件的证据交换，《规定》第9条规定，互联网法院组织在线证据交换的，当事人应当将在线电子数据上传、导入诉讼平台，或者将线下证据通过扫描、翻拍、转录等方式进行电子化处理后上传至诉讼平台进行举证，也可以运用已经导入诉讼平台的电子数据证明自己的主张。

关于当事人通过技术手段向互联网法院提交证据，《规定》第10条规定，当事人及其他诉讼参与人通过技术手段将身份证明、营业执照副本、授权委托书、法定代表人身份证明等诉讼材料，以及书证、鉴定意见、勘验笔录等证据材料进行电子化处理后提交的，经互联网法院审核通过后，视为符合原件形式要求。对方当事人对上述材料真实性提出异议且有合理理由的，互联网法院应当要求当事人提供原件。

关于电子数据真实性的审查，《规定》第11条规定，当事人对电子数据真实性提出异议的，互联网法院应当结合质证情况，审查判断电子数据生成、收集、存储、传输过程的真实性，并着重审查以下内容：①电子数据生成、收集、存储、传输所依赖的计算机系统等硬件、软件环境是否安全、可靠；②电子数据的生成主体和时间是否明确，表现内容是否清晰、客观、准确；③电子数据的存储、保管介质是否明确，保管方式和手段是否妥当；④电子数据提取和固定的主体、工具和方式是否可靠，提取过程是否可以重现；⑤电子数据的内容是否存在增加、删除、修改及不完整等情形；⑥电子数据是否可以通过特定形式得到验证。当事人提交的电子数据，通过电子签名、可信时间戳、哈希值校验、区块链等证据收集、固定和防篡改的技术手段或者通过电子取证存证平台认证，能够证明其真实性的，互联网法院应当确认。当事人可以申请具有专门知识的人就电子数据技术问题提出意见。互联网法院可以根据当事人申请或者依职权，委托鉴定电子数据的真实性或者调取其他相关证据进行核对。

《规定》第12条至第14条规定了互联网法院的庭审方式、庭审程序和法庭规则。互联网法院采取在线视频方式开庭，存在确需当庭查明身份、核对原件、查验实物等特殊情形的，互联网法院可以决定在线下开庭，但其他诉讼环节仍应当在线完成。互联网法院可以视情决定采取下列方式简化庭审程序：①开庭前已经在线完成当事人身份核实、权利义务告知、庭审纪律宣示的，开庭时可以不再重复进行；②当事人已经在线完成证据交换的，对于无争议的证据，法官在庭审中说明后，可以不再举证、质证；③经征得当事人同意，可以将当事人陈述、法庭调查、法庭辩论等庭审环节合并进行。对于简单民事案件，庭审可以直接围绕诉讼请求或者案件要素进行。互联网法院根据在线庭审特点，适用《中华人民共和国人民法院法庭规则》的有关规定。除经查明确属网络故障、设备损坏、电力中断或者不可抗力等原因外，当事人不按时参加在线庭审的，视为"拒不到庭"，庭审中擅自退出的，视为"中途退庭"，分别按照《中华人民共和国民事诉讼法》《中华人民共和国行政诉讼法》及相关司法解释的规定处理。

《规定》第15条至第17条规定了互联网法院电子送达的送达方式、适用条件、送达地址确认、送达时间确定等内容。经当事人同意，互联网法院应当通过中国审判流程信息公开网、诉讼平台、手机短信、传真、电子邮件、即时通讯账号等电子方式送达诉讼文书及当事人提交的证据材料等。当事人未明确表示同意，但已经约定发生纠纷时在诉讼中适用电子送达的，或者通过回复收悉、作出相应诉讼行为等方式接受已经完成的电子送达，并且未明确表示不同意电子送达的，可以视为同意电子送达。经告知当事人权利义务，并征得其同意，互联网法院可以电子送达裁判文书。当事人提出需要纸质版裁判文书的，互联网法院应当提供。互联网法院进行电子送达，应当向当事人确认电子送达的具体方式和地址，并告知电子送达的适用范围、效力、送达地址变更方式以及其他需告知的送达事项。受送达人未提供有效电子送达地址的，互联网法院可以将能够确认为受送达人本人的近3个月内处于日常活跃状态的手机号码、电子邮箱、即时通讯账号等常用电子地址作为优先送达地址。互联网法院向受送达人主动提供或者确认的电子地址进行送达的，送达信息到达受送达人特定系统时，即为送达。互联网法院向受送达人常用电子地址或者能够获取的其他电子地址进行送达的，根据下列情形确定是否完成送达：①受送达人回复已收到送达材料，或者根据送达内容作出相应诉讼行为的，视为完成有效送达；②受送达人的媒介系统反馈受送达人已阅知，或者有其他证据可以证明受送达人已经收悉的，推定完成有效送达，但受送达人能够证明存在媒介系统错误、送达地址非本人所有或者使用、非本人阅知等未收悉送达内容的情形除外。完成有效送达的，互联网法院应当制作电子送达凭证。电子送达凭证具有送达回证效力。

《规定》第20条和第21条规定了互联网法院审理案件电子笔录和电子档案的内容与效力。互联网法院在线审理的案件，可以在调解、证据交换、庭审、合议等诉讼环节运用语音识别技术同步生成电子笔录。电子笔录以在线方式核对确认后，与书面笔录具有同等法律效力。互联网法院应当利用诉讼平台随案同步生成电子卷宗，形成电子档案。案件纸质档案已经全部转化为电子档案的，可以以电子档案代替纸质档案进行上诉移送和案卷归档。

《规定》明确了互联网法院审理案件的操作规程，对于规范互联网法院诉讼活动、保护当事人及其他诉讼参与人合法权益、确保公正高效审理案件而言，具有十分重要的意义。

（八）《最高人民法院关于审查知识产权纠纷行为保全案件适用法律若干问题的规定》（法释〔2018〕21 号）

2018 年 11 月 26 日，最高人民法院审判委员会第 1755 次会议通过《最高人民法院关于审查知识产权纠纷行为保全案件适用法律若干问题的规定》（以下本部分简称《规定》）。2018 年 12 月 12 日，最高人民法院以法释〔2018〕21 号公布该《规定》，规定自 2019 年 1 月 1 日起施行。

《规定》共 21 条，分别规定了知识产权纠纷案件申请行为保全的范围与主体、管辖、申请书的内容、"情况紧急"和"难以弥补的损害"的认定标准、审查行为保全申请应当考虑的因素、担保、保全措施的期限、保全错误的认定等内容。

根据《规定》，知识产权纠纷的当事人在判决、裁定或者仲裁裁决生效前可以依据《民事诉讼法》第 100 条、第 101 条的规定，向有管辖权的人民法院申请行为保全。其中，知识产权许可合同的被许可人申请诉前责令停止侵害知识产权行为的，独占许可合同的被许可人可以单独向人民法院提出申请；排他许可合同的被许可人在权利人不申请的情况下，可以单独提出申请；普通许可合同的被许可人经权利人明确授权以自己的名义起诉的，可以单独提出申请。

申请诉前行为保全，应当向被申请人住所地具有相应知识产权纠纷管辖权的人民法院或者对案件具有管辖权的人民法院提出。当事人约定仲裁的，应当向有管辖权的人民法院申请行为保全。当事人向人民法院申请行为保全，应当递交申请书和相应证据。申请书应当载明下列事项：①申请人与被申请人的身份、送达地址、联系方式；②申请采取行为保全措施的内容和期限；③申请所依据的事实、理由，包括被申请人的行为将会使申请人的合法权益受到难以弥补的损害或者造成案件裁决难以执行等损害的具体说明；④为行为保全提供担保的财产信息或资信证明，或者不需要提供担保的理由；⑤其他需要载明的事项。

人民法院裁定采取行为保全措施前，应当询问申请人和被申请人，但因情况紧急或者询问可能影响保全措施执行等情形除外。人民法院裁定采取行为保全措施或者裁定驳回申请的，应当向申请人、被申请人送达裁定书。向被申请人送达裁定书可能影响采取保全措施的，人民法院可以在采取保全措施后及时向被申请人送达裁定书，至迟不得超过 5 日。当事人在仲裁过程中申请行为保全的，应当通过仲裁机构向人民法院提交申请书、仲裁案件受理通知书等相关材料。人民法院裁定采取行为保全措施或者裁定驳回申请的，应当将裁定书送达当事人，并通知仲裁机构。

有下列情况之一，不立即采取行为保全措施即足以损害申请人利益的，应当认定属于《民事诉讼法》第100条、第101条规定的"情况紧急"：①申请人的商业秘密即将被非法披露；②申请人的发表权、隐私权等人身权利即将受到侵害；③诉争的知识产权即将被非法处分；④申请人的知识产权在展销会等时效性较强的场合正在或者即将受到侵害；⑤时效性较强的热播节目正在或者即将受到侵害；⑥其他需要立即采取行为保全措施的情况。在知识产权与不正当竞争纠纷行为保全案件中，有下列情形之一的，应当认定属于《民事诉讼法》第101条规定的"难以弥补的损害"：①被申请人的行为将会侵害申请人享有的商誉或者发表权、隐私权等人身性质的权利且造成无法挽回的损害；②被申请人的行为将会导致侵权行为难以控制且显著增加申请人损害；③被申请人的侵害行为将会导致申请人的相关市场份额明显减少；④对申请人造成其他难以弥补的损害。

人民法院审查行为保全申请，应当综合考量下列因素：①申请人的请求是否具有事实基础和法律依据，包括请求保护的知识产权效力是否稳定；②不采取行为保全措施是否会使申请人的合法权益受到难以弥补的损害或者造成案件裁决难以执行等损害；③不采取行为保全措施对申请人造成的损害是否超过采取行为保全措施对被申请人造成的损害；④采取行为保全措施是否损害社会公共利益；⑤其他应当考量的因素。人民法院审查判断申请人请求保护的知识产权效力是否稳定，应当综合考量下列因素：①所涉权利的类型或者属性；②所涉权利是否经过实质审查；③所涉权利是否处于宣告无效或者撤销程序中以及被宣告无效或者撤销的可能性；④所涉权利是否存在权属争议；⑤其他可能导致所涉权利效力不稳定的因素。申请人以实用新型或者外观设计专利权为依据申请行为保全的，应当提交由国务院专利行政部门作出的检索报告、专利权评价报告或者专利复审委员会维持该专利权有效的决定。申请人无正当理由拒不提交的，人民法院应当裁定驳回其申请。

申请人申请行为保全的，应当依法提供担保。申请人提供的担保数额，应当相当于被申请人可能因执行行为保全措施所遭受的损失，包括责令停止侵权行为所涉产品的销售收益、保管费用等合理损失。在执行行为保全措施过程中，被申请人可能因此遭受的损失超过申请人担保数额的，人民法院可以责令申请人追加相应的担保。申请人拒不追加的，可以裁定解除或者部分解除保全措施。人民法院采取的行为保全措施，一般不因被申请人提供担保而解除，但是申请人同意的除外。

人民法院裁定采取行为保全措施的，应当根据申请人的请求或者案件具体情况等因素合理确定保全措施的期限。裁定停止侵害知识产权行为的效力，一般应当维持至案件裁判生效时止。人民法院根据申请人的请求、追加担保等情况，可以裁定继续采取保全措施。申请人请求续行保全措施的，应当在期限届满前 7 日内提出。

有下列情形之一的，应当认定属于《民事诉讼法》第 105 条规定的"申请有错误"：①申请人在采取行为保全措施后 30 日内不依法提起诉讼或者申请仲裁；②行为保全措施因请求保护的知识产权被宣告无效等原因自始不当；③申请责令被申请人停止侵害知识产权或者不正当竞争，但生效裁判认定不构成侵权或者不正当竞争；④其他属于申请有错误的情形。被申请人依据《民事诉讼法》第 105 条规定提起赔偿诉讼，申请人申请诉前行为保全后没有起诉或者当事人约定仲裁的，由采取保全措施的人民法院管辖；申请人已经起诉的，由受理起诉的人民法院管辖。

当事人申请解除行为保全措施，人民法院收到申请后经审查符合《最高人民法院关于适用〈中华人民共和国民事诉讼法〉的解释》（以下简称《民诉法解释》）第 166 条规定的情形的，应当在 5 日内裁定解除。申请人撤回行为保全申请或者申请解除行为保全措施的，不因此免除《民事诉讼法》第 105 条规定的赔偿责任。

申请人同时申请行为保全、财产保全或者证据保全的，人民法院应当依法分别审查不同类型保全申请是否符合条件，并作出裁定。为避免被申请人实施转移财产、毁灭证据等行为致使保全目的无法实现，人民法院可以根据案件具体情况决定不同类型保全措施的执行顺序。

《规定》的颁行有利于充分发挥行为保全制度在知识产权纠纷案件中的功能，从而确保人民法院正确审查知识产权纠纷行为保全案件，及时有效保护当事人的合法权益。

（九）《最高人民法院关于知识产权法庭若干问题的规定》（法释〔2018〕22 号）

2018 年 12 月 3 日，最高人民法院审判委员会第 1756 次会议通过《最高人民法院关于知识产权法庭若干问题的规定》（以下本部分简称《规定》）。2018 年 12 月 27 日，最高人民法院以法释〔2018〕22 号公布该《规定》，规定自 2019 年 1 月 1 日起施行。

《规定》共 15 条，分别规定了最高人民法院知识产权法庭的地位、审理案件的范围、送达和审理案件的方式、知识产权法庭法官会议的组成人员及其职责、制度的衔接等内容。

最高人民法院设立知识产权法庭，主要审理专利等专业技术性较强的知识产权上诉案件。知识产权法庭是最高人民法院派出的常设审判机构，设在北京市。知识产权法庭作出的判决、裁定、调解书和决定，是最高人民法院的判决、裁定、调解书和决定。

知识产权法庭审理下列案件：①不服高级人民法院、知识产权法院、中级人民法院作出的发明专利、实用新型专利、植物新品种、集成电路布图设计、技术秘密、计算机软件、垄断第一审民事案件判决、裁定而提起上诉的案件；②不服北京知识产权法院对发明专利、实用新型专利、外观设计专利、植物新品种、集成电路布图设计授权确权作出的第一审行政案件判决、裁定而提起上诉的案件；③不服高级人民法院、知识产权法院、中级人民法院对发明专利、实用新型专利、外观设计专利、植物新品种、集成电路布图设计、技术秘密、计算机软件、垄断行政处罚等作出的第一审行政案件判决、裁定而提起上诉的案件；④全国范围内重大、复杂的上述第①②③项所称第一审民事和行政案件；⑤对上述第①②③项所称第一审案件已经发生法律效力的判决、裁定、调解书依法申请再审、抗诉、再审等适用审判监督程序的案件；⑥上述第①②③项所称第一审案件管辖权争议，罚款、拘留决定申请复议，报请延长审限等案件；⑦最高人民法院认为应当由知识产权法庭审理的其他案件。对知识产权法院、中级人民法院已经发生法律效力的上述第①②③项所称第一审案件判决、裁定、调解书，省级人民检察院向高级人民法院提出抗诉的，高级人民法院应当告知其由最高人民检察院依法向最高人民法院提出，并由知识产权法庭审理。

经当事人同意，知识产权法庭可以通过电子诉讼平台、中国审判流程信息公开网以及传真、电子邮件等电子方式送达诉讼文件、证据材料及裁判文书等。知识产权法庭可以通过电子诉讼平台或者采取在线视频等方式组织证据交换、召集庭前会议等。知识产权法庭可以根据案件情况到实地或者原审人民法院所在地巡回审理案件。知识产权法庭采取保全等措施，依照执行程序相关规定办理。

知识产权法庭法官会议由庭长、副庭长和若干资深法官组成，讨论重大、疑难、复杂案件等。知识产权法庭应当加强对有关案件审判工作的调研，及时总结裁判标准和审理规则，指导下级人民法院审判工作。

《规定》施行前经批准可以受理专利、技术秘密、计算机软件、垄断第一审民事和行政案件的基层人民法院，不再受理上述案件。对于基层人民法院2019年1月1日尚未审结的上述案件，当事人不服其判决、裁定依法提起上诉的，由其上一级人民法院审理。

《规定》的颁行在进一步统一知识产权案件裁判标准、依法平等保护各类市场主体合法权益、加大知识产权司法保护力度、优化科技创新法治环境、加快实施创新驱动发展战略等方面，具有十分重要的意义。

四、最高人民法院制定的有关民事执行的司法解释

（一）《最高人民法院关于执行和解若干问题的规定》（法释〔2018〕3号）

2017年11月6日，最高人民法院审判委员会第1725次会议通过《最高人民法院关于执行和解若干问题的规定》（以下本部分简称《规定》）。2018年2月22日，最高人民法院以法释〔2018〕3号公布该《规定》，规定自2018年3月1日起施行。

《规定》共20条，分别规定了执行和解协议的内容与形式、达成执行和解协议的后果、执行和解协议的变更、当事人不履行执行和解协议的后果、执行和解协议担保条款的效力、当事人自行达成的和解协议的效力等内容。

根据《规定》，执行和解协议一般采取书面形式，可以依法变更生效法律文书确定的权利义务主体、履行标的、期限、地方和方式等内容。当事人达成以物抵债执行和解协议的，人民法院不得依据该协议作出以物抵债裁定。执行和解协议达成后，有下列情形之一的，人民法院可以裁定中止执行：①各方当事人共同向人民法院提交书面和解协议的；②一方当事人向人民法院提交书面和解协议，其他当事人予以认可的；③当事人达成口头和解协议，执行人员将和解协议内容记入笔录，由各方当事人签名或者盖章的。中止执行后，申请执行人申请解除查封、扣押、冻结的，人民法院可以准许。执行和解协议履行过程中，符合《合同法》第101条规定情形的，债务人可以依法向有关机构申请提存；执行和解协议约定给付金钱的，债务人也可以向执行法院申请提存。执行和解协议履行完毕的，人民法院作执行结案处理。

根据《规定》，被执行人一方不履行执行和解协议的，申请执行人可以申请恢复执行原生效法律文书，也可以就履行执行和解协议向执行法院提起诉讼。申请恢复执行原生效法律文书，适用《民事诉讼法》第239条申请执行期间的规定，自执行和解协议约定履行期间的最后1日起计算。人民法院经审查，理由成立的，裁定恢复执行；有下列情形之一的，裁定不予恢复执行：①执行和解协议履行完毕后申请恢复执行的；②执行和解协议约定的履行期限尚未届至或者履行条件尚未成就的，但符合《合同法》第108条规定情形的除外；③被执行人一方正在按照执行和解协议约定履行义务的；④其他不符合恢复执行条件的情形。恢复执行后，执行和解协议已经履行部分应当依法扣除，对申请执行人就履行执行和解协议提起的诉讼，人民法院不予受理。当事人、利害关系人认为恢复执行或者不予恢复执行违反法律规定的，或者认为人民法院扣除执行和解协议已经履行的部分违反法律规定的，可以依照《民事诉讼法》第225条规定提出异议。申请执行人就履行执行和解协议提起诉讼，执行法院受理后，可以裁定终结原生效法律文书的执行，执行中的查封、扣押、冻结措施，自动转为诉讼中的保全措施。

执行和解协议履行完毕，申请执行人因被执行人迟延履行、瑕疵履行遭受损害的，可以向执行法院另行提起诉讼。当事人、利害关系人认为执行和解协议无效或者应予撤销的，可以向执行法院提起诉讼。执行和解协议被确认无效或者撤销后，申请执行人可以据此申请恢复执行。被执行人以执行和解协议无效或者应予撤销为由提起诉讼的，不影响申请执行人申请恢复执行。

执行和解协议中约定担保条款，且担保人向人民法院承诺在被执行人不履行执行和解协议时自愿接受直接强制执行的，恢复执行原生效法律文书后，人民法院可以依申请执行人申请及担保条款的约定，直接裁定执行担保财产或者保证人的财产。

《规定》对执行当事人在执行程序外达成的和解协议的效力作出了特别规定。根据《规定》，被执行人根据当事人自行达成但未提交人民法院的和解协议，或者一方当事人提交人民法院但其他当事人不予认可的和解协议，依照《民事诉讼法》第225条规定提出异议的，人民法院按照下列情形，分别处理：①和解协议履行完毕的，裁定终结原生效法律文书的执行；②和解协议约定的履行期限尚未届至或者履行条件尚未成就的，裁定中止执行，但符合《合同法》第108条规定情形的除外；③被执行人一方正在按照和解协议约定履行义务的，裁定中止执行；④被执行人不履行和解协议的，裁定驳回异议；⑤和解协议不成立、未生效或者无效的，裁定驳回异议。

《规定》对执行和解实践中常见的争议问题作出了明确规定，有利于规范执行和解活动，并维护当事人、利害关系人合法权益。

（二）《最高人民法院关于执行担保若干问题的规定》（法释〔2018〕4号）

2017年12月11日，最高人民法院审判委员会第1729次会议通过《最高人民法院关于执行担保若干问题的规定》，2018年2月22日，最高人民法院以法释〔2018〕4号公布该《规定》（以下本部分简称《规定》），规定自2018年3月1日起施行。

《规定》共16条，分别规定了执行担保的概念、形式、程序、效力等内容。

《规定》明确，执行担保，是指担保人依照《民事诉讼法》第231条规定，为担保被执行人履行生效法律文书确定的全部或者部分义务，向人民法院提供的担保。执行担保可以由被执行人提供财产担保，也可以由他人提供财产担保或者保证。被执行人或者他人提供执行担保的，应当向人民法院提交担保书，并将担保书副本送交申请执行人。担保书中应当载明担保人的基本信息、暂缓执行期限、担保期间、被担保的债权种类及数额、担保范围、担保方式、被执行人于暂缓执行期限届满后仍不履行时担保人自愿接受直接强制执行的承诺等内容。提供财产担保的，担保书中还应当载明担保财产的名称、数量、质量、状况、所在地、所有权或者使用权归属等内容。公司为被执行人提供执行担保的，应当提交符合《公司法》第 16 条规定的公司章程、董事会或者股东会、股东大会决议。被执行人或者他人提供执行担保，申请执行人同意的，应当向人民法院出具书面同意意见，也可以由执行人员将其同意的内容记入笔录，并由申请执行人签名或者盖章。被执行人或者他人提供财产担保，可以依照《物权法》《担保法》的规定办理登记等担保物权公示手续；已经办理公示手续的，申请执行人可以依法主张优先受偿权。申请执行人申请人民法院查封、扣押、冻结担保财产的，人民法院应当准许，但担保书另有约定的除外。

根据《规定》，执行担保成立并生效的，人民法院可以决定暂缓执行。暂缓执行的期限应当与担保书约定一致，但最长不得超过 1 年。人民法院决定暂缓执行的，可以暂缓全部执行措施的实施，但担保书另有约定的除外。暂缓执行期限届满后被执行人仍不履行义务，或者暂缓执行期间担保人有转移、隐藏、变卖、毁损担保财产等行为的，人民法院可以依申请执行人的申请恢复执行，并直接裁定执行担保财产或者保证人的财产，不得将担保人变更、追加为被执行人。执行担保财产或者保证人的财产，以担保人应当履行义务部分的财产为限。被执行人有便于执行的现金、银行存款的，应当优先执行该现金、银行存款。

《规定》明确，担保书内容与事实不符，且对申请执行人合法权益产生实质影响的，人民法院可以依申请执行人的申请恢复执行。

根据《规定》，暂缓执行期间届满后，被执行人仍不履行义务的，申请执行人申请执行担保财产或者保证人财产的，应当在担保期间内提出申请。担保期间自暂缓执行期限届满之日起计算。担保书中没有记载担保期间或者记载不明的，担保期间为 1 年。担保期间届满后，申请执行人申请执行担保财产或者保证人财产的，人民法院不予支持。他人提供财产担保的，人民法院可以依其申请解除对担保财产的查封、扣押、冻结。担保人承担担保责任后，提起诉讼向被执行人追偿的，人民法院应予受理。

《规定》明确，被执行人申请变更、解除全部或者部分执行措施，并担保履行生效法律文书确定义务的，参照适用《规定》。

《规定》明确了执行担保的条件、程序与效力等内容，有利于规范执行担保行为，并维护当事人、利害关系人的合法权益。

（三）《最高人民法院关于人民法院办理仲裁裁决执行案件若干问题的规定》（法释〔2018〕5 号）

2018 年 1 月 5 日，最高人民法院审判委员会第 1730 次会议通过《最高人民法院关于人民法院办理仲裁裁决执行案件若干问题的规定》（以下本部分简称《规定》）。2018 年 2 月 22 日，最高人民法院以法释〔2018〕5 号公布该《规定》，自 2018 年 3 月 1 日起施行。

《规定》共 24 条，分别规定了仲裁裁决执行案件的管辖、对仲裁裁决执行申请的审查、仲裁裁决主文或者仲裁调解书主文的补正、被执行人申请撤销仲裁裁决或者不予执行仲裁裁决对执行程序的影响、被执行人申请不予执行仲裁裁决的期间、案外人申请不予执行仲裁裁决或者仲裁调解书的条件、申请不予执行仲裁裁决案件的审查方式与程序、不予执行事由的认定标准、案外人申请不予执行仲裁裁决或者仲裁调解书的条件、申请撤销和申请不予执行仲裁裁决关系的处理等内容。

根据《规定》，当事人以仲裁裁决书或者仲裁调解书为依据申请执行的，由被执行人住所地或者被执行的财产所在地的中级人民法院管辖。符合下列条件的，经上级人民法院批准，中级人民法院可以参照《民事诉讼法》第 38 条的规定指定基层人民法院管辖：①执行标的额符合基层人民法院一审民商事案件级别管辖受理范围；②被执行人住所地或者被执行的财产所在地在被指定的基层人民法院辖区内。被执行人、案外人对仲裁裁决执行案件申请不予执行的，负责执行的中级人民法院应当另行立案审查处理；执行案件已指定基层人民法院管辖的，应当于收到不予执行申请后 3 日内移送原执行法院另行立案审查处理。

当事人以仲裁裁决书或者仲裁调解为依据申请执行的，《规定》明确了三种可以裁定驳回执行申请的情形：其一，仲裁裁决或者仲裁调解书执行内容具有下列情形之一导致无法执行的：①权利义务主体不明确；②金钱给付具体数额不明确或者计算方法不明确导致无法计算出具体数额；③交付的特定物不明确或者无法确定；④行为履行的标准、对象、范围不明确。其二，仲裁裁决或者仲裁调解书仅确定继续履行合同，但对继续履行的权利义务，以及履行的方式、期限等具体内容不明确，导致无法执行的。其三，对仲裁裁决主文或者仲裁调解书中的文字、计算错误以及仲裁庭已经认定但在裁决主文中遗漏的事项，可以补正或说明的，人民法院应当书面告知仲裁庭补正或说明，或者向仲裁机构调阅仲裁案卷查明。仲裁庭不补正也不说明，且人民法院调阅仲裁案卷后执行内容仍然不明确具体无法执行的。仲裁裁决书或者仲裁调解书具有上述前两种情形，导致部分无法执行的，可以裁定驳回该部分的执行申请；导致部分无法执行且该部分与其他部分不可分的，可以裁定驳回执行申请。申请执行人对人民法院作出的驳回执行申请裁定不服的，可以自裁定送达之日起 10 日内向上一级人民法院申请复议。

关于申请撤销仲裁裁决或者申请不予执行仲裁裁决对执行程序的影响，《规定》明确，被执行人申请撤销仲裁裁决并已由人民法院受理的，或者被执行人、案外人对仲裁裁决执行案件提出不予执行申请并提供适当担保的，执行法院应当裁定中止执行。中止执行期间，人民法院应当停止处分性措施，但申请执行人提供充分、有效的担保请求继续执行的除外；执行标的查封、扣押、冻结期限届满前，人民法院可以根据当事人申请或者依职权办理续行查封、扣押、冻结手续。申请撤销仲裁裁决、不予执行仲裁裁决案件司法审查期间，当事人、案外人申请对已查封、扣押、冻结之外的财产采取保全措施的，负责审查的人民法院参照《民事诉讼法》第100条的规定处理。司法审查后仍需继续执行的，保全措施自动转为执行中的查封、扣押、冻结措施；采取保全措施的人民法院与执行法院不一致的，应当将保全手续移送执行法院，保全裁定视为执行法院作出的裁定。

关于申请不予执行仲裁裁决的期间，《规定》明确，被执行人向人民法院申请不予执行仲裁裁决的，应当在执行通知书送达之日起15日内提出书面申请；被执行人提出证据证明仲裁裁决所依据的证据是伪造的，或者仲裁员在仲裁该案时有贪污受贿、徇私舞弊、枉法裁决行为且执行程序尚未终结的，应当自知道或者应当知道有关事实或案件之日起15日内提出书面申请。在上述期限届满前，被执行人已向有管辖权的人民法院申请撤销仲裁裁决且已被受理的，自人民法院驳回撤销仲裁裁决申请的裁判文书生效之日起重新计算申请不予执行期限。被执行人对仲裁裁决执行案件逾期申请不予执行的，人民法院应当裁定不予受理；已经受理的，应当裁定驳回不予执行申请。被执行人对仲裁裁决执行案件申请不予执行，经审查理由成立的，人民法院应当裁定不予执行；理由不成立的，应当裁定驳回不予执行申请。

《规定》的最大突破是规定了案外人申请不予执行仲裁裁决或者仲裁调解书制度。根据《规定》，案外人向人民法院申请不予执行仲裁裁决或者仲裁调解书的，应当提交申请书以及证明其请求成立的证据材料，并符合下列条件：①有证据证明仲裁案件当事人恶意申请仲裁或者虚假仲裁，损害其合法权益；②案外人主张的合法权益所涉及的执行标的尚未执行终结；③自知道或者应当知道人民法院对该标的采取执行措施之日起30日内提出。案外人的申请符合下列条件的，人民法院应当支持：①案外人系权利或者利益的主体；②案外人主张的权利或者利益合法、真实；③仲裁案件当事人之间存在虚构法律关系，捏造案件事实的情形；④仲裁裁决主文或者仲裁调解书处理当事人民事权利义务的结果部分或者全部错误，损害案外人合法权益。

根据《规定》，被执行人申请不予执行仲裁裁决，对同一仲裁裁决的多个不予执行事由应当一并提出。不予执行仲裁裁决申请被裁定驳回后，再次提出申请的，人民法院不予审查，但有新证据证明仲裁裁决所依据的证据是伪造的，或者仲裁员在仲裁该案时有贪污受贿、徇私舞弊、枉法裁决行为的除外。人民法院对不予执行仲裁裁决案件应当组成合议庭围绕被执行人申请的事由、案外人的申请进行审查；对被执行人没有申请的事由不予审查，但仲裁裁决可能违背社会公共利益的除外。被执行人、案外人对仲裁裁决执行案件申请不予执行的，人民法院应当进行询问；被执行人在询问终结前提出其他不予执行事由的，应当一并审查。人民法院审查时，认为必要的，可以要求仲裁庭作出说明，或者向仲裁机构调阅仲裁案卷。人民法院对不予执行仲裁裁决案件的审查，应当在立案之日起 2 个月内审查完毕并作出裁定；有特殊情况需要延长的，经本院院长批准，可以延长 1 个月。

《规定》明确了《民事诉讼法》第 237 条第 2 款第 2、3、4、5 项的具体认定标准。其中，"裁决的事项不属于仲裁协议的范围或者仲裁机构无权仲裁的"情形包括：①裁决的事项超出仲裁协议约定的范围；②裁决的事项属于依照法律规定或者当事人选择的仲裁规则规定的不可仲裁事项；③裁决内容超出当事人仲裁请求的范围；④作出裁决的仲裁机构非仲裁协议所约定。"仲裁庭的组成或者仲裁的程序违反法定程序的"情形是指违反仲裁法规定的仲裁程序、当事人选择的仲裁规则或者当事人对仲裁程序的特别约定，可能影响案件公正裁决，经人民法院审查属实的情形。当事人主张未按照仲裁法或仲裁规则规定的方式送达法律文书导致其未能参与仲裁，或者仲裁员根据仲裁法或仲裁规则的规定应当回避而未回避，可能影响公正裁决，经审查属实的，人民法院应当支持；仲裁庭按照仲裁法或仲裁规则以及当事人约定的方式送达仲裁法律文书，当事人主张不符合民事诉讼法有关送达规定的，人民法院不予支持。适用的仲裁程序或仲裁规则经特别提示，当事人知道或者应当知道法定仲裁程序或选择的仲裁规则未被遵守，但仍然参加或者继续参加仲裁程序且未提出异议，在仲裁裁决作出之后以违反法定程序为由申请不予执行仲裁裁决的，人民法院不予支持。"裁决所根据的证据是伪造的"情形包括：①该证据已被仲裁裁决采信；②该证据属于认定案件基本事实的主要证据；③该证据经查明确属通过捏造、变造、提供虚假证明等非法方式形成或者获取，违反证据的客观性、关联性、合法性要求。"对方当事人向仲裁机构隐瞒了足以影响公正裁决的证据的"情形包括：①该证据属于认定案件基本事实的主要证据；②该证据仅为对方当事人掌握，但未向仲裁庭提交；③仲裁过程中知悉存在该证据，且要求对方当事人出示或者请求仲裁庭责令其提交，但对方当事人无正当理由未予出示或者提交。当事人一方在仲裁过程中隐瞒己方掌握的证据，仲裁裁决作出后以己方所隐瞒的证据足以影响公正裁决为由申请不予执行仲裁裁决的，人民法院不予支持。

根据《规定》，当事人向人民法院申请撤销仲裁裁决被驳回后，又在执行程序中以相同事由提出不予执行申请的，人民法院不予支持；当事人向人民法院申请不予执行被驳回后，又以相同事由申请撤销仲裁裁决的，人民法院不予支持。在不予执行仲裁裁决案件审查期间，当事人向有管辖权的人民法院提出撤销仲裁裁决申请并被受理的，人民法院应当裁定中止对不予执行申请的审查；仲裁裁决被撤销或者决定重新仲裁的，人民法院应当裁定终结执行，并终结对不予执行申请的审查；撤销仲裁裁决申请被驳回或者申请执行人撤回撤销仲裁裁决申请的，人民法院应当恢复对不予执行申请的审查；被执行人撤回撤销仲裁裁决申请的，人民法院应当裁定终结对不予执行申请的审查，但案外人申请不予执行仲裁裁决的除外。

根据《规定》，人民法院裁定驳回撤销仲裁裁决申请或者驳回不予执行仲裁裁决、仲裁调解书申请的，执行法院应当恢复执行。人民法院裁定撤销仲裁裁决或者基于被执行人申请裁定不予执行仲裁裁决，原被执行人申请执行回转或者解除强制执行措施的，人民法院应当支持。原申请执行人对已履行或者被人民法院强制执行的款物申请保全的，人民法院应当依法准许；原申请执行人在人民法院采取保全措施之日起30日内，未根据双方达成的书面仲裁协议重新申请仲裁或者向人民法院起诉的，人民法院应当裁定解除保全。人民法院基于案外人申请裁定不予执行仲裁裁决或者仲裁调解书，案外人申请执行回转或者解除强制执行措施的，人民法院应当支持。人民法院裁定不予执行仲裁裁决、驳回或者不予受理不予执行仲裁裁决申请后，当事人对该裁定提出执行异议或者申请复议的，人民法院不予受理。人民法院裁定不予执行仲裁裁决的，当事人可以根据双方达成的书面仲裁协议重新申请仲裁，也可以向人民法院起诉。人民法院基于案外人申请裁定不予执行仲裁裁决或者仲裁调解书，当事人不服的，可以自裁定送达之日起10日内向上一级人民法院申请复议；人民法院裁定驳回或者不予受理案外人提出的不予执行仲裁裁决、仲裁调解书申请，案外人不服的，可以自裁定送达之日起10日内向上一级人民法院申请复议。

《规定》明确了申请撤销仲裁裁决与申请不予执行仲裁裁决的关系，统一了裁定不予执行仲裁裁决的事由的认定标准，建立了案外人申请不予执行仲裁裁决制度，对于规范人民法院办理仲裁裁决执行案件，依法保护当事人、案外人的合法权益具有十分重要的意义。

（四）《最高人民关于仲裁机构"先予仲裁"裁决或者调解书立案、执行等法律适用问题的批复》（法释〔2018〕10号）

2018年5月28日，最高人民法院审判委员会第1740次会议通过《最高人民法院关于仲裁机构"先予仲裁"裁决或者调解书立案、执行等法律适用问题的批复》（以下本部分简称《批复》）。2018年6月5日，最高人民法院以法释〔2018〕10号公布该《批复》，规定自 2018 年 6 月 12 日起施行。

《批复》认为，当事人申请人民法院执行仲裁机构根据仲裁法作出的仲裁裁决或者调解书，人民法院经审查，符合民事诉讼法、仲裁法相关规定的，应当依法及时受理，立案执行。但是，根据《仲裁法》第 2 条的规定，仲裁机构可以仲裁的是当事人间已经发生的合同纠纷和其他财产权益纠纷。因此，网络借贷合同当事人申请执行仲裁机构在纠纷发生前作出的仲裁裁决或者调解书的，人民法院应当裁定不予受理；已经受理的，裁定驳回执行申请。具有下列情形之一的，应当认定为《民事诉讼法》第 237 条第 2 款第 3 项规定的"仲裁庭的组成或者仲裁的程序违反法定程序"的情形：①仲裁机构未依照仲裁法规定的程序审理纠纷或者主持调解，径行根据网络借贷合同当事人在纠纷发生前签订的和解或者调解协议作出仲裁裁决、仲裁调解书的；②仲裁机构在仲裁过程中未保障当事人申请仲裁员回避、提供证据、答辩等仲裁法规定的基本程序权利的。网络借贷合同当事人以约定弃权条款为由，主张仲裁程序未违反法定程序的，人民法院不予支持。人民法院办理其他合同纠纷、财产权益纠纷仲裁裁决或者调解书执行案件，适用该《批复》。

《批复》在确保依法作出的仲裁裁决或者仲裁调解书的效力的同时，明确否定了违法仲裁作出的仲裁裁决和仲裁调解书的效力，有利于维护正常的仲裁秩序，确保我国仲裁制度的健康发展。

（五）《最高人民法院关于人民法院确定财产处置参考价若干问题的规定》（法释〔2018〕15 号）

2018 年 6 月 4 日，最高人民法院审判委员会第 1741 次会议通过《最高人民法院关于人民法院确定财产处置参考价若干问题的规定》（以下本部分简称《规定》）。2018 年 8 月 28 日，最高人民法院以法释〔2018〕15 号公布该《规定》，规定自 2018 年 9 月 1 日起施行。

《规定》共 35 条，分别规定了启动财产处置参考价确定程序的期间，确定财产处置参考价的方式及其适用条件、事前审查事项、救济程序等内容。

《规定》明确，人民法院查封、扣押、冻结财产后，对需要拍卖、变卖的财产，应当在 30 日内启动确定财产处置参考价程序。人民法院确定参考价前，应当查明财产的权属、权利负担、占有使用、欠缴税费、质量瑕疵等事项。人民法院查明上述事项需要当事人、有关单位或者个人提供相关资料的，可以通知其提交；拒不提交的，可以强制提取；对妨碍强制提取的，参照《民事诉讼法》第 111 条、第 114 条的规定处理；查明上述事项需要审计、鉴定的，人民法院可以先行审计、鉴定。

人民法院确定财产处置参考价，可以采取当事人议价、定向询价、网络询价、委托评估等方式来确定财产处置参考价。依上述顺位在先的方式无法确定财产处置参考价的，再依次适用顺位在后的方式来确定财产处置参考价。即首先应当采取当事人议价的方式确定财产处置参考价。当事人议价不能或者不成，且财产有计税基准价、政府定价或者政府指导价的，人民法院应当向确定参考价时财产所在地的有关机构进行定向询价。定向询价不能或者不成，财产无需由专业人员现场勘验或者鉴定，且具备网络询价条件的，人民法院应当通过司法网络询价平台进行网络询价。法律、行政法规规定必须委托评估、双方当事人要求委托评估或者网络询价不能或者不成的，人民法院应当委托评估机构进行评估。《规定》对每种方式的程序、参考价的确定方法、争议的处理等均作出了详尽的规定。

根据《规定》，人民法院收到定向询价、网络询价、委托评估、说明补正等报告后，应当在3日内发送给当事人及利害关系人。当事人、利害关系人已提供有效送达地址的，人民法院应当将报告以直接送达、留置送达、委托送达、邮寄送达或者电子送达的方式送达；当事人、利害关系人下落不明或者无法获取其有效送达地址，人民法院无法按照前述规定送达的，应当在中国执行信息公开网上予以公示，公示满15日即视为收到。当事人、利害关系人认为网络询价报告或者评估报告具有下列情形之一的，可以在收到报告后5日内提出书面异议：①财产基本信息错误；②超出财产范围或者遗漏财产；③评估机构或者评估人员不具备相应评估资质；④评估程序严重违法。对当事人、利害关系人依据上述规定提出的书面异议，人民法院应当参照《民事诉讼法》第225条的规定处理。当事人、利害关系人收到评估报告后5日内对评估报告的参照标准、计算方法或者评估结果等提出书面异议的，人民法院应当在3日内交评估机构予以书面说明。评估机构在5日内未作说明或者当事人、利害关系人对作出的说明仍有异议的，人民法院应当交由相关行业协会在指定期限内组织专业技术评审，并根据专业技术评审出具的结论认定评估结果或者责令原评估机构予以补正。当事人、利害关系人有证据证明具有下列情形之一，且在发布一拍拍卖公告或者直接进入变卖程序之前提出异议的，人民法院应当按照执行监督程序进行审查处理：①议价中存在欺诈、胁迫情形；②恶意串通损害第三人利益；③有关机构出具虚假定向询价结果；④经审查作出的处理结果确有错误。

根据《规定》，当事人、利害关系人对评估报告未提出异议、所提异议被驳回或者评估机构已作出补正的，人民法院应当以评估结果或者补正结果为参考价；当事人、利害关系人对评估报告提出的异议成立的，人民法院应当以评估机构作出的补正结果或者重新作出的评估结果为参考价。专业技术评审对评估报告未作出否定结论的，人民法院应当以该评估结果为参考价。司法网络询价平台、评估机构应当确定网络询价或者委托评估结果的有效期，有效期最长不得超过1年。当事人议价的，可以自行协商确定议价结果的有效期，但不得超过上述规定的期限；定向询价结果的有效期，参照上述规定确定。人民法院在议价、询价、评估结果有效期内发布一拍拍卖公告或者直接进入变卖程序，拍卖、变卖时未超过有效期6个月的，无需重新确定参考价，但法律、行政法规、司法解释另有规定的除外。人民法院应当在参考价确定后10日内启动财产变价程序。拍卖的，参照参考价确定起拍价；直接变卖的，参照参考价确定变卖价。

具有下列情形之一的，人民法院应当决定暂缓网络询价或者委托评估：①案件暂缓执行或者中止执行；②评估材料与事实严重不符，可能影响评估结果，需要重新调查核实；③人民法院认为应当暂缓的其他情形。具有下列情形之一的，人民法院应当撤回网络询价或者委托评估：①申请执行人撤回执行申请；②生效法律文书确定的义务已全部执行完毕；③据以执行的生效法律文书被撤销或者被裁定不予执行；④人民法院认为应当撤回的其他情形。人民法院决定网络询价或者委托评估后，双方当事人议价确定参考价或者协商不再对财产进行变价处理的，人民法院可以撤回网络询价或者委托评估。

根据《规定》，人民法院委托司法网络询价平台进行网络询价的，网络询价费用应当按次计付给出具网络询价结果与财产处置成交价最接近的司法网络询价平台；多家司法网络询价平台出具的网络询价结果相同或者与财产处置成交价差距相同的，网络询价费用平均分配。全部司法网络询价平台均未在期限内出具或者补正网络询价报告，且未按照规定申请延长期限，人民法院委托评估机构进行评估，或者依照规定撤回网络询价的，对司法网络询价平台不计付费用。人民法院委托评估机构进行评估，财产处置未成交的，按照评估机构合理的实际支出计付费用；财产处置成交价高于评估价的，以评估价为基准计付费用；财产处置成交价低于评估价的，以财产处置成交价为基准计付费用。人民法院依照规定撤回委托评估的，按照评估机构合理的实际支出计付费用；人民法院依照规定通知原评估机构重新出具评估报告的，按照上述规定的30%计付费用。人民法院依照规定另行委托评估机构重新进行评估的，对原评估机构不计付费用。网络询价费及委托评估费由申请执行人先行垫付，由被执行人负担。申请执行人通过签订保险合同的方式垫付网络询价费或者委托评估费的，保险人应当向人民法院出具担保书。担保书应当载明因申请执行人未垫付网络询价费或者委托评估费由保险人支付等内容，并附相关证据材料。

《规定》的施行，有利于规范执行机关的执行行为，确保公平、公正、高效确定财产处置参考价，从而维护当事人、利害关系人合法权益。

（六）《最高人民法院关于公证债权文书执行若干问题的规定》（法释〔2018〕18 号）

2018 年 6 月 25 日，最高人民法院审判委员会第 1743 次会议通过《最高人民法院关于公证债权文书执行若干问题的规定》（以下本部分简称《规定》）。2018 年 9 月 30 日，最高人民法院以法释〔2018〕18 号公布该《规定》，规定自 2018 年 10 月 1 日起施行。

《规定》共 25 条，分别规定了公证债权文书执行的管辖、债权人申请执行公证债权文书应当提供的材料、不予受理或者驳回申请的情形、申请执行公证债权文书的期间、不予执行公证债权文书的事由及其申请的程序、不予执行公证债权文书案件的审查程序及其对执行程序的影响、不服不予执行公证债权文书裁定的救济程序等内容。

根据《规定》第 2 条，公证债权文书执行案件，由被执行人住所地或者被执行的财产所在地人民法院管辖，其级别管辖参照人民法院受理第一审民商事案件级别管辖的规定确定。

根据《规定》第 3、4、9 条，债权人申请执行公证债权文书，除应当提交作为执行依据的公证债权文书等申请执行所需的材料外，还应当提交证明履行情况等内容的执行证书。债权人申请执行的公证债权文书应当包括公证证词、被证明的债权文书等内容。权利义务主体、给付内容应当在公证证词中列明。申请执行公证债权文书的期间自公证债权文书确定的履行期间的最后一日起计算；分期履行的，自公证债权文书确定的每次履行期间的最后一日起计算。债权人向公证机构申请出具执行证书的，申请执行时效自债权人提出申请之日起中断。

根据《规定》第 5、6、7 条，债权人申请执行公证债权文书，有下列情形之一的，人民法院应当裁定不予受理；已经受理的，裁定驳回执行申请：①债权文书属于不得经公证赋予强制执行效力的文书；②公证债权文书未载明债务人接受强制执行的承诺；③公证证词载明的权利义务主体或者给付内容不明确；④债权人未提交执行证书；⑤其他不符合受理条件的情形。公证债权文书赋予强制执行效力的范围同时包含主债务和担保债务的，人民法院应当依法予以执行；仅包含主债务的，对担保债务部分的执行申请不予受理；仅包含担保债务的，对主债务部分的执行申请不予受理。债权人对不予受理、驳回执行申请裁定不服的，可以自裁定送达之日起 10 日内向上一级人民法院申请复议。申请复议期满未申请复议，或者复议申请被驳回的，当事人可以就公证债权文书涉及的民事权利义务争议向人民法院提起诉讼。

根据《规定》第 10、11、12 条，人民法院在执行实施中，根据公证债权文书并结合申请执行人的申请依法确定给付内容。因民间借贷形成的公证债权文书，文书中载明的利率超过人民法院依照法律、司法解释规定应予支持的上限的，对超过的利息部分不纳入执行范围；载明的利率未超过人民法院依照法律、司法解释规定应予支持的上限，被执行人主张实际超过的，可以依照《规定》第22条第1款提起诉讼。有下列情形之一的，被执行人可以依照《民事诉讼法》第238条第2款规定申请不予执行公证债权文书：①被执行人未到场且未委托代理人到场办理公证的；②无民事行为能力人或者限制民事行为能力人没有监护人代为办理公证的；③公证员为本人、近亲属办理公证，或者办理与本人、近亲属有利害关系的公证的；④公证员办理该项公证有贪污受贿、徇私舞弊行为，已经由生效刑事法律文书等确认的；⑤其他严重违反法定公证程序的情形。被执行人以公证债权文书的内容与事实不符或者违反法律强制性规定等实体事由申请不予执行的，人民法院应当告知其依照《规定》第22条第1款提起诉讼。

根据《规定》第13、14条，被执行人申请不予执行公证债权文书，应当在执行通知书送达之日起15日内向执行法院提出书面申请，并提交相关证据材料；被执行人以公证员为本人、近亲属办理公证，或者公证员办理与本人、近亲属有利害关系的公证，或者公证员办理该项公证有贪污受贿、徇私舞弊行为，已经由生效刑事法律文书等确认且执行程序尚未终结的，应当自知道或者应当知道有关事实之日起15日内提出。公证债权文书执行案件被指定执行、提级执行、委托执行后，被执行人申请不予执行的，由提出申请时负责该案件执行的人民法院审查。被执行人认为公证债权文书存在多个不予执行事由的，应当在不予执行案件审查期间一并提出。不予执行申请被裁定驳回后，同一被执行人再次提出申请的，人民法院不予受理。但有证据证明不予执行事由在不予执行申请被裁定驳回后知道的，可以在执行程序终结前提出。

根据《规定》第15条至第20条，人民法院审查不予执行公证债权文书案件，案情复杂、争议较大的，应当进行听证。必要时可以向公证机构调阅公证案卷，要求公证机构作出书面说明，或者通知公证员到庭说明情况。人民法院审查不予执行公证债权文书案件，应当在受理之日起60日内审查完毕并作出裁定；有特殊情况需要延长的，经本院院长批准，可以延长30日。人民法院审查不予执行公证债权文书案件期间，不停止执行。被执行人提供充分、有效的担保，请求停止相应处分措施的，人民法院可以准许；申请执行人提供充分、有效的担保，请求继续执行的，应当继续执行。被执行人依照《规定》第12条第1款申请不予执行，人民法院经审查认为理由成立的，裁定不予执行；理由不成立的，裁定驳回不予执行申请。公证债权文书部分内容具有法定情形的，人民法院应当裁定对该部分不予执行；应当不予执行部分与其他部分不可分的，裁定对该公证债权文书不予执行。人民法院认定执行公证债权文书违背公序良俗的，裁定不予执行。公证债权文书被裁定不予执行的，当事人可以就该公证债权文书涉及的民事权利义务争议向人民法院提起诉讼；公证债权文书被裁定部分不予执行的，当事人可以就该部分争议提起诉讼。

根据《规定》第20、21条，当事人不服驳回不予执行申请裁定的，可以自裁定送达之日起10日内向上一级人民法院申请复议。上一级人民法院应当自收到复议申请之日起30日内审查。经审查，理由成立的，裁定撤销原裁定，不予执行该公证债权文书；理由不成立的，裁定驳回复议申请。复议期间，不停止执行。当事人对不予执行裁定提出执行异议或者申请复议的，人民法院不予受理。

根据《规定》第22条，有下列情形之一的，债务人可以在执行程序终结前，以债权人为被告，向执行法院提起诉讼，请求不予执行公证债权文书：①公证债权文书载明的民事权利义务关系与事实不符；②经公证的债权文书具有法律规定的无效、可撤销等情形；③公证债权文书载明的债权因清偿、提存、抵销、免除等原因全部或者部分消灭。债务人提起诉讼，不影响人民法院对公证债权文书的执行。债务人提供充分、有效的担保，请求停止相应处分措施的，人民法院可以准许；债权人提供充分、有效的担保，请求继续执行的，应当继续执行。

根据《规定》第24条，有下列情形之一的，债权人、利害关系人可以就公证债权文书涉及的民事权利义务争议直接向有管辖权的人民法院提起诉讼：①公证债权文书载明的民事权利义务关系与事实不符；②经公证的债权文书具有法律规定的无效、可撤销等情形。债权人提起诉讼，诉讼案件受理后又申请执行公证债权文书的，人民法院不予受理。进入执行程序后债权人又提起诉讼的，诉讼案件受理后，人民法院可以裁定终结公证债权文书的执行；债权人请求继续执行其未提出争议部分的，人民法院可以准许。利害关系人提起诉讼，不影响人民法院对公证债权文书的执行。利害关系人提供充分、有效的担保，请求停止相应处分措施的，人民法院可以准许；债权人提供充分、有效的担保，请求继续执行的，应当继续执行。

《规定》的颁行，有利于规范人民法院办理公证债权文书执行案件的程序，确保公证债权文书被依法执行，并维护当事人、利害关系人的合法权益。

五、最高人民检察院制定的有关民事诉讼的司法解释

为规范和促进人民检察院指派、聘请有专门知识的人参与办案，2018年2月11日，最高人民检察院第十二届检察委员会第73次会议通过《最高人民检察院关于指派、聘请有专门知识的人参与办案若干问题的规定（试行）》（以下本部分简称

《规定》）。2018 年 4 月 3 日，最高人民检察院公告公布《规定》，并自公布之日起试行。

《规定》第 13 条规定，在公益诉讼案件法庭审理中，人民检察院可以申请人民法院通知有专门知识的人出庭，就鉴定人作出的鉴定意见或者专业问题提出意见。《规定》第 14 条第 3 项规定，人民检察院在办理民事、行政诉讼监督案件活动中，需要指派、聘请有专门知识的人的，可以适用《规定》。由此可见，《规定》适用于民事诉讼，故其属于民事诉讼领域的司法解释。

《规定》第 2 条明确了"有专门知识的人"和"专门知识"的范围。其中，"有专门知识的人"是指运用专门知识参与人民检察院的办案活动，协助解决专门性问题或者提出意见的人，但不包括以鉴定人身份参与办案的人。"专门知识"是指特定领域内的人员理解和掌握的、具有专业技术性的认识和经验等。

根据《规定》第 3 条第 1 款的规定，人民检察院指派、聘请参与办案的"有专门知识的人"既可以是有鉴定资格的人员，也可以是经本院审查具备专业能力的其他人员。但是，有下列情形之一的人员，不得作为有专门知识的人参与办案：①因违反职业道德，被主管部门注销鉴定资格、撤销鉴定人登记，或者吊销其他执业资格、近 3 年以内被处以停止执业处罚的；②无民事行为能力或者限制民事行为能力的；③近 3 年内违反有专门知识的人参与办案应当履行的义务的；④以办案人员等身份参与过本案办理工作的；⑤不宜作为有专门知识的人参与办案的其他情形。

根据《规定》第 18 条至第 21 条的规定，有专门知识的人应当履行下列义务：①遵守法律规定，遵循技术标准和规范，恪守职业道德，坚持客观公正原则；②保守参与办案中所知悉的国家秘密、商业秘密、个人隐私以及其他不宜公开的内容；③妥善保管、使用并及时退还参与办案中所接触的证据等案卷材料；④不得在同一案件中同时接受刑事诉讼当事人、辩护人、诉讼代理人，民事、行政诉讼对方当事人、诉讼代理人，或者人民法院的委托。有专门知识的人违反上述义务，出现重大过错，影响正常办案的，人民检察院应当停止其作为有专门知识的人参与办案，并从推荐名单库中除名。必要时，可以建议其所在单位或者有关部门给予行政处分或者其他处分。构成违法犯罪的，依法追究行政责任或者刑事责任。

综合《规定》第 7 条至第 13 条的规定，结合民事诉讼的实际情况，人民检察院指派、聘请有专门知识的人参与办理民事案件时，其主要工作包括：其一，人民检察院在对公益诉讼案件决定立案和调查收集证据时，就涉及专门性问题的证据材料或者专业问题，可以指派、聘请有专门知识的人协助开展下列工作：① 对专业问题进行回答、解释、说明；② 对涉案专门性问题进行评估、审计；③ 对涉及复杂、疑难、特殊技术问题的鉴定事项提出意见；④在检察官的主持下勘验物证或者现场；⑤对行政执法卷宗材料中涉及专门性问题的证据材料进行审查；⑥其他必要的工作。其二，公益诉讼案件法庭审理中，人民检察院可以申请人民法院通知有专门知识的人出庭，就鉴定人作出的鉴定意见或者专业问题提出意见。其三，在检察官的主持下进行勘验。其四，就需要鉴定、但没有法定鉴定机构的专门性问题进行检验。其五，对下列涉及专门性问题的证据材料进行审查并出具审查意见：①对定罪量刑有重大影响的；②与其他证据之间存在无法排除的矛盾的；③就同一专门性问题有两份或者两份以上的鉴定意见，且结论不一致的；④当事人、辩护人、诉讼代理人有异议的；⑤其他必要的情形。

根据《规定》，人民检察院指派、聘请"有专门知识的人"参与办案，"有专门知识的人"适用鉴定人回避的相关规定。

《规定》第15条至第17条规定了人民检察院指派、聘请"有专门知识的人"参与办案所应当承担的责任：其一，为"有专门知识的人"参与办案提供下列必要条件：①介绍与涉案专门性问题有关的情况；②提供涉及专门性问题的证据等案卷材料；③明确要求协助或者提出意见的问题；④有专门知识的人参与办案所必需的其他条件。其二，依法保障接受指派、聘请参与办案的有专门知识的人及其近亲属的安全；对有专门知识的人及其近亲属进行威胁、侮辱、殴打、打击报复等，构成违法犯罪的，人民检察院应当移送公安机关处理；情节轻微的，予以批评教育、训诫。其三，承担"有专门知识的人"因参与办案而支出的交通、住宿、就餐等费用，给予聘请的有专门知识的人适当的报酬，上述费用从人民检察院办案业务经费中列支。

第三节　行政诉讼法的立法发展[1]

一、《最高人民法院关于适用〈中华人民共和国行政诉讼法〉的解释》

2017年11月13日，最高人民法院审判委员会第1726次会议讨论通过《最高人民法院关于适用〈中华人民共和国行政诉讼法〉的解释》（法释〔2018〕1号）（以下简称《行诉法解释》），全文共计163条，自2018年2月8日起施行。

（一）起草背景

党的十八大以来，对人民法院行政审判工作提出了一系列新的要求，主要包括健全行政机关依法出庭应诉、支持法院受理行政案件、完善惩戒妨碍司法机关依法

---

[1] 本部分执笔人：王万华，中国政法大学诉讼法学研究院教授。

行使职权和藐视法庭权威的行为、探索设立跨行政区划法院、完善行政诉讼体制机制、合理调整行政诉讼案件管辖制度等内容。党的十九大进一步提出建设法治政府，推进依法行政，严格规范公正文明执法，加强人权法治保障等一系列目标，对人民法院行政审判工作提出了更高要求。在新的形势下，有必要制定新的司法解释，以更好地贯彻落实十八大、十九大提出的新要求、新精神。

此外，2014 年修正的《行政诉讼法》自 2015 年 5 月 1 日起施行以来，新旧司法解释《最高人民法院关于执行〈中华人民共和国行政诉讼法〉若干问题的解释》（法释〔2000〕8 号）与《最高人民法院关于适用〈中华人民共和国行政诉讼法〉若干问题的解释》（法释〔2015〕9 号）之间存在不能衔接甚至冲突条款并存的局面。在司法实践中，地方人民法院对于如何正确适用《行政诉讼法》、如何准确适用新旧司法解释，还存在不同的理解和做法，造成了法律适用不统一的情形，有必要制定一部全面的行政诉讼法司法解释。

（二）《行诉法解释》的主要内容

《行诉法解释》全文分为十三个部分，是对《最高人民法院关于执行〈中华人民共和国行政诉讼法〉若干问题的解释》《最高人民法院关于适用〈中华人民共和国行政诉讼法〉若干问题的解释》的修改、补充和完善，主要内容包括如下：

1. 明确行政诉讼受案范围边界，既要解决"立案难"的问题，又要防止滥诉情形。《行政诉讼法》第 2 条关于可诉行政行为的标准较为原则，在司法实践中难以准确把握，为了明确可诉行政行为的界限，保障行政诉讼救济渠道的实效，保障当事人合法权益，结合司法实践，《行诉法解释》增加规定了下列五种不可诉的行为：

（1）行政机关作出的不产生外部法律效力的行为。

（2）行政机关为作出行政行为而实施的准备、论证、研究、层报、咨询等过程性行为。

（3）协助执行行为。行政机关根据人民法院的生效裁判、协助执行通知书作出的执行行为，但行政机关扩大执行范围或者采取违法方式实施的除外。

（4）内部层级监督行为。上级行政机关基于内部层级监督关系对下级行政机关作出的听取报告、执法检查、督促履责等行为。

（5）信访办理行为。行政机关针对信访事项作出的登记、受理、交办、转送、复查、复核意见等行为。

2. 完善行政诉讼管辖制度。《行诉法解释》进一步推动了跨行政区划法院管辖改革，对于管辖异议及司法实践中争议较大的管辖问题予以明确，主要内容如下：

（1）增加跨行政区划法院管辖。铁路运输法院等专门人民法院审理行政案件，应当执行《行政诉讼法》第18条第2款关于跨行政区划管辖的规定。

（2）明确管辖异议处理程序制度。人民法院对管辖异议审查后确定有管辖权的，不因当事人增加或者变更诉讼请求等改变管辖，但违反级别管辖、专属管辖规定的除外。

（3）明确管辖异议不予审查的两种情形。对于人民法院发回重审或者按第一审程序再审的案件，当事人提出管辖异议的，以及当事人在第一审程序中未按照法律规定的期限和形式提出管辖异议，在第二审程序中提出的，人民法院不予审查。

（4）明确"因不动产提起的行政诉讼"的情形及管辖。"因不动产提起的行政诉讼"是指因行政行为导致不动产物权变动而提起的诉讼。不动产已登记的，以不动产登记簿记载的所在地为不动产所在地；不动产未登记的，以不动产实际所在地为不动产所在地。

3. 完善诉讼参加人制度。

（1）进一步明确原告资格。《行诉法解释》从四个方面对行政诉讼原告资格标准中的"与行政行为有利害关系"作了重点规定：一是相关监管领域投诉举报人的原告资格，明确规定公民、法人或者其他组织为维护自身合法权益向行政机关投诉，无论具有处理投诉职责的行政机关作出或者未作出处理的，公民、法人或者其他组织都具有原告主体资格。二是明确否定了除法律法规另有规定外的一般债权人的原告资格。债权人原则上没有行政诉讼的原告主体资格，即债权人以行政机关对债务人所作的行政行为损害债权实现为由提起行政诉讼的，人民法院应当告知其就民事争议提起民事诉讼，但行政机关作出行政行为时依法应予保护或者应予考虑的除外。三是非营利法人的原告主体资格。即事业单位、社会团体、基金会、社会服务机构等非营利法人的出资人、设立人认为行政行为损害法人合法权益的，可以自己的名义提起诉讼。四是涉及业主共有利益的原告主体资格。业主委员会对于行政机关作出的涉及业主共有利益的行政行为，可以自己的名义提起诉讼。业主委员会不起诉的，专有部分占建筑物总面积过半数或者占总户数过半数的业主可以提起诉讼。

（2）进一步明确被告适格的情形。《行诉法解释》进一步明确了被告适格的以下若干情形：①开发区管理机构及其职能部门。当事人对由国务院、省级人民政府批准设立的开发区管理机构作出的行政行为不服提起诉讼的，以该开发区管理机构为被告；对由国务院、省级人民政府批准设立的开发区管理机构所属职能部门作出的行政行为不服提起诉讼的，以其职能部门为被告；对其他开发区管理机构所属职能部门作出的行政行为不服提起诉讼的，以开发区管理机构为被告；开发区管理机构没有行政主体资格的，以设立该机构的地方人民政府为被告。②村委会和居委会。

当事人对村民委员会或者居民委员会依据法律、法规、规章的授权履行行政管理职责的行为不服提起诉讼的，以村民委员会或者居民委员会为被告。③事业单位和行业协会。当事人对高等学校等事业单位以及律师协会、注册会计师协会等行业协会依据法律、法规、规章的授权实施的行政行为不服提起诉讼的，以该事业单位、行业协会为被告。④行政机关被撤销或者职权变更，没有继续行使其职权的行政机关的，以其所属的人民政府为被告；实行垂直领导的，以垂直领导的上一级行政机关为被告。⑤明确复议机关作被告的情形。《行政诉讼法》规定"复议机关改变原行政行为的，复议机关是被告"，《最高人民法院关于适用〈中华人民共和国行政诉讼法〉若干问题的解释》中进一步规定，"'复议机关改变原行政行为'，是指复议机关改变原行政行为的处理结果"。但这仍未解决实践中的全部疑问，为此《行诉法解释》进一步明确，复议机关确认原行政行为无效，属于改变原行政行为。复议机关确认原行政行为违法，属于改变原行政行为，但复议机关以违反法定程序为由确认原行政行为违法的除外。

（3）进一步明确诉讼代理人资格。《行诉法解释》增加规定了以下两种可以作为诉讼代理人的情形：①当事人的工作人员作为诉讼代理人。与当事人有合法劳动人事关系的职工，可以当事人工作人员的名义作为诉讼代理人，并提交社保缴纳记录、领取工资凭证等证据加以证明。②专利代理人作为诉讼代理人。专利代理人经中华全国专利代理人协会推荐，可以在专利行政案件中担任诉讼代理人。

（4）细化共同诉讼当事人制度。1989年《行政诉讼法》规定了共同诉讼，2014年修法时增加规定了诉讼代表人制度，但由于规定较为原则，在司法实践中存在不同理解。为了统一适用法律，《行诉法解释》明确了以下内容：①人民法院追加共同诉讼当事人的处理。应当追加的原告不愿意参加诉讼时，区分两种情形处理：一是不愿意参加诉讼，且明确表示放弃实体权利的，可不予追加；二是不愿意参加诉讼，又不放弃实体权利的，应当追加为第三人。②对诉讼代表人制度中"人数众多"的解释。当事人一方人数众多，需要推选代表人的情形中，"人数众多"一般指10人以上。③人民法院对申请参加共同诉讼的审查。当事人向人民法院申请参加诉讼的，人民法院应当进行审查。申请理由不成立的，裁定驳回；申请理由成立的，书面通知其参加诉讼。

（5）细化第三人制度。《行诉法解释》明确了与被诉行政行为有利害关系的第三人的再审申请权。与被诉行政行为有利害关系的第三人因不能归责于本人的事由未参加诉讼，但有证据证明发生法律效力的判决、裁定、调解书损害其合法权益的，可以依照《行政诉讼法》第90条的规定，自知道或者应当知道其合法权益受到损害之日起 6 个月内，向上一级人民法院申请再审。

4. 完善行政诉讼证据制度。由于行政机关在行政程序中所处的取证优势地位，在证据规则上也应当有相应的程序制约和倾斜，为确保"官"民在诉讼程序中处于实质平等的地位，《行诉法解释》作出了如下规定：

（1）细化非法证据排除规则。明确《行政诉讼法》第 43 条第 3 款规定的"以非法手段取得的证据"包括三种情形：①严重违反法定程序收集的证据材料；②以违反法律强制性规定的手段获取且侵害他人合法权益的证据材料；③以利诱、欺诈、胁迫、暴力等手段获取的证据材料。

（2）明确当事人的到庭义务。①人民法院可以要求到庭或签署保证书。人民法院认为有必要的，可以要求当事人本人或者行政机关执法人员到庭，就案件有关事实接受询问。在进行询问之前，可以要求其签署保证书。②当事人或行政机关执法人员应当签署保证书。当事人或者行政机关执法人员应当在保证书上签名或者捺印。负有举证责任的当事人拒绝到庭、拒绝接受询问或者拒绝签署保证书，待证事实又欠缺其他证据加以佐证的，人民法院对其主张的事实不予认定。

（3）完善人民法院调取证据的制度。《行诉法解释》从两个方面对人民法院调取证据的制度予以完善。一是明确人民法院对当事人调取证据申请不予准许的情形：①该证据与待证事实无关联；②对证明待证事实无意义；③其他无调查收集必要的。二是增加规定申请人民法院责令行政机关提供有利证据。原告或者第三人确有证据证明被告持有的证据对原告或者第三人有利的，可以在开庭审理前书面申请人民法院责令行政机关提交。申请理由成立的，人民法院应当责令行政机关提交，因提交证据所产生的费用，由申请人预付。行政机关无正当理由拒不提交的，人民法院可以推定原告或者第三人基于该证据主张的事实成立。

（4）明确因被告原因导致损害的举证规则。①以被告对损害情况承担举证责任为原则。在行政赔偿、补偿案件中，因被告的原因导致原告无法就损害情况举证的，应当由被告就该损害情况承担举证责任。②鉴定申请人的确定。对于各方主张损失的价值无法认定的，应当由负有举证责任的一方当事人申请鉴定，但法律、法规、规章规定行政机关在作出行政行为时，依法应当评估或者鉴定的除外。负有举证责任的当事人拒绝申请鉴定的，由其承担不利的法律后果。③无法鉴定时，赔偿数额的确定。当事人的损失因客观原因无法鉴定的，人民法院应当结合当事人的主张和在案证据，遵循法官职业道德，运用逻辑推理和生活经验、生活常识等，酌情确定赔偿数额。

（5）完善证人出庭制度。明确规定证人因履行出庭作证义务而支出的交通、住宿、就餐等必要费用以及误工损失，由败诉一方当事人承担。

（6）明确行政执法人员出庭说明的情形。《行诉法解释》对此新增了相应的规定，有下列情形之一，原告或者第三人要求相关行政执法人员出庭说明的，人民法院可以准许：①对现场笔录的合法性或者真实性有异议的；②对扣押财产的品种或者数量有异议的；③对检验的物品取样或者保管有异议的；④对行政执法人员身份的合法性有异议的；⑤需要出庭说明的其他情形。

5. 全面落实立案登记制度，保障公民诉权。《行政诉讼法》确立了立案登记制，力求破除"立案难"的制度壁垒。在初步缓解"立案难"问题的同时，各级人民法院对于在立案登记制条件下是否需要审查起诉条件等问题把握尺度不一。在完善起诉制度方面，《行诉法解释》主要作了以下几个方面的规定：

（1）明确起诉人提交必要起诉材料的义务。公民、法人或者其他组织提起诉讼时应当提交以下起诉材料：原告的身份证明材料以及有效联系方式；被诉行政行为或者不作为存在的材料；原告与被诉行政行为具有利害关系的材料；人民法院认为需要提交的其他材料。由法定代理人或者委托代理人代为起诉的，还应当向人民法院说明法定代理人或者委托代理人的基本情况，并提交身份证明和代理权限证明等材料。

（2）明确人民法院的释明义务。依照《行政诉讼法》第51条的规定，人民法院应当就起诉状内容和材料是否完备以及是否符合行政诉讼法规定的起诉条件进行审查。起诉状内容或者材料欠缺的，人民法院应当给予指导和释明，并一次性全面告知当事人需要补正的内容、补充的材料及期限。在指定期限内补正并符合起诉条件的，应当登记立案。当事人拒绝补正或者经补正仍不符合起诉条件的，退回诉状并记录在册；坚持起诉的，裁定不予立案，并载明不予立案的理由。

（3）明确特殊情形下起诉期限的计算。①复议维持情形下的起诉期限。公民、法人或者其他组织向复议机关申请行政复议后，复议机关作出维持决定的，应当以复议决定的送达时间确定起诉期限。②行政机关未履行教示义务情形下的起诉期限。行政机关作出行政行为时，未告知公民、法人或者其他组织起诉期限的，起诉期限从公民、法人或者其他组织知道或者应当知道起诉期限之日起计算，但从知道或者应当知道行政行为内容之日起最长不得超过1年。

（4）界定何为"有明确的被告"。原告所提供被告的名称等信息足以使被告与其他行政机关相区别的，即为"有明确的被告"。

（5）对诉讼请求的表述予以规范。《行诉法解释》列举了9项诉讼请求的表述，并规定当事人单独或者一并提起行政赔偿、补偿诉讼的，应当有具体的赔偿、补偿事项以及数额；请求一并审查规章以下规范性文件的，应当提供明确的文件名称或者审查对象；请求一并解决相关民事争议的，应当有具体的民事诉讼请求。

6. 完善审理程序与判决制度。判决制度是行政诉讼制度的核心制度，《行诉法解释》进一步对判决制度予以完善。

（1）明确滥用回避申请权的法律后果。面对司法实践中个别当事人或者代理人基于非正当目的提出的回避申请，《行诉法解释》规定，对当事人提出的明显不属于法定回避事由的申请，法庭可以依法当庭驳回。

（2）明确拒绝陈述的法律后果。司法实践中，个别当事人藐视法庭而不举证、不陈述，致使庭审无法进行等情形，严重背离了行政诉讼的目的，损害了司法权威。为此，《行诉法解释》规定，原告或者上诉人在庭审中明确拒绝陈述或者以其他方式拒绝陈述，导致庭审无法进行，经法庭释明后仍不陈述意见的，视为其放弃陈述权利，由其承担不利的法律后果。

（3）明确确认无效判决规则。①原告对无效行为提起撤销诉讼的情形。公民、法人或者其他组织起诉请求撤销行政行为，人民法院经审查认为行政行为无效的，应当作出确认无效的判决。②原告对一般违法行为提起确认无效诉讼的情形。公民、法人或者其他组织起诉请求确认行政行为无效，人民法院审查认为行政行为不属于无效情形，经释明，原告请求撤销行政行为的，应当继续审理并依法作出相应判决；原告请求撤销行政行为但超过法定起诉期限的，裁定驳回起诉；原告拒绝变更诉讼请求的，判决驳回其诉讼请求。

（4）明确共同过错的赔偿责任。原告或者第三人的损失系由其自身过错和行政机关的违法行政行为共同造成的，人民法院应当依据各方行为与损害结果之间有无因果关系以及在损害发生和结果中的作用力的大小，确定行政机关相应的赔偿责任。

（5）明确不作为赔偿责任。因行政机关不履行、拖延履行法定职责，致使公民、法人或者其他组织的合法权益遭受损害的，人民法院应当判决行政机关承担行政赔偿责任。在确定赔偿数额时，应当考虑不履行、拖延履行法定职责的行为在损害发生过程和结果中所起的作用等因素。

（6）明确调解过程和调解协议内容不公开原则。人民法院审理行政案件，调解过程不公开，但当事人同意公开的除外；调解协议内容不公开，但为保护国家利益、社会公共利益、他人合法权益，人民法院认为确有必要公开的除外。

（7）明确法律适用的具体情形。①对"程序轻微违法"的细化，《行诉法解释》列举了程序轻微违法的情形，包括处理期限轻微违法；通知、送达等程序轻微违法；其他程序轻微违法的情形。②对"重大且明显违法"的细化，《行诉法解释》列举了重大且明显违法的情形，包括：行政行为实施主体不具有行政主体资格；减损权利或者增加义务的行政行为没有法律规范依据；行政行为的内容客观上不可能实施；其他重大且明显违法的情形。

7. 完善行政机关负责人出庭应诉制度。《行政诉讼法》规定了行政机关负责人出庭应诉制度，为了进一步推动行政机关负责人出庭应诉制度的实施，确保行政纠纷获得实质化解，《行诉法解释》主要在以下几个方面作了规定：

（1）适度扩大行政机关负责人的范围。行政机关负责人，包括行政机关的正职、副职负责人以及其他参与分管的负责人，增加了其他参与分管的负责人。

（2）明确应当出庭应诉的情形。涉及重大公共利益、社会高度关注或者可能引发群体性事件等案件以及人民法院书面建议行政机关负责人出庭的案件，被诉行政机关负责人应当出庭。

（3）明确行政机关负责人不出庭的说明义务。行政机关负责人有正当理由不能出庭应诉的，应当向人民法院提交情况说明，并加盖行政机关印章或者由该机关主要负责人签字认可。行政机关拒绝说明理由的，不发生阻止案件审理的效果，人民法院可以向监察机关、上一级行政机关提出司法建议。

（4）明确"行政机关工作人员"的含义。《行政诉讼法》第3条第3款规定的"行政机关相应的工作人员"，包括该行政机关具有国家行政编制身份的工作人员以及其他依法履行公职的人员。被诉行政行为是地方人民政府作出的，地方人民政府所属法制工作机构的工作人员，以及被诉行政行为具体承办机关工作人员，可以视为被诉人民政府相应的工作人员。

（5）明确不出庭应诉的不利后果。行政机关负责人和行政机关相应的工作人员均不出庭，仅委托律师出庭的或者人民法院书面建议行政机关负责人出庭应诉，行政机关负责人不出庭应诉的，人民法院应当记录在案和在裁判文书中载明，并可以建议有关机关依法作出处理。

8. 完善复议机关作共同被告制度。《行政诉讼法》为了强化行政复议监督职能，明确规定行政复议机关维持原行政行为的，复议机关作共同被告。司法实践中存在对共同被告制度适用范围和举证责任等方面理解不一致的问题，《行诉法解释》主要从以下方面作出规定：

（1）明确复议决定维持原行政行为的概念。复议机关驳回复议申请或者复议请求的情形属于维持原行政行为，但以复议申请不符合受理条件为由驳回的除外。

（2）明确复议机关作共同被告的法定性。行政复议决定既有维持原行政行为内容，又有改变原行政行为内容或者不予受理申请内容的，作出原行政行为的行政机关和复议机关为共同被告。

（3）明确复议机关作共同被告时的举证责任。①对原行政行为的举证责任。作出原行政行为的行政机关和复议机关对原行政行为合法性共同承担举证责任，可以由其中一个机关实施举证行为。②对复议决定的举证责任。复议机关对复议决定的合法性承担举证责任。③对复议程序中收集和补充的证据的认定。在复议机关作共同被告的案件中，复议机关在复议程序中依法收集和补充的证据，可以作为人民法院认定复议决定和原行政行为合法的依据。

9. 完善相关民事争议一并审理制度。《行政诉讼法》增设民事争议和行政争议交叉的处理机制，并规定人民法院可以一并审理民事争议的情形。《行诉法解释》对人民法院一并审理相关民事争议的审判组织、范围、适用法律、裁判方式等问题作出了规定，其中主要内容如下：

（1）由人民法院一并审理相关民事争议的管辖情形：①由受理行政案件的人民法院管辖的情形。人民法院决定在行政诉讼中一并审理相关民事争议，或者案件当事人一致同意相关民事争议在行政诉讼中一并解决，人民法院准许的，由受理行政案件的人民法院管辖。②另行提起民事诉讼的情形。公民、法人或者其他组织请求一并审理相关民事争议，人民法院经审查发现行政案件已经超过起诉期限，民事案件尚未立案的，告知当事人另行提起民事诉讼。③由原审判组织审理的情形。行政案件已经超过起诉期限，民事案件已经立案的，由原审判组织继续审理。

（2）对原告申请撤诉的处理。行政诉讼原告在宣判前申请撤诉的，是否准许由人民法院裁定。人民法院裁定准许行政诉讼原告撤诉，但其对已经提起的一并审理的相关民事争议不撤诉的，人民法院应当继续审理。

10. 细化规范性文件附带审查制度。人民法院依法对规范性文件进行合法性审查，对于合法的规范性文件，应当作为行政行为的执法依据；对于不合法的规范性文件，人民法院不得作为行政行为合法性的依据。《行诉法解释》主要从以下几个方面作了规定：

（1）明确规范性文件制定机关的诉讼权利。人民法院在对规范性文件审查过程中，发现规范性文件可能存在不合法情形的，应当听取规范性文件制定机关的意见。制定机关申请出庭陈述意见的，人民法院应当准许。行政机关未陈述意见或者未提供相关证明材料的，不能阻止人民法院对规范性文件进行审查。

（2）明确规范性文件审查的具体方式。除了兜底条款，《行诉法解释》列举了规范性文件不合法的四种具体情形：①超越制定机关的法定职权或者超越法律、法规、规章的授权范围的；②与法律、法规、规章等上位法的规定相抵触的；③没有法律、法规、规章依据，违法增加公民、法人和其他组织义务或者减损公民、法人和其他组织合法权益的；④未履行法定批准程序、公开发布程序，严重违反制定程序的。

（3）明确规范性文件不合法的处理方式。①不作为裁判依据，并提出处理建议。人民法院经审查认为规范性文件不合法的，其不得作为人民法院认定行政行为合法的依据，并在裁判理由中予以阐明。作出生效裁判的人民法院应当向规范性文件的制定机关提出处理建议，并可以抄送制定机关的同级人民政府、上一级行政机关、监察机关以及规范性文件的备案机关。②向制定机关提出司法建议。规范性文件不合法的，人民法院可以在裁判生效之日起 3 个月内，向规范性文件制定机关提出修改或者废止该规范性文件的司法建议。规范性文件由多个部门联合制定的，人民法院可以向该规范性文件的主办机关或者共同上一级行政机关发送司法建议。情况紧急的，人民法院可以建议制定机关或者其上一级行政机关立即停止执行该规范性文件。③向上级法院备案。人民法院认为规范性文件不合法的，应当在裁判生效后报送上一级人民法院进行备案。涉及国务院部门、省级行政机关制定的规范性文件，司法建议还应当分别层报最高人民法院、高级人民法院进行备案。

11. 细化执行制度。执行难是修改《行政诉讼法》时要解决的"三难"问题之一，《行诉法解释》进一步完善了执行制度。

（1）明确申请执行期间，确定当事人申请人民法院强制执行的期限为 2 年。

（2）细化对生效行政裁决的执行。行政机关根据法律的授权对平等主体之间民事争议作出裁决后，当事人在法定期限内不起诉又不履行，作出裁决的行政机关在申请执行的期限内未申请人民法院强制执行的，生效行政裁决确定的权利人或者其继承人、权利承受人在 6 个月内可以申请人民法院强制执行。

二、《最高人民法院、最高人民检察院关于检察公益诉讼案件适用法律若干问题的解释》

自 2017 年《行政诉讼法》增加检察机关提起行政公益诉讼的规定后，行政公益诉讼制度正式进入常态化运行。但由于法律规定过于原则，实践中无论是检察机关还是法院，对于如何正确适用《行政诉讼法》处理检察公益诉讼案件都存在较多疑问。为了解决实践中的疑难问题，《最高人民法院、最高人民检察院关于检察公益诉讼案件适用法律若干问题的解释》（法释〔2018〕6 号）（以下本部分简称《解释》）于 2018 年 2 月 23 日由最高人民法院审判委员会第 1734 次会议、2018 年 2 月 11 日由最高人民检察院第十二届检察委员会第 73 次会议通过，自 2018 年 3 月 2 日起施行。《解释》全文共 27 条，分为"一般规定""民事公益诉讼""行政公益诉讼""附则"四个部分，以下主要对"一般规定"及"行政公益诉讼"的内容作出说明。

（一）一般规定

1. 办案任务与办案原则。人民法院、人民检察院办理公益诉讼案件的主要任务是充分发挥司法审判、法律监督职能作用，维护宪法法律权威，维护社会公平正义，维护国家利益和社会公共利益，督促适格主体依法行使公益诉权，促进依法行政、严格执法。

人民法院、人民检察院办理公益诉讼案件，应当遵守宪法、法律的规定，遵循诉讼制度的原则，遵循审判权、检察权的运行规律。

2. 检察院的主体地位及诉讼权利。

（1）公益诉讼起诉人身份。人民检察院以公益诉讼起诉人身份提起公益诉讼，依照民事诉讼法、行政诉讼法享有相应的诉讼权利，履行相应的诉讼义务，但法律、司法解释另有规定的除外。

（2）调查取证权。人民检察院办理公益诉讼案件，可以向有关行政机关以及其他组织、公民调查收集证据材料；有关行政机关以及其他组织、公民应当配合；需要采取证据保全措施的，依照《民事诉讼法》《行政诉讼法》相关规定办理。

3. 管辖。基层人民检察院提起的第一审行政公益诉讼案件，由被诉行政机关所在地的基层人民法院管辖。

4. 审理与判决。

（1）人民陪审制的适用。人民法院审理人民检察院提起的第一审公益诉讼案件，可以适用人民陪审制。

（2）检察人员出庭规则。①出庭通知。人民法院开庭审理人民检察院提起的公益诉讼案件，应当在开庭 3 日前向人民检察院送达出庭通知书。②派员出庭通知。人民检察院应当派员出庭，并应当自收到人民法院出庭通知书之日起 3 日内向人民法院提交派员出庭通知书。派员出庭通知书应当写明出庭人员的姓名、法律职务以及出庭履行的具体职责。③出庭检察人员的职责。出庭检察人员履行以下职责：宣读公益诉讼起诉书；对人民检察院调查收集的证据予以出示和说明，对相关证据进行质证；参加法庭调查，进行辩论并发表意见；依法从事其他诉讼活动。

（3）上诉。①向上一级人民法院上诉。人民检察院不服人民法院第一审判决、裁定的，可以向上一级人民法院提起上诉。②上一级检察院派员参加。人民法院审理第二审案件，由提起公益诉讼的人民检察院派员出庭，上一级人民检察院也可以派员参加。

（4）判决的执行。人民检察院提起公益诉讼案件的判决、裁定发生法律效力，被告不履行的，人民法院应当移送执行。

（二）行政公益诉讼制度

1. 诉前程序。

（1）案件范围。《解释》将行政公益诉讼的案件范围规定为生态环境和资源保护、食品药品安全、国有财产保护、国有土地使用权出让等领域。

（2）发出诉前检察建议。人民检察院在履行职责中发现上述领域内负有监督管理职责的行政机关违法行使职权或者不作为，致使国家利益或者社会公共利益受到侵害的，应当向行政机关提出检察建议，督促其依法履行职责。关于行政机关对检察建议的回复，分为以下两种情况：①一般情况。行政机关应当在收到检察建议书之日起2个月内依法履行职责，并书面回复人民检察院。②紧急情况。出现国家利益或者社会公共利益损害继续扩大等紧急情形的，行政机关应当在15日内书面回复。

（3）提起诉讼。行政机关不依法履行职责的，人民检察院依法向人民法院提起诉讼。

2. 审理与判决。

（1）立案。①起诉材料。人民检察院提起行政公益诉讼应当提交下列材料：提交行政公益诉讼起诉书，并按照被告人数提出副本；被告违法行使职权或者不作为，致使国家利益或者社会公共利益受到侵害的证明材料；检察机关已经履行诉前程序，行政机关仍不依法履行职责或者纠正违法行为的证明材料。②立案登记。人民法院提起的行政公益诉讼，符合起诉条件的，人民法院应当登记立案。

（2）被告纠正违法行为或履行职责从而使诉讼请求全部实现的处理结果。①撤回起诉。人民检察院撤回起诉的，人民法院应当裁定准许。②确认违法。人民检察院变更诉讼请求，请求确认原行政行为违法的，人民法院应当判决确认违法。

（3）判决种类及其适用条件。①被诉行政行为具有《行政诉讼法》第74条、第75条规定情形之一的，判决确认违法或者确认无效，并可以同时判决责令行政机关采取补救措施。②被诉行政行为具有《行政诉讼法》第70条规定情形之一的，判决撤销或者部分撤销，并可以判决被诉行政机关重新作出行政行为。③被诉行政机关不履行法定职责的，判决在一定期限内履行。④被诉行政机关作出的行政处罚明显不当，或者其他行政行为涉及对款额的确定、认定确有错误的，判决予以变更。⑤被诉行政行为证据确凿，适用法律、法规正确，符合法定程序，未超越职权，未滥用职权，无明显不当，或者人民检察院诉请被诉行政机关履行法定职责理由不成立的，判决驳回诉讼请求。

第三章
中国诉讼法的实践状况

第一节　刑事诉讼法的实践状况

一、刑事诉讼数据[1]

2018 年，全国政法机关深入贯彻落实党的十九大精神，深化司法体制改革，全面落实司法责任制，持续推动员额制改革。数据显示，截至 2018 年底，全国法院和地方检察机关分别遴选员额法官、员额检察官 12. 35 万名、7. 07 万名，分别占中央政法专项编制的 33.8%、35.8%[2]；积极推动庭审实质化，不断深化以审判为中心的刑事诉讼制度改革；深化国家监察体制改革，人民检察院积极适应反贪转隶，对检察职能作出必要调整。

2018 年 10 月 26 日，十三届全国人大常委会第六次会议审议通过《全国人民代表大会常务委员会关于修改〈中华人民共和国刑事诉讼法〉的决定》，并宣布于公布之日起开始施行。此次《刑事诉讼法》修改，主要包括三方面的内容：一是为保障国家监察体制改革顺利进行，需要完善监察与刑事诉讼的衔接机制；二是为加强境外追逃工作力度和手段，需要建立刑事缺席审判制度；三是总结认罪认罚从宽制度、速裁程序试点工作经验，需要将可复制、可推广的行之有效的做法上升为法律规范，

---

[1]　本部分执笔人：吴宏耀，中国政法大学诉讼法学研究院教授。

[2]　"让公平正义更加可触可感——回望我国政法领域改革一年间"，新华网，http：//www. xinhuanet. com/legal/2019-01/14/c_ 1123988236. htm，2019 年 4 月 2 日最后访问。

在全国范围内实行。[1]

以下先对过去一年刑事侦查、刑事检察、刑事审判的总体工作予以回顾，再就刑事诉讼法立法修改做专题汇报。

（一）刑事侦查工作[2]

2018年，刑事侦查工作紧紧围绕不断增强人民群众获得感、幸福感、安全感的总目标，深入推进刑侦工作改革创新，严厉打击各类刑事犯罪活动。

1. 深入开展扫黑除恶专项斗争。2018年1月，中共中央、国务院发布《关于开展扫黑除恶专项斗争的通知》，决定在全国开展为期3年的扫黑除恶专项斗争。

2018年是扫黑除恶专项斗争的第一年，全国公安机关全年共侦办涉黑案件1292起、恶势力犯罪集团案件5593起，刑拘7.8万人，破案7.9万起，缴获枪支851支，查获涉案资产629.9亿元。其中1288起涉黑案件已起诉253起、一审判决88起。公安机关对299名涉黑在逃人员开展集中缉捕行动，已抓获在逃人员216名。全国刑事案件同比下降7.7%，八类严重暴力案件同比下降13.8%。

对于重大疑难案件，公安部采取直接牵头侦办、挂牌督办、指定省级公安机关一把手任专案组长、异地用警等超常规措施开展专案攻坚，先后挂牌督办48起重大涉黑案件，目前已移送检察院审查起诉20起。公安部持续加大对涉黑逃犯的缉捕力度，2018年8月底，对10名重大涉黑案件在逃犯罪嫌疑人发布A级通缉令，目前已抓获9名；2018年12月初，公安部再次对299名涉黑逃犯开展集中缉捕清零行动，截至目前已抓获150名。此外，公安部还派出多个工作组赴泰国、缅甸、老挝、柬埔寨等国家开展境外追逃行动，大批潜逃境外的黑恶犯罪嫌疑人被抓捕回国。

同时，公安部会同最高法、最高检、司法部联合发布《关于依法严厉打击黑恶势力违法犯罪的通告》，发动人民群众积极参与，并坚持把扫黑除恶与反腐斗争和基

---

〔1〕 沈春耀：“关于《中华人民共和国刑事诉讼法（修正草案）》的说明——2018年4月25日在第十三届全国人民代表大会常务委员会第二次会议上”，http://www.npc.gov.cn/npc/xinwen/2018-10/26/content_2064462.htm，2019年4月2日最后访问。

〔2〕 刑事侦查工作相关数据源自：“来看看咱刑侦的2018年”，载公安部刑事侦查局官方微信公众号，https://mp.weixin.qq.com/s?__biz=MzI5NzA1NTU0NA==&mid=2649750043&idx=1&sn=e2b329693e15e6848635d032bd84258a&chksm=f4a1be4cc3d6375a884c8fb5bc66c6cf99c50ab7e0b2feff37496719d1432ac85bca48f3e604&mpshare=1&scene=1&srcid=0329QTrhr1XEWR7tm9vwN1g5&key=5064705dbe24d98830a012308b1d91866e4fcc489cef66cba69ba19b80dad39f6499dcab7d6d772d2276fa0b36f34ca75eea955b563552dba05a92e10c5294051ea4c043291c94f6182d799472e153ad&ascene=1&uin=Njc4NTM0MTIx&devicetype=Windows+10&version=62060739&lang=zh_CN&pass_ticket=9IMLjuxsfPbpzR7D5yJXfBO3JNKVpjOLgG9tIbdRQsxGg56QrmNq5NrndVECX2nx，2019年4月1日最后访问；“公安机关开展扫黑除恶专项斗争取得重大进展”，载中华人民共和国中央人民政府网站，http://www.gov.cn/xinwen/2019-01/29/content_5361899.htm，2019年4月1日最后访问。

层"拍蝇"结合起来，积极会同纪检监察机关，建立涉黑涉恶腐败线索、黑恶势力犯罪线索双向移送制度和查办结果反馈机制，深挖彻查黑恶势力"关系网""保护伞"。按照查处"保护伞"管辖分工，全国公安机关以包庇、纵容黑社会性质组织罪立案查处 152 人，向纪检监察部门移交涉及腐败问题线索 1738 条。

2. 严厉打击治理电信网络诈骗犯罪。针对近年来电信网络诈骗犯罪高发易发的情况，公安机关加大对电信网络诈骗犯罪的打击力度，紧紧围绕"两降两升"工作目标，坚持"侦查打击、重点整治、防范治理"三管齐下。2018 年，共破获电信网络诈骗案件 13.1 万起，抓获违法犯罪人员 7.3 万名。

全年共劝阻疑似被骗人 3.2 万名，挽回直接经济损失 20.3 亿元；联合工信部、三大基础电信企业累计拦截诈骗电话 8.7 亿次、关停诈骗电话 80.4 万个；联合银监会和各金融机构利用紧急止付和快速冻结机制，成功止付被骗金额 97 亿元，先后返还群众被骗钱款 20 亿元。

全年共立台湾系电信网络诈骗案件 3.1 万起，同比下降 36.8%，占此类案件总数的 5.1%。刑侦局先后 20 余次组织各地公安机关赴境外开展警务执法合作，捣毁境外诈骗窝点 160 个，抓获犯罪嫌疑人 1500 余名，将 600 余名嫌疑人押解回国，依法审判。

3. 严打严重暴力犯罪。2018 年，公安机关坚持以更快破大案，维护人民群众生命财产安全为目标要求，始终对严重暴力犯罪保持严打高压态势。

2018 年，全国公安刑侦部门共立 8 类严重暴力案件 16.5 万起，同比下降 13.8%，案件数量持续下降；侦破命案 9674 起，现行命案破案率达 99%，侦破命案积案 1387 起，其中，2000 年前命案积案 596 起；破获涉枪案件 1.4 万起，抓获犯罪嫌疑人 3.6 万名，缴获枪支 4.1 万支，全年立走私制贩枪支案件 4728 起，同比下降 35.9%，5 年来首次出现大幅下降；打掉中缅边境拘禁绑架中国公民团伙 45 个，捣毁境外窝点 62 个，抓获犯罪嫌疑人 380 名，解救人质 946 名。

对广东英德"4·24"KTV 纵火案、陕西米脂"4·27"个人极端暴力案、河南郑州航空港"5·8"滴滴网约车司机杀人案、河北张家口"5·29"王力辉系列杀人案等社会影响较大的重大案件实现快侦快破。广东普宁"1990·10·28"抢劫杀人案、辽宁大连"1994—1995 年"系列强奸杀人案、吉林长春"1998—2000 年"系列抢劫杀害出租车司机案等一批疑难积案全部告破。

4. 严打整治传统盗抢骗犯罪。针对传统盗抢骗案件，公安机关坚持打击效率与打击质量并重、破案抓人和追赃挽损并重。2018 年，共立传统盗抢骗案件 317.1 万起，抓获犯罪嫌疑人 65.3 万名，同比下降 17.5% 和 4.1%。

针对入室盗窃、扒窃手机、盗窃机动车燃油、伪造、变造、买卖国家机关证件、海外医疗诈骗等群众反映强烈、社会危害性突出的犯罪活动，公安部刑侦局统筹指挥，针对近百起重特大、跨区域案件开展专案打击行动，抓获犯罪嫌疑人8.7万名，破案16.8万起，追缴赃款赃物价值人民币7.3亿元。

5. 开展打击文物犯罪专项行动。2018年，公安刑侦部门与文物部门协同作战，开展打击文物违法犯罪专项行动，侦破各类文物案件1221起，打掉文物犯罪团伙244个，抓获犯罪嫌疑人2045名，追缴文物8440件。

（二）刑事检察工作[1]

2018年，全国检察机关共批准逮捕各类犯罪嫌疑人1 056 616人，提起公诉1 692 846人，同比分别下降2.3%和0.8%。对刑事、民事和行政诉讼活动中的违法情形监督447 940件次，同比上升22.4%。

其中，起诉故意杀人、绑架等严重暴力犯罪59 717人，同比下降5.9%；起诉抢劫、抢夺、盗窃等多发性侵财犯罪361 478人，同比下降6.9%；起诉"套路贷""校园贷"所涉诈骗、敲诈勒索等犯罪2973人；起诉电信网络诈骗犯罪43 929人，同比上升29.3%；起诉利用网络赌博、传播淫秽物品、泄露个人信息等犯罪15 003人，同比上升41.3%；起诉非法吸收公众存款、集资诈骗、传销等涉众型经济犯罪26 974人，同比上升10.9%；起诉侵犯专利、商标、商业秘密等犯罪8325人，同比上升16.3%；起诉侵吞、私分扶贫资金等犯罪1160人；起诉破坏环境资源保护犯罪42 195人，同比上升21%。

同时，检察机关积极配合国家监察体制改革，利用反贪转隶契机推动内部机构改革，积极参与反渗透、反间谍、反分裂、反恐怖、反邪教斗争、扫黑除恶专项斗争，主动服务，打好三大攻坚战，加强对企业合法权益的保护，依法维护食品药品安全，做好未成年人检察等相关工作。

1. 积极配合国家监察体制改革。为配合国家监察体制改革，实现监检衔接配合顺畅，检察机关会同国家监察委员会制定办理职务犯罪案件工作衔接、证据收集审查等规范。受理各级监委移送职务犯罪16 092人，已起诉9802人，不起诉250人，退回补充调查1869人次，不起诉率、退查率同比分别下降9.5%和37%。依法对孙政才、王三运等32名原省部级以上人员提起公诉。积极参与许超凡、蒋雷等"百名红通人员"追逃，会同有关部门发布公告，敦促外逃人员投案自首。指导地方检察机关对17件职务犯罪嫌疑人逃匿、死亡案件启动违法所得没收程序。

---

[1] 刑事检察工作相关数据来源："最高人民检察院工作报告"，载中国人大网，http://www.npc. gov.cn/npc/xinwen/2019-03/19/content_ 2084131.htm，2019年4月1日最后访问。

2. 实行"捕诉一体"办案机制。2018 年，检察机关对自身的内部机构进行了系统性、重构性改革。此次检察机关内设机构改革撤销了侦监厅和公诉厅，实行捕诉一体的办案机制。实行捕诉一体化后，案件将由同一个检察官或者办案组进行审查。[1]

3. 做好未成年人检察工作。对涉嫌轻微犯罪并有悔罪表现的未成年人，不批捕 15 205 人、不起诉 8332 人、附条件不起诉 6959 人，同比分别上升 6.9%、13.8% 和 16%；应当依法从严惩戒的，批捕 29 350 人、起诉 39 760 人，同比分别上升 4.4%、下降 8.8%；对未达到刑事责任年龄的，会同相关部门约束教育、严加矫治。近年来，性侵、拐卖、虐待、伤害未成年人犯罪持续多发，2017 年起诉 50 705 人，同比上升 6.8%。

最高人民检察院发布第十一批指导性案例，对检察机关办理性侵、虐待未成年人违法犯罪案件进行办案指导。该批指导案例分别是齐某强奸、猥亵儿童案，骆某猥亵儿童案以及于某虐待案。其中，就齐某强奸、猥亵儿童案中发现的问题，最高人民检察院向教育部发出检察建议，并请省级人民检察院同步落实，教育部和各地教育行政部门推动落实性违法犯罪人员从业禁止、校园性侵强制报告、女生宿舍封闭管理等制度。骆某猥亵儿童案确立了无身体接触猥亵行为与接触儿童身体猥亵行为同罪追诉原则。[2] 针对校园暴力发布指导案例，明确了成年人遇到未成年人欺凌弱小，劝阻无效，可以对正在施暴者进行正当防卫。落实"法治教育从娃娃抓起"，最高人民检察院带头，四级检察院 1796 位检察长兼任中小学法治副校长。

根据中央有关要求，最高人民检察院组织专班负责内设机构改革工作。2018 年 12 月 4 日，中央正式印发《最高人民检察院职能配置、内设机构和人员编制规定》；12 月 24 日，最高人民检察院第一至第十检察厅按照新的职能和办案机制正式运行。[3] 其中，在检察机关内设机构中，作为未成年人检察机构的专设，第九检察厅负责对法律规定由最高人民检察院办理的未成年人犯罪和侵害未成年人犯罪案件的审查逮捕、审查起诉、出庭支持公诉、抗诉，开展相关立案监督、侦查监督、审判监督以及相关案件的补充侦查。开展未成年人司法保护和预防未成年人犯罪工

---

[1] "最高检：撤销侦监厅公诉厅实行'捕诉一体'已达共识"，载最高人民检察院网站，http://www.spp.gov.cn/spp/zdgz/201901/t20190103_404225.shtml，2019 年 4 月 3 日最后访问。

[2] "最高检发布第十一批指导性案例"，载最高人民检察院网上发布厅，http://www.spp.gov.cn/spp/xwfbh/wsfbt/201811/t20181118_399386.shtml#1，2019 年 4 月 1 日最后访问。

[3] 戴佳："最高检 2018 年底前已完成内设机构改革"，载《检察日报》2019 年 1 月 4 日，第 4 版。

作。[1]

4. 参与反渗透、反间谍、反分裂、反恐怖、反邪教斗争。为依法严惩恐怖活动和极端主义犯罪，维护国家安全、社会稳定，保障人民群众生命财产安全，最高人民检察院日前联合最高人民法院、公安部、司法部下发《最高人民法院、最高人民检察院、公安部、司法部关于办理恐怖活动和极端主义犯罪案件适用法律若干问题的意见》。该意见共三个部分、16 条。在准确认定犯罪部分，对恐怖活动和极端主义犯罪，特别是《刑法修正案（九）》增设的帮助恐怖活动罪，准备实施恐怖活动罪，宣扬恐怖主义、极端主义、煽动实施恐怖活动罪，利用极端主义破坏法律实施罪，强制穿戴宣扬恐怖主义、极端主义服饰、标志罪，非法持有宣扬恐怖主义、极端主义物品罪的定罪标准予以细化规定。在正确适用程序部分，明确了案件管辖、恐怖活动组织和恐怖活动人员的认定、宣扬恐怖主义、极端主义物品的认定、案件电子数据的运用等问题。在完善工作机制部分，明确了公检法机关配合制约、互涉案件移交管辖等问题。[2]

5. 对涉黑涉恶案件严格把关。对 69 起重大涉黑案件挂牌督办，批捕涉黑犯罪嫌疑人 11 183 人，已起诉 10 361 人；批捕涉恶犯罪嫌疑人 62 202 人，已起诉 50 827人。洛宁"十八兄弟会"、闻喜"侯氏兄弟"、白城史淼等涉黑团伙已受到严惩。坚持以事实为根据、以法律为准绳，加强对涉黑涉恶案件的审查和监督，侦查机关以涉黑涉恶移送审查起诉，检察机关不认定 9154 件，未以涉黑涉恶移送，依法认定 2117 件。推广浙江、江西、河南等地做法，省级检察院统一对涉黑和重大涉恶案件严格把关，确保办案质量。重拳打击黑恶势力犯罪"保护伞"，起诉 350 人。

6. 保护企业合法权益。在办案中确保对各类企业诉讼地位、诉讼权利、法律保护一视同仁。会同全国工商联调研座谈，充分听取民营企业家意见。从已发 3 个司法文件中归纳出 11 项具体检察政策，严格区分正当融资与非法集资、产权纠纷与恶意侵占、个人财产与企业法人财产等界限，强调审慎采用限制人身和财产权利的办案强制措施。将 4 起保护企业合法权益典型案例印发全国检察机关参照。对张文中案依法提出改判无罪的意见。直接督办涉产权刑事申诉 68 件。

（三）刑事审判工作

2018 年，全国各级法院严惩危害国家安全、暴力恐怖犯罪，深入开展扫黑除恶

---

[1] "第九检察厅"，中华人民共和国最高人民检察院网站，http：//www.spp.gov.cn/spp/gjyjg/nsjg/201901/t20190103_404108.shtml，2019 年 3 月 30 日最后访问。

[2] "最高检等四部门出台意见指导依法办理恐怖活动和极端主义犯罪案件"，中华人民共和国最高人民检察院网站，http：//www.spp.gov.cn/xwfbh/wsfbh/201806/t20180615_382007.shtml，2019 年 4 月 1日最后访问。

专项斗争，严惩贪污贿赂等腐败犯罪、严重危害群众生命财产安全犯罪、网络犯罪以及侵害妇女儿童权益犯罪。同时，积极加强人权司法保障，加强律师执业权利保障，积极推进刑事案件律师辩护全覆盖。落实罪刑法定、疑罪从无等原则。全年各级法院审结一审刑事案件119.8万件，判处罪犯142.9万人。

1. 加强人权司法保障。坚持法律面前一律平等，坚持以事实为根据、以法律为准绳，落实宽严相济刑事政策，坚持程序公正和实体公正相统一，坚持严格公正司法。严把死刑案件质量关，确保死刑只适用于极少数罪行极其严重的犯罪分子。深刻汲取冤错案件教训，完善冤假错案防范纠正机制，严格落实非法证据排除规则，各级法院按照审判监督程序再审改判刑事案件1821件，其中，依法纠正"五周案"等重大冤错案件10件。审结国家赔偿案件1.5万件。对生活困难当事人发放司法救助款10.8亿元，减免诉讼费2.6亿元。会同司法部加强律师执业权利保障，积极推进刑事案件律师辩护全覆盖。落实罪刑法定、疑罪从无等原则，依法宣告517名公诉案件被告人和302名自诉案件被告人无罪。

2. 深入开展扫黑除恶专项斗争。2018年1月，最高人民法院会同最高人民检察院、公安部、司法部出台《关于办理黑恶势力犯罪案件若干问题的指导意见》，明确要求将11类黑恶势力违法犯罪作为打击重点。内蒙古、辽宁、福建、湖北、广西、宁夏组建了扫黑除恶省级专业化办案团队、设置专业合议庭。截至2018年12月31日，全国法院一审受理（含旧存）涉黑犯罪案件886件，审结552件，重刑率达57.55%。全国法院一审受理（含旧存）涉恶犯罪案件7243件，审结4956件，重刑率达22.86%。[1]

3. 严惩贪污贿赂等腐败犯罪。依法审理孙政才等重大职务犯罪案件。各级法院审结贪污贿赂、渎职等案件2.8万件，判处3.3万人，其中，被告人原为省部级以上干部的18人，厅局级339人，县处级1185人。加大对行贿犯罪惩治力度，判处罪犯2466人。

4. 严惩严重危害群众生命财产安全犯罪。严惩杀人、抢劫、绑架等严重暴力犯罪，严厉打击涉枪涉爆犯罪，审结相关案件4.1万件，判处罪犯5.1万人。严惩重大责任事故、危险驾驶等危害公共安全犯罪，审结相关案件34.2万件。审结毒品犯罪案件10万件。审结危害食品药品安全犯罪案件7092件。加大对涉疫苗犯罪惩治力度，切实保障人民群众生命健康安全。严惩暴力伤医犯罪，维护正常医疗秩序。出台意见严厉打击非法集资犯罪。严厉打击"套路贷"诈骗，严惩通过"虚增债务"

---

〔1〕 "扫黑除恶：守一方净土 护万家安宁"，载人民法院报，https：//www.chinacourt.org/article/detail/2019/03/id/3746991.shtml，2019年4月1日最后访问。

"恶意制造违约"等方式非法侵占财物犯罪。严惩"校园贷"犯罪。

5. 依法惩治网络犯罪。严厉打击电信网络诈骗、侵犯个人信息、利用网络窃取商业秘密、网络传销等犯罪，审结相关案件 8907 件，依法审理张凯闵等 85 人特大跨境电信诈骗案。严惩破坏计算机信息系统、利用网络开设赌场等新型犯罪，促进营造健康清朗的网络空间。

6. 严惩侵害妇女儿童权益犯罪。坚决惩治针对妇女儿童的暴力、虐待、拐卖、性侵害等犯罪，审结相关案件 2.7 万件。依法审理"蓝色钱江保姆纵火案"等恶性案件，对一批杀害伤害未成年人的罪犯依法判处并执行死刑。加强少年审判工作，完善"圆桌审判"方式，挽救失足未成年人。深入开展送法进校园活动，积极参与防治校园欺凌活动，促进平安校园建设。

二、刑事诉讼法的实施状况[1]

2018 年 3 月，十三届全国人大一次会议审议通过《中华人民共和国宪法修正案》和《监察法》，正式确立了监察委的国家机关地位。为适应国家监察体制改革的需要，确保《刑事诉讼法》与《中华人民共和国宪法修正案》保持一致，同时，为了持续深化并推进刑事司法改革并及时将已经取得的重大司法改革成就上升为立法，2018 年初，全国人大常委着手《刑事诉讼法》修改工作。[2]

2018 年 4 月 25 日上午，《中华人民共和国刑事诉讼法（修正草案）》提请十三届全国人大常委会第二次会议审议，全国人大常委会法制工作委员会主任沈春耀向大会作草案说明。5 月 10 日，中国人大网公布刑事诉讼法修正草案并向社会公众公开征求意见。8 月 27 日，十三届全国人大常委会第五次会议对修正案进行了第二次审议。2018 年 10 月 26 日，第十三届全国人民代表大会常务委员会第六次会议通过了《全国人民代表大会常务委员会关于修改〈中华人民共和国刑事诉讼法〉的决定》，对我国《刑事诉讼法》进行了第三次修订。此次修订建立了《监察法》与《刑事诉讼法》的衔接机制以保障国家监察体制改革的顺利进行，建立了刑事缺席审判制度以加强境外追逃工作力度和手段，同时，将前期认罪认罚从宽制度试点、速裁程序试点、值班律师试点等工作进行总结，将行之有效的做法及时上升为立法，写入《刑事诉讼法》中。

（一）认罪认罚从宽制度和速裁程序实施情况

2014 年 6 月，全国人大常委会作出决定，授权最高人民法院、最高人民检察院

---

〔1〕 本部分执笔人：吴宏耀，中国政法大学诉讼法学研究院教授。

〔2〕 沈春耀："关于《中华人民共和国刑事诉讼法（修正草案）》的说明——2018 年 4 月 25 日在第十三届全国人民代表大会常务委员会第二次会议上"，http://www.npc.gov.cn/npc/xinwen/2018-10/26/content_2064462.htm，2019 年 4 月 2 日最后访问。

在北京等 18 个城市开展刑事案件速裁程序试点；2016 年 9 月又作出决定，授权"两高"在这 18 个城市开展刑事案件认罪认罚从宽制度试点，将扩大范围后的速裁程序试点纳入新的试点继续进行。到 2018 年 10 月，试点地区适用认罪认罚从宽制度起诉的案件数，约占同期刑事案件起诉总数的 50%，审查起诉平均用时缩短至 26 天；适用速裁程序审结的案件约占 70%，当庭宣判率达 95%；适用简易程序审结的约占 25%，当庭宣判率为 79.8%。[1]

2018 年 10 月，认罪认罚从宽制度和速裁程序均写入《刑事诉讼法》，在第一编"总则"的第一章"任务和基本原则"中增设一条（即第 15 条）："犯罪嫌疑人、被告人自愿如实供述自己的罪行，承认指控的犯罪事实，愿意接受处罚的，可以依法从宽处理。"将认罪认罚从宽确立为刑事诉讼法的一项基本原则。同时，在第三编"审判"的第二章"第一审程序"中增设"速裁程序"一节，对速裁程序进行了详细规定。

（二）值班律师制度实施情况

党的十八届三中、四中全会之后，以审判为中心的诉讼制度改革、律师辩护全覆盖、速裁程序试点、认罪认罚从宽制度试点等司法改革措施陆续展开，值班律师制度作为这些司法改革措施的基础性配套措施，得到了充分的发展与完善。继 2017 年 8 月 29 日，两院三部发布《关于开展法律援助值班律师工作的意见》之后，2018 年 1 月 5 日，公安部办公厅、司法部办公厅发布《关于进一步加强和规范看守所法律援助值班律师工作的通知》，要求进一步规范法律援助中心驻看守所工作站建设，进一步完善和落实看守所在押人员入所告知制度，进一步完善值班律师工作运行机制。截至 2018 年年底，全国已在 3100 多个人民法院、2500 多个看守所建立法律援助工作站，实现看守所、人民法院法律援助工作站全覆盖。[2]

2018 年 10 月，"值班律师"被写入《刑事诉讼法》。其中，关于值班律师的诉讼权利和地位存在较大争议。在公开征求意见稿中，《中华人民共和国刑事诉讼法（修正草案）》最初将值班律师定位为"辩护人"。但是，在向社会公开听取意见时，一些常委委员、地方、部门和社会公众提出，值班律师的职责与辩护人不同，主要应是为没有辩护人的犯罪嫌疑人、被告人提供法律帮助，这样定位符合认罪认罚从宽制度改革试点方案以及有关部门关于开展值班律师工作的意见要求，试点情况表

---

〔1〕　李晓军："认罪认罚从宽贯穿整个刑诉程序"，载《法制日报》2018 年 12 月 13 日，第 3 版。
〔2〕　"全国政协委员、司法部副部长赵大程：在全面依法治国新时代展现司法行政工作新作为"，载中国政府法制信息网，http://www.moj.gov.cn/organization/content/2019-03/08/zdczyhdhjh_229861.html，2019 年 4 月 2 日最后访问。

明这样也较为可行。据此，草案二审稿将值班律师提供"辩护"修改为提供"法律帮助"，并删去"代理申诉、控告"的内容，同时在相关条文中对人民检察院审查起诉案件听取值班律师意见、犯罪嫌疑人签署认罪认罚具结书时值班律师在场作出规定。

刑事诉讼法修正草案第二审稿规定，法律援助机构可以在人民法院、人民检察院、看守所派驻值班律师。犯罪嫌疑人、被告人没有委托辩护人，法律援助机构没有指派律师为其提供辩护的，由值班律师为犯罪嫌疑人、被告人提供法律咨询、程序选择建议、申请变更强制措施、对案件处理提出意见等法律帮助。《刑事诉讼法修正案》最终采纳了这一观点。

2018年《刑事诉讼法》通过3个条文就值班律师的诉讼权利和义务作出了规定：

1. 在第四章"辩护与代理"中新增一条，即第36条，分两款专门对值班律师作出规定。第1款"法律援助机构可以在人民法院、看守所等场所派驻值班律师。犯罪嫌疑人、被告人没有委托辩护人，法律援助机构没有指派律师为其提供辩护的，由值班律师为犯罪嫌疑人、被告人提供法律咨询、程序选择建议、申请变更强制措施、对案件处理提出意见等法律帮助"，规定了值班律师的服务场所、对象、范围和性质；第2款"人民法院、人民检察院、看守所应当告知犯罪嫌疑人、被告人有权约见值班律师，并为犯罪嫌疑人、被告人约见值班律师提供便利"，规定了犯罪嫌疑人、被告人和办案机关的权利和义务。

2. 在检察院审查起诉的相关规定中，第173条，将检察院"应当听取辩护律师的意见"，改为"应当……听取辩护人或者值班律师、被害人及其诉讼代理人的意见"，并且规定检察院听取值班律师意见"应当提前为值班律师了解案件有关情况提供必要的便利"。

3. 在认罪认罚从宽制度的有关规定中，第174条规定："犯罪嫌疑人自愿认罪，同意量刑建议和程序适用的，应当在辩护人或者值班律师在场的情况下签署认罪认罚具结书。"

（三）刑事案件律师辩护全覆盖

2017年11月，最高人民法院、司法部部署在北京等8个省（市）开展刑事案件律师辩护全覆盖试点工作，通过扩大通知辩护等方式，使所有刑事案件被告人都能够得到辩护或者法律帮助。试点工作开展以来，8个试点省（市）扩大通知辩护案件8万多件，超过10万名被告人因此获益，试点地区的刑事案件律师辩护率得到大幅度提升。以北京为例，通过开展刑辩全覆盖试点，一审案件律师辩护率95%，二审辩护率为90%以上，被告人合法权益得到有效保障，司法人权保障得到有力彰显。

2018 年 11 月，为推动刑事案件律师辩护全覆盖试点工作深入开展，适应以审判为中心的刑事诉讼制度改革的需要，最高人民法院、司法部部署扩大刑辩全覆盖试点范围，在第一批试点地区基础上，在全国普遍开展试点工作，由各地根据情况确定具体试点范围。[1]

三、刑事诉讼实践中的热点问题 [2]

（一）推进未成年人全面综合司法保护

2018 年，我国的儿童权益保障事业在不断前行，逐步构建、健全针对未成年人系统化的机制，也是 2018 年司法关注的对象。

2018 年初，最高人民检察院下发《关于开展未成年人刑事执行检察、民事行政检察业务统一集中办理试点工作的通知》，在全国 13 个省（区、市）部署开展未成年人刑事执行检察、民事行政检察集中由未检部门统一办理试点工作。[3] 在加强未成年人刑事执行检察监督方面，试点地方的未检部门积极开展未成年犯罪嫌疑人捕后羁押必要性审查工作，与刑事执行检察部门一起，加强了对未成年人监管活动和刑罚执行、社区矫正工作的监督。[4] 2018 年 2 月 9 日，中央综治委预防青少年违法犯罪专项组全体会议在北京召开。最高人民检察院、共青团中央共同签署了《关于构建未成年人检察工作社会支持体系的合作框架协议》。

此外，2018 年，最高人民检察院发布了第十一批指导性案例，其中蒋成飞猥亵儿童案、齐某强奸、威胁儿童案被选入其中。近年来，性侵、虐待儿童的恶性案件屡屡发生，严重侵害了未成年人权益，加强未成年人全面综合司法保护刻不容缓。针对此类现象，检察机关加强了对侵害未成年人合法权益方面检察的主动性，而不仅仅是依受害者一方的申请才开展法律检察。在办理侵害未成年人犯罪的案件时，检察机关反应灵活，快速介入调查，研究侦查思路，和侦查机关做好阶段衔接工作，及时查清案情向法院提起公诉。目前检察机关正在有序推进涉及未成年人的刑事执行、民事、行政、公益诉讼检察工作，加强对众多侵害未成年人合法权益问题的监督。

未成年人犯罪案件中，受害者往往心智尚未发育成熟，导致未成年刑事案件的

---

[1]　"最高人民法院、司法部部署扩大刑事案件律师辩护全覆盖和律师调解试点工作"，中华人民共和国司法部网站，http：//www.moj.gov.cn/news/content/2018-11/29/buyw_43405.html，2019 年 3 月 30 日最后访问。

[2]　本部分执笔人：倪润，中国政法大学诉讼法学研究院副教授。

[3]　检察日报："加强未成年人全面综合司法保护"，http：//hezuo.sdnews.com.cn/zfpd/gazx/201903/t20190306_2522277.htm，2019 年 3 月 30 日最后访问。

[4]　央广网："最高检：推进未成年人全面综合司法保护"，https：//baijiahao.baidu.com/s？id=1626618448213233696&wfr=spider&for=pc，2019 年 3 月 30 日最后访问。

刑事诉讼从启动到审结再到执行相较于同类受害者为完全行为能力人的案件更为复杂。不论是从保护未成年人的角度还是从打击犯罪的角度来看，加强对未成年犯罪的打击力度、增强办理未成年犯罪案件刑事诉讼的能力对于公安司法机关来说都是应当引起足够重视的问题。

（二）增加刑事附带民事公益诉讼类型

为了落实十八届四中全会提出的"探索建立检察机关公益诉讼制度"的具体要求，2018年3月1日，最高人民法院、最高人民检察院联合下发《关于检察公益诉讼案件适用法律若干问题的解释》，其中新增加了刑事附带民事公益诉讼这一新的公益诉讼案件类型。该解释明确规定，"人民检察院对破坏生态环境和资源保护、食品药品安全领域侵害众多消费者合法权益等损害社会公共利益的犯罪行为提起刑事公诉时，可以向人民法院一并提起附带民事公益诉讼"，具体由审理刑事案件的人民法院的同一审判组织一并审理附带民事公益诉讼案件。

刑事附带民事公益诉讼是立足司法实践、总结试点经验而确立的一项本土化、特色化、高效化的诉讼制度，人民检察院在追诉犯罪的同时，要求法院一并解决被告人因损害社会公益而可能承担的民事责任问题，这不仅有助于及时维护国家利益和社会利益，而且对提高诉讼效率、减轻司法负担意义重大。不过，刑事附带民事公益诉讼起步晚，并不如民事公益诉讼、行政公益诉讼那样发展成熟，三大诉讼法对待公益诉讼的态度就是一个极好的例证——2018年修订的《刑事诉讼法》并未明确提及刑事附带民事公益诉讼，而《民事诉讼法》和《行政诉讼法》已于2017正式确立公益诉讼制度。刑事附带民事公益诉讼案件的管辖和诉讼类型虽然已经有解释的支撑，但由于法律位阶不高、程序运行细节问题也并未一一作出明确指引，因此，司法实践过程中仍然出现了各式各样的法律问题。例如，检察机关提起刑事附带民事公益诉讼是否需要履行诉前公告程序，是否可以在食品药品犯罪案件中另附带提出惩罚性损害赔偿请求，是否赋予检察机关办理具体案件时的强制调查权力，等等。确实，刑事附带民事公益诉讼制度需要一个适应性的发展过程，在制度运行初期时段，实践中难免暴露出制度缺陷、落实阻碍、空白规定等难题，但只要有关机关持续关注制度运行中产生的问题并不断予以积极回应，刑事附带民事公益诉讼制度定会脱离运行困境，发挥预期效果，实现最大限度保护社会公益和诉讼经济的双重目的。

（三）新刑诉法与监察法的衔接

修订后的《刑事诉讼法》于2018年10月26日起施行，此次修订的一项很重要的内容就是完善了监察与刑事诉讼的衔接。自《监察法》于2018年3月20日颁布实施后，人民检察院对反贪反渎案件的侦查职能整体转隶。为落实宪法有关规定，做好与《监察法》的衔接，保障国家监察体制改革顺利进行，对现行《刑事诉讼法》作出了两方面修改：

第一，调整了人民检察院侦查职权。2018 年修改的《刑事诉讼法》将人民检察院自侦案件的范围修改为"人民检察院在对诉讼活动实行法律监督中发现的司法工作人员利用职权实施的非法拘禁、刑讯逼供、非法搜查等侵犯公民权利、损害司法公正的犯罪，可以由人民检察院立案侦查"。

第二，在涉及监察体制改革的衔接部分，对监察机关调查终结将案件移送到检察院进行审查起诉环节涉及的程序性机制作出衔接性规定。

监察工作与刑事司法工作的衔接，包括监察机关与公安机关、检察机关和审判机关工作的衔接。[1]《监察法》与《刑事诉讼法》的"两法"衔接问题，突出表现在案件管辖、立案程序、调查措施、强制措施、证据适用等方面[2]，具体而言：

1. 《刑事诉讼法》中规定监察机关在法律监督中发现的犯罪行为可以由监察机关立案侦查，而监察机关对所有职务犯罪都享有调查权，[3] 检察机关的法律监督是否包含对监察机关工作的法律监督，如果包含，应如何监督，需要在以后的理论和实践中厘清。《监察法》中没有规定级别管辖，在具体的职务犯罪调查中会出现适用法律不明确的情况，《监察法》中的管辖模式是否能对应刑事诉讼中的管辖问题也值得研究。

2. 监察机关留置措施与刑事强制措施的衔接、监察调查和补充调查阶段律师帮助、移送审查起诉阶段委托辩护人以及职务犯罪案件在审判期间的辩护问题。

3. 关于证据适用方面的衔接，首先体现在证据的要求上，监察机关认为"犯罪事实清楚，证据确实、充分的……—并移送人民检察院依法审查、提起公诉"，监察机关认为"犯罪事实清楚，证据确实、充分"是否等于检察机关也认为其达到了"犯罪事实清楚，证据确实、充分"的程度。[4] 其次是监察机关办理案件中非法证据排除的问题。《监察法》中非法证据排除的规定与《刑事诉讼法》的规定是一致的，但是，在司法实践中，当被告人提出要求排除监察机关收集的非法证据时，应关注法院如何进行调查核实、如何进行排除的问题。

（四）推进人民陪审员制度改革

2018 年 4 月 27 日，第十三届全国人大常委会第二次会议表决通过了《中华人民

---

〔1〕 杨宇冠：《监察法与刑事诉讼法衔接问题研究》，中国政法大学出版社 2018 年版，第 4 页。

〔2〕 王秀梅、黄玲林："监察法与刑事诉讼法衔接若干问题研究"，载《法学论坛》2019 年第 2 期。

〔3〕 杨宇冠：《监察法与刑事诉讼法衔接问题研究》，中国政法大学出版社 2018 年版，第 57 页。

〔4〕 杨宇冠：《监察法与刑事诉讼法衔接问题研究》，中国政法大学出版社 2018 年版，第 31 页。

共和国人民陪审员法》，自公布之日起生效。《人民陪审员法》全面总结了全国人大常委会《关于完善人民陪审员制度的决定》施行 13 年来的实践经验，以单行法律的形式将十八届三中、四中全会以来的改革试点经验固定下来，对人民陪审员的选任、参审、管理等方面作出进一步完善，标志着我国人民陪审员制度进入了一个新的发展阶段。[1] 其中，有几大亮点值得关注：

1. 人民陪审员的选任机制。人民陪审员的选任年龄下限确定为 28 周岁，文化程度下限为高中，明确了人大代表、法官、检察官、律师等职业从业人员不得担任人民陪审员。人民陪审员的选任主要通过随机抽取的方式进行，并明确了随机抽选人民陪审员候选人、随机抽选确定人民陪审员人选、随机抽取人民陪审员参与审理个案的"三个随机"抽取机制[2]，极大地保障了人民陪审员的代表性和广泛性。同时，人民陪审员由司法行政机关选任、由人大常委会任命，有利于实现人民陪审员选用分离，有利于加强监督制约，确保了人民陪审员制度的公信力和权威性。

2. 人民陪审员的参审范围和审判组织模式。人民陪审员参审案件的范围扩大，案情复杂的案件、公益诉讼案件和社会影响重大的死刑案件列入人民陪审员参审案件范围。《人民陪审员法》确定了 3 人合议庭和 7 人合议庭两种审判组织模式，并明确了相应的审理范围和表决权，实现了人民陪审员事实审和法律审的分离。人民陪审员参加 3 人合议庭审判案件，对事实认定、法律适用独立发表意见，行使表决权。参加 7 人合议庭审判案件，对事实认定独立发表意见，并与法官共同表决；对法律适用可以发表意见，但不参加表决。[3]

3. 审判长对人民陪审员的指引、提示义务。审判长应当履行与案件审判相关的指引、提示义务，但不得妨碍人民陪审员对案件的独立判断。合议庭评议案件，审判长应当对本案中涉及的事实认定、证据规则、法律规定等事项及应当注意的问题向人民陪审员进行必要的解释和说明。

4. 人民陪审员年度参审案件的数量上限。人民法院应当结合本辖区实际情况，合理确定人民陪审员年度参审案件的数量上限，并向社会公告。

（五）监狱巡回检察

检察机关对监狱刑罚执行和监管改造活动主要是采取同级检察机关派驻检察和

---

〔1〕 荆龙、王俏、万紫千："保障公民参审权利，有效推进司法民主——最高人民法院政治部负责人就《中华人民共和国人民陪审员法》答记者问"，载《人民法院报》2018 年 4 月 28 日，第 5 版。

〔2〕 张进德："《人民陪审员法》六大冷知识及释疑"，澎湃新闻：https://www.thepaper.cn/newsDetail_forward_2102178，2019 年 3 月 29 日最后访问。

〔3〕 荆龙："为人民广泛参与司法立柱架梁——我国首部陪审员专门法公布施行"，载《人民法院报》2018 年 4 月 28 日，第 4 版。

巡回检察等监督方式。"巡回+派驻"结合模式，使派驻检察与巡回检察优势互补，健全了监狱检察工作机制。对监狱实行巡回检察试点，有利于开创监狱检察工作新局面，增强检察机关法律监督整体实效，[1] 以更加灵活的方式执行检察活动。

2018年5月29日，最高人民检察院印发了《检察机关对监狱实行巡回检察试点工作方案》，决定在山西、辽宁、上海、山东、湖北、海南、四川、宁夏等8个省（区、市）检察机关开展对监狱为期一年的巡回检察试点工作，承担试点任务的省（区）检察院至少要确定3个、上海市检察院至少要确定2个地市级检察院或者刑事执行检察院为试点院。[2] 最高人民检察院刑事执行检察厅于2018年9月14日印发了《关于在试点省（区、市）全面推进检察机关对监狱实行巡回检察试点工作的通知》，决定进一步扩大试点省份与范围，在山西、辽宁、黑龙江等12个省全面展开监狱巡回检察试点工作，要求承担试点任务的省级检察院所辖的市级院、派出院以现有派驻检察人员为基础，调整充实和整合力量组成若干个检察官办案组，对辖区内的监狱全面实行巡回检察。[3]

与派驻检察相比，巡回检察发生了以下变化[4]：①检察方式的变化。巡回检察是不定期检察，虽然对试点期间巡回检察的次数及每次的时间、人员安排没有作具体要求，但必须保证巡回检察的工作质效。各试点单位还可以采取不固定人员、不固定监狱的方式，组织开展交叉巡回检察。②工作重点的变化。巡回检察工作的重点有所不同，其强调加强对监狱管理改造、教育改造和劳动改造等活动的监督，与监狱共同促进、提升监管改造效果，将罪犯改造成守法公民。③问责追究的变化。巡回检察在注重对监狱纠正违法的同时，还注重检察机关内部的监督制约和责任追究。如对监狱存在的违法问题应当发现而未发现，或者对发现的监狱存在的违法问题不予报告、未依法及时提出监督纠正意见的，要依据相关规定追究有关人员失职渎职的责任。④监督实际节点的变化。在巡回检察中，对监狱出监收监、禁闭等活动不再实行日常监督，而是通过巡回方式检察监狱出监收监、禁闭等是否符合法律规定，是否存在违法情况。

（六）捕诉合一

2018年7月24日，中央政法委在全面深化司法体制改革推进会上提出了"优化

〔1〕 庄永廉等："巡回检察试点工作的创新与推进"，载《人民检察》2018年第17期。

〔2〕 "最高检：8省（区、市）将开展监狱巡回检察试点工作"，http：//www.spp.gov.cn/spp/zdgz/201805/t20180531_380313.shtml，2019年3月29日最后访问。

〔3〕 "最高检下发通知决定12省区市全面推开监狱巡回检察试点工作"，http：//www.spp.gov.cn/spp/zdgz/201809/t20180921_393396.shtml，2019年3月29日最后访问。

〔4〕 "最高检试点监狱巡回检察工作 确保监督的针对性实效性"，载正义网http：//news.jcrb.com/jxsw/201805/t20180531_1872371.html，2019年3月29日最后访问。

法院检察院机构职能体系"的要求。7 月 25 日，由最高检组织的"大检察官研讨班"在深圳举行。最高人民检察院检察长张军指出，目前检察机关存在刑事检察与民事、行政、公益诉讼检察发展不平衡等问题，将以内设机构改革为切入点，设立专门的民事检察、行政检察和公益诉讼检察机构或办案组，同时要以检察机关内设机构改革为突破口，通过重组办案机构，以案件类别划分，实行捕诉合一。[1]

所谓捕诉合一，即一个刑事案件的审查批捕和审查起诉都由同一名检察官负责。审查批捕和审查起诉是法律赋予检察机关的两项重要职能，捕诉合一抑或分离，都不违反法律。但由于担心捕诉合一会导致逮捕与公诉标准混同，挤压辩护空间以及影响办案质量等原因，法学理论界和司法实务界对此十分关注。

在国家监察体制改革的背景下，新时代检察工作也需要创新与发展，随着检察机关反贪等职能、机构、人员实现转隶，检察内设机构改革迎来新的考验。张军表示"全国各级检察机关无条件服从、全方位服务"，检察机关必须为人民群众、为社会和时代提供更好、更优、更实在的法治产品、检察产品。而推动新时代检察工作创新发展，则要以检察机关内设机构作为切入点、突破口，坚持一类事项原则上由一个部门统筹、一件事情原则上由一个部门负责。[2] 在刑事检察方面，按照案件类型、案件数量等，重新组建专业化刑事办案机构，统一履行审查逮捕、审查起诉、补充侦查、出庭支持公诉、刑事诉讼监督等职能。要规范机构职能、名称，地方检察机关机构设置理念上与高检院相同，省、市两级院主要业务部门原则上与上级院对应设置，但不求绝对一致。但总体要以案件类别划分，实行捕诉合一，形成完整的、适应司法责任制的机构设置。[3]

（七）民营企业的刑事司法保护

2018 年是"四五改革纲要"的收官之年，在民营企业的刑事司法保护上取得了重要进展。2017 年 9 月 8 日，中共中央、国务院印发《关于营造企业家健康成长环境弘扬优秀企业家精神更好发挥企业作用的意见》，在严格区分民商事纠纷与经济犯罪的界限、防范刑事执法介入经济纠纷的基础上，进一步要求依法保护企业家的人身自由和财产权利，坚决防止利用刑事手段干预经济纠纷。

---

[1] "张军：解决三个不平衡，要重组办案机构实行捕诉合一"，载澎湃新闻 https://baijiahao. baidu. com/s？ id=1606942706048584619&wfr=spider&for=pc，2019 年 3 月 30 日最后访问。

[2] "贯彻落实全面深化司法体制改革推进会部署在转机中推动新时代检察工作创新发展"，载检察日报 https://baijiahao. baidu. com/s？ id=1606946792876727969&wfr=spider&for=pc，2019 年 3 月 30 日最后访问。

[3] "贯彻落实全面深化司法体制改革推进会部署在转机中推动新时代检察工作创新发展"，载检察日报 https://baijiahao. baidu. com/s？ id=1606946792876727969&wfr=spider&for=pc，2019 年 3 月 30 日最后访问。

最高人民法院为深入贯彻中共中央、国务院关于保持产权、保护企业家利益的精神要求，结合审判实践，进行了大量的工作：①成立了涉产权错案冤案甄别纠正工作小组，指导全国法院甄别纠正了一大批涉及民营企业的错案冤案。2018 年 5 月 31 日，开庭再审物美创始人张文中，宣告其无罪；2018 年 7 月 27 日，最高人民法院作出再审决定，提审赵明利诈骗案，这些举措坚持了有错必究的一贯原则，落实了中央政策精神。②发布典型案例，2018 年最高人民法院分两批发布了 13 个典型案例，持续释放加强产权和企业家合法权益保护的积极信号。例如，最高人民法院发布的第二批典型案例中的张某某虚开增值税专用发票宣告无罪案，对经营者在特定历史条件下的不规范经营行为进行无罪认定，彰显了保护产权和民营企业的司法价值取向。③加大民营企业错案冤案工作的宣传力度，中央电视台对张文中案再审宣判进行了现场直播，三十多家网站进行视频图文直播，新闻联播、焦点访谈等重磅栏目播出，宣判次日中国庭审公开网视频点击量超过 614 万次。顾雏军案再审公开开庭进行了将近 25 小时、14 万字的直播，[1] 这些都充分展现了依法保护产权、企业家权益的决心，营造了良好的法治环境。④制定涉刑民交叉案件法律适用问题司法解释，加大相关司法解释的起草力度，明确案件裁判规则，坚决防止利用刑事手段干预经济纠纷。

（八）科技侦查与个人信息保护

随着网络技术的发展，一切皆可数据化，现实物理空间与虚拟网络世界并行不悖。虚拟人格的电子数据，如衣食住行的消费数据、位置数据、社会交往数据等，都可以与现实个体一一对应。同时，新型网络犯罪层出不穷，如侵犯公民个人信息犯罪、电信网络诈骗类犯罪、以"金融互助"为名的网络传销犯罪、开设网络赌场犯罪、网络组织招嫖犯罪等，[2] 这些犯罪以网络为犯罪目标或者犯罪工具，具有隐蔽性强、涉及地域广、科技含量高的特征，且往往形成黑色产业链，社会危害性极大，侦查机关查明这些犯罪的难度较以往也增大。云计算、大数据技术的兴起与不断拓展，为侦查机关寻找犯罪线索和固定证据带来生机。公安机关一方面不断完善和丰富已有的内部系统数据库，另一方面开始开发数据库的大数据功能。《刑事诉讼法》规定，公安机关收集调取证据，有关单位和个人应当如实提供。根据《网络安全法》的规定，网络服务商对于用户信息应承担保密义务，但例外是应当为公安

---

[1]　"两会面孔｜江必新：刑民交叉案法律适用司法解释初稿已完成"，载澎湃新闻，https：//baijiahao. baidu. com/s？id=1627869324849872498&wfr=spider&for=pc，2019 年 3 月 29 日最后访问。

[2]　"侦破网络犯罪案件 57519 起！'净网 2018'十大典型案例"，载雷锋网，https：//baijiahao. baidu. com/s？id=1627411571458679530&wfr=spider&for=pc，2019 年 3 月 25 日最后访问。

机关的侦查活动提供技术支持和协助，亦即承担信息披露义务。这就使得侦查机关能够畅通无阻地调取任何所需的数据。

通过运用大数据技术，任何信息碎片都有可能经过重组而转化为涉及个人隐私的信息。[1] 除此之外，侦查机关还可以直接调取指向个人生活信息的结构化数据，譬如车辆管理信息、房产登记信息、金融机构信息等，以及手机通话、短信、电子邮件、微信、QQ、航班记录、住宿记录、GPS 定位轨迹等各类信息。[2] 这些信息足以分析个体的性格、喜好、特殊技能和人际交往关系，甚至可以展现一个人的全貌。对于侦查机关，这些信息不仅有利于案件侦查，也有利于加强线索管理，基于行使打击犯罪、维护社会秩序的公权力职能，侦查机关需要利用个人信息的侦查价值，包括建立海量的个人信息库以及对个人信息的分析、挖掘等措施；但是，对个人而言，个人信息是数据主体人格权的延伸，包含着姓名、隐私、肖像、私密生活等信息，个人信息体现着人格尊严等基本人权，当事人（数据主体）对于个人信息本身就有诉诸保护的利益。[3] 但是目前基于查明案情的需要，侦查机关对涉及个人隐私的证据除应当保密之外，其调取公民个人信息的行为未受到任何限制。

（九）人工智能与刑事司法

我国对人工智能应用于刑事司法的定位是"提高效率、辅助办案"。实践中主要有办案信息电子数据化、办案辅助系统的智能化、实体裁判的预测与监督、证据标准统一与电子化等形式。[4] 2017 年 7 月 20 日，国务院正式发布《新一代人工智能发展规划》，提出"建设集审判、人员、数据应用、司法公开和动态监控于一体的智慧法庭，促进人工智能在证据收集、案例分析、法律文件阅读与分析中的应用"。[5] 在此背景下，公检法三机关相继出台了人工智能辅助办案的政策，各地于 2017、2018 年进行实践探索。

1. 公安机关提出了建设"智慧公安"。2017 年 12 月，公安部部长赵克志强调"大力实施公安大数据战略，着力建设智慧公安、打造数据警务"[6]，人工智能将通过预测犯罪倾向、案件特征、案件高发地点和时段等改变侦查办案、巡逻防控、信

---

[1] 裴炜："个人信息大数据与刑事正当程序的冲突及其调和"，载《法学研究》2018 年第 2 期。

[2] "中国 IDC 圈：身边的应用案例：大数据破案，数据库侦查出新证据"，载 http：//bigdata. idcquan. com/news/71122. shtml，2019 年 3 月 25 日最后访问。

[3] 王燃：《大数据侦查》，清华大学出版社 2017 年版，第 159~160 页。

[4] 左卫民："关于法律人工智能在中国运用前景的若干思考"，载《清华法学》2018 年第 2 期。

[5] 《新一代人工智能发展规划（国发〔2017〕35 号）》，http：//www. gov. cn/zhengce/content/2017-07/20/content_ 5211996. htm，2019 年 3 月 25 日最后访问。

[6] 田海军："赵克志在上海调研时强调 建设智慧公安打造数据警务努力推进公安机关社会治理能力跨越式发展"，载《人民公安日报》2017 年 12 月 28 日，第 1 版。

息预警格局〔1〕。实践中，浙江全省 11 个市建立了反诈中心，实现诈骗号码识别拦截、疑号短信推送提醒等功能。〔2〕

2. 检察机关提出了建设"智慧检务"。2017 年 6 月，最高人民检察院发布《检察大数据行动指南（2017—2020 年）》。2018 年 1 月，最高检印发《最高人民检察院关于深化智慧检务建设的意见》，同年 7 月《全国检察机关智慧检务行动指南（2018—2020 年）》出台。实践探索在 2018 年 7 月举办的全国检察机关科技装备展上可窥见一隅。广州市南沙区检察院应用了"看得见量刑过程的系统"〔3〕，江苏省使用"刑事办案职能辅助系统"为核心的"案管机器人"辅助检察机关审查案件程序和证据的合法性、羁押必要性，监督减刑案件〔4〕。

3. 司法机关全面建设"智慧法院"。2017 年 4 月，最高人民法院发布《最高人民法院关于加快建设智慧法院的意见》。2018 年 4 月，《智慧法院建设评价报告》显示全国智慧法院已初步形成。2019 年 2 月，最高人民法院印发《最高人民法院深化人民法院司法体制综合配套改革的意见——人民法院第五个五年改革纲要（2019—2023）》提出"促进语音识别、远程视频、智能辅助、电子卷宗等科技创新手段深度运用，有序扩大电子诉讼覆盖范围"，同年 3 月，最高人民法院《工作报告》亦有相似表述。2018 年 5 月，首届"中国法研杯·司法人工智能挑战赛"举办，比赛设置了罪名预测、法条推荐、刑期预测三个具有实际应用需求的任务。〔5〕人工智能在刑事司法领域最成熟的探索，是上海市 2017 年 2 月 6 日研发的刑事案件智能辅助办案系统（206 系统），该系统充分运用图文识别、自然语言理解、智能语音识别、司法实体识别、实体关系分析、司法要素自动提取等人工智能技术，为办案人员收集固定证据提供指引，并对证据进行校验、把关、提示、监督。〔6〕

使用人工智能辅助司法、提高效率的同时，学界、实务界有如下担忧：首先，

---

〔1〕 李刚："人工智能推动公安工作高质量发展"，http：//news. cpd. com. cn/n3573/c40918598/content. html，2019 年 3 月 25 日最后访问。

〔2〕 吴江英："浙江重拳打击电信网络诈骗 去年为群众止损 7000 余万元"，载《人民警察报》2018 年 4 月 28 日，第 4 版。

〔3〕 戴佳、高航、唐慧玲："智慧检务谱写依法治国新篇章——全国检察机关科技强检巡礼"，载《检察日报》2018 年 7 月 5 日，第 2 版。

〔4〕 管莹、卢志坚："给检察官配个机器人助手——江苏：推动人工智能与司法办案深度'碰撞'"，载《检察日报》2018 年 5 月 13 日，第 1 版。

〔5〕 "中国法研杯司法人工智能挑战赛比赛简介"，大赛官网：http：//cail. cipsc. org. cn/index，2019 年 3 月 25 日最后访问。

〔6〕 黄安琪："上海法院运用人工智能办案系统辅助庭审"，原载新华社，转引自中国政府网：http：//www. gov. cn/xinwen/2019-01/24/content_ 5360910. htm，2019 年 3 月 25 日最后访问。

对现有应用模式的质疑：①法律数据源不充分、不真实、不客观、结构化程度低。[1]②法律人工智能所使用的算法不透明、不可解释、没有可预见性,[2] 模型方面有"拟合不足"与"过度拟合、只抓表象"两种担忧[3]。③法律界、人工智能技术界互有疏离。[4]④未考虑社会观念对新事物的接受程度。[5] 其次，人工智能应用基础支撑不足的问题。高精尖的智能应用已在研发，而电子卷宗识别、数据互通互联、规范性文件及时公开等基础性的问题依旧存在。[6] 最后，其他领域人工智能产品适用法律的问题。自动驾驶案引起热议，刑法学界就人工智能可否成为刑事责任主体、无人驾驶的合法性、无人驾驶汽车的分级与责任分担、自动驾驶汽车的程序员对电车难题困境下作出选择的出罪要求等问题进行了讨论[7]。

四、典型案例[8]

（一）最高人民检察院指导性案例

2018 年，最高人民检察院先后公布了四批共 12 个指导性案例，其中涉及刑事诉讼法相关规定的案例有以下几个：

1. 齐某强奸、猥亵儿童案（检例第 42 号）。

【关键词】强奸罪　猥亵儿童罪　情节恶劣　公共场所当众

【基本案情】被告人齐某，男，1969 年 1 月出生，原系某县某小学班主任。2011年夏天至 2012 年 10 月，被告人齐某在担任班主任期间，利用午休、晚自习及宿舍查寝等机会，在学校办公室、教室、洗澡堂、男生宿舍等处多次对被害女童 A（10岁）、B（10 岁）实施奸淫、猥亵，并以带 A 女童外出看病为由，将其带回家中强

---

〔1〕 左卫民："关于法律人工智能在中国运用前景的若干思考"，载《清华法学》2018 年第 2 期；华宇元典法律人工智能研究院编著：《让法律人读懂人工智能》，法律出版社 2019 年版，第 19~20 页。

〔2〕 左卫民："关于法律人工智能在中国运用前景的若干思考"，载《清华法学》2018 年第 2 期。

〔3〕 Garrett Kenyon："AI's Big Challenge"，https：//blogs. scientificamerican. com/observations/ais-big-chal-lenge1/，2019 年 3 月 25 日最后访问；华宇元典法律人工智能研究院编著：《让法律人读懂人工智能》，法律出版社 2019 年版，第 22~29 页。

〔4〕 左卫民："关于法律人工智能在中国运用前景的若干思考"，载《清华法学》2018 年第 2 期；华宇元典法律人工智能研究院编著：《让法律人读懂人工智能》，法律出版社 2019 年版，第 110-118 页。

〔5〕 左卫民："关于法律人工智能在中国运用前景的若干思考"，载《清华法学》2018 年第 2 期。

〔6〕 "脚镣之舞：还原法律 AI 在中国落地的真实道路"，https：//mp. weixin. qq. com/s/V7Kp2SxORROCdQiakltHww，2019 年 3 月 25 日最后访问。

〔7〕 江溯、谢永江在"新一代人工智能与法律规制"国际会议的发言："'新一代人工智能与法律规制'国际会议综述"，http：//www. fxcxw. org/index. php/Home/Xuejie/artIndex/id/15769/tid/1. html，2019年 3 月 25 日最后访问；参见埃里克·希尔根多夫（Eric Hilgendorf）、张吉豫等在"自动驾驶技术与法律"高端论坛的发言："自动驾驶技术与法律高端论坛举办"，http：//www. fxcxw. org/index. php/Home/Xuejie/artIndex/id/15757/tid/1. html，2019 年 3 月 25 日最后访问。

〔8〕 本部分执笔人：罗海敏，中国政法大学诉讼法学研究院副教授。

奸。齐某还在女生集体宿舍等地多次猥亵被害女童 C（11 岁）、D（11 岁）、E（10 岁）、猥亵被害女童 F（11 岁）、G（11 岁）各一次。

【要旨】（1）性侵未成年人犯罪案件中，被害人陈述稳定自然，对于细节的描述符合正常记忆认知、表达能力，被告人辩解没有证据支持，结合生活经验对全案证据进行审查，能够形成完整证明体系的，可以认定案件事实。

（2）奸淫幼女具有《最高人民法院、最高人民检察院、公安部、司法部关于依法惩治性侵害未成年人犯罪的意见》规定的从严处罚情节，社会危害性与《刑法》第 236 条第 3 款第 2 至 4 项规定的情形相当的，可以认定为该款第 1 项规定的"情节恶劣"。

（3）行为人在教室、集体宿舍等场所实施猥亵行为，只要当时有多人在场，即使在场人员未实际看到，也应当认定犯罪行为是在"公共场所当众"实施。

【指导意义】（1）准确把握性侵未成人犯罪案件证据审查判断标准。对性侵未成年人犯罪案件证据的审查，要根据未成年人的身心特点，按照有别于成年人的标准予以判断。审查言词证据，要结合全案情况予以分析。根据经验和常识，未成年人的陈述合乎情理、逻辑，对细节的描述符合其认知和表达能力，且有其他证据予以印证，被告人的辩解没有证据支持，结合双方关系不存在诬告可能的，应当采纳未成年人的陈述。

（2）准确适用奸淫幼女"情节恶劣"的规定。《刑法》第 236 条第 3 款第 1 项规定，奸淫幼女"情节恶劣"的，处 10 年以上有期徒刑、无期徒刑或者死刑。《最高人民法院、最高人民检察院、公安部、司法部关于依法惩治性侵害未成年人犯罪的意见》第 25 条规定了针对未成年人实施强奸、猥亵犯罪"更要依法从严惩处"的七种情形。实践中，奸淫幼女具有从严惩处情形，社会危害性与《刑法》第 236 条第 3 款第 2 至 4 项相当的，可以认为属于该款第 1 项规定的"情节恶劣"。例如，该款第 2 项规定的"奸淫幼女多人"，一般是指奸淫幼女 3 人以上。本案中，被告人具备教师的特殊身份，奸淫 2 名幼女，且分别奸淫多次，其危害性并不低于奸淫幼女 3 人的行为，据此可以认定符合"情节恶劣"的规定。

（3）准确适用"公共场所当众"实施强奸、猥亵未成年人犯罪的规定。《刑法》对"公共场所当众"实施强奸、猥亵未成年人犯罪，作出了从重处罚的规定。《最高人民法院、最高人民检察院、公安部、司法部关于依法惩治性侵害未成年人犯罪的意见》第 23 条规定了在"校园、游泳馆、儿童游乐场等公共场所"对未成年人实施强奸、猥亵犯罪，可以认定为在"公共场所当众"实施犯罪。适用这一规定，是否属于"当众"实施犯罪至为关键。对在规定列举之外的场所实施强奸、猥亵未成年人犯罪的，只要场所具有相对公开性，且有其他多人在场，有被他人感知可能的，就可以认定为在"公共场所当众"犯罪。最高人民法院对本案的判决表明：学校中的教室、集体宿舍、公共厕所、集体洗澡间等，是不特定未成年人活动的场所，在这些场所实施强奸、猥亵未成年人犯罪的，应当认定为在"公共场所当众"实施犯罪。

2. 于某虐待案（检例第 44 号）。

【关键词】虐待罪　告诉能力　支持变更抚养权

【基本案情】被告人于某，女，1986 年 5 月出生，无业。2016 年 9 月以来，因父母离婚，父亲丁某常年在外地工作，被害人小田（女，11 岁）一直与继母于某共同生活。于某以小田学习及生活习惯有问题为由，长期、多次对其实施殴打。2017 年 11 月 21 日，于某又因小田咬手指甲等问题，用衣服撑、挠痒工具等对其实施殴打，致小田离家出走。小田被爷爷找回后，经鉴定，其头部、四肢等多处软组织挫伤，身体损伤程度达到轻微伤等级。

【要旨】（1）被虐待的未成年人，因年幼无法行使告诉权利的，属于《刑法》第 260 条第 3 款规定的"被害人没有能力告诉"的情形，应当按照公诉案件处理，由检察机关提起公诉，并可以依法提出适用禁止令的建议。

（2）抚养人对未成年人未尽抚养义务，实施虐待或者其他严重侵害未成年人合法权益的行为，不适宜继续担任抚养人的，检察机关可以支持未成年人或者其他监护人向人民法院提起变更抚养权诉讼。

【指导意义】《刑法》第 260 条规定，虐待家庭成员，情节恶劣的，告诉的才处理，但被害人没有能力告诉，或者因受到强制、威吓无法告诉的除外。虐待未成年人犯罪案件中，未成年人往往没有能力告诉，应按照公诉案件处理，由检察机关提起公诉，维护未成年被害人的合法权利。

《最高人民法院、最高人民检察院、公安部、司法部关于对判处管制、宣告缓刑的犯罪分子适用禁止令有关问题的规定（试行）》第 7 条规定，人民检察院在提起公诉时，对可能判处管制、宣告缓刑的被告人可以提出宣告禁止令的建议，例如，可以建议禁止其从事特定活动，进入特定区域、场所，接触特定的人。对于未成年人遭受家庭成员虐待的案件，结合犯罪情节，检察机关可以在提出量刑建议的同时，有针对性地向人民法院提出适用禁止令的建议，禁止被告人再次对被害人实施家庭暴力，依法保障未成年人合法权益，督促被告人在缓刑考验期内认真改造。

夫妻离婚后，与未成年子女共同生活的一方不尽抚养义务，对未成年人实施虐待或者其他严重侵害合法权益的行为，不适宜继续担任抚养人的，根据《民事诉讼法》第 15 条的规定，检察机关可以支持未成年人或者其他监护人向人民法院提起变更抚养权诉讼，切实维护未成年人合法权益。

3. 陈某正当防卫案（检例第 45 号）。

【关键词】未成年人　故意伤害　正当防卫　不批准逮捕

【基本案情】陈某，未成年人，某中学学生。2016 年 1 月初，因陈某在甲的女朋友的网络空间留言示好，甲纠集乙等人，对陈某实施了殴打。2016 年 1 月 10 日中午，甲、乙、丙等 6 人（均为未成年人）在陈某就读的中学门口，见陈某从大门走出，有人声称陈某曾向老师告发他们打架，提议要去问个说法。甲等人尾随一段路后拦住陈某质问，陈某解释其没有告状，甲等人不肯罢休，抓住并围殴陈某。乙的 3 位朋友（均为未成年人）正在附近，见状加入围殴陈某。其中，有人用膝盖顶击陈某的胸口，有人持石块击打陈某的手臂，有人持钢管击打陈某的背部，其他人对陈某或勒脖子或拳打脚踢。陈某掏出随身携带的折叠式水果刀（刀身长 8.5 厘米，不属于管制刀具），乱挥乱刺后逃脱。部分围殴人员继续追打并从后投掷石块，击中陈某的背部和腿部。陈某逃进学校，追打人员被学校保安拦住。陈某在反击过程中刺中了甲、乙和丙，经鉴定，该 3 人的损伤程度均构成重伤二级。陈某经人身检查，见身体多处软组织损伤。

案发后，陈某所在学校向司法机关提交材料，证实陈某遵守纪律、学习认真、成绩优秀，是一名品学兼优的学生。

公安机关以陈某涉嫌故意伤害罪立案侦查，并对其采取刑事拘留强制措施，后提请检察机关批准逮捕。检察机关根据审查认定的事实，依据《刑法》第 20 条第 1 款的规定，认为陈某的行为属于正当防卫，不负刑事责任，决定不批准逮捕。公安机关将陈某释放同时要求复议。检察机关经复议，维持原决定。

检察机关在办案过程中积极开展释法说理工作，甲等人的亲属在充分了解事实经过和法律规定后，对检察机关的处理决定表示认可。

【要旨】在被人殴打、人身权利受到不法侵害的情况下，防卫行为虽然造成了重大损害的客观后果，但是防卫措施并未明显超过必要限度的，不属于防卫过当，依法不负刑事责任。

【指导意义】《刑法》第 20 条第 1 款规定，"为了使国家、公共利益、本人或者他人的人身、财产和其他权利免受正在进行的不法侵害，而采取的制止不法侵害的行为，对不法侵害人造成损害的，属于正当防卫，不负刑事责任"。司法实践通常称这种正当防卫为"一般防卫"。

一般防卫有限度要求，超过限度的属于防卫过当，需要负刑事责任。《刑法》规定的限度条件是"明显超过必要限度造成重大损害"，具体而言，行为人的防卫措施虽明显超过必要限度，但防卫结果客观上并未造成重大损害，或者防卫结果虽客观上造成重大损害，但防卫措施并未明显超过必要限度，均不能认定为防卫过当。本案中，陈某为了保护自己的人身安全而持刀反击，就所要保护的权利性质以及与侵害方的手段强度比较来看，不能认为防卫措施明显超过了必要限度，所以，即使防卫结果在客观上造成了重大损害，也不属于防卫过当。

正当防卫既可以是为了保护自己的合法权益，也可以是为了保护他人的合法权益。《未成年人保护法》第6条第2款也规定，"对侵犯未成年人合法权益的行为，任何组织和个人都有权予以劝阻、制止或者向有关部门提出检举或者控告"。对于未成年人正在遭受侵害的，任何人都有权介入保护，成年人更有责任予以救助。但是，冲突双方均为未成年人的，成年人介入时，应当优先选择劝阻、制止的方式；劝阻、制止无效的，在隔离、控制或制服侵害人时，应当注意手段和行为强度的适度。

检察机关办理正当防卫案件遇到争议时，应当根据《最高人民检察院关于实行检察官以案释法制度的规定》，适时、主动进行释法说理工作。对事实认定、法律适用和办案程序等问题进行答疑解惑，开展法治宣传教育，保障当事人和其他诉讼参与人的合法权利，努力做到案结事了。

人民检察院审查逮捕时，应当严把事实关、证据关和法律适用关。根据查明的事实，犯罪嫌疑人的行为属于正当防卫，不负刑事责任的，应当依法作出不批准逮捕的决定，保障无罪的人不受刑事追究。

4. 朱凤山故意伤害（防卫过当）案（检例第46号）。

【关键词】民间矛盾　故意伤害　防卫过当　二审检察

【基本案情】朱凤山，男，1961年5月6日出生，农民。朱凤山之女朱某与齐某系夫妻，朱某于2016年1月提起离婚诉讼并与齐某分居，朱某带女儿与朱凤山夫妇同住。齐某不同意离婚，为此经常到朱凤山家吵闹。4月4日，齐某在吵闹过程中，将朱凤山家门窗玻璃和朱某的汽车玻璃砸坏。朱凤山为防止齐某再进入院子，将院子一侧的小门锁上并焊上铁窗。5月8日22时许，齐某酒后驾车到朱凤山家，欲从小门进入院子，未得逞后在大门外叫骂。朱某不在家中，仅朱凤山夫妇带外孙女在家。朱凤山将情况告知齐某，齐某不肯作罢。朱凤山又分别给邻居和齐某的哥哥打电话，请他们将齐某劝离。在邻居的劝说下，齐某驾车离开。23时许，齐某驾车返回，站在汽车引擎盖上摇晃、攀爬院子大门，欲强行进入，朱凤山持铁叉阻拦后报警。齐某爬上院墙，在墙上用瓦片掷砸朱凤山。朱凤山躲到一边，并从屋内拿出宰羊刀防备。随后齐某跳入院内徒手与朱凤山撕扯，朱凤山刺中齐某胸部一刀。朱凤山见齐某受伤把大门打开，民警随后到达。齐某因主动脉、右心房及肺脏被刺破致急性大失血死亡。朱凤山在案发过程中报警，案发后在现场等待民警抓捕，属于自动投案。

一审阶段，辩护人提出朱凤山的行为属于防卫过当，公诉人认为朱凤山的行为不具有防卫性质。一审判决认定，根据朱凤山与齐某的关系及具体案情，齐某的违法行为尚未达到朱凤山必须通过持刀刺扎进行防卫制止的程度，朱凤山的行为不具有防卫性质，不属于防卫过当；朱凤山自动投案后如实供述主要犯罪事实，系自首，依法从轻处罚，朱凤山犯故意伤害罪，判处有期徒刑15年，剥夺政治权利5年。

朱凤山以防卫过当为由提出上诉。河北省人民检察院二审出庭认为，根据查明的事实，依据《中华人民共和国刑法》第20条第2款的规定，朱凤山的行为属于防卫过当，应当负刑事责任，但是应当减轻或者免除处罚，朱凤山的上诉理由成立。河北省高级人民法院二审判决认定，朱凤山持刀致死被害人，属防卫过当，应当依法减轻处罚，对河北省人民检察院的出庭意见予以支持，判决撤销一审判决的量刑部分，改判朱凤山有期徒刑7年。

【要旨】在民间矛盾激化过程中，对正在进行的非法侵入住宅、轻微人身侵害行为，可以进行正当防卫，但防卫行为的强度不具有必要性并致不法侵害人重伤、死亡的，属于明显超过必要限度造成重大损害，应当负刑事责任，但是应当减轻或者免除处罚。

【指导意义】《刑法》第20条第2款规定，"正当防卫明显超过必要限度造成重大损害的，应当负刑事责任，但是应当减轻或者免除处罚"。司法实践通常称该款规定的情况为"防卫过当"。

防卫过当中，重大损害是指造成不法侵害人死亡、重伤的后果，造成轻伤及以下损伤的不属于重大损害；明显超过必要限度是指根据所保护的权利性质、不法侵害的强度和紧迫程度等综合衡量，防卫措施缺乏必要性，防卫强度与侵害程度对比也相差悬殊。司法实践中，重大损害的认定比较好把握，但明显超过必要限度的认定相对复杂，对此应当根据不法侵害的性质、手段、强度和危害程度，以及防卫行为的性质、手段、强度、时机和所处环境等因素，进行综合判断。本案中，朱凤山为保护住宅安宁和免受可能的一定人身侵害，而致侵害人丧失生命，就防卫与侵害的性质、手段、强度和结果等因素的对比来看，既不必要也相差悬殊，属于明显超过必要限度造成重大损害。

民间矛盾引发的案件极其复杂，涉及防卫性质争议的，应当坚持依法、审慎的原则，准确作出判断和认定，从而引导公民理性平和解决争端，避免在争议纠纷中不必要地使用武力。针对实践中的常见情形，可注意把握以下几点：①应作整体判断，即分清前因后果和是非曲直，根据查明的事实，当事人的行为具有防卫性质的，应当依法作出认定，不能唯结果论，也不能因矛盾暂时没有化解等因素而不去认定或不敢认定；②对于近亲属之间发生的不法侵害，必须结合具体案情对防卫强度作出更为严格的限制；③对于被害人有无过错与是否存在正在进行的不法侵害，应当通过细节的审查、补查，作出准确的区分和认定。

人民检察院办理刑事案件，必须高度重视犯罪嫌疑人、被告人及其辩护人所提正当防卫或防卫过当的意见，对于所提意见成立的，应当及时予以采纳或支持，依法保障当事人的合法权利。

5. 侯雨秋正当防卫案（检例第48号）。

【关键词】聚众斗殴　故意伤害　正当防卫　不起诉

【基本案情】侯雨秋，男，1981年5月18日出生，务工人员。侯雨秋系葛某经营的养生会所员工。2015年6月4日22时40分许，某足浴店股东沈某因怀疑葛某等人举报其店内有人卖淫嫖娼，遂纠集本店员工雷某、柴某等4人持棒球棍、匕首赶至葛某的养生会所。沈某先行进入会所，无故推翻大堂盆栽挑衅，与葛某等人扭打。雷某、柴某等人随后持棒球棍、匕首冲入会所，殴打店内人员，其中雷某持匕首两次刺中侯雨秋右大腿。其间，柴某所持棒球棍掉落，侯雨秋捡起棒球棍挥打，击中雷某头部致其当场倒地。该会所员工报警，公安人员赶至现场，将沈某等人抓获，并将侯雨秋、雷某送医救治。雷某经抢救无效，因严重颅脑损伤于6月24日死亡。侯雨秋的损伤程度构成轻微伤，该会所另有2人被打致轻微伤。

公安机关以侯雨秋涉嫌故意伤害罪，移送检察机关审查起诉。浙江省杭州市人民检察院根据审查认定的事实，依据《中华人民共和国刑法》第20条第3款的规定，认为侯雨秋的行为属于正当防卫，不负刑事责任，决定对侯雨秋不起诉。

【要旨】单方聚众斗殴的，属于不法侵害，没有斗殴故意的一方可以进行正当防卫。单方持械聚众斗殴，对他人的人身安全造成严重危险的，应当认定为《刑法》第20条第3款规定的"其他严重危及人身安全的暴力犯罪"。

【指导意义】《刑法》第20条第3款规定的"其他严重危及人身安全的暴力犯罪"的认定，除了在方法上，以该款列举的四种罪行为参照，通过比较暴力程度、危险程度和刑法给予惩罚的力度作出判断以外，还应当注意把握以下几点：①不法行为侵害的对象是人身安全，即危害人的生命权、健康权、自由权和性权利。人身安全之外的财产权利、民主权利等其他合法权利不在其内，这也是特殊防卫区别于一般防卫的一个重要特征。②不法侵害行为具有暴力性，且应达到犯罪的程度。对该款列举的杀人、抢劫、强奸、绑架应作广义的理解，即不仅指这四种具体犯罪行为，也包括以此种暴力行为作为手段，而触犯其他罪名的犯罪行为，如以抢劫为手段的抢劫枪支、弹药、爆炸物的行为，以绑架为手段的拐卖妇女、儿童的行为，以及针对人的生命、健康而采取的放火、爆炸、决水等行为。③不法侵害行为应当达到一定的严重程度，即有可能造成他人重伤或死亡的后果。需要强调的是，不法侵害行为是否已经造成实际伤害后果，不必然影响特殊防卫的成立。此外，针对不法侵害行为对他人人身安全造成的严重危险，可以实施特殊防卫。

在共同不法侵害案件中，"行凶"与"其他严重危及人身安全的暴力犯罪"在认定上可以有一定交叉，具体可结合全案行为特征和各侵害人的具体行为特征作综合判定。另外，对于寻衅滋事行为，不宜直接认定为"其他严重危及人身安全的暴力犯罪"，寻衅滋事行为暴力程度较高、严重危及他人人身安全的，可分别认定为《刑法》第20条第3款规定的行凶、杀人或抢劫。需要说明的是，侵害行为最终成立何种罪名，对防卫人正当防卫的认定没有影响。

人民检察院审查起诉时，应当严把事实关、证据关和法律适用关。根据查明的事实，犯罪嫌疑人的行为属于正当防卫，不负刑事责任的，应当依法作出不起诉的决定，保障无罪的人不受刑事追究。

（二）其他典型案例

2019年初，多家媒体进行了2018年度十大案件评选。例如，最高人民法院与中央广播电视总台联合主办的"2018年推动法治进程十大案件"评选；人民法院报编辑部评选了"2018年度人民法院十大刑事案件"；检察日报编辑部评选出了"2018年十大法律监督案例"；中国法学会案例法学研究会主办了"2018年度（第十四届）十大影响性诉讼"评选活动；等等。根据上述各项评选结果与其他形式典型案例，就以下重要案件进行扼要介绍。

1. 张文中再审改判无罪案。

【案情简介】2008年，张文中被河北省衡水市中级人民法院以诈骗罪、单位行贿罪和挪用资金罪数罪并罚，判处有期徒刑18年，并处罚金人民币50万元，违法所得予以追缴，上缴国库。宣判后，张文中上诉。河北省高级人民法院二审以上述罪名对张文中决定执行有期徒刑12年，并处罚金人民币50万元。2016年，张文中向最高人民法院提出申诉。2018年5月31日，最高人民法院对该案进行公开宣判，撤销原审判决，改判张文中无罪，原判已执行的罚金及追缴的财产，依法予以返还。

【专家点评】卢建平（北京师范大学法学院教授）点评：张文中再审案的标志性意义主要表现为两个方面：

（1）这是在全面推进依法治国的大背景下人民法院落实党中央国务院加强产权和企业家合法权益保护政策、依法纠正涉产权和企业家冤错案件的第一案。2016年11月《中共中央国务院关于完善产权保护制度依法保护产权的意见》发布后，众多国家机关、地方政府纷纷发文、积极响应，各种举措相继出台，但是，再多的红头文件，如果不能转化为具体的行动，其政策效应就会适得其反。张文中案的再审改判表明，党中央国务院保护产权的政策言出必行，司法机关有错必究的决心坚定不移。相信这只是第一案，而绝非唯一的个案！

（2）张文中再审案不同于一般的普通刑事犯罪案件，因为这是一起经济犯罪案件，涉及罪与非罪、法律和政策的界限问题，非常复杂。通过本案再审，进一步明确了有关犯罪的认定标准，严格了罪与非罪的界限，特别是以发展的眼光看待企业家在生产经营中的不规范行为，没有把一般性违规、违法作为犯罪来处理，体现了党中央国务院保护企业家精神、鼓励创新、宽容失败的政策主张，有助于形成尊重和保护产权的良好社会氛围。

2. 孙政才受贿案。

【案情简介】孙政才在担任北京市顺义区委书记、市委常委、市委秘书长、农业部部长、吉林省委书记、中央政治局委员、重庆市委书记期间，利用职务上的便利，为有关单位和个人在工程中标、项目审批、企业经营及职务提拔调整等方面提供帮助，单独或者伙同特定关系人非法收受他人财物1.7亿余元。天津市第一中级人民法院以受贿罪判处孙政才无期徒刑，剥夺政治权利终身。

【专家点评】陈卫东（中国人民大学法学院教授）点评：党的十八大以来，我国的反腐败力度不断加大，反腐败工作取得显著成效。孙政才案的依法公开审理和宣判，再次表明了反腐无禁区，党纪国法面前人人平等的法治精神，也彰显出以习近平同志为核心的党中央坚定不移地推进党风廉政建设和反腐败斗争的决心和态度。"法治反腐是制度反腐的新超越"，而司法反腐在反腐败斗争中发挥着尤为重要的作用，它以法律的刚性标准对国家工作人员的腐败行为进行客观评价和理性惩处，是我们党"用法治思维和法治方式反对腐败"的重要体现。

孙政才案的审理遵循了司法公正尤其是程序公正理念的核心要求，无论是证据出示、证人出庭作证、交叉质证，还是被告人及其辩护人发表辩护意见、被告人陈述等环节，法庭都充分保障了被追诉人正当的诉讼权利。可以说，这既是一堂生动的反腐教育课，也是一堂深刻的法治宣传课。

3. 全国首例"套路贷"涉黑案。

【案情简介】2015年起，穆嘉纠集20多人，先后非法成立多家小额贷款公司，以这些公司为外衣,逐渐形成以其为首的人数众多、组织领导明确、骨干成员基本固定的黑社会性质犯罪组织。该组织以民间借贷为名,行"套路贷"之实,通过"肆意认定违约""虚增债务""转单平账""签订虚假借款协议"等方式,使用暴力强立债权、强行索债,大肆实施抢劫、敲诈勒索、非法持有枪支等违法犯罪活动,攫取巨额经济利益,涉案金额达 2300 万余元。天津市红桥区人民法院一审以组织、领导黑社会性质组织罪,抢劫罪、敲诈勒索罪、非法持有枪支罪数罪并罚,判处穆嘉有期徒刑 24 年,剥夺政治权利 3 年,其他组织成员分别被判处有期徒刑 22 年到 10 个月不等。天津市第一中级人民法院二审维持原判。

【专家点评】陈卫东(中国人民大学法学院教授)点评:该案是扫黑除恶专项斗争开展以来,全国首例开庭审理的"套路贷"涉黑案件。涉案公司为黑社会性质组织,该组织实施抢劫、敲诈勒索、非法持有枪支犯罪共 20 起,欺压、残害群众,攫取巨额经济利益,严重扰乱了当地社会治安,破坏了当地的经济、社会生活秩序,影响极其恶劣。该案的公开审理宣判,能起到很好的政策宣传和法治教育作用,对于今后类似案件的审理具有借鉴意义。黑恶势力与人民所需要的美好安定生活格格不入,是危害经济社会健康发展的毒瘤,是人民群众深恶痛绝的顽疾。扫黑除恶既是一项重大的政治任务,也是一项重要的民心工程。为保障人民安居乐业和国家长治久安,各级司法机关应当严格落实中央要求,充分发挥司法职能作用,大力增强司法宣传效果,公开公正地审理涉黑案件,确保政治效果、法律效果和社会效果的有机统一。该案的成功审理启示我们,在处理涉黑案件时务必以事实为依据,以法律为准绳,坚持证据裁判原则,坚持"客观性、关联性、合法性"的证据属性要求,注重发挥实物证据在认定案件事实中的关键作用,确保形成完整扎实的证据链,使案件经得起历史检验。

4. 北京特大跨国电信诈骗案。

【案情简介】2014 年 9 月至 11 月间,张岑等 40 人先后出境至肯尼亚,参加电信诈骗的犯罪集团。该犯罪集团利用电信网络技术手段对中国大陆居民进行语音群呼,待被害人接听并转拨电话后,虚构被害人因个人医保卡信息泄露或被冒用而涉嫌犯罪等虚假事实,以需要接受司法机关审查、资产保全等名义或事由,诱导被害人向指定银行账户内转账或汇款,后通过远程操控等技术手段,对被害人的电子银行账户进行转账操作,从而骗取相关被害人钱款。北京市海淀区人民法院以诈骗罪一审判处张岑等 40 人有期徒刑 12 年至 3 年不等刑罚,并处罚金,并对部分罪行严重的人员并处剥夺政治权利。本案 40 名被告人均系公安部组织北京市公安局于 2016 年 8 月从肯尼亚押解回国人员,其中张岑等 5 人系我国台湾地区居民。北京市第一中级人民法院二审维持了原判。

【专家点评】陈卫东（中国人民大学法学院教授）点评：现代信息技术包括电信网络技术、计算机技术的应用与普及，一方面便利了我们的日常生活，另一方面也使得犯罪分子得以对其进行利用并实施新型犯罪。

以电信诈骗为例，其犯罪手段在近年来便呈现出多样化的势态，除网购诈骗外，兼职刷信誉诈骗、冒充网购客服诈骗、无门槛贷款代办信用卡诈骗、股票投资诈骗、冒充司法人员诈骗等犯罪形式不断进入人们的视野，而跨国犯罪的非接触性、隐蔽性等特征更是增加了这类案件侦破和审理的难度。

有效打击跨国跨境有组织犯罪必须运用相应的外交手段，跨国电信诈骗案的侦破关键就在于国际合作，应当加强国与国之间的交流合作，完善各区域、各部门之间的通力联动机制。可以看到，近年来，中国对跨国电信诈骗犯罪的打击力度正不断加强，中国和其他国家的合作交流也不断增多，通过司法程序惩治犯罪和维护公民权利的成效日益显著。

本案具有典型代表性，体现出该类型犯罪跨国化、犯罪组织结构集团化、团伙作案化和作案手段新颖化的核心特征，而且其涉案金额大，社会关注度高，其前期较为得当的侦查工作和后续的公正审理工作对于今后类似案件的处理将发挥重要的参考作用。

5. 金哲红再审改判无罪案。

【案情简介】1995 年 9 月 29 日，吉林省永吉县双河镇新立屯北发现一女尸。1995 年 10 月 11 日，27 岁的金哲红后被锁定为嫌犯。吉林市中级人民法院于 1996 年 11 月、1998 年 8 月、2000 年 5 月三次认定，被告人金哲红用摩托车拉李某期间，起歹意，将其奸杀。故认定其犯故意杀人罪，判处死刑，缓期二年执行，剥夺政治权利终身。金哲红三次上诉。吉林省高级人民法院两次将本案发回重审，皆认为事实不清，但最终在 2000 年 8 月作出终审裁定，维持原判决。吉林省高级人民法院于 2018 年 3 月 26 日作出再审决定，11 月 30 日对原审被告人金哲红故意杀人再审一案进行公开宣判，宣告撤销原审判决，改判金哲红无罪。

【专家点评】卢建平（北京师范大学法学院教授）点评：十八届四中全会决定要求严格司法，做到"三符合"，即事实认定符合客观真相，办案结果符合实体公正，办案过程符合程序公正。要让人民群众在每一个司法案件中都感受到公平正义，事实认定是前提，而这恰恰也是最困难的。因为案件都是已然的事实，司法裁判其实是在重构历史。特别是在一些隐蔽性强、一对一的案件中，客观证据本就不多，且因为时间推移发生变化，而司法机关受认识能力、办案条件等限制，常常无法将案件相关证据收集齐全，因此，借助证据还原案件真相就成为不可能，留下来的只是疑案。而如何处理疑案事关人权保障，事关公平正义。十八届四中全会决定要求"健全落实罪刑法定、疑罪从无、非法证据排除等法律原则的法律制度"，从此，疑罪从挂、疑罪从轻等疑罪从有的做法将会终结。就此而言，金哲红是幸运的，在经历了漫长的23年牢狱生活和不懈努力之后，他终于等到了无罪的判决，享受到了现代法治的福利。然而，在为金哲红庆幸的同时，我们也真切希望，类似金哲红这样仅凭"被告人的有罪供述与其他证据相互印证"的疑罪从有、"留有余地"的案件都能够得到纠正！

6. 吉林辽源王成忠案。

【案情简介】2018年2月9日，吉林辽源西安区法院以民事枉法裁判罪判处前吉林辽源中院法官王成忠有期徒刑3年，后王成忠提出上诉。2018年11月8日，吉林辽源中院开庭对此案进行二审，王成忠及辩护人当庭以王成忠此前系辽源中院法官为由提出辽源中院法官全体回避的申请；11月12日，辽源市中院报请吉林省高院指定其他法院审理此案；11月22日，吉林省高院决定指定通化市中院依二审程序对本案进行审理。

【推荐理由】王成忠案是二审指定管辖第一案，缘于本案二审法院为王成忠此前担任民三庭庭长的吉林省辽源市中院。刑庭庭长审判民庭庭长，昔日同事，今日一位执法槌、一位戴手铐，一时引发公众热议。吉林省高院指令通化市中院二审，体现了程序正义，保障了刑事司法程序的公正性。

7. 张扣扣故意杀人案。

【案情简介】1996年，因邻里纠纷，王自新之子故意伤害致张扣扣之母死亡。2018年2月15日，张扣扣先持刀捅刺王自新的儿子王正军和王校军，致二人死亡，后又去往王自新家中将其杀害。张扣扣两天后投案自首，称自己是因幼年目睹母亲被故意伤害致死，22年后为母报仇。一时间，张扣扣被塑造为"侠义之士"，其辩护律师的辩护词《一沙一叶一世界》刷爆朋友圈，引发热议。法院一审认定张扣扣犯故意杀人罪，判处死刑，宣判后张扣扣当庭表示上诉。

【推荐理由】除夕夜连杀3人，张扣扣呈现的是一个"穷凶极恶"的"杀人犯"形象，但"为母报仇"的背后故事和辩护律师谈法理讲人情的另类辩护词，似乎又将其扭转为"侠义英雄"。以情理为切入点的辩护引发两极评论，但"为母报仇"之说无论如何不能成为蓄意杀人的豁免书，法治社会终究不是个人"快意恩仇"的江湖。面对已然发生的案件，唯有心态平和进行理性认识、严谨思考，方能辨别是非。

8. 耿万喜再审改判无罪案。

【基本案情】1986 年 10 月，耿万喜在经营橘子罐头过程中因几方经济纠纷，被江苏省滨海县法院以诈骗罪判处有期徒刑 5 年。耿万喜不服，走上漫长申诉路。2016 年 3 月 3 日，最高人民法院指令江苏省高级人民法院对该案再审。2017 年 4 月 10 日，江苏省高级人民法院作出刑事裁定，驳回申诉，维持原判。之后，耿万喜再次向最高人民法院提出申诉。

2018 年 1 月 12 日，最高人民检察院刑事申诉检察厅收到最高人民法院第三巡回法庭《关于原审被告人耿万喜诈骗申诉一案的审查报告》和《征求意见函》。最高人民检察院刑事申诉检察厅经审查，认为原审裁判认定申诉人犯诈骗罪的证据不确实、不充分，原案存在错误可能。2018 年 3 月 1 日，最高人民检察院刑事申诉检察厅组成临时办案组赴江苏省与主审法官和其他审判团队成员进行交流座谈，与申诉人耿万喜见面，与出席江苏省高级人民法院 2016 年再审本案法庭的江苏省人民检察院公诉处检察官进行沟通，阅卷并复印了全部卷宗。出庭前，检察官认真准备出庭提纲，仔细斟酌，反复修改。

2018 年 6 月 5 日，最高人民法院第三巡回法庭依法再审耿万喜诈骗案，这是最高人民法院第三巡回法庭成立以来开庭审理并当庭宣判的第一起刑事再审案件。再审中，最高人民检察院依法指派检察员肖亚军、陈雪芬出庭履职。他们认为，原判认定事实错误，建议依法改判耿万喜无罪。最高人民法院经再审认为，原审被告人耿万喜在代表其单位为滨海果品公司代购橘子罐头中，确有夸大履约能力、擅自将货款挪作他用的过错。但耿万喜并未实施刑法上的虚构事实或隐瞒真相行为，亦无非法占有他人财产的目的，其具有一定履约能力，也为履行合同作出努力，且所涉款项已于案前返还，相关果品公司并未遭受经济损失，原审认定被告人耿万喜犯诈骗罪的证据不足，适用法律错误，应当予以纠正，依法改判耿万喜无罪。

9. 钟远东由无罪改判死缓案。

【基本案情】这起故意伤害致人死亡案件发生在 2013 年 10 月 21 日。归案后，犯罪嫌疑人钟远东在公安机关 7 次讯问中仅有 1 次作了有罪供述，但公安机关通过案发现场的物证与钟远东进行比对，确定其就是行凶者。经梅州市人民检察院提起公诉，法院对该案进行审理后，以案件事实不清、证据不足为由，宣告被告人钟远东无罪，且不承担民事赔偿责任。梅州市人民检察院提出抗诉，广东省人民检察院经审查后支持抗诉，并到案发地补充侦查，排除疑点，多种证据证实钟远东在案发时到过案发现场，并与作案工具有直接联系。检察官认为，当言词证据等主观性证据与客观性证据冲突时，应当以客观性证据为准。检察机关对钟远东有罪供述的真实性进行了审查。2016 年 12 月，广东省高级人民法院开庭审理钟远东故意伤害抗诉案，广东省人民检察院办案检察官出庭履行职责。法院经审理后认为"原审判决认定被告人钟远东不构成犯罪的事实不清、证据不足"，裁定发回重审。梅州市中级人民法院于 2017 年 10 月 25 日以故意伤害罪判处被告人钟远东死刑，缓期二年执行。钟远东收到重审判决后提出上诉。2018 年 2 月，广东省高级人民法院开庭审理钟远东上诉案。出庭检察官表示，钟远东采用非常残忍的手段故意伤害弱势的被害人，造成具有精神病的被害人死亡，后果极其严重，犯罪后没有认罪、悔罪情节，根据《刑法》规定，应当在"10 年以上有期徒刑、无期徒刑或者死刑"幅度内量刑，建议判处死刑。2018 年 6 月 13 日，广东省高级人民法院作出终审裁定，维持了原判处死刑，缓期二年执行，剥夺政治权利终身的判决。该案成为广东首起一审判决无罪经抗诉改判死缓的案件。

第二节　民事诉讼法的实践状况[1]

一、民事审判执行数据

根据最高人民法院工作报告公布的数据，2018 年最高人民法院受理案件 34 794 件，审结 31 883 件，同比分别上升 22.1% 和 23.5%，六个巡回法庭审结案件 1.7 万件。

2018 年全国各级法院审结各类民商事案件 1954.6 万件。其中，民间借贷案件 223.6 万件，金融借款、保险、证券等案件 83.9 万件，环境资源案件 25.1 万件，商事案件 341.8 万件，公司清算、企业破产等案件 1.6 万件，买卖合同案件 99.5 万件，房地产纠纷案件 60.8 万件，知识产权案件 28.8 万件，涉外民商事案件 1.5 万件，海事海商案件 1.6 万件，民事案件 901.7 万件，婚姻家庭案件 181.4 万件，涉港澳台案件 1.7 万件，涉侨案件 1.6 万件。上述案件中，以调解方式结案 313.5 万件。

2016 年 3 月，最高人民法院在十二届全国人大四次会议上提出"用两到三年时间基本解决执行难问题"。至 2019 年 3 月，全国各级人民法院共受理执行案件 2043.5 万件，执结 1936.1 万件，执行到位金额 4.4 万亿元，与前 3 年相比分别增长 98.5%、105.1% 和 71.2%，"基本解决执行难"的阶段性目标如期实现。目前，最高人民法院已经建成与公安部、自然资源部等 16 家单位和 3900 多家银行业金融机构联网的网络查控系统，覆盖存款、车辆、证券、不动产、网络资金等 16 类 25 项信息，

---

[1] 本部分执笔人：谭秋桂，中国政法大学诉讼法学研究院教授。

囊括被执行人主要财产形式；会同国家发改委等 60 家单位推进失信惩戒机制建设，采取 11 类 150 项惩戒措施，让失信被执行人"一处失信、处处受限"，366 万人迫于惩戒压力自动履行义务。3 年来，全国法院以拒不执行判决裁定罪判处罪犯 1.3 万人，拘留失信被执行人 50.6 万人次，限制出境 3.4 万人次，同比分别上升 416.3%、135.4% 和 54.6%。最高人民法院推行网络司法拍卖，成交率、溢价率成倍增长，为当事人节约佣金 205 亿元。

二、推行的主要民事司法政策

（一）为生态文明建设和绿色发展提供司法服务和保障

加强生态环境保护是建成富强民主文明和谐美丽的社会主义现代化强国的必然要求。在司法活动中坚持以人民为中心，不断满足人民群众日益增长的对优美生态环境和公正环境资源司法保障的需求，切实保障人民群众在健康、舒适、优美的生态环境中生存和发展的权利，是人民司法的重要任务。近年来，我国重视生态文明和绿色发展的司法保障工作，通过修改《民事诉讼法》和制定相关司法解释，建立并逐渐完善了环境公益诉讼制度。在此基础上，最高人民法院先后发布了一系列规范性文件，明确为生态文明建设和绿色发展提供司法服务和保障的司法政策。这些文件主要有：2016 年 5 月 26 日发布的《最高人民法院关于充分发挥审判职能作用为推进生态文明建设与绿色发展提供司法服务和保障的意见》（法发〔2016〕12 号），2017 年 12 月 1 日发布的《最高人民法院关于全面加强长江流域生态文明建设与绿色发展司法保障的意见》（法发〔2017〕30 号），2017 年 12 月 29 日公布的《最高人民法院关于审理海洋自然资源与生态环境损害赔偿纠纷案件若干问题的规定》（法释〔2017〕23 号），2018 年 5 月 30 日发布的《最高人民法院关于深入学习贯彻习近平生态文明思想为新时代生态环境保护提供司法服务和保障的意见》（法发〔2018〕7 号）。

《最高人民法院关于全面加强长江流域生态文明建设与绿色发展司法保障的意见》共 29 条，分为"充分认识全面加强长江流域生态文明建设与绿色发展司法保障的重要意义""准确把握全面加强长江流域生态文明建设与绿色发展司法保障的基本理念""立足流域水生态核心，依法审理水环境与水资源案件""立足上中下游生态环境特点，依法审理各区段重点案件""立足绿色发展要求，依法审理其他环境资源案件""健全体制机制，适应长江流域生态文明建设与绿色发展司法保障的新要求"等六个部分。

《最高人民法院关于审理海洋自然资源与生态环境损害赔偿纠纷案件若干问题的规定》共 13 条，自 2018 年 1 月 15 日起施行。主要规定了海洋自然资源与生态环境损害赔偿纠纷案件的管辖、受理程序、申请参加诉讼的程序、海洋自然资源与生态环境损害赔偿范围、调解或者和解的特别规定等内容。

《最高人民法院关于深入学习贯彻习近平生态文明思想为新时代生态环境保护提供司法服务和保障的意见》共 21 条，分为"坚持以习近平生态文明思想指导环境资源审判工作""服务保障污染防治和生态安全保护""服务保障经济高质量发展""服务保障生态文明体制改革""健全完善环境资源审判体制机制"等五部分。

上述司法解释和规范性文件对于充分发挥人民法院审判职能作用，为新时代生态文明建设和生态环境保护指明方向具有十分重要的意义。

（二）为企业家创新创业营造良好法治环境

为深入贯彻党的十九大精神和 2017 年 9 月 8 日中共中央、国务院印发的《中共中央、国务院关于营造企业家健康成长环境弘扬企业家精神更好发挥企业家作用的意见》的要求，充分发挥审判职能作用，依法平等保护企业家合法权益，为企业家创新创业营造良好法治环境，2017 年 12 月 29 日，最高人民法院发布《最高人民法院关于充分发挥审判职能作用为企业家创新创业营造良好法治环境的通知》（法〔2018〕1 号）。

《最高人民法院关于充分发挥审判职能作用为企业家创新创业营造良好法治环境的通知》共 10 条，对审判实践工作作出如下要求：

1. 深刻认识到依法平等保护企业家合法权益、为企业家创新创业营造良好法治环境，对于增强企业家人身及财产财富安全感，稳定社会预期，使企业家安心经营、放心投资、专心创业，充分发挥企业家在建设现代化经济体系、促进经济持续平稳发展中的作用具有重大意义。

2. 依法保护企业家的人身自由和财产权利，严格执行刑事法律和司法解释，坚决防止利用刑事手段干预经济纠纷，坚持罪刑法定原则，对企业家在生产、经营、融资活动中的创新创业行为，只要不违反刑事法律的规定，不以犯罪论处。对于合同签订、履行过程中产生的民事争议，如无确实充分的证据证明符合犯罪构成的，不得作为刑事案件处理。

3. 依法保护诚实守信企业家的合法权益，妥善认定政府与企业签订的合同的效力，对有关政府违反承诺，特别是仅因政府换届、领导人员更替等原因违约、毁约的，依法支持企业的合理诉求。妥善审理因政府规划调整、政策变化引发的民商事、行政纠纷案件，对于确因政府规划调整、政策变化导致当事人签订的民商事合同不能履行的，依法支持当事人解除合同的请求。对于当事人请求返还已经支付的国有土地使用权出让金、投资款、租金或者承担损害赔偿责任的，依法予以支持。对企业家财产被征收征用的，要综合运用多种方式进行公平合理的补偿。

4. 依法保护企业家的知识产权，完善符合知识产权案件特点的诉讼证据规则，着力破解知识产权权利人"举证难"问题，推进知识产权民事、刑事、行政案件审判三合一，增强知识产权司法保护的整体效能，建立以知识产权市场价值为指引、补偿为主、惩罚为辅的侵权损害司法认定机制，提高知识产权侵权赔偿标准，探索建立知识产权惩罚性赔偿制度。

5. 依法保护企业家的自主经营权，加强金融审判工作，促进金融服务实体经济。对商业银行、典当公司、小额贷款公司等金融机构以不合理收费变相收取高息的，参照民商借贷利率标准处理，降低企业融资成本。

6. 努力实现企业家的胜诉权益，综合运用各种强制执行措施，加快企业债权实现。强化对失信被执行人的信用惩戒力度，推动完善让失信主体"一处失信、处处受限"的信用惩戒大格局。同时，营造鼓励创新、宽容失败的社会氛围。对已经履行生效裁判文书义务或者申请人滥用失信被执行人名单的，要及时恢复企业家信用。

7. 切实纠正涉企业家产权冤错案件，加大涉企业家产权冤错案件的甄别纠正工作力度，对于涉企业家产权错案冤案，要依法及时再审，尽快纠正。

8. 不断完善保障企业家合法权益的司法政策，加大制定司法解释、发布指导性案例工作力度，统一司法尺度和裁判标准，在制定有关司法政策、司法解释过程中要充分听取企业家的意见、建议。

9. 推动形成依法保障企业家合法权益的良好氛围，进一步通过公开开庭等生动直观的形式，大力宣传党和国家依法平等保护企业家合法权益，弘扬优秀企业家精神的方针政策。

10. 增强企业家依法维护权益、依法经营的意识，加大对企业家的法治宣传和培训力度，提高企业家依法维护自身合法权益的意识和能力。

2018 年 1 月 30 日，最高人民法院发布了人民法院充分发挥审判职能作用保护产权和企业家合法权益 7 个典型案例，分别是：北鹏公司申请刑事违法扣押赔偿案、许某某诉金华市婺城区人民政府行政强制及行政赔偿案、重庆某某投资（集团）有限公司与泸州市某某区人民政府等合同纠纷案、济南某置业有限公司财产保全案、某某卫厨（中国）股份有限公司诉苏州某某科技发展有限公司、屠某某等侵犯商标权及不正当竞争案、彭某侵犯商业秘密罪案、某集团有限公司与某市国土资源房屋管理局土地登记纠纷案，并分别说明了每个案例的典型意义。

（三）规范破产审判工作

为落实党的十九大报告提出的"贯彻新发展理念、建设现代化经济体系"的要求，紧紧围绕高质量发展这条主线，服务和保障供给侧结构性改革，充分发挥人民法院破产审判工作在完善社会主义市场经济主体拯救和退出机制中的积极作用，为决胜全面建成小康社会提供更加有力的司法保障，2017 年 12 月 25 日，最高人民法院在广东省深圳市召开了全国法院破产审判工作会议，各省、自治区、直辖市高级人民法院、设立破产审判庭的市中级人民法院的代表参加了会议。与会代表经认真讨论，对人民法院破产审判涉及的主要问题达成共识。2018 年 3 月 4 日，最高人民法院印发《全国法院破产审判工作会议纪要》（法〔2018〕53 号，以下简称《纪要》），发布全国法院破产审判工作会议的精神和达成的共识。

《纪要》分为 9 个部分，共 50 条，主要包括破产审判的总体要求、破产审判的专业化建设、管理人制度的完善、破产重整、破产清算、关联企业破产、执行程序与破产程序的衔接、破产信息化建设、跨境破产等内容。

关于破产审判的总体要求，《纪要》明确：一要发挥破产审判功能，助推建设现代化经济体系；二要着力服务构建新的经济体制，完善市场主体救治和退出机制；三要健全破产审判工作机制，最大限度释放破产审判的价值；四要完善执行与破产工作的有序衔接，推动解决"执行难"。关于破产审判的专业化建设，《纪要》指出，审判专业化是破产审判工作取得实质性进展的关键环节。各级法院要大力加强破产审判专业化建设，努力实现审判机构专业化、审判队伍专业化、审判程序规范化、裁判规则标准化、绩效考评科学化。关于管理人制度的完善，《纪要》指出，要加快完善管理人制度，大力提升管理人职业素养和执业能力，强化对管理人的履职保障和有效监督，为改善企业经营、优化产业结构提供有力制度保障。关于破产重整，《纪要》指出，各级人民法院要高度重视重整工作，妥善审理企业重整案件，通过市场化、法治化途径挽救困境企业，不断完善社会主义市场主体救治机制。关于破产清算，《纪要》指出，对于缺乏拯救价值和可能性的债务人，要及时通过破产清算程序对债权债务关系进行全面清理，重新配置社会资源，提升社会有效供给的质量和水平，增强企业破产法对市场经济发展的引领作用。关于关联企业破产，《纪要》指出，人民法院审理关联企业破产案件时，要立足于破产关联企业之间的具体关系模式，采取不同方式予以处理。既要通过实质合并审理方式处理法人人格高度混同的关联关系，确保全体债权人公平清偿，也要避免不当采用实质合并审理方式损害相关利益主体的合法权益。关于执行程序与破产程序的衔接，《纪要》指出，全国各级法院要深刻认识执行转破产工作的重要意义，大力推动符合破产条件的执行案件，包括执行不能案件进入破产程序，充分发挥破产程序的制度价值。关于破产信息化建设，《纪要》认为，全国法院要进一步加强破产审判的信息化建设，提升破产案件审理的透明度和公信力，增进破产案件审理质效，促进企业重整再生。关于跨境破产，《纪要》指出，人民法院在处理跨境破产案件时，要妥善解决跨境破产中的法律冲突与矛盾，合理确定跨境破产案件中的管辖权。在坚持同类债权平等保护的原则下，协调好外国债权人利益与我国债权人利益的平衡，合理保护我国境内职工债权、税收债权等优先权的清偿利益。积极参与、推动跨境破产国际条约的协商与签订，探索互惠原则适用的新方式，加强我国法院和管理人在跨境破产领域的合作，推进国际投资健康有序发展。人民法院认可外国法院作出的破产案件的判决、裁定后，债务人在中华人民共和国境内的财产在全额清偿境内的担保权人、职工债权和社会保险费用、所欠税款等优先权后，剩余财产可以按照该外国法院的规定进行分配，实现跨境破产中的权利保护与利益平衡。

（四）推进特殊类型民商事纠纷多元化解机制建设

加强预防和化解社会矛盾机制建设，推进民商事纠纷多元化解，节省民事纠纷解决的当事人和社会公共成本，减轻人民法院受案压力，一直是人民法院的一项重要司法政策。为了推进民商事纠纷多元化解机制建设，2018 年最高人民法院分别与中华全国归国华侨联合会、中国证券监督管理委员会联合发布涉侨纠纷和证券期货纠纷多元化解机制建设的意见，针对特殊类型的民商事纠纷分别构建不同的多元化解机制。

2018 年 3 月 8 日，最高人民法院与中华全国归国华侨联合会共同发布《关于在部分地区开展涉侨纠纷多元化解试点工作的意见》（法〔2018〕69 号），以推进涉侨领域矛盾纠纷多元化解，打造共建共治共享的社会治理格局，依法维护归侨侨眷和海外侨胞合法权益。《关于在部分地区开展涉侨纠纷多元化解试点工作的意见》共 13 条，分别明确了试点工作的意义、试点总体要求、健全调解组织、吸纳律师参与、鼓励横向合作、提升科技应用、落实审判职能、强化司法保障、加强人员培训、完善经费保障、加强宣传引导、完善地方立法、加强组织领导等内容。

2018 年 11 月 13 日，最高人民法院与中国证券监督管理委员会联合发布《关于全面推进证券期货纠纷多元化解机制建设的意见》（法〔2018〕305 号，以下本部分简称《意见》），通过证券期货纠纷多元化解机制建设，畅通投资者诉求表达和权利救济渠道，夯实资本市场基础制度和保护投资者合法权益。《意见》共分为四个部分，共 25 条。《意见》首先明确，自 2016 年最高人民法院和中国证券监督管理委员会联合下发《关于在全国部分地区开展证券期货纠纷多元化解机制试点工作的通知》（法〔2016〕149 号）以来，试点地区人民法院与证券期货监管机构、试点调解组织加强协调联动，充分发挥纠纷多元化解机制作用，依法、公正、高效化解证券期货纠纷，有效保护投资者的合法权益，试点工作取得积极成效。为贯彻《中共中央办公厅、国务院办公厅关于完善矛盾纠纷多元化解机制的意见》《国务院办公厅关于进一步加强资本市场中小投资者合法权益保护工作的意见》《最高人民法院关于人民法院进一步深化多元化纠纷解决机制改革的意见》，最高人民法院和中国证券监督管理委员会在总结试点工作经验的基础上，决定在全国联合开展证券期货纠纷多元化解机制建设工作。《意见》明确了全面推进证券期货纠纷多元化解机制建设的工作目标、工作原则、工作内容和工作要求。根据《意见》，全面推进证券期货纠纷多元化解机制建设的工作目标是"建立、健全有机衔接、协调联动、高效便民的证券期货纠纷多元化解机制，依法保护投资者的合法权益，维护公开、公平、公正的资本市场秩序，促进资本市场的和谐健康发展"。《意见》规定，全面推进证券期货纠纷多元化解机制建设应当坚持"依法公正、灵活便民、注重预防"的原则，加强调解组织管理，健全诉调对接工作机制，强化纠纷多元化解机制保障落实，建立证券期货纠纷多元化解协调机制，加强宣传和投资者教育工作，加强监督、指导、协调和管理。

（五）促进立案、审判与执行工作协调运行

为了进一步明确人民法院内部分工协作的工作职责，促进立案、审判与执行工作的顺利衔接和高效运行，保障当事人及时实现合法权益，2018年5月28日，最高人民法院发布《最高人民法院关于人民法院立案、审判与执行工作协调运行的意见》（法发〔2018〕9号，以下本部分简称《意见》）。

《意见》分为五部分，共23条。关于立案工作，《意见》要求，立案部门在收取起诉材料时，应当发放诉讼风险提示书，告知当事人诉讼风险，就申请财产保全作必要的说明，告知当事人申请财产保全的具体流程、担保方式及风险承担等信息，引导当事人及时向人民法院申请保全；在收取申请执行材料时，应发放执行风险提示书，告知申请执行人向人民法院提供财产线索的义务，以及无财产可供执行导致执行不能的风险。立案部门在立案时与执行机构共享信息，要做好以下信息的采集工作：①立案时间；②当事人姓名、性别、民族、出生日期、身份证件号码；③当事人名称、法定代表人或者主要负责人、统一社会信用代码或者组织机构代码；④送达地址；⑤保全信息；⑥当事人电话及其他联系方式；⑦其他应当采集的信息。立案部门在立案时应充分采集原告或者申请执行人的上述信息，提示原告或者申请执行人尽可能提供被告或者被执行人的上述信息。在执行案件立案时，有字号的个体工商户为被执行人的，立案部门应当将生效法律文书注明的该字号个体工商户经营者一并列为被执行人。立案部门在对刑事裁判涉财产部分移送执行立案审查时，重点审查《移送执行表》载明的以下内容：①被执行人、被害人的基本信息；②已查明的财产状况或者财产线索；③随案移送的财产和已经处置财产的情况；④查封、扣押、冻结财产的情况；⑤移送执行的时间；⑥其他需要说明的情况。《移送执行表》信息存在缺漏的，应要求刑事审判部门及时补充完整。立案部门在受理申请撤销仲裁裁决、执行异议之诉、变更追加执行当事人异议之诉、参与分配异议之诉、履行执行和解协议之诉等涉及执行的案件后，应提示当事人及时向执行法院或者本院执行机构告知有关情况。人民法院在判决生效后退还当事人预交但不应负担的诉讼费用时，不得以立执行案件的方式退还。

关于审判工作，《意见》要求，审判部门在审理案件时，应当核实立案部门在立案时采集的有关信息，信息发生变化或者记录不准确的，应当及时予以更正、补充；在审理确权诉讼时，应当查询所要确权的财产权属状况，需要确权的财产已经被人民法院查封、扣押、冻结的，应当裁定驳回起诉，并告知当事人可以依照《民事诉讼法》第227条的规定主张权利；在审理涉及交付特定物、恢复原状、排除妨碍等案件时，应当查明标的物的状态。特定标的物已经灭失或者不宜恢复原状、排除妨碍的，应告知当事人可申请变更诉讼请求；在审理再审裁定撤销原判决、裁定发回重审的案件时，应当注意审查诉讼标的物是否存在灭失或者发生变化致使原诉讼请求无法实现的情形，存在该情形的，应告知当事人可申请变更诉讼请求。法律文书主文应当明确具体：①给付金钱的，应当明确数额；需要计算利息、违约金数额的，应当有明确的计算基数、标准、起止时间等；②交付特定标的物的，应当明确特定物的名称、数量、具体特征等特定信息，以及交付时间、方式等；③确定继承的，应当明确遗产的名称、数量、数额等；④离婚案件分割财产的，应当明确财产名称、数量、数额等；⑤继续履行合同的，应当明确当事人继续履行合同的内容、方式等；⑥排除妨碍、恢复原状的，应当明确排除妨碍、恢复原状的标准、时间等；⑦停止侵害的，应当明确停止侵害行为的具体方式，以及被侵害权利的具体内容或者范围等；⑧确定子女探视权的，应当明确探视的方式、具体时间和地点，以及交接办法等；⑨当事人之间互负给付义务的，应当明确履行顺序。上述内容中涉及财产数量较多的，可以在法律文书后另附清单。审判部门在民事调解中，应当审查双方意思的真实性、合法性，注重调解书的可执行性；能即时履行的，应要求当事人即时履行完毕。刑事裁判涉财产部分的裁判内容，应当明确、具体；涉案财物或者被害人人数较多，不宜在判决主文中详细列明的，可以概括叙明并另附清单；判处没收部分财产的，应当明确没收的具体财物或者金额；判处追缴或者责令退赔的，应当明确追缴或者退赔的金额或财物的名称、数量等有关情况。

关于执行工作，《意见》要求，执行标的物为特定物的，应当执行原物，原物已经毁损或者灭失的，经双方当事人同意，可以折价赔偿；双方对折价赔偿不能协商一致的，按照下列方法处理：①原物毁损或者灭失发生在最后一次法庭辩论结束前的，执行机构应当告知当事人可通过审判监督程序救济；②原物毁损或者灭失发生在最后一次法庭辩论结束后的，执行机构应当终结执行程序并告知申请执行人可另行起诉；③无法确定原物在最后一次法庭辩论结束前还是结束后毁损或者灭失的，按照第②种方法处理。执行机构发现本院作出的生效法律文书执行内容不明确的，应书面征询审判部门的意见。审判部门应在 15 日内作出书面答复或者裁定予以补正。审判部门未及时答复或者不予答复的，执行机构可层报院长督促审判部门答复。执行内容不明确的生效法律文书是上级法院作出的，执行法院的执行机构应当层报上级法院执行机构，由上级法院执行机构向审判部门征询意见。审判部门应在 15 日内作出书面答复或者裁定予以补正。上级法院的审判部门未及时答复或者不予答复的，上级法院执行机构层报院长督促审判部门答复。执行内容不明确的生效法律文书是其他法院作出的，执行法院的执行机构可以向作出生效法律文书的法院执行机构发函，由该法院执行机构向审判部门征询意见。审判部门应在 15 日内作出书面答复或者裁定予以补正。审判部门未及时答复或者不予答复的，作出生效法律文书的法院执行机构层报院长督促审判部门答复。

关于财产保全工作，《意见》要求，下列财产保全案件一般由立案部门编立"财保"字案号进行审查并作出裁定：①利害关系人在提起诉讼或者申请仲裁前申请财产保全的案件；②当事人在仲裁过程中通过仲裁机构向人民法院提交申请的财产保全案件；③当事人在法律文书生效后进入执行程序前申请财产保全的案件。当事人在诉讼中申请财产保全的案件，一般由负责审理案件的审判部门沿用诉讼案号进行审查并作出裁定。当事人在上诉后二审法院立案受理前申请财产保全的案件，由一审法院审判部门审查并作出裁定。立案、审判部门作出的财产保全裁定，应当及时送交立案部门编立"执保"字案号的执行案件，立案后送交执行。上级法院可以将财产保全裁定指定下级法院立案执行。财产保全案件的下列事项，由作出财产保全裁定的部门负责审查：①驳回保全申请；②准予撤回申请、按撤回申请处理；③变更保全担保；④续行保全、解除保全；⑤准许被保全人根据《最高人民法院关于人民法院办理财产保全案件若干问题的规定》第 20 条第 1 款规定申请自行处分被保全财产；⑥首先采取查封、扣押、冻结措施的保全法院将被保全财产移送给在先轮候查封、扣押、冻结的执行法院；⑦当事人或者利害关系人对财产保全裁定不服，申请复议；⑧对保全内容或者措施需要处理的其他事项。采取保全措施后，案件进入下一程序的，由有关程序对应的受理部门负责审查上述规定的事项。判决生效后申请执行前进行续行保全的，由作出该判决的审判部门作出续行保全裁定。实施保全的部门负责执行财产保全案件的下列事项：①实施、续行、解除查封、扣押、冻结措施；②监督被保全人根据《最高人民法院关于人民法院办理财产保全案件若干问题的规定》第 20 条第 1 款规定自行处分被保全财产，并控制相应价款；③其他需要实施的保全措施。保全措施实施后，实施保全的部门应当及时将财产保全情况通报作出财产保全裁定的部门，并将裁定、协助执行通知书副本等移送入卷。"执保"字案件单独立卷归档。保全财产不是诉讼争议标的物，案外人基于实体权利对保全裁定或者执行行为不服提出异议的，由负责审查案外人异议的部门根据《民事诉讼法》第 227 条的规定审查该异议。

关于立案、审判、执行协调运行的机制，《意见》要求，各级人民法院可以根据本院机构设置，明确负责立案、审判、执行衔接工作的部门，制定和细化立案、审判、执行工作衔接的有关制度，并结合本院机构设置的特点，建立和完善本院立案、审判、执行工作衔接的长效机制。审判人员、审判辅助人员在立案、审判、执行等环节中，因故意或者重大过失致使立案、审判、执行工作脱节，导致生效法律文书难以执行的，应当依照有关规定，追究相应责任。

（六）加强人民调解员队伍建设

完善人民陪审员制度，保障公民陪审权利，扩大参审范围，完善随机抽取方式，是党的十八届四中全会作出的决策部署。根据司法部的统计，2018 年全国共有人民调解委员会 76.6 万个，人民调解员 366.9 万人。其中，兼职人民调解员 317.2 万人，占总数的 86.5%；专职人民调解员 49.7 万人，占总数的 13.5%。全国每年通过人民调解化解的矛盾纠纷有 900 万件左右。为了落实党的十九大精神，深入贯彻党的十八届四中全会关于发展人民调解员队伍的决策部署，全面贯彻实施《人民调解法》，2018 年 3 月 28 日，中央全面深化改革委员会第一次会议审议通过《关于加强人民调解员队伍建设的意见》。2018 年 4 月 27 日，第十三届全国人民代表大会常务委员会第二次会议审议通过《中华人民共和国人民陪审员法》；同日，中央政法委、最高人民法院、司法部、民政部、财政部、人力资源和社会保障部正式印发中央全面深化改革委员会第一次会议审议通过的《关于加强人民调解员队伍建设的意见》（以下本部分简称《意见》）。

《意见》分为四个部分：充分认识加强人民调解员队伍建设的重要意义，加强人民调解员队伍建设的指导思路和基本原则，加强人民调解员队伍建设的主要任务，加强对人民调解员队伍建设的组织领导。

《意见》明确，加强人民调解员队伍建设的指导思想是："深入贯彻落实党的十九大精神，坚持以习近平新时代中国特色社会主义思想为指导，按照'五位一体'总体布局和'四个全面'战略布局，全面贯彻实施人民调解法，优化队伍结构，着力提高素质，完善管理制度，强化工作保障，努力建设一支政治合格、熟悉业务、热心公益、公道正派、秉持中立的人民调解员队伍，为平安中国、法治中国建设作出积极贡献。"加强人民调解员队伍建设应当坚持党的领导、依法推动、择优选聘、专兼结合的基本原则。

《意见》明确，加强人民调解员队伍建设的主要任务是：认真做好人民调解员选任工作，明确人民调解员职责任务，加强人民调解员思想作风建设，加强人民调解员业务培训，加强对人民调解员的管理，积极动员社会力量参与人民调解工作，强化对人民调解员的工作保障。

关于加强对人民调解员队伍建设的组织领导，《意见》要求：一要加强组织领导，二要落实部门责任，三要加强表彰宣传。

为了深入贯彻落实《人民陪审员法》，在人民法院审判工作中更好实现人民陪审员制度的功能效果，2018 年 4 月 28 日，最高人民法院发布《最高人民法院关于深入贯彻落实〈中华人民共和国人民陪审员法〉的通知》（法〔2018〕110 号）。该通知要求人民法院要积极配合司法行政机关做好人民陪审员选任工作，严格执行人民陪审员参加审判活动的各项规定，加强人民陪审员的培训、管理和保障，认真做好经验总结和意见反馈工作。

（七）为海南全面深化改革开放提供司法服务和保障

为深入学习贯彻习近平新时代中国特色社会主义思想和党的十九大精神，认真贯彻落实以习近平同志为核心的党中央关于支持海南全面深化改革开放的重大决策部署，充分发挥人民法院职能作用，推动海南自由贸易试验区和中国特色自由贸易港建设，根据《中共中央、国务院关于支持海南全面深化改革开放的指导意见》和《最高人民法院关于为自由贸易试验区建设提供司法保障的意见》，2018 年 8 月 1 日，最高人民法院发布《最高人民法院关于为海南全面深化改革开放提供司法服务和保障的意见》（法发〔2018〕16 号，以下本部分简称《意见》）。

《意见》分为 7 部分，共 22 条，主要包括"切实提高政治站位，增强为海南全面深化改革开放提供司法服务和保障的责任感、使命感""充分发挥司法职能，推动海南构建法治化、国际化、便利化的营商环境和公平开放统一的市场环境""支持建立多元化国际商事纠纷解决机构，发挥多元化纠纷解决机制作用""加强智慧法院建设，用信息化手段提高案件审判质效""深化司法体制改革，确保各项改革部署落地见效""加强人才队伍建设，为审判工作提供智力支持""加强国际交流合作，提升我国司法的国际影响力"等内容。

（八）依法妥善审理民间借贷纠纷案件

为充分发挥民商事审判工作的评价、教育、指引功能，妥善审理民间借贷纠纷案件，防范化解各类风险，2018 年 8 月 1 日，最高人民法院发布《最高人民法院关于依法妥善审理民间借贷案件的通知》（法〔2018〕215 号，以下本部分简称《通知》）。

《通知》指出，民间借贷在一定程度上满足了社会多元化融资需求，促进了多层次信贷市场的形成和完善。与此同时，民间借贷纠纷案件也呈现爆炸式增长，给人民法院的审判工作带来新的挑战。近年来，社会上不断出现披着民间借贷外衣，通过"虚增债务""伪造证据""恶意制造违约""收取高额费用"等方式非法侵占财物的"套路贷"诈骗等新型犯罪，严重侵害了人民群众的合法权益，扰乱了金融市场秩序，影响社会和谐稳定。《通知》要求，各级人民法院在审理民间借贷纠纷案件的过程中，要加大对借贷事实和证据的审查力度，严格区分民间借贷行为与诈骗等犯罪行为，依法严守法定利率红线，建立民间借贷纠纷防范和解决机制，各级人民法院在审理民间借贷纠纷案件中发现新情况、新问题时要及时层报最高人民法院。

（九）为实施乡村振兴战略提供司法服务和保障

为全面贯彻党的十九大精神和《中共中央、国务院关于实施乡村振兴战略的意见》《乡村振兴战略规划（2018—2022 年）》，充分发挥人民法院的审判职能作用，为实施乡村振兴战略提供有力的司法服务和保障，2018 年 10 月 23 日，最高人民法院印发《关于为实施乡村振兴战略提供司法服务和保障的意见》（法发〔2018〕19 号，以下本部分简称《意见》），要求各级人民法院结合实际认真贯彻执行。

《意见》共分为 7 个部分，共 45 条。其中，7 个部分分别为：①切实提高政治站位，增强为实施乡村振兴战略提供司法服务和保障的责任感和使命感；②准确把握指导思想和基本原则，不断推进为实施乡村振兴战略提供司法服务和保障工作向纵深发展；③助推农村改革发展，夯实农业农村现代化发展的基础；④强化环境资源保护，助推乡村生态文明建设；⑤弘扬社会主义核心价值观，促进文明和谐平安乡村建设；⑥树立自治法治德治相结合理念，推动乡村治理体系和治理能力现代化；⑦加强权益保护，满足农民日益增长的美好生活需要。

（十）进一步深化司法公开

加强司法公开是落实宪法法律原则、保障人民群众参与司法的重大举措，是深化司法体制综合配套改革、健全司法权力运行机制的重要内容，是推进全面依法治国、建设社会主义法治国家的必然要求。党的十九大明确提出深化依法治国实践、深化司法体制综合配套改革的重大任务，并对深化权力运行公开作出新的重大部署，强调"要加强对权力运行的制约和监督，让人民监督权力，让权力在阳光下运行，把权力关进制度的笼子"，为人民法院进一步深化司法公开指明了方向，提出了新的更高要求。为深入学习贯彻习近平新时代中国特色社会主义思想和党的十九大精神，贯彻落实党中央关于推进司法公开的一系列重大决策部署，总结司法公开工作经验，巩固党的十八大以来司法公开工作取得的成果，推动开放、动态、透明、便民的阳光司法机制更加成熟定型，实现审判体系和审判能力现代化，促进新时代人民法院工作实现新发展，2018 年 11 月 20 日，最高人民法院发布《最高人民法院关于进一步深化司法公开的意见》（法发〔2018〕20 号，以下本部分简称《意见》），对人民法院进一步深化司法公开作出部署与安排。

《意见》分为 5 部分，共 31 条，主要规定了进一步深化司法公开的总体要求、内容和范围、完善和规范司法公开程序、加强司法公开平台载体建设管理、强化组织保障等内容。《意见》明确，坚持主动公开、依法公开、及时公开、全面公开、实质公开的基本原则，进一步深化司法公开，全面拓展司法公开的范围，深化人民法院基本信息公开、审判执行信息公开、诉讼服务信息公开、司法改革信息公开、司法行政事务信息公开、国际司法交流合作信息公开、队伍建设信息公开，建立完善司法公开内容动态调整制度，推进司法公开规范化标准化建设。完善和规范司法公开程序，健全司法公开形式、畅通当事人和律师获取司法信息渠道、明确司法公开责任主体、完善司法公开流程和管理机制、严格落实司法公开保密审查机制。加强司法公开平台载体建设管理，加强人民法院公报和白皮书工作，加强人民法院政务网站建设管理，加强全国法院政务网站建设统筹，进一步深化司法公开四大平台建设，充分发挥现代信息技术促进司法公开作用、增强司法公开平台服务民族地区群众和对外宣传功能、加强与新闻媒体的良性互动、加强人民法院自有媒体建设和新闻宣传工作，落实司法公开工作责任制，完善评估督导和示范引领机制，加强司法公开业务培训，加强司法公开调查研究，健全司法公开监督体系，加强法治宣传教育。

《意见》要求，各级人民法院要充分认识进一步深化司法公开工作的重大意义，切实把思想和行动统一到党中央决策部署上来，认真落实《意见》要求，进一步明确本辖区本单位司法公开重点任务，制定实施办法，细化具体措施，狠抓工作落实，推动形成全面深化司法公开新格局，奋力推进新时代人民法院工作实现新发展。

三、典型案例

（一）民商事指导案例

1. 指导案例 95 号：中国工商银行股份有限公司宣城龙首支行诉宣城柏冠贸易有

限公司、江苏凯盛置业有限公司等金融借款合同纠纷案（最高人民法院审判委员会讨论通过 2018 年 6 月 20 日发布）。

【裁判要点】当事人另行达成协议将最高额抵押权设立前已经存在的债权转入该最高额抵押担保的债权范围，只要转入的债权数额仍在该最高额抵押担保的最高债权额限度内，即使未对该最高额抵押权办理变更登记手续，该最高额抵押权的效力仍然及于被转入的债权，但不得对第三人产生不利影响。

2. 指导案例 96 号：宋文军诉西安市大华餐饮有限公司股东资格确认纠纷案（最高人民法院审判委员会讨论通过 2018 年 6 月 20 日发布）。

【裁判要点】国有企业改制为有限责任公司，其初始章程对股权转让进行限制，明确约定公司回购条款，只要不违反公司法等法律强制性规定，可认定为有效。有限责任公司按照初始章程约定，支付合理对价回购股东股权，且通过转让给其他股东等方式进行合理处置的，人民法院应予支持。

3. 指导案例 98 号：张庆福、张殿凯诉朱振彪生命权纠纷案（最高人民法院审判委员会讨论通过 2018 年 12 月 19 日发布）。

【裁判要点】行为人非因法定职责、法定义务或约定义务，为保护国家、社会公共利益或者他人的人身、财产安全，实施阻止不法侵害者逃逸的行为，人民法院可以认定为见义勇为。

4. 指导案例 99 号：葛长生诉洪振快名誉权、荣誉权纠纷案（最高人民法院审判委员会讨论通过 2018 年 12 月 19 日发布）。

【裁判要点】①对侵害英雄烈士名誉、荣誉等行为，英雄烈士的近亲属依法向人民法院提起诉讼的，人民法院应予受理。②英雄烈士事迹和精神是中华民族的共同历史记忆和社会主义核心价值观的重要体现，英雄烈士的名誉、荣誉等受法律保护。人民法院审理侵害英雄烈士名誉、荣誉等案件，不仅要依法保护相关个人权益，还应发挥司法彰显公共价值功能，维护社会公共利益。③任何组织和个人以细节考据、观点争鸣等名义对英雄烈士的事迹和精神进行污蔑和贬损，属于歪曲、丑化、亵渎、否定英雄烈士事迹和精神的行为，应当依法承担法律责任。

5. 指导案例 100 号：山东登海先锋种业有限公司诉陕西农丰种业有限责任公司、山西大丰种业有限公司侵害植物新品种权纠纷案（最高人民法院审判委员会讨论通过 2018 年 12 月 19 日发布）。

【裁判要点】判断被诉侵权繁殖材料的特征特性与授权品种的特征特性相同是认定构成侵害植物新品种权的前提。当 DNA 指纹鉴定意见为二者相同或相近似时，被诉侵权方提交 DUS 测试报告证明通过田间种植，被控侵权品种与授权品种对比具有特异性，应当认定不构成侵害植物新品种权。

（二）充分发挥审判职能作用保护产权和企业家合法权益典型案例

2018 年，最高人民法院分两批发布了 13 例人民法院充分发挥审判职能作用保护产权和企业家合法权益典型案件。其中，属于民商事案件有 7 例。

1. 重庆某某投资（集团）有限公司与泸州市某某区人民政府等合同纠纷案。

【典型意义】有约必守，依法保护企业合同权益。诚信守约是民事合同的基本要求，行政机关作为一方民事主体的更应带头守约践诺。明确在民事合同的履行中作为合同主体的基本规则，对于营造良好的营商环境、维护投资主体合法权益具有重要意义。本案中，人民法院依法平等对待涉案企业与区政府，准确适用《合同法》关于合同解除的相关规定，支持了企业要求继续履行协议的请求，有效地维护了企业的合法权益。本案的裁判行政机关不得擅自解除合同，对于规范政府行为、推动政府践诺守信具有积极指引作用。

2. 济南某置业有限公司财产保全案。

【典型意义】依法慎用保全措施，维护企业正常经营。财产保全是诉讼中依法对债务人财产进行保全，确保债权实现的重要制度。在经济新常态下，为促进经济发展，维护企业的正常经营需要，对经营暂时困难的企业债务人，人民法院要慎用冻结、划拨流动资金等保全手段，在条件允许情况下，尽量为企业预留必要的流动资金和往来账户，最大限度降低对企业正常生产经营活动的不利影响。本案中，人民法院根据当事人申请，依法变更保全措施，解冻了债务企业的部分银行账号，保障了债务企业的正常生产经营，兼顾了双方当事人的权益。

3. 某某卫厨（中国）股份有限公司诉苏州某某科技发展有限公司、屠某某等侵犯商标权及不正当竞争纠纷案。

【典型意义】保护知识产权，营造良好营商环境。当前，知识产权侵权易发多发，直接影响企业的正常合法经营发展。本案中，在法院已经判决苏州某某科技发展有限公司等构成商标侵权、不正当竞争及停止使用有关字号等的情况下，侵权公司的法定代表人屠某某、余某某仍然通过设立若干新公司继续对该商标实施侵权行为，法院认定屠某某、余某某恶意设立新公司实施侵权行为构成共同侵权，根据《中华人民共和国侵权责任法》第 8 条的规定，判令屠某某、余某某与其设立的公司承担连带责任。本案判决充分体现了司法审判对重复侵权、恶意侵权人加大惩治力度，对于严格知识产权保护、营造良好营商环境具有重要意义。

4. 中科公司与某某县国土局土地使用权出让合同纠纷案。

【典型意义】当前，地方政府在发展地方经济过程中以"新官不理旧账"、政策变化、规划调整等理由违约、毁约，侵犯了民营企业家合法权益的行为不同程度存在。对此，《中共中央、国务院关于完善产权保护制度依法保护产权的意见》（以下简称《产权意见》）明确要求："大力推进法治政府和政务诚信建设，地方各级政府及有关部门要严格兑现向社会及行政相对人依法作出的政策承诺，认真履行在招商引资、政府与社会资本合作等活动中与投资主体依法签订的各类合同。"《中共中央、国务院关于营造企业家健康成长环境弘扬优秀企业家精神更好发挥企业家作用的意见》也明确要求："研究建立因政府规划调整、政策变化造成企业合法权益受损的依法依规补偿救济机制。"《最高人民法院关于充分发挥审判职能作用为企业家创新创业营造良好法治环境的通知》（法〔2018〕1号）第3条更具体要求："……对于确因政府规划调整、政策变化导致当事人签订的民商事合同不能履行的，依法支持当事人解除合同的请求。对于当事人请求返还已经支付的国有土地使用权出让金、投资款、租金或者承担损害赔偿责任的，依法予以支持……"本案为最高人民法院二审改判案件，针对地方政府的违约毁约行为，依法判决政府有关部门承担违约责任，有利于规范地方政府在招商引资中的不规范行为，严格兑现其依法作出的承诺，对于推动地方政府守信践诺和依法行政、保护企业家合法生产经营权益、促进经济持续平稳健康发展具有积极意义，对于处理同类案件具有典型指引价值。

5. 王某平等人与某某港公司合同纠纷案。

【典型意义】《产权意见》明确要求："完善土地、房屋等财产征收征用法律制度，合理界定征收征用适用的公共利益范围，不将公共利益扩大化。"实践中，一些法院存在将同公共利益仅具有牵连关系的争议排除在民事争议范围之外的片面做法，这在一定程度上加大了产权人和企业家的维权成本，使得产权人和企业家的合法权益不能得到及时保护，甚至使其合法权益无法得到保障。本案中，王某平等人积极配合相关铁路线路的施工，并得到了有关政府文件的认可，但之后的相关经营损失及员工误工和遣散费等却迟迟得不到补偿。最高人民法院审理认为，政府并未对涉案矿场进行行政征收，王某平等人和施工企业就其涉案矿场的补偿问题的诉讼，属于平等主体之间的民事纠纷，不属于行政纠纷。据此，最高人民法院依法纠正了二审判决，维持了一审判决，支持了王某平等人赔偿损失的请求，这有利于切实强化各类市场主体的契约意识、规则意识和责任意识。本案对于进一步合理界定征收征用的公共利益范围，不将公共利益扩大化具有典型的指引价值。

6. 北京某源公司与某某汇源公司侵害商标权及不正当竞争纠纷案。

【典型意义】"维权成本高，侵权代价低"系当前我国知识产权保护中的突出问题。为加强知识产权保护，《产权意见》明确要求："加大知识产权侵权行为惩治力度，提高知识产权侵权法定赔偿上限，探索建立对专利权、著作权等知识产权侵权惩罚性赔偿制度，对情节严重的恶意侵权行为实施惩罚性赔偿，并由侵权人承担权利人为制止侵权行为所支付的合理开支，提高知识产权侵权成本。"近年来，最高人民法院也通过制定司法解释、规范性文件、发布指导性案例、典型案例等形式，不断倡导采用裁量性赔偿、合理开支单独计算等方式提高商标侵权等知识产权案件赔偿数额。本案中，最高人民法院在认定侵权事实的基础上，综合考虑权利人的注册商标知名度、侵权人的主观恶意、生产销售范围以及对相关公众造成实际混淆的后果等因素，依据侵权人的获利情况判决侵权人承担了较高的赔偿额，不仅使权利人受损利益得到有效救济，而且让侵权人不因侵权行为而获利，彰显了人民法院着力解决实践中存在的侵权成本低、企业家维权成本高等问题。本案中，人民法院在现行法律中并未规定惩罚性赔偿制度的情况下，采用裁量性赔偿方法，加大对知识产权侵权的惩罚力度，对于处理同类案件具有典型指引价值。

7. 李某飞、腾飞龙公司执行申诉案。

【典型意义】在人民法院审判执行过程中，对建筑物等财产超标的查封，不允许民营企业处分该超标的部分财产的行为，既不利于产权人充分发挥其财产价值，也侵害了民营企业的合法权益。《产权意见》要求："完善涉案财物保管、鉴定、估价、拍卖、变卖制度，做到公开公正和规范高效。"本案中，涉案328套房屋被查封、评估后，案涉民营企业进行了复工，使查封的房屋实现了升值。申诉人据此事由向执行法院提起异议，请求中止拍卖，重新评估并解除超标的部分的查封，理据充分。最高人民法院裁定，本案由执行法院重新对申诉人提起的事由进行审查，并根据查封标的物市场价值重新评估，解除超标的查封部分。本案处理有利于推动和规范涉案财物鉴定、估价、拍卖等制度的完善，确保被执行人的合法权益不受侵害。本案的处理，对于在执行中针对确定被查封标的物价值的同类案件具有典型指引价值。

（三）全国法院审理破产典型案例

为配合《全国法院破产审判工作会议纪要》的印发，2018年3月6日，最高人民法院网发布了10例全国法院审理破产典型案例。

1. 浙江南方石化工业有限公司等三家公司破产清算案。

【典型意义】本案是在清算程序中保留有效生产力，维持职工就业，实现区域产业整合和转型升级的典型案例。审理中，通过运用政府的产业和招商政策，利用闲置土地70余亩，增加数亿投入上马年产50万吨FDY差别化纤维项目，并通过托管和委托加工方式，确保"破产不停产"，维持职工就业；资产处置中，通过债权人会议授权管理人将三家企业资产可单独或合并打包，实现资产快速市场化处置和实质性的重整效果。此外，本案也是通过程序集约，以非实质合并方式审理的关联企业系列破产清算案件。对于尚未达到法人格高度混同的关联企业破产案件，采取联合管理人履职模式，探索对重大程序性事项尤其是债权人会议进行合并，提高审理效率。

2. 松晖实业（深圳）有限公司执行转破产清算案。

【典型意义】本案是通过执行不能案件移送破产审查，从而有效化解执行积案、公平保护相关利益方的合法权益、精准解决"执行难"问题的典型案例。由于松晖公司财产不足以清偿全部债权，债权人之间的利益冲突激烈，尤其是涉及的459名员工权益，在执行程序中很难平衡。通过充分发挥执行转破产工作机制，一是及时移送、快速审查、依法审结，直接消化执行积案1384宗，及时让459名员工的劳动力资源重新回归市场，让闲置的一批机器设备重新投入使用，有效地利用破产程序打通解决了执行难问题的"最后一公里"，实现了对所有债权的公平清偿，其中，职工债权依法得到优先受偿；二是通过积极疏导和化解劳资矛盾，避免了职工集体闹访、上访情况的发生，切实有效地保障了职工的权益，维护了社会秩序，充分彰显了破产制度价值和破产审判的社会责任；三是通过执行与破产的有序衔接，对生病企业进行分类甄别、精准救治、及时清理，梳理出了盘错结节的社会资源，尽快释放经济活力，使执行和破产两种制度的价值得到最充分、最有效的发挥。

3. 重庆钢铁股份有限公司破产重整案。

【典型意义】重庆钢铁重整案是以市场化、法治化方式化解企业债务危机，从根本上实现企业提质增效的典型案例。该案因系目前全国涉及资产及债务规模最大的国有控股上市公司重整、首例股票同时在上交所和联交所挂牌交易的"A+H"股上市公司重整、首家钢铁行业上市公司重整，而被认为属于"特别重大且无先例"。该案中，人民法院发挥重整程序的拯救作用，找准企业"病因"并"对症下药"，以市场化方式成功剥离企业低效无效资产，引入产业结构调整基金，利用资本市场配合企业重组，实现了企业治理结构、资产结构、产品结构、工艺流程、管理制度等的全面优化。另外，人民法院在准确把握破产法精神实质的基础上积极作为，协同创新，促成了重整程序中上交所首次调整资本公积金转增除权参考价格计算公式、联交所首次对召开类别股东大会进行豁免、第三方担保问题成功并案解决，既维护了社会和谐稳定，又实现了各方利益共赢，为上市公司重整提供了可复制的范例。

4. 江苏省纺织工业（集团）进出口有限公司等六家公司破产重整案。

【典型意义】该案是探索关联企业实质合并重整、实现企业集团整体脱困重生的典型案例。对分别进入重整程序的母、子公司，首先在程序上进行合并审理，在确认关联企业人格高度混同、资产和负债无法区分或区分成本过高以致严重损害债权人利益，并全面听取各方意见后，将关联企业进行实质合并重整。合并重整中，通过合并清理债权债务、整合关联企业优质资源，同时综合运用"现金清偿+以股抵债"、重整的同时进行资产重组等方式对危困企业进行"综合诊治"，不仅使案件审理效率大为提升，债权人的整体清偿利益得到有效维护，还化解了 20 余亿元的债务危机，有效防范了金融风险，实现了六家企业整体脱困重生，凸显了破产审判的制度功能与社会价值，为国有企业深化改革提供了有益经验。

5. 云南煤化工集团有限公司等五家公司破产重整案。

【典型意义】本案是在供给侧结构性改革及"去产能、调结构"背景下，人民法院切实发挥破产审判功能，积极化解产能过剩，保障地方就业稳定，并最终实现困境企业涅槃重生的典型案例。通过重整程序，该集团旗下关闭煤矿 18 家，清理过剩煤炭产能 357 万吨/年，分流安置职工 14 552 人，化解债务危机的同时，为企业后续持续健康发展奠定基础，得到了债权人、债务人、股东、职工的高度肯定和支持。

6. 北京理工中兴科技股份有限公司破产重整案。

【典型意义】本案系全国首例在全国证券交易自动报价系统（STAQ 系统）和 NET 系统（以下简称"两网"系统）流通转让股票的股份公司破产重整案。1999 年 9 月，"两网"系统停止运行后，"两网"公司普遍存在经营困难、股份流动性差等问题，但由于存在着可能申请公开发行的政策优势，因而仍具有一定的重整价值。本案中，京中兴公司通过重整引入优质旅游资产，实现了社会资源的重新整合配置，培育了发展新动能，并为公司在符合法律规定条件时申请公开发行奠定了基础，也为其他"两网"公司通过重整重返资本市场提供了借鉴。同时，对拓宽企业投融资渠道，落实北京金融工作会议关于"促进首都多层次金融市场体系建设，把企业上市作为一个重要增长点来抓"的要求，以及营造稳定公平透明、可预期的首都营商环境都具有积极意义。此外，本案中，北京市第一中级人民法院采用预重整方式，通过对识别机制、重整听证程序、沟通协调机制的综合运用，大大提高了重整的效率和成功率，充分发挥了预重整的成本优势和效率优势，实现了多方利益的共赢。

7. 庄吉集团有限公司等四家公司破产重整案。

【典型意义】本案是法院依法审慎适用重整计划草案强制批准权、积极协调保障企业重整后正常经营的典型案例。实践中，一些企业在重整计划通过后，因相关配套制度的缺失又重新陷入困境。因此，重整是否成功，并不仅仅体现在重整计划的通过上，虽然重整司法程序在法院裁定批准后终止，但重整后的企业能否迅速恢复生机，还需要在信用修复、适当的税收优惠等方面予以支持，使其顺利恢复生产经营活动，才是完整发挥重整制度价值的关键。本案中，在庄吉服装系列公司重整计划通过后，温州市中级人民法院积极协调，为重整后的庄吉服装系列公司赢得良好经营环境。此外，法院依法审慎适用强制批准权，维护了各方主体利益平衡以及整体利益最大化，庄吉服装系列公司在重整成功后的第一个年度即成为当地第一纳税大户。

8. 福建安溪铁观音集团股份有限公司及其关联企业破产重整案。

【典型意义】本案是通过破产重整制度促进传统农业企业转型升级的典型案例。安溪茶厂、铁观音集团等企业共同形成了茶叶种植、生产、研发、销售的产、供、销一体化涉农企业。重整成功使"安溪铁观音集团"这一著名商号得以保留，带动茶农、茶配套生产商、茶叶营销加盟商相关产业发展；且投资方"互联网+"思维模式、合伙制商业模式、"制茶大师工作室"等创新模式的引入，对传统农业企业从营销模式、产品定位、科研创新等方面进行的升级转型，同时化解了金融债权约5.8亿元，有效防控了金融风险。此外，本案中，经审计机构和管理人调查，两家企业在主要财产、交易渠道、账册等方面不存在高度混同情形，故未采用实质性合并重整的方式，而是采取分中有合、合中有分的审理模式对于安溪茶厂和铁观音集团两个关联企业进行重整。基于两家企业母子公司的关系，招募同一个投资人作为重整案件的重组方，可以最大限度整合两家企业的资源，提高重整的价值，实现债务人和债权人利益最大化。

9. 中顺汽车控股有限公司破产重整案。

【典型意义】中顺汽车重整案是充分发挥政府与法院协调机制的优势，以常态化工作平台有针对性地指导个案，同步化解困境企业债务和经营问题，促进实体经济转型升级、实现振兴的典型案例。中顺汽车案件在审理过程中，法院充分利用"沈阳工业企业依法破产（重整）工作小组"平台优势，判断企业的救治价值和可能性，把握重整产业发展方向，搭建引资平台，促进项目落地，并在重整计划执行阶段，督促、协调有关部门快速完成变更、审批事项，在法院依法完成程序推进工作的基础上，共同实现成功重整，助力老工业基地产业结构调整。

10. 桂林广维文华旅游文化产业有限公司破产重整案。

【典型意义】本案系全国首起直接由高级人民法院受理的破产重整案件。由于考虑到公司经营项目为国际知名大型实景《印象·刘三姐》剧目，对广西旅游业、地方经济影响较大，且公司所有资产被国内、区内数十家法院查封、涉及职工人数众多且成分复杂等情况，广西壮族自治区高级人民法院依据我国《企业破产法》第4条、《民事诉讼法》第38条第1款之规定，将本案作为全区重大有影响案件裁定立案受理。为确保《印象·刘三姐》剧目演出不受破产重整影响，本案实行演出相关业务自行经营、管理人监督、法院总协调的模式，确保重整期间公司正常经营，各项收入不减反增。该案历经 3 个月 21 日顺利终结并进入重整计划执行阶段，广维公司摆脱债务困境、重焕活力，确保了 800 多名演职人员的就业机会，也解决了关联公司 548 名职工的安置问题，相关产业通过《印象·刘三姐》项目实现升级改造，推动了地方经济发展。

（四）服务保障新时代生态文明建设典型案例

2018 年 6 月 4 日，最高人民法院发布 10 例服务保障新时代生态文明建设典型案例。其中，属于民商事案例的有 5 例。

1. 山东省烟台市人民检察院诉王振殿、马群凯环境污染民事公益诉讼案。

【典型意义】本案系人民检察院提起的环境民事公益诉讼，涉及污染地表水、地下水、土壤及危险废物的处置等一系列问题。本案判决明确污染区域水质恢复达标并不意味着区域生态环境已经修复，侵权人以此为由主张不承担法律责任不能得到支持。对于生态环境损害修复费用的认定，法院采纳鉴定意见，将酸洗池内受污染沙土纳入危险废物，同时认定被告排放的强酸废水亦属危险废物，进而参照合理的计算方法确定了处置费用和生态环境损害修复费用。本案判决被告在环境保护主管部门监督下履行修复责任，有利于受损生态环境的科学修复和判决义务的妥当履行，对于此类案件的审理具有较好的示范意义。

2. 重庆市长寿区珍心鲜农业开发有限公司诉中盐重庆长寿盐化有限公司、四川盐业地质钻井大队环境污染责任纠纷案。

【典型意义】本案系无意思联络数人环境侵权案件。在存在无意思联络多个污染行为导致同一损害后果的情况下，分析各污染行为与损害后果的原因力大小是审理的难点。本案中，两处污染源、先后三次污染行为排放的污染物在受损土壤中渗透、迁移、扩散，共同结合造成同一不可分的损害后果，由此可推知单一污染行为尚不足以造成本案全部损害后果，应适用《侵权责任法》第 12 条，由各侵权人承担按份赔偿责任。本案判决结合受污染地域区位、受损环境检测数据、自然科学知识进行分析，合理确定污染行为所占原因力的大小，对于此类环境侵权案件的审理具有较好的示范作用。因环境污染不仅会导致被侵权人的财产损失，也会直接对环境造成不良影响，本案在判令侵权人赔偿损失的同时承担生态环境修复责任，体现了环境侵权救济中以修复生态环境为中心的司法理念，具有较好的示范意义。

3. 山西京海公司等诉莱芜钢铁集团莱芜矿业有限公司股权转让纠纷案。

【典型意义】本案系矿产资源整合过程中矿山法人企业股权转让引发的纠纷，如何准确认定合同性质是审理此类案件的重点和难点。本案中，转让人已将案涉矿业权登记在约定的目标公司名下，其与受让人之间基于合同约定发生的是新矿业权人股权转让的法律关系。矿业权人股权转让与矿业权转让性质不同，在不变更矿业权主体、不发生采矿权和探矿权权属变更的情况下，不宜将股权转让行为视同变相的矿业权转让行为。同时，本案判决明确合同解除权的行使应符合合同约定的解除条件或者法定的解除条件，对于依法确定解除合同通知效力、防止合同解除权的滥用、保护诚信履约方亦具有积极意义。

4. 贵州省清镇市流长苗族乡人民政府诉黄启发等确认合同无效纠纷案。

【典型意义】本案系林地转包合同纠纷。依据《森林法》第15条的规定，除用材林、经济林、薪炭林及其林地使用权、采伐迹地、火烧迹地的林地使用权，国务院规定的其他森林、林木和其他林地使用权可以依法转让或者作价入股外，其他森林、林木和林地使用权不得转让。本案中，合同当事人约定转包防护林林木、林地，将防护林地用于从事农业项目种植生产经营，更改了防护林的性质。本案判决认定转包合同违反了法律的强制性规定，既符合《森林法》"发挥森林蓄水保土、调节气候、改善环境和提供林产品的作用"的立法目的，亦符合《森林法》关于防护林为"以防护为主要目的的森林、林木和灌木丛"的分类界定，对于同类案件认定林木、林地发包、承包、转包等合同的法律效力具有参考意义。本案判决在认定合同无效的同时，考虑到案涉林地已栽种经济作物的实际情况，判令承包人收获后返还，在返还林地前对林地内的植被妥善保护，在收获时应当采取最有利于生态保护的收获方法，兼顾了保护当事人利益与保护生态环境的关系，对处理类似案件具有较好的借鉴意义。

5. 陈永荣等诉南宁振宁开发有限责任公司噪音污染损害赔偿纠纷案。

【典型意义】本案系商品房住宅楼内水泵噪声污染造成损害的新类型环境污染侵权纠纷。法院充分考虑住宅楼内水泵噪声污染的特殊性，基于振宁公司是开发商及案涉水泵安装地点的选定者的事实，认定其对水泵的安装有采取隔音防噪措施的义务，且该义务不能转移给业主。本案判决基于目前缺乏住宅楼内水泵运行噪声标准的现实情况，参照适用《社会生活环境噪声排放标准》，认定住宅楼内水泵运转声音干扰他人正常工作和生活并超过国家规定的环境噪声排放标准的，构成噪声污染，具有合理性。在振宁公司经整改仍无法解决水泵噪声污染的情况下，本案判决振宁公司回购涉案房屋并赔偿相应损失，对于维护人民群众宁静生活的权益，警示和督促房地产开发企业关注噪声问题、自觉承担生态环境保护社会责任，具有较好的示范引导作用。

（五）人民法院司法改革案例

2018 年 7 月 20 日，最高人民法院发布人民法院司法改革案例共 20 例。分别为：

1. 北京市高级人民法院：灵活组建新型审判团队，推动审判机制科学运行。

2. 北京市西城区人民法院：依托模块化审判工作标准，打造法院知识管理和人才培养新模式。

3. 北京市大兴区人民法院：积极争取党委政府支持，探索建立诉讼志愿者制度。

4. 天津市河西区人民法院：创新集约化社会化工作模式，促进审判质效全面提升。

5. 黑龙江省鸡西市鸡冠区人民法院：完善五项工作机制，提升案件当庭宣判率。

6. 上海市虹口区人民法院："法官自主、全院集约、院庭长定向"三位一体，构建审判监督管理新机制。

7. 江苏省南京市鼓楼区人民法院：发挥科技优势，统筹共性事务，助推繁简分流。

8. 江苏省苏州市中级人民法院：建立实习律师充实审判辅助力量机制，完善配套司法伦理规范。

9. 浙江省宁波市中级人民法院：依托微信小程序，打造移动电子诉讼新模式。

10. 浙江省丽水市中级人民法院：深化分调裁机制改革，助推纠纷多元化解。

11. 福建省厦门市翔安区人民法院：管理、培训与研究并重，打造司法辅助人才培养高地。

12. 山东省济南市市中区人民法院：六项措施打破庭室界限，优化分案机制实现提质增效。

13. 河南省登封市人民法院：创新繁简分流"五分法"，助推案件良性循环。

14. 广东省高级人民法院：严选严管严控严要求，实现员额动态管控良性运转。

15. 广东省佛山市中级人民法院：完善审判监督管理和廉政风险防控链条，全面落实司法责任制。

16. 海南省海口市中级人民法院：院庭长办案监督两不误，示范引领提质效。

17. 四川省宜宾市中级人民法院：放权到位，控权有效，构建全院全员全程审判监督管理体系。

18. 陕西省高级人民法院：科学调整编制，加强员额统筹，促进人案均衡。

19. 甘肃省高级人民法院：推进聘用制书记员制度改革，配齐配强审判辅助力量。

20. 青海省泽库县人民法院：统筹内设机构改革和审判团队建设，提升办案效能。

（六）依法打击拒不执行判决、裁定罪典型案例

2018年6月5日，最高人民法院发布依法打击拒不执行判决、裁定罪典型案例10例。尽管这些案例是刑事案例，但是其关系到民商事案件的执行，故在此列出其名称及典型意义。

1. 曹某某拒不执行判决、裁定案。

【典型意义】本案被执行人具有履行能力，以和妻子协议离婚的方法，将其名下全部财产转移到妻子名下，并私自将法院查封的房产予以出售，致使判决无法执行，情节严重，构成拒不执行判决、裁定罪。法院将其犯罪线索依法移交公安机关启动刑事追究程序，并依法定罪判刑，有效惩治了拒执犯罪，维护了司法权威。同时促使被执行人的前妻主动帮助被执行人全部履行债务，有效保障了申请执行人的合法权益，法律效果和社会效果良好。

2. 施某某拒不执行判决、裁定案。

【典型意义】本案中，作为被执行人的昌缘合作社在具有履行能力的情况下，拒绝申报财产，以各种手段逃避执行，而且其法定代表人在被采取司法拘留措施后仍不执行，致使申请执行人遭受较大损失，属于"有能力执行而拒不执行，情节严重"的情形，构成拒不执行判决、裁定罪。同时，本案属于单位犯罪，被告人施某某为单位法定代表人，系直接负责的主管人员，对于单位实施的拒不执行判决、裁定犯罪应当承担刑事责任。法院依法对施某某定罪并判处实刑，符合法律规定，体现了对拒执罪的严厉打击，对于在单位犯罪中依法追究自然人的刑事责任也具有一定的指导意义。

3. 李某彬拒不执行判决、裁定案。

【典型意义】被告人李某彬作为执行案件的被执行人，在法院向其发出执行通知书和报告财产令后，拒绝报告财产情况，拒不履行生效法律文书确定的义务，还擅自将已被法院依法查封的财产出卖并携款外逃，导致法院生效判决无法执行，符合"有能力执行而拒不执行，情节严重"的情形。法院根据检察机关的起诉，依法作出判决，有力惩治了拒执犯罪，对此种抗拒执行犯罪行为起到了较好的警示作用。

4. 林某某拒不执行判决、裁定案。

【典型意义】执行过程中，被执行人名下银行账户多次发生存取款行为，累计存入金额达人民币13万余元。但被执行人对生效判决确定的义务未做任何履行，且不按要求申报财产情况，经两次被采取拘留措施后仍不履行，情节严重，构成拒不履行生效判决、裁定罪。法院依法受理申请人的刑事自诉并对被告人作出有罪判决，

有效惩治了拒执犯罪，维护了法律尊严。

5. 周某某拒不执行判决案。

【典型意义】本案中，被执行人拒收民事判决，拒不履行生效判决确定的义务，在执行法院对其财产采取查封措施的情况下，私自转让查封财产并将转让所得价款用于清偿其他债务和个人消费，致使生效判决无法执行，属于拒不执行生效判决情节严重的行为。公安机关、检察机关、人民法院依法予以侦查、起诉和审判，有效打击了拒执犯罪，维护了司法权威。

6. 肖某某非法处置查封的财产案。

【典型意义】非法处置查封、扣押、冻结的财产，是被执行人规避、抗拒执行的一种典型方式。本案被执行人在强制执行过程中，对人民法院已经查封的财产私自变卖，并将变卖所得用于清偿其他债务，导致申请执行人的债权得不到执行，情节严重，构成非法处置查封的财产罪。由于本案执行依据是民事调解书，被执行人的拒不执行行为不能构成拒不执行判决、裁定罪，法院以非法处置查封的财产罪对被告人定罪处罚，符合法律规定，惩治了此种抗拒执行的行为，维护了司法权威，具有较好的警示作用。

7. 徐某某拒不执行判决、裁定案。

【典型意义】本案被告人徐某某在执行过程中获得大额拆迁补偿款，但其将拆迁款取走，不用于履行生效裁定确定的义务，同时虚假申报个人财产，在执行法院对其实施两次拘留后仍不履行，属于有能力履行生效判决、裁定而拒不履行，情节严重，构成拒不执行判决、裁定罪。响水县公安机关、检察机关、审判机关密切配合，及时追究其刑事责任，并公开宣判，起到很好的惩治与警示效果。

8. 藏某稳拒不执行判决、裁定案。

【典型意义】被告人藏某稳在明知案件进入执行程序后，隐匿行踪，转移财产，拒不履行判决确定的义务，致使生效裁判无法执行，情节严重，构成拒不执行判决、裁定罪。在申请执行人向公安机关控告时，尽管公安机关没有出具不予立案通知书，但人民法院根据律师见证书等证据确认公安机关不予立案的事实，依法受理申请执行人的自诉，及时审理，依法判决，促使被执行人履行了义务，有效惩治了拒执犯罪。

9. 陈某、徐某某拒不执行判决、裁定案。

【典型意义】本案被执行人陈某有履行能力而拒不履行法院生效判决，并与案外人恶意串通，以虚假交易的方式将自己名下的财产转移至其亲属名下，逃避履行义务，致使法院判决无法执行。不仅被执行人的行为构成拒不执行判决、裁定罪，案外人也构成拒不执行判决、裁定罪的共犯。法院依法追究被执行人及案外人拒执罪的刑事责任，促使被执行人履行了义务，惩治了此种恶意串通拒不执行生效裁判的行为，起到了很好的教育和警示作用。

10. 重庆蓉泰塑胶有限公司、刘某设拒不执行判决、裁定案。

【典型意义】被执行人蓉泰公司及公司负责人刘某设在法院强制执行过程中，明知公司账户被法院冻结的情况下，指使他人将本应进入公司账户的资金转移至他人账户，挪作他用，隐匿公司财产，逃避法院强制执行，致使法院生效裁判无法执行，情节严重，其行为构成拒不执行判决、裁定罪。本案属于单位构成拒执罪的典型案例。法院依法认定被告单位及其直接负责的主管人员构成犯罪并分别判处刑罚，对于作为被执行人的单位具有很好的警示作用。

（七）海事诉讼典型案例

2018 年 8 月 8 日，最高人民法院发布 2017 年度 10 件海事诉讼典型案例。尽管这些案件均为 2017 年人民法院审判的案件，但对于概览我国海事诉讼具有重要的标志性意义。

1. 浙江隆达不锈钢有限公司诉 A. P. 穆勒-马士基有限公司（A. P. Moller-MaerskA/S）海上货物运输合同纠纷案。

【典型意义】《合同法》第 306 条是否适用于海上货物运输合同，一直是理论研究与审判实务中争议很大的问题。本案再审判决紧紧围绕案件事实，依据合同法之公平原则，合理平衡海上货物运输合同各方当事人之利益，确定了《合同法》第 308 条适用于海上货物运输合同的一般规则，统一了相关纠纷的裁判尺度，为我国正在进行的《海商法》修订工作提供了司法经验。再审改判支持了外方当事人的抗辩，表明人民法院严格适用法律，平等保护境内外当事人的合法权利，彰显我国良好的法治环境和营商环境。

2. 中国人民财产保险股份有限公司航运保险运营中心与泰州三福船舶工程有限公司船舶建造保险合同纠纷案。

【典型意义】中国作为造船大国，多年来持有的造船订单数量和实际造船总载重吨位居全球第一。本案涉及船舶建造险的法律适用、保险条款的解释，以及船舶设计错误、损失赔偿数额认定等一系列比较复杂的法律适用和海事专门技术问题。航运和保险业予以特别关注，将本案再审作为依法解决类案的一个示范性诉讼。最高人民法院再审判决通过通俗阐明专业技术问题和抽丝剥茧的法律论证，逐一厘清了船舶建造险的法律适用规则、保险条款的解释方法、船舶设计错误及有关损失的认定依据，积极回应了船舶建造业与保险业长期争执不休的法律热点问题，对指导全国法院公正审理同类纠纷案件、规范相关市场主体的履约行为、促进航运保险业稳定健康发展均具有积极作用。

3. 广州海德国际货运代理有限公司与福建英达华工贸有限公司海上货物运输合同纠纷案。

【典型意义】本案作为典型的海上货物运输合同货物交付纠纷，具有以下典型意义：①涉案货物运输的目的港在哥伦比亚，证明货物交付需要调取域外证据，难度较大。二审法院依法审查采信域外证据，认定海德公司不构成无单放货，判决驳回英达华公司的诉讼请求，实现了程序公正与实体公正的统一。②该案具有国际贸易商业风险提示意义，有利于促使国内出口商提升风险防范意识。境外买方未按时付款赎单，卖方在积极处理贸易纠纷的同时，也不能忽视自己作为提单持有人在海上货物运输合同中的权利与义务。不适当地将贸易风险转嫁到运输领域，可能导致"钱货两空"，损失难以弥补。

4. 招商局物流集团（天津）有限公司与以星综合航运有限公司、合肥索尔特化工有限公司海上货物运输合同纠纷案。

【典型意义】本案系一起发生在"一带一路"沿线国家，因目的港无人提货引起的海上货物运输合同纠纷，具有以下典型意义：①明确了目的港无人提货给承运人造成损失的责任主体。在卸货港无人提取货物的情况下，承运人有权基于海上货物运输合同关系，向合同相对方托运人主张相应权利。②明确了《海商法》第87条、第88条规定的承运人留置权并非其向托运人索赔的前置条件。留置货物仅为承运人主张债权的方式之一，承运人不留置货物并不影响其向托运人主张相关费用的权利。③不把公证认证作为判断域外证据证明力的唯一标准，而是结合具体案情、域外证据种类、待证事实、可否与其他证据相互印证等因素，运用经验法则与逻辑推理，对域外证据进行综合认定，充分展示了"一带一路"建设背景下人民法院涉外商事海事审判的应有水平。

5. 厦门力鹏船运有限公司等与中海发展股份有限公司货轮公司船舶碰撞损害责任纠纷案。

【典型意义】本案系典型的船舶碰撞及沉没事故引发的纠纷。就船舶碰撞与沉没的责任比例，双方当事人争议较大，并在业界引起较大关注。本案具有两方面的典型意义：①本案从大量涉及航海、船舶驾驶、货物配载、集装箱系固等专业而复杂的证据材料中抽丝剥茧，全面分析"力鹏1"轮沉没的原因，经过充分论证，判定集装箱系固不当造成船舶右倾角度加大是该轮最终沉没的原因之一，从而将"碧华山"轮因碰撞事故所应承担的过错责任比例区分于其因"力鹏1"轮沉没所应承担的过错责任比例。这样处理既符合技术规范的要求，又符合法律的相关规定。②本案碰撞双方互负赔偿责任，均设立了海事赔偿责任限制基金，在认定双方损失后，根据"先抵销，后受偿"的原则，先将双方损失相互抵销，再到对方所设基金中受偿，符合《海商法》的规定。

6. 艾伦·门多萨·塔布雷（Allan Mendoza Tablate）涉外海上交通肇事案。

【典型意义】本案是海事法院试点管辖的第一宗海事刑事案件，是落实深化人民法院司法体制改革要求的重要内容和具体措施。该案的顺利审结，开启了我国海事审判"三审合一"新篇章，为探索以民商事案件为主，合理涵盖其他领域案件的海事管辖制度改革作出了积极贡献。审判实践表明，海事法院管辖海事刑事案件，不仅具有可行性，而且更能发挥海事法院的专业优势，有利于海事刑事、海事行政、海事民商事相关案件的协调处理，也有利于涉海法律法规的统一实施。

7. 联盟多式联运有限合伙公司（Soyuz Trans Link Llp）与深圳运达物流供应链服务有限公司海事强制令案。

【典型意义】本案为具有涉外因素的海事强制令案件，双方当事人在履行涉及欧亚班列的海陆联运货运代理合同中产生了纠纷，因涉及多个国家，国际影响较大。本案的处理充分体现了海事强制令制度保护当事人合法权益、避免损失扩大的制度功能。涉案货物是保障哈萨克斯坦共和国居民供电及冬季取暖的重要设备，在连云港滞留近半年，如不能及时运输出境，将按照海关规定被处以罚款、强制退运甚至罚没。上海海事法院及时作出海事强制令，使"一带一路"沿线国家企业与人民的合法权益得到中国法院的及时救济。哈萨克斯坦共和国驻华大使馆向上海海事法院发来致谢外交照会。

8. 温州海事局申请认定财产无主案。

【典型意义】①为依法及时处置无人认领船舶和船载货物提供了可行办法，为有效解决无人认领、无人管控船舶及船载货物处置难、保管难等问题，提供了一条可行的司法途径。②为打击海上走私等非法行为提供司法保障。近年来，我国沿海地区油品、冻品等走私猖獗，一些走私分子为逃避打击而弃船弃货，船舶因权属不明而难以处置，制约了海上执法行动的有效开展。通过申请认定财产无主程序，提前处置无人认领船舶及船载货物，并在海事部门监督下进行拆解，可以有效避免上述法律风险，堵住船舶和货物再次流入市场的漏洞。③能动司法，及时处置无主财产，避免保管费用和风险持续增加。根据海事诉讼特别程序法关于诉讼中拍卖船舶和船载货物的规定，在公告期间裁定提前拍卖无名船舶及船载油品，减轻了执法部门因保管和处置船舶及船载货物而带来的财政负担。

9. 哈皮那船舶公司（Harpina Owning Company Limited）与江苏天元船舶进出口有限公司、江苏新扬子造船有限公司和扬子鑫福造船有限公司船舶建造合同纠纷案。

【典型意义】本案系在国际航运市场持续走低背景下发生的涉外船舶建造合同纠纷，具有如下典型意义：①践行多元纠纷解决机制，维护各方当事人的合法权益。本案纠纷涉及多国当事人，通过一般诉讼程序解决耗时费力，执行难度大，武汉海事法院从提高效率、降低成本的角度出发，确立了调解方案，引导当事人理性面对和解决纠纷。调解结案，不仅使哈皮那公司及早将 20 万吨级的"世外桃源"轮投入运营，也避免了天元公司等可能面临的船舶营运损失索赔。②涉案纠纷的顺利调解解决，为卡迪夫公司和扬子江公司之间的诸多国际仲裁和诉讼提供了可资借鉴的处理思路，在当事人都可接受的利益平衡点上，借鉴中国调解经验，最终解决了系列国际纠纷。

10. 大宇造船海洋株式会社（Daewoo Shipbuilding & Marine Engineering Co., Ltd）诉西达克凌公司（C Duckling Corporation）船舶抵押合同纠纷案。

【典型意义】本案是《海事诉讼特别程序法》第116条规定的确权诉讼案件，由海事法院一审终审，当事人不得提起上诉。案件涉及来自韩国、利比里亚、巴拿马、马绍尔群岛等多个国家的当事人，抵押合同签订于英国伦敦，主债权涉及伦敦仲裁裁决的承认与执行。青岛海事法院根据我国《海商法》第十四章有关涉外关系法律适用的相关规定，依照船旗国法律认定船舶抵押权的效力，确认了在国外设立的船舶抵押权的优先受偿效力。本案的成功处理，显示出中国法院依法查明适用外国法律的能力和水平，树立了我国海事司法公平公正的国际形象。

（八）第一批涉互联网典型案例

随着"互联网+"时代的到来，互联网思维、互联网技术已经广泛深入到社会生活的方方面面。电商、共享经济、互联网金融等新业态的发展日新月异，相应的涉互联网诉讼案件数量激增，新类型案件层出不穷，给人民法院的审判执行工作带来新的挑战。2018 年 8 月 16 日，最高人民法院第一批 10 例涉互联网典型案例，以总结审判经验，为应对"互联网+"模式下经济社会发展面临的新情况、新问题，为涉互联网领域经济社会健康发展提供司法保障。

1. 重庆市阿里巴巴小额贷款有限公司诉陈壮群小额借款合同纠纷案。

【典型意义】"送达难"一直是困扰审判工作的问题之一，严重影响了司法效率，降低了司法公信。司法实践中，许多"送达难"问题产生的根源是受送达人躲避诉讼、拒不配合法院送达。在此种情况下，依靠诉中填写送达地址确认书，显然无法解决"送达难"问题。诉前约定送达符合双方当事人利益，应该为送达地址确认制度所吸收，丰富送达地址确认制度形式，与诉中填写送达地址确认书相互补充，成为高效解决"送达难"的有效形式。本案中，当事人在签订合同时经合意约定了因合同纠纷成讼后，可使用电子送达方式及电子送达地址、可适用的程序范围、地址变更方式、因过错导致文书未送达的法律后果等内容，内容明确、具体，双方对送达条款均能够预见诉讼后产生的法律后果，该约定具有《送达地址确认书》的实质要件，具有相当于《送达地址确认书》的效力。诉前约定送达条款虽然与在诉中由法院引导填写、统一的印制格式等形式不尽相符，但是，只要其满足了实质要件，能够在保障当事人诉权的前提下有效解决送达难题，就是一种更便捷、高效的送达。因此，本案例确认，当事人在诉前相关合同中对电子送达方式、电子送达地址及法律后果作出明确、具体约定的，该约定具有相当于《送达地址确认书》的效力。人民法院在诉讼过程中可以直接适用电子送达方式向诉前约定的电子送达地址送达除判决书、裁定书、调解书以外的诉讼文书。

2. 徐瑞云诉敬子桥、浙江淘宝网络有限公司网络购物合同纠纷案。

【典型意义】食品安全关涉人民群众的生命与健康，对于社会稳定、经济发展具有重大影响。近些年来，食品安全领域由于重大食品安全事故频发，严重危害到公众健康，对构建和谐社会造成威胁，使我国面临着极为严峻的食品安全问题。随着贸易全球化和我国经济社会的发展，进口食品已经成为我国消费者重要的食品来源，尤其是通过网络销售，大量种类繁多的进口食品送到了消费者手中。进口食品安全问题同样不能忽视，其必须符合我国食品安全国家标准，经营者违反国家食品安全规定销售进口食品的，应当承担相应的法律责任。本案例即明确进口食品应当符合我国食品安全国家标准，经国家出入境检验检疫机构依照进出口商品检验相关法律、行政法规的规定检验合格，按照国家出入境检验检疫部门的要求随附合格证明材料。被告敬子桥作为经营者必须要保证食品来源的安全。本案中，被告敬子桥通过网络销售的俄罗斯进口奶粉不是我国目前准入的食品，且被告敬子桥也无法提供进口货物的相关报关单据、入境货物检验检疫证明、产品检验检疫卫生证书、海关发放的通关证明等进口食品所应具备的资料，故认定涉案奶粉属于不符合食品安全标准的食品。因被告敬子桥销售明知是不符合食品安全标准的食品，原告要求退还货款并支付价款10倍的赔偿金，于法有据，法院予以支持。被告浙江淘宝网络有限公司对被告敬子桥的主体信息、经营资质进行了审核，并在原告徐瑞云维权时提供了销售者的真实名称、地址和有效联系方式，涉案商品也已及时下架处理，其已经履行了注意义务，不应承担连带赔偿责任。

3. 浙江淘宝网络有限公司诉许文强等网络服务合同纠纷案。

【典型意义】随着"互联网+"的兴起，电商产业飞速发展，但同时也出现了诸多亟待解决的问题，尤以普遍存在的造假售假问题最为严重。囿于网络行为的隐蔽性、举证的艰难性、技术的复杂性，电商平台自身采取的净化措施就十分重要。本案认定淘宝公司与许文强之间存在有效的协议，许文强的售假行为违反了协议约定。本案所涉服务协议均约定，用户不得在淘宝平台上销售或发布侵犯他人知识产权或其他合法权益的商品或服务信息。许文强作为淘宝用户，应恪守约定，履行自身义务。已有生效判决认定，许文强通过开设的"强升名酒坊"店铺，销售假冒的五粮液，侵害了五粮液公司对"五粮液"注册商标享有的使用权。由此可见，许文强的售假行为已经违反了与淘宝公司之间的约定。许文强在淘宝网上出售假冒五粮液的行为不仅损害了与商品相关权利人的合法权益，而且降低了消费者对淘宝网的信赖和社会公众对淘宝网的良好评价。许文强在使用淘宝平台服务时，应当预见售假行为对商品权利人、消费者以及淘宝公司可能产生的损害。商誉是经营者本身以及经营者提供商品或服务过程中形成的一种积极社会评价。商誉可以体现在商品、商标、企业名称上，能够在生产经营中变现为实际的商业利润，具有显著的财产属性。因此，淘宝公司要求赔偿商誉等损失的主张具有相应的依据。电商平台经营者和平台内签约经营者均有依法规范经营的义务，许文强在淘宝网上销售假冒的五粮液，不仅应当承担对消费者的赔偿义务，也应当依约承担对电商平台的违约责任，电商平台经营者也有权依法追究平台售假商家的违约责任。从另外一个角度看，打假和净化网络购物环境也是第三方交易平台经营者的责任，符合其长远经营利益，有利于维护消费者合法权益，维护公平竞争的市场秩序。

4. 王兵诉汪帆、周洁、上海舞泡网络科技有限公司网络店铺转让合同纠纷案。

【典型意义】网络店铺的私自转让在现实中大量存在，因此产生的纠纷亦有不断进入诉讼的趋势。该案涉及网络店铺转让究竟系转让什么、转让的法律效力如何等问题，理论界和实务界并无相对统一之见解。本案例明确了涉网络店铺转让纠纷相应的裁判规则，具有一定的典型性和指导价值。本案中，汪帆系通过与淘宝平台签订服务协议并经实名认证，取得系争网络店铺之经营权。服务协议内容经双方认可，且不存在违反法律行政法规强制性规定、损害社会公共利益等情形，故汪帆与淘宝平台间形成合法有效的合同关系。现周洁在汪帆认可之情况下，与王兵、舞泡公司签署网络店铺转让合同，实际上系将汪帆与淘宝平台间合同关系项下的权利义务一并转让给王兵。根据《合同法》第 88 条、第 89 条之规定，当事人一方将自己在合同中的权利和义务一并转让给第三方的，须经对方当事人的同意。现周洁虽有汪帆之认可但未征得淘宝平台同意，私自转让系争网络店铺，该转让行为不发生法律效力。故王兵以合同约定内容为据，要求周洁等支付违约金、双倍返还转让费之主张，缺乏依据。而根据《合同法》第42条的规定，当事人在订立合同过程中有违背诚实信用原则的行为，给对方造成损失的，应当承担损害赔偿责任。周洁在汪帆认可情况下，将系争店铺让与王兵，现转让行为未生效，且店铺已被汪帆找回并实际控制，周洁理应就王兵因此而产生之损失承担赔偿责任。该案通过对网络店铺店主与网络平台经营方之间法律关系的厘清，对实际普遍存在的网络店铺私自转让行为从法律上作出了妥当评价，有利于网络平台经营方更好地实施管理、提供服务、控制网络交易风险，促进电子商务的进一步健康、有序发展。

5. 庞理鹏诉中国东方航空股份有限公司、北京趣拿信息技术有限公司隐私权纠纷案。

【典型意义】随着科技的飞速发展和信息的快速传播，现实生活中出现大量关于个人信息保护的问题，个人信息的不当扩散与不当利用已经逐渐发展成为危害公民民事权利的一个社会性问题。本案是由网络购票引发的涉及航空公司、网络购票平台侵犯公民隐私权的纠纷，各方当事人立场鲜明，涉及的焦点问题具有代表性和典型性。公民的姓名、电话号码及行程安排等事项属于个人信息。在大数据时代，信息的收集和匹配成本越来越低，原来单个的、孤立的、可以公示的个人信息一旦被收集、提取和综合，就完全可以与特定的个人相匹配，从而形成某一特定个人详细准确的整体信息。此时，这些全方位、系统性的整体信息，就不再是单个的可以任意公示的个人信息，这些整体信息一旦被泄露扩散，任何人都将没有自己的私人空间，个人的隐私将遭受威胁。因此，基于合理事由掌握上述整体信息的组织或个人应积极地、谨慎地采取有效措施防止信息泄露。任何人未经权利人的允许，都不得扩散和不当利用能够指向特定个人的整体信息，而整体信息也因包含了隐私而整体上成为隐私信息，可以通过隐私权纠纷而寻求救济。本案中，庞理鹏被泄露的信息包括姓名、尾号××49手机号、行程安排等，其行程安排无疑属于私人活动信息，应该属于隐私信息，可以通过本案的隐私权纠纷主张救济。从收集证据的资金、技术等成本上看，作为普通人的庞理鹏根本不具备对东航、趣拿公司内部数据信息管理是否存在漏洞等情况进行举证证明的能力。因此，客观上，法律不能也不应要求庞理鹏证明必定是东航或趣拿公司泄露了其隐私信息。东航和趣拿公司均未证明涉案信息泄漏归因于他人，或黑客攻击，抑或是庞理鹏本人。法院在排除其他泄露隐私信息可能性的前提下，结合本案证据认定上述两公司存在过错。东航和趣拿公司作为各自行业的知名企业，一方面因其经营性质掌握了大量的个人信息，另一方面亦有相应的能力保护好消费者的个人信息免受泄露，这既是其社会责任，也是其应尽的法律义务。本案泄露事件的发生，是由于航空公司、网络购票平台疏于防范导致的结果，因而可以认定其具有过错，应承担侵权责任。综上所述，本案的审理对个人信息保护以及隐私权侵权的认定进行了充分论证，兼顾了隐私权保护及信息传播的平衡。

6. 谢鑫诉深圳市懒人在线科技有限公司、杭州创策科技有限公司等侵害作品信息网络传播权纠纷案。

【典型意义】"听书""有声读物"是近年来新兴的一种文化消费方式，产业价值巨大。但制作、在线提供有声读物在著作权法上如何定性，经营者应当取得著作权人怎样的授权，未经许可制作有声读物所侵害的是作者的复制权还是改编权等问题，法律条文上无直接规定，理论界和实务界也有不同认识。这种局面可能使得业界法律界限不清，无所适从，不利于行业合法有序的经营发展。本案争议焦点有三：①作品均以形成外在的独创性表达为其前提要件，对作品的改编应以改变作品之表达，且该改变具有独创性为前提。对于文字作品而言，文字表述是其作品的表达所在，改编文字作品应以文字内容发生改变为前提。将文字作品制成有声读物需要经过三个步骤：朗读、录音、后期制作。三个步骤均只改变了作品的形式或载体，无一改变了文字作品的表达或内容，因而不涉及对文字作品的改编，有声读物只是以录音制品存在的复制件。②根据著作权法保护著作权人权益的本意，凡未经著作权人明确授予的权利仍应保留在著作权人手中。授权作为一种合同行为，以双方当事人达成合意为前提。一项行为是否在著作权人授权范围之内，需要探明著作权人授权时的真实意思表示。本案中结合合同上下文及签约时的时间环境，不应认定在线提供有声读物属谢鑫授权范围之内。③上游"授权方"缺乏有效权利而向下授权他人实施受专有权利控制的行为，自身对此存在过错且行为实际发生的，所有上游授权方均构成侵权，与直接侵权人承担连带责任。在当前立法和司法有关有声读物具体规则存在空白，而行业发展又亟待明确规则的背景下，本案裁判为行业主体提供了清晰的指引，对于充分发挥司法助推文化产业健康发展具有积极作用。

7. 尚客圈（北京）文化传播有限公司诉为你读诗（北京）科技有限公司、首善（北京）文化产业有限公司擅自使用知名服务特有名称纠纷案。

【典型意义】本案的焦点问题涉及知名微信公众号名称的不正当竞争保护，由于移动互联网络具有受众范围广、传播速度快等特点，故其产业经营特点、竞争方式有别于传统产业。对于涉互联网不正当竞争纠纷案件的处理，既要准确理解、适用法律，也要充分了解特定产业的特点。对于互联网环境下的竞争纠纷，要结合网络本身所具有的特点，充分考量互联网软件产品或服务的模式创新以及市场主体的劳动付出，通过司法裁判，促进和规范市场竞争秩序。法院生效判决认为，首先，为你读诗公司、首善文化公司与尚客圈公司具有竞争关系。为你读诗公司、首善文化公司与尚客圈公司提供的服务都是以移动客户端（如手机）为载体，服务对象都是移动平台用户，服务内容都是与诗歌有关的主题，故为你读诗公司和首善文化公司与尚客圈公司提供的是类似的服务，构成竞争关系，应受反不正当竞争法的调整。其次，尚客圈公司的微信公众号"为你读诗"构成知名服务特有的名称。根据查明的事实可以认定，在被控侵权行为发生时，尚客圈公司的"为你读诗"微信公众号服务在我国已具有一定的市场知名度，属于相关公众所知悉的服务。最后，为你读诗公司和首善文化公司的被诉行为构成不正当竞争。根据相关法律规定，所述混淆或误认是指发生混淆或者误认的可能性，而不需要实际发生混淆或误认，且不以实际发生损害后果为前提。"为你读诗"APP 和 "为你读诗"微信公众号的名称完全相同，二者均是以移动客户端如手机为载体，且"为你读诗"微信公众号提供的核心服务为朗诵诗歌供订阅者收听，可完全被"为你读诗"APP 提供的服务所涵盖，上述情形使得相关公众在接受"为你读诗"APP、"为你读诗"微信公众号的服务时，容易认为该服务系由尚客圈公司提供，从而产生混淆或误认。

8. 南京尚居装饰工程有限公司诉南京飞日强装饰工程有限公司著作权侵权、虚假宣传纠纷案。

【典型意义】随着"互联网+"模式的普及发展，越来越多的企业意识到依托电子平台或互联网宣传吸引优质资源和消费群体的重要性，而网站如同企业的电子名片，是企业向消费者传递服务信息及品质的高效途径，消费者可以足不出户地通过浏览网站来了解企业的业务特色、服务理念及信誉信息等。随之而来的是，企业网站被竞争对手"抄袭"现象也层出不穷。网站抄袭行为会使权利人通过网站布局、文案所呈现的独特视觉感受淡化，误导消费者，损害网站运营企业的经济利益。但如何对网站进行法律保护，网站是否构成著作权法意义上的作品，法律并无明确规定，这给司法实践造成了一定困扰。本案裁判认为，网站通过撰写源代码将文字、图片、声音等组合成多媒体并通过计算机输出设备进行展示，当网站版面的素材选取、表现形式及内容编排等达到一定独创性要求，网站整体可作为汇编作品进行保护。网站设计者通过创作构思将多种元素信息进行整合与排列，以营造丰富的视觉体验，网站版面设计过程本身亦是一种劳动创造，其特异性体现在对多媒体信息的选择与编排上。精心挑选的内容、素材经过编排整合形成的网站版面表现形式符合汇编作品的概念与特征。著作权是为了保护在文学、艺术、科学领域做出了创造性劳动的人的利益，当网站设计达到一定独创性要求，应当依著作权法对权利人的合法权益进行保护。被告公司网站与原告网站高度近似的部分属于原告独创性的对内容的选择、整理与编排部分，故被告网站侵犯了原告著作权。另外，经营者在市场交易中，应遵循自愿、平等、公平、诚实信用的原则，遵守公认的商业道德。经营者不得利用广告或者其他方法，对商品与服务质量、制作成分、性能、提供者等作引人误解的虚假宣传。网站页面能够起到一定区分和识别市场主体的作用，被告在其网站上擅自使用与原告相同的宣传用语、专属荣誉等，显然与实际情况不符。本案原、被告均属装饰企业，业务范围高度近似、注册地均在江苏省南京市，潜在顾客群存在交叉，两者存在竞争关系。被告上述行为实质破坏了正常的市场经营秩序，使得消费者对被告企业真实经营规模、信誉产生误解，本质上构成虚假宣传、不正当竞争，侵害了原告正常的商业利益。

9. 中国平安财产保险股份有限公司广东分公司诉吴春田、北京亿心宜行汽车技术开发服务有限公司保险人代位求偿权纠纷案。

【典型意义】随着网络时代的兴起，通过网约代驾平台请求有偿代驾服务越来越常见，而在代驾服务期间发生事故进而引发纠纷的情形也时有发生。提供有偿网约代驾服务的主体并不具有车损险被保险人地位，代驾过程中发生事故造成车损，代驾司机负有责任的，保险人向被保险人赔偿后，有权在赔偿金额范围内行使代位求偿权。本案的处理，对厘清车主、网约代驾平台及保险人的责任，维护广大车主的切身利益和规范网络代驾行业的健康发展都具有积极的意义。不同于日常生活中亲朋借车或友情代驾行为，本案中，代驾人系有偿提供代驾服务，并非为被保险人利益所为，对保险标的车辆也不存在占有利益，因此，代驾人不能成为涉案保险合同的被保险人。代驾人作为第三人在提供有偿服务的过程中造成投保车辆受损并负全责，对被保险人的财产构成侵权，被保险人有权请求赔偿，保险公司亦可代位行使求偿权。

10. 深圳市玩家文化传播有限公司申请强制执行案。

【典型意义】当前，互联网经济高度活跃，在日益频发的互联网纠纷中，案件执行往往具有难度大、范围广、实体财产难以掌握的特点，需要创新高效、快捷的执行手段。本案中，法院经核实发现，被执行人所拥有的网页中有广告投放公告，广告费用较高，且在该网页内确有广告投放。该网络域名已在国家管理部门注册登记，权利人具有专有使用权。同时，法院对本案的执行已穷尽查询银行财产、房管、车管、工商登记、搜查等传统执行措施，但仍无可供执行财产。法院可依法将网络域名作为补充方式采取强制措施，向有关单位发出协助执行通知书进行查封，以使被执行人主动履行法定义务。

（九）证券期货纠纷多元化解十大典型案例

2018年12月1日，最高人民法院网发布证券期货纠纷多元化解十大典型案例，体现了证券期货纠纷多元化解机制的成果，也为证券期货纠纷解决提供了参考。

1. 上市公司欺诈发行引发涉众纠纷案例。

【参与单位】福建省高级人民法院、辽宁省高级人民法院、福州市中级人民法院、沈阳市中级人民法院、中国证券业协会、深圳证券交易所、中国证券投资者保护基金有限责任公司、中国证券登记结算有限责任公司。

【典型意义】X公司投资者先行赔付是我国资本市场因上市公司欺诈发行退市，保荐机构先行赔付投资者损失的首次尝试，对推进证券期货纠纷多元化解机制试点工作具有重要意义。在法院系统和监管部门的支持下，在先行赔付工作协调小组成员单位和广大证券公司的共同努力下，此次先行赔付工作进展顺利，通过主动和解的方式化解了经营机构及发行主体与众多投资者之间的矛盾纠纷，促进了X公司的平稳退市，促使相关责任主体吸取教训，规范经营管理，提升合规意识和风控水平，没有因第一单上市公司欺诈发行退市引发社会矛盾，维护了资本市场和社会的和谐稳定。

2. 上市公司控制权之争纠纷案例。

【参与单位】深圳证监局、深圳证券期货业纠纷调解中心、深圳国际仲裁院。

【典型意义】①本案通过调解方式化解控制权之争为今后同类纠纷处理探索了一条可资借鉴的新路径。2018年5月，在总结本案调解成功经验的基础上，调解中心和深圳国际仲裁院合作成立境内资本市场首家"并购争议解决中心"，以加强上市公司并购纠纷等方面的研究、防范和化解。②深圳证监局、调解中心、深圳国际仲裁院通力协作，短时间内解决长达4年的上市公司控制权争夺纠纷，充分体现了"专业调解+商事仲裁+行业自律+行政监管"四位一体争议解决机制在化解资本市场复杂矛盾纠纷方面的优势和成效。③通过调解化解纠纷后，双方实现了共赢。C公司优化了股权结构、负债结构和产业结构，赢得了良好的经营环境，W公司转让相关股份、承诺放弃控制权争夺，更加专注主业发展。

3. 投资者与上市公司虚假陈述赔偿纠纷案例（一）。

【参与单位】上海市第一中级人民法院、上海证监局、中证中小投资者服务中心有限责任公司。

【典型意义】此案的成功调解，对于上市公司虚假陈述纠纷化解具有积极示范作用：①便捷高效化解矛盾。虚假陈述纠纷涉及投资者多、地域分布广、社会影响大，若处置不当极易引起上市公司股价波动等不良效应，影响公司发展和投资者切身利益。此前该类纠纷都以诉讼方式解决，但举证较难、诉讼周期长，双方耗时耗力。通过专业调解，有助于实现投资者权益救济和维护市场稳定、公司发展之间的平衡，实现"案结事了人和"的多赢局面。②有效节约司法资源。此案之后，陆续有多家法院和相关调解组织建立诉调对接机制，委托、委派多起纠纷案件给调解组织受理，有利于快速定纷止争，极大节约了司法资源，帮助投资者低成本维权。

4. 投资者与上市公司虚假陈述赔偿纠纷案例（二）。

【参与单位】南京市中级人民法院、江苏证监局、中证中小投资者服务中心有限责任公司。

【典型意义】本案中，南京中院根据立案登记制改革要求，在证监会对 H 公司尚未作出行政处罚决定的情况下，受理了投资者诉 H 公司虚假陈述纠纷一案，保障了当事人的诉权。在监管部门指导下，投资者服务中心与南京中院紧密沟通、协调联动，积极发挥调解柔性解决纠纷的优势，督促公司主动与投资者和解，维护公司的公众形象，取得了双赢的效果。本案的调解机制具有开创性，对于虚假陈述民事赔偿纠纷及时有效解决、降低投资者维权成本等具有示范作用，也为积极推进人民法院案件受理制度和证券民事赔偿案件行政前置程序改革提供了成功的实践探索。

5. 投资者与期货公司及其营业部期货交易纠纷案例。

【参与单位】最高人民法院、山东证监局、中国期货业协会。

【典型意义】①此案系最高人民法院委托调解的第一起商事案件。法院、监管部门、行业协会三方合力化解纠纷事半功倍。成功化解投资者 W 与 H 期货公司及其营业部的纠纷，与法院、监管部门和协会的通力合作密不可分。最高人民法院率先垂范，积极运用诉调对接机制化解矛盾，在调解过程中提供法律适用指导和调解场地支持，依据当事人已达成的调解协议快速制作民事调解书，赋予调解协议更高层级的法律保障。辖区证监局密切关注，主动引导当事人双方采用调解的柔性方式化解纠纷，避免矛盾纠纷升级。期货业协会作为行业调解组织，在调解过程中积极发挥桥梁纽带和"润滑剂"作用，及时缓和当事人双方的对立情绪，促成双方和解。②调解在解决证券期货纠纷中体现了独特优势。调解以协商对话和相互妥协的方式解决纠纷，程序更为灵活高效，成本更为低廉，符合当事人和社会解决纠纷的需要。对于金融领域的经济纠纷案件，尤其是在案件法律关系相对复杂、质证困难的情况下，采用调解方式解决纠纷，既有利于保护个人隐私和商业秘密、缓和对立情绪，减少对双方关系的破坏，又能合理利用司法资源、节约公共成本，还能在纠纷解决的同时，改善社会关系，促进社会和谐。

6. 投资者与期货公司交易系统故障纠纷案例。

【参与单位】厦门证监局、中证中小投资者服务中心有限责任公司。

【典型意义】现今通过电脑、手机进行证券期货交易，已成为中小投资者的主要交易方式，交易系统故障引起的纠纷也已成为纠纷调解工作中一类重要案件类型。此类案件交易金额一般不大，但调解难度不小，主要是因为系统故障发生时，投资者无法准确判断故障发生的原因，往往笼统地认为是机构方的问题，情绪比较激动，且投资者证据保存意识不强，很少能提供证明故障发生的有力证据，导致调解的基础材料缺乏。本案的成功调解，为后续类似案件处理提供了借鉴。在责任分配上，借鉴司法判例的做法，由于投资者处于相对弱势地位，在证据保存上确实存在困难，可考虑向投资者做适当倾斜。在赔偿形式上，因多数系统故障类案件涉及金额不大，考虑到机构财务制度等限制，机构在承担相应责任的基础上，可灵活运用多种方式对投资者进行补偿，更有利于调解协议的达成。同时，本案例也提示投资者，在遇到类似情况时，应当提高证据保存意识，从而更好地维护自身权益。

7. 公证提存化解投资者与证券公司理财产品业务纠纷案例。

【参与单位】内蒙古证监局、中证中小投资者服务中心有限责任公司。

【典型意义】本案是资本市场纠纷调解中首次使用资金提存公证手段促成调解的案例。在投资者与市场经营机构产生纠纷后，双方逐渐丧失信任基础，调解过程中投资者往往要求先拿到赔偿，才愿意履行约定的义务；而机构方则担心向投资者给付相关金额后，投资者如不履行调解协议，自身缺乏有效制约手段。在这种互不信任的情况下，调解工作很难继续开展。投资者服务中心基于个案的具体情况，有针对性地提出资金提存公证方式，对于促成双方和解起到极大的推动作用。①办理资金提存公证事先需要双方共同签订资金提存协议书。在资金提存协议签订过程中，双方协商一致、形成共识，使得正式调解前，彼此信任关系逐步建立，为后续调解营造良好氛围。②提存方通过事先存入一定金额资金的方式向投资者表达解决问题的诚意，让投资者得到心理慰藉，一定程度缓解双方紧张对立局面。③公证提存资金是调解协议执行的有效保障。资金提存后，在公证机关监督下，提存方无法反悔，只要完成调解协议规定义务，投资者即可安全便捷地获得提存资金，有利于保护本案中投资者合法权益。

8. 投资者与证券营业部佣金调整纠纷案例。

【参与单位】福建证监局、福建省证券期货业协会、福州市仲裁委员会证券期货仲裁中心。

【典型意义】佣金纠纷属于证券市场常见的服务纠纷，涉及金额小，时间长，但占用精力多。本案对于运用调解机制解决此类纠纷有借鉴意义。①引导双方聚焦化解纠纷。本案中双方均无支持性证据，且现行法规对佣金调整事项在流程上无强制性要求，因此，调解员引导当事人避免对于纠纷事实对错的争论，更加注重自身行为的不足，共同化解纠纷。②规范调解工作流程。本案中调解开展、方案提出、协议签订、仲裁见证等过程均严格遵循调解规范流程；调解员遵循自愿、诚信、公正、保密等调解基本原则，秉持第三方独立立场，促成成功调解。③帮助机构改进客户服务。本案中，营业部从前台受理到完成佣金调整虽经过审批、复核等五道内部流程，但在客户端既未向客户提供回执单，又未与客户主动确认调整结果，没有形成风控闭环，埋下风险隐患。经营机构只有将"以客户为中心"理念根植于心，从制度、流程设计等各环节不断完善服务，才能提升客户满意度，从根本上减少此类纠纷的发生。

9. 首例适用小额速调机制纠纷案例。

【参与单位】北京证监局、中证中小投资者服务中心有限责任公司。

【典型意义】本案是证券期货市场首例适用小额速调机制的调解案例。实践中，许多金额不大、案情简单的调解纠纷久拖未决，既占用调解资源，又耗费双方时间精力。基于此，投资者服务中心借鉴国际经验，创新实行了倾斜保护中小投资者的小额速调机制，即针对诉求金额较少（实践中主要为 5000 元以下，个别地方 5 万元以下）的证券期货纠纷，市场机构通过自律承诺、自愿加入、签署合作协议等方式，作出配合调解工作的承诺：①只要投资者提出申请，机构积极配合调解工作；②调解协议只需投资者同意，机构无条件接受并自觉履行；③如投资者不同意调解结果，则调解协议对争议双方均无约束力，投资者可寻求其他救济途径。小额速调机制为纠纷解决和投资者快速获得赔偿提供了新的路径，提高了调解效率，对行政救济、司法救济等投资者维权途径起到了有益补充作用。目前，该机制已在 18 个省（市）成功试点推广，实践中已有多起成功案例。

10. 基金资管产品债券交易连环违约纠纷案例。

【参与单位】北京市西城区人民法院、中国证券投资基金业协会。

【典型意义】对会员之间、会员与客户之间发生的基金业务纠纷进行调解，是法律赋予基金业协会的重要职责之一。该案是基金业协会会员间债券交易纠纷第一案，具有重要的行业示范意义。基金业协会作为自律组织主动发挥引导作用，积极与司法审判机关探索调解合作新模式，采取多元手段化解行业纠纷矛盾，一方面，通过行业调解加司法确认的模式，节约了司法资源，提高了调解权威性，快速有效地降低了会员间的矛盾冲突；另一方面，通过行业内部封闭化处置，以基金业协会的行业公信力，协调各方按照公平原则有序分配基金财产，化解复杂的债务纠纷并有效抑制基金领域风险外溢，防范个例风险演变成局部风险甚至行业性风险。

（十）人民法院环境资源审判保障长江经济带高质量发展典型案例

保障长江经济带高质量发展是近年来最高人民法院一项重要的司法政策，环境资源审判则是近年来我国人民法院一项重要的审判实践。2018 年 11 月 28 日，最高人民法院发布 10 例人民法院环境资源审判保障长江经济带高质量发展典型案例，其中 4 例属于环境民事公益诉讼案件。

1. 中华环保联合会诉宜春市中安实业有限公司等水污染公益诉讼案。

【典型意义】本案在数人环境侵权的责任认定方面进行了有益的探索。长江中下游江河湖泊众多，流域生态功能退化严重，接近 30% 的重要湖库处于富营养化状态，生态环境形势严峻。本案中，中安公司通过私设暗管的方式偷排重金属污染物直接导致袁河和仙女湖流域特别重大环境突发事件，系直接的污染者。中安公司从事非法经营危险废物的资金来源于珊田公司，龙天勇公司、博凯公司、沿江公司则分别向中安公司非法提供危险废物，均应当按照其过错承担相应的责任。人民法院根据污染环境、破坏生态的范围和程度、生态环境恢复的难易程度、侵权主体过错程度等因素，参考专家意见，将危险废物的绝对数量作为承担责任大小的依据，判决 5 家公司按比例承担责任，并在省级媒体向公众赔礼道歉，有效保障了重点区域的水环境保护和水生态修复。

2. 中华环境保护基金会诉凯发新泉水务（扬州）有限公司水污染公益诉讼案。

【典型意义】长三角地区沿江重化工企业高密度布局、人口密度大，人民法院需要通过服务和保障沿江化工污染整治、固体废物处置、城镇污水垃圾治理等生态环境保护专项行动，依法审理城市群工业污染案件和涉城镇污水、垃圾处理案件，实现法律效果、社会效果和生态效果的有机统一。本案中，凯发新泉公司作为工业废水、生活污水处理企业，本应自觉履行生态环境保护的主体责任，将环境保护要求纳入企业经营管理机制，积极开展技术创新和改造，将污水处理达标后才能排放进入长江水体。但该企业仍然多次发生排水口废水污染物超标排放的情况并受到行政处罚。公益诉讼案件受理后，工业园区管委会及时与污染企业解除了特许经营协议，避免了环境损害后果的进一步扩大。人民法院则充分发挥调解的纠纷解决功能，着眼环境利益最大化，确保污染者及时履行生态环境修复责任。

3. 湖南省益阳市环境与资源保护志愿者协会诉湖南林源纸业有限公司水污染公益诉讼案。

【典型意义】本案系人民法院跨行政区划审理的水污染公益诉讼案件。涉案污染行为发生地为益阳沅江，按照湖南高院跨行政区划集中管辖环洞庭湖环境资源案件的安排，本案由岳阳市君山区人民法院洞庭湖环境资源法庭审理，是环境资源案件跨行政区划集中管辖的生动实践。一审法院邀请湖南环境保护科学研究院的工程专家以专家证人的形式出庭，就生态环境损害赔偿数额等专业问题出具意见，既有效提高了案件事实认定的客观性，又有效克服了环境资源审判鉴定难的瓶颈问题，对类案的处理具有一定借鉴意义。

4. 浙江省开化县人民检察院诉衢州瑞力杰化工有限责任公司环境民事公益诉讼案。

【典型意义】本案系因土地利用方式不当污染土壤并引发水污染的环境民事公益诉讼案件。人民法院通过依法审理土壤污染案件，强化土壤污染管控和修复，防止有毒有害污染物、危险化学品、危险废物等通过地下水循环系统进入长江干支流，彰显了山水林田湖草是生命共同体的基本理念。本案中，马金溪作为钱江源国家森林公园的重要水域，是开化县城市集中饮用水水源地。瑞力杰公司填埋工业固体废物产生渗滤液，对填埋地土壤和马金溪河流水生态环境以及地下水生态环境造成损害，对水源地水质产生不良影响。人民法院从长江流域生态系统的整体性着眼，综合考虑多种因素，依法判决瑞力杰公司承担环境侵权责任，赔偿生态环境受到损害期间的服务功能损失和生态环境修复费用，有效保障了饮用水水源地的水质安全。

（十一）知识产权纠纷行为保全典型案例

行为保全在知识产权纠纷案件处理过程中具有十分重要的现实意义。我国行为保全的实践和制度最早始于知识产权纠纷领域并不断发展。2018 年 12 月 13 日，最高人民法院发布 5 例知识产权纠纷行为保全典型案例。

1. 禁止向公众提供中超联赛摄影作品案。北京市海淀区人民法院认为，本案中，结合上海映脉文化传播有限公司（简称映脉公司）提交的其与中超公司签订的《2017—2019 中国足球协会超级联赛官方图片合作协议》相关条款、中超公司出具的《确认书》以及《通知》第 11 条内容，映脉公司系唯一有权在 2018 年中超赛场位置拍摄摄影作品的商业图片机构。在体娱（北京）文化传媒股份有限公司（简称体娱公司）认可其在全体育网上展示、提供下载和对外销售 2018 年中超联赛前 11 轮赛事摄影作品的情形下，结合（2017）京 0108 民初第 14964 号判决认定的体娱公司在全体育网上展示、提供下载和对外销售 2017 年中超联赛赛事摄影作品系违反《反不正当竞争法》第 2 条之行为等事实，尽管该判决尚未生效，但体娱公司在本案中将被判决认定构成不正当竞争的可能性仍较大。同时，体育赛事摄影作品具有时效强的特点，加之中超联赛系中国大陆地区受关注较高的足球赛事，2018 年赛季仍有多轮比赛尚未进行，之后的赛事摄影作品也会得到体育赛事图片市场的较高关注，为防止损害的进一步扩大，责令体娱公司立即停止在全体育网中继续向相关公众提供2018年中超联赛赛事摄影作品，具有紧迫性和必要性。据此，法院对映脉公司提出的要求体娱公司立即停止在全体育网上展示、提供下载和对外销售2018年中超联赛赛事摄影作品的申请，依法予以支持。

2. 杨季康申请责令停止拍卖钱钟书书信手稿案。北京市第二中级人民法院认为，中贸圣佳公司在涉案钱钟书书信手稿的权利人杨季康明确表示不同意公开书信手稿的情况下，即将实施公开预展、公开拍卖的行为构成对著作权人发表权的侵犯。如不及时制止，将给权利人造成难以弥补的损害。此外，发表权是著作权人行使和保护其他权利的基础，一旦作品被非法发表，极易导致权利人对其他复制、发行等行为难以控制。

3. 美国礼来公司等与黄某某侵害商业秘密纠纷诉中行为保全案。美国礼来公司、礼来（中国）研发公司申请称：2013年1月，被申请人黄某某从礼来（中国）研发公司的服务器上下载了48个申请人所拥有的文件（其中21个为核心机密商业文件）并私自存储。2013年2月，被申请人签署同意函，承认下载了公司保密文件，并承诺删除，但后来拒绝履行，致使申请人的商业秘密处于随时可能因被申请人披露、使用或者许可他人使用而处于被外泄的危险境地，对申请人造成无法弥补的损害。上海市第一中级人民法院经审查认为，申请人的申请符合法律规定，故裁定禁止被申请人黄某某披露、使用或允许他人使用申请人美国礼来公司、礼来（中国）研发有限公司主张作为商业秘密保护的21个文件。

4. "网易云音乐"侵害信息网络传播权诉前行为保全案。武汉市中级人民法院认为，申请人深圳市腾讯计算机系统有限公司对涉案623首音乐作品依法享有信息网络传播权，广州网易计算机系统有限公司等五被申请人以互联网络、移动手机"网易云音乐"畅听流量包、内置"网易云音乐"移动手机客户端等方式，向公众大量提供涉案音乐作品，该行为涉嫌侵犯腾讯公司对涉案音乐作品依法享有的信息网络传播权，且被申请人向公众提供的音乐作品数量较大。在网络环境下，该行为如不及时禁止，将会使广州网易公司不当利用他人权利获得的市场份额进一步快速增长，损害腾讯公司的利益，且这种损害将难以弥补，理应禁止各被申请人通过网络传播623首音乐作品涉嫌侵权部分的行为。

5. 许赞有因申请停止侵害专利权损害责任纠纷案。江苏省高级人民法院认为：根据我国民事诉讼法的立法精神，申请人最终败诉应当是申请错误的认定标准之一。专利的稳定性具有一定的相对性，一项有效的专利权随时都存在被宣告无效的可能，许赞有关于其不可能预见到会败诉的主张不予以支持。此外，先行责令被告立即停止侵犯专利权是在认定侵权成立的判决作出之前对被申请人的权利采取的限制措施，必然会给被申请人造成一定的损失。鉴于此，法律并未将申请先行责令被告立即停止侵犯专利权规定为申请人维权必须要采取的措施，是否提出申请由申请人自行决定。同时，为了有效弥补错误申请给被申请人造成的损失，法律规定申请人在申请先行责令被告立即停止侵犯专利权的同时应当提供相应的担保。据此，对其申请先行责令被告立即停止侵犯专利权的风险，申请人也应当是明知的。因此，许赞有在其申请先行责令江苏拜特进出口贸易有限公司、江苏省淮安市康拜特地毯有限公司立即停止侵犯专利权时，应充分意识到其提出该申请的风险。许赞有关于其申请没有过错因而不应承担相应赔偿责任的主张没有法律依据，不予支持。

（十二）2018 年度中国十大公益诉讼

2019 年 3 月 31 日，中国案例研究会、中国政法大学诉讼法学研究院、法治周末联合评选出 2018 年度"中国十大公益诉讼"，其中 8 例属于民事公益诉讼。

1. 新疆农民诉金粒种业公司转基因玉米种子合同无效索赔案。

【审理法院】新疆昌吉州呼图壁县人民法院（第一审）；新疆昌吉州中级人民法院（第二审）。

【入选理由】迄今为止，转基因技术的安全性并未得到有效验证，社会公众对转基因产品仍然心存疑虑，我国法律也明文禁止将转基因技术用于主粮种植。且农民仍属弱势群体，种子出现问题，将意味着农田减产减少甚至绝产绝收；非法种植的转基因作物更应依法铲除，否则可能会引发生态连锁反应，对生物多样性和人类健康造成潜在威胁。本案两审法院认定涉案合同因涉及种植国家明令禁止的转基因玉米而属无效，种业公司作为过错方必须承担赔偿责任，其判决结果不仅保护了农民的合法权益，在一定程度上也有助于抑制转基因种植日益泛滥的趋势。

2. 江苏省消保委诉百度 APP 侵犯消费者个人信息权案。

【审理法院】南京市中级人民法院（第一审）。

【入选理由】随着智能手机的普及，各式 APP 软件过度获取甚至故意盗用公民个人信息的现象日益严重，个人信息权益保护状况堪忧。本案的首要意义在于对整个手机 APP 行业敲响了警钟，警示他们高度重视和自觉维护消费者的信息安全。本案还对切实落实消费者权益保护主体责任，提醒运营商强化守法意识和自律意识，防止过度收集和非法泄露消费者个人信息，呼吁全社会高度关注消费者个人信息保护问题具有重要意义。

3. 共享单车用户诉摩拜公司不当得利纠纷案。

【审理法院】北京市海淀区人民法院（第一审）。

【入选理由】在共享经济飞速发展的今天，虽然共享单车给我们出行带来了很多便利，但业内依然存在一些不合理的明规则或潜规则。本案法律关系看似非常简单，其实背后涉及数以百万计消费者的公共利益。《合同法》对于格式合同和格式条款进行了明文规定，运营商必须自觉严格遵守。作为公共领域掌握技术主动权的一方，共享单车运营商如果有足够的技术手段完善相应计费规则和设置锁车提醒功能而故意保留技术漏洞或放任不管，则难以消除公众对其具有蓄意占有不当收益企图的疑虑。本案一方面有助于引导普通民众利用法律理性维权，另一方面有助于促进经营者不断完善后台计费规则和运营系统，真正实现共享经济的良性体验和互动功能。

4. 劳斯莱斯车主诉汽车销售公司里程欺诈3倍赔偿案。

【审理法院】北京市朝阳区人民法院（第一审）；北京市第三中级人民法院（第二审）。

【入选理由】本案创造了《消费者权益保护法》修改实施以来惩罚性赔偿的最新纪录，体现了在消费领域平等善待消费者的司法原则。实践中消费者状告经营者欺诈并要求3倍索赔往往败多胜少，立法的先进性可能因司法保守主义而大打折扣，本案终审判决为类案的积极处理提供了原则性路径和有效范式，对加大消费权利保护力度和促进汽车销售行业的健康有序发展无疑具有重要的指导意义。

5. 曲靖市麒麟区妇联因家暴申请撤销生母监护权案。

【审理法院】曲靖市麒麟区人民法院（第一审）。

【入选理由】本案是全国首例妇联作为申请主体申请撤销监护权的案例，受到社会的普遍关注。当下社会家庭关系日趋复杂，儿童权利受损甚至遭监护人虐待、遗弃的现象时有所见。在监护人监护不力甚至损害被监护儿童权益而又没有其他亲属愿意出面维护受害儿童权益时，妇联作为妇女儿童保护组织申请撤销监护权带有典型的公益性。在认定撤销监护权的过程中，不仅需要全面查清被监护人权利受损的事实、亲属关系及其态度和相关证据，还要考虑受害儿童心理创伤抚慰、生活学习安置和经济来源等问题，以便帮助其尽早脱离困境、回归正常生活，最终实现依法保障儿童合法权益、促进其健康快乐成长的目的。当然，监护权撤销之后，被监护人的亲生父母的法定抚养义务应当如何落实，仍然有待进一步研究。

6. 中国绿发会诉广西陆生野生动物救护中心等濒危动物穿山甲保护失职案。

【审理法院】南宁市中级人民法院（第一审）。

【入选理由】穿山甲是一种具有鲜明中国标签的濒危野生动物，对穿山甲的有效保护不仅有助于为保护濒危野生动物和生物多样性提供示范性样本，还有助于破除中国式文化陋习、引导生活方式的文明转型。本案和自然之友诉国家电网甘肃公司"弃风弃光"环境侵权责任案一样，立案过程也是一波三折：2017 年 9 月中国绿发会就广西穿山甲死亡事件提起公益诉讼，至 2019 年初才获正式立案。两起社会组织提起的公益诉讼立案之艰，似乎印证了某些专家关于公益诉讼"官兴""民衰"的悲观判断。公益诉讼到底是做秀还是做实，这不仅考验着司法机关的智慧和担当，在一定程度上还映射出和检验着依法治国的成色。

7. 自然之友诉国家电网甘肃公司"弃风弃光"环境侵权责任案。

【审理法院】兰州市中级人民法院（第一审）。

【入选理由】毫无疑问，自然之友提起的本案已经超越了一般公益诉讼的意义，而旨在问鼎我国能源发展战略方向的宏大命题。风电、光电行业作为"肩负"减排使命的朝阳行业，经过十余年的发展，因国家电力公司未能全额保障性收购，已然从"风光"无限跌入"弃风弃光"的尴尬局面。自然之友满怀为国家分忧、为未来请命的豪情，却一度遭遇被驳回起诉的尴尬，颇有几分"我本将心向明月，奈何明月照沟渠"的悲壮和凄凉。本案一波三折的诉讼过程，能否唤醒坐享垄断之利的电力企业正视并践行国家能源战略的正确认知，我们尚不得而知。

8. 赣州市检察院诉郭某等人生产、销售硫磺熏制辣椒侵权责任案。

【审理法院】赣州市中级人民法院（第一审）。

【入选理由】长期以来，我国食品药品生产销售领域以次充好、以假充真问题屡禁不止，更有不法之徒为一己私利不惜以严重危害广大消费者生命健康安全的方式违法生产经营，社会公众对此深恶痛绝。虽然《侵权责任法》《食品安全法》《消费者权益保护法》都写入了惩罚性赔偿制度，但在公益诉讼中可否适用惩罚性赔偿并无明确规定。本案中，检察机关作为公益诉讼人提出了惩罚性赔偿要求，并得到法院判决确认，无疑具有开创性意义。类似公益诉讼有利于提高不法经营者的违法成本，降低其再度违法犯罪的可能性，从而切实维护广大消费者的合法权益，有助于公益诉讼真正实现公益价值。

9. 兰州市城关区检察院诉兰州市税务局不履行法定职责案。

【审理法院】兰州铁路运输法院（第一审）。

【入选理由】本案是财政税收领域行政公益诉讼的一次大胆尝试，相关制度建设及司法实践亦待进一步探索。尤其是区级检察机关起诉市级税务行政机关，并由转型行使跨区域管辖权的铁路运输法院进行审理，诉讼主体本身就带有鲜明的尝试特点。在类似案件中，如何确定行政机关不履行法定职责的标准、界限，并作出督促行政机关有效履职的判决，亦需司法者准确判断，综合考量。当然，也有学者对本案入选提出质疑，强调当下税务机关的主要问题并非履职不足，而是存在过度履职之嫌，此则属于另一个层面的深层次问题。

10. 黔东南州榕江县检察院诉榕江县栽麻镇政府怠于履行传统村落保护职责案。

【审理法院】黔东南州黎平县人民法院（第一审）。

【入选理由】传统村落承载着丰富的历史文化底蕴和社会人文内涵，保护传统村落意味着保护多元的传统文化。但过去的保护手段往往依靠政府部门对具有破坏性违法行为的有关单位和个人作出行政处罚，而当政府不能很好地履行文化保护的职责或放任文化保护过程中的无序现象时，传统村落和传统文化的保护往往面临更大的难题。本案中，榕江县检察院为保护两个传统侗寨村落而提起行政公益诉讼，不仅是对自身监督职责的拓展性尝试，也是对政府部门的有效警醒，有助于遏制地方政府在传统村落及文化名城名镇建设过程中出现的大拆大建等行为，对公共利益的保护具有深远影响；本案的入选，在某种程度上还寄托了部分专家学者间接呼吁终结"强拆"时代的法治情怀。

（十三）中国案例法学研究会、最高人民法院司法案例研究院、法律出版社、《中国法律评论》、南方周末报社联合评出 2018 年度十大影响性诉讼

2019 年 4 月 19 日，第十四届中国十大影响性诉讼发布会在北京举行。在公众网络投票和中国案例研究会理事匿名投票的基础上，专家组评议出 2018 年度中国十大影响性诉讼，其中民事诉讼案件 5 件，刑事诉讼案件 3 件，行政诉讼案件 2 件。5 件民事诉讼案件分别是：

1. 杭州中升之星奔驰"退一赔三"车主维权案。

【案件简介】2017 年 2 月 26 日，王亚君在杭州中升之星汽车销售服务有限公司（以下简称中升之星公司）处选购奔驰 CLS320 轿车一辆，双方签订了汽车销售合同，售价为 658 000 元。2017 年 3 月 15 日，王亚君向中升之星公司支付了购车款以及 14 000 元的服务费，共计 672 000 元。同日，中升之星公司向王亚君交付一辆白色奔驰 CLS320 轿车，交付时车辆的轮毂及轮胎型号为 18 寸。

中升之星公司向王亚君交付的《货物进出口证明书》《中华人民共和国出入境检验检疫进口机动车辆随车检验单》《车辆一致性证书》显示，案涉车辆适配轮毂及轮胎应为 19 寸，中升之星公司认可自行更换了案涉车辆的轮胎。王亚军无法验车上牌，与中升之星公司协商不成，遂提起诉讼，要求撤销合同，返还车款，并要求按照购车款 3 倍赔偿。

杭州市滨江区人民法院一审认为，王亚君购买汽车的行为属于生活消费，其与

中升之星公司之间的车辆买卖合同应适用《中华人民共和国消费者权益保护法》的规定。中升之星公司隐瞒曾更换过轮毂及轮胎，且更换的型号与原车辆不符的情况，主观故意明显，构成销售欺诈，故判准解除合同，中升之星公司返还购车款并按照购车款 658 000 元的三倍支付赔偿金计 1 974 000 元。

中升之星公司不服提起上诉。杭州市中级人民法院二审认为：中升之星公司作为经营者，理应将主动、如实告知消费者对其消费抉择和公平交易会产生重大影响的商品信息，中升之星公司没有证据证明其有正当理由可以更换案涉车辆的原装轮毂轮胎及可以不披露更换的事实，且案涉车辆的轮毂轮胎被更换是中升之星公司自行实施的行为，故有欺诈的故意，王亚君作为消费者有权依据《消费者权益保护法》主张撤销合同并要求相应赔偿，故驳回上诉，维持原判。

【入选理由与影响性】本案明确了为生活消费而购买汽车的买卖合同可适用《消费者权益保护法》，将没有正当理由不披露对公平交易有重大影响的商品信息认定为欺诈，发展了欺诈性销售的认定标准，对于类似案件的处理具有指导意义。

乘用车销售是近年高发的消费者合同纠纷，善用《消费者权益保护法》规定的惩罚性赔偿是规范汽车销售市场的有力措施之一。对于违反重大交易信息告知义务的行为，适用惩罚性赔偿制裁不诚信销售行为，有助于维护健康、有序的市场秩序。本案对于促使汽车销售商、生产商改善营销环境，提升消费体验与品质，善待维权消费者，具有教育警示意义。

2. 彭州创设"离婚冷静期"调解和好案。

【案件简介】甯某与钟某于 1986 年登记结婚，育有一女。近年来，由于钟某养成酗酒与打牌的不良嗜好，双方缺乏交流和沟通，常为生活琐事发生争吵，导致夫妻感情产生裂痕。在 2011 年至 2012 年期间，甯某曾两次向四川省彭州市人民法院提起离婚诉讼，经法院调解，两案均由甯某撤诉结案。2018 年 7 月 31 日，甯某因不满钟某谩骂，再次向彭州市人民法院提起离婚之诉。此时，甯某已 53 岁，钟某已 55 岁，二人女儿也即将为人母。

彭州市人民法院经庭前"问诊"认为：夫妻二人之间仍有感情，不属于死亡婚姻。综合全案情况，根据《最高人民法院关于进一步深化家事审判方式和工作机制改革的意见（试行）》第 40 条的规定，向双方当事人发出个性化定制的《离婚冷静期通知书》，给予双方当事人 2 个月冷静期。

冷静期通知书以温和婉转的语言告诫离婚对子女带来的伤害，并要求双方"在冷静期内均应保持冷静和理智，并积极与对方沟通，男方要积极改正缺点错误，女方应对男方的转变有所回应。双方要给予对方包容和理解，避免争吵和猜疑"。冷静期内，法官联合家事调查员多次走访、调解并动员当事人女儿居中调和，最终夫妻关系重归于好。

【入选理由与影响性】家庭稳定是社会稳定的组成部分。彭州市人民法院向双方当事人发出个性化定制的《离婚冷静期通知书》，让夫妻双方重归于好，使濒临破碎家庭得以挽救，取得案结事了人和的良好效果，对离婚冷静期制度的适用与推广具有典型与重要意义。

人民法院审理离婚案件，本着最大限度弥合创伤、化解矛盾的目的，创设离婚冷静期制度，为夫妻双方提供缓冲期。本案夫妻关系最终重归于好恰恰展示了离婚冷静期制度的价值与意义，证明了离婚冷静期制度可以为那些感情并未完全破裂、未成为死亡婚姻的"冲动型"离婚案件提供全新解决方案的实践可行性。

3. 南京旅客穿越铁道致死家属索赔被驳回案。

【案件简介】2017年3月26日15时43分，D3026次列车驶入南京车站21站台，不持有当日当次列车车票的杨某突然由22站台跃下，横穿轨道线路奔向21站台。站台值班人员发现后向杨某大声示警，列车司机也立即采取紧急制动措施并鸣笛示警。此时杨某横穿轨道，在列车车头前向21站台攀爬，但未能成功，被列车挤压致死。事后，杨某的父母提起诉讼，要求铁路部门承担80%的赔偿责任共计82万余元。

南京铁路运输法院经审理认为：死者受过高等教育，具备预测损害发生的能力，对于损害结果也具备预防和控制能力，在事发车站地面有警示标识、站台有广播提示、站台侧面有文字提示、站台有人值班的情况下，仍未经许可、不顾警示擅自闯入危险区域，引起本次事故，《铁路交通事故认定书》认定其应负本起事故的全部责任，并无不当。车站已充分履行了安全保障与警示的义务，列车采取的紧急制动措施及时、合理，事故发生后车站采取的应急救助措施亦无不当，故不承担侵权责任。

死者正值青春，遭遇不幸，虽可哀悯，但其无视铁路安全警示规定，跃下站台，横穿线路，最终酿成悲剧，不仅严重影响了铁路公共交通正常运行，还危及自身性命，给父母亲人造成巨大打击，教训惨痛。据此，根据《侵权责任法》第76条及《铁路法》第58条，判决驳回原告的诉讼请求。

【入选理由与影响性】本案旗帜鲜明地对漠视规则、破坏秩序的行为给予否定评价，向全社会传递了尊重规则、信仰法律、崇尚法治的正能量，充分发挥了司法规范、指导、评价、引领社会价值的积极作用。

本案死者杨某不顾安全常识，突然闯入正有列车驶入的站内轨道，导致悲剧发生，不仅严重影响了铁路公共交通正常运行，还付出性命，给父母亲人造成巨大打击，教训惨痛，发人深省。现代社会尊重和维护个人自由及人的基本权利，但是，

"从心所欲"的前提是"不逾矩"。树立规则意识,遵守社会规则,是公民的共同职责,更是社会和谐稳定的基本保证。

4. 成都限制失信被执行人子女就读私立学校执行案。

【案件简介】2016年成都市中级人民法院审理了一起二审民间借贷纠纷案〔(2016)川01民终3974号〕,判决蒋某某等人偿还何某某借款本金743万余元及利息。在判决书生效后,蒋某某等人迟迟不履行生效法律文书义务。2016年10月,债权人何某某向法院申请强制执行,成都市中级人民法院将该案指定由邛崃市人民法院执行。2016年11月,邛崃市人民法院审查认定蒋某某对生效判决有能力履行而拒不履行,系失信行为,将其纳入失信被执行人名单。

后邛崃市人民法院分别于2017年1月18日和4月13日作出〔(2016)川0183执1650号〕和〔(2017)川0183执异6号〕裁定,可随时申请执行蒋某某的财产,且在2017年12月至2018年2月期间,将依法查封、扣押的财产拍卖,但仍未实现案涉743万余元款项的全部执行。

2018年7月,邛崃市人民法院向蒋某某发送限制高消费令,其中第7项明确限制其子女就读高收费私立学校。2018年8月,执行法官得到线索,蒋某某在拒不履行的情况下,其子女在成都市金牛区某高收费私立小学就读,每年收费高达数万元,经查明该费用由蒋某某支付。

2018年8月,邛崃市人民法院为保障债权人合法权益,根据《最高人民法院关于限制被执行人高消费及有关消费的若干规定》,限制蒋某某子女就读高收费私立学校,向成都市金牛区教育局及案涉私立学校发送协助执行通知书,要求协助限制蒋某某子女就读高收费私立学校,并与被执行人所在地的教育部门沟通协调,在新学期开学前将蒋某某子女转至公立学校就读。

之后成都高新技术产业开发区人民法院、成都市双流县人民法院等法院也纷纷效仿,对类似案件中被执行人子女就读高收费私立学校发出了限制令。

【入选理由与影响性】本案执行过程中兼顾了"坚守法律底线"与"保护合法权益"的价值理念。一方面限制被执行人子女就读高消费私立学校,另一方面联合教育部门将其子女转至公立学校就读,在保护债权人利益的同时兼顾保障了被执行人子女的受教育权,达成了法律效果与社会效果的统一。本案对于其他地区类案执行提供了操作样板,具有明显示范作用。

2010年5月最高人民法院通过并于2015年修改的《关于限制被执行人高消费及有关消费的若干规定》第3条长期以来处于闲置状态,本案是适用该条款的有益尝试与参考范例。

5. 中国绿发会诉秦皇岛方圆公司大气污染环境公益诉讼案。

【案件简介】2015 年 12 月至 2016 年 4 月，秦皇岛方圆包装玻璃有限公司（以下简称方圆公司）因超标排放大气污染物且未取得排污许可证，被海港区环境保护局分四次罚款共计 1289 万元。

2016 年中国生物多样性保护与绿色发展基金会（以下简称绿发会）提起本案诉讼后，方圆公司缴纳行政罚款共计 1281 万元，并加快了脱硝脱硫除尘改造提升进程，于 2016 年 6 月 15 日通过环保验收，于 2016 年 6 月 17 日、2017 年 6 月 17 日取得《河北省排放污染物许可证》。2016 年 12 月 2 日，方圆公司再次投入 1965 万元，增设脱硝脱硫除尘备用设备一套。

案件审理过程中，一审法院委托生态环境部环境规划院环境风险与损害鉴定评估研究中心对方圆公司因排放大气污染物对环境造成的损害数额及采取替代修复措施修复被污染的大气环境所需费用进行鉴定。按照虚拟治理成本法，将方圆公司自行政处罚认定损害发生之日至环保达标之日造成的环境损害数额评估为 154.96 万元。

河北省秦皇岛市中级人民法院一审认为，本案起诉后，方圆公司积极投入，加快治理污染设备的更新改造，诉讼过程中经环保验收已达标排放并取得排污许可证，其非法排放大气污染物的违法行为已经停止。环境保护部环境规划院环境风险与损害鉴定评估研究中心具备法定资质，评估依据已经双方当事人质证，评估结果应予确认。方圆公司违法排放污染物的行为对群众生产生活产生影响，应承担赔礼道歉的民事责任。绿发会所主张的差旅费和律师费等费用，由于提交充分证据，考虑本案实际情况予以酌定。

一审法院判决方圆公司赔偿因超标排放大气污染物造成的损失 154.96 万元，分三期支付至秦皇岛市专项资金账户，用于秦皇岛地区的环境修复；在全国性媒体上刊登因污染大气环境行为的致歉声明；支付原告因本案支出的合理费用 3 万元。河北省高级人民法院二审维持一审判决。

【入选理由与影响性】本案是京津冀地区受理的首例大气污染公益诉讼案，有助于推动建立公益诉讼专项资金运作模式。审理法院在案件审理过程中与秦皇岛市人民政府积极协调，通过设立公益诉讼专项资金账户模式，确保环境损害赔偿金切实用于本地区环境污染治理修复工作，为此后环境公益诉讼赔偿资金管理和使用制度之建立和健全探索了一条可行途径。

本案有助于推动企业积极履行社会责任。方圆公司在缴纳行政罚款后，慑于环境公益诉讼的压力，在诉讼过程中，通过升级改造环保设施，成为该地区首家实现大气污染治理环保设备"开二备一"企业，充分发挥了环境民事公益诉讼预防环境污染和修复生态环境损害的作用。

本案彰显了公益环保组织对企业环保的社会监督作用，也将对其他企业遵守环保法律、履行环保义务起到警示和导向作用。

京津冀及周边地区是我国实施大气污染联防联控机制的重点区域，对于统筹协调重点区域内大气污染防治和生态环境协同治理具有重大意义。

第三节 行政诉讼法的实践状况[1]

一、行政诉讼数据

2018年的行政诉讼实践在习近平新时代中国特色社会主义思想的指导下，紧紧围绕"努力让人民群众在每一个司法案件中感受到公平正义"的目标，坚持服务大局、司法为民、公正司法，忠实履行宪法法律赋予的职责，在行政诉讼各个方面都取得了新的进展。

（一）全国行政诉讼大数据报告

1. 检索条件。为了更全面地描述2018年全国的行政诉讼实践状况，本次分析采集了部分2018年全国各基层法院、中院以及高级人民法院审结且公开的行政诉讼案件作为数据样本，归纳总结2018年行政诉讼所呈现的基本特征，希望用客观的数据、直观的图表、简明的分析，勾勒出2018年行政诉讼的基本图景，为日后更好地认识并参与行政诉讼司法实践，为各级行政机关依法行政提供参考和帮助。

（1）数据来源：北大法宝司法案例库。

（2）审结时间：2018年1月1日至2018年12月31日。

（3）案由：行政。

（4）程序：一审、二审、再审、执行。

按照上述检索条件共检索到2018年各级法院所审结的公开裁判文书共377 177份。[2] 通过对行政诉讼案件数量分布、地域分布、行业分布、行政诉讼高发的具体行政行为种类、审判级别、审判程序、结案方式、文书类型等多个维度的数据展开分析。

---

〔1〕 本部分执笔人：高家伟，中国政法大学诉讼法学研究院教授；杨天波，中国政法大学法学院博士研究生。

〔2〕 因数据库收录裁判文书的数量、案件的公开程度和公布时间等因素，以及执笔人能力所限，因此，本报告数据与实际情况可能存在一定的误差。

2. 分类报告。

（1）案件数量增长。[1]

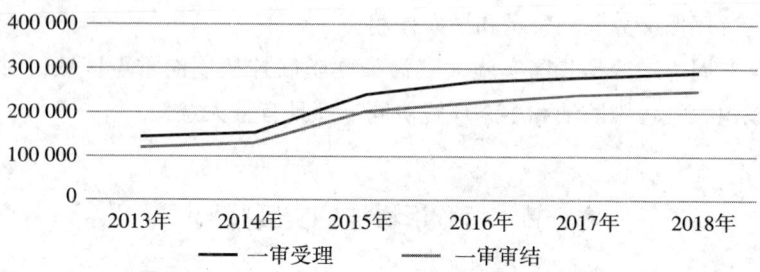

图3-1　2013年至2018年行政诉讼案件数量

（2）案件地域分布。

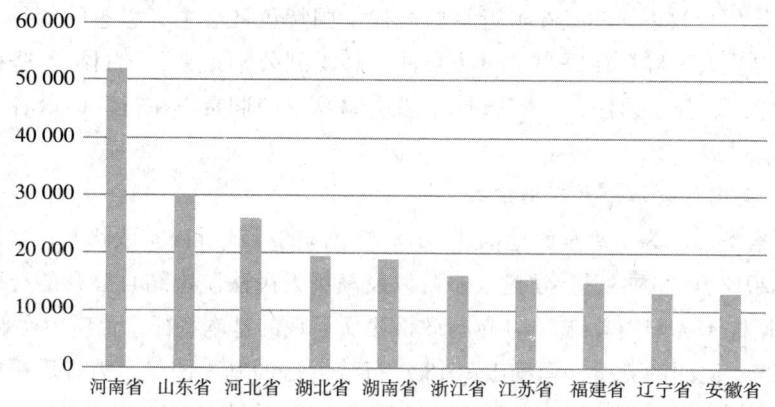

图3-2　2018年行政诉讼案件地域分布

（3）案件审判级别和程序。

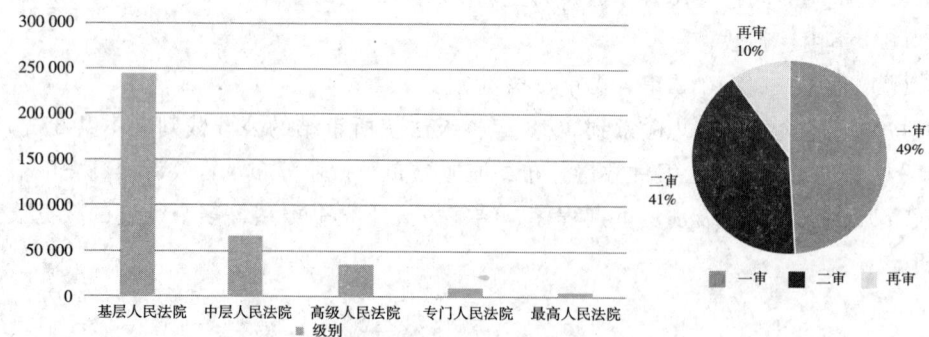

图3-3　2018年行政诉讼案件审判级别和程序

---

〔1〕 参照数据为第十三届全国人民代表大会第二次会议上最高人民法院工作报告中公布数据，http：//politics. people. com. cn/n1/2019/0320/c1001-30984305. html.

（4）行政管理范围。

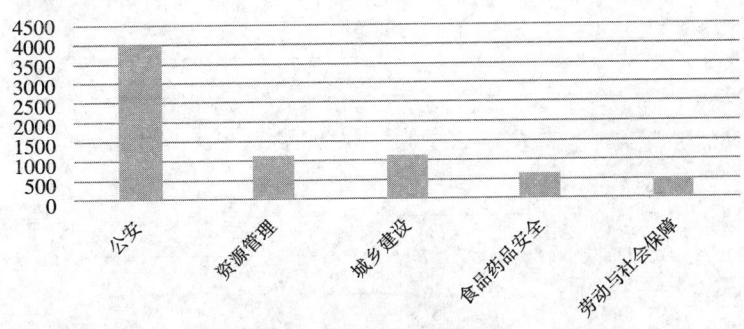

图3-4 2018年行政诉讼被诉行为涉及的领域（最多的5个领域）

（5）高频被诉的行政行为类型。

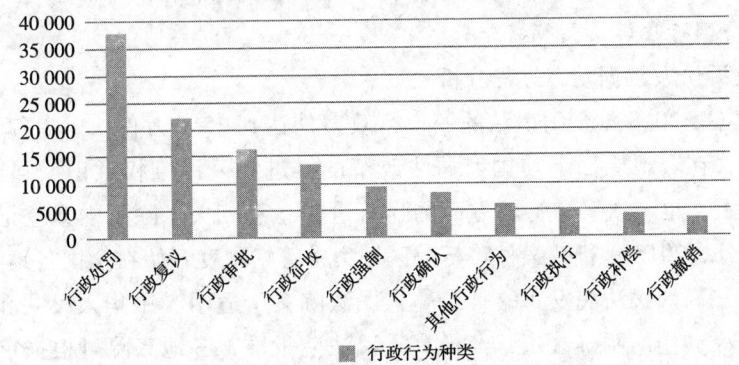

图3-5 2018年高频被诉的行政行为类型

（6）裁判文书类型。

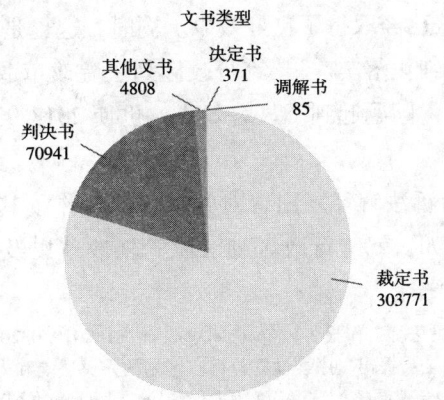

图3-6 2018年行政诉讼案件裁判文书类型

（7）裁判终审结果。

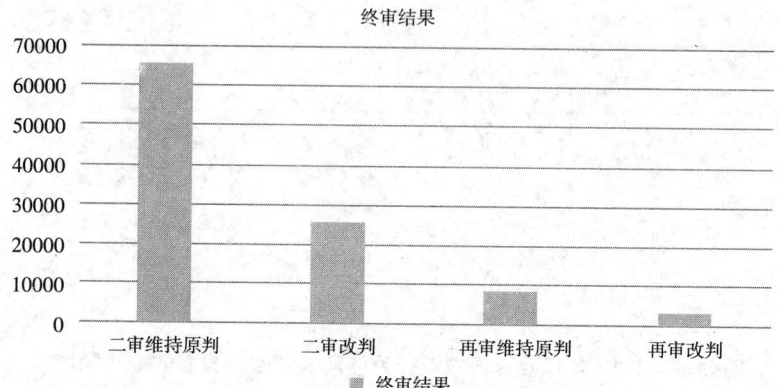

图 3-7　2018 年行政诉讼案件裁判终审结果

（二）全国行政诉讼大数据分析

1. 行政诉讼大数据动态过程分析。

（1）立案。2018 年全国审结的一审行政案件达到 25.1 万件，[1] 行政诉讼案件数量的增加，在宏观层面上与国家司法改革的推进和公民维权意识增强密不可分，在微观层面上，也与立案和管辖方面的显著进步息息相关。除了立案登记制继续发挥重要作用外，2018 年行政案件跨行政区划集中管辖制度开始在全国各地纷纷建立。2018 年 2 月最高人民法院发布的《最高人民法院关于适用〈中华人民共和国行政诉讼法〉的解释》作出明确规定，经最高人民法院批准，各地高院可根据审判工作实际情况，各级法院可跨区域管辖行政案件。

自党的十八届四中全会提出探索跨行政区划人民法院和检察院，[2] 可以看出这一改革措施到 2018 年，已经取得了良好效果。同时，这也是对《行政诉讼法》第 18 条第 2 款规定的进一步细化落实。[3] 跨行政区划法院改革取得的重要进展，对切实解决行政诉讼"立案难"问题起到了显著效果，也使 2018 年的行政诉讼案件数量再创新高。

此外，2018 年《行诉法解释》出台对管辖方面还作了其他规定，以更好保护人民群众诉权的实现。例如，就跨行政区划法院管辖改革以及需要履行的程序作了进

---

〔1〕　参见 2019 年《最高人民法院工作报告》，people. cn/n1/2019/0320/c1001-30984305. html.

〔2〕　中国共产党十八届四中全会提出"探索设立跨行政区划的人民法院和人民检察院，办理跨地区案件。完善行政诉讼体制机制，合理调整行政诉讼案件管辖制度，切实解决行政诉讼立案难、审理难、执行难等突出问题"。

〔3〕　2014 年《行政诉讼法》第 18 条第 2 款规定："经最高人民法院批准，高级人民法院可以根据审判工作的实际情况，确定若干人民法院跨行政区域管辖行政案件。"

一步规定，铁路运输法院等专门人民法院审理行政案件，应当执行《行政诉讼法》第 18 条第 2 款的规定。为了解决司法实践中个别当事人利用管辖权异议制度干扰行政诉讼的问题，2018 年《行诉法解释》明确规定了管辖异议处理程序制度。人民法院对管辖异议审查后确定有管辖权的，不因当事人增加或者变更诉讼请求等改变管辖，但违反级别管辖、专属管辖规定的除外。

（2）审判。新时期的行政审判工作标准要求以人民为中心，努力做到行政争议的实质性解决。基于这一目标，在搜集到的案例中，可以看到与实质性解决相关的审判工作的推进。

从数据上来看，2018 年行政诉讼案件二审改判和再审改判的比例有所下降。近年来，法院内部更加重视裁判尺度的统一，这在一定程度上对法院系统内部统一认识、规范审判工作具有重要意义，在实践中更加统一的裁判尺度，将减少"同案不同判"情形的发生。2018 年，最高人民法院继续强调审判工作中对裁判尺度的把握和统一，其中，最高人民法院积极探索最高人民法院行政法官专业会议制度，作为行政审判领域与司法责任制改革相配套的一种重要机制，并在 2018 年多次召开了最高人民法院行政法官专业会议，以确保统一裁判尺度、防止"同案不同判"，提升行政审判工作质量。

行政机关负责人出庭应诉的比例在提高。《行政诉讼法》将行政机关负责人出庭应诉制度以法律的方式予以明确，极具创新精神和本土特色。2018 年，各地行政机关负责人出庭应诉率持续增长。行政机关负责人出庭制度是促进行政真意实质性解决的一项重要举措，是衡量一个区域依法行政水平的重要指标。

行政机关败诉的比例在提高。在搜集到的案例中，败诉案件的案件类型较为集中在行政登记、政府信息公开、行政处罚、不履行法定职责类案件。败诉原因集中表现为事实证据不充分、程序违法、违反协议约定、履职不当等。

（3）执行。在被告行政机关败诉的情形下，在搜集到的案例中，出现了大量行政机关未履行义务，导致生效裁判"执行难"的案例。这反映出"执行难"依然是现在行政诉讼法实践中的难题。而执行环节是整个司法流程中非常重要的环节，如果执行环节没有将裁判落到实处，前面的立案、审判等所有环节就都失去了意义，当事人的合法权益便得不到维护。

这一难题不仅仅是由行政机关的法治意识不强所导致，而是有更高、更深层次的制度原因。例如，司法地方化问题，在行政诉讼执行中，法院不具备同作为地方权力相制约的力量，具体表现在：机构设置上从属于行政管辖区；法官选任上的地方化，各地法院的院长由地方各级人民代表大会选举和罢免，其他法官由本院院长提请本级权力机关任命；经费来源的地方化；等等。

这种制度上的原因并非一朝一夕可以改变，但执行制度本身的问题却是当下应当关注并解决的重点。因此，在解决执行难问题上，2018年立足于执行工作本身，推动建设以信息化为支撑的执行查控、执行管理等长效机制，努力形成综合治理执行难的格局。

2. 行政诉讼大数据静态制度分析。

（1）受案范围。既要努力解决"立案难"，又要防止滥诉现象，是这一年行政诉讼实施中可以看到的努力。从上述行政诉讼一审历年数据图可以看出一个非常明显的变化特征：在2015年立案登记制实行后，案件数量激增，滥诉现象一度成为亟待解决的问题，而在此之后，案件的增长速度放缓，尤其是2018年，较2017年形成一种稳步增长的局面，这与近年来防止滥诉的努力有关。其中，明确行政诉讼受案范围边界就是其重要内容，一方面能保障公民诉权，另一方面可以缓解滥诉的问题。

在此之前，行政诉讼的受案范围是基于《行政诉讼法》第2条的规定，公民、法人或者其他组织认为行政机关和行政机关工作人员的行政行为侵犯其合法权益，有权向人民法院提起诉讼。这一规定明确了可诉行政行为的标准，但是比较抽象，在司法实践中难以准确把握，有时会出现对于可诉行政行为把握不准、错误理解立案登记和诉权滥用的现象。

为了明确可诉行政行为的界限，2018年《行诉法解释》增加规定了五种不可诉的行为：一是不产生外部法律效力的行为；二是过程性行为；三是协助执行行为；四是内部层级监督行为；五是信访办理行为。这一规定使得各级法院在把握受案范围时有了更加明确的依据，有利于在立案环节做到对案件的甄别，在充分地保障诉权的基础上，节约诉讼资源。

（2）附带性审查。根据最高人民法院网站公布的数据，2016年1月到2018年10月，全国一审行政案件收案数共约651 544件，其中，规范性文件附带审查约为3880件。[1] 这组数据说明，当前规范性文件不规范的情况比较多，对规范性文件的审查需要进一步加强。

2018年《行诉法解释》对这一问题作出规定。规范性文件附带审查的标准得到细化，这样既有利于维护合法行政规范性文件的效力，也可以防止不合法条款进入实施过程。

第一，明确规范性文件制定机关的权利。即人民法院在对规范性文件审查过程

---

[1] "最高人民法院发布行政诉讼附带审查规范性文件典型案例"，最高人民法院网站 http：//www.court.gov.cn/zixun-xiangqing-126081.html.

中，发现规范性文件可能存在不合法的，应当听取规范性文件制定机关的意见。制定机关申请出庭陈述意见的，人民法院应当准许。行政机关未陈述意见或者未提供相关证明材料的，不能阻止人民法院对规范性文件进行审查。

第二，明确规范性文件审查的具体方式。即人民法院对规范性文件进行一并审查时，可以从规范性文件制定机关是否超越权限或者违反法定程序、作出行政行为所依据的条款以及相关条款等方面进行。有下列情形之一的，属于《行政诉讼法》第 64 条规定的"规范性文件不合法"：①超越制定机关的法定职权或者超越法律、法规、规章的授权范围的；②与法律、法规、规章等上位法的规定相抵触的；③没有法律、法规、规章依据，违法增加公民、法人和其他组织义务或者减损公民、法人和其他组织合法权益的；④未履行法定批准程序、公开发布程序，严重违反制定程序的；⑤其他违反法律、法规以及规章规定的情形。

第三，明确规范性文件不合法的处理方式。即人民法院经审查认为行政行为所依据的规范性文件合法的，应当作为认定行政行为合法的依据；经审查认为规范性文件不合法的，不作为人民法院认定行政行为合法的依据，并在裁判理由中予以阐明。

第四，明确规范性文件审查的审判监督程序。即各级人民法院院长对本院已经发生法律效力的判决、裁定，发现规范性文件合法性认定错误，认为需要再审的，应当提交审判委员会讨论。最高人民法院对地方各级人民法院已经发生法律效力的判决、裁定，上级人民法院对下级人民法院已经发生法律效力的判决、裁定，发现规范性文件合法性认定错误的，有权提审或者指令下级人民法院再审。

（3）当事人制度。通过整理 2018 年的案例发现，行政诉讼一审原告较以往有明显变化。行政诉讼一审原告依然以自然人、法人为主，但检察院作为一审原告的情形开始增多。这与近年来逐渐增多的检察院提起的行政公益诉讼有关。根据最高人民法院发布的《中国环境资源审判 2017—2018》白皮书显示，2018 年，全国法院共受理检察机关提起的环境公益诉讼案件 1737 件，审结 1252 件。

这反映出，检察院目前作为一种特殊的行政诉讼原告，将会越来越多地出现在行政诉讼的活动中。对于检察机关的身份，首先，应当认为其属于原告的范畴。如果不承认检察机关是原告，在诉讼活动中，其诉讼权利和义务都难以安排。其次，检察机关作为提起公益诉讼的主体，是一个特殊的原告，包括权力设置和程序安排等不同于普通的原告。其特殊性包括：①检察机关既是国家的法律监督机关，又是国家的司法机关。检察官的行为（包括起诉、出庭支持起诉）都是职务行为。②检察机关起诉和支持起诉都是为了维护国家利益和社会公共利益。

2018 年 3 月，最高人民法院、最高人民检察院共同召开新闻发布会，发布《最高人民法院、最高人民检察院关于检察公益诉讼案件适用法律若干问题的解释》，[1]进一步完善了中国特色检察公益诉讼制度，依法保障了国家利益、社会公共利益和人民群众合法权益。

3. 行政诉讼司法数据总体分析。借助以上数据分析，本次分析努力还原 2018 年行政诉讼司法实践的样态。总体来说，根据 2018 年的司法数据来看这一年的实践状况，我国的行政诉讼在 2018 年及未来将继续扮演重要角色：

（1）行政诉讼是社会公私矛盾的晴雨表和调节器。从行业分布上看，行政诉讼在不同行业中的案件数量，反映了当下社会矛盾的高发区域。例如，2018 年房地产市场持续火热，并成为影响公民生活的头等大事，再加上各地纷纷出台的棚户区改造方案，一定程度上加剧了公民和政府在房子问题上出现的矛盾，容易产生纠纷。而这样一种社会现象，就会反映在当年的行政诉讼实践中。2018 年，关于房地产行业的案件在房屋拆迁和房屋登记领域尤为集中，行业涉诉数量与行业热度呈现正相关。所以，在房屋拆迁和房屋登记过程中如何更好地依法行政，便成为一个重要的法治问题，这就要求政府在房地产管理领域予以足够重视以解决社会矛盾。所以，行政诉讼是观察社会矛盾的一个窗口，也是调节社会纠纷的有效途径。因此，2018 年的实践将继续证明，行政诉讼是社会矛盾的晴雨表，也是调节器。

（2）行政诉讼是公民寻求救济的"登闻鼓"和"虎头铡"。保障公民权利、规制政府权力是行政诉讼一直以来的价值和任务。2018 年行政诉讼实践的进一步发展，会使行政权力进一步得到制约，同时也能看到国家赔偿类行政诉讼案件持续增加，公民受到公权力侵害后得到补偿的情形逐渐增多。这些数据反映出，我国行政诉讼实践更加接近我们理想中行政诉讼的发展样貌，在保障权利和制约权力两个方面都发挥着不可替代的作用。因此，2018 年的行政审判实践将继续证明，行政诉讼既是公民表达权利诉求、传达法律意愿的"登闻鼓"，也是监督政府权力、遏制不法权力的"虎头铡"。

二、行政诉讼法的实施状况

2018 年的行政审判工作在多个方面呈现出新的发展趋势，这种理念上的发展将会对今后行政诉讼法的实施起到高屋建瓴的指导，也会对未来行政诉讼法的发展起到前瞻性的引领作用。

1. 以实质性解决行政争议为核心的标准确立。推进行政争议的实质性解决是近

---

[1] "落实立法修改精神 完善中国特色公益司法保护制度"，http：//www. court. gov. cn/zixun-xiangqing-83642. html.

年来行政审判工作的核心。2018 年，这一思想为实务界和理论界所认同和接受，反映在实践中，即在法院系统召开的众多会议中，屡次强调实质性化解争议，在学界也有越来越多的人开始关注这一话题，以实质性解决行政争议作为学术论坛的主题。

实质性解决行政争议这一理念逐步初显实效，需要经过充分的实践、理论准备，经过一定时间的酝酿、发酵。因为实质性解决行政争议是一个系统化的体系性工程，它并不是关注某一具体问题，提出某一项具体措施，它是需要从指导思想，到司法过程的具体安排，到诉讼制度的构建，再到案件裁判的细节和方法等多个维度、多种方式来推进的综合工程。截至 2018 年，可以大致梳理出近年来行政诉讼领域以实质性解决行政争议为思路的改革路径：

（1）保障诉权——以立案登记制为代表。自 2015 年中央全面深化改革领导小组第十一次会议审议通过的《关于人民法院推行立案登记制改革的意见》实施以来，当事人只要提供符合法律规定条件的起诉材料，人民法院就必须予以登记立案；这意味着，当事人可以依法行使诉权的道路得以畅通，"有案必立，有诉必理"，人民的诉权可以得到更好的保护。

（2）扩大受案范围——以规范性文件的附带性审查为代表。从只审查具体行政行为到一并审查抽象行政行为的转变，是一次重要的进步。2014 年修改后的《行政诉讼法》第 53 条第 1 款规定："公民、法人或者其他组织认为行政行为所依据的国务院部门和地方人民政府及其部门制定的规范性文件不合法，在对行政行为提起诉讼时，可以一并请求对该规范性文件进行审查。"

（3）审查标准的转变——形式合法性与实质合法性审查的统一。目前我国正在经历从形式法治向实质法治的转型，实质法治和形式法治分别对应实质合法性审查和形式合法性审查。其中，明显不当审查标准是合法性审查原则的构成要素。明显不当审查标准作为实质合法性审查的基本要素，需要在适用范围、判断标准和判决方式等方面予以明确，以促进明显不当标准正确适用。基于明显不当的理解和适用，实现形式合法性审查与实质合法性审查需要达到有机的统一，推动合法性审查原则的与时俱进。

（4）规范庭审——行政机关负责人出庭应诉制度。积极推行的行政机关负责人出庭应诉制度，有效提升了行政机关依法行政的水平。使行政相对人和行政机关负责人"对簿公堂"，促进了行政争议的有效解决。

（5）通过其他相关制度促进实质性解决。例如，有学者认为，完善行政复议制度，促进行政复议与行政诉讼的衔接，有助于实现实质性解决。行政复议制度需结合当前行政争议类型多样、成因复杂的实际情况，与《行政诉讼法》之间形成有效制度衔接，架构合理的二元行政救济机制。

也有学者探索了其他特殊类型诉讼，提出一种反向行政诉讼，即根据《行政诉讼法》的规定在某些特殊类型的行政案件中将诉讼程序的启动权赋予行政机关，在结构和形式意义上由行政机关起诉相对人的制度。反向行政诉讼在相对人违反行政协议、行政机关申请法院强制执行、行政机关的债权保障等领域显现出其难以替代的优势，符合实质性解决行政争议的要求。[1]

综上，可以看出，通过近几年各界对这一问题的持续探索，实质性解决行政争议的道路逐渐清晰起来。这些努力，都有望在未来的某个时间点，涓滴汇流成河，形成一套制度或体系，真正显示出行政争议实质性解决的价值和威力，走出一条符合中国特色、满足人民需求的行政争议实质性解决道路。

2. 行政审判案例制度得到进一步的重视。中国的案例指导制度一直都是在成文法法典的框架内展开，因为中国不同于英美法系国家的国情，不能照搬西方的遵循先例制度，所以必须探索符合本国国情的案例指导制度。而在 2018 年，可以看到学界和实务界在这个问题上的进一步发力。

2018 年 9 月，最高人民法院司法案例研究院在国家法官学院举办"案例大讲坛"，就"欣泰电气系列案"等热点行政案例进行研讨。[2] 会上强调：要以习近平新时代中国特色社会主义思想指导人民法院司法案例研究和行政审判工作，在重大、社会关注度高的行政案件中总结法律价值、理论价值、裁判价值、教学价值，服务司法审判实践，统一法律适用，提高人民法院行政审判工作质效。司法案例研究院及时组织案例研讨活动，推动司法案例的研究资源、数据与成果的开放共享，对于梳理典型案例的法律价值，推进法治进步具有重要意义。

最高人民法院还在 2018 年召开了多次典型案例的新闻发布会：

2018 年 10 月，最高人民法院召开新闻发布会，发布第一批 9 起最高人民法院行政诉讼附带审查规范性文件典型案例。[3] 党的十九大对深化依法治国实践作出重大部署，提出"建设法治政府，推进依法行政，严格规范公正文明执法"。规范性文件附带审查制度对促进公民权益保护、推动行政执法的"源头治理"、监督规范性文件的制定以及促进法治政府"科学立法"具有重要的意义。而通过这些案例的发布，可以为各级人民法院审理行政诉讼附带审查规范性文件案件提供参考，为各级人民

---

[1] 解志勇、闫映全："反向行政诉讼：全域性控权与实质性解决争议的新思路"，载《比较法研究》2018 年第 3 期。

[2] "深入挖掘案例价值 推动行政审判发展"，http：//www.court.gov.cn/zixun-xiangqing-117291.html.

[3] "加强对规范性文件的司法监督 促进公民权益保护"，http：//www.court.gov.cn/zixun-xiangqing-126081.html.

法院提供可推广的审判经验，有效传递司法正能量，引导社会公众更好地维护自身权益，同时规范行政机关制定规范性文件的行为，维护政府的执行力和公信力。

2018 年 11 月，最高人民法院召开国家赔偿与司法救助典型案例新闻发布会，公布了国家赔偿与司法救助典型案例并回答记者提问。截至 2018 年 10 月，人民法院共审理各类国家赔偿案件 2.8 万余件。其中，张氏叔侄、呼格吉勒图、聂树斌等一批刑事冤错国家赔偿案件，以及北鹏公司、益阳公司等一批其他类型国家赔偿案件得到依法审理，通过执法办案，有效地保障了那些受不法职权侵害的当事人的合法权益。通过这些国家司法救助案例的发布，加大了对社会弱势群体的救济扶助力度，同时也能够推进相关社会救助、社会保险等民生保障制度不断健全和完善。

三、行政诉讼法发展中的热点问题

根据 2018 年行政法学年会的讨论主题和 2018 年行政诉讼法实践关注的重点，综合看来，2018 年行政诉讼法发展中受关注的热点问题都指向一个"新"字。

2018 年是中国改革开放 40 周年，中国行政诉讼法的发展也迎来 30 周年。一方面这 30 年的实践表明，行政诉讼法进入了一个需要展望未来的新历史阶段，另一方面也说明，当代的行政法理论和实务工作者，拥有高度的责任意识和自觉，在这一重要的历史端口，意识到了历史和时代节点的到来，主动承担起历史赋予的任务，总结过往，迎接新时代。

（一）基础理论的创新——"新"行政法

新行政法是一个古老但长青的话题，因为社会在不断变化，任何时期的行政法都只能是历史上的行政法，而不能是永久不变的行政法。2018 年，行政诉讼法也需要响应"新"行政法的发展，以一个崭新的面貌回应法治中国的要求。

目前学界对新行政法既有立足于国内实践的研究，例如，有学者将关注点放在"新时代中国行政法学的转型与使命"，认为新时代行政法学面临三个层面的问题：第一个层面是行政法学在新时代面临的新挑战，是行政法学管理向国家治理转变、国家治理方式创新等改革背景下，对行政法学、行政法治理论提出的挑战。第二个层面是行政法学在新时代研究的课题。在新时代的语境下，行政法的研究课题主要包括行政主体、管理方式、治理程序三大课题。第三个层面是行政法学在新时代应有哪些新作为。要应对新挑战，需要处理好传统行政法学与新时代行政法学的关系，处理好行政法学的普遍规律和中国国情的关系，处理好行政法学与相邻学科的关系。只有这样，才能实现从管理向治理转换的中国行政法学体系重构，从硬法之治向硬软法兼治转换的行政法学内容重构，从静态研究向动态研究转换的行政法学研究方法的重构。[1] 也有学者侧重于将行政法放在全球化的背景下来考察，着眼于全球化时代下的行政法及其走向，回答行政法如何回应经济全球化的问题。新行政法在中国主要表现在政府提供服务的法律制度建构方面，其中存在行政法与民法之间的交汇共生问题，存在政府与市场的关系问题。目前，新行政法赖以存在的市场结构、市场范围发生重大、快速的变化，与之相伴随的各种新的国际贸易协定的签署使之制度化，这都重新要求按照公法和社会政策的要求设置国家职责。这种新走向推动了新行政法的发展，学界需要对这一走向予以关注。[2]

（二）组织机构的革新——机构改革

2018 年 3 月，中共中央印发了《深化党和国家机构改革方案》，这是中华人民共和国成立以来第八轮机构改革，本次机构改革的思路为以加强党的全面领导为统领，以国家治理体系和治理能力现代化为导向。在这一轮机构改革中，行政法和行政诉讼法如何推动改革、确保改革成果，成为一个新的挑战。

国家机构改革是推进国家治理体系和治理能力现代化的重大举措，其要旨在于切实优化机构配置，转变政府职能，破除制约市场在资源配置中的阻碍因素。无论是结合国外机构改革的特点，还是从我国历次机构改革的历史经验来看，机构改革必须在法治的轨道下渐进而行，法律体制的介入和干预是机构改革的前提性条件。具体而言，当前需要做到改革与法治建设的同步发展，法治先行，在此基础上尝试制度上的调整。

由于传统意义上的行政组织法理论已经不再适合现代社会的发展，行政组织法理论亟须回应现代行政任务的变迁。具体来说，行政任务决定着行政组织的设置、规模和结构形态，行政组织是行政任务完成的结构性前提。任务驱动的行政组织变革面临的合法性疑问需要理论回应，行政任务视角存在法规范基础。[3] 除了机构改革的法规范基础，在具体制度上，此轮机构改革不仅仅会在行政诉讼被告问题上，还会对行政复议、行政诉讼等多方面造成影响。而相应的《行政复议法》《行政诉讼法》在适用过程中不适合的地方就需要进行调整。传统的行政法理论认为，行政复议的主体就是行政机关，即使是执政党的机关，也不能对其行政行为进行复议。然而，这种理论目前来看已经不合时宜，有些行政机关已经划归党的机关直接管理，其行政行为如果不由党的机关来复议，可能就无处寻找复议主体了。[4] 诸如此类的

〔1〕 姜明安："新时代中国行政法学的转型与使命"，载《财经法学》2019 年第 1 期。
〔2〕 于安："我国 PPP 的法治走向与新行政法"，载《中国法律评论》2018 年第 4 期；于安："全球行政法的进路——基于两篇经典文献的诠释"，载《行政法学研究》2015 年第 6 期。
〔3〕 贾圣真："行政任务视角下的行政组织法学理革新"，载《浙江学刊》2019 年第 1 期。
〔4〕 姬亚平："机构改革对行政复议与诉讼的新要求"，载《人民法治》2018 年第 C1 期。

问题，都成为机构改革后行政复议和行政诉讼工作亟待解决的问题。

（三）科学技术的创新——新的领域

日新月异的科技进步，对行政机关的监管、相对人的权益保护都提出了挑战。目前，行政法学不断遇到新的面孔，行政法及行政诉讼法也到了需要自我充电的时刻。

以我们身边的共享经济为例：有学者以"平台、信息和个体：共享经济的特征及其法律意涵"作为观察角度，认为共享经济是以互联网平台为中心，以信息利用作为核心控制手段的组织经济活动。这种经济活动组织形式创新既可能服务于减少交易成本，也可能用于规避法律，法律层面的回应需要贯彻组织中立原则，根据立法的实质目标灵活调整规制方案，既激励创新，又防止监管套利；共享经济以信息利用作为核心控制手段，为个体间直接交易搭建了可信的环境，并展现了替代部分法律和监管措施的可能性，法律需要关注这种替代方案的潜力和局限，同时及时回应信息利用带来的新挑战；共享经济以个体间大规模直接交易为表现形式，模糊了传统法律中普通民事交易和经营活动的界限，由于这些交易持续性、规模化地发生在陌生人之间，不应对其豁免适用相应的规制方案，法律应以是否利用闲置资源为区分标准，寻求新的类型化回应的方案。[1]

还有这几年被我们津津乐道的人工智能：有学者以"人工智能在行政治理中的作用及其法律控制"作为研究重点，认为目前对人工智能的定义尚缺乏共识，但可按发展程度分为弱人工智能、通用人工智能和超人工智能。在行政治理中，人工智能可参与行政立法过程、政策形成和行政决定，推进行政治理智能化。需认识到人工智能治理适用范围的局限。人工智能治理中不仅存在诸如歧视、安全和隐私等风险，甚至可能导致政府控制能力减弱，因此，需对人工智能治理加以法律控制，施加正当程序约束，以实现其良性运作。[2]

还有学者对人工智能视野中的自动化行政问题做了细致的研究，提出以一定标准可以将自动化行政区分为自动化辅助、部分自动化、无裁量能力的完全自动化和有裁量能力的完全自动化等多个级别，每个级别所面临的问题既有共性也有个性。自动化辅助行政和部分自动化行政在实践中已经较为成熟，行为性质等法律框架已初步确定；无裁量能力的完全自动化行政正在全面实现，存在裁量判断、监督纠正、责任确认、适用情形等亟待解决的课题；有裁量能力的自动化决策是即将迎来的下

---

〔1〕 赵鹏："平台、信息和个体：共享经济的特征及其法律意涵"，载《环球法律评论》2018 年第 4 期。

〔2〕 宋华琳、孟李冕："人工智能在行政治理中的作用及其法律控制"，载《湖南科技大学学报（社会科学版）》2018 年第 6 期。

一次质变，需要对挑战和对策进行展望和准备。[1]

还有学者考察了人工智能时代全自动具体行政行为这一前沿性问题，认为电子行为法的研究有利于智能电子政务发展，作为行政法的核心范畴，具体行政行为已不局限于半自动化，实务中出现了完全由机器作出的全自动具体行政行为。具体行政行为的成立要件中包含行政机关的意思表示要素，而机器无法作出意思表示。在不确定法律概念和裁量情形下，因探寻个案正义的必要，全自动化可能意味着违反依法治国原则。信息时代，行政程序正从个案程序演变至集团程序，诸多程序性权利面临被机器行政架空的威胁。我国立法缺失相关规定，可从德国和欧盟的立法例中吸取有益经验，在特别法中补充对全自动具体行政行为的规范，以提升公民电子信任为目标，平衡电子政务发展和公民的权利保护。[2]

再如，将来很有可能走入千万家，革新我们出行方式的无人驾驶。有学者关注我国民用无人驾驶飞机监管的问题，认为民用无人驾驶飞机的快速发展，改变了传统空域监管权与公民空间权利之间的稳定状态，并促使国务院、中央军委空中交通管制委员会办公室联合起草《无人驾驶航空器飞行管理暂行条例（征求意见稿）》。该条例在无人机的法律定位、驾驶员资质以及空域管理的制度设计上，同深圳等8个省市（或机构）实施的无人机监管规章存在较大分歧，甚至在一定程度上加剧了我国无人机监管的混乱状态。为此，我国应当借助该条例广泛征求意见的契机，协调各省市无人机监管立法之间的矛盾，树立"私权利保障＋公权力监督"为立法导向，确立无人机"用途＋重量"双重分类体系，构建多元空域分类管理体系。

已经被部分学者重视并加以利用的"大数据"，将继续在今后发挥巨大作用。在2018年行政法学年会上，多位学者就法律与大数据发表了看法。湖南大学徐琳副教授作了题为"平等权在大数据人工智能发展中的嬗变"的发言，并指出，当今人工智能技术的发展突飞猛进，基于大数据的机器学习算法决策开始广泛应用于人类的社会生活和工作中，辅助人类进行各项决策。但同时，机器算法造成的歧视问题也日益突出。安徽大学程雁雷教授作了题为"政府数据治理中政企合作的行政法规制"的发言，并指出，近年来，随着中国政府数据开放上升为国家战略，政府数据治理成为学界的研究热点之一。政府数据的开放共享只是基础，关键在于数据的有效应用。西南政法大学喻少如教授作了题为"大数据背景下个人信息去识别化研究"的发言，并指出，大数据背景下个人信息遭受侵害的情况愈发严峻而传统行政监管机制却难以抵挡，需要从"监督"型外部监管模式与"自律"型内部程序规制模式转

---

〔1〕 马颜昕："自动化行政的分级与法律控制变革"，载《行政法学研究》2019年第1期。

〔2〕 查云飞："人工智能时代全自动具体行政行为研究"，载《比较法研究》2018年第5期。

向以"去识别化"技术手段为中心的综合监管模式。上海对外贸易大学王诚副教授作了题为"论政府数据开放收费的法律规制"的发言，并指出，我国政府掌握着巨量的信息数据，如何激活海量数据资产，释放其潜在的价值，已经成为探索的新方向。政府数据开放具有渐进性、开放性、价值性、时效性和周期性等特点，并呈现出开放性、半开放性、非开放性三种类型。[1] 还有金融领域的新宠——区块链，数字货币作为其代表性应用，也正在悄悄地俘获越来越多的拥趸。目前也正有越来越多的学者关注这一前沿领域，对于区块链风险的规制，如何使法律规范对电脑代码形成有效控制也是今后需要关注的问题。

由上述分析可以看出，新时期行政法和行政诉讼法学的发展面临的挑战有基础理论的创新、组织机构的革新，还有正在发生的科技革命。为此，行政法学者需要做好准备，迎接新的行政审判使命。

四、典型案例

1. 徐云英诉山东省五莲县社会医疗保险事业处不予报销医疗费用案。

【基本案情】徐云英的丈夫刘焕喜患肺癌晚期并发脑转移，先后于 2014 年 4 月 8 日、2014 年 6 月 3 日两次入住淄博万杰肿瘤医院治疗，2014 年 7 月 8 日医治无效去世。在淄博万杰肿瘤医院住院治疗期间，产生医疗费用 105 014.48 元。2014 年 7 月 21 日，徐云英申请五莲县社会医疗保险事业处给予办理新农合医疗费用报销。五莲县社会医疗保险事业处于 2015 年 1 月 12 日作出《五莲县社会医疗保险事业处关于对申请人徐云英合作医疗报销申请的书面答复》（以下简称《书面答复》），依据五莲县卫生局、五莲县财政局莲卫字〔2014〕2 号《2014 年五莲县新型农村合作医疗管理工作实施办法》（以下简称《实施办法》）第 5 条第 2 款的规定，认为刘焕喜就诊的医疗机构不属于政府举办的医疗机构，决定不予报销。徐云英认为五莲县社会医疗保险事业处不予报销所依据的政策规定不符合省、市相应政策规定的精神，侵犯其合法权益，为此向五莲县人民政府提出行政复议申请。五莲县人民政府认为五莲县社会医疗保险事业处的《书面答复》符合规定，于 2015 年 4 月 13 日作出莲政复决字〔2015〕1 号行政复议，决定维持五莲县社会医疗保险事业处作出的《书面答复》。徐云英起诉请求人民法院撤销五莲县社会医疗保险事业处作出的《书面答复》，同时，对五莲县社会医疗保险事业处所依据规范性文件的合法性进行审查。

【裁判结果】山东省日照市中级人民法院二审认为，涉案《实施办法》第 5 条第 2 款规定"参合农民到市外就医，必须到政府举办的公立医疗机构"，该款规定对行

---

〔1〕 "中国法学会行政法学研究会 2018 年年会第四分论坛简报"，http://fzzfyjy.cupl.edu.cn/info/1021/9429.htm.

政相对人的权利作出了限缩性规定，不符合上位法规范性文件的相关规定，不能作为认定行政行为合法的依据，《书面答复》应予撤销。对于徐云英的新型农村合作医疗费用依据上位规范性文件的规定应否报销，需由五莲县社会医疗保险事业处重新审查并作出处理。据此，二审法院撤销山东省五莲县人民法院一审判决；撤销五莲县社会医疗保险事业处作出的《书面答复》；并责令五莲县社会医疗保险事业处于判决生效之日起 60 日内对徐云英的申请重新审查并作出处理。

【案件意义】2014 年修改后的《行政诉讼法》第 53 条增加了对规范性文件进行附带审查的条款。规范性文件的制定应以上位法为依据，与上位法相冲突的条款不具有合法性，不能作为认定行政行为合法的依据。本案涉及的上位依据包括：《山东省新型农村合作医疗定点医疗机构暂行管理规定》第 12 条规定："参合农民在山东省行政区域内非新农合定点医疗机构就医的费用不得纳入新农合基金补偿。……"山东省卫生厅、民政厅、财政厅、农业厅《关于巩固和发展新型农村合作医疗制度的实施意见》规定："完善省内新农合定点医疗机构互认制度，凡经市级以上卫生行政部门确定并报省卫生行政部门备案的三级以上新农合定点医疗机构，在全省范围内互认；统筹地区根据参合农民就医流向，通过签订协议互认一、二级新农合定点医疗机构，享受当地规定的同级别新农合定点医疗机构补偿比例。"《实施办法》第 5 条第 2 款关于"参合农民到市外就医，必须到政府举办的公立医疗机构"的规定，限缩了行政相对人选择就医的权利，不符合上位依据的相关规定，不能作为认定涉案行政行为合法的依据。

2. 方才女诉浙江省淳安县公安局治安管理行政处罚一案。

【基本案情】2015 年 1 月，浙江省淳安县公安局城区派出所（以下简称城区派出所）和淳安县公安消防大队（以下简称淳安消防大队）曾多次对方才女经营的坐落于淳安县千岛湖镇龙门路 53 弄 11 号出租房进行消防检查。2015 年 2 月 11 日，城区派出所和淳安消防大队再次对方才女的出租房进行消防检查。2015 年 2 月 13 日，城区派出所向方才女发出责令限期改正通知书，责令其改正消防安全违法行为。淳安消防大队当天也向方才女发出责令限期改正通知书，其中认定的消防安全违法行为与淳安县公安局认定的基本相同，并责令方才女于 2015 年 3 月 11 日前改正。2015 年 3 月 13 日，城区派出所和淳安消防大队民警对涉案出租房进行复查，发现方才女对"四、五、六、七层缺少一部疏散楼梯，未按要求配置逃生用口罩、报警哨、手电筒、逃生绳等"违法行为未予改正。3 月 16 日，城区派出所决定立案调查，3 月 17 日，城区派出所民警向方才女告知拟处罚的事实、理由和依据。淳安县公安局当天作出淳公行罚决字〔2015〕第 1-0001 号《行政处罚决定书》（以下简称被诉处罚决定），认定方才女的行为构成违反安全规定致使场所有发生安全事故危险的违法行为，根据《中华人民共和国治安管理处罚法》（以下简称《治安管理处罚法》）第39条的规定，对其决定行政拘留3日，并送淳安县拘留所执行。方才女不服，诉至法院请求撤销被诉处罚决定，并对被诉处罚决定作出所依据的规范性文件，即行政程序中适用的《浙江省居住出租房屋消防安全要求》（以下简称《消防安全要求》）、《关于解决消防监督执法工作若干问题的批复》（以下简称《消防执法问题批复》）和《关于居住出租房屋消防安全整治中若干问题的法律适用意见（试行）》（以下简称《消防安全法律适用意见》）合法性一并进行审查。

【裁判结果】浙江省淳安县人民法院一审认为，方才女的出租房屋虽被确定为征迁范围，但其在征迁程序中仍用于出租，且出租房内未按要求配置逃生用口罩、报警哨、手电筒、逃生绳等消防设施。淳安县公安局根据《消防安全要求》《消防执法问题批复》《消防安全法律适用意见》的规定，认定方才女的行为构成违反安全规定致使场所有发生安全事故危险的违法事实清楚。《消防安全要求》《消防执法问题批复》《消防安全法律适用意见》均属于合法的规范性文件，淳安县公安局在行政程序中应参照适用。据此，一审判决驳回方才女的诉讼请求。方才女不服提出上诉。杭州市中级人民法院二审认为，根据对《消防安全要求》《消防执法问题批复》《消防安全法律适用意见》的审查，淳安县公安局认定涉案居住出租房屋为《治安管理处罚法》第39条规定的"其他供社会公众活动的场所"，定性准确。方才女提供的证据以及询问笔录均显示其负责涉案出租房屋日常管理，系涉案出租房屋的经营管理人员，依法应对案涉出租经营的房屋消防安全承担责任。方才女要求撤销被诉处罚决定的诉讼请求不能成立，依法应予驳回。据此，二审判决驳回上诉，维持原判。

【案件意义】本案争议的焦点在于，当事人申请附带审查的《消防安全要求》《消防执法问题批复》《消防安全法律适用意见》是否对《治安管理处罚法》第39条规定的"其他供社会公众活动的场所"进行了扩大解释。《治安管理处罚法》第39条适用的对象是"旅馆、饭店、影剧院、娱乐场、运动场、展览馆或者其他供社会公众活动的场所的经营管理人员"。本案中，人民法院通过对涉案规范性文件条文的审查，明确了对居住的出租房屋能否视为"其他供社会公众活动的场所"这一法律适用问题。由于"其他供社会公众活动的场所"为不确定法律概念，其内容与范围并不固定，本案中，居住的出租房物理上将毗邻的多幢、多间（套）房屋集中用于向不特定多数人出租，并且承租人具有较高的流动性，已与一般的居住房屋只关涉公民私人领域有质的区别，已经构成了与旅馆类似的具有一定开放性的公共活动场所。对于此类场所的经营管理人员，在出租获利的同时理应承担更高的消防安全管理责任。因此，《消防安全要求》《消防执法问题批复》《消防安全法律适用意见》所规定的内容并不与《治安管理处罚法》第 39 条之规定相抵触。

3. 袁西北诉江西省于都县人民政府物价行政征收一案。

【基本案情】袁西北的住房属江西省于都县中心城区规划范围。江西省于都县人民政府（以下简称于都县政府）委托于都县自来水公司，根据袁西北户从 2010 年 2 月 1 日起至 2015 年 11 月的自来水使用情况，征收了袁西北户的污水处理费共计 1273. 2 元。袁西北以于都县政府对其征收污水处理费违法为由，诉至法院，请求于都县政府全部退还已征收的污水处理费；依法对《于都县城市污水处理费征收工作实施方案》（以下本部分简称《实施方案》）的合法性进行审查。

【裁判结果】江西省高级人民法院二审认为，《中华人民共和国水污染防治法》第 49 条第 3 款、第 4 款规定，城镇污水集中处理设施的运营单位按照国家规定向排污者提供污水处理的有偿服务，收取污水处理费用，保证污水集中处理设施的正常运行。城镇污水集中处理设施的污水处理收费、管理以及使用的具体办法，由国务院规定。国务院《城镇排水与污水处理条例》第 32 条第 1 款规定，排水单位和个人应当按照国家有关规定缴纳污水处理费。中华人民共和国财政部、中华人民共和国国家发展和改革委员会住房和城乡建设部《污水处理费征收使用管理办法》（以下本部分简称《管理办法》）第 8 条第 1 款规定，向城镇排水与污水处理设施排放污水、废水的单位和个人应当缴纳污水处理费。江西省发改委赣发改收费字〔2010〕135 号《关于统一调整全省城市污水处理费征收标准的通知》及赣州市物价局赣市价费字〔2010〕15 号《关于核定于都县城市污水处理费征收标准的批复》确定的征收范围均明确是"在城市污水集中处理规划区范围内向城市排污管网和污水集中处理设施排放达标污水的所有用水单位和个人"。但《实施方案》所确定的污水处理费征收范围却扩大至"于都县中心城区规划区范围内所有使用城市供水的企业、单位和个人"，违反法律法规规章及上级行政机关规范性文件的规定，不能作为于都县政府征收袁西北污水处理费的合法性依据。在袁西北未向城市排污管网和污水集中处理设施排放污水的情况下，于都县政府向其征收污水处理费没有事实和法律依据，应予返还。故判决撤销于都县政府征收袁西北城市污水处理费的行为，责令于都县政府于判决生效之日起 30 日内向袁西北返还 1273. 2 元污水处理费。此后，江西省高级人民法院向于都县政府发送司法建议，建议其对涉案规范性文件的相关条款予以修改。

【案件意义】本案所涉及的污水处理费征收，根据法律法规的规定，其范围由征收对象和征收对象实施的行为确定。征收对象为城市污水集中处理规划区范围所有用水单位和个人，且征收对象需实施向城市排污管网和污水集中处理设施排放污水的行为。但《实施方案》所确定的污水处理费征收范围却扩大至"于都县中心城区规划区范围内所有使用城市供水的企业、单位和个人",违反法律法规章及上级行政机关规范性文件的规定。在《管理办法》第 8 条明确规定了征收范围后,于都县政府在其制定的规范性文件中扩大征收范围没有法律依据,应予修改。根据《最高人民法院关于适用〈中华人民共和国行政诉讼法〉的解释》第 149 条之规定,规范性文件不合法的,人民法院可以向规范性文件的制定机关提出司法建议。司法建议作为法律赋予人民法院的一项重要职责,是充分发挥审判职能的重要方式。人民法院在规范性文件附带审查后向有关机关发出司法建议,可以促进执法质量、扩展审判效果。

4. 法国迪奥尔公司商标申请驳回复审行政纠纷案。

【基本案情】申请商标经国际注册后,根据《商标国际注册马德里协定》《商标国际注册马德里协定有关议定书》的相关规定,迪奥尔公司通过世界知识产权组织国际局(以下简称国际局),向澳大利亚、丹麦、芬兰、英国、中国等提出领土延伸保护申请。2015 年 7 月 13 日,国家工商行政管理总局商标局向国际局发出申请商标的驳回通知书,以申请商标缺乏显著性为由,驳回全部指定商品在中国的领土延伸保护申请。迪奥尔公司不服,向商标评审委员会提出复审申请,但并未得到商标评审委员会的支持。迪奥尔公司遂提起行政诉讼,其主要理由为:迪奥尔公司已经在国际注册程序中明确,申请商标为指定颜色的三维立体商标,而非商标行政机关作为审查基础的普通商标,故被诉决定作出的审查基础明显有误。此外,申请商标设计独特并已在中国市场进行了广泛的宣传、使用,也在多个国家获得商标注册,故其在中国的领土延伸保护申请应当获得核准。一审、二审法院均未支持迪奥尔公司的主张。迪奥尔公司不服二审判决,向最高人民法院提出再审申请。

【裁判结果】合议庭经过审理后认为,本案中,商标局并未如实记载迪奥尔公司在国际注册程序中对商标类型作出的声明,且在未给予迪奥尔公司合理补正机会,并欠缺当事人请求与事实依据的情况下,迳行将申请商标类型变更为普通商标并作出不利于迪奥尔公司的审查结论。商标评审委员会在迪奥尔公司明确提出异议的情况下,对此未予纠正的做法,均可能损害行政相对人合理的期待利益,有违行政程序正当性的原则。据此,合议庭当庭宣判,判决撤销一审、二审判决及被诉决定,判令商标评审委员会在纠正关于申请商标类型不当认定的基础上,重新针对申请商标的领土延伸保护申请作出复审决定。

【案件意义】最高人民法院依法公开开庭并当庭宣判迪奥尔公司商标行政纠纷一案具有重要意义:①充分彰显了平等保护中外权利人的合法利益的精神,进一步树立了中国加强知识产权司法保护的负责任大国形象。②强调了履行国际公约、加强国际合作的精神。最高人民法院在本案中指出，作为商标申请人的迪奥尔公司已经根据《马德里协定》及其议定书的规定，完成了申请商标的国际注册程序，以及我国《商标法实施条例》规定的必要的声明与说明责任，而申请材料仅欠缺部分视图等形式要件的情况下，商标行政机关应当充分考虑到商标国际注册程序的特殊性，本着积极履行国际公约义务的精神，给予申请人合理的补正机会，以平等、充分保护迪奥尔公司在内的商标国际注册申请人的合法权益。③充分体现了知识产权司法主导作用。最高人民法院通过本案的司法审查程序，纠正了商标行政机关关于事实问题的错误认定，强化了对行政程序正当性的要求，充分体现了司法保护知识产权的主导作用。④体现及时救济和全面保护权利的精神。优化国际商标注册程序，是我国积极履行《马德里协定》在内的国际公约义务的重要体现。本案通过为国际商标申请人提供及时有效的司法救济，全面保护了境外当事人的合法权利，对于宣传中国知识产权司法保护成果，努力将中国法院打造成当事人信赖的国际知识产权争端解决"优选地"，都将大有裨益。

5. 罗元昌诉重庆市彭水苗族土家族自治县地方海事处政府信息公开案。

【基本案情】原告罗元昌是兴运 2 号船的船主，在乌江流域从事航运、采砂等业务。2014 年 11 月 17 日，罗元昌因诉重庆大唐国际彭水水电开发有限公司财产损害赔偿纠纷案需要，通过邮政特快专递向被告重庆市彭水苗族土家族自治县地方海事处（以下简称彭水县地方海事处）邮寄书面政府信息公开申请书，具体申请的内容为：①公开彭水苗族土家族自治县港航管理处（以下简称彭水县港航处）、彭水县地方海事处的设立、主要职责、内设机构和人员编制的文件。②公开下列事故的海事调查报告等所有事故材料：兴运 2 号在 2008 年 5 月 18 日、2008 年 9 月 30 日的 2 起安全事故及鑫源 306 号、鑫源 308 号、高谷 6 号、荣华号等船舶在 2008 年至 2010 年发生的安全事故。

彭水县地方海事处于 2014 年 11 月 19 日签收后，未在法定期限内对罗元昌进行答复，罗元昌向彭水苗族土家族自治县人民法院（以下简称彭水县法院）提起行政诉讼。2015 年 1 月 23 日，彭水县地方海事处作出（2015）彭海处告字第 006 号《政府信息告知书》，载明：①对申请公开的彭水县港航处、彭水县地方海事处的内设机构名称等信息告知罗元昌获取的方式和途径；②对申请公开的海事调查报告等所有事故材料经查该政府信息不存在。彭水县法院于 2015 年 3 月 31 日对该案作出（2015）彭法行初字第 00008 号行政判决，确认彭水县地方海事处在收到罗元昌的政府信息公开申请后未在法定期限内进行答复的行为违法。

2015 年 4 月 22 日，罗元昌以彭水县地方海事处作出的（2015）彭海处告字第 006 号《政府信息告知书》不符合法律规定，且与事实不符为由，提起行政诉讼，请求撤销彭水县地方海事处作出的（2015）彭海处告字第 006 号《政府信息告知书》，并由彭水县地方海事处向罗元昌公开海事调查报告等涉及兴运 2 号船的所有事故材料。

另查明，罗元昌提交了涉及兴运 2 号船于 2008 年 5 月 18 日在彭水高谷长滩子发生整船搁浅事故以及于 2008 年 9 月 30 日在彭水高谷煤炭沟发生沉没事故的《乌江彭水水电站断航碍航问题调查评估报告》《彭水县地方海事处关于近两年因乌江彭水万足电站不定时蓄水造成船舶搁浅事故的情况报告》《重庆市发展和改革委员会关于委托开展乌江彭水水电站断航碍航问题调查评估的函（渝发改能函〔2009〕562 号）》等材料。在案件二审审理期间，彭水县地方海事处主动撤销了其作出的（2015）彭海处告字第 006 号《政府信息告知书》，但罗元昌仍坚持诉讼。

【裁判结果】彭水县法院于 2015 年 6 月 5 日作出（2015）彭法行初字第 00039 号行政判决，驳回罗元昌的诉讼请求。罗元昌不服一审判决，提起上诉。重庆市第四中级人民法院于 2015 年 9 月 18 日作出（2015）渝四中法行终字第 00050 号行政判决，撤销（2015）彭法行初字第 00039 号行政判决；确认彭水县地方海事处于 2015 年 1 月 23 日作出的（2015）彭海处告字第 006 号《政府信息告知书》行政行为违法。

6. 苏嘉鸿诉中国证监会行政处罚和行政复议决定案。

【基本案情】证监会认为，苏嘉鸿在内幕信息公开前与内幕信息知情人员联络、接触，其在交易威华股份的时点与资产注入及收购铜矿事项的进展情况高度吻合，相关交易行为明显异常，违反了证券法相关规定，构成证券法所述内幕交易行为，遂作出判罚苏嘉鸿 1.3 亿余元的行政处罚决定。苏嘉鸿不服，向证监会申请复议。证监会作出维持被诉处罚决定的行政复议决定。苏嘉鸿仍不服，诉至法院。

【裁判结果】北京市高级人民法院以事实不清、程序违法为由终审判决撤销被诉行政处罚决定和行政复议决定，一并撤销此前驳回苏嘉鸿诉讼请求的一审判决。

【案件影响】本案打破了证监会多年在行政处罚诉讼案中保持"零败诉"的纪录。在二审中，法院对内幕信息认定、证券行政调查的规则和要求、内幕交易推定的适用条件和标准、违法所得认定标准以及程序合法性、正当性等五个方面的问题进行了审理。其中，证监会败诉的根本原因在于关键人证殷卫国的缺失。如果缺乏这一证据，对于苏嘉鸿交易威华股份的时点与资产注入事项的进展情况高度吻合这一基础事实，也可以将其推定为正常的交易活动甚至是"巧合"。从这一基础事实直接来推定苏嘉鸿的证券交易活动构成内幕交易，其中存在明显的逻辑跳跃，破坏了证据链的完整性。因此，依据《行政处罚法》第30条规定，苏嘉鸿的违法事实不清，不得给予行政处罚。此外，证监会本身行政调查程序也违背了《行政处罚法》第36条关于全面、客观、公正地调查、收集有关证据的程序要求。所以，在本案中，程序问题与实体问题交织为一体，使得证监会的行政处罚决定不具有合法性。该案特别凸显了程序合法性对于实质合法性的独特价值，清晰展示了依法行政必须从程序合法性出发这一基本进路。

7. 许某诉区政府行政强制及行政赔偿再审案。

【基本案情】2001年7月，因城区地块整合改造建设需要，许某位于金华市婺城区的房屋被纳入拆迁范围。2014年8月，婺城区政府发布旧城改造房屋征收范围公告，许某房屋位于征收范围内。随后，婺城区政府发布了房屋征收决定，但许某的房屋却于征收决定前一个月被拆除。为此，许某提起行政诉讼，请求确认区政府强拆行为违法，同时提出赔偿请求。因不服一、二审判决，许某在法定期限内向最高人民法院申请再审。

【裁判结果】最高人民法院提审本案并作出宣判：一、二审法院判决确认婺城区政府强制拆除许某房屋的行政行为违法的判项正确，应予以维持。同时，责令婺城区政府对许某依法予以行政赔偿。

【案件影响】在本案中，当事人对一、二审不服的理由是：婺城区政府没有按法律程序进行征收和补偿决定，应承担赔偿责任。而一、二审法院在判决中确认了区政府强拆行为违法的同时，却认为此案应通过征收补偿程序解决。"赔偿"与"补偿"一字之差，对于政府责任可谓影响重大，对于公民利益更是差别巨大。从法理上看，行政赔偿以行政行为违法为前提要件，而行政补偿则以行政征收合法为前提要件，二者不可混同。如果此案通过征收补偿程序解决，实际上反过来遮掩了婺城区政府强拆行为的违法性，可能"诱导"政府继续违法强拆，甚至不断引发政府与百姓的争议和冲突。而且，该案明确赔偿应当全面赔偿原则，要求被征收人得到的赔偿不低于其依照征收补偿方案可以获得的征收补偿这一标准，也是对公民利益的有效保护。总体看来，本案非常成功地实现了社会效果与法律效果的有机统一。

8. 重庆市涪陵志大物业管理有限公司诉重庆市涪陵区人力资源和社会保障局劳动和社会保障行政确认案。

【基本案情】罗仁均系重庆市涪陵志大物业管理有限公司（以下简称涪陵志大物业公司）保安。2011年12月24日，罗仁均在涪陵志大物业公司服务的圆梦园小区上班（24小时值班）。8时30分左右，在兴华中路宏富大厦附近有人对一过往行人实施抢劫，罗仁均听到呼喊声后立即拦住抢劫者的去路，要求其交出抢劫的物品，在与抢劫者搏斗的过程中，不慎从22步台阶上摔倒在巷道拐角的平台上受伤。罗仁均于2012年6月12日向被告重庆市涪陵区人力资源和社会保障局（以下简称涪陵区人社局）提出工伤认定申请。涪陵区人社局当日受理后，于2012年6月13日向罗仁均发出《认定工伤中止通知书》，要求罗仁均补充提交见义勇为的认定材料。2012年7月20日，罗仁均补充了见义勇为相关材料。涪陵区人社局核实后，根据《工伤保险条例》第14条第7项之规定，于2012年8月9日作出涪人社伤险认决字〔2012〕676号《认定工伤决定书》，认定罗仁均所受之伤属于因工受伤。涪陵志大物业公司不服，向法院提起行政诉讼。在诉讼过程中，涪陵区人社局作出《撤销工伤认定决定书》，并于2013年6月25日根据《工伤保险条例》第15条第1款第2项之规定，作出涪人社伤险认决字〔2013〕524号《认定工伤决定书》，认定罗仁均受伤属于视同因工受伤。涪陵志大物业公司仍然不服，于2013年7月15日向重庆市人力资源和社会保障局申请行政复议，重庆市人力资源和社会保障局于2013年8月21日作出渝人社复决字〔2013〕129号《行政复议决定书》，予以维持。涪陵志大物业公司认为涪陵区人社局的认定决定适用法律错误，罗仁均所受伤依法不应认定为工伤。遂诉至法院，请求判决撤销《认定工伤决定书》，并责令被告重新作出认定。另查明，重庆市涪陵区社会管理综合治理委员会对罗仁均的行为进行了表彰，并作出了涪综治委发〔2012〕5号《关于表彰罗仁均同志见义勇为行为的通报》。

【裁判结果】重庆市涪陵区人民法院于2013年9月23日作出（2013）涪法行初字第00077号行政判决，驳回重庆市涪陵志大物业管理有限公司要求撤销被告作出的涪人社伤险认决字〔2013〕524号《认定工伤决定书》的诉讼请求。一审宣判后，双方当事人均未上诉，裁判现已发生法律效力。

【裁判理由】法院生效裁判认为：被告涪陵区人社局是县级劳动行政主管部门，根据国务院《工伤保险条例》第5条第2款的规定，具有受理本行政区域内的工伤认定申请，并根据事实和法律作出是否工伤认定的行政管理职权。被告根据第三人罗仁均提供的重庆市涪陵区社会管理综合治理委员会《关于表彰罗仁均同志见义勇为行为的通报》，认定罗仁均在见义勇为中受伤，事实清楚，证据充分。罗仁均不顾个人安危与违法犯罪行为作斗争，既保护了他人的个人财产和生命安全，也维护了社会治安秩序，弘扬了社会正气。法律对于见义勇为应当予以大力提倡和鼓励。

第四章

中国诉讼法的研究状况

第一节 刑事诉讼法学研究状况[1]

一、研究概况

2018 年《刑事诉讼法》修改是我国刑事诉讼法学领域取得的重大成就，是从事刑事诉讼立法、司法和理论研究工作者共同努力的成果，对完善中国特色刑事诉讼制度，推进国家治理体系和治理能力现代化具有重要意义。同时，囿于全国人大常委会的部分修法权，以及回应司法体制、监察体制改革的迫切需要，相较前两次，2018 年《刑事诉讼法》的修改是一次部分性、有限的、应急性的修改。总体而言，2018 年刑诉法学研究带有较强的注释法学和实用主义色彩。学界围绕《刑事诉讼法》的修改和贯彻实施，积极参与对法条的注释与解读；立足中国国情，坚持问题导向，以思辨研究、比较研究和实证研究相结合的方法，产出一批着眼司法实务，解决中国问题的优秀学术成果，为深化司法体制改革、监察体制改革作出了积极贡献。

在研究成果方面，2018 年刑事诉讼法学共在 CSSCI（2017—2018）的 21 种法学期刊[2]和《中国社会科学》上发表学术文章约 200 篇（不含证据法学文章），其中，在三大权威期刊《中国社会科学》《法学研究》《中国法学》上发表论文 25 篇；出

---

[1] 本部分执笔人：卞建林，中国政法大学诉讼法学研究院院长、教授；王贞会，中国政法大学诉讼法学研究院副教授；王玮玮，中国政法大学刑事司法学院博士研究生。

[2] 数据来源为南京大学中国社会科学研究评价中心发布的"中文社会科学引文索引 CSSCI 来源期刊（2017—2018）目录"，从中选取 21 种法学期刊、70 种高校综合性学报、50 种综合性社会科学期刊，共 141 种 CSSCI 来源期刊进行统计分析，不含 CSSCI 扩展版来源期刊和 CSSCI 来源集刊。

版著作、教材 78 部[1]，其中，教材 12 部，理论研究和工具书 66 部。研究内容涵盖认罪认罚从宽制度、刑事速裁程序、值班律师、缺席审判等刑事诉讼法修改的各个方面，学术成果丰硕。在科研项目方面，2018 年刑事诉讼法学共获得省部级以上项目立项 231 项，其中，国家社科基金项目 43 项，含国家社科基金重大项目 2 项；教育部人文社科研究项目 14 项；最高人民法院司法研究重大课题 7 项；最高人民检察院检察理论研究重点课题 17 项；司法部国家法治与法学理论研究课题 14 项；中国法学会部级课题 29 项。

在学术交流与合作方面，继我国 2016 年 11 月举办首届"两岸刑事诉讼法学术研讨会"后，应我国台湾地区刑事法学会邀请，中国刑事诉讼法学研究会代表团于 2018 年 9 月 17 日、18 日赴我国台湾地区参加第二届研讨会。会议由我国台湾地区东海大学法学院承办，会议主题为"现代风险社会下之刑事诉讼法学的对应与展望"。会议分别就"公害事故与刑事司法""企业犯罪之刑事诉追""经济犯罪之刑事诉追""劳动灾害与刑事司法""将来犯罪之刑事侦查"等问题进行了研讨。中国刑事诉讼法学研究会会长、中国政法大学卞建林教授，中国刑事诉讼法学研究会副会长、湖南大学法学院谢佑平教授，中国社会科学院法学所熊秋红研究员、清华大学法学院张建伟教授、山东大学法学院周长军教授、广州大学法学院张泽涛教授、中国政法大学刑事司法学院汪海燕教授等应邀参会，并分别以"涉众经济犯罪的刑事追诉""论单位被害人权利的刑事司法保护""公安机关处理企业行政违法与刑事犯罪的程序界限""公害事故与刑事司法""环境犯罪的行刑衔接问题""大资料刑事侦查的未来景观"等为主题作了报告。

2018 年 4 月 14 日，中国刑事诉讼法学研究会刑事辩护专业委员会在浙江大学之江校区召开 2018 年年会暨"现代科技在刑事诉讼中的运用与律师辩护"。会议由中国刑事诉讼法学研究会刑事辩护专业委员会主办，浙江大学光华法学院、浙江立法研究院承办，浙江靖霖律师事务所协办。中国刑事诉讼法学研究会副会长、浙江大学光华法学院教授王敏远主持开幕式，浙江大学副校长罗卫东，中国政法大学教授、中国刑事诉讼法学研究会会长卞建林，中国法学会副会长郎胜，浙江省人民检察院检察长贾宇，浙江省高级人民法院副院长朱新力出席会议并致辞。来自全国高等院校知名学者，律师代表，学术期刊、媒体代表和专业委员会委员近 200 人参加会议。会议期间，与会代表围绕现代科技在刑事诉讼程序中的运用及其评估、现代科技在

---

[1]　包括法律出版社、中国法制出版社、中国民主法制出版社、人民法院出版社、中国检察出版社、中国政法大学出版社、北京大学出版社、清华大学出版社、中国人民大学出版社、中国人民公安大学出版社。

刑事证据制度中的运用及其评估、现代科技在刑事诉讼汇总的运用对律师辩护的影响与应对等重点话题展开富有成效的交流和讨论。

2018 年 10 月 20 日、21 日，中国刑事诉讼法学研究会 2018 年年会在西安顺利举办。本届年会由中国刑事诉讼法学研究会主办、西北政法大学承办，年会主题为"新时代中国特色刑事诉讼制度新发展"。中国法学会副会长兼秘书长鲍绍坤、陕西省委副书记贺荣出席开幕式并讲话。最高人民法院副院长张述元、最高人民检察院副检察长童建明、陕西省政协副主席祝列克、陕西省人民检察院检察长杨春雷、陕西省委副秘书长王飞、中国刑事诉讼法学研究会名誉会长陈光中、会长卞建林等出席开幕式。来自全国各高校、研究院所、司法实务部门的专家学者 250 余人参加了会议。会议期间，围绕大会主题，针对新时代中国特色刑事诉讼法治理论体系研究、司法改革综合配套措施改革研究、监察制度与刑事诉讼制度的衔接问题研究、刑事诉讼法再修改问题研究等四个分议题，与会代表进行了深入、全面、富有建设性的讨论。

2018 年 11 月 10 日，"2018 年度刑事诉讼法治与司法改革研究方阵高端论坛"在广州成功举办。论坛由中国刑事诉讼法学研究会主办，中国政法大学诉讼法学研究院承办，广州大学法学院协办。论坛主题为"监察委员会的设置与刑事诉讼法的衔接问题"。来自全国十余个高等院校、研究机构与司法实务部门的五十余位代表参加了此次论坛。广州大学党委副书记聂贵新，中国刑事诉讼法学研究会会长、中国政法大学诉讼法学研究院院长卞建林，中国法学会研究部副主任彭伶出席开幕式并分别致辞。此次坛下设四个分论坛，与会代表分别就"监察法与刑诉法相衔接的基础理论问题""监察机关、公安机关、检察机关管辖竞合问题""留置措施与刑事强制措施的衔接问题""监察机关调查证据的使用与排除问题"等进行了深入且富有成效的研讨。

未成年人司法保护水平是一个国家司法进步和司法文明程度的重要标志。2018年 7 月 21 日，"少年司法专业委员会研究基地揭受牌仪式暨一站式取证与未成年被害人综合保护专题研讨会"在云南昆明召开。会议由中国刑事诉讼法学会少年司法专业委员会和昆明市公安局直属分局主办。中国刑事诉讼法学研究会会长卞建林，云南省公安厅党委委员、昆明市副市长、市公安局局长周建忠，分别在开幕式上致辞。中国刑事诉讼法学会副会长、少年司法专业委员会主任宋英辉教授宣读了少年司法专业委员会研究基地的回函，卞建林会长、周建忠局长为"少年司法专业委员会研究基地"揭牌。来自最高人民法院、最高人民检察院、公安部、中国法学会等中央部委团体有关部门代表，以及来自全国多省市高校、研究机构、检察院、未成年人保护机构等单位的专家、学者和实务界人士 80 余人参加了研讨会。

在国际交流方面，2018 年 7 月 28 日、29 日，中日韩"以审判为中心的诉讼制度改革"学术研讨会在北京成功举行。会议由中国政法大学诉讼法学研究院、中国刑事诉讼法学研究会、中国政法大学刑事司法学院主办。研讨会围绕中日韩三国推进以审判为中心的诉讼制度改革中的难点问题，就"以审判为中心""辩护制度""非法证据排除制度""刑事速裁程序与认罪认罚从宽制度""刑事司法中的热点问题"五个专题展开了广泛而深入的讨论。来自日本驻华大使馆、神奈川大学、一桥大学、北海道大学，韩国驻华大使馆、首尔国立大学、梨花女子大学、首尔市立大学、成均馆大学、釜山检察院、在元律师事务所，以及全国人大监察和司法委员会、最高人民法院、最高人民检察院、清华大学、中国人民大学、中国社会科学院、中国政法大学、华东政法大学、浙江大学、湖南大学、四川大学、吉林大学、天津大学、广州大学、陕西省高级人民法院、四川省成都市中级人民法院、四川省成都市人民检察院、北京德恒律师事务所、北京尚权律师事务所等单位的专家学者共 80 余人参加了本次研讨会。

2018 年 9 月 4 日，第十一届"中韩刑事诉讼法学术研讨会"在无锡顺利召开。会议由中国刑事诉讼法学研究会主办，华东政法大学协办。来自首尔大学、国立江陵原州大学、西京大学、高丽大学、京畿大学、韩国最高法院、韩国最高检察院、大田地方检察院、韩国柏山律师事务所，以及北京大学、中国人民大学、中国政法大学、华东政法大学、中国社会科学院、湖南大学、浙江大学、西北政法大学、北京市北斗鼎铭律师事务所的专家、学者和实务界代表参加了研讨会。研讨会上，中韩两国学者围绕认罪认罚从宽制度、速裁程序和以审判为中心的制度改革进行了深入探讨。

二、研究重点内容

2018 年，《刑事诉讼法》第三次进行修订。在国家监察体制改革、司法体制改革持续深化的背景下，为解决实务运行中的争议问题，实现改革与立法完善的良好衔接，本次刑事诉讼法修订由全国人大常委会表决通过并立刻公布施行。立法方式的调整得到学界的普遍肯定，但修改的应急性和内容的有限性也受到了部分学者的指摘。缘于《刑事诉讼法》的修改，2018 年刑事诉讼法学研究带有浓郁的注释法学和实用主义价值取向。学界围绕为《刑事诉讼法》的修改及贯彻实施提供理论准备和完善路径的主题，阐释立法精神、解读制度内涵、开展对策研究，为司法改革和立法完善建言献策。本部分以《刑事诉讼法》修改重点内容为框架，择取 2018 年刑事诉讼法学研究比较集中的若干议题作一概述，以管窥全貌。

（一）认罪认罚从宽制度

自 2016 年 11 月两高三部颁布《关于在部分地区开展刑事案件认罪认罚从宽制度试点工作的办法》以来，关于认罪认罚从宽的理论研究和实务探索日益广泛和深入。多元化的思想碰撞和多样性的试点模式，在给试点工作带来蓬勃生机的同时，也造成了实务的混乱和司法的不统一。当下，概念不清、规则不明是亟待立法者解决的突出问题。有论者基于法教义学研究方法，对"认罪""认罚""从宽"的基础概念进行了剖析，提出认罪的构造兼具"理解"与"作出"之要件，外化为"心素"与"体素"之要素，被告人在审判阶段作出并由法官裁断的是"法律意义上的认罪"，有别于"自然意义上的认罪"。认罚是对可能判处之刑罚的认同，包含法定与酌定两种形式，前者是启动特定程序的必要条件，后者是被告人悔罪意愿的具体表现。但认罚不具有使被告人被从宽处罚或者阻却其上诉的绝对效力。从宽分为实体性从宽与程序性从宽两种模式。撤销案件、不起诉、变更强制措施、减少审前羁押期限等从宽形式均具有存在的正当性。从宽模式目前正处于开放发展的状态。[1] 也有论者提出，厘清认罪认罚从宽制度改革的内核，应当区别于自首、坦白和如实供述，"认罪"必然要承认指控事实和罪名，"认罚"是包含量刑建议在内的刑法评价后果，并在此前提下建构动态从宽体系。[2]

关于制度的适用阶段，有论者认为，侦查阶段适用认罪认罚从宽制度（包括其中的认罪协商），不仅客观存在，而且有明确的准法律规范依据。这既由我国现阶段的侦查水平所决定，也是实现认罪认罚从宽制度"及时有效惩治犯罪、维护社会和谐稳定"和"优化司法资源配置、提升司法公正效率"这两大价值目标的需要。为了保证侦查阶段正确适用认罪认罚从宽制度，应当明确调查取证与认罪认罚的关系，把侦查着力点放在调查取证上；规范认罪协商行为，坚持依法讯问、依法从宽、信守承诺，并划清正当的引诱欺骗谋略与非法引诱欺骗的界限；强化律师辩护和法律帮助，确保认罪认罚的自愿性；认真落实严格排除非法证据规定，强化检、法对侦查阶段认罪认罚案件的审查。[3]

在量刑从宽方面，有论者提出，在认罪认罚从宽制度的试点期间，我国形成了"30%—20%—10%"的量刑从宽方案。虽然这一方案有其适用的合理性，但是也暴露出理论薄弱的问题。立法者有必要审慎地反思下列主题：①设计合理的量刑从宽

---

[1] 孔令勇："教义分析与案例解说：解读刑事诉讼中的'认罪'、'认罚'与'从宽'"，载《法制与社会发展》2018 年第 1 期。

[2] 周新："认罪认罚从宽制度立法化的重点问题研究"，载《中国法学》2018 年第 6 期。

[3] 朱孝清："侦查阶段是否可以适用认罪认罚从宽制度"，载《中国刑事法杂志》2018 年第 1 期。

的刑罚差距，厘清认罪认罚与自首等情节之关系，保障被追诉人选择认罪认罚的自愿性；②区分认罪认罚与自首之法律价值，调整认罪认罚情节的最高从宽比例至40%，进而依照诉讼节点的先后顺序，同时结合诉讼程序的不同类型，采取"40%—20%—10%"的方案，调动被追诉人尽早认罪认罚的积极性；③有待进一步完善以下领域的量刑从宽规则，主要是指二审阶段的量刑从宽、涉罪未成年人案件的量刑从宽。[1]

认罪认罚从宽中证明标准的降格适用是学界争议的焦点之一。持否定论者认为，在推进以审判为中心的诉讼制度改革进程中，认罪认罚从宽制度并不因程序分流而处于附属地位，其适用的证明标准与其他案件并无实质性差异，只是基于被告人认罪认罚证明程序或要求相应简化。由于证明标准具有指引和规范作用，降低认罪认罚案件的证明标准，很可能产生多米诺骨牌效应，导致实然层面侦查和审查起诉质量的下降，也会引发侦查中心和口供中心的回潮。[2] 肯定论者则认为，现实中证明标准必然下降，而对之行为有效的补充是司法诚信。司法诚信理念在认罪认罚从宽制度的构建中具有重大作用，体现在司法诚信是合意的源泉，是公正与效率价值的平衡，是司法伦理的精髓和程序法定的灵魂，也是证明标准下降的保障。在启动、协商、审查、确认、生效等各个方面，认罪认罚从宽制度构建中体现了司法诚信精神，也面临着如何克服其中存在的可能性障碍的问题。[3]

实证分析和对策研究是该领域最常用的研究方法，这既归因于制度"试点探索"到"立法跟进"的发展路径，也是推动制度进一步完善的现实需要。有学者基于试点地区的实践考察，对协商中存在的控辩失衡问题进行了分析，提出促进控辩关系平衡发展，应从控辩地位平等、信息对称、对话能力相当、对话规则公平的要求出发，对修改条文进行解读，以期未来控辩双方通过理性商谈形成纠纷解决的共识。[4] 有论者基于对部分试点地区存在诉讼程序简化力度有限、值班律师提供权利保障程度有限、对主要参与方的激励机制作用有限的现象分析，提出未来改革者应当有针对性地设计破解方案，包括但不限于规范量刑协商、集中庭审后进一步简化裁判文书、提升值班律师法律帮助的有效性、丰富调动参与主体积极性的激励机制类型，以及其他重要配套机制，等等。[5] 也有论者通过对域外辩诉交易实践中"报复性起诉"问题的研究，提出认罪认罚制度客观上同样存在着报复性起诉的土壤。

---

〔1〕　赵恒："论量刑从宽——围绕认罪认罚从宽制度的分析"，载《中国刑事法杂志》2018年第4期。

〔2〕　汪海燕："认罪认罚从宽案件证明标准研究"，载《比较法研究》2018年第5期。

〔3〕　刘泊宁："司法诚信视野下的认罪认罚从宽制度"，载《政法论坛》2018年第3期。

〔4〕　曾亚："认罪认罚从宽制度中的控辩平衡问题研究"，载《中国刑事法杂志》2018年第3期。

〔5〕　周新："认罪认罚从宽制度试点的实践性反思"，载《当代法学》2018年第2期。

检察机关全程主导、控辩双方地位和信息不平等，使得报复拒绝认罪的被告人具有现实可能性。目前尚不存在建立司法审查制度的条件，但可以从启动"协商"的时间以及限制起诉裁量出发，从程序上予以制约。[1]

针对"附属性"的认罪认罚从宽制度架构，有论者认为，两高三部关于开展认罪认罚从宽制度的试点文件并未确立认罪认罚从宽诉讼程序的独立地位。基于宽严相济刑事政策的程序法定化需要，考虑到国外认罪协商诉讼程序的普遍独立化趋势，特别是我国刑事诉讼程序正朝多元层次性发展，应建构我国独立的认罪认罚从宽诉讼程序，避免"嵌用"模式的司法弊端。认罪认罚从宽诉讼程序首先是认罪认罚案件与不认罪认罚案件分流后的产物，在认罪诉讼简化程序体系中有别于简易程序、和解程序与刑事速裁程序，是我国混合式诉讼程序体系中的独立部分，而轻罪诉讼体系是其未来的命运方向。为确保认罪认罚从宽诉讼的程序正义，应坚持认罪认罚自愿性的基础地位并强化审查机制，突出控辩量刑协商的关键意义并完善协商程序，规范法院庭审方式以避免庭审完全流于形式。[2]

（二）刑事速裁程序

刑事速裁程序是立足我国国情和司法现实的一项重要探索，对于建立多元化的刑事诉讼程序和推进以审判为中心的刑事诉讼制度改革具有十分重要的意义。四年试点探索以来，刑事速裁程序取得了积极成效，但也暴露出一些问题。有论者提出，刑事速裁程序面临权力色彩过重、体系思考不足、适用范围过窄、法律援助值班律师制度虚置、庭审流程不明确、被害人权利保障阙如等问题。有必要进一步强化权利设计理念，进一步加强体系性建构，进一步扩大适用范围，进一步完善援助律师制度，进一步完善庭审机制，进一步强化被害人权利保障。[3]

随着研究的持续深入，刑事速裁程序的探讨已由最初的理论证成转向实证检验。有论者通过调查问卷的实证研究方法，发现刑事速裁程序试点在保障司法公正的前提下提高了诉讼效率，得到参与试点的诉讼参与人的广泛认可。但同时，刑事速裁程序的试点在案件适用范围、认罪程序、律师辩护、量刑协商等方面还存在缺陷。未来的刑事速裁程序立法，在扩大速裁程序的案件适用范围的同时，还要构建对被指控人的认罪自愿性审查机制，建立规范的认罪控辩协商机制，制定速裁案件审理

〔1〕 赵旭光："'认罪认罚从宽'应警惕报复性起诉——美国辩诉交易中的报复性起诉对我国的借鉴"，载《法律科学》2018 年第 2 期。

〔2〕 樊崇义："认罪认罚从宽协商程序的独立地位与保障机制"，载《国家检察官学院学报》2018 年第 1期。

〔3〕 张宝："刑事速裁程序的反思与完善"，载《法学杂志》2018 年第 4 期。

证据指引，等等。[1]

也有论者基于部分地区试点情况的数据分析，发现刑事速裁程序中，个案的处理效率有所提升，但通过速裁程序审理的刑事案件总量及比例仍然较低，对刑事诉讼效率的整体提升仍然有限；犯罪嫌疑人、被告人适用非羁押性强制措施与非监禁刑的比例较高，但由于速裁程序案件主要为危险驾驶类案件，故对犯罪嫌疑人、被告人权利保障水平的有限提升很难归功于程序本身；速裁程序适用条件的设定局限，以及控辩双方选择适用速裁程序的动力不足，限制了进入速裁程序案件的总量，制约了速裁程序对诉讼效率的提升；社会治理体系以及治理能力的局限，限制了非羁押性强制措施以及非监禁刑的适用，制约了速裁程序在加强人权保障水平方面的贡献。[2]

（三）值班律师制度

认罪认罚从宽制度和刑事速裁程序直接催生了我国的值班律师制度。当下，值班律师的身份定位问题纷争不止，"辩护人化"与"法律援助制度"是学界的两大基本分流。

立足于"辩护人化"的立场，有论者提出，应当正确认识、借鉴国外的值班律师制度，不能只见树木不见森林。我国诉讼理论上和刑事诉讼立法上，辩护从审判阶段走向审前阶段，从实体辩护发展为实体辩护与程序辩护并重的历程表明，当下值班律师抽象的"提供法律帮助"的定位或具体的五项职责，与刑事诉讼法规定的辩护人及其辩护职责并无本质区别。因此，其属性应当是辩护人。应当立足我国实际建立具有中国特色的值班律师制度，使值班律师成为与委托律师、狭义的法律援助律师共同实现刑事案件律师辩护全覆盖的第三支重要力量。[3] 也有论者从我国刑事辩护制度的理论发展、现实需要以及联合国刑事司法准则出发，认为应当赋予值班律师辩护人的地位，并提出值班律师制度不仅适用于轻罪案件，也应当适用于重罪案件。在认罪认罚案件中，值班律师的职责应当围绕犯罪嫌疑人、被告人是否了解认罪认罚的内涵及其法律后果，认罪认罚案件是否具有事实依据，犯罪嫌疑人、被告人是否自愿认罪认罚，以及如何进行量刑协商等问题提供辩护。[4]

还有论者基于认罪认罚从宽制度中的诉讼合意前提，论证值班律师辩护人地位的必然性，提出认罪认罚案件中的有效辩护理念。依照其观点，认罪认罚案件中存

〔1〕　李本森："刑事速裁程序试点研究报告——基于18个试点城市的调查问卷分析"，载《法学家》2018年第1期。

〔2〕　刘方权："刑事速裁程序试点效果实证研究"，载《国家检察官学院学报》2018年第2期。

〔3〕　顾永忠："追根溯源：再论值班律师的应然定位"，载《法学杂志》2018年第9期。

〔4〕　张泽涛："值班律师制度的源流、现状及其分歧澄清"，载《法学评论》2018年第3期。

在的三种诉讼合意（认罪合意、认罚合意及程序适用合意）是该类案件程序简化的正当性基础。为了确保上述三种合意的有效性，被追诉人应当获得有效的律师帮助。认罪认罚案件中有效辩护的实现应以落实值班律师制度为核心。首先，关于值班律师角色定位等基本认识的转变是落实值班律师制度的基础；其次，值班律师的介入条件、诉讼权利以及辩护职责等方面的具体规则应得到进一步的明确；最后，应从值班律师工作站的建设、履职条件保障、培训和考核、电子科技运用等方面完善相关的配套机制。[1]

立足于"法律援助"的立场，有论者认为，当下关于值班律师定位的探讨，囿于认罪认罚从宽的制度背景，忽略了值班律师制度整体的功能性特征，存在"以偏概全"的认识局限。在未来的发展方向上，一方面，应在法律援助语境下构建"法律援助值班律师"与"法律援助辩护律师"两分的法律援助格局，使两者各司其职，相互补充；另一方面，应在认罪认罚从宽语境下改良值班律师制度，赋予值班律师阅卷权等诉讼权利，完善职务保障、考评等机制，充分发挥其保障认罪认罚自愿性与真实性的功用。[2] 也有论者从与认罪认罚从宽制度的适配性角度，对值班律师法律援助者的应然定位进行了剖析，提出当前的值班律师制度研究中，研究者更多选择以现行规范性文件为基础，将值班律师制度仅仅作为认罪认罚从宽制度改革的配套措施之一。这种研究倾向使当前的研究成果更多关注于如何更好地发挥值班律师制度在认罪认罚案件中的作用，而忽视了值班律师制度自身利弊优缺的分析与考量。在现代法律援助制度中，值班律师制度旨在弥补传统法律援助形式的不足，而非取代传统的法律援助服务方式。我国应合理配置值班律师制度，形成多层次、全方位的法律援助制度；在值班律师制度建设中，注重发挥值班律师在刑事诉讼早期阶段的帮助作用。[3]

（四）刑事诉讼法与监察法的对接

为保证与《监察法》的相互衔接，2018年10月，十三届全国人大常委会第六次会议审议通过了《关于修改〈中华人民共和国刑事诉讼法〉的决定》，在坚持"职务犯罪案件由监察机关统一负责"原则的基础上，重新厘定了检察机关对职务犯罪的侦查权限，明确了监察机关职务犯罪案件调查程序与刑事诉讼程序的衔接机制。但是，鉴于《监察法》强调监察机关职务犯罪调查活动不适用《刑事诉讼法》的相

---

〔1〕 贾志强："论'认罪认罚案件'中的有效辩护——以诉讼合意为视角"，载《政法论坛》2018年第2期。

〔2〕 王迎龙："值班律师制度研究：实然分析与应然发展"，载《法学杂志》2018年第7期。

〔3〕 吴宏耀："我国值班律师制度的法律定位及其制度构建"，载《法学杂志》2018年第9期。

关规定，如何确保监察机关职务犯罪调查活动与《刑事诉讼法》相关规定之间程序的衔接和内在法治精神的统一，成为学界探究和研讨的重点。

国家监察体制改革是对原隶属于政府的行政监察权、行政违法预防权，原隶属于检察机关的反贪污贿赂、反渎职侵权与职务犯罪预防权进行有效整合后，创设了具有复合属性的国家监察权。监察权的复合性决定了其权力内容的包容性和多样化。[1] 而监察委与司法机关协调衔接的实质，是与国家刑事司法权和刑事诉讼程序制度的协调和衔接。对此，两机关之间职能管辖应当清晰，级别管辖应设基础规范，并案管辖应符合规律，地域管辖宜作出规定并反映案件特点。此外，在监察立案的基础上应建立刑事立案制度，将监察机关的刑事部门设置为相对独立的执法主体（包括成为案件移送主体），通过"降低身段"，促进监察机关与司法机关的协调衔接，避免纪法界限模糊。[2]

关于检察机关对国家监察权的制约和监督，有论者认为，监察机关的职务犯罪调查具有刑事诉讼法上犯罪侦查之法律效果，属于刑事诉讼之发动，构成人民检察院制约监察委员会的法律依据和基础。[3] 这种"制约模式"具体表现为在尊重监察机关职权范围内独立行使调查权的同时，通过检察机关依法行使审查起诉决定权和调查活动引导权，实现两机关之间的分工与制约。但从当下改革的理念、规范和实践情况来看，这一模式可能面临诸多挑战，未必能够发挥预期效果。[4] 具体实务中，监察委员会对职务犯罪调查的程序构造采行"线性结构"模式，具有鲜明的行政化和封闭化色彩，检察机关的监督制约基本无处着力。对此，有论者提出，应当建构"三角结构"的监察委员会调查犯罪程序，在监察机关与被调查人的"对垒"程序中，检察机关作为客观、中立的"第三方"介入进来，制衡监察权力的行使，保障被调查人的合法权利。[5]

有论者提出，调查权取代侦查权意味着职务犯罪案件的办理将呈现一种全新的"调查—公诉"模式。与"侦查—公诉"模式相比，这一全新模式或将存在多种隐患，尤其是"调查中心主义"格局或将呈现，"非典型"错案的风险可能增加，被调查人的权利保障被弱化。而其出路或在于，促使监察机关对职务犯罪的调查遵循

---

〔1〕　徐汉明、张乐："监察委员会职务犯罪调查与刑事诉讼衔接之探讨——兼论法律监督权的性质"，载《法学杂志》2018 年第 6 期。

〔2〕　龙宗智："监察与司法协调衔接的法规范分析"，载《政治与法律》2018 年第 1 期。

〔3〕　朱福惠："论检察机关对监察机关职务犯罪调查的制约"，载《法学评论》2018 年第 3 期。

〔4〕　左卫民、唐清宇："制约模式：监察机关与检察机关的关系模式思考"，载《现代法学》2018 年第 4 期。

〔5〕　周长军："监察委员会调查职务犯罪的程序构造研究"，载《法学论坛》2018 年第 2 期。

《刑事诉讼法》相关规定的精神实质，让检察机关有能力对监察机关调查职务犯罪的行为进行法律监督，并充分发挥职务犯罪案件中的律师作用。[1]

在同以"审判为中心"的诉讼制度改革的关系上，有论者认为监察体制改革同样应当坚持审判中心改革的基本要求，实现二者并驱齐驾。现实中，监察体制改革可能对审判中心改革带来一定的影响，突出表现为改革对国家司法权力配置格局的影响，对法院依法独立行使审判权的影响以及对贯彻"分工负责、配合制约"原则的影响。对此，应积极应对上述变化，稳妥推进监察体制改革。[2] 有论者进一步提出，要完善证人出庭作证制度，规范留置措施的适用，赋予律师一定的法律地位，使其以适当的身份介入职务犯罪调查程序，借此适应以审判为中心的诉讼制度改革。[3]

（五）缺席审判制度

2018 年修改的《刑事诉讼法》增加了缺席审判程序。刑事缺席审判制度的设立对于解决司法实践中的一些疑难问题、完善我国刑事诉讼制度具有重要意义。但作为一项解决未出庭被告人刑事责任的制度，刑事缺席审判具有"天然"的缺陷。[4] 基于此，学者们围绕制度的增设动因、内容完善及学理分析展开了广泛而深入的研究。

关于缺席审判的理论证成，有论者提出，刑事缺席审判制度的确立是多元价值平衡后的理性选择，其合理性、正当性表现在：被告人放弃出席法庭权利的情况下，缺席审判体现了对被告人诉讼主体地位的尊重；刑事缺席审判有助于节约诉讼成本，提高诉讼效率；有利于严厉打击腐败犯罪等重大犯罪。并认为，基于有效平衡程序公正与诉讼效率两大价值的需要，应当将刑事缺席审判制度有条件地适用于所有刑事案件。同时，根据案件类型的不同调整适用条件，建立一套包括告知程序、审判程序以及救济程序在内的程序规范，以保障刑事缺席审判制度有效运转。[5] 也有论者认为，刑事缺席审判的理论基础在于控诉原则、起诉法定原则以及对被告人庭审在场权的合理限制。该制度的建立，既有利于海外追逃、追赃等反腐败工作的开展，也有利于实现诉讼经济。[6] 此外，在及时有效打击犯罪维护司法利益的同时，保障

---

〔1〕 李奋飞："'调查—公诉'模式研究"，载《法学杂志》2018 年第 6 期。
〔2〕 陈邦达："推进监察体制改革应当坚持以审判为中心"，载《法律科学》2018 年第 6 期。
〔3〕 郭慧、牛克乾："职务犯罪审判与国家监察工作有机衔接的若干建议"，载《法律适用》2018 年第 19 期。
〔4〕 王敏远："刑事缺席审判制度探讨"，载《法学杂志》2018 年第 8 期。
〔5〕 肖沛权："价值平衡下刑事缺席审判制度的适用"，载《法学杂志》2018 年第 8 期。
〔6〕 陈卫东："论中国特色刑事缺席审判制度"，载《中国刑事法杂志》2018 年第 3 期。

当事人的合法诉讼权利亦是构建我国缺席审判制度时需要重点解决的问题。为此，有论者认为，应当在庭前程序中明确缺席审判的启动、法院对缺席起诉的审查以及对被告人发出通知等问题。在庭审程序中应当保障缺席的被告人的答辩和陈述权利、获得辩护权利、与证人对质权利等，贯彻无罪推定的原则。同时，还应当为缺席审判被告人设置救济程序，包括上诉和重审等程序。[1]

　　关于缺席审判的证明标准，有论者提出，刑事缺席审判中证明标准的确定至关重要，将直接影响到证明方法的选择以及制度设置目的的实现。综合考量程序设置的目的、程序自身的特点以及庭审方式的特点等因素，制度宜采用高度盖然性证明标准，而在证明方法上可采用与之相适应的自由证明方法。[2]

　　关于缺席审判与特别没收程序的关系，有论者认为，我国确立缺席审判制度是基于全面实施依法治国、国际追逃追赃、威慑预防贪腐犯罪逃匿的需要，其与犯罪嫌疑人、被告人逃匿死亡的财产没收程序如鸟之两翼、车之两轮，在国际追逃追赃中不可或缺。[3] 当犯罪嫌疑人、被告人逃匿境外的状态尚未确定，外逃人员处于或可能进入引渡或遣返审查程序，向境外被告人送达诉讼文书或与之联系遇到障碍，涉案财产已被转移到境外并且需要借助国际合作加以追缴，或者缺席审判进程可能旷日持久并且涉案财物不宜长期封存或扣押时，应当站在国际刑事合作和有效行使司法权的高度，先行或者独自采用特别没收程序，挤压外逃人员在境外的生存空间，营造国际刑事合作的氛围和契机。[4]

　　关于缺席审判中的权利救济，有论者认为，为确保缺席审判能够切实保障当事人的诉讼权利，实现司法公正，需要设置与对席审判程序不同的制度与救济。缺席审判虽有其成立的理论基础和价值，但与对席审判的重大不同是被告人有可能在审判阶段或审判结束后出现，并对已经经过的缺席审判提出异议。为保障当事人的诉讼权利，我国应结合本国的司法传统设置异议权行使的条件、方式，并设置科学的重新审理程序，以建立相对完善的缺席审判制度。[5]

　　（六）捕诉合一体制改革

　　司法改革的时代背景下，"捕诉分离"抑或"捕诉合一"的讨论又通过部分地区

---

〔1〕　杨宇冠、高童非："中国特色刑事缺席审判制度的构建——以比较法为视角"，载《法律适用》2018年第23期。

〔2〕　胡志风："刑事缺席审判中的证明标准"，载《国家检察官学院学报》2018年第3期。

〔3〕　王晓东："国际追逃追赃视野下的我国刑事缺席审判制度"，载《法律适用》2018年第23期。

〔4〕　黄风："刑事缺席审判与特别没收程序关系辨析"，载《法律适用》2018年第23期。

〔5〕　薛剑祥、周庆琳："论刑事缺席审判中当事人到案后的重新审理程序"，载《法律适用》2018年第23期。

检察机关的试点回归人们的视野。当然，争议依旧。较之十余年前相关尝试的无疾而终，当下，通过员额制、办案质量终身负责制及逮捕程序诉讼化的相关改革，尤其是在新设国家监察机关使得检察机关权责发生很大变化的情况下，"捕诉合一"迎来了重要的改革契机。[1]

持肯定论者认为，检察机关内设机构的改革既要遵循司法规律，更要契合司法实践需要。作为我国"议行合一"政体下的二级权力形式之一，我国检察权具有司法权和行政权的双重属性。其中，具有司法属性的审查逮捕权和兼有行政属性的公诉权是当下检察机关的主要权能，这也是讨论"捕诉合一"模式正当性的制度基础。从司法实践层面看，"捕诉合一"模式在实现诉讼目的和提高效率、强化监督和两法衔接等方面具有重要作用。[2] 有论者通过对当前部分学者就"捕诉合一"所提异议的分析，从功能价值方面分析了"捕诉合一"可能具有的积极作用，认为"捕诉合一"并非洪水猛兽，大可不必"危"言耸听。[3]

有论者提出，审查批捕和审查起诉究竟应当分离还是合一，这不只是检察机关的内设机构、职权配置之争，更关乎检察制度的发展和法治正义的实现，需要加以认真思考和抉择。捕诉合一确实具有超越于捕诉分离的一些功利性价值，但是更为重要的是，需要通过合理的制度设计，使其获得法理上的正当性基础。[4] 在推动"捕诉合一"的改革进程中，关键要坚持正确的改革方向，整合检察职能资源，同步推进检察机关内设机构改革、业务专业化建设和刑事审前程序的诉讼化改造。[5]

在具体设计上，有论者基于批捕与公诉权自 1978 年检察机关复建至今的一系列发展变化，提出"捕诉合一"与捕诉分离的问题探讨不能单纯地囿于利弊多寡之争，而应当以除魅的方式回归问题原点。从两种运行模式的基本意涵与确立初衷入手，寻求"捕诉合一"所涉的基本原理，回应"捕诉合一"的诸多质疑，并以此为基础进行辩证思考，从理论与实务两个维度演绎归纳出时代语境下"捕诉合一"改革完善的本土化进路。[6] 在改革设计上，构建科学合理的审查逮捕证明机制，提升逮捕决定的客观性与公正性，是防止审查逮捕职能弱化进而保障改革顺利实施的重要举措。审查逮捕证明与司法证明具有相似性，属于"准司法证明"活动，应当参照司

[1] 郭烁："捕诉调整：'世易时移'的检察机制再选择"，载《东方法学》2018 年第 4 期。
[2] 洪浩："我国'捕诉合一'模式的正当性及其限度"，载《中国刑事法杂志》2018 年第 4 期。
[3] 张建伟："'捕诉合一'的改革是一项危险的抉择？——检察机关'捕诉合一'之利弊分析"，载《中国刑事法杂志》2018 年第 4 期。
[4] 沈海平："捕诉关系的辩证思考"，载《国家检察官学院学报》2018 年第 4 期。
[5] 叶青："关于'捕诉合一'办案模式的理论反思与实践价值"，载《中国刑事法杂志》2018 年第 4 期。
[6] 步洋洋："除魅与重构：'捕诉合一'的辩证思考"，载《东方法学》2018 年第 6 期。

法证明的方法建立层次化的"准司法证明"机制。在证明模式上，逮捕的证据与刑罚要件涉及实体性问题判断，故而应当采用"准严格证明"模式。其证据须具备法定证据能力与证明力，但查证程序与证明标准可以适当简化和降低。而逮捕必要性要件是对社会危险性事项之证明，具有未然性与可变更性，应当采取"自由证明"模式。其证据须客观而明确，但不必不拘泥于法定的证据来源形式，达到优势证明标准即可。[1]

持否定论者则对改革提出了质疑，认为"捕诉合一"以强化引导侦查，密切侦诉关系为前提，可能导致侦捕合一，从而使批捕丧失中立性，削弱侦查监督。同时，"捕诉合一"不当拔高了逮捕证明标准，进一步促使"够罪即捕、一捕到底"，损害了审查起诉对逮捕案件的制约。[2] 有论者进一步提出，"捕诉合一"虽有提高办案效率等一些优点，但并不符合正当程序原则，也与检察机关强化法律监督的改革路向不相吻合，会引发诸多问题。除未成年人犯罪这一特殊类型案件外，应当贯彻"捕诉分离"原则，强化审查逮捕制度的司法属性，规定审查批准逮捕案件应当由与案件没有利害关系的检察官办理，建立对不服逮捕决定者的救济程序。[3]

（七）人工智能与刑事司法

受益于计算机运算能力的提升和机器学习算法的改进，特别是在互联网、大数据技术的支持下，人工智能进入了第三次繁荣期。自 Alpha Go 第一次击败人类世界围棋冠军后，人们关于人工智能的认知一夜间被颠覆，进而引发了人类在智力领域前所未有的挫败感。当这种挫败感与电影、小说早已展示的科技负面形象结合起来时，一场有关人工智能应用与规制的讨论便持续而广泛地上演。在这场讨论中，法律基于其在广泛领域中的指引、计划和控制功能，理所当然成为主角之一。

关于人工智能所可能带来的刑事法治挑战，保守论者认为，人工智能终归是服务于人类社会的一项技术，至少在未来较长时间内还无法构成对传统刑法理念的挑战，不能成为犯罪主体或者刑事责任主体。但由于人工智能能替代部分人类智慧活动，其刑法地位有别于其他技术应用。人工智能犯罪是与人工智能系统研发、提供、应用和管理相关的犯罪，刑法应当对其进行全过程、全面惩治，不仅应惩治侵害人工智能系统安全犯罪和智能化的传统犯罪，还应惩治利用人工智能侵犯个人信息的犯罪、独立的外围人工智能犯罪和违反人工智能安全管理义务的犯罪。[4] 激进论者

---

〔1〕 杨依："我国审查逮捕程序中的'准司法证明'——兼论'捕诉合一'的改革保障"，载《东方法学》2018 年第 6 期。

〔2〕 谢小剑："检察机关'捕诉合一'改革质疑"，载《东方法学》2018 年第 6 期。

〔3〕 童伟华："谨慎对待'捕诉合一'"，载《东方法学》2018 年第 6 期。

〔4〕 皮勇："人工智能刑事法治的基本问题"，载《比较法研究》2018 年第 5 期。

则认为，人工智能技术发展迅猛，人类必须注意到人工智能有将人类工具化的可能，以及人工智能迫使人类重新理解理性这两个问题，也只有立足于上述问题所进行的探讨，才是真正值得关注的法律挑战。[1]

也有论者对人工智能进行了区分，提出以人工智能产品是否具有辨认能力和控制能力，可以将其划分为弱人工智能产品与强人工智能产品。弱人工智能产品不具有辨认能力和控制能力，仅能在设计和编制的程序范围内实施行为，实现人类设计和编制程序的目的，属于典型的犯罪工具，当然无刑事责任的承担可言。强人工智能产品具有辨认能力和控制能力，能在设计和编制的程序范围外实施危害社会的行为，其具有独立人格和刑事责任能力，可以将其实施的严重危害社会的行为认定为犯罪行为并给予刑罚处罚。针对强人工智能产品的犯罪，有必要在刑法中增设删除数据、修改程序、永久销毁等刑罚种类。[2]

在人工智能的司法应用领域，基于国家人工智能发展战略的号召，时至今日，我国司法中的人工智能建设已初具成效，大大提高了办案质量和效率。然而，在为司法带来便利的同时，人工智能也带来了新问题。例如，人工智能辅助定位与全面发展如何平衡？如何避免人工智能建设陷入"法定证据制度"误区？如何防范司法数据造假与智能算法的暗箱操作等。有论者提出可通过立法建立司法工作者终审原则与证据审核制度，配合科学合理的鉴真规则和统一现代化司法数据库，保障人工智能建设的全面发展。同时，该论者还提出进一步培养算法监督专员、规范算法制度、透明决策过程，明确人工智能工作失误归责制度，加强司法员工素质培养与考核监督，规范人工智能的司法运用，确保人工智能从事司法工作的客观与公正。[3]

关于司法领域人工智能的定位和未来发展问题，不少学者认为人工智能绝不能替代司法官的裁判。有论者认为，现阶段对法律专家系统软件的设计和运用应该持一种慎之又慎的态度，尤其是在电脑量刑方面更不可急于求成，也没有必要完全排除法官的心证和裁量。[4] 尽管人工智能给司法领域带来诸多创新，但由于审判工作有其司法亲历性、责任性的规律所在，人工智能尚无法实现对证据的取舍以及证明力大小的判断，加之隐性审判经验的专属性、法官自由裁量权的自主性、实质正义的终诉性等也均决定了人工智能在这些领域难以也不应发挥效用。[5] 有论者试图通过"智能管理者"来重新界定人工智能在司法领域中的定位。依照其观点，计算机

---

[1] 陈景辉："人工智能的法律挑战：应该从哪里开始？"，载《比较法研究》2018年第5期。

[2] 刘宪权："人工智能时代的'内忧''外患'与刑事责任"，载《东方法学》2018年第1期。

[3] 程凡卿："我国司法人工智能建设的问题与应对"，载《东方法学》2018年第3期。

[4] 季卫东："人工智能时代的司法权之变"，载《东方法学》2018年第1期。

[5] 潘庸鲁："人工智能介入司法领域路径分析"，载《东方法学》2018年第3期。

科学在与法学结合的道路上，一直试图将司法流程中的裁判环节以计算机模型化的方式表述出来。只是已有的不成功模型说明了将法官的推理裁判过程降格为简单、可重复、固定、先验但同时又需包罗万象的逻辑模型，可能是个片面的、具有误导性的做法。因此，在司法裁判人工智能化的研发进程中，需要斟酌的不仅是技术上的障碍，还应考虑法官的接受度和实际效用。[1] 下一阶段人工智能的司法应用过程中，要协调法学专业与人工智能科学间的话语冲突，推动技术知识与专业知识的深度融合、明晰技术权力对专业权力的介入边界。[2]

（八）以审判为中心的诉讼制度改革

"审判中心"一词是日本借鉴欧美刑事司法理念的概念发明。对于这一理念，中国大陆历经了话语引入、本土转化、回炉再造及全面推进四个关键期。从现有的指导性规范来看，我国基本确立了以一审为中心，以庭审实质化为目标，通过各项配套措施全力推动"审判中心"实现的改革路径。[3]

有研究发现，部分基层法院将大量适用简易程序的案件作为试点改革对象，违背了改革主要针对重大疑难案件和被告人不认罪案件的要求，一定程度上制约了庭审实质化改革的实效。[4] 有论者基于实证调研指出，实践中分阶段诉讼模式运行痕迹依然明显，卷宗中心主义特征仍较突出，庭前会议、证人出庭、法庭调查、法庭辩论和当庭宣判等制度并未彰显其应有的功效，有些规则有异化之迹象或趋势。究其成因既有观念的因素，也有现实层面的原因，亦与规范性文件本身的疏漏相关。[5] 有论者基于对最高人民法院出台的"三项规程"的内容分析，归纳了庭审实质化改革进程中的核心问题，提出审前会议的核心功能应为解决程序性事项，而不涉及实体问题；法庭调查应着力于保证被告一方的质证权；非法证据排除应进一步明确排除的标准及相应的程序保障机制。[6]

关于权利保障，有论者对"审判中心"语境下被害人的权利保障进行了分析，指出被害人权利保障中涉及多方利益博弈，被害人在诉讼中的权利绝非越大越好，被害人和被追诉人的权利也非直接对应，而是涉及被害人利益、被追诉人利益、公共利益的三方关系，公诉方在利益衡量中发挥重要作用。被害人权利保障中的利益

---

〔1〕 吴习彧：" 裁判人工智能化的实践需求及其中国式任务"，载《东方法学》2018 年第 2 期。
〔2〕 王禄生：" 大数据与人工智能司法应用的话语冲突及其理论解读"，载《法学论坛》2018 年第 5 期。
〔3〕 高一飞：" '审判中心'的观念史"，载《国家检察官学院学报》2018 年第 4 期。
〔4〕 李文军：" 庭审实质化改革案件适用范围研究——基于案件类型和审级制度的分析"，载《交大法学》2018 年第 4 期。
〔5〕 汪海燕：" 刑事审判制度改革实证研究"，载《中国刑事法杂志》2018 年第 6 期。
〔6〕 施鹏鹏：" 庭审实质化改革的核心争议及后续完善——以 ' 三项规程'及其适用报告为主要分析对象"，载《法律适用》2018 年第 1 期。

衡量，应以审判为中心，区分诉讼内权利和诉讼外权利，合理定位被害人的诉讼地位，在多方利益的耦合与选择中渐次展开。[1] 在被告人权利保障上，有论者对中国引入交叉询问的可能性进行了探讨，提出我国虽尚未确立交叉询问制度，但《法庭调查规程》对庭审询问制度作出了突破性的规定，已经基本体现出交叉询问制度的轮廓或者框架。为确保被告人获得公正审判，实现庭审实质化，应当吸收英美交叉询问制度的精髓，建立符合我国实际的交叉询问制度。[2]

关于证明模式，有论者认为，刑事庭审实质化是中国刑事司法改革的重要取向，其与刑事证明印证化的惯习之间存在的冲突还没有得到足够重视和清醒认识。在一定意义上，印证证明是中国刑事证明长期潜隐的惯习特征之一，其在近年来被规则化，体现了对证明惯习的肯认和坚持，但印证规则可以有几种不同的理解，并会对刑事庭审实质化产生不同程度的抑制效应；刑事庭审实质化改革试点中的司法裁判反映出证明惯习没有明显变化，体现了印证规则的限制和对印证方法的依赖，使庭审实质化的效果受到了一定局限。刑事庭审实质化主要适配于印证之外的其他证明方法，为此，应当在认同或然真实这种证明标准的前提下，对诉讼证明进行一种"去印证化"的改革。[3]

关于"以审判为中心"与"分工负责，互相配合，互相制约"的关系，有论者认为，以审判为中心的诉讼制度改革要求我国侦诉与审判关系应当形成以"分工负责，互相配合，互相制约"原则为基础，以审判标准为指导，以诉制侦、审制诉为制约方向，以服务法院审判为中心的状态。但目前我国公、检、法三机关之间的关系尚不符合这样的要求。如重配合轻制约、控审不分、检察监督不力等问题都严重阻碍了以审判为中心在司法实践中的贯彻。司法机关应当通过构建公诉引导侦查的"大起诉"格局、贯彻证据裁判原则、完善检察机关的审判监督，贯彻"不告不理"原则等措施来保障以审判为中心诉讼制度改革的施行。[4] 也有论者认为，推进以审判为中心的诉讼制度改革，关键要抓住两个重点：一是严格规范侦查取证行为；二是加强审判活动的实质性审查把关功能。以法定"证明标准"和案件类型为基础，制定明晰、可操作的刑事"证据标准"，从源头上规范取证行为。[5]

---

[1] 胡铭："审判中心与被害人权利保障中的利益衡量"，载《政法论坛》2018年第1期。

[2] 顾永忠："庭审实质化与交叉询问制度——以《人民法院办理刑事案件第一审普通程序法庭调查规程（试行）》为视角"，载《法律适用》2018年第1期。

[3] 周洪波："刑事庭审实质化视野中的印证证明"，载《当代法学》2018年第4期。

[4] 程凡卿："以审判为中心视角下的侦诉关系与审判关系研究"，载《法学杂志》2018年第1期。

[5] 黄祥青："推进以审判为中心的刑事诉讼制度改革的若干思考"，载《法律适用》2018年第1期。

（九）刑事辩护制度

推进以审判为中心的诉讼制度改革，构建以审判为中心的刑事诉讼新格局，需要充分发挥刑事辩护职能。自 2016 年以审判为中心的诉讼制度改革以来，辩护权的保障和行使受到越来越多的重视，相关的研究也不断深入。

有论者对我国刑事辩护全覆盖的可行性进行了分析，认为应当考虑将刑事辩护援助扩大至适用简易程序审理中可能判处 3 年有期徒刑以上的案件；加强法律援助的资金保障、创新刑事辩护法律援助模式并完善援助质量监督体系。同时，死刑复核程序应当为被告人提供全覆盖的刑事辩护法律援助，并保证援助律师高质量的有效介入。[1] 有论者指出，我国面临刑事辩护率与法律援助率双低的现实困境，而新一轮司法体制改革为法律援助制度的系统完善提供了契机。可结合域外经验与中国问题，完善刑事法律援助的中国模式。具体为依循"繁简分流"构建层次化的刑事法律援助体系，将"法律援助值班律师"和"法律援助辩护律师"进行划分，根据案件繁简、轻重不同适用不同类型援助律师并完善相互衔接机制；在供给侧方面，改革行政化的法律援助供给结构，实现法律援助的国家化、市场化与社会化；改变以往单一的刑事法律援助模式，形成值班律师机制、政府购买法律服务机制、公设辩护人机制等并存的多元化法律援助模式。[2]

关于普通程序和认罪认罚从宽程序中的刑事辩护，有论者认为，认罪认罚从宽制度的广泛适用，使得刑事案件明显区分为两类案件——犯罪嫌疑人、被告人认罪认罚案件和不认罪认罚案件，有效辩护的理念在这两类案件中均应得到贯彻。在不认罪认罚案件中，更为强调被告方辩护权的充分保障和充分行使，即辩护的"充分性"。首先，律师的辩护应当以定罪量刑问题为主线展开，同时也需进行程序性辩护并承担对权利进行救济的职责；其次，辩护的重心在审判阶段，辩护方式较为激烈。而在认罪认罚案件中，由于诉讼流程明显加快，辩护空间缩小，更为关注律师参与的实质效果，即辩护的"实效性"。即必须通过律师在关键环节（如第一次讯问）、关键阶段（如审查起诉阶段）的参与，来保障犯罪嫌疑人、被告人认罪认罚的自愿性、真实性、明智性和合法性；辩护的重心前移至审前阶段，辩护方式较为温和。由此，传统的"一元辩护观"有待向"二元辩护观"转变。[3]

关于死刑案件中的刑事辩护，有学者基于对死刑案件相关辩护情况的调查研究

---

〔1〕 陈光中、张益南："推进刑事辩护法律援助全覆盖问题之探讨"，载《法学杂志》2018 年第 3 期。

〔2〕 王迎龙："论刑事法律援助的中国模式——刑事辩护'全覆盖'之实现路径"，载《中国刑事法杂志》2018 年第 2 期。

〔3〕 熊秋红："'两种刑事诉讼程序'中的有效辩护"，载《法律适用》2018 年第 3 期。

结果认为，我国对于刑事辩护投入不充分，资源分配不均衡；辩护程序依附于定罪、量刑合一的审判传统；公权力机关内凝型关系挤压死刑辩护的空间；民意与舆论压力也妨碍死刑案件辩护的有效性。在此基础上，其进一步提出，在党的十九大报告明确提出深化司法体制综合配套改革，最高人民法院和司法部试点刑事案件审判阶段律师辩护全覆盖的改革语境下，职能部门应调整死刑案件法律援助费用及其来源，适时提高死刑案件辩护律师的资质要求，充分保障死刑案件中辩护律师的执业权利，将死刑案件定罪和量刑阶段的辩护程序分离，完善证人、鉴定人出庭机制，在死刑案件中逐步确立无效辩护制度，营造尊重和维护死刑案件辩护权的法律文化。[1]

还有学者对刑事辩护中的法律适用方法进行了研究，认为在以辩护人为适用主体的刑事辩护中，法律方法适用具有"反向"的特点，主要体现在分别以无罪或罪轻的"既定"结论和"无罪推定"原则为法律方法适用的起点与依据；以确定辩护的目标、反驳控方小前提、倒推出利己大前提并影响法官定罪量刑为适用的路径与方式；以监督与限制法官自由裁量权及"控辩相长"作为效果与目标；并且价值判断与利益权衡并不会对刑事辩护中法律方法的适用产生实质性影响。并进一步提出，从辩护律师角度了解不同法律职业者在案件处理中的思维方式与法律运用特点，有助于促进法律职业者之间的相互理解与法律职业共同体的形成。[2]

（十）对域外制度的比较研究

司法体制改革的大背景下，不少学者将目光投向域外，总结境外理论经验，借鉴多元制度设计，以期为中国相关问题的解决提供有效路径。

关于认罪协商制度，有学者对德国认罪协商制度的最新发展进行了介绍，指出自 20 世纪 70 年代末开始，德国刑事诉讼中就出现了协商。2009 年，德国刑事诉讼法正式确立了刑事协商制度。刑事协商在司法实践中所遇到的困难以及与德国刑事诉讼基本原则的龃龉促使德国联邦宪法法院于 2013 年和 2015 年两次针对刑事协商作出判决，但未能完全解决问题。德国刑事协商制度正反两面的经验，对于我国目前完善认罪认罚从宽制度，厘清"认罪认罚"范围，减轻对刑事诉讼结构的冲击，对无效协商的处理等方面都有重要的借鉴意义。[3] 有论者认为，对我国而言，职权主义传统下的德国刑事协商制度具有理论和制度层面的借鉴意义，可以在对其经验进行理论反思的基础上，抽象出其中的合理因素，进而完善认罪认罚从宽制度，具体包括厘清"实体从宽""程序从简"的正当性基础，明确认罪认罚从宽制度中参与主

〔1〕 印波："死刑案件辩护有效性研究：状况、困境与出路"，载《法学杂志》2018 年第 3 期。

〔2〕 孙杨俊："论刑事辩护中法律方法的'反向'适用"，载《东方法学》2018 年第 5 期。

〔3〕 周维明："德国刑事协商制度的最新发展与启示"，载《法律适用》2018 年第 13 期。

体之角色，探索进一步简化诉讼程序的可能。[1] 也有学者对我国台湾地区的刑事协商制度进行了研究，指出我国台湾地区在接受"改良式当事人进行主义"后，又于2004年4月引进了刑事协商程序。相较而言，我国大陆地区的认罪认罚从宽制度与我国台湾地区的刑事协商程序在适用范围、当事人权利保障及具体程序运作等方面存在差异。对于认罪认罚从宽制度而言，刑事协商程序有可借鉴之处，但更要总结其经验教训。[2]

有学者对东亚国家的检察制度进行了梳理，提出日本、韩国的检察制度基本是以法、德等欧洲大陆法系国家的检察制度为蓝本构建的。但是，法、德等欧陆国家与地处于儒家文化圈的日本、韩国在经济、社会尤其是文化传统上存在着较大的不同，这种国情或区情上的差异，使得日本、韩国检察制度的发展逐渐呈现出自身的某些特色，形成了检察制度发展的"东亚模式"，具体体现为：强化检察官的侦查权；发展"多检种联合作战"模式；塑造检察官独任制官厅地位。我国与日本地理上相邻、文化上相近，虽然两国在政治、经济体制上有重大差别，但并不影响我们在具体司法制度的设计上向日本学习、借鉴。当前，我国正在全面推进司法体制改革，检察体制改革是其中的重要环节，如何构建一个既符合国情，又契合检察制度发展规律、具有一定前瞻性的检察制度，是司法体制改革取得成功的关键。在这一大背景下，以日本检察制度为代表的东亚模式，从其产生、发展的经验过程到具体的制度设计，对于我国当前正在进行的检察制度改革，都极具启发意义和借鉴价值。[3]

在我国持续深化监察体制改革的背景下，有学者对我国香港地区廉政公署的调查权进行了研究，发现作为专门反腐败机构的廉政公署经历了从扩权到控权的历史变迁，其承载的价值也从最初以犯罪控制为主导转变为日益注重正当程序。在平衡这两种诉讼价值的过程中，我国香港地区廉政公署逐渐形成了静态控权与动态控权两种模式。前者基于权力法定原则，通过立法明确界定我国香港地区廉政公署调查权的适用范围、条件、程序等，在授权的同时实现控权。后者基于权力制衡原理，通过司法权、检控权、犯罪嫌疑人诉讼权利，实现对调查权的动态制约。前者是后者运行的基础，后者是前者发挥效果的保障。我国的监察体制改革可借鉴我国香港地区廉政公署调查权的控权经验，坚持打击腐败与保障正当程序和人权相结合的目

---

[1]　卞建林、谢澍："职权主义诉讼模式中的认罪认罚从宽——以中德刑事司法理论与实践为线索"，载《比较法研究》2018年第3期。
[2]　卞建林、谢澍："认罪认罚从宽与台湾地区刑事协商之比较研究"，载《法学杂志》2018年第5期。
[3]　万毅："论检察制度发展的'东亚模式'——兼论对我国检察改革的启示"，载《东方法学》2018年第1期。

标，确保监察委员会的必要职权，同时强化对监察权的监督、制约，实现对权力运行的静态控制与动态控制。[1] 有学者还对我国香港地区社会廉政教育进行了介绍，我国香港地区廉政公署在注重具体贪腐案件调查和打击的同时，还注重开展针对性的腐败预防和全社会的廉洁教育，在过去四十多年里开展了一场卓有成效的社会改造运动。我国香港地区的经验对我国内地正在进行的反腐败运动提供了借鉴，提醒我们在监察制度改革中不仅要强化国家机构的反腐工作，也要重视开展社会反腐工作，在完善制度的同时，更应推进廉洁文化建设。[2]

还有学者对美国反贿赂合作机制进行了研究，指出美国反贿赂合作机制在规制企业贿赂犯罪与改善企业内部治理、促进企业持续发展问题上的优异表现，不仅实现了对企业贿赂犯罪的有效震慑，也成功地避免了给企业造成严重损害。从推进全面反腐、提高海外反腐与追赃追逃的角度出发，我国可以考虑借鉴美国反贿赂合作机制的经验，推动国家与被调查单位和个体间的合作，通过与被调查单位及个人的合作配合，破解贿赂犯罪调查取证执法困局，完善单位自首、立功、坦白及单位缓刑制度，促进反腐败法律机制的发展完善。[3]

第二节　民事诉讼法学研究状况[4]

一、研究概况

在研究成果方面，2018 年民事诉讼法学共在 CLSCI 收录的 16 种法学核心期刊和《中国社会科学》上发表学术文章 42 篇，其中，在三大权威期刊《中国社会科学》《法学研究》《中国法学》上发表论文 5 篇。出版著作 19 部，教材 5 部。在科研项目立项方面，2018 年民事诉讼法学国家社科基金项目 16 项；教育部人文社科研究项目 2 项；最高人民法院司法研究重大课题 2 项；最高人民检察院课题 4 项；司法部国家法治与法学理论研究课题 4 项；中国法学会部级课题 6 项。

在学术交流与合作方面，2018 年 3 月 31 日，第九届紫荆民事诉讼青年沙龙在武汉举行，本届沙龙由中国民事诉讼法学研究会主办、中南财经政法大学法学院承办，围绕"民事证明责任的具体展开"展开了热烈研讨。2018 年 5 月 26 日，由中国民事

---

〔1〕　阳平："论我国香港地区廉政公署调查权的法律控制——兼评《中华人民共和国监察法（草案）》"，载《政治与法律》2018 年第 1 期。

〔2〕　李红勃："香港廉政公署的廉洁社会改造运动"，载《中国政法大学学报》2018 年第 1 期。

〔3〕　万方："美国反贿赂合作机制及对我国反腐败机制发展的启示"，载《法学杂志》2018 年第 6 期。

〔4〕　本部分执笔人：肖建华，中国政法大学诉讼法学研究院教授。

诉讼法学研究会证据理论专业委员会（筹）主办、华东师范大学法学院承办的以"民事诉讼中的证据与证明"为主题的第六届民事诉讼法学青年论坛在华东师范大学举行。2018 年 6 月 2 日，由中国民事诉讼法学研究会审判程序理论研究专业委员会（筹）主办，西南政法大学法学院承办的"第二届民诉法学研究的实体之维"学术研讨会在西南政法大学举行。2018 年 9 月 15 日，由中国法学会民事诉讼法学研究会主办、河北大学政法学院承办，河北大学国家治理法治化研究中心协办的中国法学会民事诉讼法学研究会 2018 年年会在河北大学隆重开幕。2018 年 11 月 10 日，第十届紫荆民事诉讼青年沙龙在上海交通大学凯原法学院召开，本届沙龙由中国民事诉讼法学研究会主办、上海交通大学凯原法学院承办，五十余位青年学者围绕"共同诉讼论纲"展开了研讨。2018 年 11 月 24 日，由中国民事诉讼法学研究会执行理论研究专业委员会（筹）和西南政法大学联合举办的"第一届民事执行高端论坛"在西南政法大学举行。2018 年 12 月 1 日，由中国行为法学会执行行为专业委员会主办的"2018 年年会暨股权执行疑难问题研讨会"在北京方圆公证处举行。

二、重点研究内容

2018 年民事诉讼法学者的研究在民事诉讼法的基本原则和制度等部分均有涉及，具体内容如下：

（一）民事诉讼基本原则

1. 处分原则。有学者提出，我国民事诉讼程序的启动坚持当事人"不告不理"原则以及当事人享有的无条件上诉的权利可以作为处分原则的体现，但违背处分原则的诉讼法律制度仍较为广泛地散见于《民事诉讼法》及其司法解释之中，如诉讼要件和起诉条件的混淆、对当事人诉权的不当限制、撤诉须得法院同意而无需当事人同意，以及再审审理对象为原诉讼标的，启动不限于当事人申请等规定。因此，处分原则的应有之义在我国仍未确立。[1]

2. 调解原则。人民调解作为我国特色的调解机制，在我国纠纷解决中发挥着重要作用。有学者对近年人民调解数据进行分析后指出，人民调解处理的纠纷数量呈现 U 型结构，即 1991 年至 2004 年人民调解对纠纷当事人的吸引力下降，2005 年至 2015 年人民调解纠纷数量止跌回升。该学者指出，相较 U 型结构，L 型更加能体现出我国人民调解的变迁，即前期式微趋势明显，后期虽有回归但强度不够，人民调解还未实现真正的复兴。基于社会纠纷总量的不断增长、人民调解相较于其他纠纷解决方式的程序优势以及官方对人民调解支持力度的不断加大，人民调解依然会在多元化纠纷解决体系中占据重要地位，但其本身需要作出调整：一是德高望重型的传

---

〔1〕　任重："改革开放 40 年：民事审判程序的变迁"，载《河北法学》2018 年第 12 期。

统调解员减少，具备专业优势的知识权威型调解员成为主流；二是自生自发的纯民间调解减少，更多需要依赖官方平台的支持和现实激励；三是调解结果更加贴近既有法律的规定，相对更少关注法律外的人情世故。[1] 调解制度蓬勃发展的过程中也出现了法院片面追求高调解率且调解协议强制执行率高的"双高"问题。有学者提出，"双高"源于法院促进调解合意与实现技术间存在的手段与目的悖论，即在解纷场景外部，采用提高诉讼费率来激励调解的方法，与"接近司法"诉权保障目标发生冲突；在解纷场景内部，法官在调解率绩效考核压力下采用强制调解技术，与保障当事人和解报价合意自由相抵牾。化解法院调解悖论应在对类型化案件的适宜调解强度进行分类的基础之上，注重具体案件当事人的特点，把握不同案件的最佳调解窗口期以实现调解制度的价值追求。[2] 在调解的规制方面，有学者提出，考虑调解法律规制模式这一问题时应结合中国国情及区域特殊性，以"二元化模式"替代"一元立法模式"，即在国家统一立法规制层面设定自愿与排除规则，而将那些调解规范的微观面向（如调解率、调解员的资质、调解保密的程度、调解协议的效力等具体内容）授权给地方的立法加以规定。[3]

3. 独立审判原则。人民法院对民事案件享有的独立审判权早已为《宪法》和《民事诉讼法》认可，在审判权的运行过程中如何真正实现独立审判是需要解决的问题。有学者提出，法院独立审判的核心是法官独立审判，法官独立审判的核心是法官审判立场的中立和司法人格的独立，因此，法官责任制作为法院内部审判权运行机制的调整对独立审判具有重要意义。[4] 而随着现代传媒技术的发展，围绕审判的舆论应运而生，民意成为影响法院独立审判的重要外部因素。对于"民意审判"，有学者认为，"民意判决"并非如表面上所显示的，是法律同民意的竞争，由于现实中公众意见总是能够与法律规范交叠重合，这实质上是法律规范之间的竞争，民意潜藏于一方之后，因此"民意审判"具有正当性。[5] 民意审判的负面影响并不在于"民意本身"，而是随着法官自由意志的失却，荒谬民意极有可能进入判决，贻害法治。因此，法官应坚定意志，在将法律和民意分别视为操作性理由和辅助性理由后，作出符合民意且正当的判决。[6]

---

〔1〕 兰荣杰："人民调解：复兴还是转型？"，载《清华法学》2018 年第 4 期。

〔2〕 陈慰星："法院调解悖论及其化解———一种历史性大数据的分析进路"，载《法律科学（西北政法大学学报）》2018 年第 2 期。

〔3〕 熊浩："论中国调解法律规制模式的转型"，载《法商研究》2018 年第 3 期。

〔4〕 徐静村："人民法院独立行使审判权的历史演进与改革走向"，载《甘肃政法学院学报》2018 年第 2 期。

〔5〕 陈杰："基于裁判理由的民意判决的正当性探析"，载《河北法学》2018 年第 4 期。

〔6〕 陈杰："'民意审判'及其法治应对"，载《甘肃政法学院学报》2018 年第 5 期。

4. 人民陪审员制度。人民陪审员作为合议制度的重要组成部分，在民事诉讼中发挥着重要作用。但我国司法实践中长期存在"陪而不审"的问题导致陪审制度未实现其价值，人民陪审员制度改革应运而生。有学者采取实证分析方法，就人民陪审员参审案件范围、参审的阶段与方式、参与评议情况对人民陪审员制度改革试点法院进行考察，发现存在事实问题难以准确界定、与人民陪审员事实认定能力相匹配的参审范围界定模糊、与人民陪审员认知规律相匹配的事实认定程序缺位等问题。[1] 因此，区分事实问题与法律问题是改革的重点与难点。有学者认为，对我国人民陪审员参与的事实审之"事实"的内涵界定，可以从以下两个方面理解：一是人民陪审员认定的案件事实仅限于实体事实，不包括程序事实。在民事和行政诉讼中，人民陪审员能参与认定的实体事实即民事责任构成要件事实和行政违法事实。二是人民陪审员认定的实体事实原则上应是原生的证据事实。[2] 也有学者认为，在贯彻《人民陪审员法》的过程中应制定科学、周全的参审程序规则，明确法官在个案中界定案件事实问题和法律问题的程序和方法，规范庭审和合议程序，从而保障人民陪审员实质参与庭审，有效实施认定。[3]

（二）第三人撤销诉讼问题

由于我国民事诉讼法对第三人撤销之诉制度的规定较为简单，学者立足法解释学和域外法，对该制度的实益、具体适用和制度构建给予了较多的关注。对第三人撤销之诉实益的探讨多在既判力理论的框架下，第三人撤销之诉是既判力扩张正当性的程序补充。[4] 既判力理论从主观范围、客观范围等方面框定了生效判决、裁定、调解书的效力维度。然而在司法实践中，这种维度又因司法理念、社会安定性等因素考量对既判力有一定的突破，为第三人撤销之诉的适用提供了空间。在既判力的主观方面，严格来讲，我国民事诉讼立法及司法解释中关于判决效力主观范围的明文规定非常罕见。因而从我国立法及司法解释的具体规定看，即使通过法的续造等方法，也很难从中"解释"出"既判力"及其"主观范围"等内容，故仍有待立法补正这种缺位。[5] 因我国欠缺既判力相对性的明确规定，第三人有可能无法依据既判力相对性的明文规定而通过另诉获得权利救济，那么第三人撤销诉讼在当下

〔1〕 高翔："陪审员参与民事案件事实认定程序构建论"，载《现代法学》2018 年第 3 期。
〔2〕 陈学权："人民陪审员制度改革中事实审与法律审分离的再思考"，载《法律适用》2018 年第 9 期。
〔3〕 龚浩鸣、梅宇："陪审制大合议庭事实审与法律审分离的程序保障——以北京市法院大合议庭陪审机制试点为基础"，载《法律适用》2018 年第 9 期。
〔4〕 张兴美："第三人撤销之诉制度的'使命'研究"，载《法制与社会发展》2018 年第 4 期。
〔5〕 廖浩："第三人撤销诉讼实益研究——以判决效力主观范围为视角"，载《华东政法大学学报》2017 年第 1 期。

就可以发挥填补漏洞的作用。在既判力的客观方面，通说认为，终局裁判中已经确定的诉讼标的具有既判力，而判决理由中的判断在原则上不具有既判力，即"诉讼标的的范围＝判决主文的判断＝既判力的客观范围"。但实践中，时常需要借助判决理由来明确判决主文的具体内容。对于某些诉讼标的而言，一旦判决理由确定的基础事实被推翻，判决主文也将受到挑战，反而不利于终局判决效力的实现。因此，为了避免矛盾判决，扩大诉讼解决纠纷的功能，试图赋予原来被视为禁忌的判决理由中的判断以某种形式的拘束力已经成为一种趋势。这种趋势扩大了前诉判决对后诉的拘束范围，并且通过既判力主观范围的扩张向案外第三人施加影响：横向上扩充了案外第三人的范围，纵向上深化了前诉判决与案外第三人的关联程度。既判力客观范围扩张的意义在于防止前诉与后诉之间的矛盾判决，而扩大纠纷解决的同时反而可能造成对案外第三人裁判上的突袭，增加了矛盾判决的风险。因此，为了降低这种风险以及平衡各方主体的正当利益，既判力客观范围的扩张应当以对案外第三人权益保障程序的赋予为正当性前提，合理引导既判力理论例外情形的适用。当这种正当性欠缺或不尽周延时，就需要通过设置诸如第三人撤销之诉制度等救济程序补强或完善其正当性。

在第三人撤销之诉的具体适用方面，学者重点关注了第三人撤销之诉适格主体的界定，集中于对"法律上的利害关系"的探讨。持狭义解释论的学者认为，法律上的利害关系仅指第三人与原诉当事人之间存在实体法上的义务关系；持中义解释论的学者认为，法律上的利害关系指第三人与原诉当事人存在实体法上的义务关系、权利关系和权利义务关系；持广义解释论的学者认为，有法律上的利害关系是指原诉裁判理由和裁判结果影响第三人的法律地位或损害其民事权益。对"法律上利害关系"的不同认识影响了对第三人撤销之诉适格原告的判断，例如：在债务人与他人的诉讼降低了债务人的偿债能力时，债权人是否有权提起第三人撤销之诉。作狭义理解的学者认为，这一范围应严格执行法律对民事诉讼第三人范围的界定。《民事诉讼法》第56条中规定的多项程序和实体起诉条件的目的在于限制第三人撤销之诉的适用范围。在对有法律上利害关系的判断上，第三人撤销之诉的原告主体资格和范围要比第三人参加诉讼的标准更高，必须结合第三人撤销之诉的实体条件加以判断，同时具备时才是第三人撤销之诉的适格主体。在上述情况下，债权人属于辅助型无独立请求权第三人，其仅仅是因为对原诉中的一方当事人具有一定的权利义务关系，即债权债务关系而可以参加原诉讼，其对原诉的诉讼标的既不主张也不享有任何权利，原诉的判决、调解、裁定书实际不可能使该第三人承担法律责任。其对原诉中一方当事人的债权请求权可以通过提起新的诉讼从而获得救济。为了保障生效法律文书的稳定性以及既判力，不应当允许债权人提起第三人撤销之诉。[1] 但也有学者认为，根据我国民事法律规定，债权人对债务人不当减少责任财产的行为享有一定的撤销权，也就是说，不允许债务人通过非诉手段逃避债务。而如果第三人撤销之诉制度不允许另案债权人撤销恶意串通损害其债权的原诉，那么这显然与第三人撤销之诉的立法目的和当前民事法律制度相违背。因此，当债务人恶意利用诉讼转移财产、逃避债务，通过法院生效裁判文书的形式将财产所有权进行转移，造成普通金钱债权人无法行使撤销权，同时金钱债权人通过诉讼并强制执行无法实现债权，此时，金钱债权人为维护自己的合法权益，有权提出第三人撤销之诉。[2]

此外，学者对第三人撤销之诉制度与案外人申请再审制度、案外人执行异议制度的协调也有较为深入的探讨。第三人撤销诉讼与案外人申请再审程序具有类似的法律效果。法律规定了执行程序中案外人申请再审的程序（《民事诉讼法》第227条），第三人在对执行标的物提出异议并被驳回之后，如果不能起诉就可以申请再审。第三人撤销诉讼与案外人申请再审、案外人在执行中申请再审等程序都具有类似的法律效果，故于适用时在重叠的范围内应该是互相排斥的关系。[3] 有独立请求权第三人或与原诉生效裁判有法律上利害关系的无独立请求权第三人，认为其对执行标的物享有所有权、用益物权等实体权利，法院不应当强制执行，同时认为原诉生效判决、调解书存在错误，侵犯其合法权益，并且在法律允许的时间内提起，两种救济程序均会被法院受理。实践中，这一制度设计却加大了案外人异议被滥用的风险、浪费了司法资源、同时也增加了当事人诉累。为解决这一问题，从制度设计角度考虑，建议从立法上限制当事人在提起第三人撤销之诉后，再提出案外人异议，同时允许当事人在第三人撤销之诉中进行确权，从而实现一次性化解纠纷的效果；从现行制度下审判实践的角度考虑，建议对案外人异议案件进行严格审查，从而规范这一程序的运行。[4]

总的来说，我国民事诉讼尚未建立体系完整的既判力制度，导致第三人撤销之诉尚缺乏坚实的制度性运行保障基础。不仅如此，与法国第三人撤销判决之诉、意大利第三人裁判异议之诉规定了撤销仲裁裁决不同，我国第三人撤销之诉尚未将规

---

〔1〕　李卫国、伍芳瑶："论第三人撤销之诉与案外人申请再审的适用关系"，载《湖北社会科学》2017年第5期。

〔2〕　钟蔚莉、李川鉴："第三人撤销之诉与案外人异议选择适用的问题和建议"，载《法律适用（司法案例）》2018年第14期。

〔3〕　廖浩："第三人撤销诉讼实益研究——以判决效力主观范围为视角"，载《华东政法大学报》2017年第1期。

〔4〕　钟蔚莉、李川鉴："第三人撤销之诉与案外人异议选择适用的问题和建议"，载《法律适用（司法案例）》2018年第14期。

制"虚假仲裁"纳入适用范围。[1]

（三）公益诉讼问题

1. 民事公益诉讼基本制度。

（1）在诉讼主体制度方面，随着我国《民事诉讼法》的修改以及相关司法解释的公布，我国目前有权提起民事公益诉讼的主体也明确下来了，即法律规定的机关、组织与人民检察院。因而当前学界对于主体的研究重点侧重于对非法定主体适格的论证以及现有制度下法定主体提起公益诉讼的局限与完善。具体而言，有学者认为应赋予公民个人提起民事公益诉讼资格，其理由在于社会组织和机关缺乏提起公益诉讼的动力，公共利益和个人利益的不可区分，赋予个人公益诉讼的起诉权具有正当性和合理性。而对于个人作为主体可能导致滥诉的问题上，可通过借鉴救济穷尽原则和预防性原则，设置起诉前置程序的方式得到有效控制。[2] 而对于检察机关法律监督者与公益诉讼直接参与者的角色冲突问题，有学者认为公益诉讼中若存在不特定多数之受害人，应肯认检察机关基于任意诉讼担当形成的"原告"身份；若不存在受害人而仅为维护将来之扩散利益，检察机关乃是固有的当事人适格。基于民事诉讼构造之原理，检察机关在证据收集过程中不得以国家强制力作为证据方法；而以受害人是否实际存在为标准重塑检察机关诉讼实施权的来源及实现方式，是走出检察机关提起民事公益诉讼角色困境之不二法门。[3]

（2）在民事公益诉讼的诉前程序方面，《检察机关提起公益诉讼改革试点方案》明确规定，检察机关提起环境公益诉讼之前，应当前置相关督促或支持起诉程序，以规避检察机关作为当事人主体造成的诉讼结构失衡和法律监督职权与当事人诉权混同的风险。有学者统计，在检察机关提起公益诉讼的试点中，检察机关共办理公益诉讼案件 9053 件，其中近九成均是通过诉前程序解决的。但目前理论界对诉前程序的研究大多集中于行政公益诉讼，对民事公益诉讼领域中诉前程序相关问题却很少谈及。实践中，检察机关对公益诉讼之诉前程序的运用效果并不理想，需要从内部与外部两个层面健全诉前程序的规则体系，应严格规范细化检察机关提起公益诉讼之诉前程序规则，从规范上协调好检察机关与外部机关制度的运用，并完善诉前程序配套机制，确保诉前程序发挥最大效能。同时，检察机关需要协调与其他行政

〔1〕 廖永安、陈逸飞："意大利民事诉讼第三人裁判异议之诉初探——兼述对完善我国第三人撤销之诉制度的启示"，载《现代法学》2018 年第 6 期。

〔2〕 蔡辉："论我国公益诉讼起诉主体制度的完善"，载《江西师范大学学报（哲学社会科学版）》2018年第 5 期。

〔3〕 占善刚、王译："检察机关提起民事公益诉讼的角色困境及其合理解脱——以 2018 年《检察公益诉讼解释》为中心的分析"，载《学习与探索》2018 年第 10 期。

机关、审判机关的关系，科学认识其起诉方式，充分发挥诉前程序及时解决问题、有效节约司法资源的优势。[1]

（3）在民事公益诉讼的撤诉制度方面，民事公益诉讼本身直接涉及国家及社会公共利益，当事人的处分权应当受到限制，且公益诉讼的起诉主体具有保护社会公共利益的义务，倘若允许撤诉，就会使得被损害的社会公共利益面临无法得到司法强制力维护的困境。且民事公益诉讼中，社会公众具有被诉行为是否损害社会公共利益的知情权，法院具有向社会公众明晰案件实体权利义务关系的义务，同时也应及时作出对被诉行为的法律评价以维护其正常生产经营活动。因而，民事公益诉讼的撤诉制度模式应当表征为撤诉在民事公益诉讼中的禁止运行。有学者认为，基于利益保护妨碍与利益损害的区分以及现行司法管理体制下我国法院对于撤诉的非正常适用偏好，民事公益诉讼中法院依职权审查撤诉申请的制度模式也具有非可行性。[2]

（4）在民事公益诉讼中的非诉纠纷解决机制方面，生态环境损害赔偿磋商与环境民事公益诉讼调解、和解共同适用于同一起生态环境损害案件时，二者的衔接应以生态环境损害赔偿诉讼优先于环境民事公益诉讼为前提，在此基础上，应明确磋商失败后转入生态环境损害赔偿诉讼或者环境民事公益诉讼可以再次适用调解、和解程序。以诉中调解、和解弥补生态环境损害赔偿诉讼诉中协商机制的缺失，以诉前磋商作为环境民事公益诉讼只能诉中调解、和解的补充。[3]

2. 环境公益诉讼制度。

（1）在环境公益诉讼制度立法形式方面，目前我国环境民事公益诉讼的相关法律条文主要规定于《民事诉讼法》内，但是这样的立法形式容易使其丧失独特性。环境民事公益诉讼立法目的和保护对象的特殊性，客观上决定了建立价值与规则同一的相对独立的环境民事公益诉讼特别程序更为合适。因而有学者认为应循序渐进地进行环境民事公益诉讼特别程序立法，近期可采用内置于现行民事诉讼法中的立法模式，待立法时机成熟时，可单独制定特别程序法。[4]

（2）在环境公益诉讼制度主体方面，目前学界似乎形成了一种比较一致的观点，

〔1〕 张锋："检察环境公益诉讼之诉前程序研究"，载《政治与法律》2018 年第 11 期。王春花："公益诉讼诉前程序的功能定位与制度完善——以民事公益诉讼为例"，载《东南大学学报（哲学社会科学版）》2018 年第 S1 期。

〔2〕 李潇潇："民事公益诉讼的撤诉"，载《新疆大学学报（哲学·人文社会科学版）》2018 年第 3 期。

〔3〕 黄大芬、张辉："论生态环境损害赔偿磋商与环境民事公益诉讼调解、和解的衔接"，载《环境保护》2018 年第 21 期。

〔4〕 甘力、张旭东："环境民事公益诉讼程序定位及立法模式选择研究"，载《重庆大学学报（社会科学版）》2018 年第 4 期。

应从各类环境公益诉讼案件的特点出发，赋予某些特殊主体原告资格。具体而言，就海洋环境公益诉讼而言，明确适格原告范围应包括海洋环境监督管理部门、符合条件的社会组织和检察机关；就森林环境公益诉讼而言，应赋予森林生态环境监督管理部门原告资格；从我国国情出发，还应赋予村民委员会、公民在环境公益诉讼中的原告资格。[1] 在赋予更多主体原告资格的同时，还应注意起诉主体的顺位问题，结合我国环境公益诉讼开展的现实情况，我国环境公益诉讼起诉主体应当坚持新型二元序位制度，即在环境民事公益诉讼中构建起环境行政机关——环保社会组织——检察机关——公民个人的起诉主体序位制度，在环境行政公益诉讼中构建起检察机关——环保社会组织——公民个人的起诉主体序位制度。[2]

（3）在环境公益诉讼制度的执行程序方面，环境民事公益诉讼中执行具有混合性、可转换性、周期性、复合性的特点。因而，环境公益诉讼案件的执行程序应专门化，即在执行开始前，强化对环境侵害人履行义务情况的监督与管理，考虑赋予原告监督债务人履行环境修复义务的主体资格；在执行过程中，识别金钱给付与行为给付等执行标的，采取对应的执行措施，并根据执行程度采取不同序位的执行措施；在执行终结后，建立回访制度，监督赔偿金是否用于修复被损害的生态环境以及是否存在重复侵害行为，并评估是否需要再次启动执行程序。[3]

3. 其他公益诉讼制度。

（1）在英烈保护公益诉讼方面，2018年实施的《英雄烈士保护法》第25条确立了英烈保护公益诉讼制度，丰富了我国公益诉讼的类型，也吸引了学界的注意。关于其正当性问题，有学者认为其正当化基础在于社会正义理论。在英烈保护公益诉讼中，应将社会正义的理念和精神妥适地嵌入其中，采行社会正义所重视的倾斜保护原则，在程序上倾斜保障法院与检察院的程序主体地位并施以更重的程序责任。检察机关应妥当积极地运用公益诉权，法院亦应顺应现代民事司法改革强化司法职权的时代潮流，综合利用民事诉讼法律规范所赋予的各项司法职权，适时地生成社会正义。[4] 在社会正义生成过程中，应尤其注重程序的保障作用，明晰英烈保护公

---

〔1〕 陈惠珍、白绿辉："海洋环境民事公益诉讼中的适格原告确定：困境及其解决路径"，载《华南师范大学学报（社会科学版）》2018年第2期；李敏、周训芳："论森林生态损害公益诉讼的主体"，载《中南大学学报（社会科学版）》2018年第2期；刘汉天、刘俊："公民环境公益诉讼主体资格的法理基础及路径选择"，载《江海学刊》2018年第3期；李丽："论村民委员会在环境民事公益诉讼中的原告资格"，载《环境保护》2018年第10期。

〔2〕 余彦、马竞遥："环境公益诉讼起诉主体二元序位新论——基于对起诉主体序位主流观点的评判"，载《社会科学家》2018年第4期。

〔3〕 王慧："环境民事公益诉讼案件执行程序专门化之探讨"，载《甘肃政法学院学报》2018年第1期。

〔4〕 唐玉富："英烈保护民事公益诉讼的程序保障"，载《西南政法大学学报》2018年第4期。

益诉讼诉前程序的表现样态，明确英烈保护行政公益诉讼和民事公益诉讼的主辅关系，并借此将英烈保护公益诉讼的司法实践推向纵深，最终实现社会正义。[1] 关于其判决效力问题，有学者认为，基于英烈保护民事公益诉讼在保护法益、制度功能、纠纷主体范围以及程序规范解释法理等方面的特殊性，有必要扩大英烈保护民事公益诉讼的判决效力。将本诉判决效力扩大的法理根基以及相应的路径分为判决在事实上的反射作用、诉讼担当以及判决效力对英烈近亲属的有利扩大三类。从判决效力种类及主客观范围来看，本诉判决效力扩大的具体形态包括判决效力依随诉讼标的扩大、既判力主观范围依据诉讼担当扩大、预决效力主观范围扩大和执行力的相应扩大。同时也需要统合、协调周边程序制度，与判决效力扩大形成配合态势。[2]

（2）在消费公益诉讼方面，目前实践中缺乏较有影响力的案例，理论界也关注甚少，仅有一位学者论及，其认为应注重消费公益诉讼各项制度的构建，使其形成完善消费公益诉讼的合力。具体而言：应当通过修改立法形成消费者组织、检察机关、个人的三元适格起诉主体格局。根据"两造结构均衡标准为主，诉讼经济标准为辅"的原则，构建"消费者组织——检察机关——个人"的序位制度是较为合适的做法。消费民事公益诉讼因至少包含不作为之诉和惩罚性赔偿之诉两种具体类型，激励机制也应当根据二者的特点分别构建。[3]

（3）在反垄断公益诉讼方面，该类公益诉讼尚未法定，程序法学界学者关注不多，仅有部分实体法学者关注。有学者认为：消费者权益具有整体性和社会公共性，垄断行为对消费者权益的侵害必然涉及对社会公共利益的侵害，建立反垄断民事公益诉讼对消费者权益予以救济具有正当性。其受案范围应以消费者剩余标准来确定；检察机关和消费者协会应当享有公益诉讼人资格，未来可将个人逐步纳入公益诉讼人之中。[4]

（四）当事人问题

1. 当事人适格与诉讼实施权。关于当事人适格的概念，有学者通过考察美国联邦法院裁判，认为当事人适格并非纯粹诉讼法上的概念，而是宪法中可裁判性教义的组成部分，并进而作为一种独立议题而存在。从可裁判性的角度，解决当事人适格问题的关键在于判断在特定情况下司法权力行使的必要性，当然，必要性的判断

---

〔1〕　张丽丽："论英烈保护公益诉讼的诉前程序"，载《西南政法大学学报》2018 年第 4 期。

〔2〕　廖浩："英烈保护民事公益诉讼的判决效力"，载《西南政法大学学报》2018 年第 4 期。

〔3〕　余彦："驱动视角下消费民事公益诉讼的主体安排及其激励机制"，载《江西师范大学学报（哲学社会科学版）》2018 年第 5 期。

〔4〕　陈云良："反垄断民事公益诉讼：消费者遭受垄断损害的救济之路"，载《现代法学》2018 年第 5 期。

首先需要考虑当事人资格的相对性问题。当事人适格具有动态特质，为了应对法院判决可能对潜在申请人产生过低保护的问题，随着诉讼审理的进行，通过探究案外利害关系人与案件实质问题，扩大利害关系人对诉讼的参加。[1]

有学者将诉的利益纳入诉讼实施权的内核并将诉讼实施权作为纠纷管理权的具体权能，从而使得诉讼实施权与诉权、当事人适格、纠纷管理权、诉的利益等概念区分开来。在诉讼实施权概念上，将其界定为：为了保护本人或他人的实体权益，具备诉的利益的纠纷管理权主体以自己的名义主张民事权利义务关系或者特定法律事实的权能。对于欠缺诉讼实施权并受判决拘束的形式当事人，赋予其通过二审或再审程序进行救济的权利。在当事人适格和诉讼实施权关系问题上，认为当事人适格的概念具有泛化的倾向，不仅适用于争讼程序，也适用于非讼程序和执行程序，因此，在争讼程序中研究当事人适格问题，采用诉讼实施权的表述更为简洁和准确。[2]

2. 具体案件中的当事人适格问题。根据我国《民诉法解释》的规定，在反诉中，反诉当事人的范围应当限于本诉当事人。司法实务中存在反诉当事人的变相扩张，基于纠纷一次性解决、当事人权利平等原则的要求，应当通过类型化分析，适当扩大反诉当事人的范围。[3] 在公司决议撤销之诉中，当事人的列明有诉讼法和公司法双重法理，股东会决议体现了作为团体成员的股东和作为团体整体的公司之间的关系，这一根本特性决定了该类诉讼与普通诉讼在当事人确定上的不同。例如，对于原告而言，诉的利益对股东资格认定产生动态影响。[4] 在公司诉讼期间，公司被注销时，应由股东参加诉讼。如果公司注销时的剩余财产足以清偿债权人的全部主张，可以直接判决股东清偿，当不足以清偿时，法院的审理范围将有所变化，应允许债权人变更诉讼请求，追究股东不履行清算义务的责任。[5] 在英烈权益诉讼中，关于享有公益性诉讼实施权的近亲属范围，有学者认为应当参照继承法的研究成果，将近亲属范围限定在"四等亲旁系血亲"的合理范围之内。[6] 关于亲子关系确认诉讼中的原告资格问题，实务中处理得比较混乱，因此，有学者建议亲子关系确认诉讼中的婚生子女否认和非婚生子女认领在诉的类型上属于形成之诉，原告资格应当由

〔1〕 张洪新："当事人适格的概念重构——美国联邦法院的经验与启示"，载《甘肃政法学院学报》2018年第3期。

〔2〕 黄忠顺："再论诉讼实施权的基本界定"，载《法学家》2018年第1期。

〔3〕 张超："反诉当事人范围研究"，载《法律适用》2018年第11期。

〔4〕 李志刚："公司股东会撤销决议之诉的当事人：规范、法理与实践"，载《法学家》2018年第4期。

〔5〕 龚杨："当事人在诉讼中被注销后的处理"，载《人民司法（案例）》2018年第35期。

〔6〕 刘颖："《民法总则》中英雄烈士条款的解释论研究"，载《法律科学（西北政法大学学报）》2018年第2期。

法律作出明确规定，而对于非婚生子女否认、婚生子女确认的原告资格问题，不需要法律的预先设定，需交由法官在具体案件中以确认利益有无为标准进行个案审查。[1] 在学术腐败案件民事诉讼中，学术论文、著作的作者具有当然的民事诉讼主体资格，按照我国现有法律的规定，在学术腐败现象中发挥着重要作用的学术打假人不但没有提起民事诉讼的权利，而且还有可能被侵权人以损害其名誉权为由推向法庭。即便引入任意诉讼担当制度，也难以赋予学术打假人以诉讼实施权，为解决该问题，应当考虑引入团体诉讼制度。[2]

3. 当事人恒定问题。《民诉法解释》第 249 条初步在立法上确立了当事人恒定，但该规定过于原则，没有明确当事人恒定的适用范围和条件。因此，有学者提出如下建议：一是当事人恒定应当在转让人恶意和受让人善意取得时呈现特殊性；二是"争议的民事法律关系"范围太窄，无法涵盖部分物权诉讼，应当增加"诉讼系争物"的规定；三是为实现审判权和诉权的平衡，应将调解书纳入裁判效力扩张文书范围，并以共同诉讼代替无独立请求权第三人。[3]

4. 共同诉讼制度。我国的必要共同诉讼在制度和实务运作上呈现出非规范性和非程序性的状态，与实体法原理多有抵触。而类似必要共同诉讼的引入和适用并未从根本上解决必要共同诉讼的泛化问题。为此，应当回归大陆法系的规范模式，一方面，在类型划分的基础上，以"合一确定的必要"为基准对必要共同诉讼进行限定，并调整立法模式和程序规则；另一方面，结合立法和司法解释对固有必要共同诉讼和类似必要共同诉讼进行梳理。[4] 而关于民事连带责任共同诉讼的类型问题，有学者提出民事连带责任的共同诉讼标的并不同一，且不存在既判力扩张，所以不属于固有或类似必要共同诉讼。应当坚持连带责任普通共同诉讼的定位，将必要共同诉讼限定在诉讼标的同一和既判力扩张的情形，并扩展"诉讼标的同一种类"的范畴。[5]

5. 第三人制度。在债权人代位权诉讼中，如果以"有无独立请求权"的标准来判断债务人，按照债权人代位权效力归属的不同，将会产生不同的结论：若其效力归属属于全体债权人的共同保全或借助于特殊抵销制度实现债权简易回收功能，则

〔1〕 欧元捷："确认亲子关系诉讼的原告资格论——以诉的种类为秩序框架"，载《政治与法律》2018 年第 11 期。
〔2〕 彭现堂："学术腐败案件民事诉讼主体资格研究"，载《中国政法大学学报》2018 年第 2 期。
〔3〕 宋春龙："当事人恒定的法理基础与司法适用"，载《当代法学》2018 年第 4 期。
〔4〕 浦一苇："诉讼法与实体法交互视域下的必要共同诉讼"，载《环球法律评论》2018 年第 1 期。
〔5〕 任重："反思民事连带责任的共同诉讼类型——基于民事诉讼基础理论的分析框架"，载《法制与社会发展》2018 年第 6 期。

其效力归属于债务人，此时债务人属于有独立请求权第三人；若其效力归属于债权债务的法定转移，则效果归属于债权人，此时债务人属于无独立请求权第三人。为兼顾对第三人程序利益的保障，理应对其践行职权通知程序，而不论其是否为无独立请求权第三人。[1]

6. 共同诉讼与第三人参加诉讼的关系。共同诉讼和第三人参加诉讼制度有着各自不同的功能和本质，并适用不同的实体法律关系，然而在我国理论和司法实践中，两种制度区分模糊。为此，应以诉的合并的不同类型对多数人诉讼制度进行体系化解释。[2]

（五）证据收集问题

在证据收集方面，随着环境污染、医疗损害、消费者侵权等"现代型"诉讼中存在的证据偏在问题不断涌现，如何保障此情形下的当事人证明权成为学者们普遍关注的问题，其中，学者们研究的重点主要在以下几个方面：

1. 事案解明义务。民事诉讼法学的一大课题是在法院与当事人之间分配提出信息、发现真实的权能与责任。在欧陆传统辩论主义下，法院的职权受到当事人诉讼行为的严格约束，主要由当事人负责主张事实、具体陈述及提出证据资料，并进一步在当事人间"横向"分配主要事实的主张责任、具体化义务及证明责任。但在实践中，常有一方当事人无可归责地不能履行相关义务（责任）的情况。这在环境污染、医疗损害、消费者侵权等事证偏在的"现代型"诉讼中体现得尤为突出。为避免诉讼沦为当事人间掌握事证程度之竞赛，学理上开始强调双方当事人对发现真实均负有义务，以此克服仅由一方当事人对其有利之事实予以主张、说明及举证所带来的弊端。"事案解明义务"的意义就在于不论案件事实对其有利或不利，双方当事人均负有如实、完全陈述（说明）的义务以及提出相关证据资料或忍受勘验的义务，因此引发有关学者的关注。有学者在对美国事证开示义务进行深入考察及比较分析后，提出我国不具备确立一般性事案解明义务的必要及可能。但在"（超）职权主义"向"当事人主义"转型的宏观背景下，基于主要由当事人对真实发现负责的原理，应当引入有限制的、作为例外的事案解明义务。从而，一方面，继续完善主张责任、具体化义务与证明责任的规定；另一方面，通过作为例外的事案解明义务缓减负这些义务与责任之一方当事人的说明及举证困难。在围绕事案解明义务的制度、规则设置层面，美国事证开示制度可提供诸多有益启示。例如，免于开示的范围（隐私保护、工作成果）、证据保管义务、事证开示照会制度、对违反义务的多样化制

---

〔1〕 徐一楠："债权人代位诉讼之程序问题研究"，载《法律适用（司法案例）》2018 年第 16 期。

〔2〕 胡学军："论共同诉讼与第三人参加诉讼制度的界分"，载《环球法律评论》2018 年第 1 期。

裁等均值得进一步研究。[1]有学者则针对德国事案解明义务的实践与理论进行了深入考察，发现事案解明义务是德国法上解决民事诉讼信息——证据偏在问题的有效手段；但德国联邦最高法院和学界主流并未采纳施蒂尔纳倡导的一般性事案解明义务，而是将其限制在例外情形，即通过从属的主张——证明责任来解决问题。考虑到事案解明义务的自身特点，引入该制度有助于解决我国民事诉讼证据调查的空洞化问题，也不会对辩论主义的确立造成重大冲击。我国未来民事诉讼应在例外性事案解明义务的基础上引入这一制度，同时将事案解明义务的设计和推进纳入我国民事诉讼证明责任的制度体系，以免带来意料之外的负面效应。[2]

2. 电子数据收集制度。在大数据时代由于电子数据存在结构性偏在致使一方当事人无法取得他方持有的电子数据，从而有碍其诉讼上的主张与举证的情形时有发生。传统书证的提出义务规则是解决书证偏在的有效方式，但书证与电子数据的证据方法存在差异，因此需要深入分析电子数据的属性与适用的证据方法，借鉴他国或地区解决电子数据偏在的模式，从而明确符合条件的电子数据的证据收集规则。有学者对此加以关注[3]，提出因大数据时代无法回避电子数据偏在问题，需要明确符合条件的电子数据准用书证的相关证据规则，并进一步完善书证提出义务规则中的证据声明权、拒绝提交权、审查裁量权及不提交的惩罚或不利益等规定才能有效避免电子数据偏在导致不公正结果的出现。

3. 文书提出命令的制度细化。2015 年《民诉法解释》创设了文书提出义务制度，规定了相对简单的程序性限定条件、操作程序和责任后果，不过距离文书提出义务制度的充实和完善还有很大的差距。因此文书提出命令仍然在学界保持较高的关注度。有学者提出，2015 年《民诉法解释》虽设立了文书提出命令制度。然而，其适用范围之过分保守导致该制度难以充分发挥其效用。此外，审查标准的含糊不清不仅导致实践中难以操作，增加了当事人诉讼权利和法官自由裁量权滥用之风险，也容易导致文书持有人的抵触心理，降低司法公信力。应当借鉴域外的成熟制度，进一步完善我国文书提出命令制度之配套程序，细化文书提出申请和审查之规定，扩大文书提出命令之适用范围。[4]有学者提出，在公害等现代型诉讼为代表的存在证据偏在情形的诉讼中，当事人往往因证据收集能力的不足在文书特定义务之落实

---

〔1〕　参见陈杭平："'事案解明义务'一般化之辨——以美国'事证开示义务'为视角"，载《现代法学》2018 年第 5 期。

〔2〕　参见吴泽勇："不负证明责任当事人的事案解明义务"，载《中外法学》2018 年第 5 期。

〔3〕　参见高波："电子数据偏在问题之解决——基于书证提出义务规则的思考"，载《法律科学（西北政法大学学报）》2019 年第 2 期。

〔4〕　参见程书锋："文书提出命令制度研究与本土借鉴"，载《社会科学家》2018 年第 5 期。

上存在显著困难。而文书特定义务作为申请人向法院申请文书提出命令时的重要申请要件之一，将进而导致文书提出命令制度适用上的困难。为实现武器平等原则及发现真实，我国台湾地区立法课以文书持有人之文书特定协力义务以缓和申请人的文书特定责任。应当以我国台湾地区立法为借鉴，从文书特定协力义务的理论基础、适用标准以及具体程序运作等方面进行体系化构建。[1] 有学者对 2000 年后日本民事诉讼证据制度改革进行了深入的研究。其改革主要围绕文书收集手段扩充和诉前证据收集程序的新设展开：变文书提出的限定性义务为一般性义务，并设义务排除事由五项，同时增设了内廷审查程序用于甄别公文秘密文书义务排除事由之有无；诉前证据收集以预告通知为前提设置四种证据调查手段，并将当事人照会制度扩展到诉前。其改革措施对我国的文书提出命令制度的细化有很强的借鉴意义。[2]

4. 律师调查令制度。诉讼过程中，人民法院对争议案件事实的认定依赖于当事人提供的证据，并在此基础上进行事实认定及法律适用，以解决纷争。由此，证据的收集和调查为诉讼过程中一项重要的活动，对争议案件事实的认定及当事人民事权益的保护意义重大。现行法律及司法解释虽对当事人因诉讼能力不足而发生举证困难的情况给予保障，一定程度上缓解了当事人取证难的情况。然而基于我国司法实践现状，法律所规定的调查取证制度在实务中面临着重重困境。为此，有别于法律所规定的调查取证制度的证据调查令制度逐渐有了适用的余地。现行法律和司法解释对证据调查令问题未予明确，但 2001 年起草《最高人民法院关于民事诉讼证据的若干规定》时，曾将证据调查令纳入司法解释稿，2012 年《民事诉讼法》在修改过程中，也曾将调查令作为草案的内容。从理论研究的角度看，学者们对证据调查令的研究也在逐步地深入。有学者在对我国的调查令实施制度进行深入考察后发现，调查令制度存在着施行效果不乐观、规定不一致等适用困境。为此，有必要对证据调查令的名称、性质等问题重新加以认识进而规范证据调查令的司法适用，如调查令的启动、司法审查及司法保障等问题。[3]

（六）民事诉讼电子化和数据化问题

在国家信息化战略以及法院信息化改革的推动下，我国电子诉讼在实践中得到了快速发展。各级立法机关、司法机关、行政机关均在探索利用网络科技来完成电子民事诉讼行为，以便高效率、低成本地完成民事诉讼的任务。在"互联网+"时

---

[1] 参见唐力、高星阁："论文书特定协力义务的具体化——基于我国台湾地区立法的思考，"载《学海》2018 年第 2 期。

[2] 参见赵清："日本民事诉讼证据制度及对中国的启示"，载《河北法学》2018 年第 5 期。

[3] 参见赵风暴："民事证据调查令制度的司法适用路径探析"，载《兰州大学学报（社会科学版）》2018 年第 3 期。

代，我国充分运用现代信息技术，不断提高司法服务和保障水平，正在大力推进信息化建设转型升级，努力建设"智慧法院"，通过提供线上线下立体式、全方位服务，为人民群众提供更加优质、高效、便捷的司法服务。

我国民事诉讼法学界最近几年也开始将目光转向电子诉讼相关领域，并发表和翻译了一批相关的研究成果，特别是最近一年，在《当代法学》等学术期刊相继发表多篇电子诉讼相关论文，包括：张兴美："中国民事电子诉讼年度观察报告（2017）"，载《当代法学》2018 年第 6 期；陈锦波："论信息技术对传统诉讼的结构性重塑——从电子诉讼的理念、价值和原则切入"，载《法制与社会发展》2018 年第 3 期；石毅鹏："电子诉讼的风险与程序构建"，载《湘潭大学学报（哲学社会科学版）》2018 年第 2 期；洪冬英："司法如何面向'互联网+'与人工智能等技术革新"，载《法学》2018 年第 11 期；等等。

在信息化时代背景下，无论是积极主动地参与信息化变革，还是消极被动地迎合，诉讼活动电子化已经纷纷引起各国学界和实务界的关注。我国电子诉讼也不断被推广和发展，从最高人民法院到地方各级法院先行实践。由于社会实践产生立法需求、推动电子诉讼立法，剖析电子诉讼理论问题，如今越来越受到学界的重视。

1. 电子民事诉讼基础理论研究。有学者对电子诉讼的理念、价值、原则等进行了深入分析，认为电子诉讼应当坚守"当事人中心主义"的诉讼理念，程序效益应当成为电子诉讼首要的价值追求，程序公正是应恪守的价值底线，程序自由则应作为重要的价值保障，在此基础上，应当塑造信息安全和电子送达有效性两项全新的诉讼原则，同时应当对传统诉讼中的诚信原则、处分原则、直接言词原则和协议管辖原则的意涵进行重新诠释。而对于电子诉讼与传统诉讼的关系问题，包括对电子诉讼独有的理念、价值和原则的探讨。学界当前有关电子诉讼的研究大多局限于对其中涉及的微观问题的发现和应对，而缺乏对电子诉讼本源问题的探讨。这导致相关讨论或者因过度强调"电子"因素而无视一般的司法规律，或者因忽视电子诉讼与传统诉讼的本质性差异而固守工业时代思维。因此，应当回归到对电子诉讼深层理念、价值和原则的讨论。[1]

也有学者指出，互联网法院是对电子法院的升级，电子法院可以分为两类：一类是内部管理型电子法院，也就是法院内部信息化建设，不改变传统的法院组织机构体系和管理原则。另一类是外部的信息化建设，以"服务"为目的，通过建立虚拟法院推行电子诉讼。而互联网法院是在内部和外部电子法院的实践基础上，通过

---

〔1〕　陈锦波："论信息技术对传统诉讼的结构性重塑——从电子诉讼的理念、价值和原则切入"，载《法制与社会发展》2018 年第 3 期。

将两部分集成，以互联网的方式实现法院的升级。互联网法院的设立是智慧法院在网络空间治理上的专门应用，主要通过在互联网经济发达、涉网案件众多的地域设立专门法院，满足解决司法纠纷的需要，运用互联网思维和技术搭建能在网上实现各种诉讼功能的一体化系统。在诉讼法领域，当时的立法者无法想象今时的互联网法院的最新形态，就如今日的我们无法预测明日的互联网法院的所有细节。但在可预期的未来，互联网法院势必会重构现有的诉讼流程，改变法院的组织结构，重塑法律法规的条文规范并进一步影响人们的法律理念、行为习惯以及司法预判。在此过程中，需要完善协议管辖中的提示规定和操作流程，重构电子送达中的"同意"方式和"送达"机制，引入新型技术发展电子证据的认证规则和司法实践。[1]

还有学者通过借鉴德国的电子诉讼改革路径，指出我国可借鉴之处：德国对电子诉讼某些方面的规定，制定了精确的时间规划，并按步骤、分阶段根据用户的专业程度依次改革三大诉讼法，对于专业用户，自 2022 年 1 月 1 日起，必须通过安全的电子途径递交文书；对于非专业用户，自 2018 年 1 月 1 日起，可以通过电子途径向法院递交。对于电子送达，法院无需征得专业用户的同意就可以进行电子送达，针对其他诉讼参与人，需要该人明确同意。对此，我国立法可以借鉴。该学者还探讨了现在电子诉讼所面临的局限性，人工智能和大数据智能只能应用于简单环节，对于复杂问题，无法承担太多的工作，可以适用于电子督促程序、电子准备程序、电子速裁程序等。对于电子准备程序，可以适用要件审判方式，用结构化程序进行诉讼。但是，该学者最终仍然认为，在线法院应当具备在虚拟世界中再现诉讼的功能。[2]

2. 电子诉讼运行现状研究。"互联网+"、人工智能作为这个时代无法回避的现象，也必然影响着司法领域。迄今为止，各国围绕着电子法庭、E 诉讼、电子司法、电子法院的试点及立法工作可谓此起彼伏。我国也大力将互联网等电子技术应用于司法中，包括法院内部管理的信息化、送达中的电子方式、智慧法院的建设以及互联网法院的试点。现代民事司法必须面对"互联网+"、人工智能等技术革新带来的成果，不断地改革、完善诉讼规则以适应需要。学界的研究多集中于对司法电子化运作现状进行实证研究，罗列国内外电子诉讼行为运行现状及面临的问题，聚焦于对问题的探讨。

有学者以杭州互联网法院为分析对象，通过法院实地调研及亲身体验网上诉讼操作流程，探讨互联网技术对司法的影响。其认为，互联网技术不仅降低了诉讼成

---

[1] 郑旭江："互联网法院建设对民事诉讼制度的挑战及应对"，载《法律适用》2018 年第 3 期。

[2] 周翠："互联网法院建设及前景展望"，载《法律适用》2018 年第 3 期。

本和审判成本，也在改变审判管理和审判方式。互联网技术将深刻改变法院的运作模式，甚至挑战传统的审判原理。互联网技术也让法院更能准确测度到当事人公平正义的感受。因此，杭州互联网法院对于整个司法改革来说，不仅具有象征意义，也具有普遍意义。[1]

有学者结合互联网法院的运行分析，认为司法需要对新型业态作出有效回应，而不是机械被动地应对技术革新带来的诉讼变化，主动将技术为我所用，积极尝试、及时引入符合司法规律的新技术，承载着"互联网+"司法的法院设置、管辖、受理、举证、开庭、质证、认证、裁判、执行等方面的探索，促进程序正义、实体正义的实现，精准把握民事司法中审判权与诉权的协同配合，促进相关改革措施不断成熟，以促进我国的民事诉讼立法与司法的进一步完善。[2]

还有的研究关注电子诉讼某个具体阶段。例如，有学者从理论出发，对电子送达制度的正当性基础进行了深入的剖析，梳理电子送达与传统送达之间的关系，分析电子送达中受送达人的程序参与权，并对电子送达制度的完善提出了建议。[3] 有学者通过分析互联网法院目标定位的二元性，认为在否定网络自治的前提下，创设独立的互联网法院涉网案件地域管辖规则不具备可行性。在传统的地域管辖规则框架内，设立互联网专门法院管辖涉网案件、建立多元连结点下无顺位任意选择机制，并原则上否定当事人对互联网法院的程序选择权，系互联网法院涉网案件地域管辖规则构建的最佳模式。[4] 有学者对电子民事诉讼的程序构建进行了专门研究，其认为，应围绕"互联网+诉讼服务"，不断推动诉讼服务的流程再造，尽可能实现网上办理各项诉讼事务。但是电子诉讼也有一定的制度风险，应当根据不同诉讼案件的特点以及不同阶段诉讼程序的结构，选择电子诉讼的适用空间，完善电子诉讼的法律规定，充分发挥电子诉讼的制度优势，降低其制度风险。[5]

在电子诉讼的规则建构中，完全可以以互联网法院的相关制度建设作为参考与借鉴。有司法从业人员就认为，互联网法院运行至今，触碰到了许多程序法上的基本原则和规则问题，面临的不仅仅是微调、优化，更多是需要突破的制度性障碍，如电子送达的合法性、在线缺席审判的适用条件等。最终需要法律的修改和完善，而在相关诉讼法修改之前，可借鉴国家监察制度改革的有益经验，建议由全国人大

---

〔1〕 侯猛："互联网技术对司法的影响——以杭州互联网法院为分析样本"，载《法律适用》2018年第1期。

〔2〕 洪冬英："司法如何面向'互联网+'与人工智能等技术革新"，载《法学》2018年第11期。

〔3〕 宋春龙："电子送达的理论反思及其制度完善"，载《河南财经政法大学学报》2016年第6期。

〔4〕 肖建国、庄诗岳："论互联网法院涉网案件地域管辖规则的构建"，载《法律适用》2018年第3期。

〔5〕 石毅鹏："电子诉讼的风险与程序构建"，载《湘潭大学学报（哲学社会科学版）》2018年第2期。

常委会授权互联网法院对相关法律条款暂时停止适用或适度突破部分诉讼规则，促进司法效率的进一步提高。[1]

（七）民事诉讼证明问题

1. 民事诉讼证明责任。证明责任制度是现代司法制度的有机组成部分，理论界对证明责任本质的认识经历了从主观证明责任到客观证明责任的深化。有学者总结，主观证明责任从当事人的视角解释证明责任，将这一制度解释为当事人就所主张的事实向法院提供证据进行证明的责任；客观证明责任从裁判者的视角解释证明责任，把这一制度解释为法官在适用法律过程中用于克服要件事实真伪不明的裁判规则。客观的证明责任理论认为，证明责任是诉讼中用于处置事实真伪不明的一种机制，解决的是在事实真伪不明时法官如何裁判的问题。如果说主观证明是从当事人视角来分析、说明证明责任的话，客观证明责任则主要是从民事诉讼法律关系的另外一个主体，即从法官裁判的角度来解析证明责任，尽管最终承受不利裁判后果的是当事人。[2]

民事证明责任的分配研究重点在于实体法，但在民事诉讼法的适用中同样存在着证明责任问题。有学者指出，诉讼法要件事实也会出现真伪不明，对此法院也需要根据证明责任的规则作出裁定或决定。由于程序结构、证明对象、证明标准、法院是否依职权收集证据、民事诉讼法规制的内容等方面的差异，民事诉讼法中的证明责任呈现出一系列不同于民事实体法的特点。但理论界与实务界对民事诉讼法适用中证明责任的关注度远不如民事实体法，原因在于民事诉讼法以诉讼程序为其规制对象，规定的是法院、当事人、其他诉讼参与人为诉讼行为的方式、时间、顺序，这些内容大多数不涉及证明责任问题。对这一问题的忽略不利于实现十九大报告重申的"公正司法"要求，也不利于健全办案过程遵循程序公正的司法制度。当事人起诉、上诉、申请再审、提出申请、提出异议，均可能对程序法要件承担证明责任，当事人对有利于自己的要件事实承担证明责任这一原则也同样适用于民事诉讼法中的要件事实。[3]

有学者通过对最高人民法院发布的 2 例指导性案例的分析，提出"中国式举证责任制度"的概念，并指出我国司法实践中对于证据短缺事实疑难案件的裁判思维与方法不同于西方国家经典理论，不如发展出一套在本土语境下的举证责任逻辑与

---

[1] 陈增宝："构建网络法治时代的司法新形态——以杭州互联网法院为样本分析"，载《中国法律评论》2018 年第 2 期。

[2] 李浩："民事证明责任本质的再认识——以《民事诉讼法》第 112 条为分析对象"，载《法律科学（西北政法大学学报）》2018 年第 4 期。

[3] 李浩："民事诉讼法适用中的证明责任"，载《中国法学》2018 年第 1 期。

方法，以促进这一领域的理论发展和实际裁判方法的统一。我国目前司法实践中仍遵循"谁主张、谁举证"的举证责任分配规则，尤其流行在证据短缺导致事实难以判断的情况下"转换举证责任"。我国语境中的"真伪不明"及其裁判方法与大陆法系现代证明责任理论名同实异。此种中国式举证责任制度与学界长期倡导的大陆法系经典证明责任理论及我国现行法律规范之间均存在矛盾冲突，却高度契合中国文化观念基础，具有其自身内在逻辑与实践合理性。为解决理论与实践的矛盾，一方面，宜在事实认定领域承认并尝试建构此种中国式举证责任理论与制度；另一方面，对现代证明责任制度移植的重心宜从过去注重将"证明责任裁判"作为真伪不明时败诉负担的结果正当化功能，转向将"证明责任分配"作为调整民事审判过程的裁判方法论功能。[1]

2. 民事诉讼证明妨碍。随着社会经济的高速发展，不断出现环境诉讼、产品质量纠纷等现代新型民事纠纷，证明妨碍现象在司法实践中频繁发生，打破了诉讼双方攻防状态的平衡，阻碍了诉讼程序的正常开展。基于对权利进行救济的需要，为平衡双方当事人之间的证明责任分配，实现程序正义和实体正义，应对证明妨碍排除的制度和司法技术进行革新和重构。对此有学者提出，当民事诉讼案件存在证明妨碍时，证明妨碍规则便成为证明责任规则无法适用的补缺机制，以维护当事人的诉讼权益及公正地解决纠纷，国家提供全面的立法和统一的司法是该功能有效实现的基础。然而，我国证明妨碍理论研究成果不统一，难以充分指导立法和司法；法典仅规定公法制裁而无民事裁判规则；司法解释粗疏难堪重担；司法实务混乱且错用率高等问题，以致民事证明妨碍规则的补缺功能受限。鉴于此，应当以补救被妨碍者和惩罚妨碍者为规则目的，选取五种理论为依据，通过"五步走"健全立法，提高法官技艺理性和增强司法公正理性，以期优化证明妨碍规则。"五步走"具体为：第一步，准确界定证明妨碍主体要件；第二步，充实证明妨碍客观要件；第三步，区分设定证明妨碍法律后果；第四步，从证据协力义务例外规定和苛责程序异议权两方面给予妨碍者充分权利保障；第五步，在法典中规定证明妨碍规则。[2]

（八）家事诉讼问题

1. 家事诉讼的比较法研究。《英国家事审判改革中的审限制度及对我国的启示》[3] 和《家事审判改革视野下祖国大陆家事审判程序立法完善研究——兼以我国

---

〔1〕　胡学军："中国式举证责任制度的内在逻辑——以最高人民法院指导案例为中心的分析"，载《法学家》2018 年第 5 期。

〔2〕　参见周庆、李蔚："我国民事诉讼证明妨碍研究"，载《证据科学》2018 年第 1 期。

〔3〕　齐凯悦："英国家事审判改革中的审限制度及对我国的启示"，载《江苏大学学报（社会科学版）》2018 年第 6 期。

台湾"家事事件法"为学术视点》[1] 两篇文章分别以英国和我国台湾地区的家事审判为比较研究对象，对英国审限制度改革进行了探究，对我国台湾地区"家事事件法"的立法目的及基本原则、家事事件的范围及分类、家事事件的调解程序、家事事件的诉讼模式、家事事件中保障弱者权益的制度等进行了学术分析，指出在我国家事审判改革中，一方面，审限制度延长或变更的建议有待商榷，现有的审限制度实则更应细化或具体化，从而便利家事审判工作的开展，真正实现对当事人权益的保护；另一方面，案件管理制度的设立、配套制度的运行可为深化家事审判改革助力，配合审限制度的实施，真正实现家事审判改革的目标。

2. 家事司法专门化问题研究。有学者指出，我国家事司法发展体现了从"刚性"到"柔性"的司法理念变迁，司法不仅追求法规范期望的满足，同时追求社会的回应性，家的价值、意义与人无法脱离家而存在为柔性司法创造了条件，而家事争议的特殊性使本领域的柔性司法不会有悖于司法公正。在本理念的指导下，家事司法专门化的进程既体现为司法手段从单一司法到专家参与的变更，也体现为家事审判统合少年审判终极司法目的的实现，这也是我国在借鉴其他国家经验基础上，实现家事司法专门化的必由之路。[2]

3. 家事诉讼程序法研究。有学者以家事诉讼的程序构建为视角展开论述，对当前试点法院围绕家事诉讼特别程序的构建进行了系列探索实践评析，指出其对家事诉讼程序的具体设计仍缺乏系统性，且实际操作差异较大。该学者从立法规制和司法实践两个层面对家事诉讼特别程序的现状进行了审视，并从现实运行、程序保障、诉讼模式及域外借鉴等四重维度对家事诉讼特别程序构建之必要性作出论证。以此为基准，在明确构建家事诉讼程序基本规则之同时对该项程序进行具体设计，提出应以当前家事诉讼有关规定为基础，从建立司法机关职权强化的审中程序、设置独立的调解程序、增加专门保护儿童利益的特别程序等方面对家事诉讼特别程序进行制度设计和完善。[3] 还有学者通过分析家庭暴力案件中的人身安全保护令提出，家事诉讼立法建议稿中仅规定了人身安全保护令这种"类行为保全"的特别程序，无法满足家事诉讼纠纷中保护当事人的现实需求，需要增设符合家事诉讼纠纷案件特色的行为保全制度，对当事人进行更为充分的救济。[4]

---

[1] 陈苇、董思远："家事审判改革视野下祖国大陆家事审判程序立法完善研究——兼以我国台湾'家事事件法'为学术视点"，载《西南政法大学学报》2018 年第 1 期。

[2] 冯源："家事司法专门化的路径与选择"，载《学术论坛》2018 年第 4 期。

[3] 陈娟、尚丽娟："家事诉讼中构建特别程序的价值及其实现"，载《河北法学》2018 年第 10 期。

[4] 颜卉："家事诉讼立法中增设特殊行为保全制度研究——以家庭暴力案件中的人身安全保护令为切入点"，载《甘肃政法学院学报》2018 年第 6 期。

4. 家事诉讼改革研究。就家事诉讼改革方面，有学者指出，在我国市场经济体制改革进程中，一方面，以财产案件的审判为本位塑造了民事诉讼的理念和制度；另一方面，家事审判长期依附和混同于财产案件的审判机理，难以体现和适应家事审判的特殊规律性。近年来，我国在家事审判改革探索的过程中，存在改革理念混乱、路径偏差和措施随意等问题，有必要借鉴域外家事审判改革的经验，在家事审判改革的理念、程序设计和相关协同机制的设置等方面推进一揽子改革计划。[1] 也有学者以当前家事审判改革的现状为切入点，提出我国在开展家事审判试点工作过程中仍面临着不少困境，主要有缺乏专门性的家事审判程序、还未建立系统的家事审判调解制度、家事审判团队专业化建设欠缺、多元化纠纷解决机制尚不完善等。鉴于此，我国有必要构建独立的家事审判程序，创设系统的家事审判调解制度，同时还应加强家事审判团队专业化建设以克服专业化建设制度规范的缺位问题，进一步健全多元化纠纷解决联动机制，建设新型的离婚案件审理机制，应着力关注家事审判程序法的单独化、家事审判原则的明晰化、家事审判人员的专业化以及非诉合意解决机制的多元化这四个面向的问题，为家事纠纷寻求合理的化解之道。[2]

（九）民事诉讼再审问题

法院作出的裁判发生法律效力后，对于受到了瑕疵生效裁判损害的当事人给予相应的程序救济，是各国《民事诉讼法》的普遍规定。目前，民事诉讼已经确立了"法院纠错先行，检察监督断后"的再审启动顺位模式。一个案件经过一审、二审、申请再审审查（或再审），再加上一次检察监督后，诉讼程序就此终结。我国《民事诉讼法》中的审判监督程序不仅体现了对当事人合法权益的特殊救济，还体现了对生效法律文书进行法律监督的司法理念。

对于民事诉讼再审问题，2018 年有学者对申请再审权的性质展开研究，认为应当重新构建申请再审权的性质：虽然目前对审判监督程序进行"诉权化改造"，构建民事再审之诉获得了高度的共识，但是再审之诉所隐含的理论悖论没有得到正视。申请再审权在性质上属于诉讼权利，它与诉权的绝对性、不能附加条件的基本权利属性不同，是一种非常异议权。该学者还认为，一个制度承担多项法律价值和目标的结果是制度功能定位模糊，会大大削弱制度的有效性，我国再审程序真正的问题在于再审制度功能定位不明，再审事项包含多元价值目标混淆了其基础意义。因此学者建议，要想从根本上解决再审难，应当改革审级制度，增加上诉审级，尽可能地在常规程序中充分回应当事人的不满。同时要认识到再审程序是组成整个司法程

---

〔1〕 王德新："家事审判改革的理念革新与路径调适"，载《当代法学》2018 年第 1 期。

〔2〕 王琦："聚焦我国家事审判改革的几个面向"，载《政法论丛》2018 年第 1 期。

序的一个部分，且理想状态下是一个"备而不用"的程序装置。[1]

（十）民事诉讼检察监督问题

随着 2012 年对《民事诉讼法》的全面修订，法律监督权在民事诉讼中的地位和作用得到进一步凸显，民事诉讼检察监督已经从单一对抗制进入到对诉前监督、诉中监督、诉后监督以及执行监督等全部民事诉讼活动进行全面监督的新阶段。

有学者提出，根据民事检察监督制度的宏观发展方向及定位，我国民事检察监督制度下一阶段的发展重点应当放在"检察监督权与诉权、审判权的辨证关联与相融相合之上"。在检查监督与民事诉讼机制的相互融合上，其一，关于当事人诉权保障机制与检察监督，"诉权保障机制是我国民事诉讼法制发展和完善的一根基本红线"，民事检察监督应当尊重和服从这一基本价值；其二，关于民事诉讼程序的对抗机制与检察监督，我国民事诉讼模式正处于由职权主义向当事人主义的转换中，因此"检察监督本身要体现出对抗性特点"，同时"使诉讼对抗机制在民事诉讼的各个环节和阶段均充分得以体现"；其三，关于诉讼契约机制与检察监督，民事诉讼检察监督在实施过程中要尊重和体现"契约化"趋势；其四，关于诉讼诚信机制与检察监督，民事诉讼的诚信机制建设正在不断强化，检察监督制度的作用理念和方式均要与之相适应，比如"对人民法院行使审判权是否符合诚实信用原则的要求，要特别予以监督和关注"；其五，关于诉讼程序多元机制与检察监督，民事检查的监督要适应诉讼程序的多元机制，将民事检察监督制度有效地配置和运用到各种不同的诉讼程序的监督中，并在检察监督中引入"比例原则"，"将较为稀缺的法律监督资源配置于最需要进行法律监督的程序和案件类型中"；其六，关于诉讼调解机制与检察监督，诉讼调解属于"柔性司法"，更具灵活和个性化，检察院进行法律监督时应当正视和尊重这种司法特性，其七，具体到民事诉讼检察监督的诉前监督、诉中监督、诉后监督上，该学者认为，诉前监督的核心功能在于启动民事诉讼程序；而诉中监督实质上属于程序违法监督，《民事诉讼法》第 208 条第 3 款规定的程序违法监督内容涵盖了审判和执行两大领域，即"法院行使职权的全部程序"全部属于检察院法律监督的范围；与此同时，诉后监督在实施中应当牢牢把握四个原则，即"对终局裁判才进行法律监督""遵循谦抑原则""在同级监督与上级监督均可作为再审监督的选项时，优先适用同级监督""法律监督既要恪守尊重当事人意愿的申请主义，也要坚持职权监督保留主义"。[2]

---

〔1〕 吴英姿："'再审之诉'的理论悖论与实践困境——申请再审权性质重述"，载《法学家》2018 年第 3 期。

〔2〕 汤维建："民事检察监督制度的定位"，载《国家检察官学院学报》2013 年第 2 期。

随着 2012 年《民事诉讼法》的修订，"调解书"作为检察监督对象从立法层面得以确认，根据《民事诉讼法》第 208 条，检察机关监督的对象是损害国家利益和社会公共利益（以下简称两益）的"调解书"，关于该处的"调解书"是形式意义上的调解书还是实质意义上的调解书，有学者认为"应该将调解书理解为实质意义上的调解文书，而不局限于形式意义上的调解书，否则就会不当地限缩检察监督的范围"。针对调解检察监督的目的是仅限于"两益"还是"合法权益"，该学者认为，首先，根据现行法律规定，"检察机关与检察官的任务不仅仅是维护'两益'，还要维护'公民、法人和其他组织的合法权益'"；其次，诉讼调解实践中，存在较多虚假调解侵害第三人合法权益的案例，因此，"无论是从立法对检察机关的定位，还是从诉讼调解实践的现实需求出发"，调解监督的目的均应是维护一切合法权益，而非仅仅是"两益"。[1]

（十一）判决效力问题

在判决效力问题方面，2018 年有 6 篇核心期刊论文分别从既判力、争点效、指导案例参照效力以及英烈保护民事公益诉讼等不同角度展开讨论和研究，产生了颇为丰富的理论新观点。

1. 既判力主观范围。既判力在我国虽然没有直接的法律规范，但不乏相应的法律规定间接予以确认，2015 年最高人民法院《民诉法解释》中关于"重复诉讼"的规范已经给出了对既判力范围进行解释学分析的基本框架，在我国的禁止重复起诉制度中，亦体现了既判力的主观范围涉及生效裁判效力相对性基本原则及其例外。有学者通过对理论和比较法学说进行概述，确立了界定我国既判力主观范围的原则与框架，并针对例外的具体情形结合我国的程序法和实体法规定进行了分析，最后得出结论认为既判力主观相对性例外的根源在于第三人依据法律规定对于该诉讼拥有相当于当事人本人的地位，并指出了关于既判力范围有待进一步研究的理论问题。[2]

2. 争点效理论。争点效理论由日本新堂幸司教授受英美法系中争点排除规则启发而提出，目的在于解决大陆法系既判力客观范围限于判决主文原则的缺陷，在较短时间内便风靡了日本理论界和实务界，也一直为我国部分学者所推崇。但有学者认为，我国缺乏完善的判决效力规则，司法实践中引用日本"争点效"理论制定裁判规则及指导司法实践，存在理论供给不足及适用标准偏差等多种问题。当事人进

---

〔1〕　王杏飞："调解检察监督若干争议问题之再思考"，载《法律科学（西北政法大学学报）》2018 年第 1 期。

〔2〕　陈晓彤："我国生效民事裁判既判力主观范围的解释学分析"，载《当代法学》2018 年第 3 期。

行主义下自主援引的日本"争点效"理论与我国的职权进行主义的程序模式在追求客观真实的诉讼目的指导下存在致命冲突，对于实践中以此理论为基础的规定和判例在作出时均应该谨慎进行。相比之下，借鉴大陆法系传统的中间确认之诉和完善我国预决效力规则，更有助于解决判决理由确定事项效力不明的问题。[1]

3. 指导案例参照效力。我国的司法体制和制度设置整体偏近于大陆法系国家，属于成文法国家，并无英美法系判例制度的传统和理论基础。但类似地，实践中也存在指导案例制度，对其他诉讼案件具有实质性的参照效力，对此理论界一直褒贬不一，争议较大。有支持者认为，司法经验是凝聚法官智慧、传承司法技艺的重要渠道，也是司法机关确保同案同判、实现个案公正的内在路径之一；我国司法机关援引指导性案例，实质上是将司法经验同司法裁判相对接，而案例援引过程也暗含了类比推理、归纳推理和演绎推理等法律推理方法，确保了司法经验、司法智慧与法律规则的科学融合，但目前急需矫正案例指导制度的建构理性同指导性案例援引的经验主义之间的矛盾。[2] 也有学者通过对 1545 份已公开裁判文书进行梳理和实证分析，指出当下实践中指导案例参照效力模糊，相关主体对参照效力的定位、参照对象及标准等缺乏统一理解，指导案例的总体参照率低迷，参照效力受到案例数量、审级制度、案件类型、案例说理程度等因素的影响。该学者建议，应回应现实、遵循规律，明确指导案例的参照效力属性、增加案例数量、调整案例成分、强化类比技术与修辞方法等措施以提升与保证指导案例参照效力。[3]

4. 英烈保护民事公益诉讼的判决效力。英烈保护民事公益诉讼作为 2018 年我国民事诉讼理论的一个热点问题，得到了较多学者的关注和讨论，在判决效力方面，有学者提出，基于英烈保护民事公益诉讼在保护法益、制度功能、纠纷主体范围以及程序规范解释法理等方面的特殊性，有必要扩大英烈保护民事公益诉讼的判决效力：根据本诉及其中不同诉讼请求的特性，可将本诉判决效力扩大的法理根基以及相应的路径分为判决在事实上的反射作用、诉讼担当以及判决效力对英烈近亲属的有利扩大三类；而从判决效力种类及主客观范围来看，本诉判决效力扩大的具体形态包括判决效力依随诉讼标的扩大、既判力主观范围依据诉讼担当扩大、预决效力主观范围扩大和执行力的相应扩大；此外，还需要统合、协调周边程序制度，与判决效力扩大形成配合态势。[4]

---

〔1〕 古强："'争点效理论'应用的问题及解决"，载《河北法学》2018 年第 8 期。

〔2〕 张婷婷："论指导性案例援引的经验主义逻辑"，载《北方法学》2018 年第 6 期。

〔3〕 张华："论指导案例的参照效力——基于 1545 份已公开裁判文书的实证分析"，载《甘肃政法学院学报》2018 年第 2 期。

〔4〕 廖浩："英烈保护民事公益诉讼的判决效力"，载《西南政法大学学报》2018 年第 4 期。

（十二）民事诉讼与其他诉讼交叉问题

1. 刑民交叉案件的类型化区分。刑事案件与民事案件的交叉关联，是司法实践中的常见现象。然而，我国的法律供给、司法运作、法学研究呈典型的二元分离格局——分别且独立地应对刑事诉讼和民事诉讼——就两类案件的交叉问题，尚未发展出合理、有效且较为成熟的应对体系与学理。[1] 有学者认为从现有的司法解释的规定来看，将法律事实或法律关系划分为不同的类型是刑民交叉类型化思路的出发点。然而当前将刑民交叉案件划分为竞合型刑民交叉案件与牵连型刑民交叉案件两种类型并不合理，除"竞合型"和"牵连型"刑民交叉案件以外，还应至少包括"包容型"型刑民交叉案件。包容型的刑民交叉案件指当事人实施了一个行为，刑事法律需要对全部行为进行评价，而民事法律需要对该行为的某一部分进行评价，或相反，民事法律需要对该行为的全部进行评价，而刑事法律则需要对行为的部分进行评价。对于包容型的刑民交叉案件而言，刑、民案件的审理顺序取决于刑事案件是否具有优先审理的"必要"。该学者还认为刑民交叉案件类型化的区分没有解决司法实践中的混乱，有时反而使问题更加复杂化，故在设计刑民交叉案件审理顺序的规则时，应放弃类型化的努力，转以民事诉讼法关于诉讼中止制度的规定为基础和依托。通过对刑民交叉案件诉讼中止适用的细化，为审理顺序的确定提供简便、易行的处理方案。[2]

2. 刑民交叉案件的关系处理。有学者认为，在民刑交叉诉讼关系的处理上，"先刑后民"一直被视为一项原则。但从审判权独立行使的原理以及法律的规定来看，"先刑后民"都不应作为一项处理民刑交叉诉讼的原则。[3] 将"先刑后民"作为一项处理交叉诉讼关系的原则是不正确的，片面地适用所谓"先刑后民"，必然影响民事权利的及时实现。[4] 有学者认为，在具体处理民刑交叉诉讼时，应当首先考虑彼此之间是否有先决关系。在相互之间存在先决关系时，作为前提的诉讼可先行，另一诉讼应予以中止，等待前提诉讼的审结。[5] 另外，刑民交叉案件中实体问题的处理也至关重要，针对当前诈骗案频发的情况，有学者提出，对于经济领域中大量涌现的涉合同经济犯罪案件诸如集资诈骗案、骗取贷款案、合同诈骗案及其他涉合同的金融诈骗案件的审理，犯罪的成立和民事合同效力的判断应该坚持刑民分立原则，

〔1〕 龙宗智："刑民交叉案件中的事实认定与证据使用"，载《法学研究》2018 年第 6 期。
〔2〕 纪格非："论刑民交叉案件的审理顺序"，载《法学家》2018 年第 6 期。
〔3〕 张卫平："民刑交叉诉讼关系处理的规则与法理"，载《法学研究》2018 年第 3 期。
〔4〕 张卫平："民事诉讼中止事由的制度调整"，载《北方法学》2018 年第 3 期。
〔5〕 张卫平："民刑交叉诉讼关系处理的规则与法理"，载《法学研究》2018 年第 3 期。

分别适用不同部门法域规则进行。[1]

3. 刑民交叉案件中预决效力与证据使用问题。有学者将预决效力界定为与既判力、争点效等概念既有联系又有区别的生效裁判事实认定对后续诉讼的证明效力。虽然诉讼法解释和司法实践已预设刑事裁判事实认定的优越性和特殊的预决效力，但应适当限定刑事裁判事实认定证明效力的范围，确定刑事责任、影响定罪量刑的"必要事实"，才是发生预决证明效力的事实。当前我国刑事诉讼制度不承认民事判决的事实认定对刑事诉讼有预决效力，但是民事生效裁判可以作为刑事案件的书证被纳入证据体系。[2] 有学者认为，刑事判决书预决力的范围应当限于刑事案件的基础性事实，对于后诉的民事案件而言，只有基础性事实才具有免证的效力，审理民事案件的法官不得作出相反的认定。对于非基础性事实，即便记载于刑事判决中，也不应具有免证的效力。[3] 尤其是虚假诉讼这类涉及民刑交叉的典型法律问题，应当在尊重民事审判独立认定事实的前提下，明确并细化刑事裁判在民事诉讼中的预决力，"确定性"的有罪判决所认定的"必要的事实"在民事诉讼中应具有预决力。[4]

关于刑民交叉案件的证据互认规则，有学者认为，对于来源于其他类型诉讼的证据，欲在本诉讼程序中使用，应首先进行证据能力审查，确定其是否可在本案中使用。在确认其证据能力的前提下，再作证明力判断，以用于证明本案事实。刑民案件中证据的交互使用应该区别不同的情况适当确定证明效力，例如，区分裁判已生效的案件和未生效案件事实认定效力、人证和物证的证明效力、定案依据与非定案依据的证明效力的不同。另外，由于刑民交叉案件实行刑事优先的一般原则，因此，刑事案件使用民事诉讼证据的情况较为少见，民事诉讼使用刑事证据的情况则较为常见。民事诉讼使用刑事诉讼中形成的人证时，应当遵循民事诉讼规律。[5]

（十三）涉外民事诉讼和域外民事诉讼研究简介

2018 年这一阶段，我国学者针对涉外民事诉讼和域外民事诉讼的研究主要集中在判例、证据、仲裁、外国法的承认与执行以及家事审判程序等领域，具体包括涉外审判中外国判例的适用、对外国法院判决的承认与执行、外国仲裁裁决申请承认与执行程序、证据制度、民诉法解释方法论、事案解明义务应否一般化、医疗纠纷仲裁制度、家事审判程序等。

---

〔1〕 钱叶六："担保贷款双重诈骗案刑民交叉实体问题研究"，载《法商研究》2018 年第 5 期。
〔2〕 龙宗智："刑民交叉案件中的事实认定与证据使用"，载《法学研究》2018 年第 6 期。
〔3〕 纪格非："论刑民交叉案件的审理顺序"，载《法学家》2018 年第 6 期。
〔4〕 王约然、纪格非："虚假诉讼程序阻却论"，载《甘肃政法学院学报》2018 年第 2 期。
〔5〕 龙宗智："刑民交叉案件中的事实认定与证据使用"，载《法学研究》2018 年第 6 期。

针对涉外审判中外国判例的适用，如果有关案件审理涉及外国法的适用，则有关判例可能被视之为构成法律渊源的先例而作为裁判依据予以援引。基于此，有学者针对涉外审判中外国判例的适用问题研究后指出，首先应该确立适当的方法路径以查明有关判例的内容，对有关判例加以解读梳理，探究蕴含于"裁判理由"和"附随意见"之中的先例规则；进而通过演绎归纳和类推推理等裁判方法，将有关外国判例援引适用于跨国民商事案件争议解决之中。此种做法对提升我国受案法院跨国民商事案件争议解决水平将大有裨益。[1]

针对我国对外国法院判决承认与执行制度这一问题，有学者根据 2017 年修正的《民事诉讼法》第 280 条和第 281 条的规定指出，国际条约和互惠原则是我国承认与执行外国法院判决的法律依据。非合作博弈下的外国法院判决承认与执行制度构建的核心就是对互惠原则进行具体规定，改变事实互惠独一的做法，建立事实互惠与法律互惠相结合，甚至在一定程度上采取推定互惠的多维互惠制度。[2] 在我国当代法治中国建设以及"一带一路"倡议的背景下，我国承认与执行外国法院判决制度的建设凸显出重要的意义。

有学者认为，外国仲裁裁决申请承认与执行程序涉及司法与仲裁、当事人权益保护、国际法与国内法等关系的博弈与权衡，应在原有的立法模式中，从仲裁裁决的国籍确认、执行程序中的保全、审查时限及上诉制度等方面，分层级逐步予以完善。从现实诉求和基础理论出发，进行路径分析和外国仲裁裁决承认与执行程序的重构。[3]

针对证据制度，有学者研究指出，日本着力通过民事诉讼证据制度改革提升裁判效率，为此，在《民事诉讼法》修改时新设"计划审理"一章，内容包括必要事项三项：争点和证据整理的进行期间、证人及当事人询问的进行期间、口头辩论终结及判决宣告时间。与计划审理相配套，日本民事诉讼法在证据收集手段和程序上做了一系列变动，主要对策包括：一是扩充文书证据的收集手段；二是增设诉前证据收集程序，进一步推进审判迅速化改革进程。[4]

针对日本民诉法解释方法论，有学者认为，其既源于民事诉讼法的目的被定位于纠纷解决，也与战后比较法研究中利益衡量论的引入有关，其并不局限于衡量或

---

〔1〕 孙尚鸿："涉外民商事审判中外国判例的适用问题研究"，载《法律科学（西北政法大学学报）》2018 年第 4 期。

〔2〕 徐伟功："我国承认与执行外国法院判决制度的构建路径——兼论我国认定互惠关系态度的转变"，载《法商研究》2018 年第 2 期。

〔3〕 张虎："外国仲裁裁决在我国承认与执行程序的重构"，载《法学杂志》2018 年第 10 期。

〔4〕 赵清："日本民事诉讼证据制度及对中国的启示"，载《河北法学》2018 年第 5 期。

分配原被告之间的财产或价值，更多地蕴含了对作为制度利用者的当事人的便利、制度运营者的公共利益、民事诉讼程序的动态发展等要素的考量。学者从法律条文及立法者本意的角度出发，指出利益衡量论以及实务和判例对日本民事诉讼法学方法论具有相互交织的影响。学者力图对日本民事诉讼法解释方法论的现状和发展做全景式的观察，以期能为中国民事诉讼法解释方法论的讨论提供一个比较法的视角。[1]

针对事案解明义务应否一般化这一问题，有学者认为，我国围绕事案解明义务、文书提出命令、真实义务等主题的研究已开始触及该义务的边界或外延，有鉴于此，对美国事证开示义务进行考察分析也就显得顺理成章了。有学者认为，美国事证开示义务可分为单方披露义务与配合对方开示请求的义务两种，并分析了美国事证开示义务与具体化义务、证明责任以及事证开示义务范围的变化，对此，该学者围绕对美国事证开示义务的深入考察及比较分析，发现我国不具备确立一般性事案解明义务的必要及可能，因此，该学者对确立大陆法系意义上之一般性事案解明义务持否定态度。[2]

针对美国的医疗纠纷仲裁制度，有学者认为，美国医疗纠纷仲裁以任意仲裁为主，即以当事人自治为主要原则，而为鼓励用仲裁解决医疗纠纷，有的州在任意仲裁以外又规定了强制仲裁，主要有三种表现形式：一是法定前置主义，二是依职权酌定主义，三是依申请酌定主义。[3] 除此之外，美国的医疗纠纷仲裁在程序的规定上也特别注重仲裁程序简便、用时短的优势，仲裁协议的达成主要见于纠纷发生前当事人所签订的医疗服务合同和医疗保险合同。个别州针对医疗纠纷的特殊性，还规定了撤销权制度。学者深入研究美国的医疗纠纷仲裁制度，以期从中汲取宝贵的经验教训，为我国医疗纠纷仲裁制度的构建提供参考。

针对我国台湾地区的家事审判程序，有学者拟从我国台湾地区"家事事件法"的"立法目的"及"基本原则"、家事事件的范围及分类、调解程序、诉讼模式、保障弱者权益的制度五个方面考察和评析其主要内容。并对我国大陆家事审判程序的立法与实践的现状进行评析，进而提出了我国大陆家事审判程序立法之完善构想，以期为我国当前的家事审判改革提供参考。[4]

---

〔1〕 金春："日本民事诉讼法学的理论演变与解释方法论"，载《交大法学》2018年第4期。

〔2〕 陈杭平："'事案解明义务'一般化之辨——以美国'事证开示义务'为视角"，载《现代法学》2018年第5期。

〔3〕 陈琦："美国的医疗纠纷仲裁制度"，载《华东政法大学学报》2018年第2期。

〔4〕 陈苇、董思远："家事审判改革视野下祖国大陆家事审判程序立法完善研究——兼以我国台湾'家事事件法'为学术视点"，载《西南政法大学学报》2018年第1期。

诉讼标的的识别是民事诉讼法学中的核心理论问题，也与实体法和其中的请求权竞合学说紧密联系。有学者指出为了解决旧实体法说下的理论困境，德国以伦特为代表的改良旧实体法说主张，基于当事人对请求权选择的无所谓态度，尽可能认定单数的诉讼标的，但是在判断既判力时则应当承认例外；以亨克尔为代表的新实体法说，率先系统地提出了以处分客体为核心的观点，强调从多重功能角度重新理解实体请求权概念。学者对德国思想市场中与诉讼法通说同时接受考验的实体法学说作简明介绍，提示德国法中实体法发展与诉讼标的识别的可能关联方式，指出从整体上诉讼标的的识别来看，新实体法说的主张实际上在我国民法学说上被较为充分地认同。[1]

（十四）失信被执行人问题

2013 年最高人民法院颁布了《最高人民法院关于公布失信被执行人名单信息的若干规定》（以下简称《失信名单规定》）后，基本形成了关于失信被执行人问题的法律法规体系，也初步建立了失信被执行人名单制度。与此同时，学界亦逐渐重视失信被执行人的问题，CSSCI 来源期刊上关于此问题的论文也日渐增多。2018 年的 CSSCI 来源期刊中关于失信被执行人的论文共有两篇，主要是对失信被执行人名单制度进行介绍，并针对当前该制度存在的问题，尤其是失信被执行人权利保护方面的问题，提出相关的见解。

有学者对 2013 年《失信名单规定》进行简短评析后，总结归纳了最高人民法院于 2017 年 2 月通过的《最高人民法院关于修改〈最高人民法院关于公布失信被执行人名单信息的若干规定〉的决定》的内容，认为《失信名单规定》的调整对于规范当前混乱的实践具有颇为重要的意义，尤其是限制法院自由裁量权、被执行人救济程序与责任追究的条款，将在很大程度上遏制地方法院超越司法解释肆意将被执行人纳入失信名单，逾越司法文件实施各种法外惩戒措施的冲动。当然，为实现失信被执行人名单制度惩戒与当事人权利保护的平衡，法院严格公正适用裁量权的重要性愈发凸显。同时，该学者提到了部分地方政府被纳入失信名单的问题，这就属于对公法人民事执行的问题，涉及维护公共秩序与实现私权的利益平衡。其主张公法人应当具有良好的社会形象和声誉，一旦因涉及债务履行而进入执行程序，其也应当得到必要的"程序礼遇"，限制使用拘传、拘留等间接执行措施，而对于失信被执行人名单制度的适用，不宜作"一刀切"处理，应按照是否妨碍公共管理职能予以区别对待。

---

[1]　曹志勋："德国诉讼标的实体法说的发展——关注对请求权竞合的程序处理"，载《交大法学》2018
年第 1 期。

有学者主张保障失信被执行人的合法权利，是失信被执行人惩戒机制的重要内容。其在对人民法院惩戒失信被执行人工作实践进行考察的基础上，梳理需要特别保护的失信被执行人权利范围、分析当前执行工作中对这些权利保护的不足，并立足于如何确保执行行为的正当性，探讨了如何进一步完善对失信被执行人权利的保护。具体来说应从如下两个方面进行完善：①制度完善。合法性是执行行为正当性的根据，公权力的实施必须要有明确的法律依据，只要是对个人权利造成影响的司法行为，都必须要有法可依。人民法院应当严格按照《失信名单规定》中规定的失信被执行人信息范围和方式进行公布，不应随意作扩大解释。依法惩戒是行为正当性的要求，对于不利于权益保护的过时制度规范，应及时通过制度层面的修改予以解决。其一，要通过完善立法和司法解释对公布失信被执行人信息的具体内容和公开方式进一步明确限定。其二，改革强制执行程序中的送达制度。其三，通过完善制度将有关维护被执行人人格尊严的措施具体化。②合理适用惩戒措施。司法惩戒必须遵循公权力运行所要求的合法性、合理性或适度性的要求，做到责罚相当。对失信被执行人的惩戒源于被执行人拒不履行生效法律文书确定的义务，惩戒的直接及首要目的就是迫使其主动履行义务或者配合法院的执行行为。只有这个目的实现了，惩戒的其他效果诸如威慑其他潜在失信者、维护诚实守信的市场环境才能体现出来。因此，在确定和实施具体惩戒措施时，应当以是否足以迫使被执行人主动履行义务或主动配合执行为标准来进行精准裁量，具体体现为准确选择惩戒措施和适时调整惩戒措施两个方面。

（十五）民事执行救济问题

近年来，民事执行问题一直是我国理论界和实务界讨论的重点。2016 年 4 月，最高人民法院出台《关于落实"用两到三年时间基本解决执行难问题"的工作纲要》，此后各地法院相继采取一系列措施，在民事执行工作上投入更多精力，以期实现"基本解决执行难"目标。但在解决"执行难"的过程中，不应忽视的是民事执行救济问题。综观 2018 年在核心期刊中刊载的与民事执行相关的文献，几乎都提到了民事执行救济的相关内容。可见，民事执行救济问题已经成为民事执行中的重要一环。

1. 债务人异议之诉的构建。我国《民事诉讼法》及相关司法解释将我国的民事执行救济分为程序性救济和实体性救济两种类型。按照救济主体的不同，对于执行当事人中的债权人而言，可以通过当事人异议、执行复议、许可执行之诉等方式寻求救济；对于执行当事人之外的案外人，则可以通过利害关系人异议、案外人异议、案外人异议之诉等方式寻求帮助。此外，若执行依据错误，还可以启动再审程序予以纠正。而对于执行当事人中的债务人，依据我国目前相关法律法规，仅有当事人异议和再审之诉两种救济手段。对比我国台湾地区"强制执行法"的规定，执行救济程序"系指对于强制执行之程序，有违法或不当之情事时，请求执行法院予以救济之方法而言"，其是以"声明异议"的方式来主张权利。"声明异议"的期限为执行开始后到终结前，在此期间，执行当事人都可以向执行法院提出异议维权。执行法院对于声请或声明异议，如认为不合法或无理由者，应以裁定驳回之。如认为"声明异议有理由的话，应当裁定将原处分或原程序撤销或更正之"。因法院既是裁判官又是执行官，故被执行债务人对执行法院的裁定不服，其可以提起抗告。但对抗告的提起有诸多限制，如"执行程序若尚未开始，无违法之执行处分存在，亦无侵害利益可言，自不得声明异议"；或执行程序已终结，已无可执行利益，也不可以提起异议。[1] 由此可见，在民事执行程序中对被执行人即债务人进行救济也十分有必要。

尽管最高人民法院发布的《最高人民法院关于办理执行异议和复议案件若干问题的规定》（以下简称《执行异议复议规定》）第 7 条第 2 款规定："被执行人以债权消灭、丧失强制执行效力等执行依据生效之后的实体事由提出排除执行异议的，人民法院应当参照民事诉讼法第 225 条规定进行审查。"但有学者认为，《民事诉讼法》第 225 条系针对执行机关违法执行行为所规定的程序上的救济方法，不同于当事人或案外人基于民事实体法律关系或实体权利请求权排除不当执行的实体法上的救济方法。前者是通过声请、声明异议、抗告等方法维护当事人、利害关系人的程序性利益，而后者是通过异议之诉的方式使当事人、案外人的实体性权益得到救济。基于审执分离的原理以及执行效率至上的价值取向，针对当事人、利害关系人、案外人的异议，强制执行奉行形式化审查原则。此外，对于《执行异议复议规定》第 7 条第 3 款规定的"除本规定第 19 条规定的情形外，被执行人以执行依据生效之前的实体事由提出排除执行异议的，人民法院应当告知其依法申请再审或者通过其他程序解决"，该学者认为，允许当事人以申请再审的方式进行救济并无不当，但对于后者，再审程序系事后性、补充性的纠错程序，以纠错程序来回应既判力基准时后、执行依据生效前出现的实体异议事由，并不能实现维护被执行人合法权益、排除执行依据执行力的目的，且不符合纠错程序的处理条件，有违既判力维持法的安定性的程序法理。因此，根据审执分离的原理，应赋予被执行人通过诉的方式寻求救济的路径。[2]

---

〔1〕 张丽洁："强制执行中财产豁免制度研究"，载《河北法学》2018 年第 12 期。

〔2〕 庄诗岳："论被执行人实体权利救济的路径选择"，载《河北法学》2018 年第 10 期。

对于债务人异议之诉的必要性，有学者认为存在四点依据：其一，债权不成立的事由、消减或妨碍债权人请求的事由、非执行依据效力所及事由等异议事由均系实体性争议，根据审执分离的基本原理，应通过诉的方式予以救济。债务人异议之诉通常适用一般民事案件的审理方式和程序，适用其审判组织的组成、回避、举证、质证、辩论等程序规定，以保障当事人的诉讼知情权、诉讼听审权以及审级利益。其二，债务人异议之诉并非纠错程序，而是在执行依据中所载明的请求权与债权人实体法上的权利状况不符时，赋予被执行人通过提起新诉来维护其实体权益的救济路径。其三，被执行人提出实体异议的目的在于排除执行依据的执行力，另行提起民事诉讼只能达到确认实体法上请求权不存在的效果。虽然学理上对债务人异议之诉的性质颇有争议，但债务人异议之诉排除执行依据执行力的目的毋庸置疑。其四，执行效率至上的价值取向不能成为阻却债务人异议之诉构建的有力理由。强制执行以迅速、及时、不间断地实现生效法律文书中所确认的债权为己任，在价值取向上注重效率。但公正与效率均是我国民事执行救济制度所追求的价值目标，且过分注重效率必将损害公正而降低效率。若不赋予被执行人通过债务人异议之诉获得救济的路径，其后果必然是被执行人暴力抗法加剧执行乱，或者被执行人另行提起民事诉讼浪费司法资源，进而有损司法权威并降低执行效率。[1]

2. 民事执行责任财产豁免制度中的救济。民事执行责任财产豁免是指在某种条件下，免除被执行人的责任和义务。有学者认为，我国虽有对执行责任财产豁免制度的相关规定，但却缺乏相应的救济程序。人民法院在强制执行中，因错误执行导致被执行债务人的豁免责任财产被强制执行，在此情形下被执行人的权益如何得到救济法律没有作出规定。因此，应规定当被执行债务人的豁免财产被错误执行或债务人隐匿财产损害债权人的利益时，执行当事人有权向人民法院提起异议。异议提起的时间应在强制执行程序开始以后终结以前。人民法院审查执行当事人提起的异议和理由以后，如认为符合法定理由则裁定撤销或更正；如认为理由不成立，则驳回当事人的异议申请。[2]

3. 民事执行中权利冲突时的救济。在民事执行程序中若出现权利冲突，以未过户登记房屋继受人与执行债权人之间的冲突为例，有学者认为应当针对不同的案件类型作不同处理。针对通常的房屋买卖，执行异议之诉不同于异议审查，即使其不满足《执行异议复议规定》关于案外人期待利益保护的条件，案外人的诉求也未必不能成立，应根据案件具体情况和异议人所主张的权利、申请执行人债权实现的效

---

〔1〕 庄诗岳："论被执行人实体权利救济的路径选择"，载《河北法学》2018年第10期。

〔2〕 张丽洁："强制执行中财产豁免制度研究"，载《河北法学》2018年第12期。

力，以及被执行人对执行标的的权利等因素综合判断，从而确定异议人的权利是否能够排除执行。对于以房抵债的情况，则应当重点判断案外人与被执行人是否存在恶意串通损害债权人利益的情形。对于已办理备案或网签的房屋买卖，即使不满足《执行异议复议规定》第28、29条规定的条件，也可阻却、排除法院的执行行为。针对拆迁补偿安置房屋的买卖，应着重审查房屋转让协议的效力。对于离婚协议分割房产的情形，要综合金钱债权成立时间、分割财产约定生效时间、案外人对房屋实际占有时间、占有情况、对未过户是否存在过错等因素综合予以考量，以不支持为原则，以支持为例外。[1]

4. "执转破"程序中的救济。"执转破"即执行转破产制度，是执行程序与破产程序的衔接机制。尽管自2015年该制度被立法确立以来已有3年，但实践中"执转破"程序适用率仍很低，为此有学者主张采取"执转破"职权移送主义启动模式。[2] 同时，基于平等性原则，应保障此模式下执行当事人获得救济的权利，赋予当事人异议权、提起检察监督等权利。[3] 具体的制度设计为有异议的当事人可向执行法院提出执行异议，后果有二：一是执行法院终止依职权启动的"执转破"程序；二是执行异议被执行法院驳回。就执行异议驳回的结果，当事人可向执行法院的上级法院提出执行复议，执行复议不宜中止启动"执转破"程序。[4]

第三节 行政诉讼法学的研究状况[5]

一、研究概况

（一）学术发表

本统计数据包括24本法学类CSSCI来源期刊（2019—2020）的行政诉讼法学类文章，2018年在这24本期刊上共发表文章47篇。

---

〔1〕 张守国、明晨燕："民事执行程序中权利冲突特殊规则的构建——以未过户登记房屋继受人利益保护规则之完善为视角"，载《法律适用（司法案例）》2018年第18期。

〔2〕 赵泽君、林洋："'执转破'程序启动模式的分解与重塑"，载《政法论丛》2018年第3期。

〔3〕 廖丽环："正当程序理念下的执行转破产机制：基于法理视角的反思"，载《法制与社会发展》2018年第3期。

〔4〕 赵泽君、林洋："'执转破'程序启动模式的分解与重塑"，载《政法论丛》2018年第3期。

〔5〕 本部分分执笔人：高家伟，中国政法大学诉讼法学研究院教授；杨天波，中国政法大学法学院博士研究生。

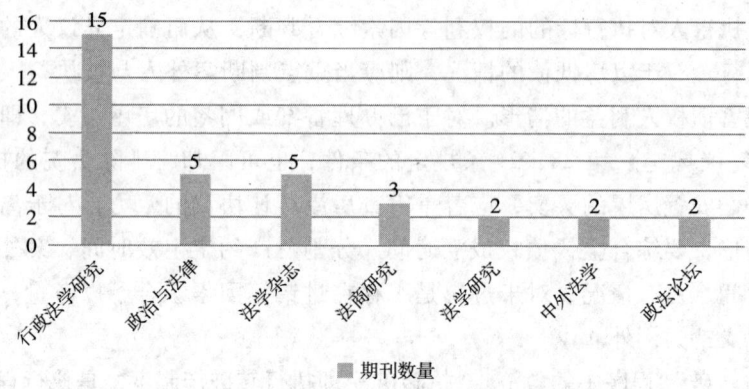

图 4-1 行政诉讼法论文发表期刊分布图

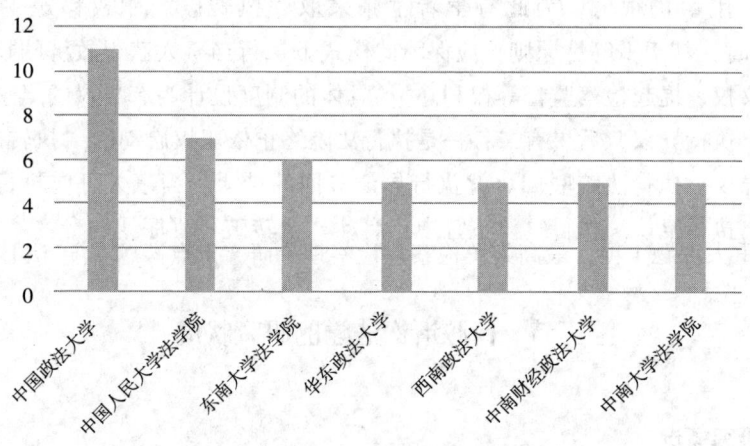

图 4-2 行政法与行政诉讼法学论文发表机构分布图

从论文的发表期刊看，《行政法学研究》依旧是行政诉讼法学研究的主阵地，其他综合性法学期刊上行政诉讼法学的发文大体相当。从发文机构看，2018 年行政法与行政诉讼法学发文数量前三位高产科研单位为中国政法大学、中国人民大学、东南大学法学院。从整体而言，2018 年各科研单位权威期刊发文量较为均衡，呈现齐头并进的态势。

（二）科研立项

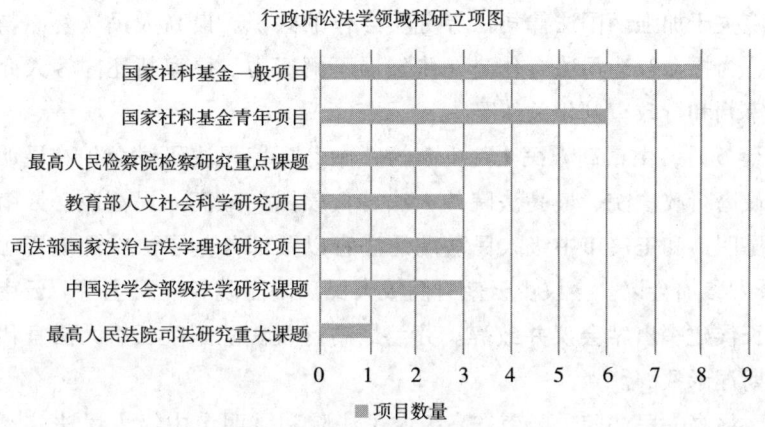

行政诉讼法学领域科研立项图

图4-3 行政诉讼法学领域科研立项图

在科研立项方面，2018年行政诉讼法学领域获准立项的国家级、部级项目28项。其中，国家社科基金一般项目8项；国家社科基金青年项目6项。最高人民法院司法研究重大课题1项；最高人民检察院检察理论研究重点课题4项；司法部国家法治与法学理论研究项目3项；教育部人文社会科学研究项目3项；中国法学会部级法学研究课题3项。上述各类项目有一部分围绕新行政诉讼法的相关问题研究，例如："立案登记制背景下的行政诉讼起诉条件审查研究""行政协议诉讼的法律适用研究""行政规范性文件的附带审查研究"等，也有一部分围绕当前司法改革中的热点问题进行研究，如"检察机关提起行政公益诉讼的证明责任问题研究""党和国家机构改革背景下人民法院行政审判工作的创新和发展"等，还有一部分专注于行政诉讼领域某一具体问题进行研究，例如"行政诉权滥用规制的实证分析与路径完善研究"等。

（三）对外交流

2018年6月5日，最高人民法院党组成员、政治部主任徐家新会见了由芬兰最高行政法院副院长卡瑞·库斯涅米带领的芬兰最高法院、最高行政法院代表团。[1]

徐家新代表最高人民法院和周强院长对芬兰客人的来访表示欢迎。他指出，最高人民法院与芬兰最高法院在去年顺利实现大法官互访，成功举办首届中芬司法圆桌会议，将中芬司法合作提升到新高度。此次芬兰最高法院和最高行政法院联合组

---

〔1〕 参见最高人民法院网站，http：//www.court.gov.cn/zixun-xiangqing-100202.html.

团来华出席中芬环境司法研讨会，有助于丰富司法交流与合作的内涵，落实中芬两国最高法院关于加强两国法律司法界务实合作的共识。最高人民法院愿与芬方保持密切沟通，为推动双边司法合作进一步发展不懈努力。徐家新还向客人介绍了中国环境资源审判和行政审判相关情况。

2018 年 6 月，由最高人民法院主办的"中芬环境司法研讨会"在昆明召开。[1] 来自芬兰最高行政法院、最高法院的大法官代表团和最高人民法院、云南省高级人民法院、昆明市和玉溪市中级人民法院的法官以及部分基层法院环境资源审判法官共计 40 余人参加会议。会议由云南省高级人民法院副院长向凯主持。云南省高级人民法院院长侯建军出席会议并致辞。芬兰最高行政法院副院长、大法官代表团团长卡瑞·库斯涅米致辞。

会上，最高人民法院、云南省高级人民法院和昆明市中级人民法院环境资源审判庭负责人分别介绍了中国和云南省环境资源审判工作情况，芬兰大法官代表团成员详细介绍了芬兰环境损害赔偿制度。双方围绕中芬环境资源保护制度、中芬水资源司法保护的理论与实践、探索多元共治纠纷解决机制、环境案件信息公开等内容进行了深入交流。最高人民法院环境资源审判庭与会法官分别介绍了中国水资源司法保护工作以及水污染防治工作的新发展，云南省高级人民法院及昆明市中级人民法院的与会法官介绍了云南省水污染司法保护工作和水污染案件的审理情况。双方表示，将彼此借鉴有益经验，充分发挥环境司法功能，更好地保护全球生态环境，保护人类共同家园。

2018 年 10 月，由中国政法大学中欧法学院主办，中国政法大学法治政府研究院、法国巴黎第八大学、法国驻华大使馆协办的第七届中法行政诉讼研讨会在中国政法大学国际交流中心举办。本次会议主题为"迈向实效行政诉讼"，与会专家学者就行政诉讼功能定位、中法两国近期行政诉讼实效性改革以及未来努力的方向进行了广泛而深入的探讨。[2]

法国驻华大使馆法律事务参赞 Anthony Manwaring 先生代表法方致辞，他表示一直以来中国与法国法律界、司法界保持良好关系，中法两国行政法学界交流密切，极大地推动了相关领域的学术发展和立法司法实践，在预祝本次会议取得成功的同时，他也祝愿中法两国法律交流合作之树枝繁叶茂。中国政法大学中欧法学院院长刘飞教授随后代表中方致辞，他表示中国政法大学中欧法学院旨在为中国和欧盟合

---

〔1〕 参见最高人民法院网站，http：//www. court. gov. cn/zixun-xiangqing-100682. html.

〔2〕 参见"迈向实效行政诉讼，第七届中法行政诉讼研讨会在京举行"，http：//fzzfyjy. cupl. edu. cn/info/1021/9384. htm.

作培养法律人才、促进中欧法律交流，本次研讨会是该院办学宗旨的体现，希望能够借此机会进一步加强与法方的合作，推进实效行政诉讼，实质性地解决行政争议，避免程序空转。

二、重点研究内容

（一）基础理论及制度

1. 关于行政判例。有学者认为，如果说近代行政诉讼法是移植而来的"书本上的法"，那么行政判例则是浸透到社会生活中的"活法"，是行政诉讼本土化的重要方式。民国行政法院通过判例明确了行政诉讼的受案范围，细化了行政行为合法性审查标准和慎用合理性标准，并在司法实践中确认了宪法、法令、判例、解释例、习惯以及行政惯例的法源地位。我们应辩证吸收民国行政法院的有益做法，正确认识指导性案例的价值目标，在宪政体制的框架内寻求提升指导性案例效力的路径，加强指导性案例的选择、编辑、适用等的程序设计，充分发挥指导性案例的灵活性和生命力，更好地促进行政诉讼制度的改革和发展。[1]

也有学者认为，与刑事、民事诉讼指导性案例不同的是，行政诉讼指导性案例不仅能起到统一司法机关法律适用的作用，其确立的某些裁判规则的效力和功能还会扩展至行政行为领域。通过实证研究发现，行政诉讼指导性案例确立的裁判规则还发挥了统一司法审查标准与行政裁量标准的功能。当前我国行政诉讼指导性案例更倾向于对法律规定的解释，而不是对法律漏洞的填补。在具体内容上，不仅对《行政诉讼法》的规定进行了解释，还对行政裁量基准作出了例示。要发挥指导性案例在行政诉讼中的指导作用，不仅应当明确其弱于制定法与司法解释的拘束力，还要对法院援引指导性案例进行规范。[2]

2. 关于立案登记制。有学者认为，行政诉讼立案登记制实施已逾 2 年。根据各地法院的立案数量及实践，行政诉讼立案登记制在规范立案程序、提高立案率、保护当事人行使行政诉权等方面发挥了重要作用。但相关规定不协调，审查范围与强度不明使制度施行缺乏统一标准，管辖不明增加了起诉难度，"案多人少"导致法院不堪重负，配套制度缺失等也制约了其效能的发挥。对此，须从完善立案程序和配套制度入手加以解决。[3]

3. 关于行政诉讼的权利保护。有学者认为，行政诉讼兼具私权保护、监督行政

---

〔1〕　参见宋智敏："行政判例与近代行政诉讼制度的发展——以民国行政法院的判例为中心"，载《行政法学研究》2018 第 1 期。

〔2〕　参见王东伟："行政诉讼指导性案例研究"，载《行政法学研究》2018 年第 1 期。

〔3〕　参见杨寅、李晓："行政诉讼立案登记制的成效与完善"，载《行政法学研究》2018 年第 2 期。

以及解决争议三大目的，主流观点认为监督行政是其首要目的，认为行政诉讼主要是客观诉讼，并据此构建起了以被诉行政行为为中心、以撤销诉讼为主要形态的诉讼制度。但此种诉讼制度存在漠视私权保护、逻辑不统一、不能涵盖新类型诉讼等一系列问题，有必要重新认识行政诉讼的目的。要从高度重视私权保护的角度，重视原告的诉讼请求，并从理念、制度、诉讼类型化等方面对行政诉讼进行建构。[1]

也有学者认为，在行政诉讼中，权利保护必要性，又被称作狭义诉的利益，是指原告请求法院以裁判的方式保护其权利的必要性或实效性。对于缺乏权利保护必要性的起诉，我国法院一般裁定驳回。鉴于司法资源有限、当事人有平等利用司法制度的权利，法院以原告实施诉讼的利益为判断基础，斟酌被告应诉负担、其他人利用诉讼制度可能性等因素选择给有保护必要的权利提供救济，具有正当性。权利保护必要性就是在确定有实益、有效率、适时、正当的权利救济契机。在无益、低效、不适时、放弃权利保护、滥用诉权等情形下，一般会认为缺乏权利保护的必要性。权利保护必要性也可能因嗣后的原因而消灭。但因为权利保护必要性的判断可能伤及诉权，法院应当开庭审查，提供权利防卫的机会，在适用时应当遵守补充性、有限性、说理性等限制。[2]

还有学者认为，"保障当事人诉权"是司法改革中的基础环节和核心命题之一。在行政诉讼实践中主要有"问题导向型"和"理念贯彻型"两种正面推进思路，但一味正面推进势必会增加其矫枉过正的潜在风险。从反向角度探寻行政诉权行使的合理（最小）限度，借以明确诉权保障之推进场域，不失为一种全新思路。行政诉权行使限度以事物限度理论与权利限度理论为正当性来源，并以司法资源的有限性、司法解决行政纠纷能力的有限性以及司法的谦抑性为考量因素。在诉权层次理论付之阙如的当下，行政诉权行使的合理限度应当以现行的起诉方式、起诉条件为准，且当事人以言之有理为限，法院以形式比对、核对为度。至于行政滥诉等行为的风险防控，可由当事人签署具结书的形式得以实现。[3]

4. 关于特殊类型的行政诉讼。有学者研究了反向行政诉讼，认为这种诉讼是根据《行政诉讼法》的规定在某些特殊类型的行政案件中将诉讼程序的启动权赋予行政机关，在结构和形式意义上由行政机关起诉相对人的制度。反向行政诉讼在相对人违反行政协议、行政机关申请法院强制执行、行政机关的债权保障等领域显现出其难以替代的优势，符合行政机关角色转变的要求，符合权利救济、司法最终解决、

---

〔1〕 参见付荣、江必新："论私权保护与行政诉讼体系的重构"，载《行政法学研究》2018 年第 3 期。

〔2〕 参见王贵松："论行政诉讼的权利保护必要性"，载《法制与社会发展》2018 年第 1 期。

〔3〕 参见付辉："行政诉权行使的合理限度——诉权保障的逆向思考"，载《法学杂志》2018 年第 5 期。

诉权平等的理念，有充足的域外经验支持。反向行政诉讼虽然是"官告民"，但依然遵循行政诉讼的宗旨和目的，只是在受案范围、起诉资格、举证责任、判决类型等方面有相应改变，是一种在坚守行政诉讼固有理念前提下的理论和制度创新。[1]

5. 关于疑难案件。有学者认为，目前国内法学界对疑难案件已有丰富的理论研究，但对行政诉讼疑难案件的实证研究较少。对法官如何审理疑难案件做实证研究，可以使得疑难案件研究更具实用性价值，并直接为司法改革提出建议。有学者运用扎根理论研究方法，对国内 6 省、9 名行政法官进行深度访谈的语料进行三级编码分析。基于分析结果，该研究构建了行政法官诉讼疑难案件审理应遵从的"法律思维、政策思维、职业安全思维综合作用模型"。并据此提出对司法实践的启示，即完善法官法律思维的运用，规范法官政策性思维的运用，在当前司法改革中应注意降低法官对职业安全的过度忧虑。[2]

6. 关于行政诉讼附带审查制度。有学者认为，行政诉讼附带审查制度承载着高度期待，但拘泥于行政诉讼内部的微观制度调整，司法实践并未领会这一看似幅度不大但实属行政诉讼体制性调整的宪法意义，势必无法超脱传统行政诉讼的诸种纠葛。从宪法体制整体安排的视角，必须回应规范审查与审判逻辑的分工与嵌合、刚性的合法性判断与弹性的规则试错空间的协调、法院附带审查与规范监督体系的衔接三个宪法命题。作为制度回应，以比例原则的创造性转换为基础的合法性审查标准的多层次性构造，及对应效力规则的拓展，加强了行政诉讼与行政权的沟通，使其在作为监督者的同时，能够理解行政权运行所面对的复杂情形；作为处理结果的司法建议的效力拓展，最终与依托宪法体制的规范监督体系形成有机对接，走出对附带审查制度不切实际的过高期待，亦可以以此推进这一监督体系的联动运行。[3]

7. 关于审判流程。在行政诉讼中实行庭审中心主义，对于推进以审判为中心的诉讼制度改革、发挥行政审判职能作用、完善行政审判特色制度具有重要意义。落实庭审中心主义可以从优化行政审判程序、完善行政审判流程的角度切入，依靠程序的正当性促进司法公正和司法公信，依靠程序的自治性隔断外部不当干预，依靠程序的制约性防止法官偏私偏信，依靠程序的参与性保障直接言词原则的落实。当前行政审判流程还存在衔接不紧、主体不分、久拖不决等问题，严重制约了庭审中心主义的落实。对此，应当以排除行政权力干扰、保持行政审判独立性、提升司法

---

〔1〕 参见解志勇、闫映全："反向行政诉讼：全域性控权与实质性解决争议的新思路"，载《比较法学研究》2018 年第 3 期。

〔2〕 参见亓晓鹏："行政法官疑难案件审理模型的建构———一项基于扎根理论的实证研究"，载《清华法学》2018 年第 6 期。

〔3〕 参见张婷："行政诉讼附带审查的宪法命题及其展开"，载《法学论坛》2018 年第 3 期。

公信力为目标导向，对行政审判流程进行科学再造，通过设立独立的庭前准备人员和职能，突出庭前准备对于庭审的基础保障作用，通过实行即时分案、即时开庭、即时合议、当庭宣判，实现以庭审环节为中心的无缝化、集中化审理。[1]

8. 其他视角的基础理论研究。有学者以行政诉讼白皮书作为考察对象，认为作为人民法院主动延伸行政审判职能、积极助推法治政府建设的创新性互动举措，行政审判白皮书在我国经历了摸索尝试、积极推广和蓬勃发展等三个阶段。行政审判白皮书的兴起，既体现了回应型司法理念传播和商谈型权力关系建构的努力，也是人民法院对源头型社会治理模式的积极响应。行政审判白皮书发展目前面临着法律依据欠缺、功能定位模糊和回应实效匮乏的实践困境。为了保障行政审判白皮书的有效运作，应从依据成文化、定位精准化和回应公开化等方面进行努力，建构新时代中国特色的行政审判制度体系。

（二）公益诉讼

1. 关于公益诉讼的程序反思。有学者认为，在检察机关提起环境行政公益诉讼的规范设计与制度运行中，诉前程序被定位为与诉讼程序同等重要的制度创新。诉前程序在制度设计与解释上存在审查标准结果导向过于严苛、期限设置僵化等弊端。问题症结源于规则设计与解释适用偏离了诉前程序的独立性价值，需要通过补强与完善规则设计以彰显诉前程序的独立价值。具体路径包括：厘清诉前程序与诉讼程序之衔接规则体系，对行政机关是否履职应秉持行为标准而非结果标准，丰富诉前程序期间行政机关履职期限的弹性范围等。[2]

2. 关于公益诉讼的标准。有学者认为，检察机关提起环境行政公益诉讼经历了从"试点运作"到"正式立法"的充分发展，司法实践中行政尊重或司法能动的裁判标准将对环境行政公益诉讼的效果产生重要影响，其中，行政行为违法性、撤诉、确认之诉和课以义务之诉的司法裁判标准是关键要素。以行政机关直接环境致损行为、非法许可且后期缺乏监管、行政不作为行为、不履行先前行为义务等案件类型对行政行为的违法性进行判断；司法实践中通过确认之诉和课以义务之诉进行裁判，司法裁判中体现了司法能动原则和环境修复的严格标准。[3]

还有学者认为，检察机关提起行政公益诉讼制度经过两年试点和半年推广积累了丰富的实践样本。文本规范和司法案例按照诉前程序和提起诉讼的不同阶段，以

---

[1] 参见李季红："庭审中心主义视角下的行政审判流程再造"，载《政法论坛》2018 年第 1 期。

[2] 参见刘超："环境行政公益诉讼诉前程序省思"，载《法学》2018 年第 1 期。

[3] 参见黄辉："检察机关提起环境行政公益诉讼的司法裁判标准研究"，载《法学杂志》2018 年第 8 期。

"两阶段标准"对检察机关启动行政公益诉讼程序的标准进行了细化。实践中，诉前程序标准侧重于对行政机关违法行使职权或不作为的形式性判断，诉讼程序聚焦国家和社会公共利益受侵害是否得到抑制或恢复的实质性标准。为推动行政公益诉讼的深化，应当始终坚持有效维护国家和社会公共利益这一核心目标，并在"两阶段标准"的基础上增加最后救济和成熟克制两要件，形成"1+2+2"的行政公益诉讼复合型启动标准，将行政公益诉讼的作用发挥到实处。[1]

3. 关于完善公益诉讼的思考。有学者认为，当前，我国行政公益诉讼立法存在条文结构安排不当；条文设定不科学导致公益保护范围窄；条文内容过于单薄；检察调查权属性没有明确等问题。应推动立法完善，并尽快通过制定司法解释等办法解决行政公益诉讼立法问题。对于行政公益诉讼受案范围规定中的"等"字，应从立法目的与立法精神上作"等"外解释，最高司法机关应在原则上作"等"外解释的基础上，把决定权交给基层司法机关，让其结合区域特点探索实践，通过自下而上的方式逐步有序扩展公益诉讼的受案范围；行政公益诉讼的举证责任规则应当综合适用"谁主张，谁举证"与"举证责任倒置"的规则；应明确检察机关调查权，检察调查权的属性应当介于民事、行政诉讼调查权与刑事诉讼调查侦查权之间。[2]

有学者认为，行政公益诉讼制度经过两年的政策试点，已被正式吸纳至《行政诉讼法》的条文中，各地涌现出的创新政策、典型案例以及试点过程均值得总结分析。通过实证分析发现，行政公益诉讼试点所采取的压力控制模式具有制度优势，但也带来一定的消极效应；检察建议作为诉前程序，在行政公益诉讼过程中起到了节约司法成本的过滤功效；从司法裁判的角度来看，针对"不履行法定职责"的现象，行政公益诉讼在法解释学运作上遭遇了诸多困境。但从监管型国家的视角观察，在社会性监管领域尤其是环境监管中，行政公益诉讼在实践中显现出组织激励和政策聚焦的制度潜能，使得行政机关的"法定职责"得以运动式治理的模式履行。而且，相比官僚考核、督察约谈等科层制内部控制手段，行政公益诉讼具有更大的法治化发展空间。展望未来，需要提前应对国家监察体制改革对行政公益诉讼制度的冲击，与传统主观诉讼的框架进行妥当衔接，并进一步发挥行政公益诉讼的政策聚焦功能。[3]

也有学者认为，我国行政诉讼鲜明的主观诉讼特征，致使行政公益诉讼很难自

---

〔1〕　参见邢昕："行政公益诉讼启动标准：基于 74 份裁判文书的省思"，载《行政法学研究》2018 年第 6 期。

〔2〕　参见林仪明："我国行政公益诉讼立法难题与司法应对"，载《东方法学》2018 年第 2 期。

〔3〕　参见卢超："从司法过程到组织激励：行政公益诉讼的中国试验"，载《法商研究》2018 年第 5 期。

然生长出来。行政诉讼法的修正，正式确立了由检察机关提起的行政公益诉讼制度，构建和发展具有客观诉讼特征的行政公益诉讼机制势在必行。2015 年开展的 2 年行政公益诉讼试点实践，已经呈现出诸多客观诉讼的特征：以违法造成实际损害为起诉条件并以实质合法性为审查标准，诉讼前置程序发挥督促执法功效，受案范围从行政行为扩展到行政活动，主要提起责令履职之诉，确认之诉次之。构建我国行政公益诉讼制度的客观诉讼机制，仍需在受案范围、审理规则、立案程序、审理程序、期限、判决类型等方面突出其客观诉讼特征。[1]

还有学者认为，2 年试点实践表明检察机关提起行政公益诉讼制度对维护公共利益发挥了积极作用。行政公益诉讼制度自 2017 年 7 月 1 日始在全国范围常态化运行，不宜再主要依赖自上而下的行政化推动机制，也不应仅由两高出台办法予以规范，应修改《行政诉讼法》，在国家立法层面解决试点期间制度供给不足的问题，完善以下制度，为行政公益诉讼的全面推进注入制度动力：适度扩大行政公益诉讼案件范围，更好发挥行政公益诉讼制度作用；明确检察机关的诉讼主体地位，以"行政公诉人"替代"公益诉讼人"，分阶段确定其诉讼权利义务；诉前程序中赋予检察机关必要的证据调取调查权，行政机关拒不配合检察机关调取证据的，检察机关可提请人民法院采取妨碍诉讼强制措施；检察建议权赋予检察机关附条件的实体处理权限，检察建议应当全面载明公共利益受到损害的状况；诉前程序与诉讼程序的衔接应以公共利益是否真正得到维护为条件。[2]

（三）当事人适格

有学者研究了第三人制度，认为由于我国行政诉讼法未区分必要参加与非必要参加第三人，导致第三人利害关系认定标准的宽泛性与遗漏当事人发回重审的规定之间存在紧张关系。在司法实践中，法院认定被遗漏第三人时标准不一甚至自相矛盾，且存在过于宽泛地将第三人认定为必须参加诉讼的当事人的问题，造成程序空转。我国有必要引入必要参加诉讼第三人制度，以第三人法律上利益是否被法院一并确定作为主要认定标准，并明确规定只有一审法院遗漏必要参加诉讼第三人时二审法院才可以将案件发回重审，且允许有例外。必要参加诉讼第三人有权在原被告诉讼请求之外提出自己的诉讼请求，并有权申请再审；普通参加诉讼第三人则无此权利。[3]

有学者从被告问题出发，认为在我国的行政诉讼中，被告认定问题之所以经常

〔1〕 参见刘艺："构建行政公益诉讼的客观诉讼机制"，载《法学研究》2018 年第 3 期。
〔2〕 参见王万华："完善检察机关提起行政公益诉讼制度的若干问题"，载《法学杂志》2018 年第 1 期。
〔3〕 参见黄先雄："我国行政诉讼中必要参加诉讼第三人制度之构建"，载《法商研究》2018 年第 4 期。

引发争议，主要原因在于行政主体理论一直被误当作认定行政诉讼被告资格的基础，而该理论正受到越来越多的批判。行政诉讼被告的认定更应当从实现行政诉讼法的立法目的出发，结合诉讼经济原则以及协调性原则，重构被告认定标准，明确行政诉讼被告应当是"作出行政行为的组织"。在行政行为作出组织的判断上，应当做到"名""实"结合，从而准确认定行政诉讼被告。[1]

还有学者认为，《行政诉讼法》规定的"复议机关作共同被告"制度是否促进了行政复议制度实效性的提升，是一个重要但有争议的问题。体现制度改革成功与否的标准从成效角度说包括复议直接纠错率、复议再诉率、复议案件数量等，从成本角度说包括改革本身的成本和改革所带来的成本。基于对现有数据以及访谈材料的综合比对并排除其他假设后，可以判断，在理性选择机制的作用下，复议机关作共同被告制度取得了较好的效果。与功能目标相似但复议机关不用作共同被告的其他方案相比，该制度总体成本更低，相对更符合我国当前的国情。[2]

（四）审查标准

有学者从不确定法律概念入手，认为行政法上存在着大量不确定性的法律概念。确定这些概念的具体内涵和外延，是将一般性法适用于具体案件的前提。行政机关主要运用原则补充、定量方法和专家意见等来填补不确定性法律概念。不确定性法律概念的具体化应当受到行政司法裁判的完全审查，这一观点在逻辑上存在诸多谬误。原则的抽象性和一般性决定了法院在对通过原则补充方法填补不确定法律概念进行司法审查时，应采取一种较低的审查密度。由于学科背景和专业分工的差异，法院往往会对行政机关使用定量方法所确定的概念内涵和外延给予尊重，对其进行非常有限的司法审查。专家意见的特殊性致使法院对行政机关的这种不确定性法律概念的具体化行为采取一种相对谨慎的审查态度。[3]

有学者分析了行政诉讼中适用民事规则的空间，大陆法系主要国家和地区出于立法技术上的考虑，普遍允许在行政诉讼中准用民事诉讼规则，并在准用方式上逐渐由概括准用向具体准用过渡。尽管我国《行政诉讼法》对此最初并未规定，但司法实践中一直通过前后两个司法解释的规定参照民事诉讼规则，直到2014年修正的《行政诉讼法》第101条正式确立这一制度。但该条的问题在于：一是对可准用范围的不完全列举仍属于概括准用，需要法官、检察官耗费精力找法；二是"适用"的表述使得他们只能被动地援引法条，无法真正结合具体案情决定准用问题；三是旧

---

〔1〕 参见王青斌："行政诉讼被告认定标准的反思与重构"，载《法商研究》2018年第5期。
〔2〕 参见俞祺："复议机关作共同被告制度实效考"，载《中国法学》2018年第6期。
〔3〕 参见郑智航："行政法上不确定法律概念具体化的司法审查"，载《政治与法律》2018年第5期。

法司法解释的准用性规则并未废止，在一定程度上制约了本条的适用。这有待未来出台专门司法解释对相关条款作明确列举，对相关表述作扩大解释，并确定各种规则的先后援引顺序。[1]

有学者考察了将规范性文件纳入附带审查的做法。《行政诉讼法》将规范性文件纳入附带审查范围，有助于对违法的规范性文件及时作出判断和纠正。而作为我国规范性文件附带审查的首例，北京市知识产权法院对商标纠纷案的一审判决，为运用和理解《行政诉讼法》的相应条款提供了很好的佐证，也同时提出了需要进一步探讨的问题，尤其是对规范性文件识别的主体、审查范围、审查程序以及审查后的处理等问题。应当充分运用立法解释或司法解释方式对上述问题进一步明确，以指导司法实践。[2]

有学者关注举证责任，认为行政相对人举证责任的内涵混乱不清，必须有所辨析。我国的制度实践与学说理论都表明，在行政调查领域应坚持"谁主张谁举证"原则，具体到行政相对人的举证责任，应采用"行政行为三分法"进行区别处理。未来的行政程序法典可以仅对行政相对人的举证责任作一般性规定，剩下的由单行法或特别法来完成。第三人的举证责任问题与此类似。在清楚界定行政相对人、第三人的举证责任后，行政机关的举证责任也就不言自明。[3]

有学者研究了行政行为无效的认定，无效的行政行为在实体法上自始至终不产生效力，在救济法上当事人可随时在任何相关的程序中主张其无效。无效是法安定性与实质正义权衡后的结果，难以从法规范的逻辑演绎中得出判断。《行政诉讼法》第75条确立的"重大且明显违法"的判断标准，符合确认无效行政行为的功能需要，其实质是要求法院在个案中对系争个人权益大小、有无第三人、法的安定性、行政效益等具体价值进行衡量。鉴于现实的复杂性，应当允许法院在这一判断标准的实质精神的指引下，对并非明显违法的特定行政行为作出无效认定。根据诉权保障、正当程序原则等要求，只有在确认无效诉讼中，才有必要审查行政行为是否无效。[4]

还有学者认为，随着非法证据排除条款写入《行政诉讼法》，行政诉讼非法证据排除规则在规范层面得以法律化。但在适用层面，由于法官对排除非法证据持消极

〔1〕 参见苏艺："论我国行政诉讼中民事诉讼规则之准用——兼评《行政诉讼法》第101条"，载《行政法学研究》2018年第1期。

〔2〕 参见王春业："从全国首案看行政规范性文件附带审查制度完善"，载《行政法学研究》2018年第2期。

〔3〕 参见韩思阳："行政调查中行政相对人的举证责任"，载《法学杂志》2018年第5期。

〔4〕 参见王贵松："行政行为无效的认定"，载《法学研究》2018年第6期。

态度,该规则被"冷却",其原因在于非法证据排除制度成本高昂。就其实效而言,通过对取证程序进行合法性审查同样能够达到对违法取证行为的制裁作用,而且成本更低。因此,非法证据排除规则在行政诉讼司法实践中被搁置事出有因。基于此,有必要重新审视"非法证据排除规则"在行政诉讼中的定位,相应地,对行政机关违法取证行为的司法审查也应由"证据审查"转向"程序审查",并根据取证程序的瑕疵程度,科以相应的法律责任。[1]

也有学者认为,为了应对行政行为领域日益增多的"复杂性"挑战,域外先进法治国家不约而同发展出了"过程性审查"这种不同于传统的实体性审查和程序性审查的司法审查新方法。过程性审查的本质是探索决定者的思维过程,即审查决定者的法律推理过程。过程性审查的运用,促进了行政行为说明理由制度的发展,并促进了学界对法律推理问题的关注和研究。当下中国的司法实践也在不自觉地运用过程性审查方法,但由于缺乏系统的理论指导,不时出现偏差。明确过程性审查方法,有多方面的重要意义,特别是有利于加强和规范裁判文书的释法说理。[2]

有学者关注行政裁量基准制度,认为其给司法实践带来了新的问题:在行政行为合法性审查中,应如何对待其根据或参照的裁量基准?对此,我国出现了几种方向各异的判例理论:有的认可或者要求行政机关严格适用裁量基准,甚至事实上将之作为裁判规范;有的则相反,认可或者要求被告考虑个案情况,背离裁量基准。这种分歧的背后是裁量一元论与裁量二元论的对立。与裁量基准的严格适用相链接的裁量二元论是过去时代的教义,与实质法治主义不相容;与个别情况考虑义务相链接的裁量一元论,则有着更强的体系性和解释力。但这并不意味着裁量基准在任何情况下都不可以是行为规范乃至裁判规范。妥当的立场毋宁是,裁量基准原则上不应当被严格适用,除非裁量授权规范的意旨是可以免除行政机关的个别情况考虑义务。[3]

(五)审查依据

有学者认为基于一个具体的案例,以76号指导性案例[4]为基础展开研究,认为通过裁判要旨与裁判理由,可以推定,76号指导案例实际上将萍乡市规划局的解释界定为合同法体系中的强制性规定,并由此将民事合同审判依据的审查与适用框

〔1〕 参见张硕:"行政诉讼非法证据排除规则适用的困境与出路——以218份裁判文书为样本",载《行政法学研究》2018年第6期。

〔2〕 参见刘东亮:"过程性审查:行政行为司法审查方法研究",载《中国法学》2018年第5期。

〔3〕 参见王天华:"司法实践中的行政裁量基准",载《中外法学》2018年第4期。

〔4〕 "萍乡市亚鹏房地产开发有限公司诉萍乡市国土资源局不履行行政协议案",中国法院网,https://www.chinacourt.org/article/detail/2017/0/lid/2502922.shtml,2019年3月30日最后访问。

架引入行政协议之诉。但这一界定存在着诸多不能自洽之处。同时，因为误解出让金约定与土地使用权约定的规范属性与效力机制，76 号案例也存在着审判思路与实体判决上的重大漏洞。上述缺憾的根源在于未能全面、正确理解国有土地使用权交易合同的行政性首先在于其所交易的国有土地的公共性。对于以国有土地使用权等公共资源为交易标的的行政协议所引发的诉讼，其审判依据的审查与适用框架应当置于公共资源分配法制中，以合法性审查原则为基础加以建构。[1]

（六）判决类型

关于行政诉讼变更判决，有学者认为，行政诉讼中，变更判决是撤销并责令重作判决的例外。相对于撤销并责令重作，变更判决具有效率上的优势，避免了当事人因为行政机关不重作或者乱重作而遭受"二次伤害"。但变更判决由法院来直接改变行政行为的内容具有破坏司法权与行政权之间的权力分工的危险。因此，变更判决的适用必须谨慎。从国外的情况来看，变更判决被限制在"行政机关没有裁量和判断余地或者裁量权收缩为零"的情形，在这种情形下法院变更行政行为可以很好地平衡诉讼效率和权力分工之间的紧张关系。从 2016 年以来我国法院的 83 个变更判决的案例中可以发现，我国法院对于行政处罚明显不当和行政行为对款额的确认确有错误的判断标准还存在不统一和非理性的问题，未来可以通过加强裁量基准的建设与利用诉讼调解来提高当事人对变更的接受度这两项措施加以完善。[2]

关于行政诉讼中的确认判决，有学者认为，我国行政诉讼法上的确认判决是行为诉讼中的判决，而非法律关系的一般确认诉讼的判决。只有确认事实行为违法判决和确认无效判决具有独立性，其他的确认行为违法判决、确认不作为违法判决均为撤销诉讼、课予义务诉讼的衍生品。撤销判决、履行判决不仅具有确认违法的功能，还能施以直接有效的救济，应当优先发挥撤销判决、履行判决的功能，只有无法作出撤销判决、履行判决时，才有发挥确认违法判决作用的空间。鉴于行政活动存在多样性，我国应增加新的判决种类，以期实现权利的无漏洞实效性救济。[3]

关于行政诉讼中的履行判决，有学者认为，履行判决作为行政诉讼法法定判决方式的一种，是基于判决类型化制度而言的。在给付行政和服务行政的观念逐步拓展、行政公益诉讼制度得到确立的情况下，履行判决本身在司法审判活动中却备受冷落，其适用比例占判决总数量始终偏低，行政诉讼已经不能满足于单纯对于外化

〔1〕 参见陈国栋："行政协议审判依据的审查与适用——76 号指导案例评析"，载《华东政法大学学报》2018 年第 3 期。

〔2〕 参见王锴："行政诉讼中变更判决的适用条件——基于理论和案例的考察"，载《政治与法律》2018 年第 9 期。

〔3〕 参见王贵松："论我国行政诉讼确认判决的定位"，载《政治与法律》2018 年第 9 期。

为作为形式的行政行为本身合法性的审查，行政不作为的违法逐渐成为一种"常态"，行政不履行法定职责的"多"与履行判决的"少"之间的张力愈发明显。履行判决之所以备受"冷落"的主要原因在于学界对于其适用范围、判决内容明晰程度、期限的确定等适用规则等问题未加以重视，亦未达成共识，从而导致司法实践中履行判决被审慎适用。行政诉讼履行判决的重构，并非对履行判决制度进行推倒重建，而是在深刻研究我国行政诉讼法立法宗旨的基础之上，提出行政诉讼类型化制度和在行政诉讼法现有条文框架内完成对于履行判决制度存在问题的完善，从宏观和微观两个层面并行不悖地重新架构履行判决制度，其根本导向是保障公民欲通过行政诉讼获得权利救济的深度和力度。[1]

有学者对一些特殊情形提出问题，例如因欺诈导致的登记错误，应采用何种行政判决方式的问题。对此，行政诉讼实务有数种不同的立场：撤销判决；确认违法判决；驳回诉讼请求判决。但是，这几种立场都有问题。撤销判决、确认违法判决的适用违反了行政行为违法性判断基准时的教义，对于合法但错误的行政行为作出了违法评价。驳回诉讼请求判决的适用则未能实现对错误行政登记行为的纠正。基于现行法律规范，因申请人欺诈导致登记错误的，法律已经课予了行政机关更正义务，法院可以向行政诉讼当事人释明，通过课予义务诉讼的途径主张权利救济，适用课予义务判决。[2]

有学者采用实证的方式，以结构化的形式对 2016 年度 203 份环保行政判决文书加以分析发现：原告都是私营身份的企业和自然人；律师参与环保案件的比例偏低；被告大多是县级环保行政机关；案由主要是不服行政处罚案件；案件多发生在东部地区；被告败诉的判决文书占比接近 20%，败诉率偏高；环保行政机关多在年中实施采样，执法频率不均衡；环保行政机关使用最为频繁的行政手段为罚款；受质疑最多的行政手段依然是罚款；最为重要的争议点是是否遵守法定程序；不同省份之间实施罚款数额差异巨大；因违反法定程序而被人民法院撤销的案件占比高达 73%；原告多因主张事实不成立而被人民法院判决驳回；人民法院对每一起案件都进行理由叙明；环评类、水污染类和大气污染类案件属于争议最多的环保行政案件。这些发现对于环境法行动者具有重要的制度意蕴，诸如强化县级环保行政机关对法定程序的遵循，注重对环评、水和大气污染领域的行政执法；促进代理律师对环保行政案件的参与；增强对社会公众环境科学知识的普及；提升环境问题制造者自觉遵守

---

〔1〕　参见温泽彬、曹高鹏："论行政诉讼履行判决的重构"，载《政治与法律》2018 年第 9 期。
〔2〕　参见孙森森："不动产登记错误的行政判决方式——以欺诈导致登记错误的行政案件为中心"，载《行政法学研究》2018 年第 2 期。

环境法律意识等。[1]

（七）受案范围

有学者认为，最高人民法院第 69 号指导案例[2]形式上提出了行政程序中间行为可诉性的新标准，但该标准并未改变行政行为成熟性的可诉性规则，秉持的仍然是行政程序中间行为原则上不可诉，只有对相对人权利义务产生实际影响的才可以纳入行政诉讼范围的原则。实践中纷繁复杂的行政程序中间行为实践样态，需要结合个案把握该指导案例的适用标准，特别是该指导案例裁判要旨中的"且"字只具有强调意味，不能被其字面逻辑所迷惑，如此才能准确发挥该案例的指导价值。而且，第 69 号指导案例的实践意义远不仅仅在于明晰行政行为成熟性和可诉性的标准，更深远的价值在于引发诉讼类型化的进一步思考。[3]

有学者将行政批示作为观察行政管理活动的窗口，认为行政批示作为中国行政管理权运行中特有的行政现象，在维护行政管理秩序与达成行政任务中发挥了重要作用，但却长期游离于行政法秩序之外。行政批示行为具有行政行为法的意蕴，应属于行政法的研究内容。尤其是"个案批示"作为一种特殊的批示类型，会直接影响行政相对人的权利、义务，应以个案批示诉讼救济制度切入建立起规范行政批示的相关制度，迈入中国特色行政法自主性之路。[4]

有学者将程序性行政行为作为研究重点，认为程序行政行为一律不可单独起诉是司法实践中形成的不当惯例。69 号指导案例打破这一惯例并确立了程序行政行为的可诉标准："明显的权利义务实际影响+无法起诉相关实体行政行为。"该指导案例的裁判要点对可诉标准的提炼并不准确，未能恰当描述出程序行政行为可诉的复杂类型。程序行政行为的可诉标准应表达为：其一，被诉行为确属程序行政行为是程序行政行为可诉的前提条件；其二，在满足以下三个标准之一时，程序行政行为即应可诉：①程序行政行为具有终局性；②程序行政行为违反法定程序可能导致实体决定被撤销；③程序行政行为已对当事人的合法权益造成事实上的不利影响。[5]

有学者反思了 2018 年出台的司法解释，认为 2018 年司法解释坚持"否模式"，

---

〔1〕 参见戚建刚："环保行政判决的结构分析及其制度意蕴——以 2016 年度 203 份环保行政判决文书为分析对象"，载《法学杂志》2018 年第 3 期。

〔2〕 "指导案例 69 号：王明德诉乐山市人力资源和社会保障局工份议定案"，最高人民法院网站，http://courtapp.chinacourt.org/fabu-xiangqing-27851.html，2019 年 3 月 30 日最后访问。

〔3〕 参见刘行："行政程序中间行为可诉性标准探讨——结合最高法第 69 号指导案例的分析"，载《行政法学研究》2018 年第 2 期。

〔4〕 参见王学辉："行政批示的行为法意蕴"，载《行政法学研究》2018 年第 3 期。

〔5〕 参见宋烁："论程序行政行为的可诉标准"，载《行政法学研究》2018 年第 4 期。

把重点完全放在不可诉行为的澄清和细化之上。由 2018 年司法解释所直接规定的不可诉行为背后隐含的逻辑，是虽属行政行为但因不对当事人产生实际影响将其排除在外，即确立无实际影响标准。不过，从未来发展观察，应由《行政诉讼法》直接确立"无明显实际影响"标准，再由司法解释细化。[1]

有学者认为行政诉讼司法审查的范围应当包含反恐行政认定行为，《中华人民共和国反恐怖主义法》将国家反恐怖主义工作领导机构作出的反恐行政认定行为规定为不可诉行为的做法值得商榷。从行为性质来分析，反恐行政认定行为不属于国家行为，也不符合终局行政裁决行为的法律特征，而是一种影响被认定的恐怖活动组织和人员的权利或义务的行政确认行为，理应具有可诉性。将反恐行政认定行为规定为不可诉行为与诸多域外奉行反恐行政认定模式国家的立（司）法例相悖，也不符合该项制度的现实与未来发展趋势之所需。立法者应当适时修改《反恐怖主义法》相关条款，将反恐行政认定行为纳入司法审查范围，作为可诉行为来对待。[2]

（八）其他

有学者认为，当下中国，司法裁判是法院执行公共政策的一种重要方式。在法院通过司法裁判执行公共政策的实践中，以最高人民法院与地方各级人民法院为基础，形成了司法裁判执行公共政策的两种方式，即"发布典型案例"和"将公共政策作为裁判说理依据"。但是，中国法院通过司法裁判执行公共政策的实践也呈现出了一系列困境，即典型案例的遴选过于注重案件裁判结果所具有的社会效果；法院援引公共政策作为说理依据仅起到"背书"的效果与作用；法院最终判决结果带有明显的政策性偏好，同法官中立的一般原理相抵牾。这种困境与冲突背后的逻辑表现为政治对于法律的"支配性"，具体是指政治国家意志在司法领域的渗透，以及司法裁判对国家权力正当性标准的贯彻。[3]

关于起诉期限一直是学界关注的重点，有学者认为行政诉讼起诉期限延误制度体现着诉权保障与司法对行政活动谦抑、尊让的价值权衡。2014 年修正的《行政诉讼法》第 48 条进一步完善了行政诉讼起诉期限延误制度，增设了起诉期限扣除情形。起诉期限扣除程序应当以申请而启动，申请要件包括耽误事由客观存在、法定起诉期限已经过、二者间存在因果关系、障碍消除后 10 日内提出。关于起诉期限扣除或延长申请的审查与认定，法院应以立案受理通知书的形式予以支持，以裁定驳

---

〔1〕　参见杨伟东："新司法解释受案范围规定的思路、逻辑及未来发展"，载《行政法学研究》2018 年第 5 期。

〔2〕　参见戚建刚："反恐行政认定行为的不可诉性商榷"，载《中外法学》2018 年第 4 期。

〔3〕　参见孟融："中国法院如何通过司法裁判执行公共政策——以法院贯彻'社会主义核心价值观'的案例为分析对象"，载《法学评论》2018 年第 3 期。

回起诉的方式予以否定。起诉期限扣除情形中，法院只能对申请是否成立作出审查与认定；起诉期限延长情形中，法院既可就是否成立作出审查与认定，亦可基于一定标准对延长期限作出裁量。对于当事人在延误情形上的"错误申请"，法院应当给予一定的释明和指导。[1]

关于信访工作，有学者认为，我国当下涌入行政信访渠道解决的纠纷与公共政策制定和实施过程中的缺陷呈现出高度关联性。由于行政信访制度采用的是准司法的裁决模式，使其缺乏有效解决政策性纠纷的制度能力。行政信访渠道逐步成为信访人与政府部门进行政策博弈的场所。信访人的非正常信访活动和政府部门对于信访事项的法外解决，导致纠纷无法通过行政信访渠道得到依法处理。在未来行政信访制度改革过程中，应当致力于提升行政信访对于公共决策的支持能力和推动公共政策及时调整的能力，优化现行的信访工作考核机制，融合刚性的法治思维和柔性的群众工作。[2]

还有学者认为，行政诉讼是公民对抗国家权力之侵害以保障人权的重要形式。在"平等权保护第一案""乙肝歧视第一案"等案件中，舆论和学界大力倡导法院通过适用宪法解决纠纷以提升司法的人权保障功能。然而，在我国，法院不宜行使适用宪法的权力，而人权司法保障的内核在于权利救济而非宪法适用。因此，行政诉讼应通过权利救济而非宪法司法适用方式以强化其人权保障功能，《行政诉讼法》对权利救济的强化则为人权保障功能的发挥提供了现实基础。在现有制度框架下，行政诉讼制度还应通过诉讼类型化技术进一步拓展受案范围，并通过价值判断方法和审查基准的体系化强化审查力度，从而最大限度发挥其人权保障的宪法功能。[3]

也有学者研究了矿业权转让合同的效力问题，认为在未经行政审批的矿业权转让合同效力裁判上，存在多种类型的裁判实践。当前存在确认"合同报批义务有效、其他部分未生效"和"合同有效"两种演进路线。其中，确认"合同报批义务有效、其他部分未生效"更贴合裁判实践演进的理论脉络，更有利于确保当下裁判的统一和权威性，也更贴合我国矿业经济的本质内涵与复杂的发展前景，是一条稳健的改良路径，为立法论层面的应然选择。在解释论层面，亦应参考其他行政审批合同领域的实践成果，厘清矿业权转让合同报批义务的法律适用逻辑，并在尽可能尊重当

---

[1] 参见范伟："论行政诉讼中的起诉期限延误——兼评《行政诉讼法》第48条"，载《行政法学研究》2018年第2期。

[2] 参见梁迎修："我国行政信访的制度困境及其改革逻辑"，载《政法论丛》2018年第5期。

[3] 参见蒋银华："人权行政诉讼保障的路径选择及其优化"，载《政法论坛》2018年第5期。

事人意思自治的前提下，完善违反报批义务的救济制度。[1]

有学者继续关注行政解释问题，认为一般意义上的行政解释包括抽象行政解释和具体行政解释。我国的行政解释仅承认抽象行政解释的存在，将行政解释视为一项单独的权力，为一定级别的行政机关所保留。现行的主要依靠人大监督和行政内部监督来制约行政解释权的模式没有产生理想的效果，导致实践中存在诸如滥设行政解释主体、行政解释对司法权的强压迫性、行政解释突破上位法边界等行政解释权滥用的问题。未来我国行政解释制度的完善，应以规范行政解释权为出发点，在继续加强和完善立法监督和行政内部监督的同时，确立司法审查作为行政解释的控权支柱——在理论上为具体行政解释正名，以使其接受司法审查的约束；确立抽象行政解释的司法最终裁决原则以及逐步建立平衡司法审查与行政解释的具体审查立场与标准。[2]

第四节　证据法学的研究状况[3]

一、研究概况

证据制度建设是我国司法改革的重要内容之一。在这一背景的推动下，2018年度证据法学研究在已有成就的基础上继续向前发展，并在相关领域获得重要突破，证据法学体系不断完善并逐步走向成熟。

据统计，2018年全国主要法学类出版社出版证据法学相关研究著作（不包括教材）近30部；在CSSCI法学类核心期刊上发表证据法学相关论文60余篇。总体而言，2018年我国证据法学研究呈现以下几方面特点：①研究内容较为全面，涵盖了证明理论、证据制度、证据规则、域外比较等方面；②持续关注热点问题，对非法证据排除规则的适用、认罪认罚从宽案件的证明标准问题，以及印证证明等进行了集中探讨，将相关主题的研究向纵深推进；③紧密结合司法改革动态，在以审判为中心的诉讼制度改革、监察体制改革背景下，分析证据制度发展面临的新型问题并提出应对建议；④相关学术著作与译著，引领了证据法学研究方向。陈瑞华教授新作《刑事证据法的理论问题（第三版）》内容涵盖了刑事证据法的功能和结构、三大裁判形态对证据法的影响、证明力规则、非法证据排除规则、实务证据鉴真、言

---

〔1〕　参见秦鹏、祝睿："未经行政审批之矿业权转让合同的效力认定：裁判实践与应然路径"，载《法律科学（西北政法大学学报）》2018年第2期。

〔2〕　参见彭霞："走向司法审查：行政解释的困境与出路"，载《政治与法律》2018年第10期。

〔3〕　本部分执笔人：张璐，中国政法大学诉讼法学研究院博士。

词证据相互印证等前沿性问题，是刑事证据法学研究本土化的转型之作，也是将刑事证据法学研究引向社会科学领域的重要尝试。[1] 肖建华教授所著《诉讼证明过程分析：民事诉讼真实与事实发现》以民事诉讼新司法解释为中心，分析和比较了不同诉讼真实观的异同，对学界关于诉讼真实的不同论述及司法实践的立场和判例进行了分析评价，对诉讼真实与诉讼结构的关系进行了深度分析，对诉讼证据的必要手段，即证据调查、自由心证的运用进行了比较归纳，提出不同制度性的证据运用实际具有共通的规律。[2] 吴洪淇副教授所著《证据法的理论面孔》从发展历史、基本框架、职业主体等多个角度对我国刑事证据法变革的宏观环境与规范架构进行了分析总结，并从非法证据排除规则与证据辩护的具体内容考察了刑事证据制度在微观层面的实际运作情况。在此基础上，进一步对西方证据法学知识传统特别是英美证据法主流学者学术著作与学术思想进行了解读，并从跨学科与学科流变两个角度对证据法学学科在中国当下的基本格局进行了讨论。[3] 李学军教授等所著《意见证据制度研究》以构建关于意见证据的完整制度体系为主题，将普通证人意见和专家证人意见有机整合，并紧密结合我国既有法律框架和司法运用现状，对意见证据规则的要义提出了独到见解，深刻剖析了相关侦缉规则间的关系，全面考察了保障规则有效运作的配套制度，促进了我国意见证据理论的提升和制度的完善。[4] 在译著方面，学者不断对国外重要著作进行整理翻译。例如，由樊传明等翻译的亚历克斯·斯坦法官所著《证据法的根基》一书中革新性地舍弃了认为证据法旨在促进发现真相的传统观点，通过将概率论、认识论、经济分析与道德哲学相结合，论述了证据法的基本目标是在不确定条件下分配错误风险，并提出了用于分配错误风险的基本原则。[5] 汪诸豪副教授等人翻译的《证据法要义》一书以《美国联邦证据规则》为依托，介绍了以外行认定事实为预设前提的相关证据规则，包括相关性规则、传闻证据规则、最佳证据规则、证人作证制度、推定以及证据鉴真等内容，为我国证据制度体系的构建提供了重要参考。[6]

二、重点研究内容

2018 年度，学界研究对证据法学重点热点问题均有所涉及，现将讨论度较高的内容总结如下：

---

[1] 参见陈瑞华：《刑事证据法的理论问题（第三版）》，法律出版社 2018 年版。
[2] 肖建华：《诉讼证明过程分析：民事诉讼真实与事实发现》，北京大学出版社 2018 年版。
[3] 吴洪淇：《证据法的理论面孔》，法律出版社 2018 年版。
[4] 李学军等：《意见证据制度研究》，中国人民大学出版社 2018 年版。
[5] ［美］亚历克斯·斯坦：《证据法的根基》，樊传明等译，中国人民大学出版社 2018 年版。
[6] ［美］阿维娃·奥伦斯坦：《证据法要义》，汪诸豪、黄燕妮译，中国政法大学出版社 2018 年版。

（一）证明理论

2018 年度，学界持续对证据法学基础理论进行了交流与探讨。

有学者通过历史溯源，对实质真实主义进行了再认识。从实质真实主义的发展过程看，在产生阶段，实质真实主义以追求绝对真实为目的，在方式上法官是唯一的司法主体，被告人是查明实质真实的工具，证据调查不受任何限制。在发展阶段，实质真实主义以追求"最大化真实"为目标，在方式上具有司法官二元化、审查程序纠问色彩逐渐淡化、被告人的地位主体化、真实查明途径多样化的特点。而这一流变的背后则是哲学基础的更迭，是从以"镜像式"符合论、科学理性主义和价值无涉为特征的单项认知理论，向以"匹配式"符合论、人文主义和价值关联为内容的双向认知理论的转变。其中，诸如"真实符合论"、司法机关职权调查等不变的内容使得实质真实主义能够坚持其根本原则，而与时俱进的认知论基础又确保其能够向更为合理、开放、包容的方向发展。[1]

针对用"以证据为根据"代替"以事实为证据"的观点，有学者提出反对意见，理由包括：①从法律推理层面看，作为推理大小前提的是法律命题与事实命题，这种推理模型与"以证据为根据，以法律为准绳"的说法并不一致；②事实认定是有价值意涵的，对客观事实的预设是一切证明活动得以进行的逻辑前提，对客观真相的追求是引导证明活动不断行进的价值指引，虽隐含着事实认定应"以证据为根据"的要求，但并不必然与"以事实为根据"相冲突。"以证据为根据"的主张虽然正确揭示了事实概念之用法的复杂性，尤其是客观事实概念在本体论上进行辩护的困难性。但如放弃"以事实为根据"，则其背后隐含的追求客观真相的价值意涵可能被一并抛弃了，而法律与事实作为大小前提的法律推理模式也无法得到体现。故而更为妥当的说法应当是"司法裁判以事实为根据，事实认定以证据为根据"。[2]

（二）证明责任

在民事证明责任方面，有文章对中国式的举证责任制度进行了总结分析。我国目前司法实践中遵循"谁主张、谁举证"的举证责任分配规则，在证据短缺导致事实难以判断的情况下，则实行"转换举证责任"。但我国语境中的"真伪不明"与相关裁判方法与大陆法系的现代证明责任并不相同。文章认为，中国式举证责任制度虽与大陆法系经典证明责任理论以及我国现行法律规范之间存在着矛盾冲突，但却高度契合中国文化观念基础，具有其内在的逻辑与实践合理性。而要解决理论与实

---

〔1〕 王天民："实质真实主义：两种认知理论下的模式推演"，载《法制与社会发展》2018 年第 3 期。

〔2〕 舒国滢、宋旭光："以证据为根据还是以事实为根据？——与陈波教授商榷"，载《政法论丛》2018 年第 1 期。

践的矛盾，一方面，可以在事实认定领域承认并尝试建构此种中国式举证责任；另一方面，对大陆法系现代证明责任制度的移植重心宜从将"证明责任裁判"作为真伪不明时败诉负担的结果正当化功能转向将"证明责任分配"作为调整民事审判过程的裁判方法论功能。[1]

另外，有学者探讨了民事诉讼法适用中的证明责任问题，认为在诉讼法要件事实出现真伪不明的情况时，法院需要根据证明责任的规则作出裁定或决定。而由于程序结构、证明对象、证明标准等方面的差异，民事诉讼法的证明责任与实体法存在诸多不同。学者认为，当事人起诉、上诉、申请再审、提出申请、提出异议，均可能对程序法要件承担证明责任，而当事人对有利于自己的要件事实承担证明责任的原则同样适用于民事诉讼法中的要件事实。[2]

学者还以《民事诉讼法》第112条有关虚假诉讼的规定为分析对象，对民事证明责任的本质进行了分析。当前对证明责任的解释存在主观证明责任与客观证明责任两种进路。但正如德国学者普维庭教授所主张的，将证明责任与当事人相联系并不正确，证明责任仅是要件事实真伪不明时的裁判方法与裁判规则，法官适用这一裁判方法时，并不必然以当事人的主张、当事人的证明活动为先决条件，在当事人未提出任何主张的情况下，法官有时也需要适用法律，如遇到作为构成要件事实的事实真伪不明时，法官同样需要将真伪不明拟制为不真实、不存在以继续法律适用过程。法官适用《民事诉讼法》第112条处置疑似虚假诉讼案件，是法官主动提出假设，然后以职权收集证据进行确认，如最终是否为虚假诉讼无法确定，则不能适用《民事诉讼法》第112条驳回诉讼请求并对当事人进行制裁。从这一情况可见，法官适用了证明责任的裁判规则，也表明，证明责任可以与当事人的主张无关、与当事人提供证据的责任无关。[3]

在刑事证明责任方面，有文章对被告人的证明责任再次进行了探讨，认为我国刑事证明责任的界定与分配，不宜照搬国外学说，应考虑刑事诉讼传统文化以及审判与辩护的时间，在不同诉讼阶段，针对不同待证事实，提出并完善刑事证明责任理论。就被告人承担证明责任源于证明责任转换的原理，即证明责任的全部或部分以及证明责任中证据责任的全部或部分，由于责任主体的行为完成而使该责任卸除并滑向对方当事人。在刑事诉讼中，即表现为：控方完成说服责任，法官形成有罪

〔1〕 胡学军："中国式举证责任制度的内在逻辑——以最高人民法院指导案例为中心的分析"，载《法学家》2018年第5期。

〔2〕 李浩："民事诉讼法适用中的证明责任"，载《中国法学》2018年第1期。

〔3〕 李浩："民事证明责任本质的再认识——以《民事诉讼法》第112条为分析对象"，载《法律科学（西北政法大学学报）》2018年第4期。

心证,为避免其有罪确信持续到判决形成阶段,被告人有义务及时举证或提出合理事实,以消除或动摇法官的有罪心证,令其无法排除合理怀疑或固定有罪确信。证明责任的转换是刑事诉讼公正及效率的现实要求,也是司法理性使然。同时,提出反证是被告最重要的防御权能之一,也是控方完成证明责任后进行举证责任转换之必要。此外,还应当明确,被告人承担证明责任并不消除法官作为事实裁判者的职权查明责任或澄清责任,也不一定完全卸除公诉方的证明责任。[1]

而针对有关三阶层犯罪论体系中关于违法性和有责性的推定具有证明责任分配功能的观点,有学者表示明确反对,认为其不具有合理性。首先,从发展脉络看,三阶层犯罪体系推定机能的设定并不是出于证明责任分配功能的考虑。其次,从整体机能看,三阶层犯罪论体系与英美法系国家的犯罪论体系存在巨大差异,故而不能像英美法系国家一样兼顾程序法上证明责任分配的功能。因此,依靠犯罪论体系的推定机能来划分证明责任既没有必要性也没有合理性。而犯罪论体系与证明责任的实质关系,从宏观上看,犯罪论体系可以划定证明责任所指向的实体法事实范围;在微观上,不同性质的构成要件要素会影响证明责任中证明标准的高低,甚至在特殊情况下会影响证明责任的分配。[2]

(三)证明标准

2018 年,对刑事诉讼证明标准的研究主要集中在对认罪认罚从宽案件证明标准的选择问题上。

面对理论界与实务界关于是否应当降低认罪认罚从宽案件证明标准的争议,有学者提出应当联系以审判为中心的诉讼制度改革背景进行考察。有学者指出,认为落实认罪认罚从宽制度、扩大速裁程序适用是推进以审判为中心诉讼制度改革的配套措施,进而只将认罪认罚案件评价标准落脚于诉讼效率的提升的观点助长了程序形式主义、虚无主义。应当认识到,认罪认罚从宽与审判为中心改革虽有很强的关联性,但着力点分别在于优化司法职权配置与推进严格司法,认罪认罚从宽有其独立的价值,故而不能将认罪认罚从宽案件排除在审判中心的体系构建之外,进而降低此类案件的证明标准,这在逻辑上不具有自洽性。在认罪认罚案件中,由于被告人的主动供述,公安司法机关能够更为全面地把握案件事实,裁判者对事实认定的难度较低,更有可能对是否达到证明标准作出有效判断。因此,对此类案件的证明不应纠缠于证明标准能否降低,而应考虑如何适应认罪认罚案件的类型化特征,在

---

[1] 欧卫安:"论刑事被告人的证明责任及其履行——以积极辩护为中心",载《法学评论》2018 年第 5 期。

[2] 李会彬:"犯罪论体系的证明责任分配功能辨析",载《政治与法律》2018 年第 9 期。

程序简化的前提下实现有效的司法证明，促成司法证明模式的多元化转型。而就"速裁案件仅存在虚假认罪的风险，只要建立相关配套措施，可以相对降低证明标准"的观点，学者认为，认罪认罚案件中更可能存在威胁、引诱、权钱交易等非法因素，且我国并未建立针对认罪认罚自愿性、明智性与明知性的有效保障机制，在此背景下降低证明标准，增加了冤假错案发生的风险。而对简易程序与速裁程序中，通过简化的庭审程序能否达到证明标准的争议，该学者认为，在认罪认罚从宽案件中，被追诉人认罪只是降低了证明难度，庭审过程可以相应简化，但这只是严格证明之形式性要求的降低，而非放弃严格证明本身，不能混淆证明机理而完全转向自由证明。[1]

另有文章通过对我国各试点情况的统计与对域外相关规定的对比，认为现行证明标准符合现代刑事法原理，能够满足我国司法实践的需要，认罪认罚案件无论适用何种程序进行审理，均应坚持法定证明标准，不能轻易降低或突破。首先，从各试点实施细则看，存在不同的关于认罪认罚从宽案件适用证明标准的规定，而实践调研中，多数法官、检察官与警察主张降低速裁程序案件证明标准，说明效率优先成为主导观念，法院实际适用的证明标准与法定标准存在一定的差别。考察域外立法与实践，美国答辩交易制度下，一般不要求法官对事实基础的判断达到排除合理怀疑的标准，但同时也为防止无罪的人受到有罪判决设置了诸多保障；德国认罪协商制度中强调法官的真实发现义务而允许其通过简便方式核实供述的真实性，但总体而言，证明标准并未降低，只是因被告人的有罪供述而简化了法庭程序。对比之下，我国认罪认罚从宽制度欠缺对有罪供述自愿性、真实性的制度保障。此外，由于证明标准的含义不同，被告人认罪在两大法系中具有不同的法律效果：当事人主义模式下，被告人认罪即免除了检察官的举证责任，作为履行举证责任结果的证明标准则不再适用；职权主义模式下，被告人认罪只是"被告人供述"的表现形式，不能免除法庭依职权调查事实的义务，也不能降低法官作出有罪判决所需的心证门槛。而在我国特有的诉讼构造下，证明标准与两大法系也有所不同，在认罪认罚案件中，检察机关的举证责任被显著减轻，但由于司法公正、保障人权等现实需要，法院最终认定被告人有罪的标准并不能降低，也就是说，我国的刑事判决不是以控辩双方的合意为基础的，而是以达到法定证明标准的事实为基础的。文章最后指出，在不降低证明标准的前提下推动认罪认罚从宽制度的实施，首先要对其进行准确理解，明确认罪认罚从宽制度有利于提高犯罪嫌疑人、被告人认罪认罚的比例，降低收集证据的难度与成本。且由于犯罪嫌疑人、被告人认罪，法定证明标准更易达到，

────────────
〔1〕 汪海燕："认罪认罚从宽案件证明标准研究"，载《比较法研究》2018 年第 5 期。

审前阶段的证据收集更加顺畅，法庭上的举证、质证以及审查、认定证据的程序因此可以简化，整体诉讼效率将有所提高。其次，落实认罪认罚从宽制度，需要在公正与效率直接保持适度平衡，明确坚持法定证明标准，同时：①在审查起诉过程中可以就证据较为薄弱的案件开展认罪认罚协商；②可以根据案件特点、证明对象的不同进行灵活把握；③不应将法庭审判阶段的证明标准简单适用于审前阶段，以所谓统一的基本证据标准指引或智能辅助办案系统代替司法人员对案件证明标准的实质性审查和判断；④法庭应当对认罪认罚的自愿性、合法性与真实性进行同步审查，并在公开的法庭上进行确认。[1]

　　但也有学者提出，速裁程序不应适用严格证明。协商性司法作为以对话或合意为基础的纠纷解决与事实建构机制，对传统对抗制或审问制刑事诉讼基本格局的冲击，重构了事实发现（建构）机制。在此背景下，刑事速裁程序"不再进行法庭调查、法庭辩论"，不仅冲击直接审理原则，也意味着法官认定事实方式的改变。而严格证明与直接审理原则是密不可分的，因此，刑事速裁程序也可能导致严格证明的消解。因此，随着协商性司法的兴起，哈贝马斯所主张的"真理共识论"，即相信事实就是人们说出来的、通过论辩能够证立的命题，已经逐渐替代证据裁判主义下严格证明所极力捍卫的实质真实观。对此，作者认为，需要重新思考严格证明作为判决之事实形成基础或事实建构模型的必要性与正当性。刑事速裁程序以被告人认罪认罚为前提，在确保控方提供充分证据的基础上，保证被告方认罪认罚的自愿性，体现了各方参与的主体间性，从而保障了建构事实的有效性或共识的真理性。根据哈贝马斯的观点，通过理性论证达成的共识是正当的结果和客观的真理，因此，速裁程序的事实证明标准并不要求达到证明标准体系的最高层面，亦即，严格证明所要求的内心确信在协商性司法中已经悄然消解，刑事速裁程序不适用严格证明。最后，作者指出，当前立法与司法解释并未许可刑事速裁程序之自由证明性质，可在严格证明与自由证明之间寻找第三种证明范式，即"适当的证明"。[2]

　　此外，学界也继续对"排除合理怀疑"标准的适用情况进行跟踪考察。有文章提出，《刑事诉讼法》引入"排除合理怀疑"的标准，通过移植西方法律以完善传统话语体系下的刑事证明标准，由此形成了独具特色的"证据确实、充分"为体，"排除合理怀疑"为用的"中体西用"的立法格局。但在新一轮的刑事证明标准改革中，却出现了"两个基本"复归、客观性复兴的情势，表明中体西用立法模式可能存在

---

〔1〕　孙长永："认罪认罚案件的证明标准"，载《法学研究》2018年第1期。
〔2〕　欧卫安："论刑事速裁程序不适用严格证明——以哈贝马斯的交往共识论为分析的视角"，载《政法论坛》2018年第2期。

问题。文章随后分析，当初引入"排除合理怀疑"目的在于加强证明标准的主观性，但立法忽视了法律体系的融贯、语言运用的精确，导致法律文本出现瑕疵，逻辑上无法自洽，进而导致实践的无所适从。立法对"证据确实、充分"的第一项解释"定罪量刑的事实都有证据证明"，本质是证据裁判原则，而不是对认定事实标准的要求；第二项解释"据以定罪的案件均经法定程序查证属实"，则是将对证据能力和证明力的要求混为一谈；唯一有实质价值的解释是第三项"综合全案证据，对所认定事实已排除合理怀疑"。而"排除合理怀疑"作为一种主观标准，用以解释偏向客观性的"证据确实、充分"，非但没有达到立法者所期望的主客观因素融合的效果，反而导致司法实务人员基于自身实践偏好、知识倾向而选边站，可以说，这一模式"实际上已经承认证明标准是一个主观范畴，甚至可以说已经在一定程度上降低了证据确实充分的要求"。[1]

有学者通过对40件案件的分析，认为"排除合理怀疑"的引入对证明标准的实践运作带来了积极变化，包括：①法官对证据的主观分析与判断的"可以言说"，具体而言，"排除合理怀疑"对法官发挥了一定的指示作用，要求其根据自己的主观判断裁判事实，而不是纯粹依据证据的数量或印证状况，且心证的说明使控辩双方得以提高对判决的检验能力，具有对错案进行防范和纠正的隐形价值；②证明标准的适用更为合理，"证据确实、充分"标准过于重视证明标准的客观化而忽视法官的主观因素，"排除合理怀疑"则是主客观统一的标准，在运行良好的情况下能够最大限度地防范冤假错案，又能避免放纵犯罪，化解"证据确实、充分"带来的过于僵化的诸多潜规则的不合理性，使证明标准的操作更为合理化；③更有利于防止错案的发生，"排除合理怀疑"入法后，虽更为强调法官的主观判断，但在事实存在其他可能性的案件中，法官认定事实的尺度并未降低，而是有所提高，有利于防止错案的发生。同时，从案例可以看出，"排除合理怀疑"的适用也存在一定问题，如法官的理解偏差，适用随意性较大、缺乏实质性等。对此，可以从证据法与程序法两方面采取措施，增强其可适用性，具体包括：其一，从法解释学角度，根据我国司法人员的思维习惯对"排除合理怀疑"进行细化阐释，以便于实践中的理解和适用；其二，明确相应的法律机制以防止强调主观判断的"排除合理怀疑"成为滥用自由心证的挡箭牌，加强证明标准判断中的证据推理和说理要求；其三，继续推进庭审实质化改革，通过改革举证、质证方式，保障法官独立裁判权，严格要求当庭裁判等，

---

[1] 李训虎："刑事证明标准'中体西用'立法模式审思"，载《政法论坛》2018年第3期。

从而通过庭审发现与排除"合理怀疑"。[1]

对刑事证明标准在实践中被降格适用的问题,有文章指出,以往总将目光聚焦于证明标准本身,从立法与司法层面寻找解决办法,是简单的二元思维,应当超越传统模式,在立法表达与司法实践的互动关系中进行研究。作者首先提出了法定证明标准与实践操作标准之间的悖反源于立法者与司法者对法官制度角色定位的落差而非法治理念差异的假说,认为法官对证明标准的降格适用源于法官制度角色与制度能力之间的错误,而非裁判技术的缺失。随后,从立法者与司法者对法官制度角色定位的差异,以及法官完成刑事证明的制度能力等方面进行论证。首先,对立法者而言,通过制度设计保护无辜者不被错误定罪的实体权利是其考虑的首要价值,故立法层面倾向于提高证明标准并希望法官能够严格贯彻法定标准,而司法者更为关注制度的社会制约条件与可能产生的实践后果,更多地考虑如何通过实践运作有效惩罚犯罪,故法院倾向于在事实认定中加入非法证据因素的政策考虑并降低证明标准,以防止犯罪危害社会利益,即立法思维与司法思维的区别导致立法与司法层面对法官制度角色定位的差异。其次,由于法官无法满足立法者的制度角色的期待,如法律对证明标准的设置过于严格,导致法官的制度能力无法完成证明和定罪任务时,必然出现对法定证明标准的降格适用。正因为我国刑事证明标准改革没有找到法官制度角色与制度能力悖反的真正原因,造成了一系列错误:①提高法定证明标准的改革思路未能估计法官控制反转和分配司法错误比率的制度角色,盲目提高法定标准只会进一步加剧其被规避的后果;②提高法定证明标准的改革思路未能着眼于法官制度能力的提升,盲目提高证明标准只会进一步加剧其不可操作性;③保持甚至降低定罪标准而提高量刑标准的改革思路颠倒了法官制度角色和制度能力的逻辑关系。作者认为,应当在刑事诉讼的整体框架中寻找解决法官制度角色和制度能力之间张力的有效途径。如英美法系国家能够较好地解决证明标准降格适用问题,在于其通过审前程序与救济程序的功能配置平衡了错判定罪与错误释放的风险分配,通过主观证明标准的确立缓解了客观证明与情理推断之间的固有张力,通过表决规则的要求弥补了证明要求与实际操作之间的天然鸿沟。[2]

(四)证据排除规则

2018 年度,学界继续从理论与实践等多角度对证据排除规则展开研究。

有多篇文章对非法证据排除规则的适用问题进行了总结与分析。有学者认为,

---

[1]　纵博:"'排除合理怀疑'适用效果的实证研究——以《刑事诉讼法》修改前后共 40 件案件为样本",载《法学家》2018 年第 3 期。

[2]　陈虎:"制度角色与制度能力:论刑事证明标准的降格适用",载《中国法学》2018 年第 4 期。

我国刑事司法多年来一直停留在刑讯逼供层次讨论非法证据排除规则，习惯从理念角度寻找原因，或试图寻找法律适用的技术层面原因，而目前法律确立的相关适用方案很大程度属于作茧自缚。应当认识到，实现非法证据排除规则的有效适用，需要结合问题导向、控诉原则与自由裁量三要素。首先，非法证据排除规则的适用应以具体问题，如起诉决定、逮捕决定、定罪为依托，单纯说在哪个阶段排除非法证据则是一种无的放矢的含混说法，我国无差别地赋予公检法三机关在各自诉讼阶段排除非法证据的义务，本意是力求使非法证据排除规则的适用更为严格，但未必能达到预期效果。其次，在排除非法证据的决定以何种程序作出的问题上，我国与西方各国在审判阶段的差别不大，而审前阶段则差异明显。西方各国非法证据排除规则在侦查追诉阶段的适用主要以一系列强制处分的决定为契机，通过法官审查予以实现，以控诉原则为基础，而我国侦查、审查起诉阶段的非法证据排除，多数情况下是由侦查、检察机关单方面决定，控诉原则处于缺失状态。最后，排除非法证据需要极为复杂的裁量活动，需要对有限而抽象的法律规定进行解释、续造与补漏，侦控机关由于其主要职责与专业背景与所处诉讼阶段等方面的限制，不适宜使用排除裁量权。文章进一步总结，认为三要素共同指向形成以审判为中心格局的要求，即要求审判机关在各诉讼阶段非法证据排除规则使用问题上应居于中心地位。而将严格适用排除规则作为推进审判中心主义改革重要手段的观念颠倒了因果关系，应当是只有在以审判为中心的诉讼格局之下，非法证据排除规则才能真正得到严格适用。我国刑事诉讼"流水作业"模式将本应承担不同诉讼职能的公检法三机关同质化，不加区别地参与非法证据排除适用，有运动式执法的色彩，将排除规则引入"仅欲排除刑讯口供而不可得"的恶性循环之中。[1]

另有文章针对近年来陆续颁布的非法证据排除相关规定进行了梳理与分析。目前我国已经通过立法和司法解释构建起具有中国特色的证据排除规则，但各项规定的适用先后与效力高低如何区分，尚无定论，而不同观点的争议对证据审查判断的步骤、证据能力与证明力运用，以及证据调查程序的选用均会产生影响。因此，厘清《刑事诉讼法》第56条非法证据排除的规定与《最高人民法院关于适用〈中华人民共和国刑事诉讼法〉的解释》（以下简称《刑诉法解释》）"证据不予认定条款"之间的关系，不仅对司法办案具有很强的实践价值，而且对我国证据规则在规范层面的梳理和建构也有较大的理论意义。文章认为，我国通过立法与司法解释构建了符合中国特色的证据排除规则，包括：①执行外部政策，如遏制刑讯逼供、维护司

---

〔1〕 参见孙远："论非法证据排除规则有效适用的三个要素——以侦查追诉阶段排除非法证据为视角"，载《政治与法律》2018年第4期。

法公正和保障基本权利的非法证据排除规则；②发现案件真相、涤除虚假证据的不可靠证据排除规则；③改进技术性、细节性的不规范取证行为的瑕疵证据排除规则。其中后二者并非对非法证据排除规则的进一步解读或延伸，而是在刑诉法之外另行创设的有关证据能力的排除规则，三者在实际运用中处于平行地位、效力等同。在实践中，进行证据能力审查判断时，三种排除规则并无先后顺序之分，可从便利性角度出发进行操作。但鉴于《关于办理死刑案件审查判断证据若干问题的规定》与《刑诉法解释》的"证据不予认定条款"之间的效力高低未有定论，导致实务中无所适从，应当尽快出台统一规定，或从立法上予以明确，以消除不同排除规则在效力位阶上的错位。在有关实物证据的排除问题上，目前规定仅限于物证和书证，缺乏周延性考虑，难以应对实践需求，应当修改当前法律的封闭性规定。另外，我国排除规则更重视阻碍事实查明、自身虚假性极高的证据材料，而通过侵犯当事人基本权益违法收集的证据并未被划归为非法证据，而更多被认定为瑕疵证据，尚有补正或解释的机会，如未来仍保留三类证据排除规则的格局，应适当调整各个排除规则的内容条款，将通过侵犯公民基本权利违法收集的证据更多地纳入非法证据排除规则中。由此，还应将现行针对非法口供的判断标准由痛苦规则调整为基本权利侵害规则，从而扩大非法证据排除规则对公民基本权利的救济范围。[1]

在重复性供述的排除问题上，学者指出，目前法律对是否排除、排除范围、排除标准等尚无明确规定。现有对重复性供述的研究多是域外经验的介绍和理论层面的推演，亟待从司法实践出发，结合我国特有司法场域和现实情况，围绕《关于办理刑事案件严格排除非法证据若干问题的规定》第5条内容进行分析解读，从而为实践操作提供参考。该学者认为，应当明确以下事项：其一，重复性供述不包括重复性辩解；其二，重复性供述的表现形式包括讯问笔录、自书供词以及录音录像等材料；其三，原则上对重复性供述进行排除，但在更换讯问人员、转化讯问情境，充分履行告知义务的情况下不排除，即采取原则加例外模式是立足国情和司法实际的选择；其四，实践中应当对例外情形严格把关，明确转换人员的身份，全面、准确地告知诉讼权利和法律后果；其五，重复性供述在实践中样态复杂，对其诱因是否仅限于刑讯逼供一种形式，刑讯之后多次讯问获取的不同供述，重复性的证人证言、被害人陈述等言词证据是否也进行排除，还需要进一步研究。[2]

在证据合法性的证明方面，2018年度也有文章从检察机关证据合法性证明的证明责任、证明方式、证明标准等法律规范入手，结合司法实践，剖析证据合法性证

---

〔1〕 参见董坤："中国化证据排除规则的范性梳理与反思"，载《政法论坛》2018年第2期。
〔2〕 参见董坤："重复性供述排除规则之规范解读"，载《华东政法大学学报》2018年第1期。

明困境形成的原因，提出革新制度的设想，进一步探索程序性证据法理论的创设问题。在证明责任方面，相关规定要求由检察机关对证据收集合法性承担证明责任，但由于检察机关并未亲历证据收集过程，难以真切了解证据收集合法性问题，进而难以实质性地承担证明证据合法性的责任，因此，建议突破传统证据法学中单一证明责任承担制度，确立共同责任制度，即多方共同承担证据合法性的证明责任，检察机关、公安机关乃至有关知情人员都需要在证明合法性证明中承担责任，并建立相应的责任承担保障制度。在证明方式方面，目前检察机关主要通过提供现有证据材料、侦查人员与其他人员出庭说明情况两种方式对证据合法性进行证明，但由于公安机关收集的相关证据材料存在缺陷难以倚重，而侦查人员与其他人员在实践中也很难出庭，且选择性的立法方式与缺乏法律后果规定，导致检察机关难以有效进行证明。而在证据规则方面，当前主要是从实体性裁判的证据规则中择取程序裁判的证据规则，只在适用的严格程度上有所降低，难以解决程序问题的证明规范，应根据不同类型的证明方式明确不同的证明规则，并分别予以完善。对此，建议对立法进行补充，区分记录类证据与当庭说明类证据，并明确相应的证明规则，以解决证明过程中的程序合法问题。在证明标准方面，立法与司法解释对"确认或者不能排除标准"未予以明示，如将其理解为"证据确实、充分"，会因证明标准过高而导致检察机关的证明陷入困境。应当明确，相关标准属于实体证明标准范围，用以解决证据合法性问题并不合适，应当突破传统局限于实体范畴的证明标准理论，创设程序证明标准。[1]

在总结分析具体问题之外，还有学者对非法证据排除规则的理论问题进行了探讨。文章首先指出，已有对非法证据排除规则的研究既没有从理论层面分析问题，也没有做到从我国非法证据排除规则的制度和实践提炼出新的理论，随后对检察机关主导非法证据排除的四种方式、非法证据排除程序的启动方式、程序性裁判与实体性裁判的关系、初步审查与正式调查的关系作出了理论上的分析，并对正式调查程序的诉讼构造及二审法院的救济方式进行了理论上的总结，最后从实施效果的角度，对非法证据排除程序作出相应的理论评价，认为我国非法证据排除规则虽然逐步扩张了适用对象并具有了越来越成熟的程序框架，但由于司法体制的限制，大量具有创新性的制度设计胎死腹中，而在缺乏独立性与权威性的法庭审判中，侦查行为合法性能否受到实质性的司法审查尚存疑问，这也直接涉及非法证据排除程序能否得到顺利实施的问题，因此，需要对相关问题进行反思：其一，在被告人辩护权的有效行使方面，法律虽然对辩护律师的调查取证权有一定的原则性规定，但实际

---

[1] 彭海青："证据合法性证明与程序性证据法理论"，载《法学杂志》2018 年第 12 期。

上缺乏可操作性；其二，检察机关使用排除规则方面，其作为刑事追诉部门，在维护刑事诉讼法的实施方面并不具有基本的中立性和超然性，对侦查行为合法性的审查活动带有行政审查的色彩，难以实现对侦查行为合法性的实质性审查，进而排除非法证据；其三，在法官自由裁量权方面，由于辩方调查取证能力弱化导致控辩双方难以保持举证、质证方面的均衡，进而造成排除程序无法保持势均力敌而流于形式，在限制法官自由裁量权、克服非法证据排除程序形式化方面，我国立法机关与司法机关所作的改革尝试远远不够，根本不足以改变多年的司法惯例；其四，在法院裁判的独立性与权威性方面，由于非法证据排除规则的有效适用与侦查机关与公诉机关具有极为密切的利害关系，因此经常会遭到相关机关的拒绝和抵制，即在一定程度上，非法证据排除规则的有效适用，很大程度上取决于法院裁判的独立性和权威性，在法院相对于侦查机关和公诉机关缺乏必要的独立性和权威性的情况下，非法证据排除程序要获得良好的启动和适用，是极为困难的。[1]

（五）印证证明

2018 年度，学界围绕印证证明模式展开了诸多讨论，进一步深化了对印证模式的认识。

有文章对印证在我国刑事诉讼中的功能扩张趋势进行了观察分析。目前对印证侧重于将其作为整体的定案模式进行探讨，但在我国的刑事诉讼中，印证还发挥着作为法定标准的作用，即在判断一个证据能否被采纳、采信以及能否定案时，将证据与其他证据之间是否印证作为一个判断标准或重要考量因素。印证作为法定标准已经在我国刑事证据规范中明确体现出来，并对司法实践产生了重大影响，需要从学理角度认真对待。与将印证作为一种证据分析方法的英美证据理论相对照，我国刑事立法与司法中的印证是相互协同的证据间的多种关系的混杂，包括证据间的补强关系、聚合关系、排除证据之间的矛盾冲突等。正因为印证内涵的广泛性，在被运用于不同场合时，其呈现出功能的多样化面相。近年来，在我国刑事诉讼中，印证功能急剧扩张，表现为：其一，开始以法律规范的形式呈现；其二，作用的范围涵盖了证据采纳、采信和证据充分性判断三个环节；其三，法律效力大大增强，影响证明标准、对部分证据的采信和证据作为定案根据的效力。而这一趋势则会导致一系列风险，如印证客观上提高了证据采纳的门槛，将许多具有一定证明价值的证据排挤出证据体系之外，另外，印证功能的扩张还可能使一些证据的证明价值被低估，并且会变相鼓励虚假的印证。对此，应对印证的内涵与适用范围进行新的调整，对印证的功能作出必要的限定：首先，因为将印证标准与证据采纳标准混同，变相提高

---

〔1〕　陈瑞华："非法证据排除程序的理论展开"，载《比较法研究》2018 年第 1 期。

证据采纳标准，可能导致虚假印证的低价值证据将高价值的证据个体过早排除，故应当明确将印证标准从证据采纳领域排除出去；其次，应进一步明确印证的法律定位，理清印证的内涵，限制印证的适用范围；最后，印证功能扩张，证据标准需要印证标准加以衡量，导致排除合理怀疑的主观内核被印证的客观要求架空，应进一步协调印证与心证的关系，将印证标准作为心证标准的例外情形明确限制在若干特殊情况下，如间接证据定案、隐蔽性证据定案。[1]

有学者将印证与庭审实质化改革相结合进行考察，认为二者之间存在冲突，从改革实践看，当前证明习惯并未发生明显变化，体现出对印证方法的依赖，导致改革效果受到一定限制。该学者指出，虽相关规定的颁布使"印证"逐渐成为证明规则的正式词汇，但印证要求不仅会带来证明困难，且现下对其内涵的理解较为混乱，且其并不能完全代表我国刑事证明模式的特征，而只是一种扭曲化的呈现。而庭审实质化主要适配于印证以外的其他证明方法，重视印证方法会抑制对庭审实质化的需求。因此，要推动庭审实质化改革，就需要在证明上进行去印证化处理。理论上，随着庭审实质化改革的推进，对印证的依赖应当相应降低，但从相关规定与实践看，印证的重要性反而得到了提升。如规定被告人的当庭供述，得到相关证据印证和被告人能够作出合理解释，则应当采信；当庭鉴定意见受到专家辅助人质疑，但鉴定人能够作出合理解释并有相关证据印证的，应当采信。此类规定本意是提升当庭证据的重要性，但客观上导致印证证明具有更强的法律效力。此外，2017年《人民法院办理刑事案件第一审普通程序法庭调查规程（试行）》将印证规则适用于所有证据的审查指导。[2]

另外有学者明确对印证证明表示支持。"印证"具有作为证明方法、证据规则、证明标准与证明模式等多重意义。文章从法学、哲学、心理学等学科出发，对作为证明方法的印证进行了辩护，认为人们面对发生在过去的案件事实时，往往无法直接判断一个命题是否符合实际情况，只能通过印证或融贯的间接方法进行判断，可以说，印证是证据推理和司法证明中的一种普遍经验法则，印证方法具有心理学和生理学上的必然性。此外，印证方法虽然不是一种保证性的方法，但只要确保使用印证方法的前提条件能够成立，作出证据决策的概率就会提高。[3]

（六）电子证据

2018年度对电子证据的研究主要集中在真实性问题方面。学者指出，真实性问

---

[1] 吴洪淇："印证的功能扩张与理论解析"，载《当代法学》2018年第3期。

[2] 周洪波："刑事庭审实质化视野中的印证证明"，载《当代法学》2018年第4期。

[3] 薛爱昌："为作为证明方法的'印证'辩护"，载《法学研究》2018年第6期。

题是电子证据收集、审查判断所面临的核心问题。由于电子证据的证据载体与证据信息存在形式可以分离的特殊性，意味着电子证据载体与电子数据的真实性是两个独立的问题，因此，审查电子证据的真实性，既要审查电子证据载体的真实性，还要审查电子证据的信息存在形式及电子数据的真实性。也就是说，电子证据真实性的内涵应在普通证据载体、证据内容真实性的基础上，扩展为三个层面：①电子证据载体的真实性，即要求存储电子数据的媒介、设备在诉讼过程中保持原始性、同一性、完整性，不存在被伪造、变造、替换、破坏等问题；②电子数据的真实性，需要审查判断作为电子证据信息在技术层面的存在形式的电子数据是否真实，是否与原始数据保持一致，是否存在被修改、删除、增加等问题；③电子证据内容的真实性，要求电子证据所包含的信息与案件中其他证据所包含的信息能够相互印证，从而准确证明案件事实。而此三个层面之间，也是既有关联又有区别的关系。一方面，电子证据载体的真实性是电子数据真实性的外部保障，电子数据的真实性是电子证据内容真实性的技术基础，即电子证据载体和电子数据的真实性是电子证据内容真实性的前提；另一方面，三个层面又存在明显区别：其一，电子证据载体的真实性与电子数据的真实性有显著差异，不能互相代替；其二，电子证据载体的真实性与电子证据内容的真实性是不同的两个问题，二者之间没有必然的因果关系；其三，电子数据的真实性与电子证据内容的真实性是不同层面的问题。由此，学者指出，司法实践中对电子证据的真实性进行审查判断应遵循以下基本顺序：首先审查电子证据载体的真实性；在此基础上审查电子数据的真实性；最后审查电子证据的真实性。而我国立法与司法实践中有关电子证据真实性的规则存在诸多问题，例如，相关真实性审查规则没有区分三个层面并明确三个层面之间的审查顺序，对各个层面的审查规则缺乏系统、明确的规定，对不同层面同类问题的规则没有作出区分，此外，电子证据真实性的保障措施和审查方式也亟待完善。学者认为，未来需要从以下方面予以完善：①区分电子证据真实性的三个层面并明确审查顺序；②针对不同层面建立系统、明确的审查规则；③明确区分针对不同层面同类问题的规则；④实现技术措施与程序规则的有效配置与衔接，并确保电子证据在庭审中通过直接言词的方式进行质证。[1]

另外有学者认为，我国司法实务中电子证据真实性障碍难以解决，表面看是制度滞后造成的，但从深层次看，则应归因于观念冲突。当前对电子证据的真实性存在"易失真论""极可靠论""折中论"的争议。实务中，裁判者对电子证据的认定

---

[1] 褚福民："电子证据真实性的三个层面——以刑事诉讼为例的分析"，载《法学研究》2018 年第 4 期。

也深受上述不同的观念影响。此外，司法实务还存在电子证据运用的复制件化和空洞化的问题。而实践中，电子证据复制件远多于原件的现象也促成了"易失真论"占据指导地位。总体而言，当前对电子证据真伪判断充斥着空对空的争议，属于要求畸高的怪现象。故司法面对电子证据的真实性问题，应当转入视同传统证据平等对待的基调。要理性看待电子证据的真实性，首先应当严格把握两个理论前提：其一，与传统证据相比较，电子证据无所谓更容易或更不容易造假；其二，就电子证据本身而言，问题不在于电子证据是否可以被伪造或变造，任何证据都存在被伪造或变造的可能性，关键在于被伪造或变造后被发现的可能性及难度大小。其次，必须要克服实务中的偏见，明确对电子证据的真伪判断应当是基于电子证据原件而非基于复制件的真实观；应当是基于案件事实而非脱离案件事实、空洞的真实观；应当将电子证据与传统证据同等对待，而非提出畸高要求或无理由歧视的真实观。学者指出，建立健全电子证据的真实性制度是解决电子证据真实性问题的有效手段，而目前粗疏或虚化的条文不能满足电子证据真实性判断的司法需求，需要以电子证据理性真实观为基础进行制度创新。在真伪判断标准方面，应当设置具有可操作性的标准，规范司法人员裁判，将个案中电子证据的真实性与案件事实结合起来。在证明机制方面，应当考虑电子证据的特殊性，适当改造传统"谁主张，谁举证"规则，引入有条件的"谁反驳，谁举证"与"谁持有，谁举证"规则。在电子证据真实性鉴定制度方面，应开发超越纯技术领域的溯源性鉴定等新技术方法。[1]

---

[1] 刘品新："论电子证据的理性真实观"，载《法商研究》2018年第4期。

第五章
国际诉讼法的发展动态

第一节 国际刑事诉讼法的发展动态

一、美国刑事诉讼规则的最新发展[1]

（一）2018 年美国《联邦刑事诉讼规则》修订内容

2018 年 4 月，美国联邦最高法院向国会提交了法律修改议案，修改内容包括《联邦刑事诉讼规则》第 12.4 条、第 45 条和第 49 条。国会批准了最高法院提交的全部法律修改议案，修订案于 2018 年 12 月 1 日起生效。[2] 具体修订内容如下：

1. 第 12.4 条：信息披露。2002 年，根据《联邦上诉程序规则》第 26.1 条的内容，美国《联邦刑事诉讼规则》制定增加了第 12.4 条，其与《联邦民事诉讼规则》第 7.1 条的规定类似。制定这条规则的目的是帮助法官判断他们是否应当以经济利益与案件存在冲突为由申请回避审理。"因经济利益与案件存在冲突申请回避审理"是 1972 年美国《法官行为法典》Canon 3c（1）（c）条规定的法官义务之一。

原《联邦刑事诉讼规则》第 12.4（a）（1）条规定，任何非政府法人诉讼当事人必须提交文件，向法庭披露是否存在持其股份超过 10% 以上的母公司。虽然"非政府法人诉讼当事人"在大部分情况下指的是被告，但也可能是与根据《联邦刑事诉

〔1〕 本部分执笔人：李本森，中国政法大学诉讼法学研究院教授；刘亚男，中国政法大学刑事司法学院博士研究生。

〔2〕 美国《联邦刑事诉讼规则》，具体内容详见：https://www.uscourts.gov/sites/default/files/cr_rules_eff._dec._1_2018_0.pdf。

讼规则》第32.2条被罚没的财产有利益关系的第三方。原《联邦刑事诉讼规则》第12.4（a）（2）条要求，如果受害方是一个组织，那么检察官必须提交文件向法庭披露这一信息，其目的是提醒法庭可能存在法官不适格的情况。此外，如果受害组织是公司，文件中所披露的内容还必须包括《联邦刑事诉讼规则》第12.4（a）（1）条规定的信息。

2009年，美国《法官行为法典》对Canon 3c（1）（c）条进行修订，要求只有当经济利益冲突对诉讼结果存在实质影响时，法官才需要回避审理。2018年，《联邦刑事诉讼规则》第12.4（a）条根据上述内容作出修改，即如果检察官有正当理由认为法官与涉案组织的经济利益冲突不会对诉讼结果造成实质影响，检察官无需向法官披露原《联邦刑事诉讼规则》第12.4（a）条规定的相关信息。

《联邦刑事诉讼规则》第12.4（b）条规定了信息披露的期限。原第12.4（b）条规定了相关信息披露的时间点为被告首次到庭时。2018年修改后的第12.4（b）条对于信息披露时间点作出了更为宽泛的规定，即自被告首次到庭后28天内对相关信息进行披露。如此修改的原因是防止受害组织事先不知情或没有提前披露相关信息。条文修改后也与《联邦民事诉讼规则》第7.1（b）（2）条的规定更为一致。

2. 第45条：期限的计算与延长。《联邦刑事诉讼规则》原第49条规定，诉讼文件的送达与提交按照《联邦民事诉讼规则》第5条的规定进行，且原第45（c）条同样援引了《联邦民事诉讼规则》第5条中对于某些送达方式的规定。2018年《联邦刑事诉讼规则》对第49条进行了修订，此后刑事案件送达以及提交诉讼文件的方式将不再根据《联邦民事诉讼规则》第5条进行。《联邦刑事诉讼规则》第45（c）条也因此作了相应修改。

3. 第49条：诉讼文件的送达与提交。《联邦刑事诉讼规则》原第49条规定，诉讼文件的送达与提交按照《联邦民事诉讼规则》第5条的规定进行。此次修订将第49条的条文内容具体化，此后刑事案件送达以及提交诉讼文件的方式将不再根据《联邦民事诉讼规则》第5条进行。虽然除明确规定外，修订后的内容与《联邦民事诉讼规则》大体保持一致，但避免了刑事诉讼活动需要依据两套不同的规则进行的情形，而且此后可以对这些条文内容进行独立修改。

此外，此次修订删除了"只有当地方规则允许的情况下才能通过电子方式提交诉讼文件"的规定。随着电子提交诉讼文件渠道的日渐成熟，修订后的《联邦刑事诉讼规则》第49条规定，除非存在例外情况，有律师代理的当事人应当通过电子途径提交诉讼文件。

（二）美国联邦最高法院有关刑事规则的判例

2018年，美国联邦最高法院作出的有关刑事规则的判例主要涉及搜查、逮捕、律师辩护等问题，其中不乏突破先例的判例出现，例如 *Carpenter v. United States* 案。这充分体现了判例法相较于成文法所具备的，能够对司法实践中出现的新情况更为及时地作出反应的优势。这也为我国最高人民法院指导案例制度的发展完善提供了思路。

1. 搜查蜂窝基站的位置信息记录。判例：*Carpenter v. United States*。[1]

（1）基本案情简介：2010 年 12 月到 2011 年 3 月之间，美国密歇根州东南部和俄亥俄州西北部发生了数起持武器抢劫 RadioShack 和 T-Mobile 门店的案件。2011 年 4 月，警察逮捕了 4 位参与抢劫的犯罪嫌疑人。警察通过对犯罪嫌疑人手机进行搜查，找到了案件发生前后时犯罪嫌疑人的通话记录。根据这些信息，检察官向法院申请披露命令（Disclose Order），希望获取包括 Timothy Carpenter 在内的几位犯罪嫌疑人的手机记录。联邦治安法官同意了检察官的请求，分别指令为 Carpenter 提供服务的无线运营商——MetroPCS 和 Sprint 公司披露 Carpenter 的手机在一系列抢劫案发生的 4 个月间在通话开始和通话结束（包括拨打的电话以及接收的电话）时的蜂窝基站位置信息。最终，检察官共获得了描述 Carpenter 行动的 12 898 个位置点数据。这些位置信息横跨了 129 天，也就是说，平均 1 天产生了 101 个位置点数据。

根据这些位置点数据，检察官认定在一系列抢劫案发生时，Carpenter 就在离案发地 2 英里的范围内。检察官据此指控 Carpenter 犯 6 起抢劫罪以及 6 起在联邦暴力犯罪中的持有武器罪 [18 U.S.C. SS924（c），1951（a）]。该案由美国密歇根东区联邦地区法院进行审理。在庭审开始前，Carpenter 提出了排除无线运营商提供的蜂窝基站位置信息数据的动议。Carpenter 辩称，由于检察官在获取这些记录的时候没有申请搜查令状，因此违反了《联邦宪法第四修正案》中"令状搜查"的规定。密歇根东区联邦地区法院驳回了 Carpenter 的动议，并认定 Carpenter 有罪。联邦第六巡回上诉法院在对案件进行审理后，认为 Carpenter 对于 FBI 收集的位置信息不存在隐私权的期待可能，因为这些信息是他自己分享给他的无线运营商的。上诉法院维持了初审法院的判决。

（2）案件争议焦点：控方获得 Carpenter 手机蜂窝基站位置信息记录的行为是否属于《联邦宪法第四修正案》中的搜查行为？

（3）案件判决结果：2018 年 6 月 22 日，联邦最高法院以 5:4 判决推翻上诉法院判决并将案件发回重审，认为控方获得 Carpenter 手机蜂窝基站位置信息记录的行为属于《联邦宪法第四修正案》中的搜查行为，需要事先申请搜查令。

---

[1] 585 U.S.（2018），判决书详见：https://www.supremecourt.gov/opinions/17pdf/16-402_new_o75q.pdf。

（4）案件判决理由：《联邦宪法第四修正案》保护的不仅是财产权利，还有公民对于隐私的期待权。虽然蜂窝基站位置信息数据由第三方运营商掌握，看似与先例 *United States v. Miller* 案以及 *Smith v. Maryland* 确立的第三方法则有关，但 Smith 案的判决时间为 1979 年，当时几乎没有人可以想象得到人们会随时随地携带手机，不仅将拨打的电话号码传递给手机运营商，还会将更为详细和复杂的个人行动轨迹记录也传递给运营商。这样的记录所显示出的隐私问题远远超出了 Smith 和 Miller 案所涉及的隐私范围。

此外，联邦最高法院还指出，正是由于人与手机可以做到形影不离，使得警察通过蜂窝基站位置记录获得的信息比通过汽车上安装的 GPS 获得的信息会更加全面。因此，虽然这些记录的产生是为了商业目的，但是这一不同并不会削弱 Carpenter 对自己实际位置信息的隐私期待。所以，当警察从无线服务提供商处获得蜂窝基站位置信息时，侵犯了 Carpenter 对于其所有实际行动轨迹的隐私期待。

基于上述理由，联邦最高法院认为警察从通讯运营商处获得用户个人手机蜂窝基站位置信息记录的行为属于搜查行为，应当受到《联邦宪法第四修正案》的约束。

2. 汽车搜查例外规则——判例：*Collins v. Virginia*[1]。

（1）基本案情简介：警察 David Rhodes 对两起交通事故进行调查时，发现涉事的带有加长架的橘黑色摩托车很可能属于被盗车辆。该车目前由申诉人 Ryan Collins 持有。David 在 Collins 的 Facebook 中发现了几张橘黑色摩托车的照片。照片中的摩托车停靠在一座房屋前的私人车道上。David 驾车赶往照片中的房屋并将车停在了公共道路上。在公共道路上，David 看到有一辆被白色防水布遮盖的摩托车停在照片中的位置。在没有取得搜查令的情况下，David 走到私人车道的尽头，取下防水布，通过车牌和车辆识别码确认这辆车为被盗车辆。David 给摩托车拍了照片并重新盖上防水布后回到车里。等 Collins 一出现，David 遂将其逮捕。在案件审理过程中，Collins 提出了排除证据的动议，其理由是 David 进入房屋所属的宅基地实施侦查的行为违反了《联邦宪法第四修正案》。初审法院驳回了 Collins 的动议，判决 Collins 犯有盗窃财产罪。弗吉尼亚上诉法院和州最高法院均维持了初审法院的判决，认为根据《联邦宪法第四修正案》的机动车搜查例外规则，该案中的无证搜查具有正当性。

（2）案件争议焦点：汽车搜查例外规则是否允许警察在无搜查令状的情况下进入房屋或房屋所属宅基地对车辆进行搜查？

（3）案件判决结果：2018 年 5 月 29 日，美国联邦最高法院以 8∶1 判决撤销原判并将案件发回重审，认为汽车搜查例外规则不扩大适用于住宅以及宅基地的范围。

---

〔1〕 584 U. S. （2018），判决书详见：https：//www. supremecourt. gov/opinions/17pdf/16-1027_7lio. pdf。

（4）案件判决理由：美国联邦最高法院认为，Collins 的摩托车停靠在私人车道上，而私人车道属于宅基地的一部分，其属性与房屋的前廊、侧花园或者前窗外的空地相同。它们共同构成了一片与房屋相邻的区域，是家庭活动区域的延伸。因为汽车搜车例外规则仅延伸到汽车本身，警察没有理由根据这一规则侵入宅基地。如果允许警察在无搜查证的情况下进入住宅或宅基地对车辆进行搜查，则是对《联邦宪法第四修正案》所保护的核心权利——住宅权的侵犯。将汽车搜查例外规则延伸适用于住宅及宅基地的做法，是将原本属于例外的规则作为普通规则进行普遍适用，明显违背了例外规则的立法意图。

此外，美国联邦最高法院认为，所有的宅基地都应当不受区分地获得《联邦宪法第四修正案》的保护，不应当人为地对其进行划分。例如，根据弗吉尼亚州的法律，不得对位于住宅内以及宅基地之上建筑物内（如车库中的汽车）进行无证搜查。这一做法不仅会剥夺没有经济能力在宅基地上加盖车库的人的宪法权利，还会导致《联邦宪法第四修正案》的适用更加混乱。

3. 律师辩护——判例：*McCoy v. Louisiana*[1]。

（1）基本案情介绍：申诉人 Robert McCoy 被指控谋杀了他妻子的母亲、继父和儿子。McCoy 坚持辩称谋杀案发生时他并不在场，因此拒绝认罪。但初审时，其律师 Larry English 告知陪审团 McCoy 承认其犯有三起谋杀罪。English 的辩护策略是：虽然 McCoy 承认自己有罪，但其当时的精神状态使他不具备构成一级谋杀罪的故意意图。McCoy 对此多次提出反对意见，但 English 依然告知陪审团 McCoy 就是杀人凶手并且承担了本应当由控方承担的证明责任。McCoy 在作证时坚持自己是无辜的，虽然其不在场的证据让人非常难以理解。最终，陪审团裁决 McCoy 犯有三起谋杀罪。在量刑阶段，English 再次主张 McCoy 虽然有罪，但其精神状态属于减轻量刑的情节之一。陪审团作出了三项死刑判决。

路易斯安那州最高法院维持了初审法院的判决，认为虽然 McCoy 坚持自己无罪，但律师有权做有罪辩护。

（2）案件争议焦点：在被告人不承认有罪的情况下，辩护律师是否可以基于其经验为了避免被告人被判处死刑而做有罪辩护？

（3）案件判决结果：2018 年 5 月 14 日，美国联邦最高法院以 6∶3 判决撤销原判并将案件发回重审，认为《联邦宪法第六修正案》保障被告人享有选择辩护目标以及阻止其辩护律师做有罪辩护的权利，即使其律师基于其经验认为认罪是被告人避免被判处死刑的最好选择。

---

〔1〕 584 U. S. （2018），判决书详见：https：//www. supremecourt. gov/opinions/17pdf/16-8255_i4ek. pdf。

（4）案件判决理由：联邦最高法院认为《联邦宪法第六修正案》赋予被告人获得律师帮助的权利，并不意味着被告人完全受辩护律师掌控，即便律师是法律专家，但也仅仅是起辅助作用的人。律师的职权是确定庭审策略，但一些重大事项的决定权依然由被告人享有，例如是否认罪、是否由陪审团审判、是否自己作证和是否上诉等。决定是否认罪不属于庭审策略的选择。如果被告人认为辩护的目标是无罪，那么律师辩护策略的制定必须服从这一目标。

4. 窃听许可令——判例：*Dahda v. United States*[1]。

（1）基本案情简介：根据《美国法典》第 2518（3）条的规定，通常情况下，法官签发的窃听许可令中授权实施窃听的地点仅限于该法官所在法院的管辖范围。本案中，为了调查一起发生在堪萨斯州内的毒品分销案件，堪萨斯州地方法院的法官批准并签发了 9 份窃听许可令，除授权警察有权在堪萨斯州内实施监听外，还授权警察可以在堪萨斯州以外的地区继续实施监听行为。基于这项授权，警察在密苏里州也实施了监听行为。基于侦查获得的信息，申诉人 Dahda 与 Los 被认定为是非法分销毒品罪的共犯。Dahda 和 Los 以法院授权的监听范围超出其管辖范围为由申请证据排除，堪萨斯州地方法院驳回了该动议。Dahda 以窃听许可令不完备为由提起上诉。联邦第十巡回法院指出，国会对窃听这一侦查手段进行限制的核心立法意图有二：一是保护公民的通信隐私权；二是明确并统一窃听许可令的申请条件和审批标准。因此，联邦第十巡回法院认为本案中的窃听许可令并没有违背国会的立法意图，因此不存在不完备的情况。

（2）案件的争议焦点：如果窃听许可令中授权可以在法院管辖范围外实施窃听行为，是否可以据此认定窃听许可令存在不完备的情况？

（3）案件判决结果：2018 年 5 月 14 日，联邦最高法院以 8∶0 判决维持原判，认为由于本案中的窃听许可令没有缺失法律要求必须具备的内容，且如果没有受到质疑，其内容的存在即非常完善，因此表面上不存在不完备的情况。

（4）案件判决理由：联邦最高法院认为，从语义上的解释来看，"不完备"指的是"有缺陷"或者"缺乏必要内容"，即如果窃听许可令中缺少了《美国法典》第 2518（4）条所列的内容，则一定是不完备的。而涉案的窃听许可令中虽然存在错误，但都不属于"不完备"标准中所指的两种情况。此外，联邦最高法院还指出，许可令中被质疑的内容与许可令中的其他内容并没有关系，如果将其从许可令中删除，其余的部分依然可以构成一份完备的窃听许可令。因此，联邦最高法院认为，窃听许可令中的错误是否会导致窃听许可令不完备，要看该错误是否符合"不完备"

---

〔1〕 584 U. S. （2018），判决书详见：https：//www. supremecourt. gov/opinions/17pdf/17-43_ m648. pdf。

的情形。

5. 逮捕——判例：*District of Columbia v. Wesby*[1]。

（1）基本案情简介：哥伦比亚特区警察接到报案，声称一栋空房子里的音乐声非常大且有不法活动在该房屋内进行。接警后，警察进入房屋，发现房屋内非常空荡且十分杂乱。警察闻到大麻的味道，并且在地板上发现了啤酒瓶和盛有酒的杯子。警察还在客厅里发现了一个脱衣舞俱乐部，在楼上的卧室里发现了一个全裸的女性和几名男性。很多宴会的参与者看到穿着制服的警察都四散开来，也有的人躲藏了起来。警察对每个人都进行了讯问，获得的证词互相矛盾。有两位女性指认 Peaches 是房屋的承租人，是她允许宴会参与者在房子里举办活动的。但是 Peaches 本人并没有参加宴会。当警察给 Peaches 打电话的时候，Peaches 表现得很紧张、很焦虑，回答得也很含糊其辞。起初她声称她租了房子并且允许宴会参与者在房子里举办活动，但最终她承认她没有获得使用房子的许可。房主确认他没有给过任何人使用房屋的许可。警察随后以非法入侵为由逮捕了参加宴会的人员。

多名参加宴会的人员根据《联邦宪法第四修正案》和哥伦比亚地区法律，以错误逮捕为由提起诉讼。哥伦比亚地区法院判决警察的逮捕缺少合理根据且有两名警察不享有豁免权。该判决由哥伦比亚地区法院的不同法庭予以确认。

（2）案件争议焦点：警察对活动参与者实施的逮捕行为是否具备合理根据？

（3）案件判决结果：2018 年 1 月 22 日，美国联邦最高法院以 9∶0 判决撤销原判并将案件发回重审，认为该案中警察对宴会参与者实施的逮捕行为具备合理根据。

（4）案件判决理由：根据 *Maryland v. Pringle* 案确立的"综合情况考察"标准，警察对于宴会参与者没有获得在房屋内举办活动的许可的推断，是完全合理的。通过对房屋情况以及活动参与人的行为进行综合考量，警察能够对人的行为作出符合常理的结论。因为大多数房屋所有人不会居住在这样的环境中或者允许在他们的房屋中举办这样的活动，所以警察可以推断活动参与人已经明知该活动没有得到授权。由于活动参与人在警察到来时四处分散并躲藏，警察可以借此推断这些活动参与人没有获得在房屋内举办宴会的许可。在警察询问时，活动参与人的模棱两可、前后矛盾的回答同样让警察有理由推断他们在撒谎且该谎言中隐藏了他们有罪的思想。Peaches 的谎言以及含糊其辞的行为让警察有理由不相信她所说的一切。

哥伦比亚特区法院法庭未能遵循两个非常完善的法律原则：其一，应当将每个事实作为整个事件的要素结合在一起进行分析；其二，应当将可能导致无罪的要素

---

〔1〕　583 U. S.（2018），判决书详见：https：//www.supremecourt.gov/opinions/17pdf/15－1485_new_8n59.pdf。

考虑在内。因此，在本案中，哥伦比亚特区法院法庭应当审查的问题是，一个理性的警察在作出逮捕决定时是否综合考虑了所有情况。

二、英国刑事诉讼规则的最新发展[1]

2018 年，英国刑事诉讼规则委员会对英国 2015 年《刑事诉讼规则》进行了两次修订。第一次修订发生于 2018 年 2 月，修正案于 2018 年 4 月 2 日正式生效。第二次修订发生于 2018 年 7 月，修正案于 2018 年 10 月正式生效。两次修订的主要内容分别介绍如下：

（一）2018 年《刑事诉讼规则（修正案）》[2]

1. 分别审理。2016 年之前，英国《刑事诉讼规则》禁止在同一刑事法院的指控书中对两个及以上犯罪行为提起指控，除非这些犯罪行为均基于相同的事实或者犯罪构成相同，或者是属于一系列相同或类似性质犯罪的一部分。而且，普通法上认为如果违反了上述程序性规范，则判决无效。2016 年 10 月 3 日，在《刑事诉讼规则（2016 年第 3 号修正案）》生效后，其删除了上述程序性规定，并将第 3.21 条修改为刑事法院在任何情况下都应当对不存在上述联系的罪行进行单独审理。

然而，《1915 年起诉书法》规定，如果一份起诉书中指控了数个罪名，法院既可以合并审理，也可以分别进行审理。刑事诉讼规则委员会在对 *R v. Williams* （2017）EWCA Crim 281，（2017）4 W. L. R. 93 案进行讨论时指出，《1915 年起诉书法》与《刑事诉讼规则》的规定存在冲突，因此决定对《刑事诉讼规则》第 3.21 条进行修订。

2. 诉讼记录的提供。原《刑事诉讼规则》第 5.5 条规定，如果提供诉讼记录违反公布的限制性规定，则不得提供诉讼记录。成文法中对公布的限制性规定有很多，例如，不得公布儿童的姓名或者性犯罪原告的姓名。刑事诉讼规则委员会了解到新的行政规章对于提供刑事法院诉讼记录存在误解。根据行政规章，如果诉讼记录存在限制向大众公布的内容，则除非得到法官的允许，不得将其提供给除书记员之外的任何人。

因此，委员会同意对《刑事诉讼规则》第 5.5 条进行修订，使其表达更为明确，即除非公布的限制性规定在特定情况下起到了禁止提供诉讼记录的效果，则应当提供诉讼记录。此外，委员会认为还应当厘清《刑事诉讼规则》第 5.5 条规定和第 5.7、5.8 条规定之间的关系。第 5.7、5.8 条的规定适用于除诉讼记录外的其他文件

---

[1] 本部分执笔人：李本森，中国政法大学诉讼法学研究院教授；刘亚男，中国政法大学刑事司法学院博士研究生。

[2] 参见 http：//120. 52. 51. 17/www. justice. gov. uk/courts/procedure - rules/criminal/docs/criminal - proce-dure-amendment-rules-2018-guide. pdf，最后访问时间：2019 年 3 月 8 日。

和信息。

3. 传票的申请。目前，对于传票的申请和签发的有关规定散落于判例法中。刑事诉讼规则委员会认为有必要将其法典化，因此对《刑事诉讼规则》第 7 部分进行了修订。

4. 缺席判决后的羁押令或监禁令。根据《1980 年治安法院法》，治安法院可以在被告缺席的情况下对其判处监禁刑；但是在执行前必须将被告带至法庭，且判决自被告到庭之日起生效。为了使法律效力更为明确，并更好地对治安法院起到指导作用，刑事诉讼规则委员会对《刑事诉讼规则》第 13.3 条和第 24.12 条进行相应的修改。修改后的条文明确授权法院可以就逮捕和监禁签发同一个法令。

5. 专家辅助人。《2003 年刑事司法法》第 127 条（专家意见：准备工作）规定，如果专家证人根据某人为刑事诉讼目的所作的"事实或意见的陈述"提出了意见或作出推断，则只要专家说明该人的姓名及其陈述的事实或发表的意见，该事实或意见即可在法庭上被接受为证据，即使作出陈述的人没有被传召为证人。《刑事诉讼规则》第 19.4 条（专家报告的内容）列举了专家报告中必须囊括的内容，其中包括："是谁为了报告进行了哪些检查、测量、测验或实验，以及①该人的资质、相关经验以及认证；②检查、测量、检测和实验是否在专家监督下进行；③专家的发现。"这些规定与《民事诉讼规则》以及司法实践的指引相吻合。

由于法医科学监管机构向刑事诉讼规则委员会提出，在法医科学提供者中，该规则被理解为专家证人在其报告中应当列明每一位助理的名字及其工作，无论他们所做的工作是多么基础性的，例如为实验准备材料。委员会认为该解释属于对《2003 年刑事司法法》第 127 条的扩大解释。因此，为了澄清该规则的目的，委员会对《刑事诉讼规则》第 19.4 条进行修订，采用法条本身的语言以代替现行规则中的释义语言。

6. 原告以前的性行为证据。1999 年《青少年司法和刑事证据法》第 41 条禁止使用性犯罪案件中原告在以前犯罪中的性行为证据以及交叉询问的结果，法律另有规定除外。《刑事诉讼规则》第 22 部分（原告以前的性行为证据）涉及一个法律规定的例外情形。

在其他配套规则已经作出修改的情况下，该部分自 2006 年以来从未进行过修订。为了更好地促进法院公正有效地行使权力，刑事诉讼规则委员会对该部分的条文进行修订和重编。新规则明确了法院和检察院需要对原告人履行的义务，并明确：如果该证人以前犯罪中的性行为证据应当被引入本案，法院有权对如何对待该证人以及如何对该证人进行询问作出指引。

7. 交叉询问的律师。《1999年青少年司法和刑事证据法》第34条和第35条规定，如果性犯罪案件的被告人没有代理律师，则不得对性犯罪原告或未成年证人进行交叉询问。《1999年青少年司法和刑事证据法》第36条规定，在其他情况下，法院可以阻止被告人对证人进行交叉询问。《1999年青少年司法和刑事证据法》第38条规定，如果根据其他条款阻止被告人对证人进行交叉询问，法院必须给被告人委托辩护律师的机会以对证人进行交叉询问；如果被告人不委托辩护律师，法院应当为其指派辩护律师。原《刑事诉讼规则》第23.2条（委托辩护律师进行交叉询问）要求法院向该辩护律师提供相应资料，但并未规定应当具体包括哪些内容。新修订的法律作出相应修改，并规定辩护律师可以申请法令要求披露未使用的诉讼资料。

8. 案件中存在多个犯罪指控时陪审团裁决的作出。《首席大法官刑事实践指引》（以下简称《指引》）第6条第26q款对《刑事诉讼规则》进行了补充，列明了法官或者法院工作人员在陪审团作出裁决时必须向其提出的问题。《指引》中指出，当陪审团必须就多个指控作出裁决时，陪审员们作出裁决的时间可能不同，裁决的结果也可能不同。因此，《指引》认为法官对于何时记录下全体一致的裁决，其可以行使自由裁量权；如果陪审团最终不能就多数意见达成一致意见，法官可以要求他们进行进一步讨论，或者将陪审团解散。

原《刑事诉讼规则》第25.14条（对陪审团以及裁决作出的指引）对陪审团就每个单独的指控作出裁决进行了一系列程序性规定。根据该规定，就《指引》中出现的情形，法院不得推迟裁决作出的时间。刑事诉讼规则委员会认为原规定不符合立法目的，因此作了相应修改。

9. 对上诉法院作出的判决进行重新审理。2015年到2017年间，出现了两个对上诉法院作出的判决重新进行审理的案例。刑事诉讼规则委员会认为，之前的《刑事诉讼规则》缺少对上诉法院作出的判决进行重新审理的程序性规定，因此对《刑事诉讼规则》第36.6条（上诉至上诉法院：一般规定；听证）进行修订，并增加了第36.15条（对上诉法院的判决重新进行审理），以弥补现有法律的空白。

（二）《刑事诉讼规则（第2号修正案）》[1]

2018年对《刑事诉讼规则》的第二次修订主要涉及第34部分中有关上诉的规定。

1. 增加了案件从治安法院上诉到刑事法院的程序性规定。根据《1981年高等法院法》第79条，从治安法院上诉到刑事法院的案件应当进行重新审理。然而，根据

---

[1] http：//120.52.51.17/www.justice.gov.uk/courts/procedure-rules/criminal/guide_to_the_criminal_proce-dureamendment_no.-2rules_2018.pdf，最后访问时间：2019年3月8日。

刑事法院法官的经验，上诉的案件往往过于复杂，如果不能获取法律规定之外的信息，则无法安排有效的庭审，也无法给予当事人更多的上诉前指引。因此，刑事诉讼规则委员会对《刑事诉讼规则》第 34 部分进行修订，在原来的基础上增加以下要求：①当事人向法庭提供更多地与上诉争议问题有关的信息；②当事人告知法院以及对方对于该上诉审是否只依据初审的证据材料，还是需要增加新的证据材料；③法院工作人员向法庭提供治安法院记录中与案件有关的其他信息；④法院在需要时就上诉审进行准备。

2. 上诉理由。根据刑事法院在 *R v. James and Others*（2018）EWCA Crim 285 案中作出的指示，刑事诉讼规则委员会对《刑事诉讼规则》第 36. 14 条中的上诉理由作了更为细致的规定。

3. 上诉告知书的送达。数年来，如果被告想就其在刑事法院的定罪或量刑判决向上诉法院刑事法庭提出上诉，上诉告知书必须送达被告被定罪的刑事法院办公室。随着电子化办公方式的普及，这一送达方式变得不再必要。刑事诉讼规则委员会据此对《刑事诉讼规则》第 39. 2 条进行修订，以使其更加符合司法实践的实际情况。

三、日本刑事诉讼法的最新发展[1]

2016 年 5 月 24 日，经过反复酝酿讨论和修改，日本国会通过了《刑事诉讼法等的部分条文法律修改提案》，并于同年 6 月 3 日向社会公布，修改内容将于公布之日起 3 年内实施。2016 年刑事诉讼法修改是继 1999 年至 2005 年日本《刑事诉讼法》大修以来的又一次全面修改，修改主要围绕两个主题展开：其一，摆脱对讯问的过度依赖，实现证据收集手段的正当化、多样化；其二，摆脱对供述证据的过度依赖，加强被告人的防御活动，实现庭审进一步的实质化。[2] 这次修改不仅增修内容多，涉及面广，而且在章节篇章结构上也有调整。2016 年后，日本刑事诉讼法学界和司法实务界一直处于修法的后续浪潮之中。修改内容的实施时间跨度较大（见表 5-1）[3]，从 2016 年跨越至 2019 年。在过去的 2018 年里，日本学界和司法实务部门正在积极准备 2018 年以及 2019 年计划实施的修法内容，内容涉及扩大犯罪嫌疑人国选辩护的范围，侦查审判协助型合意制度，刑事免责制度，在法庭中以视频连线方式询问证人的方法，侦查讯问中的录音录像制度，通信监听中引进适用密码技术的"特定装置"。以下就 2018 年实施的内容进行具体介绍：

---

〔1〕 本部分执笔人：倪润，中国政法大学诉讼法学研究院副教授。

〔2〕 参见"時代に即した新たな刑事司法制度の基本構想"，http：//www. moj. go. jp/keiji1/keiji14_
00070. html，最后访问日期：2019 年 1 月 20 日。

〔3〕 本表信息来源参见笔者收到的日本辩护人协会印发的讲座资料。

表 5-1

修改项目	修改内容	实施时间（4 个阶段）
明确裁量保释判断中应当考虑的事项	有可能逃跑或隐匿、消灭罪证；存在因继续羁押导致被告人在健康上、经济上、社会生活上或防御准备上遭受到不利的其他情形	2016 年 6 月 23 日
保障向法庭提出真实证据的措施（1）	提高藏匿犯人、隐灭证据以及胁迫证人等罪法定刑	同上
完善证据开示制度	"证据一览表交付制度"；扩大审判前整理程序的请求权主体范围；扩大类型证据开示对象	2016 年 12 月前
加强辩护人的法律援助（1）	选任辩护人等的告知事项	同上
通信监听的合理化和效率化（1）	适用对象扩大	同上
加强证人、被害人等的保护（1）	证人等姓名信息的保护制度	同上
保障向法庭提出真实证据的措施（2）	放宽拘传证人的必要条件	同上
认罪案件的简易迅速处理	放宽撤回公诉后再起诉的条件	同上
加强辩护人的法律援助（2）	扩大犯罪嫌疑人国选辩护的范围	2018 年 6 月前
引入合意制度、刑事免责	引入侦查审判协助型合意制度、刑事免责制度	同上
加强证人、被害人等的保护（2）	在法庭中以视频连线方式询问证人方法	同上
引进侦查讯问中的录音录像制度	适用对象；适用例外；检察官请求调查记录媒体的义务	2019 年 6 月前
通信监听的合理化和效率化（2）	引进适用密码技术的"特定装置"	同上

（一）扩大犯罪嫌疑人的国选辩护范围

首先，2016 年《刑事诉讼法》修改扩大了国选辩护的适用对象范围。2004 年以前，日本国选辩护的适用对象为部分案件中的被告人。经过 2004 年和 2009 年两次修改后，国选辩护的适用对象扩大到了起诉前的犯罪嫌疑人，但仅限于下列案件，即相当于死刑、无期惩役或无期监禁以及 3 年以上惩役或监禁的案件，且逮捕证已签发。2016 年《刑事诉讼法》将适用范围继续扩大，删除了"相当于死刑、无期惩役或无期监禁以及 3 年以上的惩役或监禁"这个限定条件，适用范围扩大到了"所有已向犯罪嫌疑人签发了逮捕证的案件"。

其次，2016 年《刑事诉讼法》在选任辩护人等的告知事项上也作出了相应修改，增加了司法警察、检察官、法官等在告知人身受到限制的犯罪嫌疑人可以选任辩护人时，应当告知其可以指定辩护人、辩护人法人或辩护人协会为其辩护以及申请地。

（二）合意制度

为了摆脱对讯问的过度依赖与实现证据收集手段的正当化、多样化，以及更容易地收集供述证据并在法庭上展示，2016 年《刑事诉讼法》修改在第二编新增一章"关于证据收集等的协助与追诉的合意"（即侦查审判协助型合意制度，见下文）为第四章，具体内容体现在新增法条第 350 条之 2 至 15 中，原来《刑事诉讼法》第四章"即决裁判程序"顺延为第五章。

在探讨合意制度时，日本学界和实务界一般将其区分为两种类型：自己负罪型（自首型）与侦查审判协助型（立功型）。[1] 前者是在对自己的刑事诉讼中，用自白换取不起诉、减刑等的宽大处理的制度。后者是针对他人的刑事诉讼，以提供口供或证据为交换，获得不起诉、减刑等的宽大处理的制度。"特别部会"对上述两类合意制度都进行了深入讨论，对于自己负罪型合意制度，不少委员认为该制度会更易导致对口供以及讯问手段的过度依赖，无法实现证据收集手段的正当化、多样化，故该制度并未被 2016 年《刑事诉讼法》所采纳。[2] 但是，侦查审判协助型合意制度有助于实现证据收集手段的正当化、多样化，且庭审中进行交叉询问的机会也受到保障，2016 年《刑事诉讼法》在修改时对其予以采纳。

1. 适用对象。合意对象的范围限定在一些经济犯罪、毒品犯罪、有组织犯罪、文书伪造罪、受贿罪、欺诈罪、恐吓罪、侵占罪等特定犯罪上，不包含杀人罪、强奸罪等涉及生命或人身伤害的犯罪，并且刑罚为死刑、无期徒刑或监禁刑的犯罪也被排除在外。

---

〔1〕 宇川春彦："司法取引を考える（1）"，载《判例時報》1997 年第 1583 号，第 40 页。
〔2〕 参见 2014 年 3 月 7 日法制审议会"特别部会"第 25 次会议议事录，第 10 页。

2. 合意的内容。根据主体不同，合意内容可以分为：①可以与犯罪嫌疑人或被告人约定的合意内容；②可以与检方约定的合意内容。

（1）可以与犯罪嫌疑人或被告人约定的合意内容是：①在侦查讯问中作出真实供述；②在证人询问中作出真实供述；③协助收集证据。这里的"真实供述"不要求是特定的供述，也不要求是维持以前的供述，而是无隐瞒的诚实供述。

（2）可以与检方约定的合意内容是：①不起诉；②撤回公诉；③在特定诉因和罚条范围内起诉以及维持公诉；④特定诉因和罚条的追加、撤回、变更；⑤在特定的科刑范围内请求刑罚；⑥申请适用即决裁判程序；⑦申请适用略式命令等〔1〕。由此可见，检察官对如何处分犯罪嫌疑人或被告人拥有广泛的追诉裁量权，这也是检察官可以与犯罪嫌疑人或被告人进行交易的前提。

3. 合意的程序。合意程序由检察官主导，法官不是合意主体，其不参与合意过程。合意主体是控辩双方，控辩双方都可以提出合意。合意必须有辩护人参加，如果犯罪嫌疑人或被告人没有异议，可以仅在检察官和辩护人之间进行合意。合意的缔结须以辩护人的同意为要件。合意达成后，应当制作检察官、犯罪嫌疑人或被告人以及辩护人联合签名的合意文书。检察官在合意案件的法庭上应当毫不迟延地请求对合意文书进行证据调查。

4. 合意的效果与脱离。合意一旦成立，合意双方就负有履行合意内容的义务。如果对方违反合意，己方可以从合意中脱离出来，原理类似于合同法中因相对方不履行债务而解除合同的理由。脱离合意时，应当书面写明理由告知相对方。如果对方违反合意，己方可以从合意中脱离出来。当检察官违反合意，犯罪嫌疑人、被告人在合意过程中的供述将丧失证据能力；当犯罪嫌疑人、被告人违反合意，提供虚假供述或伪造、变造证据时，将以虚假供述罪进行处罚，判处5年以下惩役刑。如果被告人在法庭上作伪证，将根据日本《刑法》第169条伪证罪予以处罚。合意的效力受到检察审查会决定的制约。

（三）刑事免责制度

日本学界和实务界对刑事免责制度探讨已久，2016年《刑事诉讼法》首次将之明文化，具体体现在《刑事诉讼法》新增的第157条之2和第157条之3。此处的刑事免责制度，是指在共犯等案件中的重要证人主张不被强迫自证其罪特权而拒绝作证时，为了获得案件的重要证据，以其提供的证言及其派生证据不作为对其进行刑事追诉的证据为对价，剥夺该证人不被强迫自证其罪的特权，强制其作证以证明他

---

〔1〕 即决裁判程序的判决结果为缓刑，略式命令的判决结果为罚金刑。

人犯罪的制度。[1]　如果拒绝作证，将会面临证言拒绝罪与罚金刑的制裁。[2]

不同于合意制度，刑事免责的对象并不限定为特定犯罪，也不以合意为前提。所有犯罪都可以适用刑事免责制度。2016 年《刑事诉讼法》规定刑事免责制度仅在法庭上询问证人时适用。检察官可以在证人询问开始前，也可以在证人询问开始后向法官提出刑事免责请求，由法官决定是否作出免责决定。检察官都是基于关联犯罪的轻重和情节、证言的重要性等因素，认为必要时，向法官提出免责请求，这是检察官行使追诉裁量权的重要一环。接受请求的法院在对必要性等因素进行判断后，作出免责决定。检察官可以向法官提出请求，以该证人证言不能作为对其实施刑事追诉时的不利证据来使用为条件，强制对证人实施询问。

（四）在法庭中以视频连线方式询问证人方法

2000 年《刑事诉讼法》新增了证人作证隔离制度和视频作证制度，规定视频作证的场所应当与法官及诉讼关系人所处的场所属于同一处所，即证人虽然不到庭作证，一般应当在法院内的其他规定场所进行作证。

2016 年《刑事诉讼法》旨在更多地减轻证人的精神负担，防止被告人报复以及从更易得到证言的角度出发，删掉了"同一处所"这一限定条件，即当证人在"同一处所"作证时可能会感到压迫而明显有碍其精神稳定，或自身及亲属的身体可能因被跟踪等受伤、财产可能受损，或可能有让其害怕或难以应付的行为，或因距离远等原因而导致证人难以在"同一处所"作证时，可以在法官及诉讼关系人到场的法院以外的其他场所进行视频作证。

四、德国刑事诉讼法的最新发展[3]

（一）最新立法动态

1. 《关于在司法机关引入电子卷宗以及进一步促进法律事务往来电子化的法律》。2017 年 12 月 7 日，德国颁布《关于在司法机关引入电子卷宗以及进一步促进法律事务往来电子化的法律》（Gesetz zur Einführung der elektronischen Akte in der Justiz und zur weiteren Förderung des elektronischen Rechtsverkehrs，以下简称《电子卷宗法》），其中涉及对《德国刑事诉讼法典》部分条款的修改已经于 2018 年 1 月 1 日正式生效。继德国 2013 年 10 月 16 日颁布《关于促进与法院的法律事务往来电子化的法律》（Gesetz zur Förderung des elektronischen Rechtsverkehrs mit den Gerichten）开

---

[1]　三井诚等编：《刑事法辞典》，信山社 2003 年版，第 188 页。
[2]　酒卷匡："刑事訴訟法の改正——新時代の刑事司法制度（その 2）"，载《法律教室》2016 年第 434 号。
[3]　本部分执笔人：施鹏鹏，中国政法大学证据科学研究院教授；褚侨，中国政法大学法律硕士学院硕士研究生；刘新苏，中国政法大学证据科学研究院硕士研究生。

启法院卷宗编制以及司法往来电子化进程之后，《电子卷宗法》再次推动这一进程，将电子卷宗引入刑事诉讼领域。此前在实践中，大多数的刑事卷宗已经以电子数据的形式进行编制，并且越来越多地以电子形式传送，但由于法律的规定，其最终仍然必须以纸质形式存储。为了适应刑事司法现代化的需求，且使刑事诉讼领域与其他司法管辖领域（如民事、家事、劳动等）早已适用的电子司法往来制度相衔接，联邦政府于 2016 年起草了《电子卷宗法》的草案。[1] 经过法定的立法程序，《电子卷宗法》最终为联邦议会通过并公布于《联邦法律公报》。

目前已经正式生效的刑事诉讼法修订主要包括两个方面：

（1）电子卷宗编制与传输的具体规则。此类规则主要规定于现行《德国刑事诉讼法典》第 32 条至第 32f 条（第 32d 条除外[2]）。根据《德国刑事诉讼法典》第 32 条之规定，刑事诉讼中的卷宗可以以电子形式编制，但以电子形式编制卷宗的起始时间、范围以及相应的管理组织、技术手段、文件传输标准等配套规则可以由联邦政府或州政府通过规章加以规定，这一授权也可以交由相应的政府主管部门行使。其余各条款分别规定了电子文件在刑事追诉机关与法院之间传输的规则、电子文件的制作及电子签名要求、电子表格的应用要求、为编制卷宗的目的转换文件格式的要求、查阅电子卷宗的方式和要求等具体适用规则。

（2）电子卷宗中个人数据的保护和使用要求。此类规则主要规定于现行《德国刑事诉讼法典》第 496 条至第 499 条，主要内容包括：允许处理和使用电子卷宗或者电子卷宗副本中的个人数据，但必须采取数据保护措施且遵守正确的数据处理规则；允许司法机关在满足法定条件时委托非公共机构存储电子卷宗；使用电子卷宗或其副本中的个人数据的条件和禁止使用的情形；电子卷宗副本的删除要求；等等。

刑事诉讼法的此次修订是德国继续推进刑事司法现代化的重要产物，与现代数字化社会的发展背景相适应，具有提高司法效率、降低司法成本的作用。但考虑到电子数据易篡改、易伪造的特性，必须配套实施相应的技术保障和数据保护措施。为此，德国也采取了循序渐进的立法方式，逐步推进刑事司法电子化的进程，以便能够及时调整以适应刑事诉讼的特殊要求。

2. 《关于加强被告人出席庭审权利的法律》。2018 年 12 月 17 日《关于加强被告人出席庭审权利的法律》（Gesetz zur Stärkung des Rechts des Angeklagten auf Anwesenheit in der Verhandlung）颁布并生效，其中第 1 款对于《德国刑事诉讼法典》第 231

---

[1] BR-Drucksache 236/16.

[2] 《德国刑事诉讼法典》第 32d 条规定了辩护人和律师等就特定的文件必须以电子文件形式提交的义务，该条规定将于 2022 年 1 月 1 日生效。

条（被告人的出席义务）、第 329 条（被告人不在场；上诉审中的代理）、第 350 条（上告审庭审）、第 356a 条（在上告审判决中侵犯法定听审权的情形）等涉及被告人出席庭审权利的条款进行了修订。此次修订是为了将欧盟 2016/343 号指令转化为国内法。该指令由欧洲议会和参议院于 2016 年 3 月 9 日发布，旨在从特定角度加强刑事诉讼中的无罪推定以及出席庭审的权利，并确立了最低限度的保护要求。根据该指令的第 8 条，成员国必须保障，被告人享有在涉及其自身的庭审中出席的权利。缺席审判必须满足如下条件：①被告人及时得到有关庭审的通知；②被告人被告知不出席的后果或者被告人委托一名辩护人全权代理。德国刑事诉讼法将被告人出席庭审视为一种义务并且仅在例外情形下允许缺席审判，整体上与欧盟 2016/343 号指令的要求相符。[1]因此，此次对《德国刑事诉讼法典》的修订只在如下三个方面作出调整：

（1）增加缺席审判情形中的指示义务。根据修订前的《德国刑事诉讼法典》第 231 条第 2 款，被告人离开庭审或者在中断后继续进行的庭审中缺席，只要被告人已经就指控被讯问过并且法庭认为其进一步的出席并非必要，庭审即可在被告人缺席的情况下进行直至结束。此次修订在该情形中增加了法庭的一项指示义务，即法庭在传唤被告人时已经说明，庭审可以在其缺席的情况下进行直至结束。只有法庭履行了此项指示义务，才能进行缺席审判。

（2）增加缺席判决情况下有关法律救济途径的告知义务。根据修订前的《德国刑事诉讼法典》第 329 条第 7 款，被告人在缺席审判的判决送达后一周内，可以在满足第 44、45 条[2]规定的条件时恢复先前状态。此次修订在其后增加规定了对于这一救济途径必须在判决送达时告知被告人的义务。此外，根据《德国刑事诉讼法典》第 356a 条的规定，上告审（也即第三审）判决侵犯被告人的法定听审权时，诉讼程序也可依申请恢复至判决作出前的状态。此次修订也在该情形中予以规定，即使被告人自己及其全权委托的辩护人均在庭审中缺席，法庭在公布判决时也应告知被告人该项救济途径。

（3）赋予被羁押的被告人在上告审庭审中出席的可能性。此次修订中，《德国刑事诉讼法典》第 350 条关于上告审庭审程序的规定有所变化：原本关于被羁押的被告人没有出席请求权的规定被删除，取而代之的是由法庭决定被羁押的被告人是否需要带至法庭的裁量权。其余被告人仍可选择自己出席庭审或者由受其全权委托的

---

[1]　BT-Drucksache 384/18.

[2]　《德国刑事诉讼法典》第 44、45 条是关于当事人因受不可归责于己的阻碍而无法遵守期间时，申请恢复诉讼先前状态的规定。

辩护人代替出席，但只要辩护人参与并非必要，庭审即可在被告人与辩护人均不在场的情况下进行。此外，庭审时间和地点的通知对象除原本的被告人及其辩护人以外，增加了被告人的法定代理人、附带民事诉讼原告以及其他根据《德国刑事诉讼法典》第214条第1款第2句有权获得通知的被害人。

出席庭审作为被告人的一种权利，只有在法庭履行充分的通知义务时才能进行正当干预。此次修订进一步加强了在缺席审判情形中对被告人的通知义务，通知内容的范围由原本的庭审时间、地点以及不出席的后果，扩宽至缺席判决后的相关救济途径。同时，有权出席庭审的被告人范围也进一步扩大。由此，在德国，缺席审判成为更加例外的情形，被告人出席庭审的权利得到更完善的保障。

（二）新近重要判例

1. "大众汽车公司柴油丑闻案"：内部调查文件的扣押[1]。

（1）案情简介：2015年9月，德国大众汽车公司被曝在柴油车上非法利用软件操纵汽车排气系统，欺骗美国监管机构，导致其柴油车的有毒排放量高达正常标准40倍。[2]这起"柴油门"丑闻使大众汽车公司深陷诚信危机，并引发了后续的一系列诉讼。2017年，大众汽车公司与美国司法部达成认罪协议，最终以支付28亿美元罚款的代价结束诉讼。而当时在德国，针对这一事件也有两起相关刑事诉讼正处于侦查阶段：一是德国下萨克森州的不伦瑞克检察院针对大众汽车公司在2.0升柴油发动机上的排放造假行为进行的刑事追诉（以下简称"不伦瑞克诉讼"）；二是德国巴伐利亚州的慕尼黑第二检察院针对奥迪汽车公司（大众汽车公司的子公司）在3.0升柴油发动机上的排放造假行为进行的刑事追诉（以下简称"慕尼黑诉讼"）。二者于2018年分别以对相应公司科以10亿欧元和8亿欧元的罚款结案。[3]

最初，在丑闻曝光后，大众汽车公司即委托美国众达律师事务所（Jones Day）对此次事件在全公司范围内进行调查。此种由律师事务所对公司进行的内部调查活动在近年来发展迅速，是一种公司自我纠错、查明内部问题的重要方式。众达律师事务所接受委托后，查看了大量公司内部文件并访问了大量公司员工，奥迪公司作为子公司也在内部调查的范围内。因此，2017年在慕尼黑第二检察院对奥迪公司开展侦查的过程中，对众达律师事务所位于慕尼黑的办事处进行了搜查并扣押了若干

---

〔1〕 BVerfG（3. Kammer des Zweiten Senats），Beschluss vom 27. 6. 2018－2 BvR 1287/17, 2 BvR 1583/17.

〔2〕 "德国大众'排放门'是堂诚信法治课"，载"求是网"：http：//www.qstheory.cn/zhuanqu/bkjx/2015－09/29/c_1116710252.htm，最后访问日期：2019年3月23日。

〔3〕 Audi muss 800 Millionen Euro Diesel－Bußgeld zahlen. Online im Internet unter：Zeit Online, https：//www.zeit.de/news/2018－10/16/audi－muss－800－millionen－euro－diesel－bussgeld－zahlen－181016－99－391876，〔Stand：2019－03－23〕.

内部调查文件，包括大量的文件夹和电子数据。针对这一侦查行为，大众汽车公司、众达律师事务所以及供职于该事务所的三名律师分别向德国联邦宪法法院提出宪法诉愿，认为这一搜查行为侵犯了其基本权利，由此构成本案的开端。

（2）判决主要内容。针对众达律师事务所及其三名律师提出的宪法诉愿，联邦宪法法院以二者均缺乏提出宪法诉愿的权利为由驳回其申请：由于众达律师事务所不属于《德国基本法》第 19 条第 3 款所称的"国内法人"，因此不享有德国宪法上的基本权利；而供职于该律师事务所的律师所提出的其"住宅不受侵犯"（《德国基本法》第 13 条第 1 款）、"职业自由"（《德国基本法》第 12 条第 1 款）等基本权利受到侵犯的诉愿也均不成立。

针对大众汽车公司提出的宪法诉愿，联邦宪法法院主要就搜查行为是否对其信息自决权造成不当干预进行审查。首先，就搜查所获内部调查文件中涉及奥迪公司的信息而言，属于作为母公司的大众汽车公司所享有的信息自决权的保护范围。其次，搜查行为对大众汽车公司关于此类信息的控制权造成妨害，构成对基本权利的干预。最后，在干预正当性的审查中，大众汽车公司提出应通过对《德国刑事诉讼法典》第 160a 条和第 97 条第 1 款第 3 项的解释和适用，从而对律师与客户之间的信任关系进行充分保护。对此，联邦宪法法院从以下四个方面论证了干预的正当性：其一，搜查行为对信息自决权造成干预具有明确的法律依据，即《德国刑事诉讼法典》第 110 条关于查阅文件和电子存储媒介的规定；其二，《德国刑事诉讼法典》第 160a 条第 1 款规定的对拒证权范围内相关信息的取证禁止，与第 97 条规定的禁止扣押拒证权范围内的标的，属于一般法与特别法的关系，在适用时遵循特别法优先于一般法的原则。[1]其三，《德国刑事诉讼法典》第 97 条第 1 款第 3 项规定的"禁止扣押拒证权范围内的其他标的"只适用于保护拒证权人与具体刑事诉讼程序中的被指控人之间的信任关系。[2]其四，众达律师事务所不享有作为律师或辩护人的法定拒证权，以内部调查为委托事项的"律师—客户"关系也并非值得保护的信任关系。根据《德国刑事诉讼法典》第 53 条第 1 款，被指控人的辩护人以及律师对其以职业身份被信赖而知悉的事项享有拒绝作证的权利。由于大众汽车公司并不属于"慕尼黑诉讼"中的被指控人，也不具有类似被指控人的诉讼地位，虽然其与众达律师事务所具有委托代理关系，但并不构成被指控人与辩护人之间的代理关系。而作为

---

〔1〕　BVerfG：Durchsuchung einer Anwaltskanzlei im Zuge des VW - Diesel - Skandals, NZG 2018, S. 1112 (1112).

〔2〕　BVerfG：Durchsuchung einer Anwaltskanzlei im Zuge des VW - Diesel - Skandals, NZG 2018, S. 1112 (1112).

"慕尼黑诉讼"中被指控人的奥迪公司，虽然处于众达律师事务所的内部调查范围内，但与其并无代理关系，因此在"慕尼黑诉讼"中，众达律师事务所并不享有拒证权。同时，联邦宪法法院根据比例原则对刑事追诉利益与本案中的"律师—客户"信任关系保护进行了权衡，其认为独立的内部调查活动并不当然属于律师或者辩护人的业务活动范围，以此为委托事项在律师与客户之间建立的关系，与具有特别信任利益的辩护关系不同，不受刑事诉讼法的特别保护。[1] 最终，联邦宪法法院以搜查与扣押未侵犯大众汽车公司的基本权利为由驳回其诉讼请求。

（3）影响及评价。该判例进一步加强了对有效查明真实的刑事追诉利益的保护，对律师事务所的内部调查所获信息仍然以构成典型的辩护关系为前提，进而通过拒证权加以保护。这在德国法学界受到了诸多批评，其主要针对的是对内部调查活动的性质判定。有学者认为，是否属于刑事诉讼中律师或者辩护人的业务活动取决于该活动的目的，而内部调查活动的目的广泛，既可以以通过为公司提供信息来防止民事诉讼中的索赔为目的，也可以是为了刑事制裁程序中的辩护作准备，因此内部调查所获文件中也有可能包括为辩护活动而准备的文件，属于受拒证权保护的范围，因此不能对其一概而论。[2] 此外，该学者还认为，联邦宪法法院应当为内部调查活动在刑事诉讼中的保护设定合宪性框架，而后交由立法者在框架内制定处理内部调查所获信息的适当方法。[3]

2. "睡着的陪审员案"：合议庭成员短暂的注意力损伤[4]。在萨尔布吕肯地区法院审理的一起贩卖毒品刑事案件中，被告人在获得有罪判决后向联邦最高法院提起上告，其主张在原审法院庭审中有一位陪审员在证据调查阶段沉睡了约30至45分钟的时间，当时在场的法警也因此发出笑声。控方代表反驳了这一主张，其表示该陪审员只是"以一种放松的、向后斜靠的姿势"，间歇性地闭眼数秒钟。为此，最高法院审判庭获取了当时的陪审员、合议庭的审判长、审判员、法庭记录员以及法警的陈述。其中一位法警声称，根据其"估计"，该陪审员在审理过程中大概睡了10分钟，该陪审员则反驳了这一主张，其他人表示未曾注意。基于此，不能判定该陪审员因为疲劳而错过了庭审的重要过程。同时，由于疲劳对注意力造成暂时性的损伤不足以否定整个合议庭的组成合法性（《德国刑事诉讼法典》第338条第1项）。该判例的主旨在于：法官或者陪审员的自身状态缺陷（如睡觉、注意力不集中）所

---

〔1〕 *Alexander Baur*, Neues zum strafprozessualen Schutz interner Ermittlungen? NZG 2018, S. 1092（1094f.）.

〔2〕 *Alexander Baur*, Neues zum strafprozessualen Schutz interner Ermittlungen? NZG 2018, S. 1092（1095）.

〔3〕 *Alexander Baur*, Neues zum strafprozessualen Schutz interner Ermittlungen? NZG 2018, S. 1092（1095）.

〔4〕 BGH, *Beschl. v. 19. 6. 2018-5 StR 643/17*; NStZ 2019, 106.

导致的对其在场有效性的质疑，仅以《德国刑事诉讼法典》第 338 条第 1 项为依据进行审查；由于疲劳对注意力造成暂时性的损伤并不足以将具有此种状态的法官和陪审员视为缺席。

3.“性侵儿童案”：“一对一”言词证据的评价[1]。1996 年，被告人与证人 H 相识，当时 H 已经结婚并育有 3 子。但 H 因其丈夫酗酒而对婚姻十分不满，其于 1997 年初与丈夫分居，与孩子们搬至被告人处与其合租。1999 年春，H 的孩子 J（1990 年生）告知母亲其受到被告人的多次性侵，H 当即与被告人对质，但被告人否认其性侵行为。后 J 又告知祖母有关自己受到性侵的情况，祖母提请青少年保护机构介入。在机构工作人员调查访谈期间，J 的哥哥 M（1987 年生）也表示曾受到被告人的性侵。对于性侵的指控最初出现于 H 的离婚案件中，在该诉讼程序中，两名孩子接受了鉴定人的心理测试，但在鉴定过程中，J 和 M 改变了说法，声称其并未受到性侵，只是在祖母的要求下作出了之前的陈述。鉴定人得出的结论是，关于性侵的主张“无法经受心理学检测，但有许多迹象表明孩子们撤回陈述是故意伪装作出的”。2000 年，该案正式作为刑事案件启动侦查，后基森地区法院对该案进行审理，最终判处被告人以 4 年自由刑。被告人因对刑期不满而向联邦最高法院提出上告。

在该案中，存在“一对一”言词证据（Aussage gegen Aussage）的情形，即只有被告人的口供与证人证言作为相反证据存在且没有其他间接证据。对此，德国法院判例所确立的证据评价规则是：法院可以不因“疑罪从无”原则放弃对被告人定罪，而是可以在确信这一唯一的证人证言的真实性时作出有罪判决，但法官必须意识到，证人证言一定经过了特别的可信度审查，尤其是被告人在此类情形下几乎无可辩驳时。在本案的原判决中，对于证据的评价符合前述提出的要求。地区法院没有忽略两名受害儿童在首次提出性侵指控后又改变主张的情况。同时，由于二者经常需要面临家庭成员、青少年保护机构的工作人员、离婚诉讼程序以及刑事诉讼程序中对有关性侵事件的询问，因此降低了其因为记忆模糊而出现的错误率。法庭充分考虑陈述的作出、变化以及陈述动机、质量等因素，由此得出对不利于被告人的陈述的确信。在承认原判决证据评价与事实认定的正确性的同时，联邦最高法院认为原判决在量刑阶段中考虑罪行严重性的方式有重大错误，因此仍然撤销了这一有罪判决。

（三）学说发展

总体而言，德国刑事诉讼近年来呈现出如下发展趋势：其一，非经完整审判即终结的刑事诉讼程序逐渐增多；其二，审前程序中的被告人权利保护逐渐加强；其三，审判程序中直接原则的效力减弱，可通过宣读文件或者记录来代替证人出庭作

---

[1]　BGH, *Urt. v. 25. 4. 2018-2 StR 194/17*; NStZ 2019, 42.

证的情形逐渐增多。[1] 在过去一年里，德国法学界的学术研究热点主要围绕 2017 年《德国刑事诉讼法典》修订的内容，或对修订前后的法律制度进行分析与评价，或在比较法视野中研究相关制度，同样体现了前述发展趋势。具体研究内容主要包括如下几个方面：

1. 被告人的权利保护。

（1）马努埃尔·海姆："在待审羁押中请求与辩护人通话的权利"（载《新刑法杂志》2018 年，第 433~436 页）。[2]

从《欧洲人权公约》第 6 条规定的"公正审判权"以及宪法中规定的依法治国原则和自由权可以得出，在刑事案件中应保障有效辩护。有效辩护的基础是指保障被指控人与辩护人之间的交流不受阻碍，这在法律上由《德国刑事诉讼法典》第 148 条加以保证。这一权利保障不仅仅是公正审判权的体现，也是被告人人性尊严的一种表现形式。因此，对与辩护人交流进行限制时必须考虑前述法益保护的重要性。然而在司法实践中，在待审羁押过程中延迟提供或者完全拒绝提供被指控人与辩护人间的通话机会的现象屡见不鲜，实在令人担忧。因此，该文旨在阐释与辩护人的通话请求权的权利范围及其受限制的可能性，最终对所得出的结果进行评价。

（2）穆罕默德·加齐："欧盟 2016/680 号指令的转化后刑事诉讼强制措施中的同意——自愿呼气酒精检测的终结！"（载《国际刑法教义学杂志》2019 年第 2 期，第 110~118 页）。[3]

欧盟 2016/680 号指令与《通用数据保护条例》（GDPR）的目标一致，均为对自然人的个人数据在被公权力机构为犯罪预防、发现、侦查与追诉或者刑罚执行的目的所获取与处理时进行保护。该指令转化为国内法后，强制措施适用新的同意规则，其不再是无条件允许采用的。这一变化主要以《联邦数据保护法》第 51 条为依据。该规定不仅包含对于同意规则的一般要求，更对自愿性提出了特别要求。同意的自愿性未来将以通知为前提。通知必须表明当事人没有合作的义务，并且他可以随时撤销其同意。此外，他将被告知拒绝同意不能用于证实或加强他的指控。只有通过这样的告知，才能保证《联邦数据保护法》第 51 条第 4 款所规定的同意的自愿性。此外，《联邦数据保护法》第 51 条第 1 款也导致了较大的变化。尽管欧盟 2016/680 号指令并未要求成员国设置此类同意保留，《联邦数据保护法》仍只有在特殊法律规

---

〔1〕［德］托马斯·魏根特："德国刑事诉讼的最新发展（讲稿整理）"，搜狐网：http://www.sohu.com/a/270620110_650721，2019 年 3 月 25 日最后访问。

〔2〕 *Manuel Hemm*, Der Anspruch auf Verteidigertelefonate während der Untersuchungshaft, NStZ 2018, S. 433.

〔3〕 *Mohamad El-Ghazi*, Die Einwilligung in strafprozessuale Zwangsmaßnahmen nach der Umsetzung der Richtlinie (EU) 2016/680-das Ende der freiwilligen Atemalkoholkontrolle, ZIS 2019, S. 110.

定的情况下才允许采取刑事诉讼强制措施。现在德国也禁止实施自愿的呼气酒精检测，如再次允许这种呼气酒精检测，立法者必须在法律中对此措施实施同意保留。

2. 新秘密侦查措施的引入。

（1）米歇尔·苏尔尼："刑事诉讼中的在线搜查"（载《新刑法杂志》2018 年，第 497～504 页）。[1]

2017 年《德国刑事诉讼法典》修订时引入了"在线搜查"作为一种秘密侦查措施。该文就该措施现有的法律规定情况以及实践中出现的重要问题进行了阐述。首先，文章分析了在线搜查措施的干预强度，认为存储于用户信息技术系统中的数据包含高度私密的个人信息，国家利用在线搜查措施秘密侵入计算机系统获取这些信息是对公民私生活的强烈干预。其次，文章根据现行《德国刑事诉讼法典》中关于在线搜查措施的规定，对其适用的实质性条件进行了总结与分析，主要包括适用的罪名目录、适用的对象、嫌疑程度条件、谦抑性条款等内容。此外，文章也对在线搜查措施侵入信息技术系统的具体情形进行了阐述，并将其与源端电信监控和住宅监听措施进行了区分。最后，文章总结道：在线搜查措施开创了侵入信息技术系统并从中获取数据的先河，弥补了刑事追诉机关一直声称的侦查漏洞，但刑事诉讼法为在线搜查措施的使用设置了较高的条件和要求，其对实践的指导作用将在未来几年逐渐显现。

（2）丹尼尔·鲁舍尔："亚马逊 Alexa、苹果 Siri 以及谷歌三大数字助手作为受侦查机关委托的数字间谍？"（载《新刑法杂志》2018 年，第 687～692 页）。[2]

近年来，诸如语音控制软件之类的数字助手得到广泛应用。这些数字助手逐渐成为公民的手机与住宅中的固定设备，其全天处于听音状态，等待激活口令。但这也引起了侦查机关利用此类设备收集信息的兴趣。然而，侦查机关是否以及在何种程度上能够获取这些设备收集的信息以及利用其录音功能监视与记录住宅内谈话？这一问题值得探讨。该文在探讨该问题的基础上，分析了上一年度新引入刑事诉讼法的在线搜查和源端电信监控两项秘密侦查措施，并将其与既有的住宅监听措施进行了区分。

3. 非经完整审判的刑事诉讼程序终结。

（1）约翰娜·格勒尔："比较法视野中非经主要审判的刑事诉讼程序"（载《整

---

〔1〕 *Michael Soiné*, Die strafprozessuale Online-Durchsuchung, NStZ 2018, S. 497.

〔2〕 *Daniel Rüscher*, Alexa, Siri und Google als digitale Spione im Auftrag der Ermittlungsbehörden? NStZ 2018, S. 687.

体刑法学杂志》2018 年第 2 期，第 513~525 页）。[1]

该文是第 36 届刑事比较法研究协会大会形成的一篇会议报告，大会的一项重要主题即为"非经主审程序的刑事诉讼程序终结"（Erledigungen von Strafverfahren ohne Hauptverhandlung）。非经主审程序的刑事诉讼程序终结以及概括性的真实查明与刑事诉讼固有的特征相矛盾。但司法资源的短缺和越来越重的结案压力迫使立法者寻求更快速、更节约成本的刑事诉讼程序设计。目前从结果来看，各国简化刑事诉讼程序的方式主要是通过缩短或者完全放弃审判程序。与此同时，这种简略的刑事诉讼程序的法治化逐渐成为焦点问题。在此背景下，来自日本、美国、西班牙、瑞士和德国的报告人分别在大会上介绍在其本国法律制度中简略刑事诉讼程序的法律规范和实践情况。整体的会议主要围绕一个问题进行讨论，即传统的查明真实的诉讼目标在何种程度上可以基于诉讼经济的原因被限制、甚至被取代。

（2）马克·代科尔斯："简略的刑事诉讼程序"（载《整体刑法学杂志》2018 年第 2 期，第 491~512 页）。[2]

与前述文章相同，该文同样来自于第 36 届刑事比较法研究协会大会中的会议报告，但该文章主要是对德国简略刑事诉讼程序的介绍。文章主要介绍了三类简略的刑事诉讼程序：一是在被告人认罪情况下以简易的公开庭审结案；二是在被告人认罪的情况下不经审判程序结案，主要是指刑事处罚令程序；三是附条件的程序终止，即检察机关根据起诉便宜原则以对被指控人科以一定的义务为条件从而决定不起诉。针对这三类简略的刑事诉讼程序，作者也从比较法的角度将德国的相关制度与域外类似的制度设计作对比，最终对德国相关制度作出分析与评价。

4. 主审程序与直接原则。

（1）阿德里安·杜米特雷斯库："德国与瑞士刑事诉讼法中的直接原则"（载《整体刑法学杂志》2018 年第 1 期，第 106~155 页）。[3]

直接原则解决的问题是作为判决依据的证据如何呈现在法庭上。这关乎立法者在刑事诉讼领域内最重要的决定：法庭如何获知可据以作出后续判决的事实？其中也涉及审判程序的功能及其与审前程序的关系。德国和瑞士的诉讼法典在直接原则的问题上表现出明显不同的特征，因此可以将二者进行比较研究，以便更好地理解这一原则。该文旨在激励德国与瑞士的刑事法律专家重新审视本国的诉讼法典，深

---

[1] *Johanna Göhler*, Strafverfahren ohne Hauptverhandlung im Rechtsvergleich-Ein Bericht über die 36. Tagung der Gesellschaft für Rechtsvergleichung aus strafrechtlicher Perspektive, ZStW 2018, S. 513.

[2] *Mark Deiters*, Abgekürzte Strafverfahren, ZStW 2018, S. 491.

[3] *Adrian Dumitrescu*, Das Unmittelbarkeitsprinzip im deutschen und schweizerischen Strafprozessrecht, ZStW 2018, S. 106.

入理解直接原则的确立目的。该文首先对直接原则进行了简要介绍，然后具体阐述了德国与瑞士的相关制度并从比较法的角度进行分析，最后讨论直接原则的优缺点并分别对德国和瑞士刑事诉讼法的制度设计进行评价。

（2）伯特伦·施密特："主审程序中的记录"（载《新刑法杂志》2019年第1期，第1~10页）。[1]

主审程序中的记录逐渐成为法律政策讨论的焦点。作者基于其多年担任刑事法庭法官的经验，对这一问题进行分析。文章通过介绍德国刑事诉讼中主审程序的记录制度的内容及功能，探究了主审程序记录对于刑事诉讼程序的意义以及未来完善的方向。作者最后阐述了自己的观点，其确信主审程序的记录可以为刑事诉讼中的查明真实以及有效的法律救济作出重大贡献，同时认为书面的文字记录对于所有诉讼参与人以及上告程序中的相关人员而言是最容易掌握的形式。

五、法国刑事诉讼法的最新发展[2]

在过去的20年里，法国刑事诉讼领域经历了诸多重大改革，主要是对舆论所关注的热点司法问题进行局部回应。这也导致改革碎片化、局部化，让刑事诉讼程序变得愈发复杂。正如曾起草1994年改革草案的米海依尔·戴尔玛斯-马蒂（Mireille Delmas-Marty）所言："零星、局部改革的堆积，总是增加新的程序……这些程序没有具体适当的方式，也缺少对刑事制度一致性的全面反思。"2018年，法国刑事诉讼的立法、学说及判例重点是简化刑事诉讼程序及优化刑事司法制度。

（一）最新立法动态

此次改革所涉及的主要法律文件是2018—2022年司法改革及规划法律草案（Projet de loi de programmation 2018—2022 et de réforme pour la justice）（以下简称司法改革法案）。下文主要介绍该法案的立法背景、主要内容以及各界评价。

1. 司法改革法案的立法背景。为了恢复刑事诉讼的明确性和连贯性，2017年10月6日，法国总理爱德华·菲利普（Edouard Philippe）和司法部长妮可拉·贝卢贝（Nicole Belloubet）公布了司法改革法案（2018—2022年），拟通过一系列改革措施，简化诉讼程序，强化判决效力，进行全面的司法改革。经过5个月的广泛协商，2018年3月20日，政府在兰斯提出了司法改革的5个主要轴心，分别是刑罚的意义和效率、民事诉讼程序的简化、刑事诉讼程序的简化、司法的数字化转型和司法审判系统的调整，以便建立一个有效、快速和现代化的司法制度。司法改革法案于2019年

---

〔1〕 *Bertram Schmitt*, Die Dokumentation der Hauptverhandlung: Ein Diskussionsbeitrag, NStZ 2019, S. 1.

〔2〕 本部分执笔人：施鹏鹏，中国政法大学证据科学研究院教授；褚侨，中国政法大学法律硕士学院硕士研究生；刘新苏，中国政法大学证据科学研究院硕士研究生。

2月19日最终通过。本部分主要论及刑事诉讼程序的简化。

事实上，改革和简化刑事诉讼程序并不新鲜。法国刑事诉讼自2000年来进行了多次改革，以提高诉讼效率、节约司法资源。但改革似乎是一个"开放的工地"[1]和"千层蛋糕"[2]，虽然改革频率高，但是改革的成效相对分散、不成体系。比如，2004年3月9日所创设的庭前认罪答辩程序，允许刑事被告人在某些轻罪案件中以认罪为根本前提和检察官进行量刑交易，从而简化诉讼程序、提高诉讼效率。但庭前认罪答辩程序仅适用于一小部分轻罪，无法解决重罪案件的法庭堵塞问题，也无法疏解监狱人满为患的压力。

而此次司法改革法案一改过去的做法，意图针对整个刑事诉讼过程。根据法案的解释性说明，我们可以看出这种改革必须"便利刑事系统所有参与者的工作，从侦查人员到法官，取消不必要或多余的程序，重新明确每个参与者的核心职责：警察和宪兵负责调查、检察官负责起诉、法官负责判决、提高调查和预审的效率、明确适用规则，尽可能统一《法国刑事诉讼法典》规定的某些程序、标准和期限，修复侦查人员与法官在侦查行为方面的信任关系，通过开辟新的程序途径和简化案件的判决，避免繁琐和复杂的程序"。[3]

其中最具象征意义的措施包括：设立反恐检察院、试点省级刑事法庭以及进行刑罚制度改革等。同样，此次改革面临刑事诉讼的"两难"选择，即微妙地在"维护公共秩序"与"保护基本权利和自由"之间寻求平衡。法国司法部长妮可拉·贝卢贝为新法案予以辩护，称其遵循了"平衡"原则，但政府反对党和司法界人士则对此颇有微词。

2. 成立国家反恐检察院。自2015年以来，恐怖袭击在法国境内愈演愈烈，不到3年的时间内已经造成249人死亡。反恐已然成为共和国检察官工作的主要部分。但目前只有巴黎检察院被授权处理全国恐怖主义案件，恐怖主义的打击力度还远远不够。因此，在法律上有必要允许检察官全身心投入打击恐怖主义的斗争。司法改革法案第41条、第42条和43条提出成立国家反恐检察院（PNAT），它将取代巴黎检察院对目前的恐怖主义犯罪、反人类罪、战争重罪和轻罪以及与大规模毁灭性武器扩散有关的犯罪行使管辖权，其中不包括有组织犯罪。该检察院由一名特别检察长

---

[1] J. -M. Carbasse, *Histoire du droit pénal et de la justice criminelle*, PUF, coll. "Droit fondamental", 2000, n° 6, p. 22.

[2] J. Pradel, *Vers un "aggiornamento" des réponses de la procédure pénale à la criminalité. Apports de la loi n° 2004-204 du 9 mars 2004 dite Perben II*, JCP 2004. I. 132, n° 1.

[3] Ministère de la justice, *Expose des motifs du Projet de loi de programmation 2018-2022 et de réforme pour la justice*, 2018. p. 12.

和 25 至 30 名检察官组成。检察官从最容易受到恐怖主义袭击地区的轻罪法院的检察官中选任，其数量可根据国家受威胁的状态及激进化程度而有所改变。这种新成立的检察院将设在巴黎大审法院附近，它有权要求法国所有共和国检察官实施其所决定的调查行为。此外，法案还规定国家反恐检察官每天需要向负责反恐工作的法官报告恐怖主义的威胁状况。

这将是继国家金融检察院（PNF）之后建立的第二个专门检察院。其实早在2016 年，奥朗德就曾提出仿照国家金融检察院成立专门的反恐检察院，但当时因存在孤立法官的风险而被司法界抨击。2018 年，随着法国西南部奥德省、巴黎市中心等地相继发生恐怖袭击事件，巴黎检察院反恐部门的负担过重[1]，国家反恐检察院的建立再次被提上日程。与国家金融检察院不同的是，国家反恐检察院不受巴黎驻上诉法院总检察长的管辖，而是指定专门的反恐检察长管辖。根据司法部长妮可拉·贝卢贝女士的说法："国家反恐检察院的目的是双重的，一是使之成为一股真正的打击力量来应对高度恐怖主义威胁，二是在国内和国际上为检察官提供明确的组织定位。"[2] 司法界一部分人并不赞成这个改革，他们认为设立专门的国家反恐检察院，将越来越多的权力授予检察院，会导致其侵犯公民自由权利的可能性将逐渐增大。

3. 试点省级刑事法庭（Un tribunal criminel départemental）。近几年来，随着刑事案件的剧增和特殊类型重罪的威胁加剧，刑事司法一直面临着两个弊端：审判时间过长；对某些罪行的纠正需求日益增加。为解决这些弊端，该司法改革法案设想试点一个新的部门：以省为单位创设省级刑事法庭，由 5 名职业法官组成，负责审理可能判处 15 年到 20 年有期徒刑的特殊类型刑事案件，如强奸、殴打致死或者持械抢劫罪。但试点方案作了两点保留：一是这些案件的上诉仍由重罪法庭管辖，适用陪审团审判；二是对于最严重的罪行，即可能判处 20 年以上有期徒刑、无期徒刑或累犯的，一审仍由重罪法庭管辖，适用陪审团审判。改革从 2019 年 1 月 1 日开始启动，为期 3 年（2019 年至 2021 年），在 2 至 10 个省份进行试点。

设立省级刑事法庭的核心目的是强化打击效率、节约司法资源，但这一改革却对参审制的基本原理造成了冲击。改革后的省级刑事法庭是否还能承载"人民主权"及"自由捍卫者"的政治价值，是否还能有效发现案件真实以及为社会与司法搭建有效的沟通桥梁，理论界对此评论不一。以法官工会联盟（l'Union Syndicale des mag-

---

〔1〕　截至 2018 年底，巴黎检察院负责调查、起诉 457 起恐怖主义案件，共涉及 1453 人。

〔2〕　Vu *La création du parquet national antiterroriste votée*, par Le Figaro. fr avec AFP，publié le 09 Novembre 2018.

istrats）为首的法官群体大多支持这一改革，而律师则认为这是对人民主权及司法公正的极大挑战。法官工会联盟指出，重罪法庭高负荷运作是众所周知的事实。按司法组织法的规定，每个省仅设一个重罪法庭，每年待审的重罪案件数量呈较明显的增长趋势。据司法部统计，截至 2014 年 12 月 31 日，共有 1800 起重罪案件待审，上诉法院有 530 起，3 年内增加了 42%。这种状况既不能有效打击犯罪，也无法保障被告人在合理期限内接受审判的基本权利，超期羁押的现象非常普遍。按目前的财政支出，法国无力设立更多的重罪法庭以应对日趋增加的重罪案件，故设立省级刑事法庭是避免重罪法庭堵塞现象的一种理想方案，也可避免司法实践中的"轻罪化现象"[1]。如法国工会联盟主席维尔吉妮·迪瓦尔（Virginie Duval）所言："根本而论，重罪法庭非常繁重的运作特性决定了它将永远无法审判所有罪行，因此也不可能通过完善重罪法庭的方法来解决上述问题。对于受害者来说，他们真正关心的是在更快的时间内进行审判，而对于被告人的权利，他们将在省级刑事法庭里享有同等的保证。"[2]律师的反对意见较为强烈，其理由主要涉及裁判质量和人权保障。例如，图卢兹律师公会律师帕斯卡·纳卡什（Pascal Nakache）便认为，"此举是为了赶时间，节省钱，却忽视了正义"，"我们知道这是一种降低成本的方法，我们知道重罪法庭的费用很高，但在宣布刑事定罪之前需要时间，需要参审团、鉴定人和法官深入了解案件并作出判决，这是寻求司法真实的体现"[3]。也有不少律师认为，此一改革试点并未切中问题的要害。如图卢兹的刑事律师皮埃尔·邓纳克（Pierre Dunac）认为，"如果是因为诉讼时间很冗长，那刑事预审至少持续 18 个月。所以如果想要更快，那必须对程序进行全方位的改革"[4]。此外，刑事律师协会（l'Association des avocats pénalistes）成员律师罗曼·布莱特（Romain Boulet）认为："我们都有同样的看法：重罪法庭的审判时间太冗长了。但废除参审制并不是好的解决办法。改革试点必将增加职业法官的数量，但全国各地均缺乏职业法官。故这一

---

[1] 例如在司法实践中，一些预审法官通常将强奸罪认定为性侵犯案件，以便其在轻罪法院中受审，规避重罪法庭的管辖。

[2] "Faut-il remettre en cause la justice populaire?", see *Le Parisien*, http://www.leparisien.fr/faits-divers/faut-il-remettre-en-cause-la-justice-populaire-11-03-2018-7601 487.php.

[3] Michaël NAULIN："Tribunal criminel départemental：Un projet loin de faire l'unanimite", see https://michaelnaulinsite.wordpress.com/2018/04/03/tribunal-criminel-departemental-un-projet-loin-de-faire-lu-nanimite/.

[4] Michaël NAULIN："Tribunal criminel départemental：Un projet loin de faire l'unanimite", see https://michaelnaulinsite.wordpress.com/2018/04/03/tribunal-criminel-departemental-un-projet-loin-de-faire-lu-nanimite/.

改革方案实际上可能反而适得其反，延长了法院的审判期限。"[1]

4. 侦查阶段的技术性改革。为了简化刑事诉讼程序，提高侦查效率，此次改革对侦查阶段进行了一些技术性改革。司法改革法案第 25 条统一了关于截留电子通信和地理定位的规定。法案规定了无论是在调查阶段还是在预审阶段，自由与羁押法官或预审法官都可对应当判处 3 年以上监禁刑的重罪和轻罪作出截留电子通信和地理定位的决定。在紧急情况下，共和国检察官可授权拦截，最长期限为 24 小时。法案第 31 条授权检察官可以延长拘留的期限，第 32 条延长了现行犯侦查程序的期限，当程序涉及应当判处 3 年以上 5 年以下监禁刑的轻罪时，允许检察官在 8 天的侦查期间结束后再延长相同侦查期限。此外，法案还对于技术侦查适用范围作出规定：其一，扩大互联网化名调查范围，对于所有以电子方式犯下的罪行和违法行为，允许调查人员在不使用其真实身份的情况下在互联网上进行调查。其二，增加对所有被判处 3 年监禁的罪行请求窃听的可能性。侦查人员目前可以使用特殊技术打击有组织犯罪和轻罪，如监听、监视、秘密录像或计算机数据采集等技术。此次改革将侦查技术的适用范围扩大化，它允许将其用于所有犯罪，而不仅仅是有组织犯罪。检察官可以在自由与羁押法官的批准下对可能判处 3 年以下轻罪的犯罪进行监听。

这些技术性改革在一定程度上提高了诉讼效率，但是同时也引发了一些问题。我们可以看出，检察官的权力在不断扩大，预审法官的地位日趋衰微，使得法国技术侦查的司法审查机制发生变化，部分案件的审查主体正由以往的预审法官负责审查转由自由与羁押法官或共和国检察官负责审查。

5. 刑罚体系的改革。根据法国司法部于 2018 年 5 月公布的法国监禁和拘留人员数据统计分析，我们可以看到法国的监狱情况是灾难性的。在过去一年里（2017 年 5 月 1 日至 2018 年 5 月 1 日），因犯人数再次增加 2%，创纪录达到 82 663 人。其中，监狱有 70 633 人，包括 20 939 人在审前羁押。在法国 187 个监狱机构中，103 个机构或社区的羁押密度大于或等于监管能力的 120%，4 个机构羁押密度大于 200%。

面对监狱人满为患的难题，法国总统马克龙期待能在"放任"和"镇压"之间，走出法国监狱改革的第三条路，即一方面发展监禁之外的其他刑罚手段，另一方面对于判处监禁的犯人，要尽快送监执行。这种"第三条路"，简而言之，便是一方面减少刑事司法制度中对监狱服刑的依赖，发展多样化的惩戒手段，使监狱不再成为唯一重心；另一方面，对于判处监禁的案件，要尽快且有效地执行。就前一方面而言，监狱改革的主要出发点是应对现实的挑战。目前法国监狱已经处于饱和状态，

---

[1] "Faut-il remettre en cause la justice populaire?", see *Le Parisien*, http：//www. leparisien. fr/faits-divers/faut-il-remettre-en-cause-la-justice-populaire-11-03-2018-7601 487. php.

是欧洲情况最严峻的国家。根据改革设想，今后对于可适用于短期监禁的情形，改成电子监视居住、公益劳动或附带管制手段的缓刑等替代形式。就后一方面而言，法国的刑事司法体系中，犯人被判处有期徒刑后可能不会立刻入监执行，有时会等上数月甚至数年，并且入监服刑事宜将由其他法官来执行。马克龙希望能简化程序，缩短间隔时间，提高效率，让已经被判决的犯人尽快服刑。

考虑到这一点，司法改革法案第 44 条修改了法国《刑法》第 131-3 条规定的轻罪刑罚的等级，提到了新的软禁措施，即设立电子监视居住。如果一项罪行应处以 15 日至 1 年的监禁，则可判处电子监视居住，但其刑期不能超过所应判处的监禁期。

司法改革法案第 46 条通过修改法国《刑法》第 123-19 条来改革宣判监禁刑的条件。1 个月以下的监禁刑将被取消；1 个月到 6 个月的监禁刑，将以电子监视居住、指定居所监视居住等方式代替，除非法官另有判决。同时，还将建立现代化临时教育接待中心，使犯有轻罪的未成年人能得到更好的教育与帮助，并在刑满释放后能更好地回归社会。

（二）新近重要判例

1. "律师缺席案"：被告人可放弃其律师出席审前羁押对审辩论[1]。

（1）案情简介：2016 年 4 月 10 日，在普罗旺斯-埃克斯地区重罪法院审理的一起刑事案件中，被告人因涉嫌以有组织团伙形式实行谋杀罪被审前羁押。随后根据 2017 年 4 月 7 日的命令，被告人的羁押期限延长了 6 个月。紧接着在 2017 年 8 月 31 日，法院通知其律师于 9 月 20 日进行对审辩论，决定是否再次延长羁押期限。律师表示其可以通过视频会议参与对审辩论，但被告人拒绝了此种方式。9 月 5 日，法院再次以传真形式通知律师，律师于 9 月 15 日回复法官他无法参加对审辩论，表明其可以在 2017 年 10 月 2 日之后的一周内到场，请求法院延迟对审辩论。但 2017 年 9 月 20 日，法院在被告人律师缺席的情况下进行了对审辩论，决定再次延长羁押时间。

律师随后提出上诉，主张在其缺席情况下，自由与羁押法官作出的决定无效。律师指出该决定违背《欧洲人权公约》第 5 条（自由和安全权利）和第 6 条（获得公正诉讼权利）的相关规定。上诉法院预审法庭驳回了这一上诉，并告知被告人明确放弃了其律师出席关于审前羁押的对审辩论的权利，因此不适用律师提出延迟对审辩论的请求。

（2）判决主要内容：最高法院刑事法庭驳回其法律复合审，维持上诉法院预审法庭的判决。首先，最高法院认为上诉法院预审庭作出延长审前羁押的决定符合

---

〔1〕 Cour de cassation, criminelle, Chambre criminelle, 24 janvier 2018, 17-86. 317, Publié au bulletin.

《法国刑事诉讼法典》第143-1条的规定。根据其规定，当受到追诉的犯罪是以有组织的团伙形式实行的犯罪，羁押期间最长可以达到2年。其次，上诉法院预审法庭的判决理由是合理的。2017年8月31日，法院通知被告人的律师出席于9月20日举行的对审辩论，直到9月15日（庭审开始前5日），律师才提出移交延迟请求，并告知法庭其自9月6日（庭审开始前9日）起其因其他案件冲突无法出庭，而在此之前，法院的通知已经经过很长时间了。被告人在对审辩论前也放弃其律师出席协助的权利。因此，法院对律师延迟对审程序的请求不予受理。

（3）影响及评价：最高法院以简略的判决理由赞同了预审法官关于"被告人可放弃其律师出席审前羁押对审辩论"这一事实推理。在适用羁押措施的情况下，《法国刑事诉讼法典》第145条第5款规定："当事人在对审辩论中可以选择律师为其辩护，如当事人没有律师协助，该司法官告知其有权得到由其选任的律师或者依职权为其指定的律师协助。"然而，在延长审前羁押时，情况并非如此。《法国刑事诉讼法典》第145-1条和第145-2条规定，在这个阶段，传唤律师是唯一方式。此外，延长审前羁押的诉讼中有关律师的协助是围绕其传唤而产生的，其传唤的不合法必然会提起上诉。

在这个案件中，这一上诉被驳回了。然而，最高法院的陈述理由过于简洁，留下许多问题，尤其是被告人是否可以放弃其律师在对审辩护中的协助。根据《法国刑事诉讼法典》第113条和《法国刑事诉讼法典》第145-2条的规定，只有在被告人明确放弃的情况下，预审法官才可在被告的律师不在场或不被传唤的情况下进行对审辩论。我们知道在对审辩论中，律师的协助能够维护辩护方的权利，假设辩护中律师缺席，律师就无法与当事人交流，我们也无法得知明确放弃是否是其真实意志的表示。不过上诉理由强调，被告人的放弃必须包含最低限度的保障，确保被告人在辩论之前得到了其协助。

2. "合宪性先决问题案"：个人上诉中提出的QPC必须在上诉审查时限内提出[1]。

（1）案情简介：在波城轻罪法院审理的一起刑事案件中，被告人因盗窃罪累犯和诈骗罪被判处3个月监禁刑。被告人向上诉法院提交诉状时已超过规定的时限，因此，2017年11月3日，波城上诉法院轻罪法庭作出"上诉不予接受"之裁定，驳回其辖区内轻罪法院的上诉。被告人随后向最高法院提出撤销之诉，认为该判决中存在合宪性先决问题。最高法院刑事法庭驳回其上诉，认为在提起的撤销原判上诉过程中所提出的合宪性优先问题必须在上诉审查时限内提出。

---

[1]　Cour de cassation, Chambre criminelle, 7 mars 2018, F-P+B, n° 17-87.169.

（2）判决主要内容：判例认为，根据《法国刑事诉讼法典》第585-1条规定："除最高法院刑事庭庭长同意给予例外之外，收到刑事有罪判决的上诉人提出的说明理由的上诉状，应在其提出上诉之后最迟1个月内移送最高法院书记室。"[1] 在本案中，上诉法院轻罪法庭没有批准这种上诉。因为上诉日期为2017年11月15日，当事人于2017年12月18日（星期五）送达最高上诉法院，已超过了1个月的送达时限。因此，最高上诉法院驳回了此撤销之诉。事实上，最高法院刑事法庭早已指出：除非刑事法庭庭长同意给予例外之外，刑事诉讼中当事人申请上诉的，如果在上诉之日起10日内未向法院登记处提交上诉状，则必须在1个月内向最高法院书记室提交上诉状。在没有这种例外的情况下，法院必须宣告个人上诉状不可受理。本案中，在刑事法庭庭长没有给予例外的情况下，根据《法国刑事诉讼法典》第585-1条，在上诉日期后的1个多月，其在登记处取得的上诉状是不可接受的。

（3）影响及评价：本案中主要涉及的问题是合宪性先决问题与法国《刑事诉讼法典》第505-1条及第590条的冲突解决问题。

我们知道在2010年3月1日前，法国的合宪性审查主体受到了限制：即并不是所有人都有资格向宪法委员会要求对某一部法律是否符合宪法进行审核。2010年3月1日"合宪性优先问题"（QPC）生效后，任何受法院判决的诉讼当事人有权在法庭上对适用判案的法律的合宪性（constitutionnalité）提出争议，而且这一"合宪性先决问题"可以在除了重罪法庭（cour d'assises）以外的任何法院（包括各级普通法院、行政法院及其他专门法院）、在诉讼的任何阶段（初审、上诉、最高上诉）以及在任何诉讼程序（紧急审理程序、普通程序）中提出。一经提出，法院应当中止审理，就其中的法律合宪性问题提交宪法委员会进行审查。在本案中，问题的关键在于上诉期限已过的情况下，提出的合宪性先决问题是否应当审理。最高法院给出的理由是，根据《法国刑事诉讼法典》第505-1条的规定："在第498条、第500条或第505条规定的期间经过之后才提起上诉的情况下，或者在上诉失去标的或撤回上诉的情况下，轻罪上诉庭庭长依职权作出'上诉不予接受'之裁定。对此裁定，不准提出不服申请。"第590条也规定，上诉状应当在规定的期限内提交。因此，最高法院认为上诉过程中，合宪性先决问题必须在规定的时间内提出，且有关合宪性先决问题的上诉状要单独提出，明确阐释法律的合宪性问题，而不是具体判决中的事由。

---

[1] 参见罗结珍译：《法国刑事诉讼法典》，中国法制出版社2006年版，第362页。

六、意大利刑事诉讼法的最新发展[1][2]

（一）"奥兰多"改革的背景

1988 年，意大利彻底改变了 1865 年以来以职权主义为特征的刑事诉讼传统，几乎全盘引入了当事人主义的制度和技术。这一惊天之举既在国际比较刑事诉讼学界引发了巨大的反响[3]，亦在本国的理论界及实务界抛下了震撼，围绕"当事人主义诉讼模式是否可成功移植至职权主义传统国家"的问题一时间成为学界的重要研究热点。意大利的司法实践率先作出反应：从 1989 年至 1992 年，意大利的黑手党犯罪数量达至顶峰。负责打击黑手党的司法警察和检察官抱怨新法典将审前程序[4]和审判程序作僵化分离，过于严厉的传闻证据排除将使法庭上的控诉变得异常困难，因为庭审前所获得的供述大部分不可使用，而几乎没有证人愿意在这类案件中出庭作证。1991 年的利瓦蒂诺（Livatino）法官、1992 年法尔柯纳（Falcone）法官和博尔瑟利诺（Borsellino）法官先后被刺杀，这激发了意大利公众对政治环境和社会治安的担忧。自此，意大利刑事诉讼开始了蜿蜒曲折、徘徊摇摆的改革进程。1992 年，意大利宪法法院作出了三个著名的判决（第 24 号、第 254 号和第 255 号），否定了1988 年法典所确立的以彻底的"直接言词原则"为特征的审判中心体系。1995 年及1997 年，意大利又先后颁布了两部重要的法律（分别是 1995 年第 532 号法律和 1997年第 267 号法律），对 1992 年判决进行了部分的矫正，强化了律师在预先侦查阶段的辩护地位，确立了被告人享有与指控者对质的权利。

从 2000 年起，意大利与欧陆诸国一样面临着国际恐怖主义的严重威胁，欧洲司法区也进入全新的发展阶段。在"9·11"恐怖袭击后，国际范围内的反恐合作强化了美国与欧陆各国的刑事司法交流，当事人主义与职权主义的融合进一步加速。欧洲人权法院在个人权利保障方面也作出了诸多具有里程碑意义的判例。事实上，欧洲人权法院拒绝谈论当事人主义与职权主义的模式之争，指出"受害人是否可以阻碍公诉、证据是由双方当事人自行收集或由独立于当事人的法官收集等均不重要……职权主义与当事人主义并无优劣之分，仅取决于各成员国的法律传统"。在这

〔1〕　本部分执笔人：施鹏鹏，中国政法大学证据科学研究院教授；褚侨，中国政法大学法律硕士学院硕
　　　士研究生；刘新苏，中国政法大学证据科学研究院硕士研究生。
〔2〕　意大利 2018 年刑事诉讼的立法、判例以及学术研究均主要围绕奥兰多改革进行。
〔3〕　例如国际刑法协会的《国际刑法杂志》以专刊形式讨论了意大利 1988 年的刑事诉讼改革，参见 Re-
　　　vue Internationale de Droit Pénal, 1997, vol. 1。
〔4〕　本部分所指的"审前程序"，是指正式庭审前的程序，既包括预先侦查程序，也包括初步庭审程序。
　　　意大利也有学者将初步庭审程序纳入广义的庭审程序，将其区别于未有法官参与、完全由检察官主导
　　　的预先侦查程序。例如 Emilia Francesca Aceto, Il processo in assenza dell' imputato: problemi interpretativi
　　　ed applicativi, Pubblicato 16 December 2016, in In primo piano, Penale。

一背景下，意大利的刑事诉讼法学界开始淡化了当事人主义与职权主义的模式之争，转向刑事诉讼中的个人权利保障问题，尤其是刑事诉讼的宪法化（costituzionalizzazione del canone di legalità processuale）。欧洲人权法院和意大利宪法法院在这一刑事诉讼宪法化的进程中发挥着极为重要的作用，逐步确立了公正程序和基本人权保障的基本制度框架。议会两院与司法系统（尤其是最高法院）的关系也日趋缓和。

"奥兰多"改革正是意大利近 20 年来刑事诉讼宪法化进程中的重要组成部分。此一修法由司法部部长奥兰多所主导，历经两年半复杂的议会程序，结合三个已经批准的法律草案（第 2798 号、第 2150 号及第 1129 号）以及由议会所提出的若干立法建议案，最终形成了第 4638 号法律草案（也称为"奥兰多草案"），并于 2017 年 6 月 23 日获表决通过（即 2017 年 6 月 23 日第 103 号法律，又称为"奥兰多法"）。"奥兰多法"仅设 1 条，但包含 95 款，其中涉及《意大利刑法典》（第 1 款至第 18 款）、《意大利监狱法》（第 82 款、第 85 款及第 86 款）以及《意大利刑事诉讼法典》（第 21 款至第 84 款）的全面修改。从内容上看，刑事诉讼法是此次修法的重中之重，涵盖了诉讼当事人、审前程序、判决理由、上诉程序以及特别程序等各领域的诸多细则，在很大程度上将意大利宪法法院及最高法院新近以来的判例法典化，旨在进一步强化权利保障和公正程序，并尽可能地提高诉讼效率。

（二）诉讼当事人制度改革

"奥兰多"改革既涉及被告人方面，也涉及被害人方面：在被告人方面，"奥兰多法"对学界批判已久的"终身审判"（Gli eterni giudicabili）制度进行了改革，同时强化了被告人与律师的会见权[1]；在被害人方面，"奥兰多法"则强化了被害人的知情权和参与权。

1. 与被告人相关的诉讼制度改革。

（1）"终身审判"制度改革。所谓"终身审判"，是指在对被告人的能力进行调查时，如果发现被告人的精神状态可能妨碍其清醒地参加诉讼活动，则法官应裁定暂缓诉讼，除非判决为无罪判决或者不追诉判决，但这并不妨碍此后对同一事实和同一人员再次提起诉讼（《意大利刑事诉讼法典》原第 71 条及第 345 条）。这意味着精神状态受限的被告人将面临着终身受审的局面，包括许多病情不可逆转、永远无法治愈的被告人。"终身审判"受到了意大利理论界及实务界的普遍批评：一方面，这一做法严重侵害了被告人的基本人权，长年的待审羁押无法让被告人精神恢复，也无助于诉讼目的的实现；另一方面，这也是实务界最为困扰的，"终身审判"严重

---

[1] 在这一领域，"奥兰多法"的有些改革举措相对具体化、技术化，囿于篇幅，本部分不再详细展开论述，例如《意大利刑事诉讼法典》第 162 条第 4-1 款关于指定住所地公设辩护人的改革条款。

损耗了原本已捉襟见肘的司法资源。狱政部门不得不投入更多的安保力量，或者增设更多特殊的看护牢房。但意大利许多政治人物担心，"终身审判"制度的废除可能鼓励被告人（尤其是一些涉嫌有组织犯罪的黑手党成员）伪装精神病，从而规避刑罚的执行。[1] 意大利宪法法院在这一问题上的态度是明确且坚定的。早在 2015 年，意大利宪法法院便通过第 45 号判决[2]宣布《意大利刑法典》第 159 条第 1 款违宪，因为该条款规定，即便可证明被告人不能有意识地参与诉讼程序且该情况不可逆转，亦构成诉讼时效中止事由。对这一问题，立法咨询会（Consulta）提供了一套折中的解决方案：对于大部分精神病无法治愈的被告人，诉讼时效届满后即诉讼程序予以终结，但涉嫌无追诉时效罪名的被告人不在此列，后者依然适用"终身审判"。"奥兰多法"并不满足于这种折中的建议，而直接援引了宪法委员会的立场[3]及学术界的通说[4]，修改了《意大利刑事诉讼法典》第 71 条及第 345 条，并增设了新的第 72-1 条，规定"在进行第 70 条所规定的调查后（即对被告人能力的调查），如果被告人的精神状况妨碍其清醒地参加诉讼，且这种状况不可逆转，则法官应撤销暂缓诉讼的裁定，作出不予起诉或者不应追诉的判决，除非符合除没收外保安处分的适用条件"。因此，与立法咨询会所建议的方案不同，法官一旦发现被告人存在无法治愈的精神病，并不需要等诉讼时效届满，也不限于所指控之罪名是否存在诉讼时效，其可直接终止诉讼，作出不予起诉或者不应追诉的判决。这既缓解了社会各界对精神病被告人基本人权的担忧，也极大地提高了诉讼效率，节约了司法资源。此外，为祛除因诊断错误或者其他事由导致被告人以精神病为由逃脱刑事责任的情形，"奥兰多法"对《意大利刑事诉讼法典》第 345 条第 2 款进行了补充，"如果依第 72-1 条之规定作出不予起诉或者不应追诉的判决后，法官查明缺乏第 345 条第 1 款所规定范围之外的其他追诉条件，则被告人丧失能力的裁定将被撤销，或者应确定判决错

---

〔1〕　Ci si riferisce a Corte cost. , 14 febbraio 2013, n. 23, in Dir. pen. cont. , 18 febbraio 2013, con nota di G. Leo, Il problema dell'incapace "eternamente giudicabile": un severo monito della Corte costituzionale al legislatore.

〔2〕　Cfr. Corte cost. , 14 gennaio 2015, n. 45, in Dir. pen. cont. , 20 aprile 2015, con nota di M. Daniele, Il proscioglimento per prescrizione dei non più "eterni giudicabili". La sorte degli imputati affetti da incapacità processuale irreversibile dopo la sentenza 45/2015 della Corte costituzionale.

〔3〕　例如，宪法法院在 2013 年 2 月 14 日第 23 号判决中重申了解决"终身审判"问题的方案应是作出无罪判决或者不追诉判决。Cfr. L. Scomparin, Prescrizione del reato e capacità di partecipare coscientemente al processo: nuovamente sub iudice la disciplina degli "eterni giudicabili", in Cass. pen. , 2013, p. 1832.

〔4〕　Questa tesi era stata sostenuta, tra gli altri, da L. Scomparin, Sospensione del processo per incapacità irreversibile dell'imputato: una normativa suscettibile di perfezionamenti nuovamente "salvata" dalla Corte costituzionale, in Cass. pen. , 2012, pp. 957 ss. Cfr. anche H. Belluta, Il tema degli "eternamente giudicabili" torna davanti alla Corte Costituzionale, in Dir. pen. cont. , 13 maggio 2014.

误"。

（2）会见权制度改革。被告人的会见权制度改革是意大利对欧盟指令转化的结果。依欧盟 2013 年第 48 号指令之规定，对于被剥夺人身自由的被告人，各成员国立法不得无故延迟其会见律师的权利（第 2 条），并设定了非常严苛的例外条件（第 3 条第 5 款及第 6 款，以及第 8 款第 1 项 c）。《意大利刑事诉讼法典》原第 104 条第 3 款便涉及延期会见问题，规定"在初步侦查过程中，当出现特殊及例外的防范理由（specifiche ed eccezionali ragioni di cautela）时，法官可以根据公诉人的请求命令推迟行使与辩护人会见的权利，推迟的时间不超过 7 日"。依欧盟指令的要求，"奥兰多法"对该条款的适用范围进行了严格的限制，规定第 104 条第 3 款的延迟会见仅适用于《意大利刑事诉讼法典》"第 51 条第 3-1 款及第 3-2 款所规定的罪名（主要为有组织犯罪和恐怖主义犯罪）"。其余罪名，无论严重与否，均不得推迟被告人与律师的会见。

2. 与被害人相关的诉讼制度改革。"奥兰多法"在扩大被害人权利方面（主要涉及知情权与参与权）也采取了若干取措，主要是为了实现转化欧盟 2012 年第 29 号指令以及推行 2012 年 12 月 15 日颁布的行政法令的要求。

在知情权方面，"奥兰多法"允许被害人更大程度上地了解各程序节点的关键信息。例如，"在提交控告或诉状的 6 个月后，在不损及侦查秘密的情况下，被害人有权向职权机构请求获得与程序状态相关的信息"（修改后的第 335 条第 3-2 款）；又如，"对于采用人身暴力实施的犯罪及《意大利刑法典》第 624-1 条所规定的罪名（入室盗窃和抢夺罪），在任何情况下，公诉人均应负责向被害人送达关于撤销案件请求的通知"（修改后的第 408 条第 3-1 款）。

在参与权方面，"奥兰多法"修改了被害人提出异议的时间：原先提出异议的普通期限从 10 天延长至 20 天（修改后的第 408 条第 3 款）；原先提出异议的特殊期限从 20 天延长至 30 天（修改后的第 408 条第 3-1 款）。立法者之所以延长被害人提出异议的时间，是希望给被害人预留更多的余地，以研究和评估是否能够以及如何对检察官所提出的撤销案件请求提出异议。

（三）审前程序的改革

意大利 1988 年的刑事诉讼改革确立了诉讼阶段清晰划分原则（principio della netta ripartizione in fasi），即将刑事诉讼程序划分为相互阻隔的三个阶段：预先侦查阶段（l'indagini preliminari）、初步庭审阶段（l'audienza preliminare）和庭审阶段（il dibattimento）。"奥兰多法"对预先侦查程序和初步庭审程序均作了一定程度的改革。

1. 预先侦查程序的改革。"奥兰多法"在预先侦查程序方面主要设定了两项主要的改革原则：一是效率原则，让预先侦查的时间变得更加合理，并规定了更为刚性的侦查期限；二是救济原则，对原先请求撤销案件的条款的缺陷进行了矫正，并引入了上诉机制。

（1）提出附带证明请求的时间限制及例外。附带证明（incidente probatorio）是1988年《意大利刑事诉讼法典》所创设的程序机制，是指如果证人面临特殊情况（如受到威胁或者身患重病）无法在庭审程序中出庭作证，则检察官或者犯罪嫌疑人应在预先侦查程序中提出申请，由法官提前组织对证人的听审程序。附带证明程序与普通的庭审程序完全相同，控辩双方可对证人进行交叉询问（l'esame incrociato）。证人的陈述会被记录在案，相应的笔录将作为证据在后续的庭审中予以宣读，并可作为最终判决的依据。"奥兰多法"对提出附带证明请求的时间作出了严格的限制：一方面，立法者在《意大利刑事诉讼法典》第360条中加入第4-1款，对检察官不可重复的技术核查（Accertamenti tecnici non ripetibili）作了时间限定：在提出附带证明保留意见时，被侦查对象有义务在最长不超过10天的期限内向预先侦查法官提出保留意见的请求。如果超过这一时间，则该保留意见无效，负责侦查的机构可自由地进行技术核查。另一方面，新的第360条第5款作了例外性规定，即在紧急情况下，检察官可实施技术核查，而无论被侦查对象是否提出了附带证明保留意见。"奥兰多法"进行这一改革的核心目的是防止被侦查对象的"病态的惰性"（una patologica inerzia）阻碍侦查行为的进行。[1]

（2）预先侦查的期限与强制上诉。"奥兰多法"在《意大利刑事诉讼法典》第407条中新设了第3-1款，规定"检察官有义务自侦查最长期限届满后的3个月内以及无论在何种情况下均应在第415-1条所规定的期限届满前提出公诉或者撤销案件的请求"。这一立法改革的目的是防止检察官搁置那些侦查期限届满且不能有效作进一步侦查（《意大利刑事诉讼法典》第407条第3款）的案件。由此，预先侦查分成两个阶段：第一个阶段，检察官指挥侦查；第二个阶段，检察官不再进行侦查，而仅是评估所收集的证据材料。对此改革，有意大利学者作出评论，为检察官设立3个月的"思考期"（periodo di riflessione）事实上并未提高侦查效率，而仅是与司法实践达成折中意见。[2] 以往，法律并未规定检察官在侦查期限届满后，其还有额外

---

[1] Cfr. Mitja Gialuz, Andrea Cabiale, Jacopo Della Torre, Riforma Orlando: le modifiche attinenti al processo penale, tra codificazione della giurisprudenza, riforme attese da tempo e confuse innovazioni, in Dir. pen. cont., 2017, vol 3, p. 177.

[2] Cfr. Mitja Gialuz, Andrea Cabiale, Jacopo Della Torre, Riforma Orlando: le modifiche attinenti al processo penale, tra codificazione della giurisprudenza, riforme attese da tempo e confuse innovazioni, in Dir. pen. cont., 2017, vol3, p. 178.

时间作进一步的思考和判断，但也未规定检察官未启动下一步程序的法律后果，司法实践中因检察官拖延或怠慢而导致的诉讼拖沓现象并不罕见。"奥兰多法"在法律文本上给检察官"增加"了3个月的评估时间，同时也规定了检察官在既定期限届满后既未提出公诉请求也未提出撤销案件请求的法律后果，即强制上诉（Avocazione obbligatoria）——驻上诉法院的检察长以载明理由之裁定，依职权启动预先侦查的上诉。

（3）撤销案件的程序。如前所述，"奥兰多法"扩大了被害人在撤销案件程序中的知情权和参与权，例如，被害人将享有更充裕的时间以对检察官所提出的撤销案件请求向预先侦查法官申请异议（与前述检察官3个月的"思考期"相对应），并扩大了检察官能够向被害人送达撤销案件请求通知的罪名范围。除此之外，撤销案件的程序还作了三方面重大的改革：①"奥兰多法"修改了《意大利刑事诉讼法典》第409条的规定，加速了预先侦查法官作出最终裁决的进程。依第409条之规定，如果预先侦查法官拒绝检察官所提出的撤销案件请求，则应在3个月内启动合议庭审。在合议庭审结束后，如果预先侦查法官认为没有必要继续进行侦查，则还有3个月的时间依照当事人的异议请求，最终决定是否撤销案件或者要求检察官提起公诉；②撤销案件的程序无效制度（Nullita' del provvedimento di archiviazione）改革。"奥兰多法"在《意大利刑事诉讼法典》第410-1条中增设了第1款，系统地规定了撤销案件的程序无效问题。如果检察官在提出撤销案件请求时未按要求对被害人进行信息通报（《意大利刑事诉讼法典》第408条第2款及第3-1款），或者在犯罪行为显著轻微情况下未向被害人告知撤销案件请求的，则此后所作出的撤销案件令归于无效。此外，如果预先侦查法官未对被害人所提交之异议的可采性作出裁决，除非被害人未遵守《意大利刑事诉讼法典》第410条第1款的规定（指出应补充侦查的事项及相关的证据材料），否则撤销案件令亦无效。《意大利刑事诉讼法典》第410-1条第2款进行了补充，"在第127条第5款所规定的情况下，撤销案件令归于无效"，主要包括"未告知合议庭审"，"未听取出庭公诉人、其他接到通知的人的意见"；"在被告人遇到合法障碍原因时未将合议庭审时间推迟"；等等。[1] ③在强制登记情况下的时间起算点问题。依《意大利刑事诉讼法典》第415条第2-1款之规定，因犯罪作案人尚未查明而启动的撤销案件程序，如果预先侦查法官裁定对某一犯罪嫌疑人的姓名进行"强制登记"（iscrizione coatta），则起始或延长时间的起算点为法官作出裁定时。

---

[1] G. Spangher, La riforma Orlando della giustizia penale: prime riflessioni, in questa Rivista, n. 1/2016, p. 92.

2. 初步庭审的改革。"奥兰多法"对初步庭审的改革仅涉及《意大利刑事诉讼法典》第 428 条，即对不予起诉判决的上诉。在新法改革前，对预先侦查法官所作出的不予起诉判决仅得向最高法院提起撤销审之诉。但新法起草者认为，"对存在被告人指控条件的核实从根本上涉及犯罪事实及指控性质的重构，这似乎与最高法院的审查功能无关"。[1] 因此，《意大利刑事诉讼法典》增设了第 428 条第 3 款，规定对不予起诉判决可提起普通的上诉，而非撤销审之诉。"对不予起诉判决的上诉请求，上诉法院应依第 127 条所规定的程序在合议室内进行审理。"如果上诉人是检察官，在预先侦查法官的判决生效前，上诉法院可以以更不利于被告人的措辞作出不予起诉的判决，或者发布判决令，并由此形成庭审卷宗。但在仅有被告人提起上诉的情况下，则适用上诉不加刑原则（reformatio in peius），即在不予起诉的判决生效前，上诉法院仅能作出对被告人更有利的判决。

（四）上诉程序的改革

意大利刑事诉讼中的上诉包括普通上诉、向最高法院所提起的撤销审之诉以及再审之诉。普通上诉指控辩双方可以就一审判决向上级法院提出请求，要求撤销原判决，并作出有利于己方判决的救济程序（《意大利刑事诉讼法典》第 593 条）。普通上诉可针对事实问题，也可针对法律适用问题。向最高法院所提起的撤销审之诉，是指控辩双方可以以一审或二审判决的法律适用存在问题而向最高法院提出请求，要求撤销原判决并发回重审的救济程序（《意大利刑事诉讼法典》第 606 条）。最高法院也可依职权启动撤销审之诉程序（《意大利刑事诉讼法典》第 609 条）。向最高法院所提起的撤销审之诉原则上仅针对法律适用问题，但在特殊情况下（存在实质错误或事实错误），最高法院可依控辩双方之请求或者依职权主动启动非常上诉程序（《意大利刑事诉讼法典》第 625-1 条）。再审之诉是指在法律规定的情况下，允许被判刑人、被判刑人的监护人、继承人或近亲属，在被判刑人死亡的情况下，以及判决宣告地的上诉法院检察长对已生效的判决提出请求，要求予以纠正的救济程序（《意大利刑事诉讼法典》第 629 条）。此次"奥兰多法"对意大利的上诉程序进行了重大修改，核心目的是简化与限缩该程序的适用。[2]

1. 一般规定。"奥兰多法"在第 54 款及第 55 款中对上诉的一般规定（《意大利刑事诉讼法典》第 9 编第 1 章）作出了重大修改，主要涉及撤销审之诉的"保障条

---

〔1〕 Cfr. la Relazione al d. d. l. n. 2798, in Atti Parlamentari, Camera dei Deputati, XVII Legislatura, Disegni di legge e Relazioni, Documenti, p. 6.

〔2〕 V. M. Bargis, Primi rilievi sulle proposte in materia di impugnazioni del recente D. D. L. governativo, in questa Rivista, n. 1/2015, p. 7; G. Spangher, La riforma Orlando della giustizia penale: prime riflessioni, in questa Rivista, n. 1/2016, p. 94 ss.

款"（clausola di salvezza）和上诉的形式。

（1）撤销审之诉的"保障条款"。在此次修法中，立法者为减少被告人直接向最高法院提起撤销审之诉的可能性，便完全接受了坎齐奥委员会（Commissione Canzio）的建议，也部分援引了《那不勒斯宪章》（Carta di Napoli）第1.1点，规定被告人不得直接向最高法院提起撤销审之诉，而仅能在最高法院注册律师的建议下，并获得最高法院的批准时方可提起（在《意大利刑事诉讼法典》第571条最前面增加了1句，同时删除了《意大利刑事诉讼法典》第613条第1款第1句的规定）。"奥兰多法"的立法意见书指出，"被告人所提出的撤销审之诉请求往往因无法辨识原判决的违法所在而让法院陷入毫无效率的繁琐工作，极大浪费了司法资源"。[1]

（2）关于上诉的形式。"奥兰多法"同样接受了坎齐奥委员会的建议，对《刑事诉讼法典》第581条进行了重大修改，要求"上诉应以书面的形式提出，上诉状应列明被上诉的判决主文、该判决作出的时间和作出该判决的法官，并叙述如下事项，否则不予受理"。应叙述的事项包括："a. 上诉所针对的部分或要点；b. 据以作出推定的证据不存在、未调取证据、未进行证据评价或者作出错误的证据评价；c. 请求，包括继续调查的请求；d. 理由，并具体列举各项请求所依据的法律根据和事实根据。"与原先的法律相比，"奥兰多法"更注重提起上诉的证据要求，上诉人必须明确地指出原判决中所涉及的各项证据被扭曲、被忽视或者不存在，同样还必须阐明所获得的新证据，或者对已有的证据进行全新的解释，否则该不予受理上诉请求。需要特别指出的是，该条款既适用于撤销审之诉，也适用于普通上诉，强制审查（critica vincolata）遂成为意大利刑事诉讼程序中的上诉制度的基本要件。

2. 普通上诉制度改革。"奥兰多法"对普通上诉制度的改革主要涉及的是重新引入了所谓的"同意放弃上诉理由"（concordato con rinuncia ai motivi di appello）制度。立法者在《意大利刑事诉讼法典》第599-1条中插入新的1款，规定"如果当事人依第589条所规定的程序提出请求，表示同意全部或部分接受上诉理由，并放弃其他理由，则法院可在合议室里作出裁决。如果被要求接受的理由意味着重新确定刑罚，公诉人、被告人和对财产刑承担民事责任的人也向法官指出他们同意适用怎样的刑罚"。同时，立法者还在《意大利刑事诉讼法典》第602条插入新的第1-1款，规定"如果当事人一致请求全部或部分按照第599-1条之规定接受上诉理由，且法官认为该请求应予以接受，则立即作出裁决；否则法官决定继续进行开庭审理。

---

〔1〕 V. M. Bargis-H. Belluta, Rimedi per i "mali" della Corte di cassazione：ovvero "Carta di Napoli" e dintorni, in M. Bargis-H. Belluta, Im pugnazioni penali. Assestamenti del sistema e prospettive di riforma, Torino, 2013, p.310.

如果法官未按照当事人的协议作出裁决，则上诉请求以及有关上诉理由的放弃不具有效力"。

"同意放弃上诉理由"这一制度，其原先在《意大利刑事诉讼法典》中便已存在，后被 2008 年 5 月 23 日第 92 号法令第 2 条第 1 款第 9 项所废除。此次"奥兰多法"重新引入，说明"同意放弃上诉理由"制度在意大利理论界及实务界均存在较大的争议。该制度的核心争议焦点是：控辩双方在上诉程序中是否还可进行刑事协商，以及在何种程度上可进行刑事协商？意大利刑事诉讼允许被告人和公诉人在单处罚金刑或可能判处 5 年以下有期徒刑的刑事案件中，双方如果对适用刑罚的种类和标准达成一致意见，则可以减少 1/3 的量刑（含罚金刑或者监禁刑），即所谓的"依当事人的请求适用刑罚程序"，又称之为刑事协商程序（《意大利刑事诉讼法典》第 444 条）。刑事协商程序的核心目的是以减轻被告人的刑事责任为交易筹码，通过辩诉交易来提高诉讼效率，节约司法成本。因此，如果允许控辩双方对刑事协商程序中的法官判决提起上诉，甚至还允许控辩双方在上诉程序中进行再协商，这事实上并不能达到提高诉讼效率、节约司法资源的目的，反而容易造成诉讼拖沓的后果。且意大利宪法法院对刑事协商制度一直持敌对态度，担心辩诉交易损及实质真实、罪刑法定和同案同判原则。因此，无论是刑事协商程序，还是"同意放弃上诉理由"制度，立法者均确立了三项保障制度：一是进行适用范围限制，禁止在主观上或客观上扩大法定的适用范围；二是要求确立检察官在刑事协商程序中的审查标准，"在不影响第 53 条第 1 款之规定的情况下，驻上诉法院的检察长在听取地区检察长（magistrati dell'ufficio）和地区共和国检察官的意见后，应在考虑犯罪类型和程序复杂性的基础上，确立适当的标准以指导庭审中检察官的判断"，以保证检察官在刑事协商中的一致性[1]；三是要求上诉法院的院长依《司法组织法》（ordinamento giudiziario）第 86 条之规定对该制度的适用状况提交数据及评估报告。

除"同意放弃上诉理由"制度外，"奥兰多法"还在《意大利刑事诉讼法典》第 603 条中加入新第 3-1 款，规定"如果检察官因对供述证据评价（prova dichiarativa）相关的原因对有罪判决提出上诉，则法官应重新对该供述进行庭审查明"。这主要是将意大利最高法院联合法庭的诸多判例以及欧洲人权法院关于直接言词原则的基本立场纳入其中。

3. 撤销审之诉改革。"奥兰多法"以"简化"和"稀释"为指导思想，对撤销

---

〔1〕　Cfr. Mitja Gialuz, Andrea Cabiale, Jacopo Della Torre, Riforma Orlando：le modifiche attinenti al processo penale, tra codificazione della giurisprudenza, riforme attese da tempo e confuse innovazioni, in Dir. pen. cont. , 2017, vol 3, p. 188.

审之诉进行了全方位的修改。

（1）确立"双重绝对无罪"（doppia conforme assolutoria）的标准，以限制提起撤销审之诉的可能。所谓"双重绝对无罪"，是指如果上诉法官宣布维持原无罪判决（即一审判决无罪，上诉审判决也无罪），则仅在《意大利刑事诉讼法典》第606条第1款a项（法官错误行使权力）、b项（未遵守或适用法律错误）及c项（未遵守可能导致程序无效、不可用、不可接受或逾期无效的程序规范）所论及的情形下才可提起撤销审之诉，依其他理由所提起的撤销审之诉均不予受理。

（2）强化了对撤销审之诉请求的事先审查。"奥兰多法"在《意大利刑事诉讼法典》第610条中插入新的第5-1款，规定"在第591条第1款a项（上诉由非法定人员提出，但不包括无利害关系人）、b项（相关判决不可上诉）、c项（未遵守第581条a项、b项及c项所规定的上诉形式要求[1]、未遵守第582条所规定的上诉提出细则、未遵守第583条所规定寄发上诉状细则、未遵守第585条的上诉期限规定以及未遵守第586条关于对在法庭审理中发布裁定的上诉规定）所规定的情况下，最高法院可无须经正式的程序便宣布撤销审之诉不予受理。同样，对依当事人的请求适用刑罚程序及同意放弃上诉理由制度而作出的判决所提起的撤销审之诉，最高法院亦无须经正式的程序便宣布撤销审之诉不予受理。但当事人可依第625-1条提出非常上诉（即因实质错误或事实错误而提出的非常上诉）"。与此同时，《意大利刑事诉讼法典》第616条还提高了在撤销审之诉被驳回或者不予受理的情况下，提起上诉的当事人应缴纳的罚金数额（最多可到3倍）。

（3）强化了最高法院的统一规范职能（la funziona nomofilattica）。"奥兰多法"在《意大利刑事诉讼法典》第618条中加入了新的1-1款，规定"如果最高法院的单一法庭不赞同联合法庭所确立的法律原则，则以裁定的形式向联合法庭移送上诉案"。此举的目的在于减少最高法院单一法庭与联合法庭之间的判例冲突。联合法庭可就向其所提交的法律问题作出裁判，而无论后续的上诉案件是否可以予以受理（第618条新的第1-2款）。

（4）扩大撤销判决但不发回重审（annullamento senza rinvio）的范围。"奥兰多法"在《意大利刑事诉讼法典》第620条中加入I项，规定如果最高法院认为"可作出判决而无须进行侦查"，则可以撤销判决不发回重审。这是受《意大利民事诉讼法典》第384条第2款所设机制的启发，旨在提高程序效率，节约司法资源。但也有学者担心，此举可能扩大了最高法院在事实认定方面的权力。因为通说认为，最高

---

[1] 《意大利刑事诉讼法典》第581条d项不在此列。

法院的职能应当倾向于对判决进行合法化矫正，而非取代原审法院的实质性判决。[1]

（5）修改了因实质错误或者事实错误的非常上诉请求（il ricorso straordinario per errore materiale o di fatto）。"奥兰多法"对因实质错误或者事实错误的非常上诉制度作了两处重大修改，主要体现在《意大利刑事诉讼法典》第 625-1 条中：一方面，简化了实质错误的矫正程序，即可由最高法院依职权启动，而不需要依《意大利刑事诉讼法典》第 127 条所规定的特别庭审进行审查；另一方面，最高法院还有权独立查明事实错误，而无需等待当事人提出申请。此外，"奥兰多法"废除了意大利《意大利刑事诉讼法典》第 625-2 条，此后对于因缺席裁判而被判刑或适用保安处分的个人，其所提出的撤销生效判决的请求由上诉法院负责裁判。"奥兰多法"还对涉案财物预防措施的撤销审之诉进行了修改，重申了《意大利刑事诉讼法典》第 311 条第 5 款的规定，即"最高法院应在收到有关文书的 30 日内作出判决，并适用第 127 条所规定的庭审程序"。

4. 再审制度改革。"奥兰多法"决定将既决案件的撤销权交给上诉法院，因此在《意大利刑事诉讼法典》中增设了新的第 629-1 条，规定被定罪者可以以缺席庭审为由请求撤销判决，如果"他能证明该缺席行为是因为完全无从获悉庭审的进行"。再审请求应"向作出判决所在地区的上诉法院提出"。上诉法院在合议室内审理这一撤销案件的请求。

（五）特别程序的改革

1988 年《意大利刑事诉讼法典》共设置了五种特别程序，分别为：

第一，刑事协商制度（patteggiamento）。如果被告人和公诉人在适用刑罚的种类和标准上达成一致意见，则可以减少 1/3 的量刑（含罚金刑或者监禁刑）。按 1988 年《意大利刑事诉讼法典》的原先规定（第 444 条），可协商的最高监禁刑不得超过 2 年。但 2003 年第 134 号法律扩大了适用范围，将门槛提高至 5 年，且解除了对罚金刑的限制。法官有权审查所科处罪名的准确性以及量刑的恰当性。

第二，简易程序（giudizio abbreviato）。被告人可以请求在初步庭审中根据现有的文书结束诉讼。依据这一请求，预先侦查法官可直接在初步庭审中作出无罪或者有罪的判决，预先侦查法官可对被告人减轻量刑来作为回报。

第三，立即审判程序（giudizio immediato）。如果证据清楚，或者已经对被告人

---

〔1〕 Cfr. Mitja Gialuz, Andrea Cabiale, Jacopo Della Torre, Riforma Orlando: le modifiche attinenti al processo penale, tra codificazione della giurisprudenza, riforme attese da tempo e confuse innovazioni, in Dir. pen. cont., 2017, vol 3, pp. 189-190.

进行讯问，则检察官可以请求法官从预先侦查程序直接进入庭审程序而无须进行初步庭审。如果法官驳回请求，则将文书退还公诉人。如果法官同意，则启动立即审判。在立即审判令（decreto di giudizio immediato）送达（notificazione）的15天内，被告人可以请求适用简易程序或者刑事协商程序。如果被告人未提出请求，则进行立即审判程序。

第四，直接审判程序（giudizio direttissimo）。如果某人被当场逮捕，或者如果犯罪嫌疑人在接受讯问时认罪，则检察官可以直接将其移送至法院并启动庭审程序。

第五，处罚令程序（procédure par décret）。对于情节显著轻微的案件，检察官可以向预先侦查法官提交申请，要求适用处罚令程序，适用法定最低数额一半的罚金。法官可以接受检察官的请求，也可以驳回请求。如果法官驳回这一请求，则将文件退回检察官。被告人在收到科处罚金刑的刑事处罚令后，可以提出异议，请求进行庭审，或者请求适用刑事协商程序或者简易程序。但在司法实践中，被告人极少提出异议，因为可能会因此丧失处罚令程序中的减刑及其他利益。

"奥兰多法"改革主要涉及三种特别程序的改革，分别为简易程序改革、刑事协商程序改革和刑事处罚令程序。

1. 简易程序改革。简易程序是"奥兰多法"改革的重中之重，共设8个条款（第41款至第48款），涉及程序细则的各方面。

第一项重要改革涉及"突袭"辩护调查与简易程序判决之间关系的规范问题。在意大利以往的司法实践中经常出现一种情况，即被告人的辩护人在初步庭审中依《意大利刑事诉讼法典》第391-8条之规定提交辩护人卷宗，并在短时间内申请适用简易程序，检察官因此无法在相应简短的时间内对辩护人所提出的证据材料及观点形成有效的反对意见。"突袭"辩护调查与简易程序判决之间便存在较为尖锐的矛盾。在此次改革中，"奥兰多法"决定强化检察官的地位，对《意大利刑事诉讼法典》第438条第4款进行了修改，规定"如果被告人在提交辩护调查结果后立即提出简易程序请求的，法官在不超过60天的期限届满后，可自行或者依检察官之请求启动补充侦查，仅针对辩方所提出的问题"，"在这种情况下，被告人有权撤回请求"。这意味着检察官有充分的补充侦查时间以应对辩方的"突袭"证据，强化对初步庭审程序中辩护证据的对席辩论的有效性。

第二项重要改革涉及简易程序的启动要件。"奥兰多法"接受了坎齐奥委员会的建议，在《意大利刑事诉讼法典》第438条设立新的第5-1款，规定"被告人为裁决目的而请求进行必要补充举证的（《意大利刑事诉讼法典》第438条第5款），如果被驳回，还可请求适用简易程序（《意大利刑事诉讼法典》第438条第1款），或者依《意大利刑事诉讼法典》第 444 条请求适用刑事协商程序"。如坎齐奥委员会所主张的观点，这一新设规定极有必要，因为"判例对这些做法的评估"并非"协调一致"。[1]

第三项重要改革涉及请求适用简易程序后限制援引程序无效事由的问题。同样受坎齐奥委员会建议的启发，"奥兰多法"在《意大利刑事诉讼法典》第 438 条加入了新的 6-1 款，规定"在初步庭审阶段提出适用简易程序请求的，便意味着确认程序无效事由为有效，只要并非绝对的无效事由以及未发现的不可用事由，除非违反了证明禁令。同样，这也意味着不得提出法官的地域管辖权问题"。因此，依新条款之规定，被告人如果请求适用简易程序，便必须在一定程度上放弃援引程序的无效事由（但不包括绝对无效事由）[2]，甚至还包括部分的不可用事由。[3] 意大利最高法院在先前的判例中也秉承这一立场，原因是简易程序适用的前提条件应是以被告人较完整的合意为基础，这也符合提高诉讼效率的要求。此外，基于同一学理逻辑，被告人请求适用简易程序的，也不得对法官的地域管辖权提出异议，这同样是意大利最高法院在先前判例中的立场。[4]

第四项重要改革涉及简易程序的奖励制度。"奥兰多法"进一步强化了适用简易程序的激励机制，在《意大利刑事诉讼法典》第 442 条第 2 款加入一句，被告人请求适用简易程序的，"违警罪的刑罚应减少一半，而重罪应减少三分之一"（原先均为三分之一）。可见，立法者希望在社会危险性较小、情节较为轻微的刑事案件中扩大简易程序的适用。

第五项重要改革涉及简易程序的变更问题。首先，"奥兰多法"在《意大利刑事诉讼法典》第 452 条第 2 款插入一句，规定"在简易程序变更为直接审判程序后，第 438 条第 6-1 款依然适用"。但需要指出的是，"奥兰多法"在此条中并未援引新的第 438 条第 4 款，这应该是立法疏漏，因为"突袭"辩护调查与直接审判程序之间的关系一样需要规范。如果被告人的辩护人进行"突袭"式的辩护调查，则应该赋予检察官在合理期限内的补充侦查权，以保证辩护证据能够接受充分的质证；其次，"奥兰多法"设立了程序变更中若干"非典型"的简易程序规则。例如《意大利刑

---

〔1〕　Cfr. Verso una mini-riforma del processo penale: le proposte della Commissione Canzio, in Dir. pen. cont., 27 ottobre 2014.

〔2〕　Cfr. Verso una mini-riforma del processo penale: le proposte della Commissione Canzio, in Dir. pen. cont., 27 ottobre 2014.

〔3〕　Cfr. Verso una mini-riforma del processo penale: le proposte della Commissione Canzio, in Dir. pen. cont., 27 ottobre 2014.

〔4〕　Cfr. F. Galluzzo, Riforma Orlando: giudizio abbreviato, in www. parolaalladifesa. it.

事诉讼法典》新的第 458 条第 1 款规定，在立即审判令送达后适用简易审判程序的，"适用第 438 条第 6-1 款"，但"依被告人之请求，可以主张法官不具地域管辖权"。可以看到，这一规定与在初步庭审程序中申请适用简易程序存在巨大差别，原因是在立即审判程序启动后、最终适用简易审判程序前，被告人不可能提前"正式"对法官的管辖权提出异议，因为尚未有初步庭审程序或者指控后的任何庭审程序。"奥兰多法"对《意大利刑事诉讼法典》第 458 条第 2 条也进行了重新规定，"法官在合议室内进行庭审，并至少提前 5 天以命令发送被告人、辩护人和受害人。如果法官认为不具管辖权，则以判决的形式予以确认，并将卷宗移送有管辖权的检察官。在这一程序中，应依情况遵守第 438 条第 3 款及第 5 款、第 441 条、第 441-1 条、第 442 条及第 443 条的规定……"较之于原先的规定，新条款删除了"如果（适用简易程序的）请求是可接受的"要求，这是为了保障控辩双方在"适用简易程序请求可接受性"这一问题上的对抗性。最后，"奥兰多法"对刑事处罚令作出后启动简易程序的程序规则也作了全新的规定。《意大利刑事诉讼法典》第 464 条第 1 款依然援引了新的第 438 条第 6-1 款的规定，禁止被告人在此类程序变更中对法官的地域管辖权提出异议。

2. 刑事协商程序改革。"奥兰多法"对刑事协商程序的改革远比立法者最初的构想规模要小。例如，第 2798 号最初的法律草案拟将 2003 年第 134 号法律所扩大的适用范围（5 年）限缩为 3 年，并将新设一种新的刑事协商程序，即在自愿认罪情况下依被告人请求适用刑罚。但在预备立法时，这些雄心勃勃的修法规划未达致政治合意，因此诸多立法文件均被搁置。此次改革更多是"以一种更灵活的程序矫正一些重大错误，弥补刑事协商程序中一些非根本性的缺陷"[1]，同时限制"提起撤销审之诉的申请，以阻止纯粹的滥诉"。[2]

第一项改革涉及法官的职权矫正机制。"奥兰多法"在《意大利刑事诉讼法典》第 130 条中加入新的第 1-1 款，规定"如果在依当事人请求适用刑罚的程序中，仅因名称或计算错误而导致刑罚的种类和数量需要进行修改，则作出判决的法官可依职权裁定予以矫正"。如果当事人已对判决提起上诉，则最高法院应依第 619 条第 2 款之规定依职权进行矫正。如前所述，此一新条款的目的在于赋予法官更灵活的裁量权，以弥补刑事协商程序中一些非根本性的缺陷，避免没必要的诉讼拖延情形，

---

〔1〕 Cfr. la Relazione al d. d. l. n. 2798, in Atti Parlamentari, Camera dei Deputati, XVII Legislatura, Disegni di legge e Relazioni, Documenti, p. 27.

〔2〕 Cfr. la Relazione al d. d. l. n. 2798, in Atti Parlamentari, Camera dei Deputati, XVII Legislatura, Disegni di legge e Relazioni, Documenti, p. 27.

提高诉讼效率。

第二项改革涉及刑事协商程序中的撤销审之诉。"奥兰多法"对《意大利刑事诉讼法典》第448条第2款进行了修改，规定检察官和被告人均可以对刑事协商的判决提出撤销审之诉的申请，但不再援引《意大利刑事诉讼法典》第606条所规定的理由，而仅得是"被告人意志表达相关的原因、请求与判决之间的相关性欠缺、犯罪行为的法律定性不准确或者刑事处罚、保安处分非法"。这一新的条款间接地强化了当事人在协商性司法中的权力和责任，弱化了上级法官对当事人合意的审查，似乎与欧洲大陆的主流趋势相背离。例如，德国在刑事协商程序中依然强调实质真实原则，法国在近几年来也有类似的趋势。

3. 刑事处罚令程序改革。"奥兰多法"对刑事处罚令程序的改革较为轻微，主要是在《意大利刑事诉讼法典》第459条中插入新的第1-1款，规定"法官在以财产刑来替代监禁刑的情况下，应考虑被告人及其家庭的整体经济情况，且可依《意大利刑法典》第133-2条允许其分期付款"。

（六）委托立法

此次修法，立法者并不仅是对《意大利刑事诉讼法典》的既有条款进行了补充和完善，还大量使用了委托立法机制（strumento della delegazione）[1]，旨在解决一些特别棘手且难以达成共识的程序性问题。此次委托立法的内容主要包括传统电话监听和新兴信息截取技术的委托立法以及上诉制度的委托立法。

1. 传统电话监听和新兴信息截取技术的委托立法。随着恐怖主义及有组织犯罪威胁的加剧，意大利政府在刑事诉讼中开始采用一些新型的侦查手段，以有效进行犯罪预防和打击。但这些新型的侦查手段也面临着欧洲人权法院及意大利宪法法院关于隐私权、个人信息自由权等方面的担忧与批评。在此之前，意大利对电话监听的适用细则主要由检察院数量众多的行政通令予以规定。最高司法官委员会（C. S. M.：Consiglio Superiore della Magistratura）也刚出台电话监听的79项要点。但立法并未涉及电话监听及信息截取作为侦查手段的相关程序细则，这是非常重大的立法空白。因此，"奥兰多法"第83款委托意大利政府对电话监听问题进行立法，既包括传统的电话监听（intercettazioni），也包括新兴的信息截取技术（captatori informatici），委托时间为3个月（在一定条件上可以延长60天）。仅就委托立法的时

---

[1] 依《意大利宪法》第76条之规定，"除非有指导性原则和准则的规定，并仅在限定的时间和就特定的问题，立法权不得交给政府行使"。因此，在一些重大、复杂、专业且难以在短时间内形成立法草案的议题，议会可委托政府在指定的时间内进行委托立法。委托立法应进行转化方可成为正式的法律。

间而论（通常委托立法的时间为 1 年），意大利立法者想要弥补这一领域法律缺陷的迫切心态一览无余。

（1）传统电话监听的委托立法要点。"奥兰多法"第 84 款 a 项规定，立法者应设立"若干规则，以保障通信的秘密性，尤其是辩护人与其客户之间的通信秘密。以及依宪法第 15 条之规定，对于通过数据搜集结果的预防警示，以及提供精确的程序分析以选择截取的材料，由此获得的电话或电信对话的秘密性应受到保护，既保障当事人之间的对抗，又不损及侦查的需要，特别关注偶然涉案个人通信和通话的隐秘性，以及与刑事司法目的无涉的通信及通话的隐秘性"。在该指导原则的统摄下，"奥兰多法"对传统电话监听的委托立法设置了五项指导原则和标准：

第一，检察官应依保全措施的请求，将相关卷宗材料移送法官，确保"卷宗的保密性……包括因某种原因不可用的通话或通信，或者包含了敏感数据……或者与侦查目的无关，仅涉及与之无关的事实或情节"。

第二，对于检察官在监听中所剔除的材料，应保存于专门的机密档案，被告人和法官有权听取及审查这些材料，但不得进行复制，"直至《刑事诉讼法典》第 268 条第 6 款及第 7 款所规定的程序终结前，涉及所获取之材料的唯一禁止性规定在《刑事诉讼法典》第 114 条第 1 款中"。立法者建议新设一项罪名，即传播欺骗性录影或录音罪，对于"当场或者欺骗性地传播录影或录音，包括电话，唯一目的在于毁坏他人声誉或形象的行为"，科处 4 年及以下的监禁刑。

第三，仅在听取材料摘要（udienza di stralcio）结束后，或者在预先侦查程序结束后，当事人的辩护人只有在接下来的诉讼阶段中获得法官的批准，其方可以以截取相关信息的鉴定意见的形式获得相关材料及转录的复印件。

第四，检察官及法官有权对电话监听的"合法性"进行审查。如果有证据证明因为某些原因而导致这些对话、信息或电信交流的录制材料不可用，或者包括了敏感的数据，则应启动《意大利刑事诉讼法典》第 268 条第 6 款及第 7 款的规定。如果未启动这一机制，则应明确指示其有意请求删除这些内容。

第五，不可用的电信截取数据，或者包含了敏感或者不相关的电信数据，不应纳入监听的卷宗材料，仅需指明录制的日期、时间和机构。但应立即告知检察官，检察官可以审查其相关性，如果必要，还可以进行转录。

（2）新兴信息截取技术的委托立法。新兴信息截取技术主要包括"木马"（trojan）、伪基站等恶意软件，"由侦查人员在连接互联网的电子设备上隐蔽安装上述软件，允许攻击者在任何时间收集所有数据流量（传入和传出），以激活远程控制麦克风和相机记录活动，'搜索'硬盘并制作内容的完整副本，拦截键盘上输入的所有内容，拍摄显示的图像和文档"。[1] 这一侦查行为涉嫌严重侵害《意大利宪法》第 14 条及第 15 条以及《欧洲人权公约》第 8 条。在意大利司法实践中，新兴信息截取技术的应用并非闻所未闻。2016 年，意大利最高法院联合法庭在斯库拉托（Scurato）一案中的判决便涉及新兴信息截取技术。[2] 许多检察官请求立法者介入并"颁布具体的法律予以规范，以保证（新兴信息截取技术应用）与所涉宪法条款及欧洲人权公约规定保持充分的平衡"。[3] 在此次委托立法中，"奥兰多法"对新兴信息截取技术的委托立法设置了八项指导原则和标准：

第一，如果仅在发布远程指令后麦克风才能被激活，而不仅仅是插入信息截取软件即可激活的，则这种侦查行为应由法官通过授权令且仅在令状所设定的范围内进行。

第二，录音仅得由司法警察或者警局内专门负责的人员进行。录音人员在应依《意大利刑事诉讼法典》第 268 条所规定的程序操作细则，依照录音的具体内容在记录笔录中载明录音的起始和终结的时间。

第三，对于《意大利刑事诉讼法典》第 51 条第 3-1 款及第 3-2 款所规定的罪名，在任何时候均允许激活相应设备。在这种情况下，只要涉及相关犯罪活动，则据此所获取的材料可在《意大利刑事诉讼法典》第 614 条所规定的庭审程序中使用。但无论如何，法官必须发布授权令，且应说明为什么这种特别侵入性的拦截方法对于进行侦查是必要的。

第四，所记录数据的传输只能通过代理服务器来进行，且一旦收集完成，"木马"软件必须永久不可用。

第五，仅符合部级法令规定且达到相应技术要求的特定计算机程序可以使用。

第六，在紧急情况下，检察官可以直接处理这种类型的拦截，但仅限于《意大利刑事诉讼法典》第 51 条第 3-1 款及第 3-3 款所规定的罪名，且应在 48 小时内获得法官批准。紧急令必须说明当时无法向法官提出申请的具体事实情况，以及为什么需要采取这种隐蔽的拦截方法。

第七，通过这种类型拦截所获取的数据仅能用于授权条款所指明之犯罪的证明目的，并可适用于不同的程序阶段，但符合"《意大利刑事诉讼法典》第 380 条所列

〔1〕　La definizione è di L. Annunziata, Trojan di Stato: l' intervento delle Sezioni Unite non risolve le problema-
　　　tiche applicative connesse alla natura del captatore informatico, in Parola alla difesa, 2016, n. 1, p. 189.

〔2〕　Cass. , sez. un. , 28 aprile 2016, Scurato, cit.

〔3〕　L'appello si può trovare in Dir. pen. cont. , 7 ottobre 2016, sotto il titolo Necessaria una disciplina legislativa
　　　in materia di captatori informatici (c. d. ' trojan'): un appello al legislatore da parte di numerosi docenti di
　　　diritto italiani.

之罪名之一"的条件是不可或缺的。

第八，受委托立法的立法者必须确保电话监听的结果不得以任何方式被了解、披露和公布，因为这往往涉及与案件无关的人员。

不难发现，"奥兰多法"在传统电话监听及信息截取的委托立法给予政府极大的裁量空间，所列明的指导原则和标准显得较为粗疏，故也有意大利学者批评这项举措让政府成为"空白代理人"（delega in bianco）。[1]

2. 上诉的委托立法。如前所述，"奥兰多法"本身便直接对上诉制度作了多处修改，旨在减少上诉法院尤其是最高法院的负担。但除此之外，"奥兰多法"第82款、第83款及第84款还设有对上诉制度的若干委托立法，在未来，亦将很大程度上改变意大利刑事诉讼的上诉制度。

这些委托立法包括：①第一项委托立法涉及"对治安法官管辖之犯罪所提起的撤销审之诉，仅在判决违反法律规定的情况下方可提起"。提出撤销审请求的当事人仅在案件符合所谓的"双重绝对无罪"的情况下方可有效。②第二项委托立法涉及"上诉法院的检察长仅得在提审或初审法院检察官默认的情况下"，方可提起撤销审之诉。③第三项委托立法涉及"检察官在无罪判决，或者仅在改变罪名或排除存在具有特殊效力的加重处罚情节，或者对普通犯罪确立不同的量刑时，方可提出撤销审之诉"。④第四项委托立法涉及"如果庭审结束后，无罪判决并非以'事实不存在'或'被告人未实施犯罪行为'的措辞体现，则被告人可以提起撤销审之诉"。⑤第五项委托立法涉及"有罪判决不得上诉的情况仅限于仅有财产刑的判决、无罪判决或以罚金或替代刑罚的不起诉程序"。⑥第六项委托立法涉及"被告人附带上诉的归属以及对上诉主张的限制"。

可以看到，这些委托立法依然是以限制上诉、节约资源为导向。但也有学者指出，关于上诉事项的不少委托立法并不复杂，完全可以在立法中直接进行修改。[2]

（七）其他修改

"奥兰多法"还涉及意大利刑事诉讼其他领域的一些修改，例如判决理由制度、转化条款和跨期规定。这些修改虽然比较技术性，但依然对意大利刑事程序的正当化产生不可估量的影响。

1. 判决理由制度改革。在判决理由制度方面，"奥兰多法"修改了《意大利刑

---

[1] Cfr. L. Filippi, Molte perplessità e poche note positive nella legge delega di riforma delle intercettazioni, in www. ilpenalista. it.

[2] Cfr. Mitja Gialuz, Andrea Cabiale, Jacopo Della Torre, Riforma Orlando: le modifiche attinenti al processo penale, tra codificazione della giurisprudenza, riforme attese da tempo e confuse innovazioni, in Dir. pen. cont., 2017, vol 3, p. 196.

事诉讼法典》第546条e项，改变了判决理由的传统规范结构。修改后，意大利刑事判决理由被分成四部分，分别涉及指控事实的查明及法律定性、当罚性及所适用的刑罚（量刑与保安处分）、因犯罪导致的民事责任以及适用程序规则的其他事实的查明。对于前述每个问题，法官应依据据以作出判断的"事实和法律理由"，作出清楚的阐释，尤其是"所获得的结果""证据的评价标准"以及反证"不可信"的"理由"。这一改革完全来自于坎齐奥委员会的建议，目的是建构"判决理由在'事实'方面的法律模型"，让法官的证明推理明晰化，"构建实际的转移范式，据此上诉法官可以评估当事人的上诉以及了解原判决法官所作出判决的是与非"。[1]

2. 转化条款（Le disposizioni di attuazione）。"奥兰多法"还涉及一些法律的转化，如2014年2月6日环境紧急状态法令的转化（《意大利刑事诉讼法典》第129条第3-2款）和参与远程庭审（dibattimento a distanza）法令的转化（《意大利刑事诉讼法典》第146-1条）。环境紧急状态法令的转化主要涉及检察官在环境保护领域的"指控信息"，其属于环保部所应掌控的信息。而参与远程庭审法令的转化则主要涉及涉嫌特定罪名（《意大利刑事诉讼法典》第51条第3-1款、第407条第2款、a项4），"被羁押"的个人应强制性地参加"对其所被指控罪名的远程庭审"，以及有关远程庭审的一些程序细则。

3. 跨期规定（Normativa intertemporale）。"奥兰多法"依"时间决定行为"（tempus regit actum）的一般标准外作了例外设定，允许一些较为复杂的程序改革可以延期适用，如检察官的"思考期"（tempo di riflessione）、刑事协商程序、远程庭审等。例如，对于远程庭审，"奥兰多法"第81款规定，"第77款、第78款、第79款及第80款在本法刊登于官方公报的一年后生效"。

（八）改革的评价：迈向刑事诉讼的宪法化

与1988年那场惊世骇俗的改革相比，2017年的"奥兰多"改革显得更为精细和具体，更多地吸收了意大利宪法法院、最高法院近年来的判例精髓。由此，意大利的立法者开始从传统的"理性建构"慢慢走向"自然演进"的路径。有意大利的学者评论，"如此大规模且清晰的改革要点仅限于对数年判例的法典化，……确立了判例在程序平衡中的核心地位"。[2]而这场改革背后有两个不可忽视的支撑要素：一是议会与宪法法院、最高法院关系的日趋和谐。在1988年改革后，意大利的议会与

─────────────

〔1〕 Cfr. la Relazione al d. d. l. n. 2798, in Atti Parlamentari, Camera dei Deputati, XVII Legislatura, Disegni di legge e Relazioni, Documenti, p. 8.

〔2〕 Cfr. Mitja Gialuz, Andrea Cabiale, Jacopo Della Torre, Riforma Orlando: le modifiche attinenti al processo penale, tra codificazione della giurisprudenza, riforme attese da tempo e confuse innovazioni, in Dir. pen. cont., 2017, vol 3, p. 197.

宪法法院和最高法院的关系一度极为紧张。议会更多的是代表政治家的立场，带有一定的意识形态与理想主义情节，因此更偏重"学院派品格"，主张秩序、逻辑、宏大理论和理性建构。而宪法法院和最高法院则更倾向于"实务派品格"，更愿意聚焦于具体问题的解决，立足于具体事由的评估，而非一般性的价值判断。但随着意大利政治环境的改变以及欧洲"安全"司法区的开启，诸如诉讼价值、诉讼目的、诉讼模式等宏大命题的讨论似乎无助于解决意大利刑事诉讼的具体问题。宪法法院和最高法院因此逐渐获得刑事诉讼改革的主导权。二是欧洲人权法院在意大利刑事诉讼改革中的导向作用，其在很大程度上与意大利宪法法院及最高法院的人权保障立场遥相呼应，加速了意大利刑事诉讼宪法化的进程。

"奥兰多"改革在许多领域体现了意大利宪法法院及最高法院的立场。例如改革"终身审判"制度、强化被告人与辩护人的会见权、强化被害人在刑事诉讼中的知情权和参与权、强化公民在监听及新兴信息截取技术中的隐私权保障等。很多改革举措同样是《欧洲人权公约》及欧洲人权法院的要求。此次改革的另一个重点便是提高诉讼效率，节约司法资源。尤其是对撤销审之诉的改革，将最高法院的核心职能重新定位为"统一规范适用"，而不宜过多地介入实体问题。当事人的上诉权也因此受到一定的限制。

但应看到，两种改革目标可能存在内在的冲突。例如，在预先侦查程序中赋予检察官"思考期"，将可能大幅延长预先侦查期限，这似乎与提高诉讼效率的目标相悖。同样，限制被告人的上诉权似乎也不利于对被告人的基本权利保障。可见，公正与效率永远处于一定的张力状态下，立法者仅能寻求某种折中的改革路径。

改革也还存在一些考虑不周的地方，例如，"奥兰多法"专门新设条款，强化了被害人对入室盗窃和抢夺罪的知情权，但却未涉及其他罪名，缺少学理依据。"同意放弃上诉理由"制度允许控辩双方在上诉程序中进行再协商，这似乎并不能达到提高诉讼效率、节约司法资源的目的，反而容易造成诉讼拖沓的后果。因此，制度建构的正当性似乎有待进一步斟酌。委托立法中模糊的指导原则似乎赋予政府过大的立法权，尤其是涉及一些敏感侦查手段的委托立法，未来政府所出台的规范性文件是否能充分保障公民权利，这仍有待时间进行检验。

总之，"奥兰多法"基本上反映了近年来欧陆普遍盛行的"自然演进"立法思潮。决策者不再立足宏大的法治目标，仅凭借学术化、逻辑化的理性推导以设计出一套理想法治社会的蓝图，并作为国民行为的价值依据及行动指南。相反，司法实践所面临的具体问题以及所反馈的经验教训开始在制度的改革推进中占据极为重要的地位。其中，刑事诉讼的宪法化，成为21世纪后主导意大利刑事诉讼改革走向的核心主线，意大利的立法部门和司法部门在宪法的统摄下形成最大限度的合意，共同推进意大利刑事诉讼的正当化和精细化。

第二节　国际民事诉讼法的发展动态[1]

一、美国民事诉讼法的最新发展

（一）美国民事诉讼立法动态

美国于 2018 年 12 月 1 日生效以下修正案："115-121-Amendments to the Federal Rules of Appellate Procedure""115-122-Amendments to the Federal Rules of Bankruptcy Procedure""115-119-Amendments to the Federal Rules of Civil Procedure"。[2]"115-121-Amendments to the Federal Rules of Appellate Procedure"涉及第 8、11、25、26、28.1、29、31、39、41 条等。主要内容包括对电子文件签名、归档及送达的规定，将提交答辩书的时间由 14 天延长至 21 天的规定，对上诉法院可阻止会使法官丧失资格的法院之友的法律文书的提出的规定，以及对在上诉规则中的不同规则间及上诉规则与其他规则的适用性规定。"115-122-Amendments to the Federal Rules of Bankruptcy Procedure"涉及第 3002.1、5005、7004、7062、8002、8006、8007、8010、8011、8013、8015、8016、8017、8021、8022、9025 条，并且增加了第 3018.1 条和第八部分的附录。主要是对向区域法院或破产上诉委员会提出上诉的细化规定，具体包括对递交上诉书时间的规定，证明对上诉法院的直接上诉的规定，对中止待决的上诉、保证、暂停程序的规定，对文书归档、送达及签名的规定，对动议的规定，对文书、附录的格式规定，对交互上诉、法庭之友的法律文书、费用及重审动议的规定。"115-119-Amendments to the Federal Rules of Civil Procedure"涉及第 5、23、62 和 65.1 条。主要内容包括对电子送达的规定，对集团诉讼中对成员的通知及和解的规定，对中止执行判决程序的规定，对保证人诉讼程序的规定。

此外，美国华盛顿司法会于 2018 年 10 月向美国联邦最高法院提出修正如下法条的提议："Appellate Rules 3, 5, 13, 21, 25, 26, 26.1, 28, 32, and 39""Bankruptcy Rules 4001, 6007, 9036, and 9037""Evidence Rule 807"。这些修正案按计划将于 2019 年 12 月 1 日生效，但是可能会受其他因素影响而推迟。美国于 2018 年 8 月公布

---

〔1〕　本部分执笔人：肖建华，中国政法大学诉讼法学研究院教授。

〔2〕　参见 https://www.uscourts.gov/rules-policies/current-rules-practice-procedure, 2019 年 2 月 19 日最后访问；参见 https://www.law.cornell.edu/rules, 2019 年 2 月 19 日最后访问。

了如下法条的修正意见以供评议："Appellate Rules 35 and 40" "Bankruptcy Rules 2002, 2004, and 8012" "Civil Rule 30" "Evidence Rule 404"。这些修正案按计划将于2020年12月1日生效，但是也可能会受其他因素影响而推迟。[1]

（二）美国司法改革新动态

关于美国司法改革的新动态，下列修改已获得通过：①管辖权。科罗拉多州：原法律规定，将县法院民事管辖权从15 000美元增加到25 000美元，修改为：增加到35 000美元。佛罗里达州：原法律规定，将县法院管辖权从15 000美元增加到50 000美元；州最高法院可根据消费物价指数每5年调整一次。修改为：删除根据消费物价指数进行调整的规定。②法官资格与任期。南卡罗来纳州：法律规定，要求最初被任命为治安法院法官的人在超过75 000人的县有律师经历，还要求在低于75 000人的县里有至少4年制的学士学位。③薪酬与预算。马里兰州：法律规定，单独设立司法人员工资序列；新泽西州：法律规定，增加州长内阁成员、法官、县检察官和某些其他公职人员的年薪；怀俄明州：法律规定，划分司法机关和县政府对法院信息技术设备的责任；爱达荷州：修改法官的薪酬。④法官选任。夏威夷州：法律规定，要求司法机关对如何在填补司法空缺方面增强性别平等进行研究，并提出建议；田纳西州：宪法修正案草案规定，最高法院继续选任司法部长，须经大会确认。⑤体制改革。佐治亚州：宪法修正案草案规定，设立商事法院。法官由州长单独任命以及再任命；康涅狄格州：法律规定，建立康涅狄格商事索赔中心，作为迅速解决商事案件的一种机制；密苏里州：法律规定，将法规中关于毒品法庭、DWI法庭等表述合并，并将其重新命名为治疗法庭。⑥规则制定权。加利福尼亚州：法律规定，允许扩大作为审判委员会主席的首席法官可能因灾害或紧急情况而关闭或移动法院的情形；延长民事时限，但仅限于最少的必要天数；总统或州长有权作出紧急声明。明尼苏达州：法律规定，要求最高法院采取并维持紧急行动和政府计划的连续性，以确保司法部门在发生灾害、紧急情况或宣布紧急状态时能够安全、持续地运转。[2]

（三）美国联邦法院司法实践

在2018年9月30日之前的12个月内，联邦最高法院的案件数量与上一年几乎相同，而联邦上诉法院、破产法院的案件数量则略有下降，联邦地方法院的案件数

---

[1] 参见 https://www.uscourts.gov/rules-policies/pending-rules-and-forms-amendments，2019年2月19日最后访问。

[2] 参见王成璋："美国司法改革最新动态（2018年2月至4月）"，载《人民法院报》2018年8月3日，第8版。

量和审前程序案件数量都有所增长。联邦最高法院收到案件申请总数几乎与 2017 年持平，从 2016 司法年度的 6305 件增加到 2017 司法年度的 6315 件；在联邦上诉法院中，案件申请数量下降了 2%，为 49 276 件。其中，民事上诉案件总量下降了 2%，破产上诉案件数量下降了 10%；联邦地区法院民事案件数量上升了 6%，达到了 282 936 件；美国作为被告的案件数量下降 3%，这是该类案件在 2016 年因为韦尔奇（*Welch v. United States*）案的影响下数量大幅增长后的首次下降。得益于学生贷款拖欠类案件数量的减少，美国作为原告的案件数量下降了 6%。涉及公民身份多样性的案件数量（例如不同州的公民之间的争议）增加了 17%，关于个人财产损失的案件数量增加了 23%；破产法院受理的案件数量下降了 2%，共 773 375 件；在 90 个破产法院中，有 60 个破产法院的破产案件数量下降了。消费者案件数量下降了 2%，商事案件数量下降了 4%。与《2005 年防止滥用破产与消费者保护法》第 7 章有关的案件数量下降了 2%；与第 13 章有关的案件数量下降了 3%；与第 11 章有关的案件数量则相对平稳，下降了不到 1%。2018 年申请破产案件总数是自《2005 年防止滥用破产与消费者保护法》生效后最低的一年。2007 年至 2010 年，破产案件的数量持续增长，但在过去 8 年里破产案件数量则持续下降。[1]

二、加拿大民事诉讼法的最新发展

在加拿大，民事诉讼规则由联邦和省的每个司法管辖区进行单独管理。加拿大有 9 个省和 3 个地区是普通法的司法管辖区，另有魁北克省受民法管辖。在所有省份和地区，都有一个低级和高级法院。对于某些事项，管辖权首先归加拿大联邦法院。在所有情况下，最终的上诉法院都是加拿大最高法院。[2] 自 2010 年以来，加拿大的许多省份（包括安大略省、阿尔伯塔省、不列颠哥伦比亚省和魁北克省）对其民事诉讼法规进行了重大修改，以节约金钱成本和时间、避免复杂程序的方式从而帮助解决民事纠纷。上述改革包括减少法院在举证过程中审查的文件数量；减少口头听证会的时间；在披露证据的程序中强制考虑比例原则等。[3]

（一）魁北克省的民事诉讼法改革

魁北克省的民事诉讼法改革强调了预防和解决争端的替代方式。《魁北克民事诉讼法》的第 1 条规定了当事人合作的义务，并考虑在诉诸法庭之前使用私人方法预

〔1〕 约翰·罗伯茨："美国联邦法院 2018 年年终报告"，曹兴华译，载《人民法院报》2019 年 8 月 3 日，第 8 版。

〔2〕 Shelby R. Grubbs（Editor），International Civil Procedure（World Law Group Series），Kluwer Law International.

〔3〕 Boillat-Madfouny Carmen.（2015）. Nouveau Code de procédure civile = 1er janvier 2016. URL：http：// www. ljt. ca/fr/nouvelles/nouvelle_ 2084. sn.

防和解决纠纷的可能性。在法院开庭时，当事人应考虑使用友好的讨论和辩论的形式来解决纠纷。但是，如果不遵守考虑这些替代方法的义务，新法规并没有规定相关的制裁方式。同时，主张扩大法院控制案件进展的权力，在一定程度上扩大了赋予法官控制案件审判程序的权利。例如，法院可采取一定措施来简化或加快诉讼程序（简化程序）、限制或界定专家报告的条件、限制当事人解释的数量和期限以及证词。诉讼程序一旦开始，法院就可以要求当事人就案件时间表达成协议（法院可以采取相应的措施），在此期间，法院可以采取适当措施控制案件的进展情况。[1]

对当事人的初步（庭审前）解释和证人讯问的改革。为了缩短案件审理时间并确保司法程序的公正，改革对当事人在庭审前的初步解释和对证人的质疑作出了重大限制。特别是如果索赔的费用为小于等于 100 000 美元，案件的审理时间将被限制在 5 个小时以内。双方可以就将时间从 5 小时延长至 7 小时达成协议。但是，除此之外的任何其他约定都须经法院同意。[2]

关于案件审查的改革。根据民事诉讼法的规定，当事人无权要求对案件进行一次以上的审查，复杂疑难、需要专业知识（特殊领域的专业知识）的案件可以排除在外。虽然当事人享有保留进行法外审查的权利，但他们在拒绝进行联合法医检查时必须证明其有合理的理由和其提议是正当的。如果专家的报告相互矛盾，法院可以安排专家会议或要求每位专家提交一份额外的报告说明。[3]

其他简化和加快诉讼程序并降低诉讼费用的措施：在诉讼过程中简化请愿，请愿可以以非正式的形式提出：书面形式——使用笔记、信件、通知或口头；如果有次要（辅助）的事实证据，允许在法庭上提交书面证词；要求各方提交"案件协议"，说明他们打算进行的审前检查的次数以及当事人打算通过电话联络的专家人数；小额诉讼可以解决的争议金额从 ＄7000 增加到 ＄15 000；允许法官将当事人在费用分配方面的拖延纳入滥用程序的情况；支持使用信息技术以避免不必要的差

〔1〕 Elena P. Ermakova1＊, Natalia V. Ivanovskaya2, Sergei Sh. Shakirov3, *CIVIL PROCEDURE REFORM IN CANADA* 2010-2018, Proceedings of INTCESS 2019- 6th International Conference on Education and Social Sciences, 4-6 February 2019- Dubai, U. A. E.

〔2〕 Elena P. Ermakova1＊, Natalia V. Ivanovskaya2, Sergei Sh. Shakirov3, *CIVIL PROCEDURE REFORM IN CANADA* 2010-2018, Proceedings of INTCESS 2019- 6th International Conference on Education and Social Sciences, 4-6 February 2019- Dubai, U. A. E.

〔3〕 Angenot Maya (2015). A five-part breakdown of Quebec's new Code of Civil Procedure URL: http://www.nortonrosefulbright. com/centre-du-savoir/publications/132835/le-nouveau-code-deprocedure-civile-en-cinq-sujets.

旅。[1]

(二) 阿尔伯塔省、不列颠哥伦比亚省的新民事司法规则

阿尔伯塔省新的民事司法规则改革的重点在针对一般和复杂疑难的案件,创建两个独立的诉讼管理系统,做到有针对性地进行管理。在不列颠哥伦比亚省,以确保与争议金额成比例的方式,公平、迅速和经济地解决案件,并且要区分和重视案件的重要性和复杂性。改革的主要内容主要是:为在法官指导下进行的所有法律诉讼创建审判管理会议;法官可以使用当事人双方商定的联合专家证人。[2]

(三) 民事司法制度改革的若干要素

加拿大在过去 30 年中为解决这一问题做了大量工作,部分是制定替代性争议解决方法。不幸的是,这些改革并没有获得如期的效果。目前,加拿大正准备对其民事司法及纠纷解决机制进行必要的更新,以迎接实践中的新挑战。[3]

1. 引入和促进替代性争议解决:强制使用替代性争议解决 (Mandatory Use of Alternative Dispute Resolution 强制性 ADR)。

目前,大多数司法管辖区要求在诉讼程序中使用某些类型的争议解决程序 (例如强制性和解会议)。例如,在安大略省,一些索赔要求在提交辩方答复后 180 天内进行强制调解。新艾伯塔省的民事诉讼新规则要求当事人在收到有听证会日期的传票之前参与争议解决程序。在魁北克省,新的民事诉讼法[4]要求当事人在诉诸法庭之前考虑替代解决争议的可能性。此外,省级法律协会现在要求律师在每种情况下考虑其他的替代性争议解决方案,并告知其客户可用的 ADR 选项。

2. 维护对仲裁条款的尊重:确认专家独立原则。近年来,加拿大法院发布了许多法院裁决,规定了专家证人的独立性。安大略省上诉法院特别积极地就此问题发表了若干决定[5],这些决定收紧了规则并明确了这些证人的法律地位。这一趋势的

---

[1] Schafler, Michael and Saunders Melissa (2018), Litigation and enforcement in Canada: overview, https://content.next.westlaw.com/Document/I203079491cb611e38578f7ccc38dcbee/View/FullText.html? contextData= (sc. Default) &transitionType=Default.

[2] Michael D Schalfer & Melissa Saunders, Litigation and enforcement in Canada: overview. URL: https://content.next.westlaw.com/Document/I203079491cb611e38578f7ccc38dcbee/View/FullText.html? contextData= (sc. Default) &transitionType=Default.

[3] Roberge, Jean-Fran? ois (2013). Emerging trends in access to justice and dispute resolution in Canada. URL: https://www.ramjam.ca/fileadmin/sites/droit/RAMJAM/Archives/Vol_ 4_ no_ 2/RamJam_ 4_ 2_ JeanFrancoisRoberge.pdf.

[4] Boillat-Madfouny Carmen. (2015). Nouveau Code de procédure civile = 1er janvier 2016. URL: http://www.ljt.ca/fr/nouvelles/nouvelle_ 2084. sn.

[5] Carmen Alfano Family Trust v. Piersanti, 2012 ONCA 297. URL: http://lsblaw.com/wpcontent/uploads/2016/02/carmen-alfano-family-trust-vs-piersanti-b.pdf.

目的是排除显示偏见或缺乏独立性的专家证人。最近，加拿大最高法院发布了两项裁决[1]，在国家层面肯定了安大略省最高法院的做法。[2]

综上所述，2018 年加拿大民事诉讼改革的目的是通过节约经济和时间以及避免和减少复杂的方式解决民事纠纷，主要体现在：减少法院在证明过程中需要研究的文件数量；缩短口头听证时间；须重视披露证据的程序中的比例原则；提高小额诉讼的额度。应该指出的是，所有这些创新举措都有助于加速和简化民事案件中的司法公正。

第三节　国际行政诉讼法的发展动态[3]

一、域外行政诉讼法研究动态

2018 年，域外行政法及行政诉讼研究既有抽象的理论化研究，也有具体的制度性研究。

有学者研究了行政诉讼审查对象的行政行为，认为行政行为是行政机关公权力实现的法律表现，由于行政行为的复杂性，其具有特定的要素，即合法性和合理性、行政机关的权限、公共行政的相关权限和自由裁量权。行政行为的法律效力包括合法性推定和真实性推定。行政行为效力会随客观情况发生改变，有的会因行政行为完全或暂时停止法律效力而被中止或撤销。[4]

还有学者从历史的角度，考察了几十年来行政行为的司法审查，认为行政行为司法审查的实体法在不断增加，并实现了跨越式发展。普通法传统的实质内容是动态的并且是不可预测的，所以行政程序法需要不断加以更新，但必须是谨慎的，以免随后对其广泛适用或对进一步改革实体法产生压力。要尊重学说，确保法官及时行使其司法审查职能，以便在程序实施过程中更加符合实质合理性。这些变化还需要在特定环境中被考虑进去，对程序法的修改应该通过参考相同案例的原则和价值

〔1〕 *White Burgess Langille Inman v. Abbott and Haliburton Co.*，2015 SCC 23. URL：https：//scccsc. lexum. com/scc-csc/scc-csc/en/item/15328/index.

〔2〕 Michael D Schalfer & Melissa Saunders, Litigation and enforcement in Canada：overview，https：// content. next. westlaw. com/Document/I203079491cb611e38578f7ccc38dcbee/View/FullText. html？ context-Data =（sc. Default）&transitionType=Default.

〔3〕 本部分执笔人：高家伟，中国政法大学诉讼法学研究院教授；杨天波，中国政法大学法学院博士研究生。

〔4〕 See Diana-Mihaela Malinche，"The legal procedure applicable to administrative acts"，Contemporary Challenges in Administrative，Law and Public Administration（2018）.

观，来实现对实体法一致性的塑造。[1]

还有学者对行政法解释相关问题进行了研究和阐述。例如，讨论行政机关和立法机关的沟通材料，对这些材料的使用，有助于行政机关解释法律。这些材料包括行政机关对立法的早期介入、参与起草的立法初稿，包括信函、报告、备忘录、证言等。[2] 还有学者借鉴了哲学家杜威的进步主义思想，讨论在权力分立的框架下，谁来回答主要问题，认为当以立法、总统指令和公众参与的形式来表达公众意见时，行政机关可以发挥相应的作用。[3] 有学者讨论了分权和对行政解释的司法审查问题。[4]

还有学者集中讨论了谢弗林原则。例如讨论了美国联邦行政程序法上对"终局行政行为"的司法审查，认为"谢弗林尊重"的解释性规则属于"终局行政行为"。[5] 也有学者认为"谢弗林尊重"影响了法院解释法律时的"独立判断权"，但有学者反驳了这种观点，认为对于规定得模棱两可的法律而言，其隐含着授予行政机关的权力不是解释法律的权力，而是在法律规定可能意义范围内进行政策选择的权力的内涵。[6]

二、域外行政诉讼法实施动态

1. 欧盟《通用数据保护条例》（GDPR）生效实施。欧盟议会于之前通过的《通用数据保护条例》（General Data Protection Regulations，GDPR）已于 2018 年 5 月 25 日在欧盟成员国内正式生效实施。[7] 该条例的适用范围极为广泛，任何收集、传输、保留或处理涉及欧盟所有成员国内的个人信息的机构组织均受该条例的约束。比如，即使一个主体不属于欧盟成员国的公司，只要满足下列两个条件之一：

（1）为了向欧盟境内可识别的自然人提供商品和服务而收集、处理他们的信息。

（2）为了监控欧盟境内可识别的自然人的活动而收集、处理他们的信息，其就受到 GDPR 的管辖。

---

[1] See Paul Daly，"Updating the Procedural Law of Judicial"，*Review of Administrative Action*，51 U. B. C. L. Rev. 705（2018）.

[2] Jarrod Shobe，"Agency Legislative History"，68 *Emory L. J.* 283（2018）.

[3] Blake Emerson，"Administrative Answers to Major Questions：On the Democratic Legitimacy of Agency Statutory Interpretation"，102 *Minn. L. Rev.* 2019（2018）

[4] Kathryn M. Baldwin，"Endangered Deference：Separation of Powers and Judicial Review of Agency Interpretation"，92 St. *John's L. Rev.* 91（2018）.

[5] Steven J. Lindsay，"Timing Judicial Review of Agency Interpretations in Chevron's Shadow"，127 *Yale. L. J.* 2448-2510（2018）.

[6] Jonathan R. Siegel，"The Constitutional Case for Chevron Deference"，71 *Vand. L. Rev.* 937（2018）.

[7] See LK Shields，"What is the GDPR?"，https：//www.lexology.com/library/detail.aspx? g=95b47829-a019-4278-8897-004a25bdf792.

违反该条例将会导致严重的法律后果。其中，重大违反（Most Severe Infringement）所遭受的行政罚款的上限是 2000 万欧元或该企业上一财年全球年度营业总额的 4%（以较高者为准）。

欧洲隐私法律的地域适用范围正在通过 GDPR 不断扩大。而正是由于这种适用范围的扩大，位于欧盟境外、不受现行欧洲隐私法律规制的许多组织也将随着 GDPR 的实施而不得不适用欧盟隐私法律。GDPR 要求这些组织及时对 GDPR 的"合规"要求作出回应。

第一，GDPR 适用于在欧盟境内设有业务机构（establishment）的组织，只要这些组织的业务机构在欧盟境内的活动中处理个人数据（而不论此类处理行为是否实际发生在欧盟境内）。

第二，如某一组织虽不在欧盟境内设立业务机构，但处理欧盟境内个人的个人数据，并且此类处理行为与向欧盟境内的个人提供商品或服务相关，无论该等商品或服务是否收费，则也应当适用 GDPR。

第三，GDPR 适用于非欧盟组织处理欧盟境内个人的个人数据，只要此类处理行为涉及对这些个人的行为进行监控，且该处理行为发生在欧盟境内。

GDPR 作为欧洲法规生效，这意味着它从 2018 年 5 月起直接适用于所有欧盟成员国，而无需成员国立法。GDPR 取代了欧盟和国家的数据保护法规。在爱尔兰，GDPR 取代了 1995 年的数据保护指令，该指令是欧盟法规，其中主要的爱尔兰数据保护法规是 1988 年和 2003 年的数据保护法。

GDPR 将适用于处理个人数据的欧盟组织，也适用于向欧盟居民提供商品和服务或监控其行为的非欧盟组织，即使该处理不在欧盟境内进行。将数据保护立法扩展到欧盟以外的组织是新的举措，对这些组织来说是一项挑战。

2. 法国通过新的《个人数据保护法》。在欧盟《通用数据保护条例》（GDPR）生效前两周，法国议会最终通过了新的《个人数据保护法》（法律编号 2018-493），以使现有的法国法律适用于 GDPR 新规则。[1] 然而，宪法法院直到 2018 年 6 月 12 日，在 GDPR 生效后才作出决定，《个人数据保护法》直至 20 日才予以公布。但是，《个人数据保护法》不足以完成法国 GDPR 的转换适用，法国现已颁布实施法令（2018 年 8 月 1 日第 2018-687 号法令），该法令于 2018 年 8 月 4 日生效。

由于 GDPR 适用于成员国，并在许多方面取代了国家法律，但在其他方面，即所谓的"国家回旋余地"，GDPR 为成员国提供了一定程度的灵活性。因此，1978 年

---

[1] See "France Adopts Regulations Implementing the GDPR", https://www.lexology.com/library/detail.aspx? g = e4de5746-c831-419e-b48a-712cef451985.

的法国数据保护法案仍然有效，并得到了 GDPR 的补充。2018 年 8 月 1 日的法令修改了 2005 年 10 月 20 日第 2005-1309 号法令的规定，使其符合 GDPR 并解决剩余的"国家回旋余地"。最重要的是，2018 年 8 月 1 日的法令授予法国数据保护机构，即信息和自由委员会（CNIL）执行任务所需的权力。

3. 匈牙利出台了第一部"行政程序法"。[1]。匈牙利的第一部行政程序法于 2018 年 1 月 1 日生效。匈牙利的行政程序法是顺应时代发展的需要，可以确保政府依法行政。新的行政程序法对于完善一国的法律体系尤为必要，其近几年连续出台了民事领域、行政领域和刑事领域的程序法，共同完善匈牙利的法律保护。

匈牙利行政程序规则与民事程序规则不同，因为行政程序不是一种特殊的民事程序，但它包括民事程序的大多数要素。匈牙利法律规定在两种法律规定相同的情况下，民事诉讼规则仅适用于个人案件。采用这个解决方案是合理的，因为两种诉讼程序之间并没有太多差异，具体取决于在民事或行政程序中实现这些规则是否更为合适。适用这些参考规则，可以避免不必要的冗余。为了强调行政程序的独立性，新的行政程序法还指出，在某些情况下，民事程序的适用必须按照行政程序的规定进行申请。将行政程序与民事程序加以区分，由司法机关来进行。三种类型的纠纷关系属于行政法律争议范畴：行政行为的合法性、行政合同争议、有关公务员的争议以及劳动保障争议。大多数行政诉讼程序都是关于审查行政行为的合法性。

第四节　美国《联邦证据规则》的最新发展（2017—2018 年）[2]

一、近两年发展综述

长期以来，美国对《联邦证据规则》（Federal Rules of Evidence）的修订一直极为审慎。上次修法生效于 2017 年 12 月 1 日，修订了**规则 803（16）**"古旧文件传闻例外"（将本条限制为仅针对 1998 年 1 月 1 日之前制作的文件）和**规则 902**"自我鉴真规则"［新增子项 902（13）和 902（14），允许通过当庭展示适格专家签发的认证

---

〔1〕　See Pribula, Laszlo："The New Administrative Procedure Code in Hungary", Studia Universitatis Babes-Bolyai Jurisprudentia, Vol. 2018, Issue 2（April-June 2018）, pp. 28-43.

〔2〕　本部分执笔人：汪诸豪，中国政法大学证据科学研究院副教授。

书来对部分电子证据进行鉴真]。[1] 其目的是应对日常案件审理中数量日益增长、形态呈现多样化的电子证据。有关这两项证据规则的修法背景和论证，笔者已于"美国《联邦证据规则》的最新发展（2016年）"报告中有过详述，此篇不再累述。[2]

另有两条联邦证据规定现已进入到正式的修法程序，分别是：**规则807"其余传闻例外"和规则404"品格证据；其他犯罪、错误或行为"**。**规则807**修订提案之目的并非扩张"其余传闻例外"的范围，而是着眼于对规则本身的技术性改进，以便审判法官和律师的使用，减少歧义。目前，该条修订案已于2018年9月13日获得了美国司法会议（Judicial Conference of the United States）的批准，报送美国联邦最高法院审核。若其能够获得美国联邦最高法院接受并且美国国会对此无异议，则该条修订案将于2019年12月1日正式生效。[3] **规则404**修订提案主要是针对404（b）**款**"其他犯罪、错误或行为"的文本进行微调，其目的也是对规则本身的技术性改良，以便更有利于审判法官和律师使用，减少歧义。与此同时，立法者还寄希望于通过对404（b）**款**的修订能够在司法程序上实现对被告方的更公平对待。目前，该条修订案已获得联邦证据规则咨询委员会（Advisory Committee on Evidence Rules）审议批准，报送美国司法会议规则委员会（Committee on Rules of Practice and Procedure）审核。若能顺利通过各项程序，该条修订案最早将于2020年12月1日正式生效。[4]

---

〔1〕 有关《联邦证据规则》803（16）和902的最新文本，参见美国联邦法院系统网站"当前最新规则"，https：//www.uscourts.gov/rules-policies/current-rules-practice-procedure；另见：美国联邦证据规则咨询委员会主席 William K. Sessions 给美国司法会议规则委员会主席 Jeffrey S. Sutton 的备忘录（2016年5月7日），https：//www.uscourts.gov/sites/default/files/2016-05-07-evidence_ rules_ report _ to_ the_ standing_ committee_ 0. pdf。

〔2〕 详见汪诸豪："外国证据法的最新发展"，载卞建林主编：《中国诉讼法治发展报告（2016）》，中国政法大学出版社2017年版。注：笔者在该文中基于美国联邦证据规则咨询委员会2015-2016年期间的会议记录和报告人 Daniel J. Capra 署名文章，判断《联邦证据规则》803（16）古旧文件传闻例外会被废止。但最终2017年12月1日生效的修订案采用了缩限而非废止**规则803（16）**的方案。请以实际生效法规为准。

〔3〕 有关《联邦证据规则》807修订案的修法背景、论证及草案文本，参见：美国司法会议规则委员会主席 David G. Campbell 报送美国最高法院的备忘录（2018年10月24日），https：//www.uscourts.gov/sites/default/files/scotus_ federal_ rules_ package_ 2018_ 0. pdf。

〔4〕 有关《联邦证据规则》404修订案的修法背景、论证及草案文本，参见：美国联邦证据规则咨询委员会主席 Debra Ann Livingston 给美国司法会议规则委员会主席 David G. Campbell 的备忘录（2018年5月14日，后于2018年7月16日修订），https：//www.uscourts.gov/sites/default/files/2018_ proposed_ rules_ amendments_ published_ for_ public_ comment_ 0. pdf。另见：美国联邦法院系统网站"待定规则修订案"，https：//www.uscourts.gov/rules-policies/pending-rules-and-forms-amendments#a1。注：虽然上述两项修订案预期将于文中所列日期生效，但不排除基于各种各样的原因而最终生效日期延迟或者甚至撤回的情况。

除了以上两项已明确列入修法日程表的修订案，笔者通过查阅 2017 至 2018 年期间所有公开的美国联邦证据规则咨询委员会会议记录、议程和报告，梳理出以下《联邦证据规则》条款存在未来进行修订的可能性，包括：规则 801（d）（1）（A）"传闻豁免之陈述人—证人的先前陈述"、美国最高法院 Pena-Rodriguez 案判决对规则 606（b）"禁止陪审团成员就案件裁决结果作证的规定及其例外"的影响、规则 106 "书证或经录制陈述完整性的规定"、规则 609（a）（1）"通过刑事定罪记录弹劾证人可信性之基本规则、证人弹劾与正誉程序概览"、规则 611 "与说明性证据"、规则 615 "证人退场"的规定以及美国最高法院 Crawford 案判决对传闻例外规定的影响等。[1] 虽然看似涉及面很广，但无论是已提上修法日程表的规则 807 和规则 404 修订案，还是针对上述其他规则的潜在性修订，其本质上都属于对美国《联邦证据规则》的零星技术性修补，而并非联邦证据规则咨询委员会近年来着力解决的重点证据问题领域。

那么，美国《联邦证据规则》最新发展热点和咨询委员会工作的重心究竟在哪儿呢？对于这个问题的解答依然需要落脚到对美国联邦证据规则咨询委员会相关文件的研读上。通过对近四年以来联邦证据规则咨询委员会所有公开文献的梳理，笔者发现 2015—2016 年期间美国《联邦证据规则》的修法重心落脚于回应新兴的电子证据问题。但伴随着规则 803（16）和规则 902 修订案的生效，以及由联邦证据规则咨询委员会牵头起草但最终仅以执笔人个人名义出版的《电子证据鉴真最佳操作指南》的问世[2]，美国联邦证据规则咨询委员会对电子证据问题的重点关注和回应已暂告一段落。与此同时，2016 年美国总统科学与技术顾问委员会（President's Council of Advisors on Science and Technology）发布了一份题为《刑事诉讼中的司法鉴定：确

---

〔1〕　参见美国联邦证据规则咨询委员会会议记录（华盛顿 D.C.，2017 年 4 月 21 日），https：//www. uscourts. gov/rules-policies/archives/meeting-minutes/advisory-committee-rules-evidence-april-2017；美国联邦证据规则咨询委员会会议记录（马萨诸塞州牛顿中心，2017 年 10 月 26 日），https：// www. uscourts. gov/rules-policies/archives/meeting-minutes/advisory-committee-rules-evidence-october-2017；美国联邦证据规则咨询委员会会议记录（华盛顿 D.C.，2018 年 4 月 26-27 日）https：// www. uscourts. gov/rules-policies/archives/meeting-minutes/advisory-committee-rules-evidence-april-2018；美国联邦证据规则咨询委员会议程（科罗拉多州丹佛市，2018 年 10 月 19 日），https：// www. uscourts. gov/rules-policies/archives/agenda-books/advisory-committee-rules-evidence-october-2018。
〔2〕　参见 Paul W. Grimm，Gregory P. Joseph & Daniel J. Capra：《电子证据鉴真最佳操作指南》［Best Practices for Authenticating Digital Evidence（West Academy Publishing，2016 年）］。文件下载网址：http：//www. jha. com/us/filemanager/authenticatingdigitalevidence. pdf，最后访问日期：2019 年 2 月 27 日。

保特征比对方法的科学有效性》的报告，很快引发了一场针对美国司法鉴定界的信任危机。[1] 在接下来的两年里（2017—2018 年），联邦证据规则咨询委员会的工作重点也从电子证据领域转移到了研究如何从立法角度来回应司法鉴定的挑战以及在影响更为宽泛的**多伯特案和规则** 702 项下的科学证据审查标准问题。

在进入对修法热点问题的讨论之前，笔者打算在本节第二部分先简要介绍一下美国《联邦证据规则》的修法流程。相信对这一特殊修法流程的介绍将会对读者理解该过程中各家参与机构的职责、各机构之间的关系以及修法进度的概念起到一定积极作用。

二、美国《联邦证据规则》修法流程简介

美国国会将联邦证据规则编写的权力委托交给了美国最高法院，后者为此专门制定了一套规则起草程序。首先是成立美国司法会议（Judicial Conference of the United States）作为联邦法院系统的政策制定机构。司法会议下设多个委员会，分别负责包括案件管理、智慧法院、规则制定、修订等事宜在内的多方面工作。值得一提的是，司法会议下属的规则委员会（Committee on Rules of Practice and Procedure）是其众多委员会中唯一需要向公众披露会议内容的部门。

美国司法会议规则委员会内设五个咨询委员会（Advisory Committee），分别负责联邦上诉、破产、民事、刑事和证据规则的起草和修订。任一咨询委员会提出的任何一项规则的修订建议首先需上报给规则委员会的常务委员会（Standing Committee on Rules of Practice and Procedure）进行审核。经常委会审批通过后，会将新修规则草案予以网上公布，征求公众意见。收集汇总的公众意见交由相关的负责咨询委员会进行审查判断。负责的咨询委员会有权自主决定是否要吸收公众意见来对原规则修订草案加以完善。之后，该规则的修订案会提交给司法会议规则委员会，再由司法会议规则委员会提交至美国最高法院，最终转交给美国国会。美国国会若未在规定时间内提出任何修改意见，则该联邦规则草案会自动生效，成为法律。[2]

从咨询委员会最初提出一条规则的修订草案至其最终生效成为法律，走完该流

---

〔1〕 参见美国总统行政办公室—美国总统科技顾问委员会：《刑事诉讼中的司法鉴定：确保特征比对方法的科学有效性》（2016 年）［President's Council of Advisors on Science and Technology, Executive Office of the President, Forensic Science in Criminal Courts: Ensuring Scientific Validity of Feature-Comparison Methods 44 n.94（2016），http://obamawhitehouse.archives.gov/sites/default/files/microsites/ostp/PCAST/pcast_ forensic_ science_ report_ final. pdf］。

〔2〕 参见 Daniel J. Capra："规则制定的可能性：美国司法会议证据规则咨询委员会对司法鉴定专家意见挑战的回应"，载《中国法学前沿》2018 年第 1 期（Rulemaking Possibilities: Efforts of the United States Judicial Conference Advisory Committee on Evidence Rules to Address the Challenges to Forensic Expert Testimony, *FRONTIERS OF LAW IN CHINA*, Vol. 13, Issue No. 1, 35-42, 2018）。

程通常需要 3 年左右时间。毫无疑问，这不是一个轻松的过程，其中需要权衡多方主体的利益。从法院的角度来说，法官们希望规则能够易于适用，同时警惕任何可能会限制其自由裁量权的规则。对美国司法部而言，任何可能会给其刑事检控工作带来负担的规则（例如对法庭科学证据的限制使用）都不是好消息。相反，对律协而言，尤其是对刑事辩护协会而言，任何对美国司法部不利的规则都会引起其关注或支持。对法学家们而言，他们总是希望规则具有理论深度、适宜教学，并且往往觉得自己的想法会比咨询委员会更高明。由此看出，咨询委员会的工作有很大的阻力。因此，每年新生效的修订案数量较少甚至没有。即便是零星出炉的新规则，大多措辞考究，具有稳定性。

按照惯例，美国司法会议证据规则咨询委员会（Advisory Committee on Evidence Rules）于每年 4 月和 10 月会召开两次全员会议。相关的会议记录和报告、附件资料均会在会议结束后于网上向公众公开。目前，证据规则咨询委员会主席是美国联邦上诉法院法官黛布拉·安·利文斯顿（Debra Ann Livingston），报告人是美国福特汉姆大学法学院教授丹尼尔·卡普拉（Daniel J. Capra），成员 8 人（其中包括三名联邦地区法院法官、一名联邦检察官、一名联邦公设辩护律师、一名州最高法院法官和两位律师代表）。此外，证据规则咨询委员会设有一个顾问席位，目前由美国俄克拉荷马大学法学院教授莉莎·瑞克特（Liesa Richter）担任，以及多个联络人席位（以方便证据规则咨询委员会与规则委员会常委会及美国司法会议下设的其他多个咨询委员会之间的沟通、协调和互动）。咨询委员会主席有权随时召集组建小组分委会（Subcommittee）以便根据司法实践的需要就重要的具体问题灵活开展专题式研究。[1]

三、热点问题：司法鉴定的美国危机与《联邦证据规则》最新发展

毫不夸张地说，美国的司法鉴定（或被称作法庭科学，Forensic Science）正在经历一场空前的信任危机。最早点燃这把火的是美国国家科学院国家研究委员会（National Research Council of U.S. National Academy of Sciences）于 2009 年发布的一份题为《美国法庭科学的加强之路》的报告。[2] 美国国家科学院（简称 NAS）是美国

---

〔1〕 参见 Daniel J. Capra："规则制定的可能性：美国司法会议证据规则咨询委员会对司法鉴定专家意见挑战的回应"，载《中国法学前沿》2018 年第 1 期（Rulemaking Possibilities：Efforts of the United States Judicial Conference Advisory Committee on Evidence Rules to Address the Challenges to Forensic Expert Testimony, *FRONTIERS OF LAW IN CHINA*, Vol. 13, Issue No. 1, 33–37, 2018）。

〔2〕 参见美国国家科学院国家研究委员会：《美国法庭科学的加强之路》（2009 年）［National Research Council, Strengthening Forensic Science in the United States：A Path Forward（2009），http：//www.ncjrs.gov/pdffiles1/nij/grants/228091.pdf］。

国会立法机关在科学技术方面的领衔顾问团体。2005 年美国国会委托 NAS 的研究部门，即国家研究委员会（简称 NRC），对司法鉴定行业首次展开科学研究。历时四年，NAS 报告出炉，揭露了许多常规司法鉴定方法中的严重问题，其中就包括了缺乏能确立其科学性的严格和适宜的研究。NAS 报告指出："刑事审判中提出的许多鉴定证据——例如，包括咬痕、枪械和刀痕的辨别——都缺乏有效的科学性，也没有关于出错率的数据和解释其科目限度的可靠性检验。"[1]

这份 NAS 报告引起了美国国内乃至全球范围的关注。虽然有一些司法鉴定人员开始着手弥补自身鉴定门类所缺失的科学有效性数据，但更多的美国司法鉴定部门对 NAS 报告的评估表示错愕和怀疑。许多美国检察官认为，虽然 NAS 报告指出了司法鉴定的发展进步空间，但是该份报告的结论不应该对常规的鉴定方法在法庭上的可采性形成消极的影响。从实际操作层面来看，这份报告对美国法官在案件审理中习惯性地采纳鉴定意见的做法确实影响不大。[2]

但显然美国主流科学界并不打算就此放过司法鉴定行业。作为对 NAS 报告的跟进，奥巴马总统委派总统科学技术顾问委员会（President's Council of Advisors on Science and Technology，简称 PCAST）就确保美国法律系统中司法鉴定证据的科学有效性提出了采取进一步措施的建议。总统科技顾问委员会是美国行政部门在科技方面的领衔顾问团队。2016 年 9 月，题为《刑事诉讼中的司法鉴定：确保特征比对方法的科学有效性》的 PCAST 报告发布。[3] 这份报告是总统科技顾问委员会为期一年的研究成果，在此期间 PCAST 专家们审阅了 2100 多份科学文献，以及大量来自美国司法鉴定界、联邦调查局（FBI）和美国国家标准与技术研究院（NIST）专程提供的有价值材料。PCAST 还为此专门成立了一个专家组，其中包括了 10 位现任或已退休

---

〔1〕 参见美国国家科学院国家研究委员会：《美国法庭科学的加强之路》（2009 年）〔National Research Council, Strengthening Forensic Science in the United States: A Path Forward（2009），http://www.ncjrs.gov/pdffiles1/nij/grants/228091.pdf〕。

〔2〕 参见 Eric S. Lander："修正联邦证据规则 702：PCAST 报告和确保刑事审判中特征比对鉴定方法可靠性的步骤"，载《福特汉姆法律评论》2018 年第 4 期（Fixing Rule 702: The PCAST Report and Steps to Ensure the Reliability of Forensic Feature-Comparison Methods in the Criminal Courts, 86 Fordham L. Rev. 1661）。

〔3〕 参见美国总统行政办公室—美国总统科技顾问委员会：《刑事诉讼中的司法鉴定：确保特征比对方法的科学有效性》（2016 年）〔President's Council of Advisors on Science and Technology, Executive Office of the President, Forensic Science in Criminal Courts: Ensuring Scientific Validity of Feature-Comparison Methods 44 n.94（2016），http://obamawhitehouse.archives.gov/sites/default/files/microsites/ostp/PCAST/pcast_forensic_science_report_final.pdf〕。

的资深法官、2 位美国前任总检察长、2 家美国知名法学院的院长和 2 名统计学家。[1]

2016 年 PCAST 报告结论与 2009 年 NAS 报告的判断一致，即美国法院长期以来采纳的许多司法鉴定方法缺乏有效的科学性证据支持。与 NAS 报告相比，PCAST 报告更进一步聚焦于《联邦证据规则》702 项下司法鉴定专家意见证言的可采性问题。其将注意力集中在了一类特定的司法鉴定方法上，即"特征比对鉴定法"（Forensic Feature-Comparison Methods）。[2] 该类鉴定包括了对 DNA、毛发、指纹、枪械和射出弹片、刀痕、鞋印和轮胎压痕、咬痕和手写笔迹的分析。[3] 这些鉴定方法的共同特点是通常都会涉及鉴定人对两份样本（例如，其中一份样本采自犯罪现场，而另一份样本来自于嫌疑人）的特征进行比对，以判断二者是否有可能出自同一来源。[4] 有些特征比对鉴定方法是完全客观的，而另一些鉴定方法则不可避免地会涉及鉴定人的主观判断。[5]

PCAST 选择聚焦此类鉴定方法是有原因的。首先，这些鉴定方法在美国刑事司

〔1〕 参见美国总统行政办公室—美国总统科技顾问委员会：《刑事诉讼中的司法鉴定：确保特征比对方法的科学有效性》（2016 年）［President's Council of Advisors on Science and Technology, Executive Office of the President, Forensic Science in Criminal Courts：Ensuring Scientific Validity of Feature-Comparison Methods 44 n.94 （2016）, http：//obamawhitehouse. archives. gov/sites/default/files/microsites/ostp/PCAST/pcast_ forensic_ science_ report_ final. pdf］。

〔2〕 参见美国总统行政办公室—美国总统科技顾问委员会：《刑事诉讼中的司法鉴定：确保特征比对方法的科学有效性》（2016 年）［President's Council of Advisors on Science and Technology, Executive Office of the President, Forensic Science in Criminal Courts：Ensuring Scientific Validity of Feature-Comparison Methods 44 n.94 （2016）, http：//obamawhitehouse. archives. gov/sites/default/files/microsites/ostp/PCAST/pcast_ forensic_ science_ report_ final. pdf］。

〔3〕 参见美国总统行政办公室—美国总统科技顾问委员会：《刑事诉讼中的司法鉴定：确保特征比对方法的科学有效性》（2016 年）［President's Council of Advisors on Science and Technology, Executive Office of the President, Forensic Science in Criminal Courts：Ensuring Scientific Validity of Feature-Comparison Methods 44 n.94 （2016）, http：//obamawhitehouse. archives. gov/sites/default/files/microsites/ostp/PCAST/pcast_ forensic_ science_ report_ final. pdf］。

〔4〕 参见美国总统行政办公室—美国总统科技顾问委员会：《刑事诉讼中的司法鉴定：确保特征比对方法的科学有效性》（2016 年）［President's Council of Advisors on Science and Technology, Executive Office of the President, Forensic Science in Criminal Courts：Ensuring Scientific Validity of Feature-Comparison Methods 44 n.94 （2016）, http：//obamawhitehouse. archives. gov/sites/default/files/microsites/ostp/PCAST/pcast_ forensic_ science_ report_ final. pdf］。

〔5〕 参见美国总统行政办公室—美国总统科技顾问委员会：《刑事诉讼中的司法鉴定：确保特征比对方法的科学有效性》（2016 年）［President's Council of Advisors on Science and Technology, Executive Office of the President, Forensic Science in Criminal Courts：Ensuring Scientific Validity of Feature-Comparison Methods 44 n.94 （2016）, http：//obamawhitehouse. archives. gov/sites/default/files/microsites/ostp/PCAST/pcast_ forensic_ science_ report_ final. pdf］。

法中被常年广泛应用。其次，长期以来，业界主张这些鉴定方法具有很高的准确性，且绝大多数普通民众对此深信不疑；而事实证明，冤假错案中常常会涉及此类鉴定。最后，这些鉴定方法均涉及计量学（Metrology，即有关测量和比对的科学）———一门有着明确科学性标准的学科。[1] 简而言之，确保这些鉴定方法的可靠性具有实践上的重要性和可行性。

PCAST 报告认为，根据《联邦证据规则》702 和多伯特案（Daubert）树立的科学证据可采性标准，法院必须要考虑的一个关键问题是，特征比对鉴定方法具有科学有效性的标志究竟是什么？对此，简洁的回答是：必须要有该方法在实践中应用效果的实证研究证据。PCAST 报告强调，直接的实证研究检测是确立特征比对鉴定方法之科学有效性的唯一途径。科学有效性并不要求某种方法达到完美的程度，而是强调必须要公布基于实证研究而得出的该方法出错概率的估计。在特征比对鉴定方法的问题上就是要了解实际上来自于不同来源的两份样本被错误认定同一性的概率（诸如一百万分之一，六百分之一，五十分之一或者三分之一，等等）。[2] 而这恰恰是绝大多数特征比对鉴定方法长期以来所缺失的一点。

PCAST 报告指出了美国司法鉴定界长期以来自认为方法可靠的误区，即他们对自己的工作程序深信不疑。具体而言，美国司法鉴定部门长期以来一直在强调：鉴定人拥有大量的个案工作"经验"和优良的职业操守，例如，拥有鉴定职业协会、认证项目、同行评议期刊、能力验证和职业操守规则。PCAST 报告一方面承认大量的工作经验和良好职业操守的重要性毋庸置疑，另一方面强调经验和职业操守并无法确立方法本身是否具有可靠性，因为二者均无法评估方法的准确性。个案工作经验提供不了关于准确性的信息，因为办案不等于知道正确答案。而职业操守关注的是过程而非结果。为了进一步阐释这一点，PCAST 联席主委、美国哈佛大学和麻省理工学院 BROAD 研究院主任埃里克·兰德（Eric S. Lander）在一篇相关论文中举了一个伪科学的例子，称巫术也可以就其领域作出上述主张。巫师也可以主张他们有读心术和预言方面的大量个案经验，并且他们同样拥有自己的职业协会、认证项目、

---

[1] 参见美国总统行政办公室—美国总统科技顾问委员会：《刑事诉讼中的司法鉴定：确保特征比对方法的科学有效性》（2016 年）［President's Council of Advisors on Science and Technology, Executive Office of the President, Forensic Science in Criminal Courts: Ensuring Scientific Validity of Feature-Comparison Methods 44 n.94 (2016), http://obamawhitehouse.archives.gov/sites/default/files/microsites/ostp/PCAST/pcast_forensic_science_report_final.pdf］。

[2] 参见美国国家科学院国家研究委员会：《美国法庭科学的加强之路》（2009 年）［National Research Council, Strengthening Forensic Science in the United States: A Path Forward (2009), http://www.ncjrs.gov/pdffiles1/nij/grants/228091.pdf］。

同行评议期刊、能力验证和职业操守规则。[1] 尽管拥有这一切，巫术显然不会被接受为具有科学有效性——即没有《联邦证据规则》702 项下的可采性——因为他们的方法无法通过确定其准确性的恰当实证研究的检验。同理，为了司法鉴定方法能被接受为是可靠的和具有科学有效性的，针对其准确性开展实证研究检验是无法被取代的工作。

综上所述，美国立法和行政两大部门的领衔科学顾问团队——美国国家科学院和美国总统科技顾问委员会——均已介入了对司法鉴定或对法庭科学的审查。二者一致认为，长期以来的司法鉴定方法缺乏严肃的科学有效性，许多鉴定方法的准确性在司法实务中被严重夸大，并且对鉴定方法的误用实际导致了许多起冤假错案。而另一方面，无论是在联邦还是州的层面，不论在民事案件还是刑事案件中，许多美国法官不知道该如何将可靠性和科学有效性的概念运用到对某一既定科学学科的司法审查中。他们往往更倾向于接受可靠性的表象（比如鉴定人的经验和职业操守）而不去追究其实际可靠性。此外，许多美国法官不愿意去挑战长期积累起来的关于处理鉴定方法可采性的先前判例，即便这些判例法距离当前问题而言，其已是时间久远的历史。

对此，PCAST 报告在最后部分给出的建议是，最有效的解决办法应该是由美国司法会议出面澄清特征比对鉴定"可靠方法"的涵义。PCAST 报告提议由联邦证据规则咨询委员会发布一条新的咨委会注释（Advisory Committee Note）和一份最佳操作指南（Best Practice Manual），以便为众法院提供清晰的指引。作为替代性解决方案或额外举措，证据规则咨询委员会也可以考虑修改《联邦证据规则》中相关规定。[2]

另外，自 1993 年美国最高法院在**多伯特案**［*Daubert v. Merrell Dow Pharmaceuticals*, Inc., 509 U.S. 579（1993）］中确立了审判法官在审查科学证据问题上的"守门人"角色以及专家证人证言的可采性标准，并于 2000 年通过修订《联邦证据规则》将**多伯特案**标准纳入规则 702 以来，美国法院对**多伯特案**标准的实际运用却一直不尽如人意。在实际案件审理中，法官对科学证据的可靠性审查往往没能起到"守门人"的应有作用。联邦证据规则咨询委员会注意到了这个问题，并一直在等待

---

〔1〕　Eric S. Lander："修正联邦证据规则 702：PCAST 报告和确保刑事审判中特征比对鉴定方法可靠性的步骤"，载《福特汉姆法律评论》2018 年第 4 期（Fixing Rule 702：The PCAST Report and Steps to Ensure the Reliability of Forensic Feature-Comparison Methods in the Criminal Courts, *Fordham Law Review*, Vol. 86, Issue 4, 1661-1679, at 1673-74）。

〔2〕　美国总统科技顾问委员会：《刑事诉讼中的司法鉴定：确保特征比对方法的科学有效性》（2016 年），第 145 页。

合适的时机来再次修订规则 702。而 PCAST 报告的发布正是启动相关工作的良机。2016 年 10 月（PCAST 报告发布后一个月），在美国加州洛杉矶举行的美国司法会议证据规则咨询委员会年会上，时任主席威廉·塞申斯（William K. Sessions）法官宣布，证据规则咨询委员会要认真研究 PCAST 报告的内容。作为回应的第一步，证据规则咨询委员会于 2017 年秋季年会期间召开了一次应对司法鉴定证据挑战的专题研讨会，考虑重新修订《联邦证据规则》702 的相关事宜。

由联邦证据规则咨询委员会牵头，主题为"法庭科学专家证言、多伯特案和《联邦证据规则》702"的专题研讨会于 2017 年 10 月 27 日在波士顿学院法学院（Boston College School of Law）如期举行。种种迹象表明，这并非是一次寻常的学术研讨会，而是美国司法会议证据规则咨询委员会在探索对司法鉴定证据和更为宽泛意义上的科学证据展开新一轮规制的征程上迈出的第一步。研讨会由联邦证据规则咨询委员会报告人卡普拉教授主持，美国司法会议规则委员会主席大卫·坎贝尔（David Campbell）法官、证据规则咨询委员会现任主席利文斯顿法官和前任主席塞申斯法官悉数参会。来自美国科技顾问委员会、认知神经学、统计学、美国司法部国家法庭科学委员会（NCFS）、视觉科学、美国联邦调查局（FBI）实验室和美国国家标准与技术研究所（NIST）的 7 位知名科学家，美国联邦巡回和地区法院的 5 位资深法官，美国 5 家法学院的 6 位知名证据法专家，以及来自公共司法服务部门和私人法务机构的多位鉴定负责人、检察官和律师先后代表美国科学界、法院、学术界和实务界发言。[1] 此次研讨会的主要议题并非要讨论 PCAST 报告中任何具体结论的是非曲直，而是以 PCAST 报告为起点，探讨美国司法会议证据规则咨询委员会在应对特征比对鉴定方法之科学有效性、司法鉴定证据的挑战以及**多伯特案**和《**联邦证据规则**》702 项下更为普遍的科学证据问题中应当扮演的角色。换句话说，面对司法鉴定的美国危机和规制专家证言的**多伯特案**和**规则** 702 中的问题，证据规则咨询委员会应该做些什么？

波士顿专题研讨会的与会人员形成了两项基本共识。首先，司法鉴定证据的主要问题之一是鉴定人在结论中过于夸大。例如，称鉴定意见存在"零出错率"（zero error rate）或者某颗子弹"实际上不可能"（practically impossibility）是从其他枪械中弹射出来的。再比如，鉴定人经常作证称其结论达到了其专业领域中的合理确定程度（a reasonable degree of [field of expertise] certainty），殊不知该术语本身就是一种

---

[1] 参见 Daniel J. Capra："鉴定专家证人证言、多伯特案和规则 702"，载《福特汉姆法律评论》2018 年第 4 期（Symposium on Forensic Expert Testimony, *Daubert*, and Rule 702, *Fordham Law Review*, Vol. 86, Issue 4, 1463–1550）。

夸大，其没有任何科学性意义，只会起到迷惑陪审团的作用。NAS 报告和 PCAST 报告中均强调了司法鉴定存在结论过于夸大的问题，而审判法官对此却基本无动于衷——法院往往倚赖先前判例进行裁决，而不去对具体专家的具体意见是否夸大了鉴定结果展开问询。联邦证据规则咨询委员会所收集整理的判例法汇编似乎也印证了这一点。在 70 个相关汇编案例中，大约有 40 起案件涉及审判法院未能控制住鉴定人作出夸大结论的现象。

波士顿专题研讨会上达成的另一项共识是司法鉴定和专家证言挑战在美国民事案件和刑事案件中的鲜明反差。在民事案件中，律师们常诉苦抱怨大量的诉讼资源被无谓消耗在了**多伯特案**标准的质询上。而刑事案件中，律师们的顾虑却是庭审上对鉴定专家证言的关注度不足。其根本原因在于美国《联邦民事诉讼规则》的审前证据开示要求（Rule 26 of the Federal Rules of Civil Procedure）比《联邦刑事诉讼规则》的审前证据开示要求（Rule 16 of the Federal Rules of Criminal Procedure）要强大得多。美国民事诉讼的审前证据开示程序赋予了诉讼当事人以强大权利，以便要求对方当事人披露专家证人的详细有效信息。此外，在美国民事诉讼中，当事人还可以自行在审前与对方当事人的专家证人开展询证存录，以便充分了解该专家的意见、方法论和支持性事实基础。因此，在民事案件的审理中，若律师要对专家证言的可采性提出挑战，其支持信息通常是说理充分的。相反，在美国的刑事诉讼中，根据刑事诉讼规则的规定，只有在极罕见的例外情况下，刑事律师才可以在审前对专家证人开展询证存录。且审前对专家的披露信息是粗略的和结论性的，很难对律师在法庭上交叉询问专家证人或挑战其证言提供帮助。

联邦证据规则咨询委员会在 2018 年举行的两次年会上继续对司法鉴定证据和潜在可行的《联邦证据规则》702 修改方案进行了深入探讨。证据规则咨询委员会主席利文斯顿法官还召集组建了一个小组分委会，任命联邦地区法院（北卡中区）主审法官托马斯·施罗德（Thomas D. Schroeder）为主任，就美国司法会议证据规则咨询委员会在解决有关司法鉴定顾虑方面所可能起到的作用展开密集研究。该小组分委会已于 2018 年 9 月向联邦证据规则咨询委员会提交了一份研究备忘录。至此，美国司法会议证据规则咨询委员会已就该议题形成了如下共识：

第一，PCAST 报告中提出的由美国司法会议证据规则咨询委员会发布一条新的咨询委员会注释，详细说明司法鉴定科目科学性标准的建议不可取。对《联邦证据规则》条款本身不进行任何改动而专程修订一条咨询委员会注释的做法，其在法律上是不允许的。虽然此后经过讨论，对《联邦证据规则》中某一条进行相对少量的修改或许是恰当的做法，但是证据规则咨询委员会坚持认为，若为了新增一条咨询委员会注释而去修改某条证据规则的做法并非一种好的规则制定模式。而且这样的一条咨询委员会注释在字数上会大大超过修法限制，并需要融合大量的科学知识，其描述本身很有可能就会伴有争议。最后，随着科学的发展和法庭科学的不断进步，这样一条注释还有容易过时的风险。

第二，PCAST 报告中提出的由美国司法会议证据规则咨询委员会发布一份有关司法鉴定证据的最佳操作指南，以便为众法院提供指引的建议也不可取。正如新增一条咨询委员会注释的建议，形成这样一份最佳操作指南需要大量科学知识的支撑和人力成本的投入，联邦证据规则咨询委员会的资源恐怕会捉襟见肘。其次，更为严重的是，以咨询委员会的名义发布最佳操作指南的做法存在法律上的问题。对此，一个鲜活的教训就是由联邦证据规则咨询委员会牵头制作的有关电子证据鉴真的最佳操作指南，最终不得不以执笔人个人的名义出版，其中原因就是顾虑到制定最佳操作指南权或许已在咨询委员会的规则制定权范畴之外。最后，市面上已经有许多关于司法鉴定证据的著作，若再制作一本无法以美国司法会议证据规则咨询委员会名义署名的"最佳操作指南"，其效果将无法明确。

第三，主张美国司法会议证据规则咨询委员会可以针对司法鉴定证据在《联邦证据规则》中专门创制一条独立、详细的规则的建议不可取。首先，**规则 702** 本身具有足够的延展性，能够涵盖所有形式的专家证言，其中包括鉴定意见，而为司法鉴定证据单独设立一条证据规则会破坏掉这一前提。其次，"司法鉴定"一词难以明确定义，实践中会造成潜在的包含不充分情况。再者，鉴定人或法庭科学专家应当同其他所有专家证人一并适用相同的证据可采性审查标准，并没有理由认为鉴定人要适用不同或更高标准。最后，即使假设为司法鉴定证据设立了专门的联邦证据规则条款，也很有可能会陷入两难的境地，即若规定得过于详细，则该规定很可能会过时，若规定得太过宽泛，则该规定很可能会无效。

第四，鉴定人在司法鉴定结论中过于夸大的问题很难通过修法以外的其他途径解决。该看法主要是基于三方面的认识。首先，证据规则咨询委员会收集整理的判例汇编表明，有些美国法院的确在努力控制鉴定人在法庭上夸大结论的行为，但真正会这样做的法院数量实在太少了。因为绝大多数法院依赖于该领域的先前判例来作裁定，而先前判例中的做法通常就是允许鉴定人作证称自己的结论达到了"合理程度上的科学确定性或职业确定性"。其次，人们可能会设想 NAS 报告、PCAST 报告以及其他各式各样的教育类资料可以引导法院更好地应对司法鉴定人过于夸大结论的问题。但案例汇编却表明，这些报告对法院产生的实际影响非常微弱。考虑到法院在评估司法鉴定意见问题上严重依赖于先前判例中的类似做法，若想要法院真正行动起来抵制夸大的鉴定意见，修法是必要的路径。最后，美国司法部虽然也在努力制定防范司法鉴定结论过于夸大的措施，但其"自救"效果有限，且与《联邦证据规则》相关规定的修改之间并不相互冲突。

第五，目前看来，最为可行的做法是对《联邦证据规则》702进行修订，以防止审判法院采纳过于夸大的专家意见，并且**规则**702的修改不应对司法鉴定和其他类型的专家意见证言进行区分。一直以来，**规则**702均是对所有专家证言予以适用，若新修订的规则仅适用于司法鉴定人，则会打破**规则**702的既有平衡。再者，鉴于"司法鉴定"的定义无法明确界定，若**规则**702的修订仅适用于司法鉴定，那么必将引起大量关于案件中所涉科目是否属于司法鉴定的争议。最后，鉴定结论过于夸大的问题并不仅仅发生在司法鉴定中，其他类型的专家意见证言中同样可能会出现相似问题。因此，若证据规则咨询委员会认定了要修改**规则**702以规制鉴定结论过于夸大的问题，其不会仅针对司法鉴定证据。

第六，联邦证据规则咨询委员会要与联邦刑事诉讼规则咨询委员会展开紧密合作，后者正在探索对美国联邦刑事案件审前"证据开示"程序规则（Rule 16 of the Federal Rules of Criminal Procedure）的修改。证据规则咨询委员会支持对《联邦刑事诉讼规则》16的修订向《联邦民事诉讼规则》26的立法方向靠拢，尽可能地赋予刑事案件被告方在审前对专家证人进行开示的权利。

四、小结

截至笔者撰稿时，美国司法会议证据规则咨询委员会针对司法鉴定证据、**多伯特案**科学证据审查标准和《联邦证据规则》702修订案的讨论仍在继续，但初步的方案如上文所述已经形成。通过对上述美国司法鉴定热点问题的追踪和对证据咨询委员会回应的梳理，笔者有以下三点即时感受愿与读者分享：

第一，PCAST报告抛给美国联邦证据规则咨询委员会的议题看似是一个从立法层面如何引导审判法官对司法鉴定证据的科学有效性进行有效审查的问题，但其背后却是一个更为深刻和复杂的命题——即法律和科学如何进行对话和开展合作？科学性证据（包括司法鉴定证据）已经大量进入法庭，甚至在很大程度上左右着案件的判决结果，这是不争的事实。虽然法律人大多不擅长谈论和思考科学问题，但为了确保庭审是一场理性的事实认定活动，立法者必须要找到一种合适的方式能够指引司法者在法庭上对科学证据的可靠性开展实质审查。为此，无论法律界还是科学界都很可能需要朝着彼此的方向继续勇敢地往前走，迈出自己的舒适区，继续寻找共同语言。

第二，虽然美国司法会议证据规则咨询委员会手中掌握着起草修订《美国联邦证据规则》的自主权，但是在修法的实际操作中，咨询委员会在选择修法议题和具体规则修订方案时均秉持着极为谨慎的态度。咨询委员会主席和报告人作为这项工作的负责人，其在修法过程中更多的是作为倾听者而非发号施令者。倾听各种各样的专家意见并反复及时地进行交流，以及公开征求社会大众的评议是任何一项联邦规则的修法必经之路。此外，咨询委员会对自身定位的清醒认识也令人印象深刻。面对任何一项有价值的议题，咨询委员会首先考虑的是自身对于该问题的解决能够起到何种作用，解决该问题的最佳途径是通过立法、司法还是其他途径？咨询委员会权限的边界在哪里？哪些事情能做，哪些事情不能做？一个很好的例子就是联邦证据规则咨询委员会认为自己无法起草有关审查司法鉴定证据的"最佳操作指南"，因为这很可能超出了美国司法会议授予其的权限范围。

第三，虽然任何一项美国联邦规则的修订从正式进入到修法日程表再到生效至少要经历3年左右的时间，但令人印象深刻的是在此过程中从头至尾的公开透明程度和各界人士的参与度。咨询委员会一年两次会议的详细记录、议程和报告均置于美国联邦法院系统网站上，供公众随时自由下载并查看。咨询委员会主席就专题问题召集小组分委会开展工作所形成的研究报告和报告人就专题问题撰写的备忘录以及收集整理的全国案例汇编均会作为咨询委员会报告的附件随同挂在网站上供公众浏览。甚至连一项修法议题正式启动前的准备工作材料也会在网上予以公示。例如，针对司法鉴定证据和《联邦证据规则》702修法议题在波士顿学院召开的专家研讨会上的所有发言人所提交的文章和发言内容均于会议结束后发表在了美国《福特汉姆法学评论》杂志上。笔者在撰写本节时，收集到了数千页有价值的相关第一手资料。如此公开透明、公众参与度高、立法理念审慎的修法过程能够在最大程度上保障法律发展的科学性和正确性，并为新旧法之间的实践转型起到很好的过渡作用。

附　录[*]

2018 年诉讼法学期刊论文统计

作者、论文题目	期刊名称	期刊期次
左卫民：地方法院庭审实质化改革实证研究	中国社会科学	2018 年第 6 期
程雷：大数据侦查的法律控制	中国社会科学	2018 年第 11 期
陈实：刑事庭审实质化的维度与机制探讨	中国法学	2018 年第 1 期
李浩：民事诉讼法适用中的证明责任	中国法学	2018 年第 1 期
孙光宁：法律解释方法在指导性案例中的运用及其完善	中国法学	2018 年第 1 期
王福华：民事诉讼的社会化	中国法学	2018 年第 1 期
魏晓娜：依法治国语境下检察机关的性质与职权	中国法学	2018 年第 1 期
周翠：我国民事司法多元化改革的现状与未来	中国法学	2018 年第 1 期
万春：检察指导案例效力研究	中国法学	2018 年第 2 期
徐向华课题组：审判委员会制度改革路径实证研究	中国法学	2018 年第 2 期
杨凯：论民事诉讼文书样式实例评注研究的引领功用	中国法学	2018 年第 2 期
张智辉：论司法责任制综合配套改革	中国法学	2018 年第 2 期

---

　* 本部分执笔人：何锋，中国政法大学诉讼法学研究院研究馆员。

续表

作者、论文题目	期刊名称	期刊期次
陈柏峰：法律实证研究的兴起与分化	中国法学	2018 年第 3 期
郭烁：酌定不起诉制度的再考查	中国法学	2018 年第 3 期
金梦：立法性决定的界定与效力	中国法学	2018 年第 3 期
于阜民：国际犯罪管辖和审理的制度建构与完善	中国法学	2018 年第 3 期
陈虎：制度角色与制度能力：论刑事证明标准的降格适用	中国法学	2018 年第 4 期
何挺：司法改革试点再认识：与实验研究方法的比较与启示	中国法学	2018 年第 4 期
张嘉军：立案登记背景下立案庭的定位及其未来走向	中国法学	2018 年第 4 期
郑永流：法律的"交叉"研究和应用的原理	中国法学	2018 年第 4 期
朱孝清：再论辩护律师向犯罪嫌疑人、被告人核实证据	中国法学	2018 年第 4 期
左卫民："诉讼爆炸"的中国应对：基于 W 区法院近三十年审判实践的实证分析	中国法学	2018 年第 4 期
张旭东：环境民事公私益诉讼并行审理的困境与出路	中国法学	2018 年第 5 期
任重：我国民事诉讼释明边界问题研究	中国法学	2018 年第 6 期
周新：认罪认罚从宽制度立法化的重点问题研究	中国法学	2018 年第 6 期
陈林林：公众意见影响法官决策的理论和实验分析	法学研究	2018 年第 1 期
封丽霞：马克思主义法律理论中国化的当代意义	法学研究	2018 年第 1 期
刘哲玮：确认之诉的限缩及其路径	法学研究	2018 年第 1 期
孙长永：认罪认罚案件的证明标准	法学研究	2018 年第 1 期
陈卫东：羁押必要性审查制度试点研究报告	法学研究	2018 年第 2 期

续表

作者、论文题目	期刊名称	期刊期次
顾培东：判例自发性运用现象的生成与效应	法学研究	2018 年第 2 期
裴炜：个人信息大数据与刑事正当程序的冲突及其调和	法学研究	2018 年第 2 期
李训虎：逮捕制度再改革的法释义学解读	法学研究	2018 年第 3 期
刘艺：构建行政公益诉讼的客观诉讼机制	法学研究	2018 年第 3 期
张卫平：民刑交叉诉讼关系处理的规则与法理	法学研究	2018 年第 3 期
褚福民：电子证据真实性的三个层面——以刑事诉讼为例的分析	法学研究	2018 年第 4 期
朱孝清：国家监察体制改革后检察制度的巩固与发展	法学研究	2018 年第 4 期
左卫民：迈向大数据法律研究	法学研究	2018 年第 4 期
程雷：技术侦查证据使用问题研究	法学研究	2018 年第 5 期
陈刚：民事实质诉讼法论	法学研究	2018 年第 6 期
龙宗智：刑民交叉案件中的事实认定与证据使用	法学研究	2018 年第 6 期
薛爱昌：为作为证明方法的"印证"辩护	法学研究	2018 年第 6 期
吴洪淇：刑事证据制度变革的基本逻辑 以 1996—2017 年我国刑事证据规范为考察对象	中外法学	2018 年第 1 期
黄士元：刑事辩护权利的解释原理	中外法学	2018 年第 2 期
李红海：案例指导制度的未来与司法治理能力	中外法学	2018 年第 2 期
张翔：我国国家权力配置原则的功能主义解释	中外法学	2018 年第 2 期
赵清：诉讼请求认诺的本质与构造	中外法学	2018 年第 2 期
樊传明：证据排除规则的发展动因：制度史解释	中外法学	2018 年第 3 期
李奋飞：论控辩关系的三种样态	中外法学	2018 年第 3 期
曹志勋：停止侵害判决及其强制执行 以规制重复侵权的解释论为核心	中外法学	2018 年第 4 期

续表

作者、论文题目	期刊名称	期刊期次
戚建刚：反恐行政认定行为的不可诉性商榷	中外法学	2018 年第 4 期
闫召华：刑事非法证据"柔性排除"研究	中外法学	2018 年第 4 期
陈杭平：论民事"执行和解"制度以"复杂性"化简为视角	中外法学	2018 年第 5 期
吴泽勇：不负证明责任当事人的事案解明义务	中外法学	2018 年第 5 期
傅郁林：改革开放四十年中国民事诉讼法学的发展 从研究对象与研究方法相互塑造的角度观察	中外法学	2018 年第 6 期
王庆延：新兴权利渐进入法的路径探析	法商研究	2018 年第 1 期
周新：我国刑事诉讼程序类型体系化探究——以认罪认罚从宽制度的改革为切入点	法商研究	2018 年第 1 期
陈如超：民事司法鉴定中的法官行为规制	法商研究	2018 年第 2 期
杜仪方：行政赔偿中的"行使职权"概念——以日本法为参照	法商研究	2018 年第 2 期
胡学军：为"事实真伪不明"命题辩护	法商研究	2018 年第 2 期
徐伟功：我国承认与执行外国法院判决制度的构建路径——兼论我国认定互惠关系态度的转变	法商研究	2018 年第 2 期
杨婷：论大数据时代我国刑事侦查模式的转型	法商研究	2018 年第 2 期
冯博：没收违法所得与罚款在反垄断执法中的组合适用	法商研究	2018 年第 3 期
魏治勋：当然解释的思维机理及操作规则	法商研究	2018 年第 3 期
郝晶晶：我国当事人陈述制度的规则审视——以裁判文书为分析样本	法商研究	2018 年第 4 期
刘品新：论电子证据的理性真实观	法商研究	2018 年第 4 期
吴雨豪：死刑威慑力实证研究——基于死刑复核权收回前后犯罪率的分析	法商研究	2018 年第 4 期

续表

作者、论文题目	期刊名称	期刊期次
资琳：案件事实认定中法官前见偏差的修正及控制	法商研究	2018 年第 4 期
李红海：认真对待事实与将常理引入司法——减少争议判决之司法技术研究	法商研究	2018 年第 5 期
卢超：从司法过程到组织激励：行政公益诉讼的中国试验	法商研究	2018 年第 5 期
王青斌：行政诉讼被告认定标准的反思与重构	法商研究	2018 年第 5 期
张卫平：我国民事诉讼法理论的体系建构	法商研究	2018 年第 5 期
高薇：互联网争议解决中的执行问题——从司法、私人到去中心化数字执行	法商研究	2018 年第 6 期
李祖军：我国代表人诉讼撤诉制度的检讨与完善——以美国相关法制为借鉴	法商研究	2018 年第 6 期
左卫民：关于法律人工智能在中国运用前景的若干思考	清华法学	2018 年第 2 期
郭晶：刑事诉讼时间应如何获得审查和规制？	清华法学	2018 年第 3 期
舒国滢：中国法学之问题——中国法律知识谱系的梳理	清华法学	2018 年第 3 期
褚红丽、孙圣民、魏建：异地审理与腐败惩罚：基于判决书的实证分析	清华法学	2018 年第 4 期
胡昌明：被告人身份差异对量刑的影响：基于 1060 份刑事判决的实证分析	清华法学	2018 年第 4 期
唐应茂：司法公开及其决定因素：基于中国裁判文书网的数据分析	清华法学	2018 年第 4 期
张海燕：督促程序的休眠与激活	清华法学	2018 年第 4 期
张青：基层法官流失的图景及逻辑：以 Y 省部分基层法院为例	清华法学	2018 年第 4 期
刘君博：财产保全救济程序的解释与重构	清华法学	2018 年第 5 期

续表

作者、论文题目	期刊名称	期刊期次
王禄生：论刑事诉讼的象征性立法及其后果——基于303万判决书大数据的自然语义挖掘	清华法学	2018年第6期
黄忠顺：再论诉讼实施权的基本界定	法学家	2018年第1期
李本森：刑事速裁程序试点研究报告——基于18个试点城市的调查问卷分析	法学家	2018年第1期
龙宗智：检察机关内部机构及功能设置研究	法学家	2018年第1期
陈杭平：比较法视野下的执行权配置模式研究——以解决"执行难"问题为中心	法学家	2018年第2期
李成：行政规范性文件附带审查进路的司法建构	法学家	2018年第2期
李敏慎：司法改革客体和改革路径之反思——以司法事权改革为视角	法学家	2018年第2期
王景龙：论笔录证据的功能	法学家	2018年第2期
袁琳：基于"同一事实"的诉的客观合并	法学家	2018年第2期
翟中东：社区性刑罚的立法与短期监禁刑问题的解决	法学家	2018年第2期
陈瑞华：法官员额制改革的理论反思	法学家	2018年第3期
吴英姿："再审之诉"的理论悖论与实践困境——申请再审权性质重述	法学家	2018年第3期
纵博："排除合理怀疑"适用效果的实证研究——以《刑事诉讼法》修改前后共40件案件为样本	法学家	2018年第3期
蔡桂生：非典型的因果流程和客观归责的质疑	法学家	2018年第4期
陈辉：后果主义在司法裁判中的价值和定位	法学家	2018年第4期
胡学军：中国式举证责任制度的内在逻辑——以最高人民法院指导案例为中心的分析	法学家	2018年第5期
秦宗文：讯问录音录像的功能定位：从自律工具到最佳证据	法学家	2018年第5期

续表

作者、论文题目	期刊名称	期刊期次
邓矜婷：纪委、检察机关办案规范的整合：一个连接理论与实践的分析路径	法学家	2018 年第 6 期
纪格非：论刑民交叉案件的审理顺序	法学家	2018 年第 6 期
汤文平：中国特色判例制度之系统发动	法学家	2018 年第 6 期
刘超：环境行政公益诉讼诉前程序省思	法学	2018 年第 1 期
刘宪权、胡荷佳：论人工智能时代智能机器人的刑事责任能力	法学	2018 年第 1 期
李训虎：虚假法条、信息发布与司法改革——以《认罪认罚从宽试点办法》第 6 条为例的分析	法学	2018 年第 1 期
张中秋、潘萍：传统中国的司法理念及其实践	法学	2018 年第 1 期
纵博：监察体制改革中的证据制度问题探讨	法学	2018 年第 2 期
侯猛：中国律师分布不均衡的表现与影响——从北京刑事辩护市场切入	法学	2018 年第 3 期
李激汉：证券民事赔偿诉讼方式的立法路径探讨	法学	2018 年第 3 期
程政举：《周礼》所确立的诉讼程序考论	法学	2018 年第 4 期
方乐：审判委员会制度改革的类型化方案	法学	2018 年第 4 期
徐清：三重场域下中国基层法官离职类型探讨 PH	法学	2018 年第 4 期
闵春雷、鲍文强：我国无罪判决模式之反思——以《刑事诉讼法》第 195 条第 3 项为重点的分析	法学	2018 年第 5 期
郑金玉：论否定事实的诉讼证明——以不当得利"没有法律根据"的要件事实为例	法学	2018 年第 5 期
佐伯仁志、孙文：日本临终期医疗的相关刑事法问题	法学	2018 年第 5 期
张杰：《监察法》适用中的重要问题	法学	2018 年第 6 期

续表

作者、论文题目	期刊名称	期刊期次
陈光中、曾新华：中国刑事诉讼法立法四十年	法学	2018 年第 7 期
张卫平：中国民事诉讼法立法四十年	法学	2018 年第 7 期
董玉庭：司法制度创新性的判断——以司法主业为切入	法学	2018 年第 9 期
付玉明、汪萨日乃：刑事指导性案例的效力证成与司法适用——以最高人民法院的刑事指导性案例为分析进路	法学	2018 年第 9 期
李浩：中国民事诉讼法学研究四十年——以"三大刊"论文为对象的分析	法学	2018 年第 9 期
武亦文：保单现金价值强制执行的利益衡平路径	法学	2018 年第 9 期
叶青、张栋：中国刑事诉讼法学研究四十年	法学	2018 年第 9 期
曹志勋：论我国法上确认之诉的认定	法学	2018 年第 11 期
吴元元：基于声誉机制的法官激励制度构造	法学	2018 年第 12 期
樊传明：追究法官审判责任的限度——现行责任制体系内的解释学研究	法制与社会发展	2018 年第 1 期
孔令勇：教义分析与案例解说：读解刑事诉讼中的"认罪"、"认罚"与"从宽"	法制与社会发展	2018 年第 1 期
宋方青、周宇骏："司法机关"的中国语义	法制与社会发展	2018 年第 1 期
王贵松：论行政诉讼的权利保护必要性	法制与社会发展	2018 年第 1 期
焦宝乾：我国司法方法论：学理研究、实践应用及展望	法制与社会发展	2018 年第 2 期
雷槟硕：指导性案例适用的阿基米德支点——事实要点相似性判断研究	法制与社会发展	2018 年第 2 期
陈锦波：论信息技术对传统诉讼的结构性重塑——从电子诉讼的理念、价值和原则切入	法制与社会发展	2018 年第 3 期
蒋超：通往依法自治之路——我国律师协会定位的检视与重塑	法制与社会发展	2018 年第 3 期

续表

作者、论文题目	期刊名称	期刊期次
李拥军、周芳芳：我国判决说理激励机制适用问题之探讨	法制与社会发展	2018 年第 3 期
廖丽环：正当程序理念下的执行转破产机制：基于法理视角的反思	法制与社会发展	2018 年第 3 期
王天民：实质真实主义：两种认知理论下的模式推演	法制与社会发展	2018 年第 3 期
谢澍：迈向"整体主义"——我国刑事司法证明模式之转型逻辑	法制与社会发展	2018 年第 3 期
自正法：互联网时代未成年人刑事特别程序的模式及其改革面向	法制与社会发展	2018 年第 3 期
黄琪：论性侵案件法官对被害人的诉讼关照义务——以欧洲人权法院对 Y 诉斯洛文尼亚案的裁决为切入	法制与社会发展	2018 年第 4 期
向燕：我国认罪认罚从宽制度的两难困境及其破解	法制与社会发展	2018 年第 4 期
张兴美：第三人撤销之诉制度的"使命"探究	法制与社会发展	2018 年第 4 期
钱炜江：论司法裁判中的目的解释	法制与社会发展	2018 年第 5 期
王燃：大数据时代侦查模式的变革及其法律问题研究	法制与社会发展	2018 年第 5 期
高翔：人工智能民事司法应用的法律知识图谱构建——以要件事实型民事裁判论为基础	法制与社会发展	2018 年第 6 期
任重：反思民事连带责任的共同诉讼类型——基于民事诉讼基础理论的分析框架	法制与社会发展	2018 年第 6 期
田夫：检察院性质新解	法制与社会发展	2018 年第 6 期
白冰：论实物证据的鉴真规则	当代法学	2018 年第 1 期
李洪雷：论我国监察机关的名与实	当代法学	2018 年第 1 期
李凌：事实主张具体化义务的中国图景	当代法学	2018 年第 1 期
龙宗智：刑事庭审人证调查规则的完善	当代法学	2018 年第 1 期

续表

作者、论文题目	期刊名称	期刊期次
王德新：家事审判改革的理念革新与路径调适	当代法学	2018 年第 1 期
王亚新：通过强制执行的权利实现——执行程序的实际操作及其功能	当代法学	2018 年第 1 期
杜仪方：新《国家赔偿法》下刑事赔偿的司法实践研究	当代法学	2018 年第 2 期
贾志强：人民陪审员参审职权改革的中国模式及反思	当代法学	2018 年第 2 期
刘哲玮：确认他人恶意串通合同无效之诉的合法性检讨——最高人民法院指导案例 33 号的程序法评释	当代法学	2018 年第 2 期
吴思远：论协商性司法的价值立场	当代法学	2018 年第 2 期
张磊：境外追逃追赃良性循环理念的界定与论证	当代法学	2018 年第 2 期
周新：认罪认罚从宽制度试点的实践性反思	当代法学	2018 年第 2 期
陈晓彤：我国生效民事裁判既判力主观范围的解释学分析	当代法学	2018 年第 3 期
程绍燕：刑事诉讼中的例外规定初论	当代法学	2018 年第 3 期
刘译矾：论电子数据的双重鉴真	当代法学	2018 年第 3 期
吴洪淇：印证的功能扩张与理论解析	当代法学	2018 年第 3 期
宋春龙：当事人恒定的法理基础与司法适用	当代法学	2018 年第 4 期
汪海燕：印证：经验法则、证据规则与证明模式	当代法学	2018 年第 4 期
周洪波：刑事庭审实质化视野中的印证证明	当代法学	2018 年第 4 期
谷佳杰：中国民事执行年度观察报告（2017）	当代法学	2018 年第 5 期
孔祥承：诉讼模式下案卷移送制度研究	当代法学	2018 年第 5 期
李泠烨：论不履行法定职责案件中的判断基准时	当代法学	2018 年第 5 期
吴俊：中国民事公益诉讼年度观察报告（2017）	当代法学	2018 年第 5 期

续表

作者、论文题目	期刊名称	期刊期次
刘仁琦：公诉变更实体限制论	当代法学	2018 年第 6 期
杨克勤：论国家监察体制改革背景下的检察工作发展新路径	当代法学	2018 年第 6 期
张兴美：中国民事电子诉讼年度观察报告（2017）	当代法学	2018 年第 6 期
赵蕾：中国非讼程序年度观察报告（2017）	当代法学	2018 年第 6 期
洪浩：从"侦查权"到"审查权"——我国刑事预审制度改革的一种进路	法律科学	2018 年第 1 期
李玉娥、栗志杰：服刑人员生育权论要	法律科学	2018 年第 1 期
王杏飞：调解检察监督若干争议问题之再思考	法律科学	2018 年第 1 期
杨登峰：法无规定时正当程序原则之适用	法律科学	2018 年第 1 期
陈慰星：法院调解悖论及其化解——一种历时性大数据的分析进路	法律科学	2018 年第 2 期
李喜莲：财产保全"申请有错误"的司法考量因素	法律科学	2018 年第 2 期
秦鹏、祝睿：未经行政审批之矿业权转让合同的效力认定：裁判实践与应然路径	法律科学	2018 年第 2 期
秦宗文，鲍书华：刑事庭前会议运行实证研究	法律科学	2018 年第 2 期
赵旭光："认罪认罚从宽"应警惕报复性起诉——美国辩诉交易中的报复性起诉对我国的借鉴	法律科学	2018 年第 2 期
高翔：陪审员参审民事案件中事实问题与法律问题的区分	法律科学	2018 年第 3 期
李拥军："比"的思维传统与当代中国的司法适用技术	法律科学	2018 年第 3 期
林剑锋：我国民事撤诉制度的结构性重置	法律科学	2018 年第 3 期
彭中礼：最高人民法院司法解释性质文件的法律地位探究	法律科学	2018 年第 3 期

续表

作者、论文题目	期刊名称	期刊期次
舒洪水：论终身监禁的必要性和体系化构建——以恐怖主义、极端主义犯罪防控为视角	法律科学	2018 年第 3 期
张溪瑨：论我国内地民商事判决在香港的认可与执行——HCMP1797/2015 号判决析评	法律科学	2018 年第 3 期
李浩：民事证明责任本质的再认识——以《民事诉讼法》第 112 条为分析对象	法律科学	2018 年第 4 期
齐延平：论人工智能时代法律场景的变迁	法律科学	2018 年第 4 期
钱弘道、肖建飞：论司法公开的价值取向——对《人民法院报》409 篇报道及评论的分析	法律科学	2018 年第 4 期
孙尚鸿：涉外民商事审判中外国判例的适用问题研究	法律科学	2018 年第 4 期
谢澍：刑事司法证明中的专门知识：从权力支配到认知偏差	法律科学	2018 年第 4 期
曹建军：民事案由的功能：演变、划分与定位	法律科学	2018 年第 5 期
贺红强：比例原则视角下的法庭秩序维持权——以刑事庭审中的驱逐出庭措施为中心	法律科学	2018 年第 5 期
李飞：人工智能与司法的裁判及解释	法律科学	2018 年第 5 期
孙丽岩：警察用枪裁量权规制的法理与程序	法律科学	2018 年第 5 期
陈邦达：推进监察体制改革应当坚持以审判为中心	法律科学	2018 年第 6 期
马长山：人工智能的社会风险及其法律规制	法律科学	2018 年第 6 期
时方：人工智能刑事主体地位之否定	法律科学	2018 年第 6 期
陈学权：刑事裁判权在法官与陪审员之间的配置	现代法学	2018 年第 1 期
关保英：行政相对人基本程序权研究	现代法学	2018 年第 1 期
李永泉：功能主义视角下专家辅助人诉讼地位再认识	现代法学	2018 年第 1 期

续表

作者、论文题目	期刊名称	期刊期次
梅传强、童春荣：总体国家安全观视角下的预防性反恐研究——以十九大报告为切入点	现代法学	2018 年第 1 期
王天民：刑事案件中的积极辩护事由及其司法证明——"于欢案"的证据法视角	现代法学	2018 年第 2 期
高翔：陪审员参与民事案件事实认定程序构建论	现代法学	2018 年第 3 期
秦前红、刘怡达：国家监察体制改革背景下人民法院监察制度述要	现代法学	2018 年第 4 期
左卫民，唐清宇：制约模式：监察机关与检察机关的关系模式思考	现代法学	2018 年第 4 期
陈杭平："事案解明义务"一般化之辨——以美国"事证开示义务"为视角	现代法学	2018 年第 5 期
陈云良：反垄断民事公益诉讼：消费者遭受垄断损害的救济之路	现代法学	2018 年第 5 期
崔永东、葛天博：司法改革范式与司法学研究	现代法学	2018 年第 5 期
魏汉涛：毒品犯罪死缓的司法偏差与匡正——基于 100 份死缓判决书的分析	现代法学	2018 年第 5 期
陈永生：刑事诉讼中搜查手机的法律规制——以美国赖利案为例的研究	现代法学	2018 年第 6 期
高旭晨：近代司法运行及其展开	现代法学	2018 年第 6 期
廖永安、陈逸飞：意大利民事诉讼第三人裁判异议之诉初探——兼述对完善我国第三人撤销之诉制度的启示	现代法学	2018 年第 6 期
陈瑞华：论检察机关的法律职能	政法论坛	2018 年第 1 期
胡铭：审判中心与被害人权利保障中的利益衡量	政法论坛	2018 年第 1 期
李奋飞：检察再造论——以职务犯罪侦查权的转隶为基点	政法论坛	2018 年第 1 期

作者、论文题目	期刊名称	期刊期次
李广德：司法荣誉制度的法理逻辑与作用机制	政法论坛	2018 年第 1 期
张泽涛：构建中国式的听证审查逮捕程序	政法论坛	2018 年第 1 期
董坤：中国化证据排除规则的范性梳理与反思	政法论坛	2018 年第 2 期
贾志强：论"认罪认罚案件"中的有效辩护——以诉讼合意为视角	政法论坛	2018 年第 2 期
欧卫安：论刑事速裁程序不适用严格证明——以哈贝马斯的交往共识论为分析的视角	政法论坛	2018 年第 2 期
吴洪淇：律师职业伦理的评价样态与规制路径——基于全国范围问卷调查数据的分析	政法论坛	2018 年第 2 期
李训虎：刑事证明标准"中体西用"立法模式审思	政法论坛	2018 年第 3 期
刘泊宁：司法诚信视野下的认罪认罚从宽制度	政法论坛	2018 年第 3 期
周佑勇：裁量基准的变更适用是否"溯及既往"	政法论坛	2018 年第 3 期
李青：中国古代司法监察的现代意义	政法论坛	2018 年第 4 期
李祖军：我国预备反诉制度之建构	政法论坛	2018 年第 4 期
龙宗智：试论建立健全司法绩效考核制度	政法论坛	2018 年第 4 期
施鹏鹏：刑事裁判中的自由心证——论中国刑事证明体系的变革	政法论坛	2018 年第 4 期
朱福惠：基本权利刑事法表达的宪法价值	政法论坛	2018 年第 4 期
高嘉蓬：侦查监督问题的法解释学分析	政法论坛	2018 年第 5 期
孙皓：论反科层的科层制——基于 S 市检察员额选任的实证分析	政法论坛	2018 年第 5 期
万毅：检察机关内设机构改革的基本理论问题	政法论坛	2018 年第 5 期
桂梦美：刑事诉讼管辖异议之诉的模式选择	政法论坛	2018 年第 6 期
黄志慧：我国判决承认与执行中互惠原则实施的困境与出路	政法论坛	2018 年第 6 期

作者、论文题目	期刊名称	期刊期次
王芳：中国防卫权刑事审判共识度实证研究	政法论坛	2018 年第 6 期
王贞会：家庭监护功能缺位的实践表征及其治理路径——以 308 名涉罪未成年人为样本的分析	政法论坛	2018 年第 6 期
张绍彦：中国监狱改革发展的问题和方向	政法论坛	2018 年第 6 期
徐汉明：国家监察权的属性探究	法学评论	2018 年第 1 期
葛琳：检察官惩戒委员会的职能定位及其实现——兼论国家监察体制改革背景下司法责任追究的独立性	法学评论	2018 年第 2 期
马婷婷：公诉案件立案功能论——以公安机关为视角	法学评论	2018 年第 2 期
李本灿：认罪认罚从宽处理机制的完善：企业犯罪视角的展开	法学评论	2018 年第 3 期
孟融：中国法院如何通过司法裁判执行公共政策——以法院贯彻"社会主义核心价值观"的案例为分析对象	法学评论	2018 年第 3 期
张泽涛：值班律师制度的源流、现状及其分歧澄清	法学评论	2018 年第 3 期
朱福惠：论检察机关对监察机关职务犯罪调查的制约	法学评论	2018 年第 3 期
陈新民：论行政惯例的适用问题——评最高人民法院"广州德发房产建设有限公司诉广州市地方税务局第一稽查局税务处理决定案"判决	法学评论	2018 年第 5 期
冯博：反垄断民事诉讼原告资格问题研究	法学评论	2018 年第 5 期
欧卫安：论刑事被告人的证明责任及其履行——以积极辩护为中心	法学评论	2018 年第 5 期
钱大军：司法人工智能的中国进程：功能替代与结构强化	法学评论	2018 年第 5 期

续表

作者、论文题目	期刊名称	期刊期次
黄志慧：欧洲人权法在欧盟民事司法合作中的适用：扩张与协调——以判决承认与执行中审查程序的取消为中心	法学评论	2018 年第 6 期
李奋飞：论检察机关的审前主导权	法学评论	2018 年第 6 期
杨巍：论援引诉讼时效抗辩权的三种场合	法学评论	2018 年第 6 期
朱福勇：论民事法官询问范式及程序约束	法学评论	2018 年第 6 期
刘赫喆：论行政主体容忍义务的法理基础	法学论坛	2018 年第 1 期
于立强：我国侦查裁量权的界定与评价	法学论坛	2018 年第 1 期
张建：法官绩效考评制度的法理基础与变革方向	法学论坛	2018 年第 2 期
周长军：监察委员会调查职务犯罪的程序构造研究	法学论坛	2018 年第 2 期
张婷：行政诉讼附带审查的宪法命题及其展开	法学论坛	2018 年第 3 期
彭俊磊：论侦查讯问中的犯罪嫌疑人权利保障——基于审判中心诉讼制度改革的再思考	法学论坛	2018 年第 4 期
王彬：法律现实主义视野下的司法决策——以美国法学为中心的考察	法学论坛	2018 年第 5 期
王禄生：大数据与人工智能司法应用的话语冲突及其理论解读	法学论坛	2018 年第 5 期
薛源、程雁群：论我国仲裁地法院制度的完善	法学论坛	2018 年第 5 期
李璐君：契约精神与司法文明	法学论坛	2018 年第 6 期
陈瑞华：非法证据排除程序的理论展开	比较法研究	2018 年第 1 期
魏琼、梁春程：双重改革背景下警察执法监督的新模式——兼论检察监督与监察监督的协调衔接	比较法研究	2018 年第 1 期
卞建林、谢澍：职权主义诉讼模式中的认罪认罚从宽——以中德刑事司法理论与实践为线索	比较法研究	2018 年第 3 期

续表

作者、论文题目	期刊名称	期刊期次
杨依：以社会危险性审查为核心的逮捕条件重构——基于经验事实的理论反思	比较法研究	2018 年第 3 期
于志刚、李怀胜：杭州互联网法院的历史意义、司法责任与时代使命	比较法研究	2018 年第 3 期
陈永生、邵聪：冤案难以纠正的制度反思——以审判监督程序为重点的分析	比较法研究	2018 年第 4 期
施鹏鹏：职权主义与审问制的逻辑——交叉询问技术的引入及可能性反思	比较法研究	2018 年第 4 期
王福华：民事诉讼管辖利益保护论——评最高人民法院指导案例 56 号	比较法研究	2018 年第 4 期
陈景辉：人工智能的法律挑战：应该从哪里开始	比较法研究	2018 年第 5 期
皮勇：人工智能刑事法治的基本问题	比较法研究	2018 年第 5 期
汪海燕：认罪认罚从宽案件证明标准研究	比较法研究	2018 年第 5 期
纵博：侦查中运用大规模监控的法律规制	比较法研究	2018 年第 5 期
高通：美国陪审团事实认知机制研究	比较法研究	2018 年第 6 期
严仁群：民诉法之教义学当如何展开	比较法研究	2018 年第 6 期
张卫平：仲裁裁决撤销程序的法理分析	比较法研究	2018 年第 6 期
陈卫东：职务犯罪监察调查程序若干问题研究	政治与法律	2018 年第 1 期
杜承秀：执法检察建议机制法治化问题探析	政治与法律	2018 年第 1 期
龙宗智：监察与司法协调衔接的法规范分析	政治与法律	2018 年第 1 期
阳平：论我国香港地区廉政公署调查权的法律控制——兼评《中华人民共和国监察法（草案）》	政治与法律	2018 年第 1 期
钱春：认罪认罚从宽制度的检视与完善	政治与法律	2018 年第 2 期
杨晓丽：新闻舆论对刑事司法的影响	政治与法律	2018 年第 3 期
陈海锋：认罪认罚从宽制度中的程序性问题探析	政治与法律	2018 年第 4 期

作者、论文题目	期刊名称	期刊期次
刘春：行政协议中"权利处分"条款的合法性	政治与法律	2018 年第 4 期
孙远：论非法证据排除规则有效适用的三个要素——以侦查追诉阶段排除非法证据为视角	政治与法律	2018 年第 4 期
宗会霞：刑罚执行一体化的基本步骤与风险应对	政治与法律	2018 年第 4 期
刘加良：非诉调解协议司法确认程序的实践误区及其矫正	政治与法律	2018 年第 6 期
任素贤：审判阶段非法证据排除规则适用的实证考察及困境突破	政治与法律	2018 年第 6 期
李训虎：无社会危险性被追诉人羁押替代性措施强制适用之反思	政治与法律	2018 年第 7 期
王飞：论认罪认罚协商机制的构建——对认罪认罚从宽制度试点中的问题的检讨与反思	政治与法律	2018 年第 9 期
王贵松：论我国行政诉讼确认判决的定位	政治与法律	2018 年第 9 期
王锴：行政诉讼中变更判决的适用条件——基于理论和案例的考察	政治与法律	2018 年第 9 期
温泽彬、曹高鹏：论行政诉讼履行判决的重构	政治与法律	2018 年第 9 期
欧元捷：确认亲子关系诉讼的原告资格论——以诉的种类为秩序框架	政治与法律	2018 年第 11 期
许尚豪：让个体回归家庭——家事程序的非司法路径研究	政治与法律	2018 年第 11 期
张锋：检察环境公益诉讼之诉前程序研究	政治与法律	2018 年第 11 期
张海燕：家事诉讼证据规则的反思与重构	政治与法律	2018 年第 11 期
刘涛：科技与刑事司法互动的系统论观察	政治与法律	2018 年第 12 期
宋智敏：行政判例与近代行政诉讼制度的发展——以民国行政法院的判例为中心	行政法学研究	2018 年第 1 期
王东伟：行政诉讼指导性案例研究	行政法学研究	2018 年第 1 期

续表

作者、论文题目	期刊名称	期刊期次
刘行：行政程序中间行为可诉性标准探讨——结合最高法院第 69 号指导案例的分析	行政法学研究	2018 年第 2 期
王春业：从全国首案看行政规范性文件附带审查制度完善	行政法学研究	2018 年第 2 期
杨寅、李晓：行政诉讼立案登记制的成效与完善	行政法学研究	2018 年第 2 期
付荣、江必新：论私权保护与行政诉讼体系的重构	行政法学研究	2018 年第 3 期
江必新：行政审判中的立案问题研究	法律适用	2018 年第 3 期
罗智敏：意大利行政诉讼制度的发展变化及启示	行政法学研究	2018 年第 3 期
沈广明：行政协议单方变更或解除权行使条件的司法认定	行政法学研究	2018 年第 3 期
陈光中、兰哲：监察制度改革的重大成就与完善期待	行政法学研究	2018 年第 4 期
宋烁：论程序行政行为的可诉标准	行政法学研究	2018 年第 4 期
程琥：行政协议案件判决方式研究	行政法学研究	2018 年第 5 期
杨伟东：新司法解释受案范围规定的思路、逻辑及未来发展	行政法学研究	2018 年第 5 期
于文豪、吕富生：何为滥用政府信息公开申请权——以既有裁判文书为对象的分析	行政法学研究	2018 年第 5 期
林莉红：论检察机关提起民事公益诉讼的制度空间	行政法学研究	2018 年第 6 期
邢昕：行政公益诉讼启动标准：基于 74 份裁判文书的省思	行政法学研究	2018 年第 6 期
张硕：行政诉讼非法证据排除规则适用的困境与出路——以 218 份裁判文书为样本	行政法学研究	2018 年第 6 期
董坤：重复性供述排除规则之规范解读	华东政法大学学报	2018 年第 1 期

续表

作者、论文题目	期刊名称	期刊期次
梁芙蓉：附条件不起诉听取被害人意见的功能、嬗变与体系化	华东政法大学学报	2018 年第 1 期
尹泠然：刑事证人出庭作证与庭审实质化	华东政法大学学报	2018 年第 1 期
陈琦：美国的医疗纠纷仲裁制度	华东政法大学学报	2018 年第 2 期
冯洁：人工智能对司法裁判理论的挑战：回应及其限度	华东政法大学学报	2018 年第 2 期
刘艳红：《监察法》贯彻实施中的理论与实践	华东政法大学学报	2018 年第 3 期
刘艳红：程序自然法作为规则自洽的必要条件——《监察法》留置权运作的法治化路径	华东政法大学学报	2018 年第 3 期
龙飞：多元化纠纷解决机制立法的定位与路径思考——以四个地方条例的比较为视角	华东政法大学学报	2018 年第 3 期
钱小平：监察委员会监督职能激活及其制度构建——兼评《监察法》的中国特色	华东政法大学学报	2018 年第 3 期
魏昌东：《监察法》与中国特色腐败治理体制更新的理论逻辑	华东政法大学学报	2018 年第 3 期
叶青：监察机关调查犯罪程序的流转与衔接	华东政法大学学报	2018 年第 3 期
贾志强："书面审"抑或"开庭审"：我国刑事速裁程序审理方式探究	华东政法大学学报	2018 年第 4 期
马靖云：司法商谈机制的构建及其功效	华东政法大学学报	2018 年第 4 期
钱炜江：论民事司法中类推适用的过程——以融建公司诉韩冬案为例	华东政法大学学报	2018 年第 4 期
秦前红、陈家勋：党政机构合署合并改革的若干问题研究	华东政法大学学报	2018 年第 4 期
樊传明：陪审员是好的事实认定者吗？——对《人民陪审员法》中职能设定的反思与推进	华东政法大学学报	2018 年第 5 期
李峰：论视听传输技术作证的规范化——基于民事裁判文书的分析	华东政法大学学报	2018 年第 5 期
王绍喜：指导性案例的政策引导功能	华东政法大学学报	2018 年第 5 期

续表

作者、论文题目	期刊名称	期刊期次
潘金贵、李国华：诱惑侦查的合法性标准与审查判断——以欧洲人权法院"戈尔巴诉克罗地亚案"为例	华东政法大学学报	2018 年第 6 期
胡学军：论共同诉讼与第三人参加诉讼制度的界分	环球法律评论	2018 年第 1 期
蒲一苇：诉讼法与实体法交互视域下的必要共同诉讼	环球法律评论	2018 年第 1 期
谢登科：电子数据的取证主体：合法性与合技术性之间	环球法律评论	2018 年第 1 期
张卫平：诉讼系属中实体变更的程序应对	环球法律评论	2018 年第 1 期
陈伟：法定刑调整后的追诉时效问题及其澄清——以最高人民法院"答复"为中心的考察	环球法律评论	2018 年第 2 期
孙皓：司法文牍主义与开庭日——关于刑事办案模式的实验性研究	环球法律评论	2018 年第 2 期
孙海波：指导性案例的隐性适用及其矫正	环球法律评论	2018 年第 2 期
陈兴良：刑法指导案例裁判要点功能研究	环球法律评论	2018 年第 3 期
付立庆：案例指导制度与故意杀人罪的死刑裁量	环球法律评论	2018 年第 3 期
肖建国：民事指导性案例中的管辖规则研究——以最高人民法院指导案例 25 号为中心	环球法律评论	2018 年第 3 期
郭松：司法文件的中国特色与实践考察	环球法律评论	2018 年第 4 期
王星译："印证理论"的表象与实质——以事实认定为视角	环球法律评论	2018 年第 5 期
冯健鹏：主观程序正义研究及其启示	环球法律评论	2018 年第 6 期
向燕：论性侵儿童案件中被害人陈述的审查判断	环球法律评论	2018 年第 6 期
严益州：德国《联邦行政程序法》的源起、论争与形成	环球法律评论	2018 年第 6 期

续表

作者、论文题目	期刊名称	期刊期次
程雷：刑事诉讼法律解释方法的顺序规则初探——以反对强迫自证其罪原则与应当如实回答之关系为范例的分析	中国刑事法杂志	2018 年第 1 期
孙远：行政执法证据准入问题新论——从卷宗笔录式审判到审判中心主义	中国刑事法杂志	2018 年第 1 期
汪海燕：非法证据排除规则的解释学检视	中国刑事法杂志	2018 年第 1 期
叶良芳、申屠晓莉：论理解释对文理解释的校验功能——"两高"指导性案例马乐利用未公开信息交易案评释	中国刑事法杂志	2018 年第 1 期
张建伟：理性立法模式的司法解释——以刑事诉讼法解释为视角的观察	中国刑事法杂志	2018 年第 1 期
朱孝清：侦查阶段是否可以适用认罪认罚从宽制度	中国刑事法杂志	2018 年第 1 期
樊传明：陪审员裁决能力问题研究——优秀的还是拙劣的事实认定者？	中国刑事法杂志	2018 年第 2 期
刘华英：论抗诉在刑事审判监督中的职能与完善——基于对最高人民检察院指导性案例的实证分析	中国刑事法杂志	2018 年第 2 期
王迎龙：论刑事法律援助的中国模式——刑事辩护"全覆盖"之实现径路	中国刑事法杂志	2018 年第 2 期
吴光升、南漪：违法所得没收程序证明问题研究	中国刑事法杂志	2018 年第 2 期
曾亚：认罪认罚从宽制度中的控辩平衡问题研究	中国刑事法杂志	2018 年第 3 期
陈光中、肖沛权：刑事诉讼法修正草案：完善刑事诉讼制度的新成就和新期待	中国刑事法杂志	2018 年第 3 期
陈卫东：论中国特色刑事缺席审判制度	中国刑事法杂志	2018 年第 3 期
董林涛：自白法则的日本模式及其评价	中国刑事法杂志	2018 年第 3 期

续表

作者、论文题目	期刊名称	期刊期次
万毅：刑事缺席审判制度立法技术三题——以《中华人民共和国刑事诉讼法（修正草案）》为中心	中国刑事法杂志	2018 年第 3 期
洪浩：我国"捕诉合一"模式的正当性及其限度	中国刑事法杂志	2018 年第 4 期
龙宗智、符尔加：检察机关权力清单及其实施问题研究	中国刑事法杂志	2018 年第 4 期
徐家力、张军强：对知识产权案件先刑后民模式的反思与完善	中国刑事法杂志	2018 年第 4 期
叶青：关于"捕诉合一"办案模式的理论反思与实践价值	中国刑事法杂志	2018 年第 4 期
张建伟："捕诉合一"的改革是一项危险的抉择？——检察机关"捕诉合一"之利弊分析	中国刑事法杂志	2018 年第 4 期
赵恒：论量刑从宽——围绕认罪认罚从宽制度的分析	中国刑事法杂志	2018 年第 4 期
步洋洋：中国式陪审制度的溯源与重构	中国刑事法杂志	2018 年第 5 期
胡铭：律师在认罪认罚从宽制度中的定位及其完善——以 Z 省 H 市为例的实证分析	中国刑事法杂志	2018 年第 5 期
吴洪淇：刑事诉讼中的专家辅助人：制度变革与优化路径	中国刑事法杂志	2018 年第 5 期
夏伟：基于 Logistic 回归的无罪判决生成路径的实证分析	中国刑事法杂志	2018 年第 5 期
卞建林、谢澍：刑事检察制度改革实证研究	中国刑事法杂志	2018 年第 6 期
崔玮：刑事司法中的社会参与：主体、模式及完善进路	中国刑事法杂志	2018 年第 6 期
李玉华：侦查制度改革实证研究	中国刑事法杂志	2018 年第 6 期
汪海燕：刑事审判制度改革实证研究	中国刑事法杂志	2018 年第 6 期

续表

作者、论文题目	期刊名称	期刊期次
程凡卿：以审判为中心视角下的侦诉与审判关系研究	法学杂志	2018 年第 1 期
潘铭方、李清伟：论法官员额制的制度构建	法学杂志	2018 年第 1 期
夏纪森：员额制下法官的职业认同实证研究——基于在安徽省某市法官员额制试点法院的调查	法学杂志	2018 年第 1 期
周新：论从宽的幅度	法学杂志	2018 年第 1 期
窦淑霞：法官对专家辅助人意见的采信与心证形成的路径分析	法学杂志	2018 年第 2 期
王万华：完善检察机关提起行政公益诉讼制度的若干问题	法学杂志	2018 年第 1 期
陈光中、张益南：推进刑事辩护法律援助全覆盖问题之探讨	法学杂志	2018 年第 3 期
刘冰：论仲裁程序与破产程序之冲突与协调	法学杂志	2018 年第 3 期
戚建刚：环保行政判决的结构分析及其制度意蕴——以 2016 年度 203 份环保行政判决文书为分析对象	法学杂志	2018 年第 3 期
王牧、张萍：核准追诉制度实务问题研究	法学杂志	2018 年第 3 期
印波：死刑案件辩护有效性研究：状况、困境与出路	法学杂志	2018 年第 3 期
曾滨："前科犯罪定罪关联模式"司法解释问题研究	法学杂志	2018 年第 4 期
邓辉、徐光华：影响性刑事冤假错案的产生、纠错、追责与民意的关联考察——以 22 起影响性刑事冤假错案为主要研究范本	法学杂志	2018 年第 4 期
刘政：完善社区矫正管理体制之构想	法学杂志	2018 年第 4 期

续表

作者、论文题目	期刊名称	期刊期次
刘计划、孔祥承：未成年人社会调查报告法律性质之辨——兼谈建构量刑证据规则的可能路径	法学杂志	2018 年第 4 期
张宝：刑事速裁程序的反思与完善	法学杂志	2018 年第 4 期
卞建林、谢澍：认罪认罚从宽与台湾地区刑事协商之比较研究	法学杂志	2018 年第 5 期
付辉：行政诉权行使的合理限度——诉权保障的逆向思考	法学杂志	2018 年第 5 期
韩思阳：行政调查中行政相对人的举证责任	法学杂志	2018 年第 5 期
何显兵、廖斌：论社区矫正分级处遇机制的完善	法学杂志	2018 年第 5 期
王飞跃：监察留置适用中的程序问题	法学杂志	2018 年第 5 期
谢超：《监察法》对中国特色反腐败工作的法治影响	法学杂志	2018 年第 5 期
张云霄：国家监察体制改革法治化进程初探	法学杂志	2018 年第 5 期
高巍：新时代跨境追逃追赃的理念与机制	法学杂志	2018 年第 6 期
李奋飞："调查—公诉"模式研究	法学杂志	2018 年第 6 期
彭海青：证据合法性证明与程序性证据法理论	法学杂志	2018 年第 12 期
万方：美国反贿赂合作机制及对我国反腐败机制发展的启示	法学杂志	2018 年第 6 期
徐汉明、张乐：监察委员会职务犯罪调查与刑事诉讼衔接之探讨——兼论法律监督权的性质	法学杂志	2018 年第 6 期
王迎龙：值班律师制度研究：实然分析与应然发展	法学杂志	2018 年第 7 期
杨柳：论社区矫正地方立法的权限范围	法学杂志	2018 年第 7 期
杨宇冠：设立我国治安法院的构想	法学杂志	2018 年第 7 期

续表

作者、论文题目	期刊名称	期刊期次
阴建峰、李思：反腐败党纪与刑事法律关系论纲——以新时代"全面从严治党"为背景	法学杂志	2018 年第 7 期
黄辉：检察机关提起环境行政公益诉讼的司法裁判标准研究	法学杂志	2018 年第 8 期
李辰：检察监督视野下重大监督事项案件化办理制度的建构	法学杂志	2018 年第 8 期
石春雷：国际商事仲裁在"一带一路"争端解决机制中的定位与发展	法学杂志	2018 年第 8 期
田力男：刑事涉案财物保管与处置新制研究	法学杂志	2018 年第 8 期
王敏远：刑事缺席审判制度探讨	法学杂志	2018 年第 8 期
肖沛权：价值平衡下刑事缺席审判制度的适用	法学杂志	2018 年第 8 期
樊崇义：值班律师制度的本土叙事：回顾、定位与完善	法学杂志	2018 年第 9 期
顾永忠：追根溯源：再论值班律师的应然定位	法学杂志	2018 年第 9 期
刘奕君：模式、依据与冲突：人民陪审员参审职权研究	法学杂志	2018 年第 9 期
吴宏耀：我国值班律师制度的法律定位及其制度构建	法学杂志	2018 年第 9 期
何家弘：中国反腐治本论	法学杂志	2018 年第 10 期
李学军："人权保障"及"科技进步"——我国刑事证据制度四十年发展史及其核心要素、助推器	法学杂志	2018 年第 10 期
孟婕："核实同案犯供述"的正当性证成与制度完善路径——基于对《刑事诉讼法》第 37 条第 4 款的规范展开	法学杂志	2018 年第 10 期
张虎：外国仲裁裁决在我国承认与执行程序的重构	法学杂志	2018 年第 10 期

续表

作者、论文题目	期刊名称	期刊期次
董林涛：逮捕社会危险性要件的现实定位与证明机制	法学杂志	2018 年第 11 期
舒国滢、宋旭光：以证据为根据还是以事实为根据？——与陈波教授商榷	政法论丛	2018 年第 1 期
王琦：聚焦我国家事审判改革的几个面向	政法论丛	2018 年第 1 期
武晓蓓：法律论辩的落脚点：法律辩护的原型论辩模式	政法论丛	2018 年第 1 期
张月满：量刑证明：从形式到实质	政法论丛	2018 年第 1 期
柴荣、李竹：传统中国民事诉讼的价值取向与实现路径："息讼"与"教化"	政法论丛	2018 年第 2 期
陈波：以审判程序为中心，以证据为依据，以法律为准绳——答舒国滢、宋旭光的商榷	政法论丛	2018 年第 2 期
王洪：论判例法推理	政法论丛	2018 年第 3 期
赵泽君、林洋："执转破"程序启动模式的分解与重塑	政法论丛	2018 年第 3 期
洪浩、方姚：论我国刑事公诉案件中被追诉人的反悔权——以认罪认罚从宽制度自愿性保障机制为中心	政法论丛	2018 年第 4 期
刘加良：司法确认程序的功能诠释	政法论丛	2018 年第 4 期
罗洪启：清代成案的功能、效力及其运用方式	政法论丛	2018 年第 4 期
崔永东：改革开放四十年来的司法改革实践与司法理论探索	政法论丛	2018 年第 5 期
汉斯·范鲁、王祥修、赵永鹏：跨国环境侵权民事诉讼全球法律框架下的原则和基石	政法论丛	2018 年第 5 期
尹露：我国刑事速裁程序的实务困境及其优化路径	政法论丛	2018 年第 5 期
张卫平：改革开放以来我国民事诉讼法学的流变	政法论丛	2018 年第 5 期

续表

作者、论文题目	期刊名称	期刊期次
陈瑞华：司法行政机关的职能定位	东方法学	2018 年第 1 期
季卫东：人工智能时代的司法权之变	东方法学	2018 年第 1 期
刘宪权：人工智能时代的"内忧""外患"与刑事责任	东方法学	2018 年第 1 期
刘作翔：论重大改革于法有据：改革与法治的良性互动——以相关数据和案例为切入点	东方法学	2018 年第 1 期
秦前红：两种"法律监督"的概念分野与行政检察监督之归位	东方法学	2018 年第 1 期
万毅：论检察制度发展的"东亚模式"——兼论对我国检察改革的启示	东方法学	2018 年第 1 期
林仪明：我国行政公益诉讼立法难题与司法应对	东方法学	2018 年第 2 期
孙光宁：两高联合发布指导性案例的意义及其运作——从马乐案切入	东方法学	2018 年第 2 期
孙洪坤：检察院司法行政事务管理权和 检察权相分离研究——基于实证考察的分析	东方法学	2018 年第 2 期
吴习彧：裁判人工智能化的实践需求及其中国式任务	东方法学	2018 年第 2 期
程凡卿：我国司法人工智能建设的问题与应对	东方法学	2018 年第 3 期
潘庸鲁：人工智能介入司法领域路径分析	东方法学	2018 年第 3 期
郭烁：捕诉调整："世易时移"的检察机制再选择	东方法学	2018 年第 4 期
上海司法改革成效评估的实证研究重大课题组：中国司改上海样本成效实证评估（上）	东方法学	2018 年第 4 期
上海司法改革成效评估的实证研究重大课题组：中国司改上海样本成效实证评估（下）	东方法学	2018 年第 5 期
刘加良：司法确认程序的显著优势与未来前景	东方法学	2018 年第 5 期

续表

作者、论文题目	期刊名称	期刊期次
孙杨俊：论刑事辩护中法律方法的"反向"适用	东方法学	2018 年第 5 期
王恩海：认罪认罚从宽制度之反思——兼论《刑事诉讼法修正案（草案）》相关条款	东方法学	2018 年第 5 期
谢登科：论电子数据与刑事诉讼变革：以"快播案"为视角	东方法学	2018 年第 5 期
步洋洋：除魅与重构："捕诉合一"的辩证思考	东方法学	2018 年第 6 期
谭文键：论律师的辩护豁免权	东方法学	2018 年第 6 期
童伟华：谨慎对待"捕诉合一"	东方法学	2018 年第 6 期
万毅：《人民检察院组织法》修订中的若干问题——评《〈人民检察院组织法〉修订草案第二次审议稿》	东方法学	2018 年第 6 期
谢小剑：检察机关"捕诉合一"改革质疑	东方法学	2018 年第 6 期
杨依：我国审查逮捕程序中的"准司法证明"——兼论"捕诉合一"的改革保障	东方法学	2018 年第 6 期
曹志勋：德国诉讼标的实体法说的发展——关注对请求权竞合的程序处理	交大法学	2018 年第 1 期
雷槟硕：如何"参照"：指导性案例的适用逻辑	交大法学	2018 年第 1 期
赵秀举：论请求权竞合理论与诉讼标的理论的冲突与协调	交大法学	2018 年第 1 期
柏恩敬、刘思达：律师刑事辩护中的职业伦理——中美比较制度与实践对话录	交大法学	2018 年第 2 期
兰荣杰：刑辩律师维护当事人利益的行为界限	交大法学	2018 年第 2 期
梁译如：法官审判裁量情境中的话语实践考察——"议论的法社会学"视角	交大法学	2018 年第 2 期

续表

作者、论文题目	期刊名称	期刊期次
万旭：刑事证据采纳中的裁量问题：欧洲人权法院的实践及其启示	交大法学	2018 年第 2 期
吴洪淇：律师职业伦理规范建设的回顾与前瞻	交大法学	2018 年第 2 期
黄海涛：基于实务，超越实务，任重道远——简评《中国民事诉讼法重点讲义》	交大法学	2018 年第 3 期
久保茂树、杜仪方：行政法判例与学说	交大法学	2018 年第 3 期
李剑：判例的形式构成及其"成分"分析——以德国法教义学为视角	交大法学	2018 年第 3 期
王亚新：对于民事诉讼法学研究方法的反思——答吴泽勇教授《民事诉讼法教义学的登场》一文	交大法学	2018 年第 3 期
吴泽勇：民事诉讼法教义学的登场——评王亚新、陈杭平、刘君博：《中国民事诉讼法重点讲义》	交大法学	2018 年第 3 期
章程：论指导性案例的法源地位与参照方式——从司法权核心功能与法系方法的融合出发。	交大法学	2018 年第 3 期
金春：日本民事诉讼法学的理论演变与解释方法论	交大法学	2018 年第 4 期
李文军：庭审实质化改革案件适用范围研究——基于案件类型和审级制度的分析	交大法学	2018 年第 4 期
谢小剑：职务犯罪指定居所监视居住的适用：统计分析——以 1694 份判决书为样本	交大法学	2018 年第 4 期
周作彩：房屋征收补偿案中判决类型的适用——郭传欣诉巨野县人民政府、菏泽市人民政府房屋征收行政补偿案评析	交大法学	2018 年第 4 期
Michael Tonry、郭大磊：比较视角下检察制度的差异性	国家检察官学院学报	2018 年第 1 期
樊崇义：认罪认罚从宽协商程序的独立地位与保障机制	国家检察官学院学报	2018 年第 1 期

续表

作者、论文题目	期刊名称	期刊期次
傅向宇：虚假自认效力的辩论主义回归	国家检察官学院学报	2018 年第 1 期
汪海燕、王宏平：司法改革背景下检委会的职能定位	国家检察官学院学报	2018 年第 1 期
梁芙蓉：审查起诉阶段听取被害人意见规则的拓展	国家检察官学院学报	2018 年第 2 期
刘方权：刑事速裁程序试点效果实证研究	国家检察官学院学报	2018 年第 2 期
赵泽君：咨询陪审制：人民陪审员制度改革的可能路径	国家检察官学院学报	2018 年第 2 期
方柏兴：刑事涉案财物的先行处置	国家检察官学院学报	2018 年第 3 期
胡志风：刑事缺席审判中的证明标准	国家检察官学院学报	2018 年第 3 期
王玄玮：检察办案组织体系的完善	国家检察官学院学报	2018 年第 3 期
熊跃敏、梁喆旎：虚假诉讼的识别与规制——以裁判文书为中心的考察	国家检察官学院学报	2018 年第 3 期
姚磊：刑事诉讼条件研究	国家检察官学院学报	2018 年第 3 期
张智辉：检察侦查权的回顾、反思与重构	国家检察官学院学报	2018 年第 3 期
陈杭平：民事第二审审理范围及其例外	国家检察官学院学报	2018 年第 4 期
程滔：法律援助的责任主体	国家检察官学院学报	2018 年第 4 期
高一飞："审判中心"的观念史	国家检察官学院学报	2018 年第 4 期
沈海平：捕诉关系的辩证思考	国家检察官学院学报	2018 年第 4 期
吴光升：被追诉人的法律援助获得权	国家检察官学院学报	2018 年第 4 期
吴宏耀、赵常成：法律援助的管理体制	国家检察官学院学报	2018 年第 4 期
张杰、苏金基：检察指导案例的实践应用效果	国家检察官学院学报	2018 年第 4 期
朱振：作为方法的法律传统——以"亲亲相隐"的历史命运为例	国家检察官学院学报	2018 年第 4 期
陈海锋：检察官权力清单制定中的分级与分类	国家检察官学院学报	2018 年第 5 期
程雷："侦查"定义的修改与监察调查权	国家检察官学院学报	2018 年第 5 期

续表

作者、论文题目	期刊名称	期刊期次
冯姣：互联网电子证据的收集	国家检察官学院学报	2018 年第 5 期
罗维鹏：人工智能裁判的问题归纳与前瞻	国家检察官学院学报	2018 年第 5 期
张国轩："认罚从宽"的认定和实现方式	国家检察官学院学报	2018 年第 5 期
崔瑜：公益保护行政执法与公民诉讼的平衡	国家检察官学院学报	2018 年第 6 期
国家检察官学院刑事检察教研部课题组、孙锐：检察机关认罪认罚从宽制度改革试点实施情况观察	国家检察官学院学报	2018 年第 6 期
侯东亮、李艳飞：浅谈值班律师的定位与发展	国家检察官学院学报	2018 年第 6 期
孙谦：检察机关贯彻修改后刑事诉讼法的若干问题	国家检察官学院学报	2018 年第 6 期
王戬：检察机关审查起诉与监察委调查案件的程序对接问题	国家检察官学院学报	2018 年第 6 期
陈恒、李飞：仲裁案件执行难问题实证研究	法律适用	2018 年第 15 期
陈莉：基于司改案例的审判辅助事务社会化的优化向度研究	法律适用	2018 年第 21 期
陈敏光：综合配套改革背景下的法官绩效考评体系的 完善 ——基于司法属性的管理学思考	法律适用	2018 年第 19 期
丁晓雨、候华北：论内设机构改革背景下审判管理权的重塑	法律适用	2018 年第 19 期
耿宝建、殷勤：行政协议的判定与协议类行政案件的审理理念	法律适用	2018 年第 17 期
郭慧、牛克乾：职务犯罪审判与 国家监察工作有机衔接的若干建议	法律适用	2018 年第 19 期
何启豪、常鑫：诉讼财产保全责任险何以助力解决"执行难"	法律适用	2018 年第 23 期
胡嘉金、刘志军：解除强制医疗程序实务探析	法律适用	2018 年第 13 期
黄风：刑事缺席审判与特别没收程序关系辨析	法律适用	2018 年第 23 期

续表

作者、论文题目	期刊名称	期刊期次
黄明耀：审级制度改革与法院制度改革的衔接研究	法律适用	2018 年第 15 期
蒋敏：协调与指导：上下级法院审判监督关系探究	法律适用	2018 年第 17 期
李晓倩：信息公开与审判流程管理的转型升级	法律适用	2018 年第 17 期
李玉华：警察出庭作证的规则与边界	法律适用	2018 年第 21 期
刘计划：陪审制改革中的几个问题	法律适用	2018 年第 15 期
刘哲玮：审判流程信息网上公开的功能与结构	法律适用	2018 年第 17 期
马超雄、康临芳：消极共同诉讼中的管辖权审查与处理	法律适用	2018 年第 19 期
彭海青：我国出庭作证证人的特殊保护问题 ——由泸州李波案引发的反思	法律适用	2018 年第 19 期
彭俊磊、郑红军：审判中心视域下的 认罪认罚从宽制度改革完善思考 ——基于司法公正的价值目标追求	法律适用	2018 年第 15 期
齐素：完善再审不加刑原则的实证思考 ——兼谈《最高人民法院关于适用〈中华人民共和国刑事诉讼法〉的解释》第 386 条之适用	法律适用	2018 年第 19 期
冉博："重复诉讼"与"既判力"的混同及其规制	法律适用	2018 年第 16 期
田海鑫：论民事虚假诉讼的类型化体现及规制——基于北京市司法实践的考察	法律适用	2018 年第 23 期
王晓东：国际追逃追赃视野下的我国刑事缺席审判制度	法律适用	2018 年第 23 期
吴小军：认罪认罚从宽制度的实践反思与路径完善——基于北京试点的观察	法律适用	2018 年第 15 期

作者、论文题目	期刊名称	期刊期次
肖建国；庄诗岳：论案外人异议之诉中足以排除强制执行的民事权益——以虚假登记财产的执行为中心	法律适用	2018 年第 15 期
谢纲、熊心、党睿：检视与突破：庭审实质化改革中瑕疵证据裁判规则 缺失形成的制度漏洞与完善路径——以全国涉及瑕疵证据的 94 份判决书为样本进行分析	法律适用	2018 年第 19 期
谢刚炬、张夫贵、李旭辉：司法体制综合配套改革背景下基层法院院长的职责重构 ——以场域理论为视角	法律适用	2018 年第 21 期
徐一楠：债权人代位诉讼之程序问题研究	法律适用	2018 年第 16 期
薛剑祥、周庆琳：论刑事缺席审判中当事人到案后的重新审理程序	法律适用	2018 年第 23 期
杨宇冠、高童非：中国特色刑事缺席审判制度的构建 ——以比较法为视角	法律适用	2018 年第 23 期
喻海松：刑事缺席审判程序的立法进程	法律适用	2018 年第 23 期
张勇、钱岩：鉴定人、有专门知识的人出庭制度构建 ——以天津市法院系统实践探索为基础	法律适用	2018 年第 19 期
张守国、明晨燕：民事执行程序中权利冲突特殊规则的构建——以未过户登记房屋继受人利益保护规则之完善为视角	法律适用	2018 年第 18 期
赵朝琴、邵新：裁判文书说理制度体系的构建与完善 ——法发〔2018〕10 号引发的思考	法律适用	2018 年第 21 期
赵光强、张绍忠：涉刑事轮候查封不动产的执行	法律适用	2018 年第 23 期
钟蔚莉、李川鉴：第三人撤销之诉与案外人异议选择适用的问题和建议	法律适用	2018 年第 14 期
周维明：德国刑事协商制度的最新发展与启示	法律适用	2018 年第 13 期

续表

作者、论文题目	期刊名称	期刊期次
朱晋峰：以审判为中心诉讼制度改革背景下 科学证据审查的困境及出路	法律适用	2018 年第 13 期
戴长林：非法证据排除制度的新发展及重点问题研究	法律适用	2018 年第 1 期
高一飞、高建：智慧法院的审判管理改革	法律适用	2018 年第 1 期
顾永忠：庭审实质化与交叉询问制度 ——以《人民法院办理刑事案件第一审普通程序法庭调查规程（试行）》为视角	法律适用	2018 年第 1 期
郭彦、魏军：规范化与精细化：刑事庭审改革的制度解析——以 C 市法院"三项规程"试点实践为基础	法律适用	2018 年第 1 期
黄祥青：推进以审判为中心的刑事诉讼制度改革的若干思考	法律适用	2018 年第 1 期
刘静坤：刑事案件法庭调查的基本原则和程序设计	法律适用	2018 年第 1 期
施鹏鹏：庭审实质化改革的核心争议及后续完善 ——以"三项规程"及其适用报告为主要分析对象	法律适用	2018 年第 1 期
万挺、张闻：管辖权异议之诉附带审查诉讼要件问题研究——以遏制滥诉为目标	法律适用	2018 年第 1 期
江必新：行政审判中的立案问题研究	法律适用	2018 年第 3 期
王中义、甘权仕：认罪认罚案件中法律帮助权实质化问题研究	法律适用	2018 年第 3 期
熊秋红："两种刑事诉讼程序"中的有效辩护	法律适用	2018 年第 3 期
臧德胜、杨妮：论值班律师的有效辩护 ——以审判阶段律师辩护全覆盖为切入点	法律适用	2018 年第 3 期
谢国儿、闻志强：台湾地区认可与执行大陆民商事判决的现状、困境与完善	法律适用	2018 年第 4 期

续表

作者、论文题目	期刊名称	期刊期次
蔡婷婷：行政违法与刑事违法竞合关系下之归罪路径研究	法律适用	2018 年第 5 期
丁相顺：日本裁判员制度中的民众参与和专业制衡 ——以在日留学生"陈某某杀人案"的审理为例	法律适用	2018 年第 5 期
张静、易凌波：司法改革背景下基层法院内设机构的整合与重构 ——基于 S 省 C 市法院"大部制"改革的实证分析	法律适用	2018 年第 5 期
江必新：论行政诉讼法司法解释对行政诉讼制度的发展和创新	法律适用	2018 年第 7 期
江苏省南京市中级人民法院课题组：司法体制综合配套改革视野下法官业绩考核评价制度重构	法律适用	2018 年第 7 期
谢亮、张子谕：论人民法院法官业绩评价的完善	法律适用	2018 年第 7 期
熊心：论基层法院聘用制书记员制度运行现状与改革方向	法律适用	2018 年第 7 期
杨迪：我国轻罪案件刑罚配置的规范化进路——以刑事裁判大数据为方法	法律适用	2018 年第 7 期
窦开、邢黎：立案登记制下保护和规范当事人诉权的思考	法律适用	2018 年第 8 期
曹红军：法院审判权与司法行政事务管理权分离模式研究	法律适用	2018 年第 9 期
陈学权：人民陪审员制度改革中事实审 与法律审分离的再思考	法律适用	2018 年第 9 期
龚浩鸣、梅宇：陪审制大合议庭事实审与法律审分离的程序保障 ——以北京市法院大合议庭陪审机制试点为基础	法律适用	2018 年第 9 期

续表

作者、论文题目	期刊名称	期刊期次
刘峥、刘知行：论人民陪审员制度中的参审案件范围	法律适用	2018 年第 9 期
刘晓虎、张宇：审理期间被告人死亡案件 违法所得没收程序适用问题研究	法律适用	2018 年第 9 期
杨鸣：公民意见介入与参审职权确定——从江苏省刑事审判试点经验出发谈参审职权划分	法律适用	2018 年第 9 期
陈振宇：行政程序轻微违法的识别与裁判	法律适用	2018 年第 11 期
程琥：行政法上请求权与行政诉讼原告资格判定	法律适用	2018 年第 11 期
郭世杰：立功认定若干疑难问题探讨	法律适用	2018 年第 11 期
郭修江：行政诉讼判决方式的类型化——行政诉讼判决方式内在关系及适用条件分析	法律适用	2018 年第 11 期
梁凤云：《行诉解释》重点条文理解与适用	法律适用	2018 年第 11 期
阮堂辉、陈俊宇：社会学法学视野下的刑事和解 ——基于对少数民族地区刑事和解实践的考察	法律适用	2018 年第 11 期
杨潍陌：刑事诉讼中事实认定的逻辑思维及应用	法律适用	2018 年第 11 期
于猛：人民法院审判团队制度建设与模式选择 ——以基层人民法院审判团队的构建为例	法律适用	2018 年第 11 期
张超：反诉当事人范围研究	法律适用	2018 年第 11 期
章志远：《行诉解释》对行政审判理念的坚守与发展	法律适用	2018 年第 11 期
徐世亮：依法不负刑事责任的精神病人强制医疗程序若干问题研究	法律适用	2016 年第 12 期
韩振文：论我国法官认知风格的实证测验及其理性反思	河北法学	2018 年第 1 期
郎立惠：司法改革对民事案件事实认定的影响	河北法学	2018 年第 1 期

续表

作者、论文题目	期刊名称	期刊期次
任学强：论职务犯罪案件指定管辖 决策机制的行政化及其矫正	河北法学	2018 年第 1 期
唐亮：监察体制改革与检察机关之归位	河北法学	2018 年第 1 期
占善刚、王超：论我国人民陪审员制度的权利认同	河北法学	2018 年第 1 期
张霄霄：民事部分撤诉的理论基础与解释适用	河北法学	2018 年第 1 期
王晓强：基于相对人权益的行政权限冲突解决机制改革	河北法学	2018 年第 2 期
谭秀云：刑事扣押决定权归属的三种模式及其批判	河北法学	2018 年第 3 期
王秀哲：非法证据排除的共通性宪法权利基础及其启示	河北法学	2018 年第 3 期
陈杰：基于裁判理由的民意判决的正当性探析	河北法学	2018 年第 4 期
钱文杰：我国刑事司法中的缺席审判——基于刑事诉讼特别没收程序的观察与思考	河北法学	2018 年第 4 期
王国龙：司法治理的不平衡不充分发展及其对策研究	河北法学	2018 年第 4 期
李傲、胡煜：我国行政履行判决的省思及完善	河北法学	2018 年第 5 期
栗明：民事诉讼测谎意见证据地位的实证考察与理论反思——以北大法宝 188 份民事判决书为分析样本	河北法学	2018 年第 5 期
王猛：智能化助推司法体制综合配套改革	河北法学	2018 年第 5 期
赵清：日本民事诉讼证据制度及对中国的启示	河北法学	2018 年第 5 期
刘婉婷、杨瑷华：刑事诉讼法下证据的内涵及性质再论	河北法学	2018 年第 6 期
步洋洋：审判中心语境下的刑事庭前会议制度新探	河北法学	2018 年第 7 期

作者、论文题目	期刊名称	期刊期次
唐太飞、梁晴：人民法庭在基层法院员额法官养成中的作用机理——以人民法庭诉与非诉二元功能区分为前提	河北法学	2018 年第 7 期
古强："争点效理论"应用的问题及解决	河北法学	2018 年第 8 期
孔凡洲：论公共证人及其质证规则	河北法学	2018 年第 8 期
任惠华、金浩波：人工智能侦查的实践应用与制度构建	河北法学	2018 年第 6 期
叶斌、熊秉元：刑事和民事判决结果的比较研究	河北法学	2018 年第 8 期
黄娜、杜家明：社会组织参与环境公益诉讼的优化路径	河北法学	2018 年第 9 期
马方、吴桐：逻辑与司法：监察程序中证据规则的解构与建构	河北法学	2018 年第 9 期
陈娟、尚丽娟：家事诉讼中构建特别程序的价值及其实现	河北法学	2018 年第 10 期
庄诗岳：论被执行人实体权利救济的路径选择	河北法学	2018 年第 10 期
江保国：我国区际仲裁裁决流通机制的锥体结构及其阐释	河北法学	2018 年第 11 期
任重：改革开放 40 年：民事审判程序的变迁	河北法学	2018 年第 12 期
张丽洁：强制执行中财产豁免制度研究	河北法学	2018 年第 12 期
杨明：公诉案件撤诉问题实证研究	北方法学	2018 年第 1 期
陈浩：羁押必要性审查：从"框架构建"到"梯度制衡"	北方法学	2018 年第 2 期
张伟强：论无需法律的仲裁	北方法学	2018 年第 3 期
张卫平：民事诉讼中止事由的制度调整	北方法学	2018 年第 3 期
高一飞：陪审团的价值预设与实践障碍	北方法学	2018 年第 4 期
韩振文：面向证立获致正当性的司法裁决程序	北方法学	2018 年第 4 期

续表

作者、论文题目	期刊名称	期刊期次
王海军：近代俄罗斯的司法现代化之路—— 基于司法改革进程的考察	北方法学	2018 年第 4 期
李文军：法庭质证的内在结构与理论剖析——兼评"三项规程"的相关规定	北方法学	2018 年第 5 期
徐钝、詹王镇：论司法认知的制度激励——基于民事审判实践认知规避现象的反思	北方法学	2018 年第 5 期
程龙：刑事附带民事公益诉讼之否定	北方法学	2018 年第 6 期
刘练军：法定法官原则：审判委员会改革的新路径	北方法学	2018 年第 6 期
钱大军、郭倩：中国司法改革的路径应当如何选择	北方法学	2018 年第 6 期
张婷婷：论指导性案例援引的经验主义逻辑	北方法学	2018 年第 6 期
拜荣静：构建实效性的刑事证据保全制度——以审判中心主义为视角	中国政法大学学报	2018 年第 1 期
陈光中：中国古代司法制度之特点及其社会背景	中国政法大学学报	2018 年第 1 期
李红勃：香港廉政公署的廉洁社会改造运动	中国政法大学学报	2018 年第 1 期
刘慧：构建我国"有专门知识的人"的资格要件	中国政法大学学报	2018 年第 1 期
姚岳绒：监察体制改革中检察院宪法地位之审视	中国政法大学学报	2018 年第 1 期
殷秀峰：民族地区刑事和解与"检调对接"机制探索	中国政法大学学报	2018 年第 1 期
张建伟：监察至上还是三察鼎立——新监察权在国家权力体系中的配置分析	中国政法大学学报	2018 年第 1 期
初殿清：特别没收程序中的抗辩——兼论《两高特别没收程序规定》相关制度	中国政法大学学报	2018 年第 2 期
彭现堂：学术腐败案件民事诉讼主体资格探究	中国政法大学学报	2018 年第 2 期

续表

作者、论文题目	期刊名称	期刊期次
尹洪阳：事实认定过程中的证据叙事分析	中国政法大学学报	2018 年第 2 期
田力男：公安机关刑事执法权力运行机制改革初探	中国政法大学学报	2018 年第 3 期
席月民：民商事案件二审改判的标准及其规则之治	中国政法大学学报	2018 年第 3 期
张梦星：公安机关刑事执法办案责任制体系研究	中国政法大学学报	2018 年第 3 期
包献荣：论我国刑事诉讼中直接言词原则的实现	中国政法大学学报	2018 年第 6 期
张弓长：中国法官运用类推适用方法的现状剖析与完善建议——以三项重要的合同法制度为例	中国政法大学学报	2018 年第 6 期
王慧：环境民事公益诉讼案件执行程序专门化之探讨	甘肃政法学院学报	2018 年第 1 期
张望平：试论我国民事诉讼不方便法院原则在《蒙特利尔公约》下的适用	甘肃政法学院学报	2018 年第 1 期
冯铁拴：中国监察体制改革论析：过去、现在与未来	甘肃政法学院学报	2018 年第 2 期
马迅：行政案件跨区域管辖改革的检视与省思——以我国《行政诉讼法》第 18 条第 2 款为中心	甘肃政法学院学报	2018 年第 2 期
闵丰锦：认罪认罚从宽制度的实践逻辑——基于 259 个试点案件的分析	甘肃政法学院学报	2018 年第 2 期
徐静村：人民法院独立行使审判权的历史演进与改革走向	甘肃政法学院学报	2018 年第 2 期
王约然、纪格非：虚假诉讼程序阻却论	甘肃政法学院学报	2018 年第 2 期
徐静村：人民法院独立行使审判权的历史演进与改革走向	甘肃政法学院学报	2018 年第 2 期

续表

作者、论文题目	期刊名称	期刊期次
张华：论指导案例的参照效力——基于 1545 份已公开裁判文书的实证分析	甘肃政法学院学报	2018 年第 2 期
涂舜、陈如超：刑事检验报告制度的实证研究——评最高法院《关于适用刑事诉讼法的解释》第 87 条	甘肃政法学院学报	2018 年第 3 期
汪小棠：问题与出路：最高人民法院巡回法庭接访职能的初步考察	甘肃政法学院学报	2018 年第 3 期
张洪新：当事人适格的概念重构——美国联邦法院的经验与启示	甘肃政法学院学报	2018 年第 3 期
李振贤：我国司法判例研究状况的实证分析——以 211 篇学术论文为样本	甘肃政法学院学报	2018 年第 4 期
马明亮、张彭皓：探讨"审判之前的审判"模式——以庭前会议中的非法证据排除为切入点	甘肃政法学院学报	2018 年第 4 期
荣振华：地方法院发布"司法解释性质文件"的生存样态及可能走向	甘肃政法学院学报	2018 年第 4 期
殷兴东：司法体制改革"三大"误区及综合配套改革八个方向——司法体制综合配套改革研究之一	甘肃政法学院学报	2018 年第 4 期
陈杰："民意审判"及其法治应对	甘肃政法学院学报	2018 年第 5 期
贺小军：从全面性到法治化：公安法制部门刑事执法监督机制改革省思	甘肃政法学院学报	2018 年第 5 期
蒋超：从公权评价到社会选择——我国现行律师职业评价制度的分析与重构	甘肃政法学院学报	2018 年第 5 期
李川：观护责任论视野下我国少年司法机制的反思与形塑	甘肃政法学院学报	2018 年第 6 期
颜卉：家事诉讼立法中增设特殊行为保全制度研究——以家庭暴力案件中的人身安全保护令为切入点	甘肃政法学院学报	2018 年第 6 期

续表

作者、论文题目	期刊名称	期刊期次
张忠民：检察机关试点环境公益诉讼的回溯与反思	甘肃政法学院学报	2018 年第 6 期
蔡斐：适应、定力与引导：司法面对传媒的三个关键词	西南政法大学学报	2018 年第 1 期
陈苇、董思远：家事审判改革视野下祖国大陆家事审判程序立法完善研究——兼以我国台湾"家事事件法"为学术视点	西南政法大学学报	2018 年第 1 期
范伟红：司法会计鉴定条件探析	西南政法大学学报	2018 年第 1 期
蒋云飞：论生态文明视域下的环境"两法"衔接机制	西南政法大学学报	2018 年第 1 期
王玫黎、袁玉进：最密切联系原则在专属经济区刑事管辖权冲突中的适用——以"卡塔利娜"轮案为视角	西南政法大学学报	2018 年第 1 期
祝颖：证据法视野下夫妻共同债务推定规则检讨	西南政法大学学报	2018 年第 1 期
王锐园：价值考量与立场选择：我国技术侦查的分歧与衡平路径实证研究	西南政法大学学报	2018 年第 2 期
涂永前、于涵：司法审判中人工智能的介入式演进	西南政法大学学报	2018 年第 3 期
郭文涛：监察委员会监察人大代表的理解与论证	西南政法大学学报	2018 年第 4 期
黄忠顺：英烈权益诉讼中的诉讼实施权配置问题研究——兼论保护英雄烈士人格利益的路径抉择	西南政法大学学报	2018 年第 4 期
廖浩：英烈保护民事公益诉讼的判决效力	西南政法大学学报	2018 年第 4 期
唐玉富：英烈保护民事公益诉讼的程序保障	西南政法大学学报	2018 年第 4 期
汪国平：检察人员司法责任追究与免责范围的文本分析及完善建议	西南政法大学学报	2018 年第 4 期

续表

作者、论文题目	期刊名称	期刊期次
张丽丽：论英烈保护公益诉讼的诉前程序	西南政法大学学报	2018 年第 4 期
李婕：继承与超越：新时代警察临检权的法治内涵	西南政法大学学报	2018 年第 5 期
张鲁萍：行政协议优益权行使的司法审查——基于对部分司法判决书的实证分析	西南政法大学学报	2018 年第 5 期
赵以：第三人涉外共同侵权纠纷管辖权异议问题研究	西南政法大学学报	2018 年第 5 期
周铭川：对《人民警察法》（修订草案稿）的修改建议	西南政法大学学报	2018 年第 5 期
师索、陈玮煌：犯罪侦查中网络通讯数据留存制度的欧洲法审视	西南政法大学学报	2018 年第 6 期
王登辉：《人民警察法》（修订草案稿）视野下警察正当防卫权的性质和地位——兼论警察特殊防卫权的行使与限制	西南政法大学学报	2018 年第 6 期
杨彩霞：警察权力行使规范的反思——以《人民警察法》（修订草案稿）中有关武器使用的条款为侧重点	西南政法大学学报	2018 年第 6 期
郑若瀚：改革开放 40 周年中国人权保障的路径选择，实践探索与话语建构	西南政法大学学报	2018 年第 6 期
程书锋、佘朝阳：论证明妨碍规则在知识产权诉讼中的适用与完善	电子知识产权	2018 年第 7 期
丁文严：跨国知识产权诉讼中的长臂管辖及应对	知识产权	2018 年第 11 期

2018 年诉讼法学著作统计

学科类别	作者、著作名称	出版社	出版日期
刑事诉讼	陈卫东：中国刑事诉讼权能的变革与发展	中国人民大学出版社	2018 年 1 月
刑事诉讼	顾永忠：刑事诉讼程序分流的国际趋势与中国实践	方志出版社	2018 年 1 月
行政诉讼	李广宇：理性诉权观与实质法治主义	法律出版社	2018 年 1 月
刑事诉讼	李扬、王一超：刑事法律思维表达与文书写作	法律出版社	2018 年 1 月
刑事诉讼	李忠源、邵峰：刑事执行专业实训教程	中国政法大学出版社	2018 年 1 月
刑事诉讼	缪伟君：证据法原理与实务	中国政法大学出版社	2018 年 1 月
民事诉讼	邵明：现代民事之诉与争讼程序法理——"诉·审·判"关系原理	中国人民大学出版社	2018 年 1 月
刑事诉讼	［美］史蒂芬·沙曼著，施鹏鹏（译）：比较刑事诉讼：案例教科书	中国政法大学出版社	2018 年 1 月
行政诉讼	王岩：WTO 体制下的我国国际贸易行政诉讼研究	法律出版社	2018 年 1 月
刑事诉讼	吴小帅：刑事自诉圈重构论	法律出版社	2018 年 1 月
刑事诉讼	熊红文：公诉八讲	法律出版社	2018 年 1 月
刑事诉讼	张玉鲲：未成年人检察笔谈：朝阳院的理论探索与实践创新	法律出版社	2018 年 1 月
刑事诉讼	娄秋琴：常见刑事案件辩护要点（第三版）	北京大学出版社	2018 年 1 月
刑事诉讼	蒋平、陆娟：计算机犯罪与电子取证研究	社会科学文献出版社	2018 年 1 月
刑事诉讼	何家弘：司法证明方法与推定规则	法律出版社	2018 年 1 月

续表

学科类别	作者、著作名称	出版社	出版日期
刑事诉讼	胡嘉金：贿赂案件非法言词证据排除实务研究	法律出版社	2018 年 2 月
刑事诉讼	梁坤：信息化时代：庭审方式变迁的实证研究	清华大学出版社	2018 年 2 月
刑事诉讼	王永全、唐玲、刘三满：信息犯罪与计算机取证	人民邮电出版社	2018 年 2 月
刑事诉讼	宣刚：刑事政策场域中的犯罪被害人研究	中国社会科学出版社	2018 年 2 月
刑事诉讼	卞建林：诉讼法学研究（第 22 卷）	中国检察出版社	2018 年 3 月
民事诉讼	胡思博：民事检察监督的技术规则研究	中国人民公安大学出版社	2018 年 3 月
民事诉讼	廖浩：民事确定判决反射效力研究	中国社会科学出版社	2018 年 3 月
刑事诉讼	刘辰：侦查监督论	中国人民公安大学出版社	2018 年 3 月
刑事诉讼	刘铭：诉讼事实与纠纷事实的关系：基于证据学思想发展脉络的分析	法律出版社	2018 年 3 月
民事诉讼	宋平：民事诉讼诚实信用原则与管辖权滥用之规制研究	厦门大学出版社	2018 年 3 月
刑事诉讼	王鹏飞：刑事执行一体化研究	中国政法大学出版社	2018 年 3 月
刑事诉讼	徐宗新：刑事辩护实务操作技能与执业风险防范	法律出版社	2018 年 3 月
刑事诉讼	张嘉军、张峰、贾佳、尚宋阳、阮崇翔：制度·机构·机制：当代中国立案难问题实证研究	法律出版社	2018 年 3 月
刑事诉讼	杨兴培：犯罪的二次性违法理论与实践：兼以刑民交叉类案例为实践对象	北京大学出版社	2018 年 3 月
刑事诉讼	卞建林：中国诉讼法判解（第 11 卷）	中国人民公安大学出版社	2018 年 3 月

续表

学科类别	作者、著作名称	出版社	出版日期
刑事诉讼	董坤：检察机关排除非法证据问题研究	中国检察出版社	2018 年 4 月
刑事诉讼	郭松：试点改革与刑事诉讼制度发展	法律出版社	2018 年 4 月
行政诉讼	何海波：中外行政诉讼法汇编	商务印书馆	2018 年 4 月
刑事诉讼	李昌盛：刑事司法论丛（第 5 卷）	中国检察出版社	2018 年 4 月
民事诉讼	梁开斌：民事裁判的边界	社会科学文献出版社	2018 年 4 月
刑事诉讼	陈瑞华：刑事辩护的艺术	北京大学出版社	2018 年 4 月
刑事诉讼	斯蒂芬诺斯·毕贝斯：庭审之外的辩诉交易	中国法制出版社	2018 年 4 月
刑事诉讼	安东尼·刘易斯：穷人能否获得公正审判：吉迪恩诉温赖特案实录	北京大学出版社	2018 年 4 月
刑事诉讼	陈虎：刑事程序的深层结构	中国政法大学出版社	2018 年 5 月
刑事诉讼	陈立斌：刑事附带民事诉讼案件审理精要	人民出版社	2018 年 5 月
刑事诉讼	高贞：刑事执行与戒毒工作若干问题研究	法律出版社	2018 年 5 月
刑事诉讼	冀祥德：控辩平等论（第二版）	法律出版社	2018 年 5 月
刑事诉讼	李训虎：排除合理怀疑的中国叙事	法律出版社	2018 年 5 月
刑事诉讼	罗文禄：委托人与律师交流权研究	法律出版社	2018 年 5 月
刑事诉讼	马卫军：被害人自我答责研究	中国社会科学出版社	2018 年 5 月
刑事诉讼	裴显鼎：非法证据排除程序适用指南（第二版）	法律出版社	2018 年 5 月
刑事诉讼	孙彩虹：刑事证据制度热点问题研究	立信会计出版社	2018 年 5 月
刑事诉讼	岳慧青：性侵害未成年人案件证据的运用	法律出版社	2018 年 5 月
行政诉讼	高家伟：证据法基本范畴研究	中国人民公安大学出版社	2018 年 5 月

续表

学科类别	作者、著作名称	出版社	出版日期
刑事诉讼	叶青：依法独立行使审判权保障机制研究	法律出版社	2018 年 6 月
刑事诉讼	袁红：我国未决羁押制度研究	中国政法大学出版社	2018 年 6 月
民事诉讼	张晋藩：中国古代民事诉讼制度	中国法制出版社	2018 年 6 月
刑事诉讼	步洋洋：刑事庭审实质化路径研究	法律出版社	2018 年 7 月
刑事诉讼	陈瑞华：刑事诉讼的中国模式（第三版）	法律出版社	2018 年 7 月
刑事诉讼	陈瑞华：刑事证据法的理论问题（第二版）	法律出版社	2018 年 7 月
民事诉讼	［德］康拉德·赫尔维格著，任重译：诉权与诉的可能性：当代民事诉讼基本问题研究	法律出版社	2018 年 7 月
刑事诉讼	刘冀民：刑事诉讼制度改革：控制侦查与庭审实质化	法律出版社	2018 年 7 月
民事诉讼	杨会新：当事人诉讼行为论	法律出版社	2018 年 7 月
刑事诉讼	赵瑞罡：司法改革背景下合议制度研究	法律出版社	2018 年 7 月
刑事诉讼	肖仕卫：刑案民意的诉讼内表达与回应研究	法律出版社	2018 年 7 月
民事诉讼	张圣翠：中国仲裁法制改革研究	北京大学出版社	2018 年 7 月
刑事诉讼	乔宇：刑事涉案财物处置程序	中国法制出版社	2018 年 7 月
行政诉讼	江必新、梁凤云：行政诉讼法司法解释实务指南与疑难解答	中国法制出版社	2018 年 8 月
刑事诉讼	陈夏红、裴炜：中国刑事司法	中国大百科全书出版社	2018 年 8 月
刑事诉讼	胡宇清：刑事诉讼中的自由心证研究	法律出版社	2018 年 8 月
民事诉讼	李乾贵、胡弘、吕振宝：现代仲裁法学研究	中国政法大学出版社	2018 年 8 月
刑事诉讼	李蓉：中国社会变迁与刑事诉讼制度现代化	法律出版社	2018 年 8 月

续表

学科类别	作者、著作名称	出版社	出版日期
民事诉讼	毕玉谦：民事诉讼法学的发展与走向：重点与展望	中国政法大学出版社	2018 年 8 月
民事诉讼	胡军辉：民事裁判既判力问题新探索	法律出版社	2018 年 8 月
刑事诉讼	李懿艺：刑事庭审实质化问题研究	中国法制出版社	2018 年 9 月
刑事诉讼	何志辉：澳门刑事法：制度源流与文本分析	法律出版社	2018 年 9 月
刑事诉讼	张述元：司法改革形式下的审判管理基本理论研究	人民法院出版社	2018 年 9 月
刑事诉讼	陈光中：公正审判与认罪协商	法律出版社	2018 年 9 月
刑事诉讼	陈光中：司法改革问题研究	法律出版社	2018 年 9 月
民事诉讼	崔玲玲：诉的类型研究	法律出版社	2018 年 9 月
刑事诉讼	康怀宇："刑事一体化"视野中的刑事容隐法律体系研究	法律出版社	2018 年 9 月
民事诉讼	肖建华：诉讼证明过程分析 民事诉讼真实与事实发现	北京大学出版社	2018 年 9 月
刑事诉讼	李学军、朱梦妮：意见证据制度研究	中国人民大学出版社	2018 年 9 月
民事诉讼	乔欣：民事纠纷的诉讼外解决机制研究——以构建和谐社会为背景的分析	中国人民公安大学出版社	2018 年 9 月
刑事诉讼	卞建林、韩旭：刑事庭审实质化和有效性问题——第九届中韩刑事司法学术研讨会论文	法律出版社	2018 年 10 月
民事诉讼	杜睿哲：当事人平等原则的程序展开	科学出版社	2018 年 10 月
刑事诉讼	刘磊：刑事正当程序的功能研究	法律出版社	2018 年 10 月
刑事诉讼	龙建明：刑事被追诉人权利救济制度研究	法律出版社	2018 年 10 月
民事诉讼	肖建华、唐玉富：新型民事诉讼程序问题研讨	中国人民公安大学出版社	2018 年 10 月

续表

学科类别	作者、著作名称	出版社	出版日期
刑事诉讼	印波：法槌下的正义：审判中心视野下两大法系辩审关系探析	人民法院出版社	2018 年 10 月
刑事诉讼	刘静坤：证据审查规则与分析方法：原理·规范·实例	法律出版社	2018 年 10 月
刑事诉讼	左卫民、王海萍：审判委员会制度改革实证研究	北京大学出版社	2018 年 10 月
行政诉讼	罗智敏：意大利行政诉讼制度研究	中国政法大学出版社	2018 年 10 月
刑事诉讼	亚历克斯·斯坦：证据法的根基	中国人民大学出版社	2018 年 10 月
刑事诉讼	曾元梓：未成年人刑事案件法庭审理制度研究	法律出版社	2018 年 11 月
刑事诉讼	黄京平：特殊强制措施司法化研究——轻罪案件快速审理的中外实践	法律出版社	2018 年 11 月
刑事诉讼	吴洪淇：证据法的理论面孔	法律出版社	2018 年 11 月
民事诉讼	张旭东：环境民事公益诉讼特别程序研究	法律出版社	2018 年 11 月
刑事诉讼	赵长江：刑事电子数据证据规则研究	法律出版社	2018 年 11 月
刑事诉讼	胡云腾：认罪认罚从宽制度的理解与适用	人民法院出版社	2018 年 12 月
刑事诉讼	兰跃军：以审判为中心的刑事诉讼制度改革	社会科学文献出版社	2018 年 12 月

2018 年诉讼法学教材统计

学科类别	主编、教材名称	出版社	出版日期
刑事诉讼	孙彩虹：新编刑事诉讼法学	知识产权出版社	2018 年 1 月
刑事诉讼	叶青：刑事诉讼法（第二版）	高等教育出版社	2018 年 4 月
刑事诉讼	郑旭：刑事诉讼法学（第六版）	中国人民大学出版社	2018 年 8 月

续表

学科类别	主编、教材名称	出版社	出版日期
刑事诉讼	陈瑞华：刑事证据法（第三版）	北京大学出版社	2018 年 9 月
行政诉讼	应松年：行政诉讼法学（第七版）	中国政法大学出版社	2018 年 9 月

2018 年诉讼法学项目统计

学科类别	负责人、项目名称	项目类型
刑事诉讼	顾培东：我国成文法体制下判例运用的理论与实践	2018 年国家社会科学基金重大项目
刑事诉讼	胡铭：深化司法体制改革和现代科技应用相结合的难点与路径研究	2018 年国家社会科学基金重大项目
行政诉讼	解志勇：中国特色国家监察理论构建、制度创新与实践运行研究	2018 年国家社会科学基金重大项目
刑事诉讼	闵春雷：中国特色刑事证据理论体系研究	2018 年国家社会科学基金重大项目
刑事诉讼	王敏远：刑事诉讼中的财产权保护系统研究	2018 年国家社会科学基金重大项目
刑事诉讼	杨登峰：新时代中国改革创新试验的法治问题研究	2018 年国家社会科学基金重大项目
行政诉讼	解志勇：对监察委员会的监督与制约体系研究	2018 年国家社会科学基金重点项目
刑事诉讼	孙光宁：案例指导制度的实践经验与发展完善研究	2018 年国家社会科学基金重点项目
刑事诉讼	孙谦：《未成年人司法法》立法建议稿	2018 年国家社会科学基金重点项目
刑事诉讼	王丽婷：法庭科学视阈下刑事科学证据采信标准研究	2018 年国家社会科学基金重点项目
刑事诉讼	王敏远：刑事诉讼中的财产权保护问题研究	2018 年国家社会科学基金重点项目

续表

学科类别	负责人、项目名称	项目类型
刑事诉讼	徐汉明：对监察委员会的外部监督体系研究	2018 年国家社会科学基金重点项目
刑事诉讼	张娟：案例指导制度的实践经验与发展完善研究	2018 年国家社会科学基金重点项目
刑事诉讼	左卫民：庭审实质化改革实证研究	2018 年国家社会科学基金重点项目
民事诉讼	陈刚：民事诉讼实体法理论与实践问题研究	2018 年国家社会科学基金一般项目
刑事诉讼	陈晖：没收之国际刑事司法协助机制研究	2018 年国家社会科学基金一般项目
刑事诉讼	崔海英：中国未成年人犯罪危险评估	2018 年国家社会科学基金一般项目
民事诉讼	单锋：检察机关提起民事公益诉讼研究	2018 年国家社会科学基金一般项目
刑事诉讼	邓陕峡：刑事庭审证明实质化视野下的取证规范化研究	2018 年国家社会科学基金一般项目
民事诉讼	杜乐其：消费民事公益诉讼请求权配置问题研究	2018 年国家社会科学基金一般项目
刑事诉讼	杜志淳：司法鉴定标准化研究	2018 年国家社会科学基金一般项目
刑事诉讼	封利强：基于认知科学的事实认定模型研究	2018 年国家社会科学基金一般项目
刑事诉讼	高波：网络强国战略下人工智能数据的证据法问题研究	2018 年国家社会科学基金一般项目
刑事诉讼	高一飞：看守所法立法研究	2018 年国家社会科学基金一般项目
刑事诉讼	贺小军：公安执法规范化建设对侦查取证机制影响之实证研究	2018 年国家社会科学基金一般项目
刑事诉讼	李海滢：犯罪资产海外追缴的中国立场与路径选择研究	2018 年国家社会科学基金一般项目
民事诉讼	李涛：我国民事电子诉讼的现状与法理研究	2018 年国家社会科学基金一般项目

续表

学科类别	负责人、项目名称	项目类型
刑事诉讼	廖明：构建中国特色反腐败国际追逃追赃长效机制研究	2018 年国家社会科学基金一般项目
行政诉讼	林莉红：当事人选择行政纠纷解决途径的影响因素之实证研究	2018 年国家社会科学基金一般项目
刑事诉讼	刘涛：讯问/询问取证方法的国际发展及其在我国的本土化应用研究	2018 年国家社会科学基金一般项目
刑事诉讼	陆而启：意见裁判主义研究	2018 年国家社会科学基金一般项目
民事诉讼	马丁：诉与民事实体权利之间关系的理论及其应用研究	2018 年国家社会科学基金一般项目
刑事诉讼	马明亮：认罪认罚从宽制度中的协议破裂与程序反转研究	2018 年国家社会科学基金一般项目
刑事诉讼	马泽军：中国当代庭审转述话语的多声源特征、功能及语用阐释研究	2018 年国家社会科学基金一般项目
刑事诉讼	宁静波：员额制下法官行为偏好与激励机制研究	2018 年国家社会科学基金一般项目
民事诉讼	彭中礼：司法裁判过程中的人工智能应用研究	2018 年国家社会科学基金一般项目
行政诉讼	宋智敏：建立以人大为主导的行政规范性文件审查体系研究	2018 年国家社会科学基金一般项目
民事诉讼	王德新："新兴权利"的民事诉权保障研究	2018 年国家社会科学基金一般项目
民事诉讼	王国征：民事案件重复诉讼认定标准实证研究	2018 年国家社会科学基金一般项目
刑事诉讼	王强军：刑罚处罚早期话的限制与理论应对研究	2018 年国家社会科学基金一般项目
刑事诉讼	王雪梅：司法改革与未成年人司法制度完善研究	2018 年国家社会科学基金一般项目
民事诉讼	夏璇：民事审判逻辑的再构建研究	2018 年国家社会科学基金一般项目

续表

学科类别	负责人、项目名称	项目类型
民事诉讼	肖建华：正当当事人制度的理论与实践研究	2018 年国家社会科学基金一般项目
刑事诉讼	许昆：新时代刑事司法改革视阈下国家侦查权重构与实现路径研究	2018 年国家社会科学基金一般项目
行政诉讼	闫尔宝：新《行政诉讼法》实施背景下行政诉讼结构转型研究	2018 年国家社会科学基金一般项目
刑事诉讼	杨帆：司法裁判中的说理方式问题研究	2018 年国家社会科学基金一般项目
刑事诉讼	杨立云：认知科学视野下的司法鉴定错误研究	2018 年国家社会科学基金一般项目
刑事诉讼	杨小敏：宪法视角下新中国审判独立边界的演变史研究	2018 年国家社会科学基金一般项目
刑事诉讼	张娟：检察行政公益诉讼的检察监督权定位及制度建构研究	2018 年国家社会科学基金一般项目
行政诉讼	张娟：检察行政公益诉讼的检察监督权定位及制度建构研究	2018 年国家社会科学基金一般项目
刑事诉讼	张燲：新时代行政公益诉讼中的检察职能研究	2018 年国家社会科学基金一般项目
行政诉讼	张燲：新时代行政公益诉讼中的检察职能研究	2018 年国家社会科学基金一般项目
刑事诉讼	张泽涛：公安机关刑事侦查与行政执法衔接机制研究	2018 年国家社会科学基金一般项目
刑事诉讼	周洪波：刑事错案治理视野中的印证规则研究	2018 年国家社会科学基金一般项目
刑事诉讼	纵博：人工智能在刑事证据判断中的运用及其界限研究	2018 年国家社会科学基金一般项目
民事诉讼	曹志勋：我国民事诉讼标的识别的诉讼法进路研究	2018 年国家社会科学基金青年项目
刑事诉讼	陈梦：中国仲裁司法监督机制研究	2018 年国家社会科学基金青年项目

学科类别	负责人、项目名称	项目类型
民事诉讼	陈梦：中国仲裁司法监督机制研究	2018 年国家社会科学基金青年项目
行政诉讼	董妍：政府信息公开诉讼诉的利益认定标准实证研究	2018 年国家社会科学基金青年项目
刑事诉讼	樊传明：人民陪审员参审事实问题的证据裁判规则研究	2018 年国家社会科学基金青年项目
民事诉讼	范卫国：环境民事公益诉讼执行制度研究	2018 年国家社会科学基金青年项目
刑事诉讼	冯洋：法院网上诉讼平台及诉讼规则构建研究	2018 年国家社会科学基金青年项目
民事诉讼	冯洋：法院网上诉讼平台及诉讼规则构建研究	2018 年国家社会科学基金青年项目
刑事诉讼	韩振文：庭审实质化语境下法官认知风格的测验及其改善研究	2018 年国家社会科学基金青年项目
行政诉讼	胡婧：行政公益诉讼中检察机关权力运行机制研究	2018 年国家社会科学基金青年项目
刑事诉讼	康兰平：大数据视野下社会治理法治建设评估方法及其应用研究	2018 年国家社会科学基金青年项目
民事诉讼	罗恬漩：司法体制综合配套改革背景下法官职业流动实证研究	2018 年国家社会科学基金青年项目
刑事诉讼	吕晓刚：职务犯罪案件监察调查与审查起诉衔接机制研究	2018 年国家社会科学基金青年项目
刑事诉讼	史溢帆：检察机关提起行政公益诉讼运行机制与优化策略研究	2018 年国家社会科学基金青年项目
行政诉讼	史溢帆：检察机关提起行政公益诉讼运行机制与优化策略研究	2018 年国家社会科学基金青年项目
民事诉讼	王春子：中国民事诉讼法近代化研究（1901—1935）	2018 年国家社会科学基金青年项目
刑事诉讼	王燃：大数据证据研究	2018 年国家社会科学基金青年项目

学科类别	负责人、项目名称	项目类型
民事诉讼	吴俊：松散结合型法院治理模式研究	2018 年国家社会科学基金青年项目
刑事诉讼	袁小玉：法律认知科学的方法论基础研究	2018 年国家社会科学基金青年项目
行政诉讼	朱道坤：中国军事行政诉讼制度研究	2018 年国家社会科学基金青年项目
刑事诉讼	朱智毅：国家监察权与其他监督权协调衔接法律制度研究	2018 年国家社会科学基金青年项目
刑事诉讼	自正法：未成年人刑事特别程序的理论、模式与完善路径研究	2018 年国家社会科学基金青年项目
行政诉讼	罗文燕：行政规范性文件备案审查的原理与技术研究	2018 年教育部人文社会科学研究规划基金项目
民事诉讼	牛杰：民国后期选举纠纷及其解决机制研究	2018 年教育部人文社会科学研究规划基金项目
刑事诉讼	宋玲：新形势下我国反腐败监察制度的创新研究	2018 年教育部人文社会科学研究规划基金项目
刑事诉讼	孙永军：司法知情权视角下公众查阅法院卷宗研究	2018 年教育部人文社会科学研究规划基金项目
刑事诉讼	相庆梅：互联网环境下的司法公开制度研究	2018 年教育部人文社会科学研究规划基金项目
刑事诉讼	谢安平：人性观视角下我国认罪认罚从宽制度研究	2018 年教育部人文社会科学研究规划基金项目
民事诉讼	叶肖华：公民参与审查起诉制度研究	2018 年教育部人文社会科学研究规划基金项目
刑事诉讼	钟明曦：大数据侦查的程序规制研究	2018 年教育部人文社会科学研究规划基金项目
刑事诉讼	朱节中："互联网+"时代电子取证法律适应性关键问题 研究	2018 年教育部人文社会科学研究规划基金项目
刑事诉讼	高可：法官员额制改革实施现状的实证研究	2018 年教育部人文社会科学研究青年基金项目

续表

学科类别	负责人、项目名称	项目类型
刑事诉讼	贺红强：司法权威视域下的刑事法庭秩序研究	2018 年教育部人文社会科学研究青年基金项目
行政诉讼	黄锴：行政诉权滥用规制的实证分析与路径完善研究	2018 年教育部人文社会科学研究青年基金项目
行政诉讼	李成：行政规范性文件审查机制研究	2018 年教育部人文社会科学研究青年基金项目
刑事诉讼	李辞：认罪认罚从宽程序中公诉裁量运行机制研究	2018 年教育部人文社会科学研究青年基金项目
刑事诉讼	李森：刑事案例指导制度研究	2018 年教育部人文社会科学研究青年基金项目
刑事诉讼	倪润：一事不再理与罪数论关系的重构研究	2018 年教育部人文社会科学研究青年基金项目
刑事诉讼	宋方明：羁押场所死亡事件调查程序的规制研究	2018 年教育部人文社会科学研究青年基金项目
刑事诉讼	吴洪淇：刑事错案中的科学证据问题研究	2018 年教育部人文社会科学研究青年基金项目
刑事诉讼	吴一澜：缓刑适用评估机制实证研究	2018 年教育部人文社会科学研究青年基金项目
刑事诉讼	武飞：裁判文书中案件事实的修辞论证问题研究	2018 年教育部人文社会科学研究青年基金项目
刑事诉讼	肖沛权：审判中心主义视角下的值班律师制度研究	2018 年教育部人文社会科学研究青年基金项目
刑事诉讼	周睦棋：监察委员会职务犯罪调查的诉讼监督机制研究	2018 年教育部人文社会科学研究青年基金项目
刑事诉讼	卢文超：新形势下高校纪检监察机关履职能力提升路径研究	2018 年教育部人文社会科学研究专项任务项目
刑事诉讼	杨雅妮：国家治理视域下的边疆司法治理研究	2018 年教育部哲学社会科学研究后期资助项目

续表

学科类别	负责人、项目名称	项目类型
刑事诉讼	谭宗泽：人工智能在司法体制改革中的应用研究	2018 年中国法学会部级法学研究重点课题
刑事诉讼	陈学权：法院剥夺律师辩护人资格问题研究	2018 年中国法学会部级法学研究一般课题
刑事诉讼	季金华：社会主义核心价值观的司法实践及其法理	2018 年中国法学会部级法学研究一般课题
民事诉讼	刘哲玮：民事电子证据规则研究	2018 年中国法学会部级法学研究一般课题
民事诉讼	马强：调解前置程序实证研究	2018 年中国法学会部级法学研究一般课题
刑事诉讼	秦前红：反贪职能转隶后的人民监督员制度改革研究	2018 年中国法学会部级法学研究一般课题
刑事诉讼	卫跃宁：捕诉合一的理论与实践研究	2018 年中国法学会部级法学研究一般课题
刑事诉讼	杨志琼：智慧社会背景下犯罪治理刑事政策研究	2018 年中国法学会部级法学研究一般课题
刑事诉讼	宗会霞：轻罪案件刑罚运行机制实证研究	2018 年中国法学会部级法学研究一般课题
刑事诉讼	陈德强：人工智能裁判的预测分析与法律监督	2018 年中国法学会部级法学研究自选课题
刑事诉讼	陈建华：法官责任豁免制度研究	2018 年中国法学会部级法学研究自选课题
行政诉讼	陈骏业：立案登记制背景下的行政诉讼起诉条件审查研究	2018 年中国法学会部级法学研究自选课题
刑事诉讼	陈征楠：刑事一体化视野下的认罪认罚从宽制度研究	2018 年中国法学会部级法学研究自选课题
刑事诉讼	褚宁：从"小儿酌减"走向"少年订制"的我国少年刑事司法体系构建	2018 年中国法学会部级法学研究自选课题

续表

学科类别	负责人、项目名称	项目类型
民事诉讼	崔玲玲：重复诉讼的理论判定与实务规制研究	2018 年中国法学会部级法学研究自选课题
刑事诉讼	戴涛：正当法律程序视野下的监察委员会调查权研究	2018 年中国法学会部级法学研究自选课题
刑事诉讼	邓恒：网上审判方式与审判机制研究	2018 年中国法学会部级法学研究自选课题
刑事诉讼	方旭辉：智慧法院人工智能的法律规制研究	2018 年中国法学会部级法学研究自选课题
刑事诉讼	郭晶：刑事"未破"案件处理机制研究	2018 年中国法学会部级法学研究自选课题
刑事诉讼	黄旭东：检察机关提起行政公益诉讼的证明责任问题研究	2018 年中国法学会部级法学研究自选课题
行政诉讼	黄旭东：检察机关提起行政公益诉讼的证明责任问题研究	2018 年中国法学会部级法学研究自选课题
刑事诉讼	李立景：协同治理型检察监督——新时代检察建议的范式转型与重构	2018 年中国法学会部级法学研究自选课题
刑事诉讼	李冉毅：庭审实质化的实践困境与出路研究：以实务者的认知与行为为视角	2018 年中国法学会部级法学研究自选课题
刑事诉讼	李淑兰：腐败犯罪缺席审判制度研究	2018 年中国法学会部级法学研究自选课题
民事诉讼	刘双玉：关于信托及其派生关系纠纷的审判实务研究	2018 年中国法学会部级法学研究自选课题
刑事诉讼	罗维鹏：司法人工智能的价值认同研究	2018 年中国法学会部级法学研究自选课题
刑事诉讼	吕玉赞：司法解释的内在约束机制研究——以制定司法解释法为进路	2018 年中国法学会部级法学研究自选课题
刑事诉讼	潘金贵：刑事案件律师辩护全覆盖研究	2018 年中国法学会部级法学研究自选课题

续表

学科类别	负责人、项目名称	项目类型
刑事诉讼	田刚：社会治理体系现代化下的犯罪记录制度构建研究	2018 年中国法学会部级法学研究自选课题
行政诉讼	汪海鹏：行政协议诉讼的法律适用研究	2018 年中国法学会部级法学研究自选课题
刑事诉讼	王红霞：法治实施体系反向评价研究	2018 年中国法学会部级法学研究自选课题
刑事诉讼	吴月红：大数据时代司法改革成效评估机制研究	2018 年中国法学会部级法学研究自选课题
刑事诉讼	杨会新：当事人诉讼行为与民事法律行为共通性研究	2018 年中国法学会部级法学研究自选课题
民事诉讼	杨会新：当事人诉讼行为与民事法律行为共通性研究	2018 年中国法学会部级法学研究自选课题
刑事诉讼	杨继文：司法改革第三方评估研究	2018 年中国法学会部级法学研究自选课题
行政诉讼	殷守革：行政和解的规范构建	2018 年中国法学会部级法学研究自选课题
刑事诉讼	张吉喜：刑事程序多元化背景下的证据理论跟进和证据制度完善	2018 年中国法学会部级法学研究自选课题
刑事诉讼	赵恒：认罪认罚与刑事和解的衔接适用研究	2018 年中国法学会部级法学研究自选课题
刑事诉讼	周磊：革命根据地监察制度与法制研究	2018 年中国法学会部级法学研究自选课题
刑事诉讼	邹立君：作为司法方法的指导性案例研究	2018 年中国法学会部级法学研究自选课题
刑事诉讼	龙婧婧：员额动态管理实施的实证研究	2018 年中国法学会部级法学研究课题青年调研项目
民事诉讼	毋爱斌：执行信息化机制运行实证分析	2018 年中国法学会部级法学研究课题青年调研项目

学科类别	负责人、项目名称	项目类型
刑事诉讼	谢澍：印证证明模式运行样态实证研究	2018 年中国法学会部级法学研究课题青年调研项目
刑事诉讼	吴宗宪：监狱法修订研究	2018 年国家法治与法学理论研究重点课题
行政诉讼	章志远：行政诉讼法修改后实施效果研究	2018 年国家法治与法学理论研究重点课题
刑事诉讼	艾明：国家监察体制改革中的证据制度完善研究	2018 年国家法治与法学理论研究一般课题
刑事诉讼	胡铭：依法推进国家监察体制与刑事诉讼制度衔接问题研究	2018 年国家法治与法学理论研究一般课题
行政诉讼	练育强：行政公益诉讼举证规则研究	2018 年国家法治与法学理论研究一般课题
刑事诉讼	盟军：正当程序视野下的刑事缺席审判法律制度研究	2018 年国家法治与法学理论研究一般课题
刑事诉讼	唐丰鹤：情感影响法官司法决策的实验研究	2018 年国家法治与法学理论研究一般课题
刑事诉讼	王瑞恒：我国司法鉴定管理统一立法研究	2018 年国家法治与法学理论研究一般课题
民事诉讼	王杏飞：司法解释的规范化研究	2018 年国家法治与法学理论研究一般课题
刑事诉讼	魏健馨：大数据视角下司法裁判中宪法角色实证分析	2018 年国家法治与法学理论研究一般课题
刑事诉讼	吴常青：侦查机关调取非内容性电子数据规制研究	2018 年国家法治与法学理论研究一般课题
刑事诉讼	张本顺：中国古代监察制度的流变规律、内源法理及当代启示	2018 年国家法治与法学理论研究一般课题
刑事诉讼	陈敏光：极限与基线：人工智能的司法应用之路	2018 年国家法治与法学理论研究中青年课题

续表

学科类别	负责人、项目名称	项目类型
刑事诉讼	冯煜清：我国法官助理的职业化转型研究	2018 年国家法治与法学理论研究中青年课题
刑事诉讼	贾志强：认罪认罚案件程序简化机制实证研究	2018 年国家法治与法学理论研究中青年课题
民事诉讼	李宁：生态环境损害赔偿制度与环境公益诉讼衔接	2018 年国家法治与法学理论研究中青年课题
刑事诉讼	李倩：中美德刑事审前分流构造研究	2018 年国家法治与法学理论研究中青年课题
刑事诉讼	刘凯：法治评估的方法研究	2018 年国家法治与法学理论研究中青年课题
刑事诉讼	田然：教育矫正理念下完善我国未成年犯罪人非刑罚化处罚措施研究	2018 年国家法治与法学理论研究中青年课题
民事诉讼	毋爱斌：自贸区临时仲裁机制创新研究	2018 年国家法治与法学理论研究中青年课题
行政诉讼	吴如巧：环境行政公益诉讼路径研究	2018 年国家法治与法学理论研究中青年课题
刑事诉讼	夏引业：国家监察体制改革宪法保障的实现路径研究	2018 年国家法治与法学理论研究中青年课题
刑事诉讼	于龙刚：人民法院处理疑难案件的组织机制研究	2018 年国家法治与法学理论研究中青年课题
刑事诉讼	史立梅：刑事诉讼审前释放风险的调查、评估与控制机制研究	2018 年国家法治与法学理论研究专项任务
刑事诉讼	肖仕卫：人工智能司法应用现状调查与对策研究：以四川实践为素材	2018 年国家法治与法学理论研究专项任务
民事诉讼	赵泽君：民事庭审录音录像制度研究	2018 年国家法治与法学理论研究专项任务
行政诉讼	程琥：党和国家机构改革背景下人民法院行政审判工作的创新和发展	最高人民法院 2018 年司法研究重大课题

续表

学科类别	负责人、项目名称	项目类型
刑事诉讼	高憬宏：新时代人民法院司法政务管理研究	最高人民法院 2018 年司法研究重大课题
刑事诉讼	胡道才、夏道虎、李季红：人民法院通过司法裁判弘扬社会主义核心价值观研究	最高人民法院 2018 年司法研究重大课题
刑事诉讼	黄海龙、王树江、张学群、姜涛、石经海：刑事裁判公众认同问题研究	最高人民法院 2018 年司法研究重大课题
刑事诉讼	黄祥青、徐汉明、李群星、罗昆：司法责任制背景下统一法律适用标准研究	最高人民法院 2018 年司法研究重大课题
民事诉讼	寇昉、刘晓云、吴锦标、侯建军、洪冬英、陈明：民商事案件"分调裁"机制研究	最高人民法院 2018 年司法研究重大课题
刑事诉讼	李占国、王勇、张雯：网上审判方式与审理机制研究	最高人民法院 2018 年司法研究重大课题
民事诉讼	茅仲华、杨秀清、张海燕：知识产权诉讼特别程序研究	最高人民法院 2018 年司法研究重大课题
刑事诉讼	沙闻麟、吴偕林：法官履职保障机制研究	最高人民法院 2018 年司法研究重大课题
刑事诉讼	田立文：未成年网络司法保护问题研究	最高人民法院 2018 年司法研究重大课题
刑事诉讼	张太范、周光权、薛剑祥：刑事案件缺席审判制度研究	最高人民法院 2018 年司法研究重大课题
刑事诉讼	陈思群：检察机关办案模式研究	2018 年最高人民检察院检察理论研究重点课题
刑事诉讼	高继明：检察机关机动侦查权研究	2018 年最高人民检察院检察理论研究重点课题
刑事诉讼	黄生林：司法改革背景下检察机关办案模式研究	2018 年最高人民检察院检察理论研究重点课题

学科类别	负责人、项目名称	项目类型
刑事诉讼	贾宇：新时代"枫桥经验"（检察版）	2018 年最高人民检察院检察理论研究重点课题
刑事诉讼	林贻影：检察官员额制度运行情况实证研究	2018 年最高人民检察院检察理论研究重点课题
刑事诉讼	吕卫华：改革背景下的公诉裁量权研究	2018 年最高人民检察院检察理论研究重点课题
刑事诉讼	申国军：刑事执行检察的人权保障功能研究	2018 年最高人民检察院检察理论研究重点课题
刑事诉讼	孙光骏：认罪和不认罪案件出庭公诉模式比较研究	2018 年最高人民检察院检察理论研究重点课题
刑事诉讼	孙佑海：检察官业绩考核大数据创新机制研究	2018 年最高人民检察院检察理论研究重点课题
刑事诉讼	肖卓：检察官办案的监督机制研究	2018 年最高人民检察院检察理论研究重点课题
行政诉讼	薛江武：检察机关内设机构改革及运行机制研究	2018 年最高人民检察院检察理论研究重点课题
刑事诉讼	薛江武：检察机关内设机构改革及运行机制研究	2018 年最高人民检察院检察理论研究重点课题
刑事诉讼	杨承志：智能办案辅助系统在检察环节的应用	2018 年最高人民检察院检察理论研究重点课题
刑事诉讼	张栋：刑事申诉办案专家咨询制度研究	2018 年最高人民检察院检察理论研究重点课题
刑事诉讼	张小玲：检察机关办案模式研究	2018 年最高人民检察院检察理论研究重点课题
刑事诉讼	张志杰：检察环节开展非羁押诉讼程序问题研究	2018 年最高人民检察院检察理论研究重点课题
刑事诉讼	朱小芹：监察体制改革背景下的职务犯罪检察工作研究	2018 年最高人民检察院检察理论研究重点课题

学科类别	负责人、项目名称	项目类型
刑事诉讼	朱玉：检察官办案的监督机制研究	2018 年最高人民检察院检察理论研究重点课题
行政诉讼	刘明：军事检察机关提起公益诉讼制度研究	2018 年最高人民检察院检察理论研究一般课题
民事诉讼	舒瑶芝：在线诉讼的民事检察监督研究	2018 年最高人民检察院检察理论研究一般课题
行政诉讼	王建平：预算行政违法行为监督与预算行政公益诉讼制度构建	2018 年最高人民检察院检察理论研究一般课题
刑事诉讼	宝音德力格尔：新时代检察队伍正规化、专业化和职业化建设探究	2018 年最高人民检察院检察理论研究一般课题
刑事诉讼	陈邦达：检察环节刑事涉案物品鉴定实务研究	2018 年最高人民检察院检察理论研究一般课题
刑事诉讼	陈琦：检察官员额制度运行情况实证研究	2018 年最高人民检察院检察理论研究一般课题
刑事诉讼	陈伟：认罪认罚从宽制度中规范性量刑建议研究	2018 年最高人民检察院检察理论研究一般课题
刑事诉讼	陈曦：监察体制改革背景下的职务犯罪公诉研究	2018 年最高人民检察院检察理论研究一般课题
刑事诉讼	高一飞：监察体制改革背景下的人民监督员制度完善	2018 年最高人民检察院检察理论研究一般课题
刑事诉讼	桂梦美：未成年人检察案件集中管辖问题研究	2018 年最高人民检察院检察理论研究一般课题
刑事诉讼	郭玉峰：未成年人检察案件集中管辖问题研究	2018 年最高人民检察院检察理论研究一般课题
刑事诉讼	韩旭：检察环节非羁押诉讼程序问题研究	2018 年最高人民检察院检察理论研究一般课题
刑事诉讼	贺卫：认罪认罚从宽程序中的量刑建议制度研究	2018 年最高人民检察院检察理论研究一般课题

学科类别	负责人、项目名称	项目类型
刑事诉讼	黄茂钦：保护产业发展的检察政策法治化问题研究	2018年最高人民检察院检察理论研究一般课题
刑事诉讼	黄曙：检察调查权中行政执法信息获取机制探析	2018年最高人民检察院检察理论研究一般课题
刑事诉讼	江阶虎：监督工作案件化管理——以赣州检察监督工作案件化管理为实践样本	2018年最高人民检察院检察理论研究一般课题
刑事诉讼	江静良：刑罚变更执行同步检察监督研究	2018年最高人民检察院检察理论研究一般课题
刑事诉讼	李宁：监察体制改革背景下补充侦查实证问题研究	2018年最高人民检察院检察理论研究一般课题
刑事诉讼	刘金威：刑罚变更执行同步检察监督研究	2018年最高人民检察院检察理论研究一般课题
刑事诉讼	刘明：军事检察机关提起公益诉讼制度研究	2018年最高人民检察院检察理论研究一般课题
刑事诉讼	刘晴：检察机关内设机构改革及运行机制研究	2018年最高人民检察院检察理论研究一般课题
刑事诉讼	刘顺龙：检察机关提前介入重大案件侦查研究	2018年最高人民检察院检察理论研究一般课题
刑事诉讼	刘为军：检察机关机动侦查权研究	2018年最高人民检察院检察理论研究一般课题
刑事诉讼	刘远生：检察官惩戒机制研究	2018年最高人民检察院检察理论研究一般课题
刑事诉讼	吕泽华、段连才：国家监察体制改革中的监检关系问题研究	2018年最高人民检察院检察理论研究一般课题
刑事诉讼	闵军：检察官办案的监督机制研究	2018年最高人民检察院检察理论研究一般课题
刑事诉讼	潘科明：检察官业务研修制度研究	2018年最高人民检察院检察理论研究一般课题

学科类别	负责人、项目名称	项目类型
刑事诉讼	彭冬松：检察机关分案机制实证研究	2018 年最高人民检察院检察理论研究一般课题
刑事诉讼	齐文远：检察官办案的监督机制研究	2018 年最高人民检察院检察理论研究一般课题
刑事诉讼	舒瑶芝：在线诉讼的民事检察监督研究	2018 年最高人民检察院检察理论研究一般课题
刑事诉讼	王红兵、张飞：监察体制改革背景下的职务犯罪公诉研究	2018 年最高人民检察院检察理论研究一般课题
刑事诉讼	王建平：预算行政违法行为监督与预算行政公益诉讼制度构建	2018 年最高人民检察院检察理论研究一般课题
刑事诉讼	王立明：检察官员额制度运行情况实证研究——以青海省先行试点为样本	2018 年最高人民检察院检察理论研究一般课题
刑事诉讼	王志远：我国新时代检察官职业伦理研究	2018 年最高人民检察院检察理论研究一般课题
刑事诉讼	武瑞国：检察官联席会议制度研究	2018 年最高人民检察院检察理论研究一般课题
刑事诉讼	向燕：检察视角下未成年被害人司法保护机制研究	2018 年最高人民检察院检察理论研究一般课题
刑事诉讼	徐鹤喃、张生：中央苏区的检察与监察制度演变	2018 年最高人民检察院检察理论研究一般课题
刑事诉讼	杨飞：认罪和不认罪案件出庭公诉模式比较研究	2018 年最高人民检察院检察理论研究一般课题
刑事诉讼	尹伊君：检察机关办理涉产权刑事申诉案件实证研究	2018 年最高人民检察院检察理论研究一般课题
刑事诉讼	张朝霞：检察机关提起刑事附带民事公益诉讼制度构建研究	2018 年最高人民检察院检察理论研究一般课题
刑事诉讼	赵赤：域外最新检察文献专题研究	2018 年最高人民检察院检察理论研究一般课题

续表

学科类别	负责人、项目名称	项目类型
刑事诉讼	赵晓薇、陈文忠：虚假诉讼检察监督研究	2018 年最高人民检察院检察理论研究一般课题
刑事诉讼	郑飞：影响检察公信力的若干因素实证研究	2018 年最高人民检察院检察理论研究一般课题
刑事诉讼	郑永生：检察机关补充侦查权研究	2018 年最高人民检察院检察理论研究一般课题
刑事诉讼	朱毅敏：检察官业务研修制度研究	2018 年最高人民检察院检察理论研究一般课题
刑事诉讼	苗生明：检察工作规律与新时代检察工作发展研究	2018 年最高人民检察院检察理论研究重大课题
刑事诉讼	郗志凯：未成年人检察案件集中管辖问题研究	2018 年最高人民检察院检察理论研究自筹经费课题
刑事诉讼	曾赟：新时代中国特色社会主义检察监督指标体系的创建	2018 年最高人民检察院检察理论研究自筹经费课题
刑事诉讼	陈海锋：新时代中国特色社会主义检察职能研究	2018 年最高人民检察院检察理论研究自筹经费课题
刑事诉讼	陈贤木：网络犯罪证据的审查与运用	2018 年最高人民检察院检察理论研究自筹经费课题
刑事诉讼	储陈城：保护网络产业发展的司法政策研究	2018 年最高人民检察院检察理论研究自筹经费课题
刑事诉讼	杜国伟：检察机关分案机制实证研究	2018 年最高人民检察院检察理论研究自筹经费课题
民事诉讼	范卫国：民事检察调查核实权研究	2018 年最高人民检察院检察理论研究自筹经费课题
刑事诉讼	冯姣：智能办案辅助系统在检察环节的应用	2018 年最高人民检察院检察理论研究自筹经费课题
刑事诉讼	郭国谦：革命根据地检察制度史研究	2018 年最高人民检察院检察理论研究自筹经费课题

续表

学科类别	负责人、项目名称	项目类型
刑事诉讼	韩军："两法衔接"工作调查	2018 年最高人民检察院检察理论研究自筹经费课题
刑事诉讼	侯东亮、朱艳菊：未成年人检察案件集中管辖问题研究	2018 年最高人民检察院检察理论研究自筹经费课题
刑事诉讼	黄宝跃：互联网中检察监督线索自动发现研究	2018 年最高人民检察院检察理论研究自筹经费课题
刑事诉讼	黄辉：自贸区检察工作特点研究	2018 年最高人民检察院检察理论研究自筹经费课题
行政诉讼	黄文艾：公益诉讼制度框架下的行政违法行为检察监督	2018 年最高人民检察院检察理论研究自筹经费课题
行政诉讼	贾佳：监察体制改革背景下的行政公益诉讼制度研究	2018 年最高人民检察院检察理论研究自筹经费课题
刑事诉讼	简小文：检察官员额制度运行情况实证研究	2018 年最高人民检察院检察理论研究自筹经费课题
刑事诉讼	江莉：两岸犯罪少年处置措施考察与启示	2018 年最高人民检察院检察理论研究自筹经费课题
民事诉讼	姜保忠、宋春波：检察机关提起附带民事公益诉讼实证分析与对策研究	2018 年最高人民检察院检察理论研究自筹经费课题
民事诉讼	解兵：虚假诉讼检察监督机制完善	2018 年最高人民检察院检察理论研究自筹经费课题
刑事诉讼	金鸿浩：智慧检务战略和检察科技创新应用研究	2018 年最高人民检察院检察理论研究自筹经费课题
刑事诉讼	李钢：监察体制改革背景下的人民监督员制度完善	2018 年最高人民检察院检察理论研究自筹经费课题
刑事诉讼	李涛：检察官员额动态调整与退出机制研究	2018 年最高人民检察院检察理论研究自筹经费课题
刑事诉讼	李卫红：认罪认罚从宽程序中的量刑建议制度研究	2018 年最高人民检察院检察理论研究自筹经费课题

续表

学科类别	负责人、项目名称	项目类型
刑事诉讼	李响：检察机关补充侦查权研究	2018 年最高人民检察院检察理论研究自筹经费课题
刑事诉讼	刘东海：检察机关提前介入重大案件侦查研究	2018 年最高人民检察院检察理论研究自筹经费课题
行政诉讼	刘卉：公益诉讼制度框架下的行政违法行为检察监督	2018 年最高人民检察院检察理论研究自筹经费课题
行政诉讼	刘润发、谭泽林：公益诉讼制度框架下行政强制措施检察监督	2018 年最高人民检察院检察理论研究自筹经费课题
刑事诉讼	娄义鹏：少数民族纠纷解决机制在检调对接中的运用研究	2018 年最高人民检察院检察理论研究自筹经费课题
刑事诉讼	马天博：检察官办案的监督机制研究	2018 年最高人民检察院检察理论研究自筹经费课题
行政诉讼	闵正兵：检察机关维护公共利益的非诉讼路径探索	2018 年最高人民检察院检察理论研究自筹经费课题
刑事诉讼	彭新林：认罪认罚从宽程序中的量刑建议制度研究	2018 年最高人民检察院检察理论研究自筹经费课题
刑事诉讼	彭玉伟：认罪认罚从宽激励机制的法律检视与优化	2018 年最高人民检察院检察理论研究自筹经费课题
刑事诉讼	钱小军：检察机关案件权重系数研究	2018 年最高人民检察院检察理论研究自筹经费课题
刑事诉讼	秦策：云环境下电子证据的鉴真问题研究	2018 年最高人民检察院检察理论研究自筹经费课题
刑事诉讼	施晶宇：刑事审查逮捕中社会危险性审查认定及其配套机制研究	2018 年最高人民检察院检察理论研究自筹经费课题
刑事诉讼	宋桂兰：检察院在社区矫正变更程序中的职能研究	2018 年最高人民检察院检察理论研究自筹经费课题
刑事诉讼	孙锐：认罪认罚从宽程序中的量刑建议制度研究	2018 年最高人民检察院检察理论研究自筹经费课题

续表

学科类别	负责人、项目名称	项目类型
刑事诉讼	陶建军：新时代检察监督格局研究	2018 年最高人民检察院检察理论研究自筹经费课题
刑事诉讼	滕艳军：民事行政审判违法行为监督实证研究	2018 年最高人民检察院检察理论研究自筹经费课题
刑事诉讼	佟光喜、付玉明：检察官惩戒制度研究	2018 年最高人民检察院检察理论研究自筹经费课题
刑事诉讼	汪太贤：检察官惩戒机制研究	2018 年最高人民检察院检察理论研究自筹经费课题
刑事诉讼	王海军：俄罗斯检察监督运行机制研究	2018 年最高人民检察院检察理论研究自筹经费课题
行政诉讼	王育红：检察机关行政公益诉讼机制研究	2018 年最高人民检察院检察理论研究自筹经费课题
刑事诉讼	王知：正规化、专业化、职业化检察培训体系研究	2018 年最高人民检察院检察理论研究自筹经费课题
刑事诉讼	邬小军：检察机关提前介入重大案件侦查研究	2018 年最高人民检察院检察理论研究自筹经费课题
刑事诉讼	夏纪森：附条件不起诉的考察帮教机制研究	2018 年最高人民检察院检察理论研究自筹经费课题
刑事诉讼	夏阳：检察专业化建设的实践检视及优化路径	2018 年最高人民检察院检察理论研究自筹经费课题
刑事诉讼	肖扬宇：海洋生态环境检察监督机制研究	2018 年最高人民检察院检察理论研究自筹经费课题
行政诉讼	熊樟林：公益诉讼制度框架下的行政违法行为检察监督	2018 年最高人民检察院检察理论研究自筹经费课题
民事诉讼	徐炜、郭莉：环境民事公益诉讼线索收集与共享机制研究	2018 年最高人民检察院检察理论研究自筹经费课题
刑事诉讼	薛向楠：检察基础理论研究四十年重述	2018 年最高人民检察院检察理论研究自筹经费课题

续表

学科类别	负责人、项目名称	项目类型
刑事诉讼	叶小琴、王爱华：刑罚变更执行同步检察监督实证研究	2018 年最高人民检察院检察理论研究自筹经费课题
刑事诉讼	詹文渝：检察监督一体化相关机制研究	2018 年最高人民检察院检察理论研究自筹经费课题
行政诉讼	张宝：生态环境损害政府索赔与检察公益诉讼的衔接适用研究	2018 年最高人民检察院检察理论研究自筹经费课题
刑事诉讼	张发魁：监察体制改革背景下的职务犯罪公诉研究	2018 年最高人民检察院检察理论研究自筹经费课题
刑事诉讼	张福坤：中国检察机关百年相关争议问题研究	2018 年最高人民检察院检察理论研究自筹经费课题
刑事诉讼	张和林：检察机关办理涉产权刑事申诉案件实证研究	2018 年最高人民检察院检察理论研究自筹经费课题
刑事诉讼	张黎：检察机关分案机制实证研究	2018 年最高人民检察院检察理论研究自筹经费课题
刑事诉讼	张伟新：检察委员会表决制度研究	2018 年最高人民检察院检察理论研究自筹经费课题
刑事诉讼	赵文胜：职务犯罪案件公诉程序与调查程序衔接问题研究	2018 年最高人民检察院检察理论研究自筹经费课题
刑事诉讼	赵智慧、岳向阳：新时代法律监督与刑事指控质效提升研究	2018 年最高人民检察院检察理论研究自筹经费课题
行政诉讼	郑则丰、袁文峰：公益诉讼制度框架下的行政违法行为检察监督探索	2018 年最高人民检察院检察理论研究自筹经费课题
民事诉讼	"准共同诉讼"类型研究——以北京地区机动车交通事故审判实务为中心	2018 北京市社会科学基金青年项目
民事诉讼	对虚假仲裁的查处与规制	2018 北京市社会科学基金青年项目
刑事诉讼	廖明：诉监分离的刑事审判监督模式研究	2018 年北京市法学会市级法学研究一般课题

续表

学科类别	负责人、项目名称	项目类型
刑事诉讼	施鹏鹏：北京市司法改革社会第三方评估研究	2018 年北京市法学会市级法学研究一般课题
刑事诉讼	张华：公证参与司法辅助事务的实践探索与制度完善	2018 年北京市法学会市级法学研究一般课题
刑事诉讼	初殿清：腐败案件被告人缺席程序的诉讼构造研究	2018 年北京市法学会市级法学研究青年课题
刑事诉讼	贾晓文：监察体制改革背景下的职务犯罪检察工作研究	2018 年北京市法学会市级法学研究青年课题
刑事诉讼	王迎龙：辩护律师全覆盖难点与对策研究	2018 年北京市法学会市级法学研究青年课题
民事诉讼	赵小军：民事证据契约效力的实证研究	2018 年北京市法学会市级法学研究青年课题
刑事诉讼	司法人员执业保障研究	2018 年北京市法学会市级法学研究委托课题
刑事诉讼	刑事案件认罪认罚制度研究	2018 年北京市法学会市级法学研究委托课题
刑事诉讼	刑事执法办案机制研究	2018 年北京市法学会市级法学研究委托课题
刑事诉讼	以审判为中心的司法改革研究	2018 年北京市法学会市级法学研究委托课题

2018 年各高校诉讼法学博士学位论文统计

姓名	性别	专业方向	导师	论文题目
北京大学				
卢　桂	女	民事诉讼法学	潘剑锋	执行中实体性争议的解决机制研究
谢　芳	女	民事诉讼法学	傅郁林	家事审判程序类型化研究

续表

姓名	性别	专业方向	导师	论文题目
袁　琳	女	民事诉讼法学	傅郁林	基于"同一事实"的诉讼标的识别标准研究
白　冰	男	刑事诉讼法学	陈永生	法官责任论
蔡元培	男	刑事诉讼法学	汪建成	论辩审关系的异化与回归
孔令勇	男	刑事诉讼法学	陈瑞华	刑事速裁程序研究
清华大学					
曹建军	男	民事诉讼法学	章　程	文书提出命令研究
林伟翔	男	民事诉讼法学	章　程	公民公益诉讼的比较法研究
唐俊杰	男	刑事诉讼法学	张建伟	刑事诉讼法解释论
王上仁	男	刑事诉讼法学	张建伟	禁止双重危险原则与例外
中国人民大学					
殷守革	男	宪法与行政诉讼法学	莫于川	行政和解法治论
宋春龙	男	民事诉讼法学	肖建国	数人侵权责任诉讼形态研究
龚云飞	女	刑事诉讼法学	陈卫东	直接言词原则研究
付　辉	男	刑事诉讼法学	陈卫东	行政执法与刑事司法衔接机制研究——以食品案件为中心
赵　恒	男	刑事诉讼法学	陈卫东	认罪认罚从宽制度的诉讼主体研究
司　楠	女	刑事诉讼法学	陈卫东	刑事错案发现与纠正机制研究
张瀚文	女	刑事诉讼法学	王新清	人民陪审员裁判事实研究
孔祥承	男	刑事诉讼法学	刘计划	刑事案卷移送制度研究
张鸿绪	男	证据学	李学军	毒树之果规则研究
北京师范大学					
张　润	男	民事诉讼法学	熊跃敏	民事诉讼主张责任研究
陈亢睿	女	民事诉讼法学	熊跃敏	特邀调解制度研究
刘　超	男	民事诉讼法学	刘荣军	民事纠纷解决功能论

续表

姓名	性别	专业方向	导师	论文题目
罗兆英	女	民事诉讼法学	刘荣军	民事诉讼法中法官心证形成过程研究
张雪花	女	民事诉讼法学	徐胜萍	我国民事诉讼"有专门知识的人"制度研究
朱 健	男	民事诉讼法学	徐胜萍	"诉调对接"机制研究
栗 楠	男	民事诉讼法学	冷罗生	环保社会组织参与环境民事公益诉讼的激励制度研究
叶衍艳	女	刑事诉讼法学	宋英辉	国家监察与刑事诉讼权力关系研究
林 琳	女	刑事诉讼法学	宋英辉	涉罪未成年人观护制度研究
薛雁升	男	刑事诉讼法学	宋英辉	正当防卫的证明问题研究
杨鹏飞	男	刑事诉讼法学	宋英辉	刑事再审申诉检察职能研究
马丽亚	女	刑事诉讼法学	宋英辉	未成年人司法转处研究
李艳霞	女	刑事诉讼法学	刘广三	我国刑事庭审实质化改革问题研究
中国人民公安大学				
张忠柱	男	刑事诉讼法学	李玉华	指定监视居住研究
浙江大学				
王 震	男	刑事诉讼法学	胡 铭	审判中心主义视野下案卷移送制度
宋善铭	男	刑事诉讼法学	胡 铭	认罪认罚从宽制度的模式选择与实证分析
邱士辉	男	刑事诉讼法学	胡 铭	自由心证的认知过程论
厦门大学				
丁启明	女	民事诉讼法学	齐树洁	民事诉讼当事人真实义务研究
中山大学				
严林雅	女	刑事诉讼法学	郭天武	《刑事审查起诉制度研究》
四川大学				
安 琪	女	民事诉讼法学	左卫民	民事审判与司法资源的衡平——基于"案多人少"现象的实证研究
罗维鹏	男	证据科学与哲学	张 斌	通过证据认定案件事实的确实性问题研究

姓名	性别	专业方向	导师	论文题目
周 斌	男	证据法学	万 毅	刑事诉讼涉案财物管理机制改革研究——以C市涉案财物集中管理机制为样本的分析
宋 东	男	证据学	龙宗智	有专门知识的人的意见属性及其诉讼角色研究——以刑事诉讼为中心
邹 桦	男	检察学	万 毅	检察一体与检察独立：检察权运行的双重机制
白国华	男	司法制度	左卫民	高级人民法院刑事审判权运行机制研究
洪凌啸	男	司法制度	左卫民	中国"智慧法院"研究——以法律人工智能为视角
西南政法大学				
陈维君	女	民事诉讼法学	李祖军	农村土地纠纷多元化解决机制研究
古 强	男	民事诉讼法学	李祖军	变更判决之诉研究
李 凌	女	民事诉讼法学	段文波	民事主张责任研究
孙晨曦	男	民事诉讼法学	段文波	民事证明负担减轻研究
傅向宇	女	民事诉讼法学	李仕春 唐 力	家事诉讼中的程序保障研究
高星阁	男	民事诉讼法学	唐 力	对公法人民事执行问题研究
易晓东	男	民事诉讼法学	唐 力	跨行政区划法院研究
黄 磊	男	民事诉讼法学	廖中洪	间接反证论
王 慧	女	民事诉讼法学	廖中洪	不作为强制执行制度研究
张 亮	男	民事诉讼法学	李祖军	民事反诉制度研究
张霄霄	男	民事诉讼法学	李祖军	民事撤诉制度研究
王晓玲	女	民事诉讼法学	汪祖兴	当事人事案解明义务研究
胡 波	男	刑事诉讼法学	孙长永	贿赂类案件证人出庭问题研究
张永进	男	刑事诉讼法学	孙长永	检察官办案责任制研究
王景龙	男	刑事诉讼法学	李昌林	刑事证据补救规则研究
谭秀云	女	刑事诉讼法学	李昌林	刑事扣押制度研究

续表

姓名	性别	专业方向	导师	论文题目
万　旭	男	刑事诉讼法学	龙宗智	刑事审判中的异议制度研究
陈苏豪	男	刑事诉讼法学	孙长永	在押被追诉人的对外交流权研究
中南财经政法大学				
杨　婷	女	民事诉讼法学	石晓波	民事诉讼成本控制研究
柴苗苗	女	刑事诉讼法学	姚　莉	认罪认罚从宽制度研究
苏方元	男	刑事诉讼法学	姚　莉	刑事司法错误研究
王玉梅	女	刑事诉讼法学	徐汉明	我国刑事审级制度完善研究
张　乐	女	刑事诉讼法学	徐汉明	我国刑事案例指导机制的完善研究
中国政法大学				
谢寄博	男	宪法学与行政法学	王万华	美国规章制定事前评估制度研究
吴明翰	男	民事诉讼法学	宋朝武	强制执行公证债权文书法律问题问题研究
陈英杰	男	民事诉讼法学	宋朝武	两岸公证制度比较研究
厉潇逸	女	民事诉讼法学	肖建华	美国证券集团诉讼制度研究——兼论对我国证券群体性诉讼的启示
马　康	男	刑事诉讼法学	陈光中	刑事二审程序研究
李章仙	女	刑事诉讼法学	陈光中	刑事诉讼真相论
单子洪	男	刑事诉讼法学	陈光中	论量刑事实的证明
唐彬彬	女	刑事诉讼法学	陈光中	精神病人刑事追责程序研究
白秀峰	男	刑事诉讼法学	樊崇义	审判中心下的诉侦关系研究
阮　娜	女	刑事诉讼法学	樊崇义	刑事鉴定程序研究
张　可	男	刑事诉讼法学	卞建林	审判中心视野下的侦查程序研究
孙宏斌	男	刑事诉讼法学	卞建林	特别没收程序研究
李逍遥	男	刑事诉讼法学	顾永忠	刑事速裁程序研究
胡　婧	女	刑事诉讼法学	顾永忠	刑事审判程序分流研究
王　峣	男	刑事诉讼法学	杨宇冠	电信诈骗案件刑事诉讼程序研究

续表

姓名	性别	专业方向	导师	论文题目
张勇玲	女	刑事诉讼法学	杨宇冠	以审判为中心诉讼模式下检察实务问题研究
刘曹祯	男	刑事诉讼法学	杨宇冠	刑事诉讼法庭质证研究
刘 菁	女	刑事诉讼法学	刘 玫	刑事诉讼管辖制度研究
朱敏敏	女	刑事诉讼法学	李本森	社区矫正的立法重大问题研究
郭 锴	男	刑事诉讼法学	李本森	刑事抗诉程序实证研究
付奇艺	男	刑事诉讼法学	汪海燕	认罪认罚从宽诉讼制度研究
王宏平	男	刑事诉讼法学	汪海燕	检察委员会制度研究
宋振策	男	刑事诉讼法学	卫跃宁	刑事诉讼权利放弃研究
许林波	男	诉讼法学	柳经纬	标准的司法适用机制研究
潘 萍	女	诉讼法学	张中秋	中国传统司法理念及其实践研究
田 源	男	诉讼法学	张文显	审判权独立运行问题研究
邱成梁	男	诉讼法学	张文显	司法与民意关系的法理定位及思维塑造
余 萌	女	诉讼法学	肖永平	跨境文物返还诉讼中的文物中心原则